④ 我らどこへ行くのか

考察 神々の領域にまで足を踏み出した人類。直面する難問も多いが、一体、人類はどこに行こうとしているのだろうか。

Ⓐ 歴史を変えた感染症

天然痘　　　・ペロポネソス戦争
（1980年　　・マルクス＝アウレリウス＝
根絶宣言）　　アントニヌス時の流行
　　　　　　・16世紀、新大陸での流行
ペスト（黒死病）・ユスティニアヌス時
　　　　　　　の流行
　　　　　　・1348〜50　欧州での
　　　　　　　大流行
チフス　・ナポレオンのロシア遠征時
インフルエンザ＝スペイン風邪として大
　　　　　　流行
現代の3大感染症　マラリア・結核・エ

←10 スペイン風邪の犠牲者（上から島村抱月、マックス＝ウェーバー、グスタフ＝クリムト）1918年〜20年に大流行し、第一次世界大戦の継続を困難にした。また米大統領ウィルソンの罹患は気力・体力の低下を招き、英仏の対独復讐主義を許すことになり、のちのヒトラー台頭の遠因となった。

Ⓑ 人類が直面する危機

・気候変動　・環境破壊　・新感染症の流行
・核兵器の脅威　・エネルギー資源の枯渇
・格差の拡大（国家間及び国内）
・物質的豊かさに反比例した幸福感の喪失
・AI技術の発展による社会の変化　など

↑11 蝗害 バッタによる農作物への被害は『出エジプト』にも記されるほど古くからあるが、人類は今でも制御できない。

「人間とは何か」という問いに答えることが、我々が自らを滅ぼすことに抵抗できる唯一の手段なのです。
（マルクス＝ガブリエル「世界史の針が戻るとき」）

Ⓒ 神の如き人類としての未来

〜2が行ったことで、現在人間が実際にできるようになったことを考えてみよう。例：携帯電話で、地球上のどことも話すことができる。

←12 バカンティ・マウス 牛の軟骨細胞から作った「耳」を生やしたマウス。人類は、別種の生物を組み合わせることもできるようになった。

→13 バイオニック・アーム 人間の思考で動かすことができる人工の腕。人間のサイボーグ化の技術はさらに発展していく。そのとき人間存在の意義はどうなるか。

←14 妊娠ブタ用ストール 生物の究極の目的が自己の遺伝子の増殖であるとすれば、家畜化された動物は、人間を使役してそれを達成している。しかし家畜の本能や情動の欲求は満たされることはない。AIがさらに発達し、一部の特権的な人間以外は仕事がないなど、社会的に無用となれば、多くの人間は1ランク下の存在となる可能性がある。このブタの状況は、未来の人類の姿かもしれない。

→15 「人工知能」のイメージ 人類が飢餓・疫病・戦争を克服しても、その幸福は永続しない。さらなる欲望を満たす為、滞ることなき発展を目指す。AI（人工知能）の発展や人間のサイボーグ化からは逃れることはできない。次なる人類の幸福追求は「不老不死の達成」だ。また、もし人間の「心」の動きが全てデータとして解析されるとしたら、人間はその尊厳の根拠を失うかもしれない。

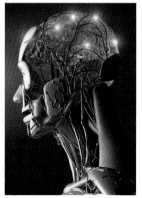

今日のSFの最悪の罪は、知能を意識と混同する傾向にある点かもしれない。この混同のせいで、SFはロボットと人間が戦争になるのではないかと、過剰な心配を抱いているが、実際に恐れる必要があるのは、アルゴリズムによって力を与えられた少数の超人エリート層と、力を奪われたホモ・サピエンスから成る巨大な下層階級との争いだ。
（ユヴァル・ノア・ハラリ「21 Lessons」）

←16 国際宇宙ステーションの日常 筋力が衰えるので、毎日2時間のトレーニングが必要。人類は、宇宙空間では地上と同じ生活を送ることができない。

©創通・サンライズ

↑17 『機動戦士ガンダム』に登場する、架空のスペースコロニー

水は生命の源であるが、太陽に近すぎると水蒸気に、遠すぎると氷になってしまう。水が液体として存在できるのは、太陽から地球までの距離を100として、95〜101の範囲の細い帯で、この中に地球の公転軌道がぎりぎりに重なったことが、生物の発生の絶対条件になった。そして我々はこの「かけがえのない地球」を離れては生存できないのである。

生物生存可能領域（95〜101）

水星　金星　地球　火星
太陽　(39)　(72)　(100)　(152)

＊（　）内の数字は地球を基準にした太陽からの距離

問9　14 と 15 の人類の予測について、反論を考えてみよう。

JN132521

1 中国の史書から見えてくる日本

A 中国の記録から想像する日本 (史料はすべて部分要約)

『漢書』地理志

(紀元前1世紀頃) 朝鮮の楽浪郡の海の向こうに住む倭人は100余の小国に分かれている。彼らは定期的に楽浪郡に使者を送って貢物を持ってあいさつにくるという。

『後漢書』東夷伝

建武中元2(57)年，倭の奴国は使者を都に送り，貢物を持ってあいさつに来た。光武帝は印綬を与えた。桓帝と霊帝の時代(2世紀後半)に，倭国は内乱が続き，長い間統一されなかった。(▶P.47)

↑1 印綬

(福岡市博物館所蔵 画像提供：福岡市博物館/DNP artcom)

『魏志』倭人伝

倭人は帯方郡の東南方の大海の中にあって，山がちな島に国をつくっている。…邪馬台国では，もともと男王がいたが，国が乱れたので共同で一人の女子を王として立てた。名を卑弥呼といい，呪術にたくみでうまく支配している。景初3(239)年，倭の女王が魏の皇帝に謁見して朝貢することを求めた。魏は「あなたを親魏倭王に任じ，金印紫綬を授ける」とした。卑弥呼が死んだとき，大きな墓をつくった。直径が100歩余もあった。(▶P.47)

↑2 卑弥呼の復元像

(大阪府立弥生文化博物館所蔵)

2 マルコ=ポーロが描いた日本

→5 黄金の国ジパング マルコ=ポーロが『世界の記述(東方見聞録)』で描いたジパングは，ヨーロッパの人々の東方世界への好奇心をかき立て，15世紀後半以降の海洋進出を促した。なお，本書が日本に紹介されたのは江戸時代後期のことで，『鎖国論』を著した志筑忠雄による。

ジパングは東の方，大陸から千五百マイルの公海中にある島である。(中略)莫大な量の黄金があるが，この島では非常に豊かに産するのである。(中略)君主は，すべて純金で覆われた，非常に大きな宮殿を持っている。われわれが家や教会の屋根を鉛板でふくように，宮殿の屋根を全部純金でふいている。その価値は，とても数量で計り得ない。さらにたくさんある部屋は，これまた床を指二本の厚みのある純金で敷きつめている。このほか広間や窓も，同じようにことごとく金で飾りたてられている。

(青木一夫訳『東方見聞録』 校倉書房)

問2 中国の人々に黄金の国・ジパングを想起させることになったと考えられている建物は何だろうか。

問1 2つの剣と刀に同じ文字が刻まれていることから，ヤマト政権が5世紀にどのような状態であったと推測できるか。

B 中国の記録と日本の史料がつながるとき～見えてくる歴史

『宋書』倭国伝

順帝の昇明2(478)年，武は使者を派遣して上表し次のように述べた。「…私の祖先は自ら甲冑をつけ，山河をかけめぐり，休む暇もなく国土の平定に努めました。東は五十五国，西は六十六国，海を渡り朝鮮の九十五国を平定しました。王権が行き届いて平安で，国土も広大です。…」

『宋書』には，宋代を通じて5人の倭王(讃・珍・済・興・武)の使者が貢物を持って参上したことが記されているが，日本には記録がない。日本の前方後円墳がつくられた状況からもこのころヤマト政権が大きな権力を握っていたのではないかと推察できるが……。

↑3 大仙陵古墳

←4 稲荷山古墳出土の鉄剣(右)と江田船山古墳出土の鉄刀(左) (右・埼玉県出土 文化庁蔵 埼玉県立さきたま史跡の博物館提供 長さ73.5cm 左・熊本県出土 東京国立博物館蔵 画像提供：東京国立博物館 Image：TNM Image Archives 長さ90.6cm)

2つの剣と刀の「獲加多支鹵」の文字が，『日本書紀』で雄略天皇を指す「幼武」ワカタケルと一致し，『宋書』に出てくる「倭王武」と比定されるようになった。

3 『ガリヴァー旅行記』に登場した日本

←6 日本に入国するガリヴァー スウィフトの諷刺小説『ガリヴァー旅行記』は，「小人の国」「巨人の国」が特に有名であるが，ガリヴァーは日本にも訪れている。「鎖国」下にあった日本の情報を，なんらかのかたちでスウィフトが得ていたのであろうか。

『ガリヴァー旅行記』J・スウィフト作 坂井晴彦訳 C.E.ブロック画 (福音館書店より)

われわれは，日本の南東部にある小さな港町で，ザモンスキというところに上陸した。(中略)町の当局者は，私が示した例の親書のことを聞くや否や，私を公式の使節扱いにしてくれ，馬車と召使いを提供し，旅費を負担して私を江戸まで送ってくれた。江戸では早速拝謁を許され，親書を奉呈した。親書は礼儀正しく開封され，通訳がその内容を皇帝に説明した。(スウィフト，平井正穂訳『ガリヴァー旅行記』岩波文庫)

問3 この後，ガリヴァーは，特別にある「儀式」を免除してもらう。江戸時代，キリスト教徒を識別するために行われていたその「儀式」とは何だろうか。

1 日本初の近代戦争 戊辰戦争

問1 戊辰戦争と同時代に，世界ではどのような戦争が起こっているだろうか。ヒント P.157～159，P.161，P.162

「近代戦争」(19世紀グローバル・スタンダード)とは……
陸戦：組織化された軍団が小銃・大砲を撃ち合う。
海戦：蒸気機関を装備した軍艦からなる艦隊が大砲を撃ち合う。
　19世紀，工業化の進展により小銃・大砲・軍艦などの近代兵器が量産されるようになり，戦争の形態が大きく変化した。日本には大量の中古兵器が流入し，戊辰戦争で使用された。

A 鳥羽伏見の戦い （▶P.177）

↑1 スナイドル銃 イギリス製。弾丸に旋回運動を与え命中率を高める施条銃で，さらに弾丸を後ろからこめる後装式で連射性に優れたため，薩摩藩などで使用された。

B 北越戦争

C 上野戦争～会津戦争

↑3 アームストロング砲 イギリスで発明された後装式施条砲。南北戦争中のアメリカへ輸出され，さらに日本へ売却され上野戦争などで使用された。

↑2 歌川芳盛「越後国信濃川武田上杉大合戦之図」幕府側についた長岡藩は，当時日本に3門しかなかったガトリング砲のうち2門を所持するなど，最新式の装備を導入し新政府軍と戦った。当時の政府に配慮して，武田と上杉の合戦に置き換えて描かれている。

D 箱館戦争

←4 五稜郭 銃や大砲の発達に対抗して考案された星形の城郭は，フランス軍人からの助言を得て1864年に竣工された。

←5 開陽丸(復元) オランダ製。榎本武揚が率いた幕府海軍の主力艦だったが，座礁し沈没した。

←6 東艦(甲鉄艦) フランス製。鋼鉄の装甲に覆われたこの艦は，幕府との購入争いの末，1869年に明治政府により購入され，箱館湾海戦などに使用された。

2 太平洋戦争開戦 ―迷走の末に追い込まれた最悪の決断―

↑7 第一次世界大戦 (1914) 総力戦の凄まじさに，日本は国民の総動員体制，軍隊の機械化，資源の確保，重化学工業化などの遅れを痛感。大きな焦りを感じる。

←8 中国国民革命による中国統一 1920年代後半，蔣介石指揮下，軍閥混戦状態の中国が統一された。日本は頼りつつも脅威も感じるようになる。

←9 ソ連の国家改造の強行 1920年代後半から，スターリンのもと，悲惨な犠牲を無視し，第一次5カ年計画による重化学工業化を強行。日本の大きな脅威となる。

開戦決断時の日本の首脳たち

嶋田繁太郎(海)　東条英機(首相・陸)　永野修身(海)　杉山元(陸)

↑15 300万超の日本人が死ぬことを，彼らはまだ知らない。日本の最高権力者が天皇というのは建前にすぎなかった。政府・陸軍・海軍はそれぞれ互いに独立しており，最終的な国家の意志決定者が不在だった。このため各部署間の調整がつかず，決断の先送りが繰り返され，ついに無謀な最悪の決断に追い込まれた。

←10 満州事変 (1931) 総力戦に耐え得る勢力圏と資源の確保をめざして日本は満州領有を狙い，清朝最後の皇帝・溥儀を元首に傀儡国家，満州国を建国した。

←11 日中戦争 (1937～) 満州国を足場に，日本は華北へ勢力を拡大。ついに日中軍事衝突。短期勝利の自論見が外れ，泥沼の全面戦争へ発展。

問2 14の図を参考にして無謀な対米戦争決定に至る日本の動きを文章化してみよう。

↓14 開戦へ (1941)

対米譲歩して石油確保

どっち？

オランダ領インドネシア油田の強奪，対米戦争 ← こっち

11月，アメリカは，中国・インドシナからの撤退要求(ハル=ノート)
その上で
アメリカ激怒，8月究極の経済制裁，日本への石油輸出を全面禁止
7月，資源確保を狙う日本軍，フランス領南部インドシナに進駐

←13 折しも第二次世界大戦の勃発 (1939) 1940年，ドイツはオランダ，フランス等を占領。両国は東南アジアに広大な植民地を所有。日本は，参戦はしないが米英牽制のためドイツにさらに接近，日独伊三国同盟を結ぶ。

←12 米・英などの激しい反発 アメリカ大統領ローズヴェルトは，日中戦争を日本の侵略と激しく非難，中国を援助し，日本への厳しい経済制裁を強める。

1 奈良県奈良市　正倉院
－和紙から考える紙の歴史－

　2014年、「手漉き和紙技術」が、国連教育科学文化機関（ユネスコ）の無形文化遺産に登録された。日本には7世紀頃、高句麗の僧、曇徴が製紙技術を伝えたとされており、正倉院には8世紀初頭の戸籍を記した国産紙（美濃紙）が1300年の時を超えてほぼそのままの状態で現存している。

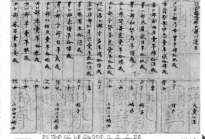

↑**1** 筑前国嶋郡川辺里戸籍（福岡県糸島郡志摩町馬場）702（大宝2）年　正倉院文書

❶ 古代エジプトで使用
　　　　…（　　　　　　　）

❷ 羊の皮などを利用，主に古代ヨーロッパで使用
　　　　…（　　　　　　　）

❸ メソポタミアなどで使用
　　　　…（　　　　　　　）

❹ 古代中国や日本で使用
　　　　…（　　　　　　　）

＊写真❶❸❹はレプリカ（紙の博物館所蔵）

　紙は，紀元前2世紀頃，中国で発明されたと考えられており，西暦105年頃に後漢時代の役人蔡倫の改良により，実用的な紙がつくられるようになった。それ以前にはどのように世界の人々は記録を残したのだろうか。

（解答　別冊P.39）

問**1**（　　　　）に当てはまる言葉を書いてみよう。

3 佐賀県唐津市　菜畑遺跡
－米は尊いもの－

↑**2** 弥生水田の復元（佐賀県菜畑遺跡）　大陸から九州北部に水稲農耕が伝わり，日本列島に広まった。（唐津市教育委員会提供）

（解答　別冊P.39）

問**3** 寿司屋で米をシャリと呼ぶが，シャリという音から想像できることは何だろうか。コメもシャリも尊いものである。 ヒント P.37 ←**15**

2 長野県千曲市　森将軍塚古墳
－朝鮮にもある前方後円墳－古墳からわかること

Ⓐ

Ⓑ（墳長45.3m）

　Ⓐ，Ⓑどちらも前方後円墳だが，どちらが日本のものだろう。実は…

Ⓐ　森将軍塚古墳（復元）　（長野県千曲市　4世紀末）
　　　　　　　　　　　　　（千曲市教育委員会協力）

Ⓑ　光州月桂洞古墳1号墳　（韓国　6世紀前半）
　　　　　　　　　　　　　（解答　別冊P.39）

問**2** 日本列島で3世紀前半に発生した前方後円墳が6世紀前半に朝鮮半島で築かれたことから日本と朝鮮のどのような関係が考えられるか，ヤマト政権という言葉を使って考えてみよう。

4 奈良県斑鳩町　法隆寺
－お面は語る－

　伎楽面は一種の仮面劇である伎楽に使用する面で，ギリシア仮面の影響を受けている。（▶P.24←**2**）面は十数種あるが酔胡と呼ばれる面は著しく高い鼻・薄い唇・彫の深い顔など明らかにアーリヤ人の特徴を示している。

酔胡

縦30.6cm 横20.2cm

↑**3** 法隆寺伎楽面（東京国立博物館蔵）

↑**4** イラン人

（解答　別冊P.39）

問**4** 次のどの道を通って伝わってきたものが考えて着色してみよう。

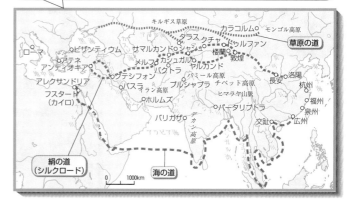

１ 広島県廿日市市
ー日本経済に影響を与えた宋銭ー

↓２ 厳島神社

↑１ 宋銭

世界遺産
（朝日新聞社提供）

960年に中国で宋が成立して以降，民間交易の形で日宋貿易は活発化した。特に11世紀後半，平清盛が奈良時代以来の貿易港である大輪田泊を修築するなど瀬戸内海航路を整備したことにより，日宋両国間の交易は一層の繁栄を見ることになった。また厳島神社は，日宋貿易を推進した平清盛はじめ平家一門の尊崇を集めた。日本は宋から大量の宋銭を輸入したが，これは中世日本の経済活動に大きな影響を与えた。

（解答 別冊P.39）

問１ 日本からの輸出品の一つとして，硫黄がある。硫黄が中国で求められた背景としては，宋代にあるモノが発明され，その原材料の一つとして必要であったからである。中国の三大発明の一つとされる，そのあるモノとは何だろうか。 ヒント P.65 ２

２ 青森県五所川原市十三湖
ー中国の世界商品・陶磁器ー

青森県・津軽半島西部に位置する十三湊は，13世紀後半から繁栄した港町である。遺跡からは中国や朝鮮半島の陶磁器が多数見つかっており，日本海を挟んで広範囲に交易活動が行われていたことがうかがえる。中国では宋代，青磁・白磁の生産が盛んで周辺地域に輸出をしていた。
写真の「粉青蓮花温椀」は宋代青磁の最高傑作。

（解答 別冊P.39）

問２ 宋代，高温で焼く青磁・白磁の生産が盛んになった背景としては，あるモノが燃料として多用されるようになったことも関係している。そのモノとは何だろうか。

日本海
十三湖
十三湊

↑３ 十三湊の現在の航空写真（青森・五所川原市教育委員会提供）

→４ 青磁「粉青蓮花温椀」（高さ10.5cm，台北故宮博物院蔵）

３ 福岡県福岡市博多湾沿岸
ー元寇・フビライがめざしたものー

↑５ 博多湾沿岸の防塁

（解答 別冊P.39）

問３ フビライの遠征の目的は何だったのだろうか。彼はどのような国家の建設をめざしていたのだろうか。 ヒント P.71 ３

強力な騎馬軍団によりユーラシア大陸の大半を支配下に置いたモンゴル帝国のフビライは，海の道の掌握も狙った。日本への最初の遠征である文永の役後，鎌倉幕府は元の再度の遠征に備えて博多湾沿岸に防塁を築いた。高さは２〜３ｍ，総延長は20kmに及ぶ。フビライは日本のほかにも東南アジア各地に遠征軍を送ったが，その多くは失敗に終わった。

↑６ モンゴルの騎馬軍団

４ 京都府京都市
ー世界で最も飲まれている飲み物・茶ー

鎌倉時代，栄西が中国（南宋時代）から日本に茶の種子や苗木を伝えたことにより，日本での栽培が広がった。中国では宋代，茶が専売となり，また西夏に対しては，歳幣として毎年，大量の茶を贈った。この頃から茶は中国の重要な交易品になってきたのである。

（解答 別冊P.39）

問４ 当初，日本では茶はどのような目的で用いられていたのだろうか。

↑７ 西大寺 大茶盛式 毎年，年３回（１月，４月，10月）行われ，重さ６〜７kg，直径30cmの大茶碗が用いられる。（朝日新聞社提供）

1 長崎県・熊本県天草地方
－守り抜いたキリシタン信仰－

↑1 長崎県頭ヶ島の墓地

↑2 長崎市の大浦天主堂

問1 なぜ日本までキリスト教が伝わってきたのだろうか。また、なぜ江戸幕府はキリスト教を禁じたのだろうか。ヒント P.127 6

（解答　別冊P.39）

↑3 映画「沈黙－サイレンス－」より（2016年公開）

2018年、日本の「長崎と天草地方の潜伏キリシタン関連遺産」の世界文化遺産への登録が決定した。1549年イエズス会宣教師によりキリスト教が伝来し信徒を増やしたが、1612年の禁教令によりキリスト教信仰は禁じられ激しい弾圧を受けた。しかし長崎では潜伏（隠れ）キリシタンが密かに信仰を守り続けた。

3 種子島　西之表市　鉄砲館
－鉄砲伝来に見る東アジアの海－

↑6 ポルトガル初伝銃
（種子島開発総合センター提供、種子島時邦氏蔵）

1543年、100人が乗った**中国船**が漂着した。中国人で倭寇の頭目王直の船であったと考えられている。種子島の領主は、たまたま乗り合わせていたポルトガル人から、鉄砲2挺を購入し、鍛冶工に同じものをつくらせた。つまり、鉄砲は倭寇によってもたらされたともいえるのだ。

背景　明は自由な交易を許さず（海禁政策）、東アジアの海上交易は、**中国人を含む武装交易集団（倭寇）**になっていた。

倭寇はすでに鉄砲で武装していた。

↑7 略奪に向かう倭寇（16C後半）

（「倭寇図巻」▶P.77）　（解答　別冊P.39）

問3 銀の大量流入は、明の税制にどんな影響を及ぼしたのだろうか。ヒント P.84 2 8

2 島根県大田市　石見銀山遺跡
－銀がザクザク！日本は宝島？－

➡5 石見産の銀でつくられた御取納丁銀（1557年）
（長さ16cm、幅5.2cm、重さ160g、島根県立出雲歴史博物館蔵）

↑4 ポルトガル人宣教師ティセラの日本図　Hivami(石見)　Argenti fodina(銀鉱山)の記述が見られる。（東京・凸版印刷(株)印刷博物館蔵）

2007年世界文化遺産に登録された石見銀山は16世紀に世界の銀の3分の1を産出したという。

（解答　別冊P.39）

問2 当時、ポルトガル商人はどのような交易で利益を上げたのだろうか。日本と明の関係を踏まえて考えてみよう。ヒント P.75 1 3、116 1、117 1

4 京都市東山区　耳塚（鼻塚）
－世界史から見た秀吉の朝鮮侵略－

←9 耳塚（鼻塚）

1592～98年日本は、明と朝鮮の征服をめざし無謀な侵略を行うが失敗した。秀吉は、戦功の証として討ち取った明・朝鮮兵の耳や鼻をそいで塩漬けにして日本に送らせた。耳塚はそれを葬ったもの。2万人分の耳や鼻が埋められているという。

戦争に動員された中国東北部駐屯の明軍に大きな痛手。その再建のため、**巨額の軍費が銀で中国東北部に投入**。

この銀を、中国東北部の女真ヌルハチ集団がクロテンの毛皮や薬用人参の交易で吸収して強大化、やがて清帝国に発展した。

↑10 ヌルハチ

● 16C、世界市場の形成
● 明、海禁政策放棄
● 倭寇、急速に衰退
● 大量の銀が中国へ流入

↓8 日本銀と新大陸銀の中国流入図
（岸本美緒『中国の歴史』ちくま学芸文庫による）

セビリャ　日本銀 50～80トン　マカオ　長崎　マニラ　ゴア　ガレオン貿易 25～50トン　ヨーロッパへ 約250トン　アカプルコ　ポトシ　ポルトガル船によるアジアへの銀輸入 ?トン

問4 銀が流入したということは、中国から大量の輸出があったということである。その商品は何だろうか。ヒント P.119 1

↑11 クロテン

（解答　別冊P.39）

① 山口県下関市
－割烹旅館　春帆楼とは？－

（春帆楼提供）

←1 春帆楼

←2 日清講和記念館　（朝日新聞社提供）

超大国と思われていた清を帝国主義的進出にさらした日清戦争の講和会議はここで行われた（下関条約）。伊藤博文と李鴻章がここで対峙したのであり，歴史を動かした場所でもある。

（解答　別冊P.39）

問1 現在でも割烹旅館として営業しているが，ここの名物は何だろうか（1888年，伊藤博文により公許第一号店となった）。

←3　李鴻章道
李鴻章が危険を避けるため，宿舎（引接寺）との往復に使用した道。

③ 東京都　第五福竜丸
－核兵器による3度目の"ヒバク"－

「ヒバク」には2つの漢字がある。被爆と被曝で，それぞれ意味も違う。被爆は核兵器の被害を受けることで，被曝は放射線を浴びることである。1954年3月1日，第五福竜丸はアメリカのビキニ環礁における水素爆弾の実験によって発生した大量の「死の灰」（放射性下降物）を浴びた（つまり被曝した）。この半年後，無線長の久保山愛吉が死亡し，犠牲者が出た。広島・長崎に次ぐ，3度目の被爆であった。この後，第五福竜丸は東京水産大学の練習船はやぶさ丸となった。1967年，老朽化により東京都江東区の夢の島に打ち捨てられたが，保存運動が起こり，現在では永久展示されている。

←7　東京都立第五福竜丸展示館（夢の島公園）

② 徳島県鳴門市　－日本初の「第九」演奏－

（朝日新聞社提供）

←4　板東俘虜収容所跡（現ドイツ村公園）

第一次世界大戦で，ドイツの中国での租借地膠州湾の青島で日本軍の捕虜となったドイツ兵約5,000人のうち，約1,000人を収容した施設跡。日本はこのときに寛大で公正な捕虜取り扱いを行ったとされ，そのまま日本に残った者もいたという。彼らにより1918年6月1日，ベートーヴェンの第9交響曲全曲が，日本で初めて演奏された。

（解答　別冊P.39）

問2 ドイツが租借した中国の山東半島の中心都市である青島には，ある飲み物の中国での先駆的な企業がある。そのドイツならではの飲み物とは何だろうか。

←5　映画「バルトの楽園」（2006年公開）
板東俘虜収容所での出来事を映画化した作品。©2006「バルトの楽園」製作委員会

←6　シャウシュピールハウス（東ベルリン）での演奏

楽聖ベートーヴェンの最高傑作の第9交響曲は，歴史のさまざまな場面で演奏されてきた。1989年11月のベルリンの壁開放を祝して，同年12月25日，死期が間近に迫っていた巨匠バーンスタインの指揮で第九が演奏された。このとき，歌詞の「フロイデ（歓喜）」が「フライハイト（自由）」に代えて演奏された。日本では年末に演奏されるが，これは楽団員のボーナスのために始まったとされている。

←8　ビキニ環礁（2010年負の世界遺産に登録）現在も定住不可。1954年に，マーシャル諸島の人々も「死の灰」を浴びていたことが，のちに明らかになった。

問3 怪獣映画には文明批判的なものも多いが，1954年11月3日に公開されたのはA～Dのうちのどれだろうか。「核の落とし子」とされた怪獣で，ビキニ環礁での核実験などに触発されて制作された。冒頭に沈没する船は，第五福竜丸のメタファー（暗喩）とされている。

（解答　別冊P.39）

A　モスラ

B　ガメラ　　C　ゴジラ　　D　キングコング

『大怪獣ガメラ　大映特撮　THE BEST』発売元・販売元：株式会社KADOKAWA

8 人類の出現と進化

1 地球と生物の歴史

46億年前	32億年前	5.8億年前	2.5億年前	6500万年前	700万年前	現在
地球誕生	生物誕生 始生代・原生代（生物の発生と進化）	古生代（魚類の繁栄）	中生代（恐竜の繁栄） 恐竜絶滅	新生代（哺乳類の繁栄）第三紀 人類誕生	第四紀	

地球の歴史 1年間とすると
人類の歴史 13時間19分
AM

2 先史時代の人類の歩み

実年代（年前）	地質年代	考古学	社会・経済	文化・道具	人類の進化
700万	新生代第三紀	前期旧石器時代	狩猟・漁労・採集（獲得経済）・群（ホルド）社会・移動生活	・打製石器（礫石器）の使用　➡1 70万年前の礫石器（前期旧石器時代。タンザニア，オルドヴァイ峡谷出土）	人類の出現　猿人　アウストラロピテクス
260万	更新世（洪積世）＝氷期4回（寒冷）と間氷期3回（温暖）の交替			・石核石器の発達（握斧＝ハンドアックスなど）・火の使用・言語の使用　➡2 握斧	原人　ホモ＝ハビリス　ホモ＝エレクトゥス（ジャワ原人，北京原人）　ハイデルベルク人
240万		中期旧石器時代		・剝片石器の発達（石刃＝ブレードなど）・死者の埋葬　➡3 剝片石器（中期旧石器時代。ネアンデルタール人製作と推定される）	旧人　ネアンデルタール人
60万	新生代第四紀	後期旧石器時代		・打製石器の精巧化・骨角器の使用・洞窟絵画（フランスのラスコー，スペインのアルタミラなど）・女性裸像（ヴィーナス）	新人（現生人類・ホモ＝サピエンス）　クロマニョン人　グリマルディ人　周口店上洞人
20万		中石器時代		・細石器の使用・弓矢の使用　⬅4 骨角器（後期旧石器時代。フランス国立考古学博物館蔵）	
1万	完新世（沖積世）＝温暖	新石器時代	農耕・牧畜（生産経済）・氏族社会・定住生活	・農耕・牧畜の開始・磨製石器の使用・竪穴住居・織物の製作・土器の使用・巨石記念物の建設　石鏃　槍　⬅5 細石器	
9000		金属器時代		・青銅器の使用・文字の使用・都市国家の成立　⬅6 磨製石斧（新石器時代。イギリス南東部フォークストン出土）	
5000					

A 化石人類にみる人類の進化

	猿人	原人	旧人	新人（現生人類）
生存期	700万年前〜120万年前	240万年前〜10万年前	60万年前〜3万年前	20万年前以降
一例	アウストラロピテクス	北京原人	ネアンデルタール人	クロマニョン人
イメージ				
頭骨				
脳容量	400〜550cc [cm³]	750〜1250cc	1100〜1750cc	1200〜1700cc

ニューアングル ミトコンドリア＝イブ仮説

細胞内のミトコンドリアのDNAは母から子にしか遺伝しないが，現生人類全員の母系をたどると，十数万年前のアフリカのたった一人の女性に行き着くというもの。これにより現生人類のアフリカ単一起源説が裏付けされた。これ以前，原人段階でアフリカから世界に拡散した人類（ジャワ原人など）は各地で絶滅したと考えられる。

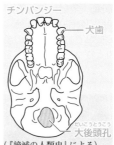

チンパンジー
犬歯
大後頭孔
（『絶滅の人類史』による）

⬅7 犬歯の縮小　人類の身体的特徴に，直立二足歩行の他に犬歯の縮小がある。これはメスをめぐってのオス同士の争いが少なくなり，一夫一婦のペアが形成されたことを意味する。身体的武器を捨てても，自分の家族を持とうとしたのかもしれない。自分の家族に食料を運搬するために直立二足歩行も発達したとの説もある（両手を空けるため）。

➡8 ネアンデルタール人の精神文化　ネアンデルタール人は死者を埋葬していた。しかし，そこに花を手向けたかは，シャニダール洞窟で発見された花粉が他からはみつからないことから，不明である。

（絵は発掘に基づく想像画／中西立太画）
イラクのシャニダール洞窟

1 古代文明の発生

作業
①現生人類（新人）の
移動ルート（◀‥）を着色しよう。

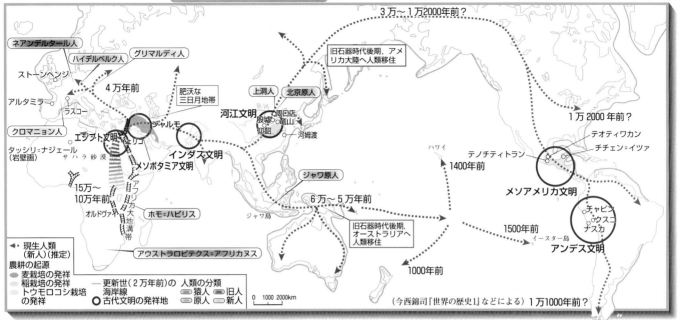

3万〜1万2000年前？

旧石器時代後期，アメリカ大陸へ人類移住

ネアンデルタール人
ハイデルベルク人
グリマルディ人
ストーンヘンジ
アルタミラ
クロマニョン人
タッシリ＝ナジェール（岩壁画）
4万年前
肥沃な三日月地帯
ジャルモ
エジプト文明
メソポタミア文明
インダス文明
上洞人　北京原人
河江文明
殷墟　仰韶　周口店　竜山
河姆渡
1万2000年前？
テオティワカン
チチェン＝イツァ
テノチティトラン
1400年前
メソアメリカ文明
ハワイ
ジャワ原人
ジャワ島
6万〜5万年前
旧石器時代後期，オーストラリアへ人類移住
15万〜10万年前
オルドヴァイ
ホモ＝ハビリス
アフリカ大地溝帯
アウストラロピテクス＝アフリカヌス
チャビン　クスコ　ナスカ
1500年前　イースター島
アンデス文明
1000年前
1万1000年前？

◀‥ 現生人類（新人）（推定）
農耕の起源
麦栽培の発祥
稲栽培の発祥
トウモロコシ栽培の発祥
○古代文明の発祥地
更新世（2万年前）の海岸線
人類の分類　猿人　原人　旧人　新人
0 1000 2000km
（今西錦司『世界の歴史1』などによる）

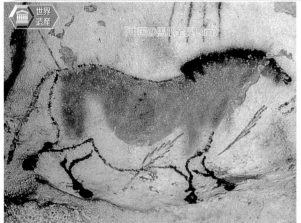

世界遺産

『中国の馬』（全長1.4m）

↑1 ラスコー洞穴絵画（南フランス，2万〜1万5000年前）　約800点の野牛・馬・鹿や人間などが岩盤の凹凸を利用して浮彫のように描かれている。鉱石や木炭の粉を絵の具として使用している。光の届かない洞穴内で何らかの儀式を行ったと考えられる。

2 国家の誕生

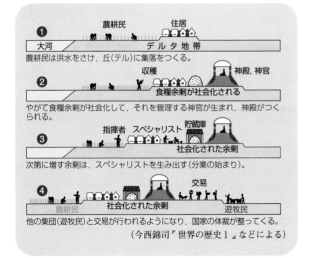

❶ 農耕民　住居
大河　デルタ地帯
農耕民は洪水をさけ，丘（テル）に集落をつくる。

❷ 収穫　神殿，神官
食糧余剰が社会化される
やがて食糧余剰が社会化して，それを管理する神官が生まれ，神殿がつくられる。

❸ 指揮者　スペシャリスト　貯蔵庫
社会化された余剰
次第に増す余剰は，スペシャリストを生み出す（分業の始まり）。

❹ 交易
社会化された余剰
農耕民　遊牧民
他の集団（遊牧民）と交易が行われるようになり，国家の体裁が整ってくる。
（今西錦司『世界の歴史1』などによる）

➔3 野生の小麦

↓2 女性裸像（オーストリア，約3〜2万年前）　強烈にデフォルメされたこの像は出産する女性に対する尊敬と畏れを表現している。
（石灰石製，高さ11cm。ウィーン自然史博物館蔵）

↑4 イェリコ遺跡（前7000年頃）　世界最古の農村集落で「肥沃な三日月地帯」に含まれるヨルダン川のほとりにある。5haたらずの土地に500人以上が住み，周囲は石の壁で囲われていた。

世界遺産

➔5 ストーンヘンジ（イギリス）　前3000〜前1500年に造営された新石器時代の遺跡。少し離れた東側に1本の石柱（ヒールストーン）があり，夏至の日にここから昇る太陽が遺跡の中央を照らすようにつくられている。

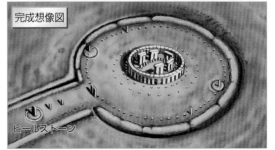

完成想像図

ヒールストーン

1 人種の4大区分

コーカソイド	モンゴロイド	ネグロイド	オーストラロイド

コーカサス人種の意（コーカサスは黒海とカスピ海にはさまれた地域）。白色人種。	蒙古人種，黄色人種，アジア人種。アメリカインディアン(アメリカ先住民)も含まれる。	黒色人種，アフリカ人種。	オーストラリアの先住民アボリジニなど。

2 分類の定義

人種	皮膚の色などの身体的特徴によって人類を分類した考え方。すべての人種はホモ＝サピエンス＝サピエンスという同一の種に属している。
語族	同じ系統・同じ起源と考えられる言語グループ。または同じ系統の言語を話す人間集団。「～語系」と表現されることも多い。
民族	言語・宗教・習慣・歴史などの文化的な特徴を共有していると信じている人々の集団。歴史的につくられることもあれば，政治的につくられることもある。分類上最も重要なのは，帰属意識(自分が何民族に属すと思っているか)である。

3 語族の分布

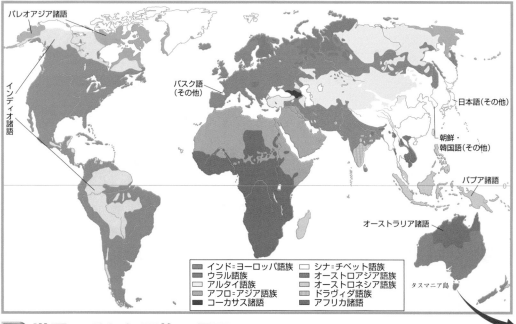

パレオアジア諸語
インディオ諸語
バスク語（その他）
日本語（その他）
朝鮮・韓国語（その他）
パプア諸語
オーストラリア諸語
タスマニア島

凡例：
- インド＝ヨーロッパ語族
- ウラル語族
- アルタイ語族
- アフロ＝アジア語族
- コーカサス諸語
- シナ＝チベット語族
- オーストロアジア語族
- オーストロネシア語族
- ドラヴィダ語族
- アフリカ諸語

英語
- Ⓢ I Ⓥ have Ⓞ a book.
- Ⓢ This Ⓥ is Ⓒ a book of the world history.

ドイツ語
- Ⓢ Ich Ⓥ habe Ⓞ ein Buch.
  イッヒ　ハーベ　アイン　ブーホ
- Ⓢ Das Ⓥ ist Ⓒ ein Buch der Welthistorie.
  ダス　イスト　アイン　ブーホ　デア　ヴェルトヒストーリエ

日本語
- Ⓢ私は，Ⓞ本を Ⓥ持っています。
- Ⓢこれは，Ⓒ世界史の本Ⓥです。

朝鮮・韓国語
- (私)(は)(本)(を)(持って)(います)
  나는 책을 가지고있습니다.
  ナヌン　チェグル　カジゴ イッスム ニ ダ
- (これ)(は)(世界史)(の)(本)(です)
  이것은 세계사의책 입니다.
  イゴスン　セ ゲ サ エ チェ ク　ム ニ ダ

中国語
- Ⓢ 我 Ⓥ 有 Ⓞ 一本书
  ウォ　ヨウ　イーベンシュー
- Ⓢ 这 是 Ⓒ 世界史的书
  ジョー　シー　シージェシーダシュー

4 世界のおもな語族・言語

（青字）：現在は使用されていない言語

インド＝ヨーロッパ語族

ゲルマン語派…（ゴート語）・ドイツ語・オランダ語・英語・アイスランド語・ノルウェー語・スウェーデン語・デンマーク語

イタリック語派…（ラテン語）・イタリア語・フランス語・ルーマニア語・スペイン語・カタロニア語・ポルトガル語
（ロマンス系）

スラヴ語派…ロシア語・ウクライナ語・ポーランド語・チェック語・セルビア語・ブルガリア語

ギリシア語派…（古代ギリシア語）・現代ギリシア語

ケルト語派…（ケルト語）・アイルランド語・ウェールズ語・スコットランド＝ゲール語

バルト語派…リトアニア語・ラトヴィア語

その他語派…（ヒッタイト語）・現代アルメニア語

インド＝…（サンスクリット語）・ヒンディー語

イラン語派…ペルシア語・クルド語・（ソグド語）

ウラル語族 フィンランド語・エストニア語・ハンガリー語

アルタイ語族

ツングース語派…（女真語）・満州語

モンゴル語派…モンゴル語

トルコ語派…トルコ語・（突厥語）・ウイグル語・カザフ語

アフロ＝アジア語族（セム・ハム語族）

セム語派…（アッカド語）・（アラム語）・（フェニキア語）・（アッシリア語）・ヘブライ語・アラビア語・エチオピア語

エジプト語派…（古代エジプト語）・ベルベル語

コーカサス諸語 グルジア語・チェチェン語・イングーシ語

シナ＝チベット語族 漢語・タイ語・チベット語・ビルマ語

オーストロアジア[南アジア]語族
ベトナム語・クメール語・モン語

オーストロネシア[マレー＝ポリネシア]語族

インドネシア語派…マレー語・ジャワ語・スンダ語・フィリピン諸語

ポリネシア語派…タヒチ語・ハワイ語

ミクロネシア語派…マーシャル語

ドラヴィダ語族 タミル語

アフリカ諸語 イボ語・スワヒリ語・コイサン諸語・バントゥー諸語

※ その他(分類不能) 日本語，朝鮮・韓国語，バスク語
（『世界の民族地図』などによる）

ニューアングル

タスマニア先住民の絶滅

タスマニア島にはオーストラロイドのタスマニア先住民が3,000～5,000人ほどいた。天敵もない島なので文化レベルは旧石器時代の域を出なかった。ここにやってきたイギリス人は疫病を持ち込み，また本国の「キツネ狩り」のキツネに見立てておとなしいタスマニア先住民を狩ってしまった。この結果，1869年に最後の男性が，1876年には最後の女性が死に，タスマニア先住民は絶滅してしまった。現在，混血のタスマニア先住民の子孫がいる。

1 祭りと儀式

↑1 ヴェネツィアのカーニバル　カーニバルは現在では"お祭り"的要素が強くなっているが，日本語で「謝肉祭」と訳され，荒野で修行したキリストを偲び，おもに獣肉を断ち懺悔を行う四旬節という時期の前に飽食と笑いの祝祭として定着した。そこには，現世を支配する封建的束縛からの一瞬の解放という意味合いも込められていた。

↑2 ユダヤ教の儀式　ユダヤ教徒の少年は13歳になると元服を行い，宗教上は一人前の大人とみなされる。写真はラビ（導師）から律法の読み方を教授されている少年。

2 宗教上の食事のタブー

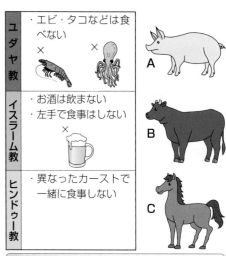

ユダヤ教	・エビ・タコなどは食べない ✕ ✕
イスラーム教	・お酒は飲まない ・左手で食事はしない ✕
ヒンドゥー教	・異なったカーストで一緒に食事しない

A / B / C

② それぞれの宗教ではA～Cのどの動物の肉を食べてはいけないだろうか。

3 世界の宗教の分布

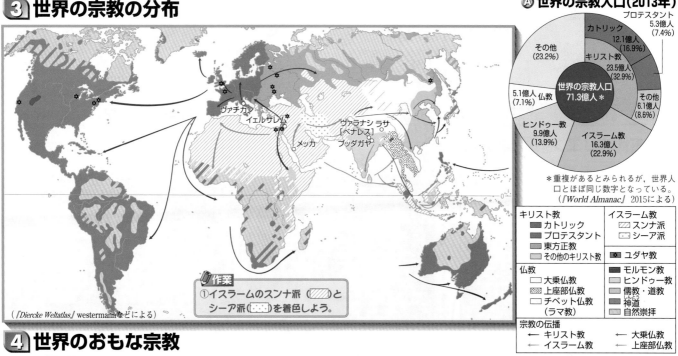

ヴァチカン　イェルサレム　メッカ　ヴァラナシ[ベナレス]　ブッダガヤ

（『Diercke Weltatlas』westermann などによる）

📖 作業
①イスラームのスンナ派（▨）とシーア派（⦂）を着色しよう。

Ⓐ 世界の宗教人口（2013年）

プロテスタント 5.3億人（7.4%）
カトリック 12.1億人（16.9%）
キリスト教 23.5億人（32.9%）
その他（23.2%）
その他 6.1億人（8.6%）
イスラーム教 16.3億人（22.9%）
ヒンドゥー教 9.9億人（13.9%）
仏教 5.1億人（7.1%）

世界の宗教人口 71.3億人 ＊

＊重複があるとみられるが，世界人口とほぼ同じ数字となっている。
（『World Almanac』2015による）

キリスト教	イスラーム教
▰ カトリック	▨ スンナ派
▰ プロテスタント	⦂ シーア派
▰ 東方正教	✡ ユダヤ教
▱ その他のキリスト教	
仏教	▰ モルモン教
▱ 大乗仏教	▰ ヒンドゥー教
▨ 上座部仏教	▰ 儒教・道教
▱ チベット仏教（ラマ教）	▰ 神道
	▰ 自然崇拝

宗教の伝播
← キリスト教　　← 大乗仏教
← イスラーム教　← 上座部仏教

4 世界のおもな宗教

宗教	ユダヤ教	キリスト教	イスラーム教	仏教	ヒンドゥー教
成立	前6世紀頃	1世紀	7世紀	前5世紀頃	紀元前後
開祖	モーセ	イエス	ムハンマド	ガウタマ＝シッダールタ	特定の開祖はいない
神	唯一神ヤハウェ	父なる神＝子なるイエス＝聖霊	唯一神アッラー		ヴィシュヌ，シヴァなど（多神教）
	上記3つの宗教の神は同一の神と考えられている				
聖典	『旧約聖書』	『旧約聖書』『新約聖書』	『コーラン』	多数の仏典	特定の聖典はない
聖地	イェルサレムなど	イェルサレムなど	メッカ，メディナなど	ブッダガヤなど	ヴァラナシ[ベナレス]など
教義の特徴	・選民思想 ・救世主[メシア]思想 ・偶像崇拝の禁止	・イエスは救世主 ・神の絶対愛や隣人愛，人間の平等を説く	・神への絶対服従 ・六信五行の実践 ・偶像崇拝の厳禁	・カースト制の否定 ・八正道の実践による解脱	・カースト制を肯定 ・沐浴は重要な宗教儀式

Ⓠの答え　A，C：ヒンドゥー教　A：イスラーム教　B：ユダヤ教

古代オリエント世界の概観

作業 学習する「時代」（ ）を着色しよう。

																					←B.C.|A.D.→																	
世紀	29	28	27	26	25	24	23	22	21	20	19	18	17	16	15	14	13	12	11	10	9	8	7	6	5	4	3	2	1	1	2	3	4	5	6	7	8	9
日本	縄文																							弥生				古墳		飛鳥	奈良	平安						鎌倉 室町	江戸

1 古代オリエント世界の風土（オリエント世界の3地域）

←1 ナイル川流域の風景 歴史家ヘロドトスは「エジプトはナイルのたまもの」と述べた。ナイル川の定期的な氾濫がエジプトの豊かさの源泉であった。

←2 メソポタミアの風景 メソポタミアはその開放的な地形から周辺諸民族の侵入が相次ぎ，民族と王朝の興亡が激しかった。

←3 パレスチナの風景 シリア・パレスチナ地方は『旧約聖書』の舞台となった。写真は荒涼とした風景が広がるヨルダンのモアブ谷。

2 古代オリエント世界の展開

A 前30〜前22世紀

B 前21〜前15世紀

C 前14〜前12世紀

3 古代オリエント諸国の歩み

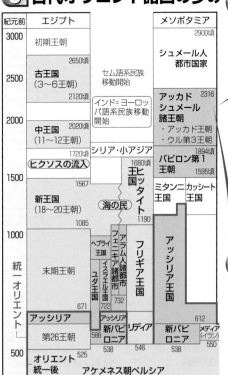

紀元前	エジプト				メソポタミア
3000	初期王朝				2900頃 シュメール人都市国家
2500	2650頃 古王国（3〜6王朝）	セム語系民族移動開始			アッカド2316 シュメール諸王朝・アッカド王国・ウル第3王朝
2000	2120頃 中王国（11〜12王朝）	インド=ヨーロッパ語系民族移動開始			
1500	1720頃 ヒクソスの流入	シリア・小アジア	1680頃 ヒッタイト王国		1894頃 バビロン第1王朝 1595頃
	1567 新王国（18〜20王朝）	海の民	1190	ミタンニ王国 カッシート王国	
1000	1085 末期王朝	ヘブライ王国 フェニキア諸都市 イスラエル王国 ユダ王国	アラム人諸都市 フリギア王国	アッシリア王国	
		722 732			
	統一オリエント アッシリア 第26王朝	671 アッシリア 586 新バビロニア	リディア	612 新バビロニア メディア（イラン）	
500	525 オリエント統一後	538	546	538 550	
	アケメネス朝ペルシア				

セム語系 　エジプト語系 　インド=ヨーロッパ語系

バターをつくるシュメール人

牛乳を壺に入れる　　牛舎につながれる牛

動物の家畜化は西アジアで始まったと考えられている。牛・豚・山羊・羊は前8000〜前6000年の間に家畜化された。写真はシュメール初期王朝時代の神殿のレリーフで，牛乳を壺に入れて，バターをつくる工程が表現されている。（前2500年頃，イラク博物館蔵）

世界最古のゲーム

世界最古のゲームは，紀元前2600年頃のシュメール人の都市ウルの王墓から発見された。ゲーム盤は20の目からなり，片側に6目，もう一方に12目あり，両側を2つの目が結ぶ。それぞれの目は貝殻がはめ込まれた上，6種類の文様が施されている。遊び方はわかっていない。

（大英博物館蔵）

1 シュメールとアッカドの文明

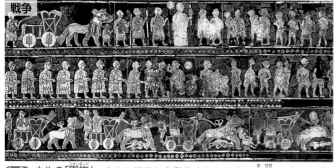

戦争　　　　　　　　　　　　　　　　　平和

（高さ22×幅50×奥行12cm、大英博物館蔵）

↑1 ウルの「軍旗」 ウルの王墓から発見された。青い貴石ラピスラズリや真珠貝などのモザイクで表現されたみごとな工芸品。表裏で**戦争**（左）と**平和**（右）の場面を描く。戦争場面の下段（❶）では、ロバの引く四

輪戦車が走る。中段（❷）は兵士が捕虜を引き立てているようす。上段（❸）の大きな人がウルの王で、家臣を引き連れ謁見をしている。平和の場面では王の戦勝の宴（❹）、家畜と穀物の貢納（❺❻）が行われている。

➡2 ウルのジッグラト ジッグラトは「高い山」の意で階段ピラミッド状の神殿基壇である。古代メソポタミアでは、都市は神殿を中心に形成され、その神殿は煉瓦製の基壇の上に建設された。

ウル第3王朝時代の建築の復元
高さ15m、基壇部60×40m

ジッグラト　　ハステラブーユ

↓4 アッカドの印章 メソポタミアでは葦のペンなどを粘土板に押し付けて文字を刻んだ。これが**楔形文字**である。また、所有権や責任の所在を確認するために、円筒印章が使用された。（ルーヴル美術館蔵）

↑3 ウルのCG

2 バビロン第1王朝のハンムラビ法典

高さ2.25m

1902年、フランスの調査隊がスサで発見

ハンムラビ王
太陽神シャマシュ

↑6 杖と腕輪を授かるハンムラビ王
↓7 楔形文字による条文

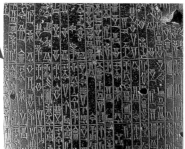

←5 ハンムラビ法典 石柱に前文、282条の条文、後文が楔形文字で記されている。法典は前1760年頃に**バビロン第1王朝のハンムラビ王**によって成立したとされる。内容は刑法・民法・商法など多岐にわたる。刑法は「目には目を、歯には歯を」で知られる復讐法を原則とするが、階級による差別規定が設けられた。
（ルーヴル美術館蔵）

楔形文字
回転する神印
円筒印章　　　　　　　粘土

3 ヒッタイト王国

←8 ヒッタイトの戦車 **ヒッタイト**は、6本スポークの車輪で2頭立ての馬に引かせた二輪の軽戦車を駆使して、支配領域を拡大した。**バビロン第1王朝**を滅ぼし、**ミタンニ王国**を圧倒して、大帝国を築いた。
（アナトリア文明博物館蔵）

6本のスポーク

↑9 ヒッタイトの鉄剣 小アジアでは、前2000年頃に製鉄が始まり、この地に移住してきた**ヒッタイト**は前1500年頃、**製鉄技術**を会得し、本格的に使用を開始した。（アナトリア文明博物館蔵）

西アジア

1 「ナイルのたまもの」

地中海 / ロゼッタ / サイス / （アレクサンドリア） / ギザ / シナイ / メンフィス / テル＝エル＝アマルナ / 王家の谷 / テーベ［ルクソール］ / 紅海 / シエネ［アスワン］ 第1急湍 / 古王国の南限 / アブ＝シンベル / 中王国の南限 第2急湍 / ヌビア砂漠 / 第3急湍 第4急湍 第5急湍 / 新王国の南限 / 第6急湍 / ハルツーム / 0 150km

*海抜の低いところが緑色で表現されている（地勢図）。

■ 農耕地
▲ ピラミッド
━ 急湍（滝）

←エチオピア高原の降雨により、夏至の頃から**ナイル川**は増水をはじめ、9月頃、氾濫をおこす。そのあとには、有機質を含んだ沃土が堆積し、土壌中の塩分は押し流されている。この自然環境の中で展開された灌漑農法が数千年にわたって、豊かな収穫を保障し、エジプト文明を育んだ。

↓ 1 **ギザの三大ピラミッド** 第4王朝では、クフ王、カフラー王、メンカウラー王の三大ピラミッドが建設された。最大のクフ王のピラミッドは平均2.5tの石材を約300万個積み上げてできている。底辺の長さは230m、高さは147mである。ピラミッドの建設は従来考えられていたような無償の強制労働ではなく、ナイル川の氾濫時、仕事のない農民たちのための一種の"公共事業"であったとする説が近年有力視されている。

メンカウラー王（高さ65.5m） / カフラー王（高さ143.9m） / クフ王（高さ146.6m）

世界遺産

① 入口 ② 地下の間 ③ 大回廊 ④ 女王の間 ⑤ 王の間 ⑥ 重力軽減の間

←2 **クフ王のピラミッドの内部構造**

230m

（©吉田公麿）

（大英博物館蔵）

2 エジプトの来世信仰

ヒエログリフ / 死者 / ジャッカルの頭をもつアヌビス神 / 鳥の頭をもつトト神（審問の結果を記録する） / 鳥の頭をもつホルス神 / 冥界の王オシリス神 / 魂を食う獣

↑3 **死者の書** 死者のための冥界への案内書。写真は死者が生前に行った罪が審問される場面。アヌビス神の案内で死者の心臓が天秤にかけられ、審問で真実を語ればホルス神がオシリス神のもとへ案内し、偽りを語れば死者の魂が獣に食べられる。

3 新王国時代のエジプト

アメンホテプ4世 / ネフェルティティ

←7 **ファラオ夫妻の像** アメンホテプ4世の妃ネフェルティティはエジプトの同盟国ミタンニ王国の王女であった。アメンホテプ4世が遷都した**テル＝エル＝アマルナ**では、写実的な**アマルナ美術**が花開いた。

（高さ50cm、ベルリンのエジプト博物館蔵）　（高さ396cm、カイロのエジプト博物館蔵）

ニューアングル ツタンカーメン王墓の発掘

←4 **ツタンカーメンの黄金マスクと**→5 **ミイラ**
（カイロのエジプト博物館蔵）

テーベ近郊の王家の谷は、**新王国時代のファラオ**の墓があった場所であるが、同時代から盗掘で荒らされていた。イギリスの考古学者カーターは、1922年、未盗掘のままの**ツタンカーメンの王墓**を発見した。9歳で即位し、18歳で亡くなったツタンカーメンのミイラは黄金のマスクをつけて、三重の黄金の棺の中に納められていた。

（高さ124cm、幅72cm、大英博物館蔵）

神聖文字［ヒエログリフ］ / 民用文字［デモティック］ / ギリシア文字

↑6 **ロゼッタ＝ストーン** 18世紀末、**ナポレオン**の遠征隊が発見し、1822年、**シャンポリオン**が解読した。併記されていたギリシア語が神聖文字［ヒエログリフ］解読のきっかけとなった。のち、戦利品としてイギリスに渡った。

世界遺産

4体すべてラメス2世像

↑8 **アブ＝シンベル神殿** 第19王朝の**ラメス2世**は、**ヒッタイト**と**カデシュ**で戦った。王は国内向けの戦勝記念として、ナイル川上流に神殿を建設した。1964〜68年に、神殿はアスワン＝ハイ＝ダムの建設に伴い、60m上の丘に移転した。

1 シリア・パレスチナ地方

①ダヴィデ・ソロモン王時代のヘブライ王国の領域（ ）を着色しよう。

ダヴィデ・ソロモン時代のヘブライ王国

↑海と砂漠にはさまれ、強大な国家の形成が難しかったこの地で、セム系3民族（アラム人、フェニキア人、ヘブライ人）は、交易に活路を見出し、文化遺産を残した。

3 ヘブライ人とユダヤ教

Ａ ヘブライ人の歩み

前1500頃	パレスチナに定住。一部はエジプトに移住
前13世紀	モーセに率いられて脱出（「出エジプト」）
前1000頃	王国建設。ダヴィデ・ソロモン王の時に繁栄

↑5 ソロモン王の名声を聞き遠方から訪ねてきたシバの女王

前922頃	北：イスラエル、南：ユダの両王国に分裂
前722	イスラエル王国、アッシリア王国により滅亡
前586	ユダ王国、新バビロニアにより滅亡
～前538	「バビロン捕囚」

↑6 連行されるヘブライ人と家畜

帰国後、ヤハウェ神殿を再建→ユダヤ教の確立
- ヤハウェを唯一神とする一神教
- 選民思想 ・預言者（複数）の存在
- 救世主[メシア]待望
- 『旧約聖書』（キリスト教の教典でもある）

2 アラム人とフェニキア人

↑1 アラム文字 内陸貿易で活躍したアラム人の言語は、西アジアの共通語となった。文字は、楔形文字にとってかわり、アラビア文字やヘブライ文字の原型となった。

前1500年頃 原シナイ文字	前11世紀中頃 フェニキア文字	前4世紀頃 ギリシア文字	前1世紀頃 ラテン文字
牡牛の頭	アレフ	A アルファ	A アー
家	ベート	B ベータ	B ベー
かど	ギメル	Γ ガンマ	C ケー

↑2 フェニキア文字 地中海貿易で活躍したフェニキア人は、少数の表音文字で言語を表す文字体系（アルファベット）を改良し、ギリシア人に伝えた。

↑4 現在のレバノン共和国の国旗 中央にはレバノン杉が図案化されている。

↑3 フェニキア人の船 フェニキア人は、シドン、ティルスなどの都市国家を拠点に、地中海に植民都市を建設した。歴史家ヘロドトスによれば、フェニキア人は優れた航海技術で「アフリカ一周」をしたともされる。船材にはレバノン杉が用いられた。

ラテン語訳聖書が「光」と翻訳すべきを「角」と訳したため、角がついてしまっている。

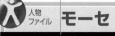
人物ファイル モーセ

（ミケランジェロ作、1515年頃、ローマのサン=ピエトロ=イン=ビンコリ聖堂蔵）

↓7 シナイ山（標高2,285m）

モーセの生涯については、『旧約聖書』の「出エジプト記」に詳しい。エジプト新王国の圧政に苦しんでいたヘブライ人（自称イスラエル人）を率いてエジプトを脱出し、「約束の地（パレスチナ）」まで導いたとされるモーセは、シナイ山で神ヤハウェから「十戒」を授けられた。

Ｂ モーセの十戒 （『旧約聖書』「出エジプト記」）

わたしはヤハウェ、あなたの神、あなたをエジプトの地、奴隷の家から導き出したものである。
1 他の神々が、あなたのためにわたしの面前にあってはならない。
2 あなたは自分のために像を作ってはならない。
3 あなたは、あなたの神ヤハウェの名を、空しいことのために唱えてはならない。
4 安息日を覚え、これを聖別しなさい。
5 あなたはあなたの父と母を重んじなさい。
6 あなたは殺してはならない。
7 あなたは姦淫してはならない。
8 あなたは盗んではならない。
9 あなたはあなたの隣人に対し、嘘の証言をしてはならない。
10 あなたはあなたの隣人の家を欲しがってはならない。

（1956年、アメリカ作品）

↑8 映画「十戒」

16 オリエントの統一

世紀	29 28 27 26 25 24 23 22 21 20 19 18 17 16 15 14 13 12 11 10 9	8 7 6 5 4 3 2 1	1 2 3 4 5 6 7	8 9 10 11 12 13 14 15 16 17 18 19 20 21
日本	縄文	弥生	古墳	奈良 平安 鎌倉 室町 安土桃山 江戸 明治 大正 昭和 平成令和

←─ B.C. A.D. →

⬇1 アッシリア王のライオン狩り 古代のメソポタミアは現在より湿潤で、野生のライオンが生息していた。アッシリアのライオン狩りは、王が行う宗教儀礼であった。
（高さ160cm、大英博物館蔵）

1 アッシリアの統一

作業
①アッシリア王国の領域（ □ ）を着色しよう。

← アッシリアの外征

（地図ラベル）ギリシア、スパルタ、アテネ、クレタ、キプロス、ティルス、イェルサレム、ユダ王国、リディア、アッシュル、ニネヴェ、アッシリア王国、バビロン、スサ、メディア、イラン高原

2 4王国の分立

□ リディア
□ メディア
■ 新バビロニア[カルデア]
□ エジプト
← バビロン捕囚の経路

（地図ラベル）ギリシア、スパルタ、アテネ、リディア、サルデス、キプロス、ティルス、新バビロニア、イェルサレム、ユダ王国、バビロン、サイス、エジプト、テーベ、アラビア、メディア、エクバタナ、スサ、ソグディアナ、バクトリア、パルティア、ペルシス

⬆2 「バベルの塔」想像図 新バビロニアの都バビロンは繁栄し、高さ90mのジッグラト（『旧約聖書』のバベルの塔の伝説のもと）がつくられたとされる。バベルはヘブライ語でバビロンのこと。
（ブリューゲル作、1563年、ウィーン美術史美術館蔵）

⬆3 リディアの貨幣（金銀合金） 世界最古の金属貨幣はリディアで生まれた。

3 アケメネス朝の統一

作業
①成立期のペルシアの領土（ □ ）とダレイオス1世時代の最大領域（ □ ）を着色しよう。

── 王の道（全長約2,400km）
□ ダレイオス1世時代

（地図ラベル）マケドニア、アテネ、スパルタ、サルデス、リディア、キプロス、ティルス、ダマスクス、イェルサレム、メンフィス、エジプト、テーベ、バビロン（冬の王宮）、エクバタナ（夏の王宮）、ベヒストゥーン、スサ（行政府）、ペルセポリス（新年の儀式の都）、アラビア、パルティア、バクトリア、ソグディアナ、ガンダーラ、シンド、アケメネス朝ペルシア

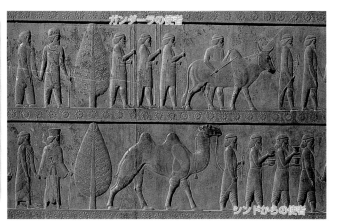

ガンダーラの使者
シンドからの使者

⬆4 ペルセポリス宮殿のレリーフ

人物ファイル ダレイオス1世（位前522〜前486）

オリエント統一後、アケメネス朝では内紛がおこった。傍系のダレイオスが即位すると、帝国各地の反乱を1年で鎮圧し、新都ペルセポリスの建設を開始した。彼の時代には、中央集権体制が確立し、活発な経済的・文化的交流が行われた。

メディア人、ダレイオス1世
⬆5 ペルセポリスのレリーフ

- 全国を20余りの州に分け、サトラップ（知事）を派遣し統治
- 王直属の監察官「王の目」、「王の耳」を派遣し、サトラップを監督
- スサに行政の中心を置き、「王の道」（スサ〜サルデスなど）を建設。駅伝制整備
- 被征服民には寛容な政策、固有の言語・宗教や伝統・慣習を容認
- フェニキア人、アラム人の商業活動を保護

⬇6 アケメネス朝の金貨 ダレイオス1世は、リディアの貨幣鋳造を受け継ぎ、弓を射る自らの姿を描いた金貨を発行した。

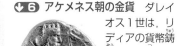

ギャラリー ペルセポリス

造営期前6世紀～前5世紀。
大基壇455m×300m。イラン

Ⓐ 遺跡を読み解く

ダレイオス1世が建設をはじめた新都。アレクサンドロス大王により破壊され，長年土砂に埋もれていたが，1930年代から発掘調査が進められた。春分の頃に新年祭が行われ，帝国各地から使者が朝貢に訪れた（◀P.16↑4）。

↑1 謁見殿（アパダーナ）　宮殿の一番重要な場所で，帝国内の諸民族の代表や外国の使節がアケメネス朝の王に謁見した。当時は，高さ約20mの円柱72本が天井を支えていたとされる。出入口の階段には，各地から献上の品を運んできた使者のようすがレリーフ（浮き彫り）で描かれている。

1 古代イランの変遷

世紀	小アジア	メソポタミア	イラン	中央アジア
前4		前330　アケメネス朝滅亡		
		前312		
前3		セレウコス朝シリア		
		前248頃		前255頃
		アルサケスが建国		バクトリア
前2		パルティア王国（中国名：安息）		前145頃
		東西交易で繁栄		
前1	前64	ミトラダテス1世（位前171～前138）		大月氏
1	ローマ 共和政・帝政	☆ヘレニズム文化を継承 ☆ゾロアスター教を保護		1世紀
		97　後漢の甘英到着		
2		ローマ帝国との抗争で衰退		クシャーナ朝
		224　ササン朝により滅亡		
3		ササン朝　都クテシフォン		
		シャープール1世（位241～272）		3世紀
		260　エデッサの戦い		
4	395 東西分裂	☆マニ教成立，弾圧 ☆ゾロアスター教国教化 教典『アヴェスター』編集 ☆ササン朝美術		
5	ビザンツ帝国	ホスロー1世（位531～579）		5世紀半ば エフタル
6		ビザンツ帝国と抗争 突厥と結んでエフタルを滅ぼす		6世紀半ば
7	ユスティニアヌス大帝	642　ニハーヴァンドの戦い（イスラーム勢力に敗北）		突厥
		651　滅亡		

➡ササン朝美術は，金属器・ガラス器・織物にすぐれ，動物の狩猟の文様，左右対称の円の文様などが特徴である。その影響は，西はビザンツ帝国，東は南北朝・隋・唐，飛鳥・奈良時代の日本にまでおよんでいる。

2 パルティアとササン朝

■ エフタルの最大領域

↑2 シャープール1世の戦勝記念レリーフ　シャープール1世は地中海へと進出した。ローマ帝国と3度戦い，軍人皇帝ヴァレリアヌスを捕虜にした。（イラン南部）

↑3 ゾロアスター教の儀式の様子　善（光）の神アフラ＝マズダの存在の証である火が神聖視される。

3 イラン文明の影響

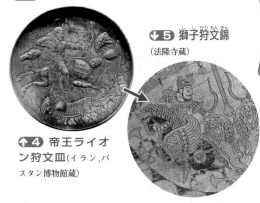

↓5 獅子狩文錦 （法隆寺蔵）

↑4 帝王ライオン狩文皿（イラン，バスタン博物館蔵）

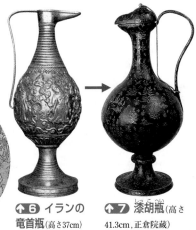

↑6 イランの竜首瓶（高さ37cm）

↑7 漆胡瓶（高さ41.3cm，正倉院蔵）

作業 学習する「時代」（　）を着色しよう。

世紀	29	28	27	26	25	24	23	22	21	20	19	18	17	16	15	14	13	12	11	10	9	8	7	6	5	4	3	2	1 |←B.C A.D→| 1	2	3	4	5	6	7	8	9	10	11	12	13	14	15	16	17	18	19	20	21
日本	縄文																										弥生		古墳	飛鳥	平安			鎌倉	室町	安土桃山	江戸		明治大正	昭和	平成令和

1 エーゲ海とギリシア人の世界

Ⓐ 主要遺跡とギリシア人の分布

- アカイア人の最初の南下（前20世紀頃）
  →イオニア人・アイオリス人として分布
- ドーリア人の南下（前12世紀頃）

前1600頃～前1200頃
ミケーネ文明

前1250頃
トロイア［トロヤ］陥落

アイオリス人の移動

アナトリア［小アジア］

前2000頃～前1400頃
クレタ文明

- 旧石器時代～クレタ，ミケーネ文明時代の主要遺跡
- □ アイオリス人の定着地
- □ イオニア人の定着地
- □ ドーリア人の定着地

トラキア・サモトラケ島・マケドニア・オリンポス山・トロイア［トロヤ］・レスボス島・テーベ・デルフォイ・アテネ・コリント・オリンピア・ペロポネソス半島・ミケーネ・ティリンス・スパルタ・ミレトス・デロス島・テラ島・ロードス島・クノッソス・クレタ島・地中海

0　　100km

↑1 **ロードス島** ギリシアでは夏の高温乾燥が激しいため，陽光を反射させる厚い白壁と小窓で暑熱を防いでいる。また，気候が穀物生産に向かないため，オリーヴ，ぶどう，イチジクなどの果実生産が中心である。

2 クレタ文明・ミケーネ文明・トロイア文明

	クレタ文明	ミケーネ文明	トロイア［トロヤ］文明
時期	前2000頃～前1400頃	前1600頃～前1200頃	前2600頃～前1250頃
利器	青銅器	青銅器	青銅器
中心地	クレタ島…**クノッソス**	ギリシア本土…**ミケーネ**，ティリンス	小アジア…**トロイア**
民族	不明	アカイア人	不明
遺跡	クノッソス宮殿	ミケーネの城壁，獅子門	トロイアの城壁
美術	花鳥・海洋動物・宮廷生活を描く壁画，陶器（**写実的，流動的**）	戦士・馬・狩猟などの壁画，黄金製の仮面，金銀杯（**戦闘的**）	黄金製・銀製の装身具・王冠
文字	絵文字，線文字A（未解読）	線文字B（1952年，ヴェントリスが解読）	
滅亡	アカイア人により滅亡	不明（複数の要因）	ミケーネ文明により滅亡
発掘者	**エヴァンズ**（英）1900年	**シュリーマン**（独）1876年	**シュリーマン**（独）1870年

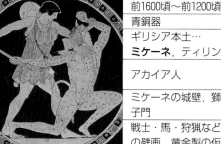

↑2 **ギリシア神話に見られるクレタの伝説** 迷宮に閉じこめられた牛頭人身の怪物ミノタウロスを英雄テセウスが退治する姿が描かれている。（前5世紀，大英博物館蔵）

↑3 **黄金の仮面** シュリーマンによってミケーネの遺跡から発見され，「アガメムノンの仮面」と名付けられたもの。（高さ31.5cm，アテネ国立考古学博物館蔵）

↑4 **シュリーマン** 少年時代に読んだホメロスの詩を歴史的事実であると信じ，トロイア遺跡やミケーネの城塞を発掘した。主著『古代への情熱』。

↑5 **クノッソス宮殿の王妃の間** イルカと魚のフレスコ壁画があり，自由で明るく，ギリシア本土やエジプトとの海上交易をも行うクレタ文明の海洋的性格がよく表れている。

↑6 **ミケーネの獅子門で記念撮影をする発掘者のシュリーマン** シュリーマン（世界遺産）

↑7 **映画「トロイ」** 城内に引き入れられた木馬。（2004年，アメリカ作品）

1 ポリス(アテネ)の形成と発展

①前8世紀頃，貴族を中心にアクロポリスの麓に集住[シノイキスモス]して，ポリスを形成。

②前7世紀頃，**植民活動と商工業の発達**：植民活動によりギリシア世界が地中海一帯に拡大。ギリシアの海上交易が活発化。オリーヴ・ぶどう酒・陶器などを輸出し，穀物などを輸入。

作業
①フェニキア人(▨)とギリシア人(▦)の居住地を着色しよう。

↑**1** アクロポリスの復元図

➡**2** **重装歩兵** 発言力を高め，民主政進展の原動力となる。(映画「トロイ」より)

○ フェニキア人の植民市　▨ フェニキア人の居住地
● ギリシア人の植民市　　▦ ギリシア人(イオニア人・
(赤字)は現在の地名　　　 ドーリア人・その他)の居住地

- ニケーア(ニース)
- マッサリア(マルセイユ)
- ネアポリス(ナポリ)
- ビザンティオン(イスタンブル)
- アケメネス朝ペルシア
- ガデス(カディス)
- タレントゥム
- テーベ
- スミルナ
- アテネ
- エフェソス
- ミレトス
- チンギス(タンジール)
- シラクサ
- コリント
- スパルタ
- カルタゴ
- クレタ
- クノッソス
- シドン
- ティルス
- フェニキア

▲**A** ギリシア人の植民活動

③**貧富の差の拡大**：商工業の発達は貧富の差を拡大し，武器を自弁する富裕平民(重装歩兵平民)が台頭。貧困化した市民も貴族政治に不満を抱く→民主政の進展へ向かう。

2 ギリシア人の同胞意識

古代ギリシア人は英雄ヘレンの子孫であるという同胞意識をもっていた。隣保同盟やデルフォイの神託などがその同胞意識を強めた。また，ゼウス神崇拝が広まる中，神殿所在地のオリンピアではオリンピアの祭典と競技が行われた。

⬇**4** **オリンピアの祭典** オリンピアの祭典は最高神ゼウスの祭礼として4年に一度開催された。競技期間中は戦争も中止され，競技にはポリス市民の男性だけが全裸で参加した。女性は完全に排除された。(オリンピアの模様を描いた壺絵。コペンハーゲン，国立美術館蔵)

🏛世界遺産

⬅**3** **デルフォイのアポロン神殿** パルナッソス山の南麓にあり，ここでの神託が前8世紀頃から重視され，為政者は植民活動の成否など重要な政治的決定についての神託を伺った。—古代ギリシアの巫女に扮した女性

👁ニューアングル **スタジアムの起源**

スタディオンは古代ギリシア・ローマの距離の単位で，古代ギリシアの陸上競技は1スタディオン(約190m)の直線コースで行われた。伝説ではギリシア神話の英雄ヘラクレスが息を止めたまま走ることのできた距離を1スタディオンと定めたとされている。競技場もスタディオンを基準として設計されたことから「スタジアム」という言葉が生まれた。

⬇**5** オリンピアのスタディオン(競技場)

1スタディオンを示す石

⬇**7** **バルバロイの仮面をつけた喜劇役者像** ギリシア人は自らをヘレネス，異民族をバルバロイと呼んだ。後者は「聞き苦しい言葉を話す者」の意。(アテネ国立考古博物館蔵)

↑**6** **アテネ五輪の採火式(2004年)** 近代オリンピックの採火式も，古代ギリシアにならって，巫女に扮した女性により，なされている。

20 民主政の発展

1 アテネ民主政の歩み

王政→貴族政	前8世紀半	**ポリスの形成**
	☆	ギリシア人の**植民活動**活発化
	前7世紀	**重装歩兵**の密集隊戦術の確立
	☆	平民の台頭と貴族との対立
	前621頃	**ドラコンの立法**（最初の成文法）
財産政治		**ソロンの改革**（前594） 債務奴隷の禁止，借財の帳消し，財産額に応じて権利を4区分（財産政治）
僭主政		**ペイシストラトスの僭主政**（前561） 中小農民の保護→平民層の力の充実
民主政		**クレイステネスの改革**（前508） 部族制度の改革，**陶片追放**[オストラキスモス]
		ペルシア戦争（前500～前449）
	前500	イオニア植民市の対ペルシア反乱
	前492	第1回ペルシア戦争
	前490	第2回ペルシア戦争
	前480	第3回ペルシア戦争（～前479）
	前478	**デロス同盟**成立（アテネが盟主）
		ペリクレス時代（前443～前429） 民主政の完成 デロス同盟の資金流用→パルテノン神殿建設
衆愚政治		**ペロポネソス戦争**（前431～前404） デロス同盟　VS　ペロポネソス同盟 （アテネ盟主）　　　（スパルタ盟主） デマゴーゴスが民衆扇動　　　勝利 （衆愚政治） 前371　テーベがスパルタを破り一時覇権握る 前338　**カイロネイアの戦い**

◀1 **陶片追放**　独裁者になりそうな人物を陶器の破片に書いて投票する制度。6,000票に達すると追放となり，ペルシア戦争の英雄ΘEMISΘOKLES（テミストクレス）もこれによって追放された。（ΘはTの強い音で発音。）（アテネ，アゴラ博物館蔵）

古代ギリシア人の宗教観
ニューアングル

▼2 **卵の入った鉢**　ロードス島の墓から，5つの卵の入った2000年以上前の鉢がみつかった。多くの家庭がニワトリを飼い，卵は毎日の食事に重要なものだった。葬式に卵を捧げるのはギリシアの墓ではよく見られることで，これらは死後の生命のシンボルだったといわれる。

卵についたまま化石化したカタツムリ

2 アテネとスパルタ

スパルタ		アテネ
ドーリア系	民族	イオニア系
先住民を征服	形成	**シノイキスモス**
約27万人（前371頃）	人口	約30万人（前432頃）
陸軍中心	軍事	海軍中心
鎖国主義	外交	積極的交流
停滞	文化	学芸が発達
国家所有	奴隷	個人所有
20歳以上男性（完全平等）	市民権	18歳以上男性（貧富の差あり）
民会・長老会 王（2名）・監察官	政治組織	民会・500人評議会・民衆法廷 執政官[アルコン] 将軍[ストラテゴス]
農業中心の自給自足経済	経済	商工業中心の貨幣経済
● 健康な子どもを産むための身体づくりが奨励されスポーツにも励む ● 20歳頃に結婚 ● 集団生活をする夫の留守を守る強さが必要 ● 家庭内の地位が比較的高い	女性の生活	● 幼い頃は学校に行くこともなく，家で母親から家事・礼儀作法を学ぶ ● 14, 15歳頃に父が決めた相手と結婚（男性の結婚平均年齢は30歳） ● 参政権はなく，祭礼以外はめったに外出しない
スパルタ市民とその家族9,000人 支配→劣格市民[ペリオイコイ]6万人 隷属農民[ヘイロータイ]20万人	社会構成	市民13.6%　奴隷33.4　約30万人　市民の家族40.9　在留外人（家族を含む）12.1

（伊藤貞夫『古典期アテネの政治と社会』）

↑3 **スパルタ戦士胸像**　第3回ペルシア戦争の「テルモピュレーの戦い」でペルシア軍と激突した，スパルタのレオニダス王とも伝えられる像。

（スパルタ考古学博物館蔵）

A まさにスパルタ教育！～リュクルゴス体制～

誕生	監督役が選別し，虚弱児はタイゲトス山の深い穴に捨てられる
7歳	**集団生活**の中で，読み書き・体育などを開始
12歳	本格的な**戦士の訓練**がはじまる
☆	ヘイロータイを襲撃する狩りも行われる
20歳	正規にスパルタ軍に編入され，兵営に常駐
30歳	兵営から離れ，家庭をもてるが，夕食は戦士と**共同会食**
60歳	兵役解除で，長老会の被選挙権を得る

（プルタルコス『英雄伝』）

＊リュクルゴスは，伝承上の人物で実在は疑問である。

1 ペルシア戦争

ペルシア帝国の勢力範囲
イオニアの反乱地域
（前500～前494）
反ペルシア同盟の諸国
中立及び親ペルシアの諸国
青字 ギリシア側の勝利
赤字 ペルシア側の勝利

Ａ マラソンの発祥

マラソン競技は，**マラトンの戦い**でのアテネの勝利を伝えるために，アテネの若者がマラトン～アテネ間約40kmを走りぬいた末に「わが軍勝てり」と述べて絶命したという故事にならったものである。1896年の第1回近代オリンピックでこの話にならいマラトンからアテネまでマラソン競技が行われた。優勝者はギリシアの青年であった。

↑1 アテネオリンピック女子マラソンで優勝した野口みずき選手(2004年)

（前6世紀頃，ベルリン博物館蔵）

↑2 **鉱山で働く奴隷** ラウレイオン銀山は，ペルシア戦争の軍艦建造の資金になり，のちに**民会に参加する市民の手当の源**となった。銀山の労働は奴隷によって担われていたが，彼らの市民権は認められなかった。

2 アテネ民主政

（アテネ，アゴラ博物館蔵）

↑3 **アテネの抽選器** ペリクレスのもと民主政が完成したアテネでは，任期1年の執政官[アルコン]や法廷の陪審員は全市民の中から抽選で選ばれた。抽選器の溝に自分の札を挿入し，くじで当たりの行が決定した。当たった行に札を差していた人々の間で互選するという方法が一般的であった。

（ヴァチカン博物館蔵）

↑4 **ペリクレス** アテネ全盛期の指導者。内は民主政の徹底を図り，外は**デロス同盟**を通じて海上帝国の強化を図った。**ペロポネソス戦争**が勃発すると，アテネ籠城戦を指導したが，まもなく市内に流行した疫病に倒れた。

Ａ アテネ民主政の特色

①参政権は18歳以上の男性市民に限定
②直接民主政であること(現代でもスイスのいくつかの州などで存在)
③奴隷制に立脚していること

3 ポリス社会の崩壊

```
アケメネス朝ペルシアの干渉
  → ポリス間の抗争
     ペロポネソス戦争など
  → ポリスの変動
     国土の荒廃 → 自作農没落 → 貧富の差拡大
  → 市民皆兵原理の崩壊
     傭兵の使用（国防力の低下）
  → ポリスの衰退
  → 共同体意識の衰退
  → マケドニアの制覇
```

ニューアングル 重装歩兵と三段櫂船

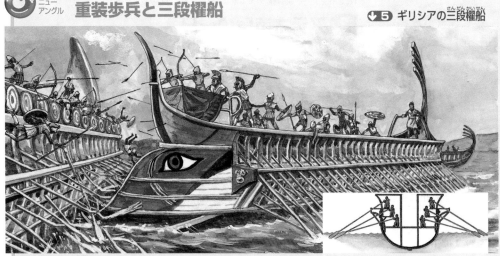

↓5 **ギリシアの三段櫂船**

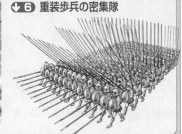

ペルシア戦争の主力は，それまでの重装歩兵ばかりではなかった。サラミスの海戦では，200隻の三段櫂船が出撃したが，乗員4万人を補充するためには，武具を自弁できない無産市民の協力も必要であった。戦後は彼らの発言力が高まった。艫先(船首)に青銅をかぶせた衝角で敵艦に衝突していったといわれる。

↓6 **重装歩兵の密集隊**

ニケ神殿　エレクティオン神殿　パルテノン神殿　リカベトス山

↑**1** アクロポリスの景観

1 古典期のアテネ

（『ライフ人間世界史』より作成）

パルテノン神殿　ニケ神殿　城壁　アクロポリス［城山］　造幣所　民衆裁判所　アゴラ［広場］　12神の祭壇　列柱廊［ストア］

↑**2** アテネの景観　ポリス統合の象徴アクロポリスのふもとには**アゴラ**と呼ばれる広場があり，ここは公共の回廊建築（ストア＝柱）に囲まれた市民生活の中心であった。民会や裁判はここで行われたが，普段は市場が開かれ，多くの人でにぎわっていた。

リカベトス山　アクロポリス　長城　アテネ　ピレウス港

↑**3** アテネとピレウス港　アテネの中心から南西8kmにあるピレウス港は前493年に**テミストクレス**が海軍基地としてから，アテネの外港として発展した。アテネの中心である**アクロポリス**と南北の長城で結ばれ，地中海世界との交易での重要な窓口であった。

2 パルテノン神殿

復元図

→**5** パルテノン神殿の壁面彫刻
女神アフロディテを描いたとされる彫刻で，パルテノン神殿の破風部分に飾られていた。19世紀にイギリスに運び出された。
（高さ315cm，大英博物館のエルギン＝マーブル＝コレクション）

↑**4** パルテノン神殿　アフロディテ

3 アテネ市民の一日

早朝	起床
	朝食　ワインにパンを浸して食べる
午前9時頃	アゴラの市場で，食材を買う。そのついでに政治談義や哲学論争が行われた。女性が表に出ることはほとんどなく，買い物も男性の仕事
12:00	**昼食**
日没後	**宴会一夕食**　前菜はオリーヴ
	宴会に妻は参加できなかったが，ヘタイラと呼ばれる教養の高い遊女が招待され，踊りや音楽や会話が楽しまれた。宴会が終わると，男たちはさらに哲学の論争を続けた。

↑**6** オリーヴ　土壌が肥沃でないギリシアでオリーヴは「古代のバター」とも呼ばれる重要な栄養源だった。絞ったオイルは灯火，化粧などにも使われる。

作業 学習する「時代」（ ）を着色しよう。

世紀	29	28	27	26	25	24	23	22	21	20	19	18	17	16	15	14	13	12	11	10	9	8	7	6	5	4	3	2	1	←B.C. A.D.→	1	2	3	4	5	6	7	8	9	10	11	12	13	14	15	16	17	18	19	20	21
日本	縄文																										弥生				古墳	飛鳥 奈良	平安					鎌倉	室町	安土桃山	江戸			明治大正	昭和	平成令和

① アレクサンドロス大王

◆1 アレクサンドロス大王 父が暗殺されると王位につき、東方遠征を行い、ペルシアを征服した。東西文化の融合に計り知れない足跡を残したが、帝国の統一が完成しないうちに突然の熱病で急死した。

Ⓐ 東西融合策
● ギリシア人兵士とペルシア人女性の集団結婚
● アレクサンドリア市建設（約70）
● ギリシア語（コイネー）の公用語化
● ペルシアの儀礼を採用

（ポンペイ出土のモザイク壁画, ナポリ国立考古学博物館蔵）

アレクサンドロス大王

ダレイオス3世

② ヘレニズム世界の歩み

Ⓐ 前4世紀後半の西アジア

前338 カイロネイアの戦い
前331 アルベラの戦い
前333 イッソスの戦い

● アレクサンドロス大王の建設した都市
← アレクサンドロス大王の遠征路
← 将軍ネアルコスの帰路
← 将軍クラテロスの帰路

アレクサンドロス帝国

□ フィリッポス2世時代のマケドニア
▨ アレクサンドロス大王の征服地（前336～前323）
□ アレクサンドロス大王に従属した諸国

作業
① アレクサンドロス大王の征服地（▨）を着色しよう。

0 250 500km

↑2 イッソスの戦い 前333年, アレクサンドロス大王率いるマケドニア・ギリシア連合軍は, イッソスでダレイオス3世率いるペルシア軍と衝突し, これを大敗させた。アレクサンドロスの突進に恐れをなしてダレイオスが逃げ出し, これが勝敗を決したと伝えられている。

③ ヘレニズム諸国の興亡

紀元前		300		200		100		
アジア	中央アジア		255頃 バクトリア 145頃			大月氏		
		312	セレウコス朝シリア					
	西アジア		248頃		パルティア王国［安息］			
	小アジア	アレクサンドロス帝国	306 281		241 ペルガモン 133	121ポントゥス63 64		共和政ローマ
	エジプト	304	リシマコス朝				30	
			プトレマイオス朝エジプト					
			カッサンドロス朝					
バルカン半島		336 301 297 276	アンティゴノス朝マケドニア		168			
			ギリシアポリス世界		146			

→3 アレクサンドリアの灯台（想像図） 高さ134m, 樹脂の多い木材を燃やし, 金属の大きな鏡で集光した。光はおよそ56kmのかなたから認められたという。

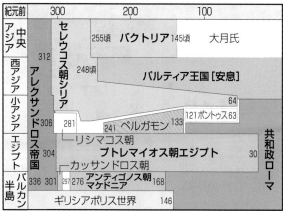

（『技術の歴史』）

Ⓑ 前300年頃の西アジア

カッサンドロス朝（前301～前297）
リシマコス朝（前306～前281）
リシマキア
スキタイ
ビザンティオン
カッパドキア
アルメニア
サマルカンド［マラカンダ］
ソグディアナ
スパルタ
アテネ
クレタ
アンティオキア
セレウキア
エクバタナ
バクトラ
バクトリア
タクシラ
キレネ
アレクサンドリア
セレウキア
ガザ
ペトラ
バビロン
スサ
ペルセポリス
セレウコス朝 シリア
マウリヤ朝
プトレマイオス朝エジプト
前301 イプソスの戦い
テーベ
□ アンティゴノス朝マケドニア（前276～前168）
0 250 500km

Ⓒ 前200年頃の西アジア

アンティゴノス朝マケドニア
ペラ
トラキア
ビザンティオン
ビテュニア
カッパドキア
アルメニア
ソグディアナ
サマルカンド［マラカンダ］
ペルガモン
アテネ
スパルタ
アカイア同盟
セレウコス朝シリア
アンティオキア
エクバタナ
パルティア王国
バクトリア
バクトラ
タクシラ
キプロス
アレクサンドリア
ダマスクス
イェルサレム
ガザ
ペトラ
セレウキア
クテシフォン
バビロン
アーリア
ペルセポリス
アラビア
マウリヤ朝
プトレマイオス朝エジプト
テーベ
── アショーカ王時代マウリヤ朝の西境
0 250 500km

←4 プトレマイオス王宮跡の遺跡 今は海底に沈んでおり, 1996年に発見された。

1 ギリシア文化

哲学	自然哲学	タレス	自然哲学の祖 「万物の根源は**水**」
		ピタゴラス	「ピタゴラスの定理」 「万物の根源は**数**」
		ヘラクレイトス	「万物は流転する」 「万物の根源は**火**」
		デモクリトス	初期唯物論 「万物の根源は**原子**」
		ヒッポクラテス	「医学の父」
	ソフィスト	プロタゴラス	**「人間は万物の尺度」** 主観的真理
	アテネ三大哲学者	ソクラテス	客観的真理と知徳合一 **「無知の知」**
		プラトン	**イデア論**を展開 **『国家（論）』**
		アリストテレス	諸学を集大成 『形而上学』『政治学』
歴史	歴史学	ヘロドトス	『歴史』：ペルシア戦争史
		トゥキディデス	『歴史』：ペロポネソス戦争史
文学	叙事詩	ホメロス	『イリアス』『オデュッセイア』
		ヘシオドス	『労働と日々』『神統記』
	叙情詩	サッフォー	レスボス島生まれの女性叙情詩人
	悲劇	アイスキュロス	『アガメムノン』『ペルシア人』
		ソフォクレス	**『オイディプス王』**
		エウリピデス	『メディア』
	喜劇	アリストファネス	社会や人物を風刺，**『女の平和』『女の議会』**
彫刻		フェイディアス	パルテノン神殿造営の監督 「アテナ女神像」

↑1 エピダウロスの劇場 山腹を切り開いた巨大なすり鉢型をした観客席は，よく見えるだけでなく，役者の声が一番上でもちゃんと聞こえる。中央のオルケストラ（＝オーケストラの語源）では合唱隊コロス（＝コーラスの語源）が歌った。

1万4,000人分の観客席
オルケストラ
舞台

←2 現在のギリシア劇 イギリスのロイヤル＝ナショナル＝シアターで演じられたアテネの劇作家アイスキュロスの作品の一幕。

2 建築

ドーリア式	イオニア式	コリント式

↑3 パルテノン神殿　↑4 ニケ神殿　↑5 ゼウス神殿

ドーリア式　前7世紀〜　飾りなし　荘重な雰囲気　エンタシス

イオニア式　前6世紀〜　渦巻の装飾　優美な雰囲気　細めの柱

コリント式　前4世紀〜ローマ時代　アカンサスの葉の装飾　基本はイオニア式と同じ

4 オリンポス12神

A 12神の系譜

オリンポスの12神
赤文字（青文字）→ラテン名の英語読み

カオス（混沌）
ガイア（大地）─ウラノス（天）
レイア─クロノス
アフロディテ（美と愛の神）（ヴィーナス）
ヘスティア（かまどと家庭の神）（ヴェスタ）
ヘラ（結婚の神）（ジュノー）
ゼウス（全神・天空・雷の神）（ジュピター）
デメテル（農業の神）（セレス）
ポセイドン（海の神）（ネプチューン）
ペルセポネ
アレス（軍神）（マルス）
ヘファイストス（火・鍛治の神）（ヴァルカン）
ディオニソス（ブドウと酒の神）
セメレ
メティス
マイア
レト
アテナ（知恵と戦争と平和の神）（ミネルヴァ）
ヘルメス（競技・商業の神）（マーキュリー）
アルテミス（月・狩猟の神）（ダイアナ）
アポロン（太陽・芸術の神）（アポロ）

3 彫刻

ニヤッ

←6 女神アテナに奉献されたコレー（少女像）（アルカイック期，前500年前後）アルカイック・スマイル（古拙の微笑）が表されている。（アテネ，アクロポリス美術館蔵）

＊ポセイドンとされていたが，現在ではゼウス像とされる。

←7 アルテミシオンのゼウス像（古典前期，前5世紀，ブロンズ製）理想の均整美で，運動の瞬間をとらえている。（アテネ国立考古美術館蔵）

←8 幼児を抱くヘルメス（古典後期，前4世紀）優美さ，人間心理への眼差しを感じさせる。（オリンピア考古美術館蔵）

人物ファイル ソクラテス
（前469頃〜前399）

（ルーヴル美術館蔵）

「無知の知」という言葉を出発点に，真理は絶対的なものであることを主張し，そこから「善く生きること」（知徳合一）の探求へ青年たちを向かわせようとした。対話を通じて無知を自覚させる彼の方法は，やがて「青年を惑わす者」との告発を招いた。友人や弟子たちの脱獄の勧めに対して，ソクラテスは不正を正すべく，あえて毒杯をあおぎ，死に向かった。

1 ヘレニズム文化

特色 ①世界市民主義[コスモポリタニズム]・個人主義の傾向
②自然科学の発達　③ギリシア文化とオリエント文化の融合

自然科学	アレクサンドリアの**ムセイオン**[王立研究所]を中心に発達	
	エウクレイデス	英語名ユークリッド　平面幾何学を大成　『幾何学原本』
	アリスタルコス	地球の自転と公転
	エラトステネス	地球の円周を測定
	アルキメデス	浮力の原理，比重，てこの原理，円周率の計算
哲学	**ゼノン**	禁欲主義哲学**ストア派**の祖
	エピクロス	快楽主義哲学**エピクロス派**の祖
美術	調和と普遍性を追求したギリシア古典期彫刻とは対照的に，**動きや激情や官能を大胆に表現する傾向**　「ラオコーン」「ミロのヴィーナス」「瀕死のガリア人」「サモトラケのニケ」	

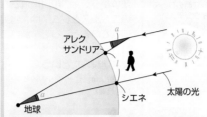

ニューアングル エラトステネスの地球の周囲計算に挑戦

アレクサンドリアの真南のシエネの井戸の底に太陽が映る日（夏至，シエネで天頂に太陽が来る日），アレクサンドリアで太陽高度を測定して，角度 a を求める。アレクサンドリアからシエネまで奴隷を歩かせその歩数から距離 l を測り，地球の周囲 x を求めた。

$$360 : a = x : l \quad \therefore \quad x = \frac{360l}{a}$$

エラトステネスはこの方法で地球の周囲（正確には約4万km）を約4万4,000kmと計算していた。（$a=7°12'$, $l=$ 約5,000スタディオン）

アレクサンドリア　シエネ　太陽の光　地球

ヨーロッパ・地中海　西アジア

→4 「ラオコーン」 トロイア戦争伝説の人物が2匹の大蛇に殺害される最期を描いた彫刻。（高さ184cm，ヴァチカン美術館蔵）

→2 「ミロのヴィーナス」
1820年にミロス（ミロ）島の遺跡から偶然発見された。両腕を欠損している。
（高さ202cm，ルーヴル美術館蔵）

↓3 「瀕死のガリア人」
前3世紀前半にペルガモン王国のケルト討伐を記念してつくられた彫刻で，ローマ時代の模刻のみが現存。
（高さ180cm，カピトリーノ博物館蔵）

↑1 「サモトラケのニケ」
前200年頃の勝利の女神の像。（高さ245cm，ルーヴル美術館蔵）

殺害されるラオコーンと2人の息子

2 ヘレニズム文化の伝播

エーゲ文化　オリエント文化
ギリシア文化
ローマ文化
ヘレニズム文化　ガンダーラ美術　中国　日本

人物ファイル アルキメデス（前287頃～前212）
入浴中に「浮力の原理」を発見したことで有名だが，同時に古代数学でも最高峰に立っていた。また，応用力学でも成果を上げ，投石器などは彼の発明とされる。ポエニ戦争中，図形の問題に没頭していて敵に気がつかず殺害されたという。彼の最後の言葉は，「私の円を踏むな！」。

←5 アフロディテとパン（前100頃）

←6 ガンダーラ様式の仏頭

←7 雲崗石窟

→8 法隆寺百済観音像

↑9 アルキメデスの死（ローマ時代のモザイク画，フランクフルト博物館蔵）

作業 学習する「時代」（☐）を着色しよう。

←─ B.C. | A.D. →

世紀	29	28	27	26	25	24	23	22	21	20	19	18	17	16	15	14	13	12	11	10	9	8	7	6	5	4	3	2	1	1	2	3	4	5	6	7	8	9	10	11	12	13	14	15	16	17	18	19	20	21
日本											縄文														弥生								古墳				飛鳥	平安				鎌倉	室町	安土桃山	江戸				明治大正	昭和平成

1 イタリア半島の統一

凡例
- ▨ 前500年頃共和政成立時のローマ
- ☐ イタリア人
- ☐ エトルリア人
- ▨ カルタゴ（フェニキア）人
- ▨ ギリシア人

リグリア
ゲノヴァ［ジェノヴァ］
ピサエ［ピサ］
アンコナ
コルシカ
エトルリア
ウンブリア
ウェイイ
ローマ
サビニ
ラティウム
サムニウム
キュメ
カプア
ネアポリス
［ナポリ］
カンパニア
エレア
ルカニア
ブルンディシウム
アプリア
カラブリア
タレントゥム
サルデーニャ
シチリア
シラクサ
カルタゴ
アッピア街道
0   100km

1 ロムルスとレムス 伝説では，政争からティベル川に流された双子のロムルスとレムスは，牝狼に育てられているところを羊飼いに発見され，のちに自分の名にちなんだローマを建設したという。

（高さ75cm，ローマ，コンセルヴァトーリ博物館蔵）

→道路の構造

- 平たい切石
- 砂利と砂 20
- モルタルで接合したくるみ大の小石 25
- モルタルで接合したこぶし大の小石 25
- モルタルで接合した切石 30cm
- 砂

↑2 アッピア街道 大帝国を築きあげていくローマにとって道の整備は不可欠であった。ローマ帝国に張りめぐらされた道路はローマ人の優れた土木技術の所産であり，広大な帝国の商業的・社会的な連結をうながした。アッピア街道はローマからブルンディシウムまでの約570kmを結んでいる。

2 共和政ローマの歩み

ハネ橋

↑3 ローマの軍艦 ローマの軍艦には，回転式のかぎ付ハネ橋が装着されていた。敵艦に接近するとこのハネ橋を振りおろし，これを渡って重装歩兵隊が敵艦に突入した。こうした工夫がローマ勝利の一因であった。

（映画『ベン＝ハー』1959年，アメリカ作品）
チャールトン＝ヘストン

↑4 軍艦内部のこぎ手 写真は，船と足を鎖で繋がれ，「勝利か死」という状況下で，指揮官の合図に合わせて櫂をこぐ場面。

対外膨張			国内の動き
建国	都市国家	王政	前753 ローマ成立（伝承）
			509 エトルリア人の王を追放。共和政成立
前396 ウェイイ（エトルリア人の都市）占領	イタリア半島の統一期	共和政前期（貴族共和政） 貴族と平民の抗争	494 聖山事件→護民官設置
			5世紀頃 平民会設置
			450頃 十二表法を制定
			367 リキニウス・セクスティウス法制定（執政官2名のうち1名を平民から選出。公有地占有の制限）
272 イタリア半島統一			
ポエニ戦争（264〜146）	地中海世界の統一期	共和政後期（民主共和政） 内乱の一世紀	287 ホルテンシウス法制定（平民会決議が国法に）身分闘争終了
264 第1回ポエニ戦争（〜241）シチリア島が最初の属州に			133 グラックス兄弟の改革（〜121）
218 第2回ポエニ戦争（〜201）			91 同盟市戦争（〜88）
149 第3回ポエニ戦争（〜146）			88 平民派マリウスと閥族派スラの抗争
58 カエサルのガリア遠征			73 スパルタクスの反乱（〜71）
55 カエサルのブリタニア遠征			第1回三頭政治，カエサルの独裁
			60 ポンペイウス，クラッスス，カエサルによる第1回三頭政治始まる（〜53）
			46 カエサルの独裁（〜44）
31 アクティウムの海戦		元首政	第2回三頭政治
30 プトレマイオス朝滅亡			43 アントニウス，オクタウィアヌス，レピドゥスによる
地中海統一（「われらの海」）			27 オクタウィアヌスがアウグストゥスの尊称を受け，元首政開始

3 ローマ共和政のしくみ

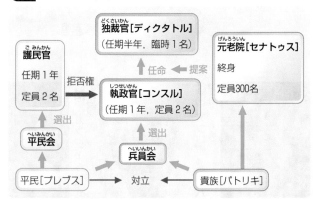

- 護民官 任期1年 定員2名 —拒否権→ 執政官［コンスル］（任期1年，定員2名）
- 独裁官［ディクタトル］（任期半年，臨時1名）←任命—←提案—
- 元老院［セナトゥス］ 終身 定員300名
- 平民会 —選出→
- 兵員会 —選出→
- 平民［プレブス］ →対立← 貴族［パトリキ］

4 ポエニ戦争と地中海の統一

Ⓐ ポエニ戦争～帝政前期のローマ

← ハンニバルの進路（前219～前202）
← スキピオの進路（前204～前202）
← カエサルの進路（前49～前45）
…… 第3回ポエニ戦争前夜のカルタゴ領

■ 第1回ポエニ戦争以前のカルタゴの勢力圏
■ 第2回ポエニ戦争開戦までにカルタゴが新たに獲得した勢力圏（於スペイン）
■ 第1回ポエニ戦争以前のローマの勢力圏
■ 第2回ポエニ戦争開戦までにローマが新たに獲得した勢力圏
■ 前44年（カエサル死亡の年）までのローマの領土

← 5 ハンニバル（前247～前183頃）
前218年にアルプス山脈を越えてイタリア半島に侵入し，第2回ポエニ戦争を進めた。**カンネーの戦いで**ローマ軍を破ったが，ローマ攻略に至らず，前202年，**スキピオにザマの戦い**で敗れた。戦後も亡命してローマとの戦いを続けたが，最終的には自殺した。
（前3世紀，パリ国立図書館蔵）

6 三頭政治の時代

ブルートゥス，お前もか

カエサル

↑ 10 ポンペイウス（前106～前48）　第1回三頭政治を担ったが，カエサルに敗れ，エジプトで暗殺された。

↑ 8 カエサル（前100～前44）
平民派の政治家で，第1回三頭政治を行い，ガリア遠征で名声を高めた。元老院と結んだポンペイウスを倒して（「賽は投げられた」），インペラトルに，次いで終身独裁官となったが，共和派に暗殺された（「ブルートゥス，お前もか」）。

→ 9 『ガリア戦記』　カエサルがガリア遠征の経過を叙述した。ラテン語の名文として知られる。
（フィレンツェ，リカルディ宮殿蔵）

5 ローマ社会の変化

属州

奴隷　安い穀物

元老院議員・騎士ら有力者の大土地取得 → ラティフンディアの成立 → 中小土地農民の没落・無産市民となり都市に流入 → 「パンと見世物」の要求 → 重装歩兵の解体・傭兵制へ → 共和政ローマ解体の危機

← 6 ブドウ農園の労働　ブドウはワインの原料ともなり，利潤率が高かったため，**ラティフンディア**でもさかんに栽培された。その担い手は奴隷であった。
（ローマ，サンタ＝コンスタンツァ教会蔵）

◎ ニューアングル　スパルタクスの反乱（前73～前71）

古代ローマの剣奴とは奴隷であり，民衆の見世物としてたがいに決闘したり，猛獣と闘った。有力者は市民に剣奴の見世物を提供して保護者としての自分を認めさせた。前73年に，スパルタクスは剣奴養成所を70数名の仲間とともに脱出。これに逃亡奴隷などが加わり12万人もの大反乱となった。この反乱の鎮圧には2年もの歳月が要された。映画「スパルタカス」のラストシーンでは，反乱に加わった6,000人分の十字架がアッピア街道に並んだ。

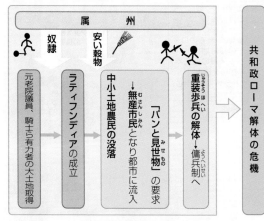
（1960年，アメリカ作品）

↑ 7 映画「スパルタカス」

← 11 クレオパトラの死　プトレマイオス朝の女王クレオパトラは，聡明な女性で，王位とエジプトの独立を守るためにカエサルやアントニウスを魅了した。アントニウスの自殺のあと，毒蛇に自らを嚙ませて自殺したといわれている。
（ジェノヴァ，パラッツォ＝ロッソ蔵）

1 ローマ帝国の支配

凡例:
- 後14年までのローマの獲得地（アウグストゥス帝の死亡年）
- 後180年までのローマの獲得地（アウレリウス帝の死亡年）
- 帝国最大領土（トラヤヌス帝治世）
- 赤字：おもな属州名

0　250　500km

➡1 **ブリタニアのハドリアヌス帝の長城**　ブリタニアとスコットランドの境界に延べ118kmに及び，約1.5kmごとに守備兵のための塔が設けられた。

122年着工，126年完成
高さ約4.5m，幅約2.5m

世界遺産

地図中の地名：カレドニア／ゲルマニア海／ハドリアヌス帝の長城／ブリタニア／エブラクム[ヨーク]／ロンディニウム[ロンドン]／ドイトブルク森／コロニア＝アグリッピナ[ケルン]／ゲルマニア／ベルギカ／ルテティア[パリ]／アウグスタ＝トレヴェロールム[トリーア]／ウィンドボナ[ウィーン]／後330遷都／ダキア／ガリア／ブルディガラ[ボルドー]／アキタニア／アルプス山脈／パンノニア／メディオラヌム[ミラノ]／シルミウム／イリリクム／ダルマティア／黒海／ポントゥス／アルメニア／ヒスパニア／ピレネー山脈／マッシリア[マルセイユ]／イタリア／コルシカ／ローマ／ネアポリス[ナポリ]／マケドニア／トラキア／ビザンティウム[コンスタンティノープル]／ニコメディア／ニケーア／ガラティア／カッパドキア／パルティア王国／ルシタニア／オリシポ[リスボン]／カルタゴ＝ノウァ[カルタヘナ]／サルデーニャ／シチリア／カルタゴ／シラクサ／アテネ／スパルタ／アカイア／クレタ／ロードス／エフェソス／キリキア／アンティオキア／シリア／パルミラ／メソポタミア／クテシフォン／バビロン／バビロニア／ダマスクス／ティルス／パレスチナ／ヒエロソリマ[イェルサレム]／エジプト／アレクサンドリア／キレナイカ／アラビア／ヌミディア／アフリカ／マウレタニア／前31アクティウムの海戦

- ……… ディオクレティアヌス帝の四帝分治制の境界（● 各分国の首都）
- ─── 395年，東西帝国分裂時の境界
- 〰〰 長城

作業
①ローマ帝国の最大領土の線（………）を着色しよう。
②東西帝国分裂時の境界線（────）を着色しよう。

2 ローマ帝国の歩み

		年	できごと
元首政［プリンキパトゥス］前期帝政	ローマの平和［パクス＝ロマーナ］	前27	オクタウィアヌスが**アウグストゥス**の称号を与えられる**（帝政の開始）**
		54	ネロ帝即位（～68）
		64	ローマ大火，キリスト教の弾圧始まる
			五賢帝時代（96～180）
		96	ネルウァ帝即位
		98	**トラヤヌス帝**即位　ローマ帝国の領土最大
		117	ハドリアヌス帝即位
		138	アントニヌス＝ピウス帝即位
		161	**マルクス＝アウレリウス＝アントニヌス帝**即位
	帝国の動揺と再建	198	カラカラ帝即位
		212	カラカラ帝のアントニヌス勅令
			軍人皇帝時代（235～284）
			ディオクレティアヌス帝（位284～305）
専制君主政［ドミナトゥス］後期帝政		293	**四帝分治制**の開始　**東方的専制君主政**行う
		303	キリスト教の大弾圧開始（～304）
			コンスタンティヌス帝（位306～337）
	解体期	313	**ミラノ勅令**（キリスト教公認）
		325	**ニケーア公会議**
		330	**コンスタンティノープル遷都**
		375	**ゲルマン人の大移動**開始
			テオドシウス帝（位379～395）
		392	**キリスト教を国教化**
		395	**ローマ帝国，東西に分裂**
		476	ゲルマン人のオドアケルにより**西ローマ帝国滅亡**

Ⓐ おもな皇帝

➡2 **オクタウィアヌス**（位前27～後14）　前27年に元老院から**アウグストゥス**（尊厳者）の尊称を与えられ，共和政の形式を尊重しながらも，事実上の帝政を開始した。この政治体制を**元首政**［プリンキパトゥス］という。
（ピオ＝クレメンティーノ博物館蔵）

（ヴァチカン美術館蔵）

↑3 残っていた顔料から製作された彩色復元石膏象

➡4 **トラヤヌス帝**（位98～117）　スペイン出身。ダキアやメソポタミアに領土をのばし，ローマ帝国の最大版図を形成した。
（オスティア博物館蔵）

人物ファイル　**哲人皇帝マルクス＝アウレリウス＝アントニヌス**（位161～180）
五賢帝最後の皇帝。彼は皇帝としての生活のほとんどを戦地で過ごしたが，その中でも**ストア派**の哲学に立った『**自省録**』を書き残した。この書は，皇帝が人間の死や自由意思・ローマの政治のありかたなどについて深めた思索が，美しい文章で綴られている。
（ローマ，コンセルヴァトーリ博物館蔵）

Ⓐ **4世紀のローマ市街（復元模型）**
水道橋
コロッセウム
コンスタンティヌスのバシリカ
大競技場
ティベル川

3 ローマ帝国の繁栄と衰退

経済的繁栄＝「ローマの平和」

- ・**ラティフンディア**[奴隷制大土地所有]の農産物の交易〜穀物，オリーヴ，ワインなどを輸出
- ・**属州経済**の発展〜スペインのオリーヴ・鉱産物，ガリアの陶器など
- ・**アジアとの季節風貿易**・隊商貿易の活発化

経済的な動揺＝貨幣経済の衰退

- ・都市への重税〜軍隊・官僚維持費
- ・内陸交通路衰退〜内乱と異民族侵入
- ・奴隷生産の非効率性と奴隷供給の減少

帝政末期の変化＝帝国解体の進行

- ・**コロナトゥス**[隷属的小作人による土地経営]が広まる〜土地に縛られる**コロヌス**[小作人]と大農園の独立化 → 中世の封建社会へ
- ・帝国の東西分離傾向が強まる〜帝国四分統治，コンスタンティノープル遷都

→5 ディオクレティアヌス帝
（位284〜305）広大な帝国領を統治するためディオクレティアヌス帝は帝国の**四分統治**を決断した。この像はローマ末期皇帝たちに求められた相互協力の精神を表している。
（ヴェネツィア，サンマルコ寺院蔵）

←6 コンスタンティヌス帝（位副帝306〜正帝310〜337）帝国西部の覇者。神秘体験をしてキリスト教に改宗したといわれる。313年**キリスト教を公認**し，330年には**コンスタンティノープル**に遷都した。
（コンセルヴァトーリ博物館蔵）

4 ローマ市民の生活

「ローマ人は食べるために吐き，吐くために食べる」

←7 ローマ市民の食事風景 ローマ市民は長椅子に寝そべりながら食事をとった。周りには奴隷が仕え，客たちが床に落とした食べ残しを処理した。満腹になると，鳥の羽で喉をくすぐり，嘔吐を繰り返した。

Ⓐ 宴席〜主餐の3コース

前菜
蜜割ブドウ酒・卵・腸詰めなど

メイン
ぼら・くじゃく・紅鶴・スカルス・ロンブス・かき・うになど

デザート
りんご・ざくろ・小麦粉のケーキ

（長径188m，短径156m）

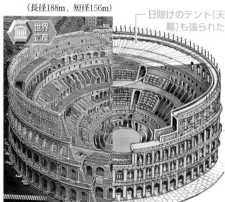

世界遺産

日除けのテント（天幕）も張られた

入口は80か所ある

→8 コロッセウム[円形闘技場]の**構造** 紀元後80年完成。約5万人の観客を収容できた。闘技場の床は板張りで，剣奴たちの流す血を吸い取るために砂が敷かれた。現在は床が失われ，地下室が露出している。

ニューアングル **「パンと見世物」**　　**↓9 映画「グラディエーター」**
（2000年，アメリカ作品）

ローマにおいてはさかんに見世物が行われた。見世物とは，大競馬場や円形競技場での戦車競争や，剣奴を使用した格闘技であった。そのおもなねらいは皇帝の民衆に対する人気取りであり，マルクス＝アウレリウス帝の時代には1年のうち135日行われたと伝えられている。

イタリア
ローマ

世界遺産

元老院

サトゥルヌスの神殿

コロッセウム

カエサルのバシリカ

右下イラストの視点

セプティミウス＝セウェルス帝の凱旋門

↑1 フォロ゠ロマーノの遺構

1 永遠の都ローマ

Ⓐ **ローマ市街**

ヴァチカン市国
システィーナ礼拝堂
サン゠ピエトロ広場　トレヴィの泉
サン゠ピエトロ大聖堂
ポポロ門
アウグストゥス帝廟
クイリナーレ丘
パンティオン　ヴィミナーレ丘
トラヤヌス帝の広場
エスクィリーノの丘
■ローマ時代の遺構
カンピドリオ　パラティーノ丘
─ローマ帝国時代の城壁　フォロ゠ロマーノ
コロッセウム
コンスタンティヌス帝の凱旋門
─16世紀の城壁
大競馬場　チェリオ丘
─現存する城壁　アヴェンティーノの丘　水道橋
アッピア街道
▲古代ローマの七つの丘　カラカラ浴場
0　　1km

世界遺産

マセッティオのバシリカ
コロッセウム
カストル゠ポルックスの神殿

セウェルス帝の凱旋門

↑2 **フォロ゠ロマーノ** 「ローマの広場」の意味。共和政期を通じてローマの商業・宗教・政治の中心であり、元老院もここにあった。政治の中心ではなくなった帝政期も、宗教的聖域であり続けた。

コロッセウム→

↑3 **コンスタンティヌス帝の凱旋門** コンスタンティヌス帝が、西の正帝マクセンティウスを破った312年の戦勝を記念してつくられた。この戦勝の翌年にミラノ勅令を発布する。

ニューアングル

コロッセウム　グレゴリー゠ペック

ヘップバーン

→5 **トレヴィの泉** 前19年に水道橋の末端に建設された噴水が起源。その後バロック様式の彫刻が施された。今もローマ時代の地下水道が泉を潤している。

映画でたどる「ローマ」

ある小国の王女と新聞記者のローマを舞台とした恋の物語。永遠のローマでヘップバーンの永遠の微笑みが輝いていた映画。

←4 映画「ローマの休日」(1953年, アメリカ作品)

1 ローマの文化

赤字：ギリシア人

文学	キケロ	散文家，雄弁家　その文章は，ラテン文章の模範
	ウェルギリウス	ローマ最大の詩人　ローマ建国叙事詩『**アエネイス**』
	ホラティウス	詩人　『叙情詩集』
	オウィディウス	詩人　『転身譜』
哲学	ルクレティウス	**エピクロス派**哲学者
	セネカ	ネロの師　『幸福論』
	エピクテトス	ギリシア人奴隷出身　**ストア派**哲学者
	マルクス=アウレリウス =アントニヌス	哲人皇帝　『**自省録**』
歴史・地理	ポリビオス	ポエニ戦争期のローマ史叙述　『**ローマ史**』
	カエサル	ガリア遠征の経過を叙述　『**ガリア戦記**』
	ストラボン	地中海地域の史実伝承を叙述　『**地理誌**』
	リウィウス	ローマ建国からアウグストゥス時代までのローマ史叙述　『**ローマ建国史**』
	タキトゥス	原始ゲルマン社会の貴重な史料　『**ゲルマニア**』
	プルタルコス	ギリシア・ローマの英雄の対比　『**対比列伝（英雄伝）**』
自然科学	**プリニウス**	ウェスウィウス火山噴火観察中に殉職　膨大な百科全書『**博物誌**』
	プトレマイオス	天文学者　天動説を合理的に構築
宗教	オリンポス12神の信仰と皇帝の神格化，キリスト教の拡大と公認・国教化　属州では東方系の密儀宗教（ミトラ教など）	
法律	ローマ法～市民法から万民法へ性格が変化　ストア哲学の自然法思想の影響　6世紀の『**ローマ法大全**』で大成	
建築	**コロッセウム[円形闘技場]**・**水道橋**・**パンテオン**・**カラカラ浴場**・凱旋門・**アッピア街道**など　アーチが特色	

時間が止まった町〜ポンペイ遺跡

（ニューアングル）

79年，ウェスウィウス火山の突然の大爆発により火山灰に埋没したポンペイは，1748年に発掘された。保養都市であり，ぜいたくな家屋，整った街路，公共施設などローマ人の都市生活を余すことなく伝えている。地中の空洞に石膏を流し込む技術が開発されると，灰に埋もれた人間の姿が苦悶の表情まで復元できた。

↑1 発掘されたポンペイの遺跡（世界遺産）（ヨーロッパ・地中海）

↓3 埋もれた人間の復元像（ナポリ国立考古学博物館蔵）

↓2 「パン屋の夫婦の肖像」と呼ばれるポンペイ市民の若夫婦のフレスコ画（ナポリ国立考古学博物館蔵）

2 建築技術と施設

（世界遺産）**↓4** ガール水道橋　前1世紀に建造され，高さ50m，長さ270mの規模で，上段に上水道，中・下段に人馬道という三層構造である。現在も使用可能で，南フランスのガール県にある。

―最上段がふた付の水路

➡5 水道橋と貯水用プールの構造図　ガール水道橋の水は貯水用プールに入り，底の導管からは公共目的の水が，側面の導管からは私的使用の水が流され，渇水にも備えていた。（平田寛『古代のローマ』より）

貯水用プール

（世界遺産）

↑7 上空から見たカラカラ浴場　ローマの最盛期を象徴する建造物がこのカラカラ浴場である。冷浴室，熱浴室など各種浴室や図書室，体育室など一度に1,600人を収容できる大規模な浴場をローマ人たちは楽しんだ。

⬅➡6 ローマの公衆便所　公衆便所は庶民にとって欠かせぬものだった。排水溝の水で便を流し，あと始末は，便座の前の穴から海綿の付いた棒を入れて拭き，足元を流れる水ですすいだ。

1 絵画で見るイエスの生涯

(1498年頃製作，420×910cm，ミラノ，サンタ＝マリア＝デッレ＝グラッツィエ修道院食堂の壁画)

世界遺産

ペテロ　ヨハネ　イエス

ユダ　銀貨を握っている

↑1 レオナルド＝ダ＝ヴィンチ「最後の晩餐」 ユダヤ教の形式的戒律主義を厳しく批判するイエスの教えは，ユダヤ支配層の怒りを買った。新約聖書によると，イエスは処刑される前日，十二弟子と食事をした。その最中に突然，自分が処刑されることと弟子の中に裏切り者がいることを告げる。ユダや何も知らない弟子たちは激しく動揺する。その瞬間を描いたのがこの絵画である。

2 キリスト教の成立と発展

ユダヤ教

ユダヤ教時代(前5世紀)
・唯一絶対神ヤハウェ
・排他的選民思想
・モーセ以降の律法の遵守
・苦難の中でメシアを待望

キリスト教形成期

イエスの布教(後1世紀)
・すべてをゆるす神の**絶対愛**
・**隣人愛の実践，神の前の平等**
・ユダヤ教の形式的な**律法主義批判**

原始キリスト教の成立と伝道(1世紀)
・イエスの十字架上の死を全人類の罪のあがない(贖罪)とみなす
・イエスを神の子とし，その**復活**を信じ，メシア(**キリスト**)とする
・**パウロ**の異邦人伝道
・ローマ帝国内の奴隷，下層民に普及

ローマ帝国の迫害(1～4世紀)
・64年ネロ帝の迫害
　(ペテロ，パウロの殉教)
・上流階級にも信者広がる
・303年，ディオクレティアヌス帝の大迫害

キリスト教発展期

国教化と教義の確立(4～5世紀)
・313年**ミラノ勅令**，コンスタンティヌス帝により公認
・325年**ニケーア公会議**，**三位一体説**(アタナシウス派 → 正統，**アリウス派** → 異端)
・392年テオドシウス帝，**国教化**
・431年エフェソス公会議(ネストリウス派を異端とする)

人物ファイル パウロ (?～60以後)

ユダヤ人パウロは，熱心なパリサイ派でキリスト教の迫害者であったが，復活したイエスの声に接して回心した。人は律法の行いではなくイエス＝キリストを信じることで救われる，という解釈を行い，非ユダヤ人(異邦人)へ伝道を行った。その結果，キリスト教はローマ世界各地に広まった。

→6 ローマのプリシラのカタコンベ 迫害下に信者が礼拝を行ったのは，**地下墓所(カタコンベ)**だった。信者の共同体，すなわち教会の原型である。

A キリスト教の拡大

64頃 ペテロ，パウロの殉教(伝承)
313 ミラノ勅令
431 エフェソス公会議
325 ニケーア公会議

ガリア　ルグドヌム[リヨン]　ゲルマニア　西ゴート　ダキア
ヴィエンナ　メディオラヌム[ミラノ]　イリリア
ヒスパニア　ペルージア　ローマ　イタリア　モエシア　コンスタンティノープル　カルケドン
コルドバ　ネアポリス[ナポリ]　テッサロニケ　ニケーア
ヒッポ　ローマ　コリント　エフェソス　アンティオキア
アフリカ　カルタゴ　シドン
キレネ　カエザレア
アレクサンドリア　イェルサレム

0　250　500km

1～2世紀におけるキリスト教の教区
キリスト教の拡大　　総大司教座(五本山)
　3世紀　　おもな司教座
　4世紀　　使徒パウロの伝道経路
　5世紀

イエスの誕生

↑2 レオナルド＝ダ＝ヴィンチ「受胎告知」 (1472年頃，98×217cm，フィレンツェ，ウフィツィ美術館蔵)

洗礼

←3 ヴェロッキオ「キリストの洗礼」 ヨルダン川で洗礼者ヨハネから洗礼を受け，布教を行う。(1472年～1475年頃，177×151cm，フィレンツェ，ウフィツィ美術館蔵)

ゴルゴダの丘で処刑

↑4 クラナッハ「キリストの磔刑」 (1500年頃，59×45cm，ウィーン美術史美術館蔵)

復活

←5 エル・グレコ「イエスの復活」(部分) イエス復活の信仰が生まれる。(1595年頃，275×127cm，マドリード，プラド美術館蔵)

イエス時代のパレスチナ

シリア　ダマスクス
28年頃 イエスの布教活動が始まる
ナザレ　ガリラヤ湖
カエザレア　デカポリス　ペレア
サマリア
イェリコ　クムラン
ベツレヘム　ユダヤ　イドマヤ　マサダ　ナバテア
イェルサレム
30年頃 イエス処刑される

↑イエス時代のパレスチナ

イスラエルの首都（国際的には未承認）。ユダヤ教・キリスト教・イスラーム教の聖地。

↓1 空から見たイェルサレム旧市街

ヴィア＝ドロローサ［悲しみの道］

聖墳墓教会

岩のドーム

嘆きの壁

↓イェルサレム旧市街地

イスラーム教徒地区
キリスト教徒地区
ヴィア＝ドロローサ
［悲しみの道］
聖墳墓教会
岩のドーム
アルメニア教徒地区
嘆きの壁
ユダヤ教徒地区
0　200m
（『朝日新聞』2004.2.16）

↑2 映画「パッション」の1シーン
（2004年，アメリカ・イタリア作品）

1 ユダヤ教の聖地（嘆きの壁）

↑3 嘆きの壁　70年のローマ軍侵略により，「ソロモンの神殿」は破壊され，ユダヤ人は「離散の民」となった。4世紀以降，破壊をまぬかれた神殿西側の壁への立ち入りが年に一度だけ許されるようになると，ここはユダヤ教徒にとって最も神聖な場所となった。

2 キリスト教の聖地（ヴィア＝ドロローサ，聖墳墓教会）

↑4 聖墳墓教会　イエスは十字架を背負い，「ヴィア＝ドロローサ」を歩いた。礫にされたゴルゴダの丘に，コンスタンティヌス帝の命で，335年「聖墳墓教会」が建てられた。その中の小さな聖堂がイエスの墓とされている。

3 イスラーム教の聖地（岩のドーム）

↑5 岩のドーム　691年，ウマイヤ朝は預言者ムハンマドが天界へ旅立ったとされる場所（聖なる岩）に「岩のドーム」を建設した。外壁は大理石と瑠璃色のタイルによって装飾されている。これはオスマン帝国のスレイマン1世の命によって修築されたものである。

西アジア

作業 学習する「時代」（□）を着色しよう。

世紀	29 28 27 26 25 24 23 22 21 20 19 18 17 16 15 14 13 12 11 10 9 8 7 6 5 4 3 2 1	B.C|A.D	1 2 3 4 5 6 7 8 9 10 11 12 13	14 15 16 17 18 19 20 21
日本	縄文		弥生　古墳　飛鳥 平安　鎌倉 室町 安土桃山 江戸 明治大正 昭和 平成令和	

1 東南アジア諸国家の展開

□ イスラーム系の国　← 侵攻

世紀	ビルマ	タイ	カンボジア	ベトナム南部	ベトナム北部	中国	マレー半島	スマトラ	ジャワ	フィリピン
4	3C ピュー[驃]		2C 扶南	2Cチャンパー[林邑]	前111より 中国諸王朝の支配	魏晋南北朝	マレー人港市国家			
5										
6		6C ドヴァーラヴァティー王国（モン人） 真臘[カンボジア]		チャンパー[環王]		隋				
7						唐	7C シュリーヴィジャヤ王国		8C シャイレンドラ朝	
8			802						850頃連合	
9	832 ビルマ人の南下			939		五代十国				
10		11C タイ人の南下	1009 真臘=カンボジア[アンコール朝]	1009 大越国[李朝]	宋			929 クディリ朝		
11	1044 パガン朝			チャンパー[占城]		南宋 金 モンゴル・元			1222 シンガサリ朝	
12					1225 大越国[陳朝]			1293 マジャパヒト王国		
13	1287 1299	1257 スコータイ朝								
14		1351 アユタヤ朝			1400			マラッカ王国		
15				1470→	1428 大越国[黎朝]	明		1511葡占領	バンテン王国	
16	1555 1531 タウングー朝		カンボジア				イスラーム港市国家群 1826	マタラム王国 アチェ王国	1571 スペイン領
17										
18	1752 コンバウン朝	1767 1782 ラタナコーシン[チャクリ]朝	1863 仏保護国 1887 仏 日本占領	西山朝 1789 1802 越南国[阮朝] 1883 仏保護国		清	英領		オランダ領	
19	1886 1885 英領					中華民国	1942日本占領		1942日本占領	1898 米領
20	1942 日本占領 1948独立 ビルマ連邦共和国 1989 ミャンマー連邦	1941独立	1949独立 内戦 1993カンボジア王国	1945 1953 民主共和国 1976ベトナム社会主義共和国		中華人民共和国	1945 マレーシア シンガポール	1945 インドネシア共和国 インドネシア連邦共和国		1942 1946フィリピン共和国

（『東南アジアを知る事典』による）

A 8世紀頃

■ シャイレンドラ朝の最大勢力範囲
← シャイレンドラ朝の進出

唐　広州
南詔　ドンソン
ピュー[驃]　ドヴァーラヴァティー王国　チャンパー[林邑・環王]
真臘　オケオ
シュリーヴィジャヤ王国[室利仏逝]
シャイレンドラ朝　バリ
ボロブドゥール 8世紀頃建立
パレンバン
----- 義浄の行路（671～695）
0　500km

作業
①チャンパーの領域（□）を着色しよう。

B 13世紀頃

元
パガン朝　泉州 広州 交部
スコータイ朝　ペグー
大越国[陳朝]
アンコール=ワット 12世紀前半建立
アンコール
アンコール朝[真臘]　チャンパー[占城]
スマトラ
シュリーヴィジャヤ王国[三仏斉]
パレンバン　ジャワ
シンガサリ朝
0　500km
→ 元軍の侵攻路
→ マルコ=ポーロの航路

作業
①陳朝の領域（□）を着色しよう。
②チャンパーの領域（□）を着色しよう。

2 ベトナム北部の歴史

前3世紀～前1世紀　ドンソン文化（中国文化の影響・青銅器文化）
前214　秦の始皇帝が南海郡など3郡を設置
前111　前漢の武帝が日南郡など9郡を設置
679　唐がハノイに安南都護府を設置
1009　大越国[李朝]成立（初のベトナム長期王朝　都：ハノイ）
1225　大越国[陳朝]成立（都：ハノイ）　1400 滅亡
●字喃[チュノム]作成　●1288 元軍を撃退

←1 銅鼓（青銅器）　ドンソン文化の象徴的な祭器。祭儀の時に打ち鳴らされたと考えられる。中国文化の影響が表面の精巧な紋様に見られる。

（ゴクルー出土、ベトナム国立博物館蔵）

直径79cm　高さ63.0cm

仇吳趺晉　呂興楊稷

←2 字喃[チュノム]

3 ベトナム南部の歴史（チャム人の活躍）

アンコール遺跡バイヨン寺院のレリーフ

←3 チャンパーの戦舟　河川や海洋を自由に往来するチャム人のチャンパーは，各港市の連合体で，国勢は伸びなかったが，17世紀まで存続した。

4 カンボジアの歴史

1世紀末　扶南成立　海上交易で栄える（オケオ遺跡など）
6世紀　クメール人がカンボジア建国。ヒンドゥー教受容
9世紀　アンコール朝成立（12世紀アンコール＝ワット建設）

↓4 扶南の外港オケオ

聖山バテ山

マルクス＝アウレリウスの名

←5 オケオ出土のローマ金貨（▶P.46）

5 スマトラ島・ジャワ島の歴史

7世紀　スマトラ島にシュリーヴィジャヤ王国が成立
8世紀　ジャワ島にシャイレンドラ朝成立（大乗仏教寺院のボロブドゥールを造営）
850頃　シュリーヴィジャヤ王国とシャイレンドラ朝の連合
1222　シンガサリ朝成立（1293元軍を撃退）

ボロブドゥール 世界遺産

↓1 上から見た図

120m / 120m / 高さ42m

A ボロブドゥールを読み解く

シャイレンドラ朝がジャワ島中部に建設した大乗仏教寺院。寺院全体が巨大な仏舎利塔（仏陀の遺骨を納めた塔）に見立てられており，方形の5壇に，円形の3壇が積み上げられた構造になっている。

↓2 最上段の大ストゥーパを囲むように多数の小ストゥーパが配置されている。

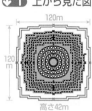

中に仏像が入っている

小ストゥーパをはずされた仏像

大ストゥーパ

円形の3壇（無色界）

基壇（欲界）

小ストゥーパ

方形の5壇（色界）

アンコール遺跡群 世界遺産

カンボジアのアンコール朝時代に建設された多数のヒンドゥー教寺院・仏教寺院。その中の最大のものがアンコール＝ワットである。

↑3 バイヨン寺院の四面塔 アンコール＝トム（都城）の中央にあるヒンドゥー教・仏教の混合寺院。この像は観世音菩薩を表すとされる。

↑4 タ＝プローム寺院 都市が廃墟となった時の自然の力の大きさがよくわかる。

↑5 バンテアイ＝スレイ（女の砦の意）寺院の「東洋のモナリザ」 マルロー（▶P.191）がその美しさに魅せられ，盗掘しようとしたことでも有名なレリーフ。

B アンコール＝ワットを読み解く

スールヤヴァルマン2世が建設したヒンドゥー教寺院で，回廊にはヒンドゥー教関連のレリーフが彫刻されている。14世紀以降に仏教寺院となり，現在のカンボジアの国旗にも描かれ，「仏教国カンボジア」の象徴となっている。15世紀以降密林に埋もれて存在を忘れられていたが，1860年に再発見された。

大海原を象徴した環濠

中央祠堂

須弥山を象徴

ヒマラヤの霊峰を模した囲壁

第3回廊

第2回廊

第1回廊

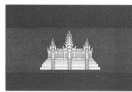

←6 カンボジア国旗

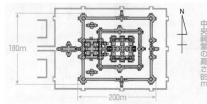

180m / 200m / 中央祠堂の高さ65m / N

↑7 上から見た図

作業 学習する「時代」(□)を着色しよう。

世紀	29	28	27	26	25	24	23	22	21	20	19	18	17	16	15	14	13	12	11	10	9	8	7	6	5	4	3	2	1	1	2	3	4	5	6	7	8	9	10	11	12	13	14	15	16	17	18	19	20	21
日本								縄文																弥生		古墳	飛鳥	平安		鎌倉	室町	安土桃山	江戸		明治	大正昭和	平成令和

←B.C. | A.D.→

1 古代インドの歩み

インダス文明 (前2600頃～前1800頃)

インダス川流域。中心遺跡：ハラッパー，モエンジョ＝ダーロ
高度な都市文明：インダス文字・印章・計画都市

ヴェーダの時代 (前1500頃～前600頃)

- アーリヤ人，パンジャーブ地方に進入。先住民の隷属化
- ガンジス川上流域へ進出。農業の発展，ヴァルナ秩序の形成
  バラモン教の成立

社会変動と宗教改革の時代 (前7～前5世紀)

農業・商工業の発展 → バラモン支配社会への不満
(鉄製農具，鋳造貨幣)
↓
ウパニシャッド哲学
↓
王制国家出現　都市の発展
(コーサラ国，マ
ガダ国など)　→ 新宗教(仏教・ジャイナ教)の成立

マウリヤ朝 (前317頃～前180頃)

- チャンドラグプタ王(位前317～前296頃)：建国　都：パータリプトラ
- アショーカ王(位前268頃～前232頃)：法による支配，仏典の結集

クシャーナ朝 (1～3世紀)

都：プルシャプラ
- カニシカ王(位130頃～170頃)：仏典結集
- 大乗仏教成立，ガンダーラ美術

サータヴァーハナ朝 (アーンドラ朝) (前1～後3世紀)

- ローマ・エジプトとの海上交易さかん

グプタ朝 (320頃～550頃)

都：パータリプトラ
- チャンドラグプタ2世(位376頃～414頃)：最盛期，西方世界と交易さかん
- カースト制確立『マヌ法典』集大成　ヒンドゥー教の定着
- サンスクリット文学の黄金時代，『マハーバーラタ』・『ラーマーヤナ』の完成，カーリダーサ『シャクンタラー』

ヴァルダナ朝 (606～647)

都：カナウジ
- ハルシャ＝ヴァルダナ(位606～647)：学問，仏教保護。唐の玄奘来朝

人物ファイル **アショーカ王** (位前268頃～前232頃)

↓8 現在のインドの国旗

法輪
＊法輪とは永遠の真理・正義を表現したもの。

↑7 アショーカ王の石柱碑　アショーカ王の治世については，岩石(磨崖)や巨大な石柱に刻まれた碑文によって知ることができる。写真はビハール州ヴァイシャーリーのもの。高さ約10m。

↓9 石柱碑柱頭 (高さ213.5cm，サールナート博物館蔵)

マウリヤ朝3代王で最盛期を築いた。初めは「暴虐のアショーカ」といわれたが，カリンガ征服の惨劇により仏教に帰依し，法による統治を行うようになった。

2 インダス文明

世界遺産

←1 モエンジョ＝ダーロ　インダス川下流西岸の遺跡。1922年に発見された。「死人の丘」の意。計画都市。王宮や神殿は存在していない。

凍石(鉱物の一種)

←2 聖獣とインダス文字(未解読)を刻んだ印章 (デリー国立博物館蔵)

→3 踊り子像　モエンジョ＝ダーロ出土。(青銅製，高さ13cm，デリー国立博物館蔵)

A インドの自然環境

インダス川流域地図（ヒンドゥークシュ山脈、カイバル峠、パンジャーブ、ハラッパー、モエンジョ＝ダーロ、シンド、ドーラヴィーラー、ヴィンディヤ山脈、コーサラ、マガダ、アラビア海、西ガーツ山脈、東ガーツ山脈、デカン高原、ベンガル湾、スリランカ(セイロン島)、チベット高原、ヒマラヤ山脈）

＊標高の低いところを緑で表している。

← アーリヤ人の進入
← ドラヴィダ人の移動
∴ おもなインダス文明の遺跡

0　250　500km

↑4 アーリヤ系　↑5 ドラヴィダ系

←インド世界の人々は大きく二つに分けられる。しかしそれ以上に多くの言語・宗教・民族が存在している。

←6 カイバル峠(標高約1,000m)　西アジア(現アフガニスタン)とインドを結ぶ交通の要路。

3 古代インドの諸王朝

A マウリヤ朝 (前4～前2世紀)

アレクサンドロス大王遠征路 (前4世紀後半)
バクトリア
タクシラ
ガイバル峠
チベット高原
マウリヤ朝
サールナート
サーンチー
パータリプトラ
アラビア海
ベンガル湾
カリンガ
チョーラ朝
パーンディヤ朝
シンハラ

0　500km

▲ 磨崖，その他
□ 石柱
▨ アショーカ王の最大領域

B クシャーナ朝とサータヴァーハナ朝 (後2世紀)

バクトラ
ガンダーラ
カイバル峠
チベット
ガンダーラ美術がさかえる
パルティア
プルシャプラ
クシャーナ朝
マトゥラー
サカ
パータリプトラ
プラティーシュターナ
サータヴァーハナ朝
チョーラ朝
パーンディヤ朝
シンハラ

0　500km

▨ カニシカ王の最大領土
― 陸上交通路
― 海上交通路

作業 ①アショーカ王の最大領域(□)を着色しよう。

作業 ①カニシカ王の最大領域(□)を着色しよう。

人物ファイル 釈迦[ガウタマ＝シッダールタ]の生涯（前563頃～前483頃／前463～前383頃）　（田村仁撮影）

↑**10 誕生** ルンビニの園にてシャカ族の王子として母の脇から生誕。（ネパール国立博物館蔵）

↑**11 出家** 人生の悩みで29歳で一切を捨て出家。背後に妻が眠っている。（カラチ国立博物館蔵）

↑**12 苦行** 6年間断食などの苦行を行ったが、悟りは得られなかった。（ラホール博物館蔵）

↑**13 初の説法** 35歳で仏陀（真理を悟った者）となり、鹿野苑で初の説法をした。（サールナート考古博物館蔵）

↑**14 入滅** 80歳にてクシナガラの沙羅双樹（沙羅樹はインド原産の常緑高木）の下にて死去した。遺骨は弟子たちに分配され、仏塔[ストゥーパ]が建てられた。（ニルヴァーナ寺涅槃像、全長6.1m）

作業①大乗仏教の伝達の道（◄---）を着色しよう。

Ａ インドからアジアに広がる仏教

- ◄-- 大乗仏教[北伝仏教]
- ◄― 上座部仏教[南伝仏教]
- … チベット仏教
- 現在最も仏教徒の多い地方
- おもな仏教美術の遺跡

上座部仏教[南伝仏教]

スリランカ・ビルマに伝わる（自転車＝一人乗り）
- 出家者個人の解脱を目的
- 小乗仏教：大乗側からの蔑称

大乗仏教[北伝仏教]

中国・朝鮮・日本に伝わる（大きな乗り物）
- 菩薩（仏陀になるために衆生を救う修行をしている）への信仰
- 慈悲による衆生の救済を目的
- ナーガールジュナ（竜樹）…大乗仏教の理論確立

Ｃ グプタ朝（後5世紀初頭）

- グプタ朝の領域
- エフタルの領域
- → 法顕の行路

作業①グプタ朝の領域（▦）を着色しよう。

Ｄ ヴァルダナ朝（後7世紀前半）

- ヴァルダナ朝の領域
- → 玄奘の行路

作業①ヴァルダナ朝の領域（▦）を着色しよう。

◄**15 サーンチーの仏塔[ストゥーパ]** 造営はアショーカ時代にさかのぼる。（直径36.6m、高さ16.5m）
＊ストゥーパとは仏舎利（仏陀の遺骨）をおさめる塔である。

◄**16 法隆寺五重塔** 日本の飛鳥文化では仏塔は伽藍配置で中心にあったが、のちに重要性が薄れ本尊を祀る金堂中心となった。（高さ32.45m）

◄**17 卒塔婆** 墓に立て供養する細長い板で、仏塔の一種の五輪塔を模するとされる。語源はストゥーパである。

5 ジャイナ教

↑**18 ジャイナ教寺院（ラナクプール）** ジャイナ教徒は不殺生の戒律から農業ができず、商業従事者、特に貴金属業者が多いが、戒律が厳しいので信用が大きく、繁盛しているところが多い。しかしジャイナ教徒には無所有の戒律もあるため（衣服の所有すら禁じる裸行派もいる）寄付が莫大で、ジャイナ教寺院は豪華である。

↑**19 ジャイナ教徒** 前5世紀頃ヴァルダマーナ（尊称マハーヴィーラ）がはじめた、徹底した不殺生主義のため、虫も殺してはいけない。信徒はマスクをし、箒で道を掃いて歩く。現在でも商人を中心に信徒がいる。

南・東南アジア

1 ガンダーラ様式とグプタ様式

↑1 **ガンダーラ菩薩像**（2世紀） ヘレニズム文化の影響を受け，クシャーナ朝時代の後1世紀末に，西北インドのガンダーラにて初の仏像がつくられた。仏像は仏塔[ストゥーパ]に代わって崇拝の対象となっていった。

頭髪は波状
彫りの深い顔
深い衣服のひだ
（デリー国立博物館蔵）

↑2 **グプタ様式のマトゥラー仏**（5世紀） グプタ様式は純インド的な様式である。（高さ214cm，マトゥラー博物館蔵）

頭髪は螺髪
インド的顔立ち
肌に密着した薄い布による衣服

↑6 **ナーランダー僧院跡** グプタ朝時代の5世紀に創建された。仏教教学の研究の中心で，7世紀には数千人の僧徒がいた。

世界遺産

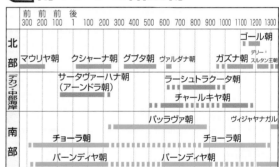

←7 **エローラのカイラーサナータ寺院** エローラは，仏教・ヒンドゥー教・ジャイナ教の混合寺院。ラーシュトラクータ朝期に，地面を掘り下げてつくられた。（8世紀末に完成，本殿の高さ32m）

↑3 **アジャンター石窟**（前2世紀から後7世紀に掘られた） 仏教石窟寺院。グプタ様式美術の代表的寺院である。

世界遺産

↑4 **アジャンター石窟寺院の菩薩像**（5〜6世紀頃）

↑5 **法隆寺金堂壁画菩薩像** グプタ様式美術の日本への影響が見られる。

2 南インドの諸王朝

	前300	前200	前100	後1	100	200	300	400	500	600	700	800	900	1000	1100	1200	1300
北部	マウリヤ朝				クシャーナ朝		グプタ朝			ヴァルダナ朝			ガズナ朝		ゴール朝 / デリー=スルタン王朝		
デカン・中部沿岸		サータヴァーハナ朝（アーンドラ朝）							ラーシュトラクータ朝								
								チャールキヤ朝									
南部										パッラヴァ朝				ヴィジャヤナガル			
		チョーラ朝											チョーラ朝				
			パーンディヤ朝								パーンディヤ朝						

3 ヒンドゥー教の形成

↑8 **ガンジス川での沐浴**（ヴァラナシ[ベナレス]） ヒンドゥー教徒はガンジス川での沐浴により一切の罪や汚れが浄化されると信じる。沐浴場の横には火葬場もあり遺骨はそのまま川に流される。川の水は非衛生的であるが，「汚れ」とは物質的なものではない。

↑→9 **ガネーシャ祭**（インド，上）**とヒンドゥー教の三大神**（右） バラモン教や民間信仰を取り込み，三大神の他にも多数の神々が存在する。ガネーシャが特に人気。

ヴィシュヌ
ブラフマー
シヴァ
（現代のポスター）

4 カースト制度

→**カースト制度**（ヴァルナ制度）はアーリヤ人と先住民の肌の色の区別をもととするが，しだいに出自にもとづく階級となった。7世紀以降は変容し，ヴァイシャが商人，シュードラが農牧業者・職人となったが，第5のヴァルナとして不可触民への差別が強化された。

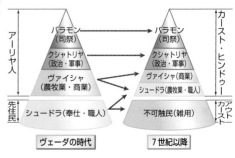

ヴェーダの時代
バラモン（司祭）
クシャトリヤ（政治・軍事）
ヴァイシャ（農牧業・商業）
シュードラ（奉仕・職人）
アーリヤ人 / 先住民

7世紀以降
バラモン（司祭）
クシャトリヤ（政治・軍事）
ヴァイシャ（商業）
シュードラ（農牧業・職人）
不可触民（雑用）
カースト・ヒンドゥー / アウトカースト

作業 学習する「時代」（□）を着色しよう。

世紀	29	28	27	26	25	24	23	22	21	20	19	18	17	16	15	14	13	12	11	10	9	8	7	6	5	4	3	2	1	1	2	3	4	5	6	7	8	9	10	11	12	13	14	15	16	17	18	19	20	21
	←B.C | A.D→

| 日本 | 縄文 | 弥生 | 古墳 | 奈良 平安 | 鎌倉 室町 安土桃山 江戸 明治 大正 昭和 平成 |

① 中国文明の分布

黄河文明
粟・黍などの畑作中心。黄河は洪水が多く，治水のため強力な権力が出現。このため黄河流域が中国の中心となった。

粟

長江文明
稲作が中心。稲の原産地は長江流域とされる。長江は洪水が少なく穏やかな河だった。

稲

② 黄河文明の土器

←1 彩陶（彩文土器）
仰韶文化の土器。色文様が特徴。

→2 黒陶 竜山文化の土器。薄手。燻して黒色にする。

←3 灰陶 竜山文化の土器。厚手。日常生活で使用。

③ 夏？・殷・周時代の中国

作業
①殷の勢力範囲（‥‥）を着色しよう。
②西周の勢力範囲（‥‥）を着色しよう。

夏？
殷より前，黄河中流に初期国家が存在していたことが発掘で判明した。それが伝説の「夏」であるかもしれない。

殷
自らは，「商」といった。邑（都市国家）が結びつき，黄河中下流域に広がった。

周
殷から青銅技術と漢字を継承し，中国文化の源流となった。しかし，黄河一帯の国家で中国全土を支配していたわけではない。

（平勢隆郎『都市国家から中華へ』）

ⓑ 甲骨文字と青銅器

←1 亀甲や獣骨に小穴を掘り，熱した金属棒を当て，生じる亀裂の形で神意を卜った。

→2 卜の結果を，甲骨に記して保存した。「卜」という漢字は，亀裂の形状「卜」から来ている。

←8 甲骨文字
殷では祭政一致の神権政治が行われた。写真は，酒の祭に3頭の牛を生贄にしてよいか卜ったもの。
（天理参考館蔵）

→4 殷後期の都跡「殷墟」の発見で，伝説の王朝，殷の実在が証明された。発掘された王墓には，従者や衛士の殉死者のほかに切断された大量の頭骨が散乱していた。首のない遺体は，別の場所にまとめて捨てられており，その数は千人を超える。王の葬儀では大量の人身御供が行われたと考えられている。生贄にされたのは，対立民族の羌族だった。

→9 殷代の青銅器
祭祀に使う神聖な食器としてつくられた。その製造は国家的事業であった。表面の奇怪な紋様は，殷の最高神「上帝」を表している。
（台北故宮博物院蔵）

ⓐ 殷墟の発掘
（『図説世界文化史大系15』などによる）

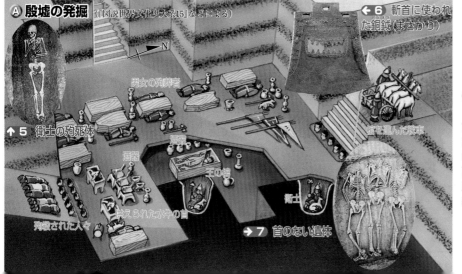

←6 斬首に使われた銅鉞（まさかり）

↑5 衛士の殉死体

→7 首のない遺体

東アジア

春秋戦国時代

📝作業 学習する「時代」(□)を着色しよう。

世紀	29	28	27	26	25	24	23	22	21	20	19	18	17	16	15	14	13	12	11	10	9	8	7	6	5	4	3	2	1	←B.C A.D→	1	2	3	4	5	6	7	8	9	10	11	12	13	14	15	16	17	18	19	20	21
日本	縄文																						弥生			古墳	飛鳥	奈良	平安			鎌倉	室町	安土桃山	江戸		明治	大正	昭和	平成 令和

📝作業
①秦の領土(∴∴∴)
を着色しよう。
②最後に滅ぼされ
た斉の領土(□)
を着色しよう。

1 春秋時代(前770〜前403)

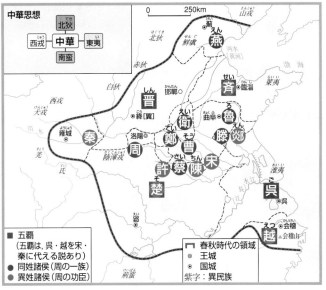

中華思想

	北狄	
西戎	中華	東夷
	南蛮	

0　250km

■ 五覇
（五覇は、呉・越を宋・秦に代える説あり）
● 同姓諸侯（周の一族）
● 異姓諸侯（周の功臣）

▭ 春秋時代の領域
◉ 王城
◎ 国城
紫字：異民族

2 戦国時代(前403〜前221)

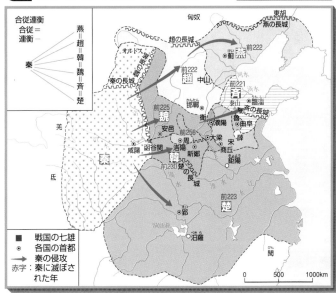

合従連衡
合従＝
連衡＝

燕＝趙＝韓＝魏＝斉＝楚
秦

■ 戦国の七雄
◎ 各国の首都
→ 秦の侵攻
赤字：秦に滅ぼされた年

0　500　1000km

3 中国文明成立期の歩み

新石器時代		黄河文明		長江文明	
		前5000〜 仰韶文化(ヤンシャオ)		前5000頃 河姆渡文化	
		前3000〜 竜山文化		前3300頃 良渚文化	
夏？	前2000頃	青銅器の使用，初期王朝成立(夏王朝か？)			
殷	前1600頃	殷王朝開かれる			
	☆	甲骨文字・青銅器を使用する祭祀・祭政一致の神権政治			
西周時代	前11世紀	周が殷を制圧(都:鎬京)			
	☆	一族・功臣を諸侯とし，血縁秩序(宗法)に基づく礼政一致の封建制度			
東周時代　春秋時代	前770	洛邑に新しい王が即位(周の東遷)			
		(前759まで，東周と西周は対立，並存)			
	☆	周の統治能力は衰えたが，王の権威は存続			
	☆	諸侯は「尊王攘夷」を名目に同盟(その盟主が覇者)			
		春秋の五覇(諸説あり)			
		斉の桓公・晋の文公・楚の荘王・越の勾践・呉の夫差			
	☆	春秋時代後期より鉄製農具・青銅貨幣の使用			
	前479	孔子が死去			
東周時代　戦国時代	前403	大国晋が三つに分裂し，韓・趙・魏が成立 **戦国の七雄**が出そろう			
	☆	周の権威は失われ，実力本位の時代へ			
		戦国の七雄			
		燕・斉・楚・秦・韓・趙・魏			
	前359	秦の孝公，商鞅を用いて政治改革			
	前256	秦が周を滅ぼす			
	前247	秦王政が即位			
秦	前221	秦王政が中国を統一，**始皇帝**と称す			

4 諸子百家

学派	学者	学説の内容	著作など
儒家	孔子	思いやりの心(「仁」)と客観的規範(「礼」)の統合を説く	『春秋』『論語』
	孟子	**性善説**。天子が悪政を行うと，天の命は別の天子に移るので王朝交代は当然。(「易姓革命」思想)	『孟子』
	荀子	**性悪説**。礼を重視。法家思想に発展	『荀子』
法家	商鞅	法治主義を貫く改革政治	『韓非子』
	韓非	李斯に謀られ自殺	
	李斯	秦の始皇帝に仕える	
道家	老子	宇宙の原理＝「道」に基づく「無為自然」・「小国寡民」を主張。老子は，実在の人物か不明	『老子』
	荘子		『荘子』
墨家	墨子	無差別平等な人間愛＝「兼愛」を主張。相互扶助＝「交利」，侵略戦争否定＝「非攻」も説く	『墨子』
縦横家	蘇秦	秦に対抗して6国の連合を説く「合従策」を主張	
	張儀	6国がそれぞれ秦と結ぶという「連衡策」を主張	
陰陽家	鄒衍	中国固有の自然哲学である陰陽五行説を整理	
兵家	孫子	兵法・戦略を説く	『孫子』
	呉子	内政改革を進めた政治家で戦略家	『呉子』

↑1 **楽器を演奏する孔子**　魯国の大臣として活躍。失脚後各地を遊説。晩年は魯に戻り学園を開いた。上は編磬(楽器の名前)を演奏する孔子。孔子は儀礼での音楽の役割を重視していた。

↓2 **編磬**　(戦国時代，曾侯乙墓出土)

大小の石板をたたいて音を出す

5 春秋戦国時代の社会変化

① 鉄製農具の普及 Ⓐ
② 農業技術の進歩（牛耕・灌漑・施肥など）Ⓑ
③ 各国の富国強兵政策の推進 Ⓒ

↓

農業生産力の飛躍的拡大

① **商工業の発達**
・大都市の出現
・青銅貨幣の流通 Ⓓ
・大商人層の出現 → 諸侯国間国境の排除要求

② **社会構造の変質**
・農村の氏族共同体の解体, 土地私有制拡大
・自作農による小規模経営の拡大
・大土地所有者の出現, 地主層の形成

③ **政治構造の変質**
・都市国家体制（邑制国家）が解体, 中央集権国家へ Ⓔ
・実力本位の傾向, 身分にとらわれない人材登用へ
・中国統一への動きが高まっていく

Ⓒ 各国の富国強兵政策

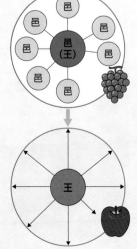

©Elite Group Enterprises Inc.

↑5 **秦の歩兵隊**（映画「ＨＥＲＯ」の1シーン） 戦国時代になると各国は, 30万〜100万の常備軍を編成した。統治力向上は, 人民の大量動員を可能にし, おびただしい人命喪失時代がはじまった。

Ⓔ 国家構造の変化

（図：邑の結合体）
・殷や周は, 邑（都市国家）の結合体
・有力邑の首長が全体の王
・殷では, 祭祀が結合を支え（祭政一致）, 周では, 本家分家の血縁秩序が結合を支える（礼政一致）
・「ぶどう」に例えられる

↓

（図：王を中心とする領域国家）
・戦国時代の各国は, 王が全土を直接支配する領域国家（中央集権体制）
・中国全域に広がった漢字による文書行政が行われる
・「りんご」に例えられる

（松丸道雄「岩波講座世界史」4, 平勢隆郎「都市国家から中華へ」）

Ⓐ 鉄製農具の普及

（河北省, 燕国製鉄遺跡出土, 鎌鋳型。中国社科院考古所提供）

←3 **鎌の鋳型** ほかの文明は, 叩いて形をつくる鍛鉄法だったが, 中国だけ溶かした鉄を鋳型に流し込む鋳鉄法だった。鋳鉄法は, 大量生産が可能だが, 脆くなるため武器には向かず, 農具として広く拡大した。

Ⓑ 牛耕の普及

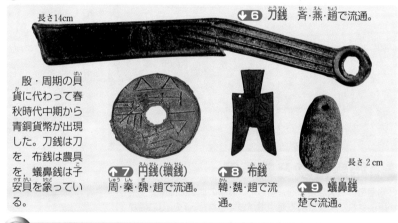

→4 **牛耕の図** 鉄製の刃をつけた犁を牛に引かせる牛耕は, 戦国時代に普及した。写真は, 嘉峪関出土の画像。（複製, 北京歴史博物館蔵）

Ⓓ 青銅貨幣

長さ14cm

→6 **刀銭** 斉・燕・趙で流通。

殷・周期の貝貨に代わって春秋時代中期から青銅貨幣が出現した。刀銭は刀を, 布銭は農具を, 蟻鼻銭は子安貝を象っている。

↑7 **円銭（環銭）** 周・秦・魏・趙で流通。
↑8 **布銭** 韓・魏・趙で流通。
↑9 **蟻鼻銭** 楚で流通。
長さ2cm

🔍 ニューアングル 古代中国の世界観＝陰陽五行説

↓10 **青龍**（高松塚古墳東壁）
↓11 **白虎**（キトラ古墳西壁）

↓12 **朱雀**（キトラ古墳南壁）

↓13 **玄武**（キトラ古墳北壁）

自然は, 木・火・土・金・水の五つの元素＝五行からなり, これらが陰・陽の作用により変転するというのが古代中国の自然観であった。これは下表のように整理される。中心の黄は皇帝の色とされ, 宮殿の南に朱雀門, 北に玄武門がつくられた。また, 東西南北に配された動物は日本の古墳壁画にも描かれた。現在でも, 大相撲の天蓋の四つの房の色（赤・青・白・黒）はこれを反映しているし, 「青春」「白秋」などの言葉は日常使われている。

元素	木	火	土	金	水
方角	東	南	中	西	北
色	青	朱	黄	白	玄
季節	春	夏		秋	冬
聖動物	青龍	朱雀		白虎	玄武

42 秦の統一

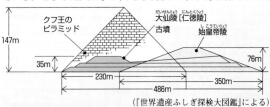

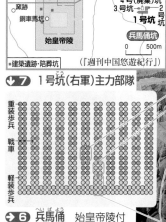

作業 学習する「時代」(　)を着色しよう。

世紀	29	28	27	26	25	24	23	22	21	20	19	18	17	16	15	14	13	12	11	10	9	8	7	6	5	4	3	←B.C	A.D→	1	2	3	4	5	6	7	8	9	10	11	12	13	14	15	16	17	18	19	20	21
日本						縄文																							弥生			古墳			飛鳥	平安			鎌倉	室町	安土桃山	江戸			明治大正		昭和		平成令和	

1 秦の統一

作業
①政即位時の領土(　)を着色しよう。
②秦代と明代の万里の長城をそれぞれ着色しよう。

凡例：
- ⊙ 帝都
- ○ おもな郡名
- 秦代の万里の長城
- 明代の万里の長城
- □前247年(政即位時)における秦の征服領土
- □前225年までに併合(魏の滅亡)
- □前223年に併合(楚の滅亡)
- □前222年に併合(趙・燕の滅亡)
- □前221年中国統一(斉の滅亡)
- □秦の最大領域(前214年頃)

0 250 500km

2 秦の中央集権政策

A 度量衡の統一

←2 量(ます)(長さ26.5cm, 幅12.5cm, 容量1,000cc)

↓3 銅権(分銅)(重さ2,063.5g)

B 貨幣の統一

→4 半両銭
円形で四角穴の形が, 歴代王朝に継承された。
(直径3.5cm)

両 半

『世界遺産ふしぎ探検大図鑑』

C 文字の統一

各国の文字を小篆に統一(例)馬

小篆 馬

秦 ← 楚 斉 燕 趙 魏 韓

↑各国の文字は小篆に統一され, 全国での文書行政が可能になった。＊周代の大篆に対して, 秦代の篆書を小篆という。

←1 秦の長城 戦国期, 匈奴と接していた秦・趙・燕の長城を連結したもの。明代長城(▶P.75)のような煉瓦製の城壁でなく, イラストのように版築といって土を突き固めたもので, 騎馬兵の行動を阻むことを目的とした実戦用施設だった。地図にあるように明代長城よりもはるか北方にある。

版築のやり方
土を突き固める

3 始皇帝陵と兵馬俑

↻始皇帝は広大な陵墓を造営した。陵墓の地下には中国全土が再現され, 水銀による海や川がつくられたと『史記』に書かれている。現在調査により, 大量の水銀があることがわかっている。こうした大工事は, 人民を苦しめ, 不満を増大させた。

クフ王のピラミッド 147m
古墳 大仙陵[仁徳陵] 35m
始皇帝陵 76m
230m 486m 350m

『世界遺産ふしぎ探検大図鑑』による

↓5 始皇帝陵復元CG

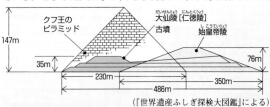

窯跡 臨馬公路
4号(廃棄)坑
3号坑 2号坑
1号坑
銅車馬坑
始皇帝陵 兵馬俑坑
0 500m

■建築遺跡・陪葬坑 『週刊中国悠遊紀行』

→7 1号坑(右軍)主力部隊

重装歩兵
戦車
軽装歩兵

軽装歩兵
戦車

→6 兵馬俑 始皇帝陵付近の地下から, 陶製実物大の兵士像が発見された。実用武器を装着した1万人規模の人形大軍団が埋められていた。軍団は東方に立ち向かっている。

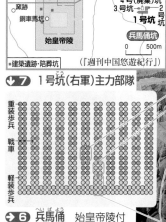

1 秦・漢帝国（前漢・後漢）の歩み

		国内政策	対外政策
秦		**始皇帝**（位前221〜前210）	
		前221 秦王政，中国を統一，**始皇帝**と称す	前215 オルドス地方の**匈奴**を討伐
		☆ **郡県制**で中央集権制を確立	（南京博物館蔵）
		☆ **貨幣，文字，度量衡の統一**	
		☆ **焚書・坑儒**による思想統制	

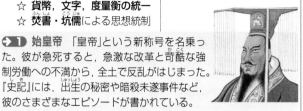

➡1 始皇帝 「皇帝」という新称号を名乗った。彼が急死すると，急激な改革と苛酷な強制労働への不満から，全土で反乱がはじまった。『史記』には，出生の秘密や暗殺未遂事件など，彼のさまざまなエピソードが書かれている。

		国内政策	対外政策
秦		前209 **陳勝・呉広の乱**（〜前208）項羽・劉邦も挙兵	☆ **冒頓単于**，匈奴を統一
		前206 秦，滅亡	
前漢		**高祖〔劉邦〕**（位前202〜前195）	
		前202 **垓下の戦い**で，漢（前漢）を建国（都：**長安**）	前200 冒頓単于の匈奴に敗れ和睦
		☆ **郡国制**で徐々に中央集権化	
		前154 景帝が**呉楚七国の乱**を鎮圧	
		武帝（位前141〜前87）	
		☆ **郡県制**を全国に施行	前139 **張騫**を**大月氏**に派遣（〜前126）
		☆ **儒教を官学化**（董仲舒の提案）	前121 匈奴を破り，**敦煌郡**など4郡を設置
		☆ **郷挙里選**による官吏登用	前111 南越国を征服，南海郡など9郡を設置
		☆ 財政再建（**均輸法，平準法，塩・鉄・酒の専売**）	前108 衛氏朝鮮を征服，**楽浪郡**など4郡を設置

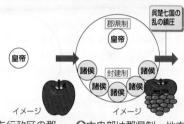

◀2 武帝 前漢7代目皇帝。16歳で即位し，50年以上君臨した。領土を大きく拡大したが，長期の戦争は国家を疲弊させた。武帝時代は栄光の時代のように錯覚しやすいが，社会矛盾に満ちた時代でもあった。
（台北故宮博物院蔵）

		国内政策	対外政策
前漢		前7 **限田法**を発布，**豪族**抑制を目的*	*反対派が多く，実施できず。
新		後8 外戚の**王莽**，国号を新とする	
		18 **赤眉の乱**（〜27）	
後漢		**光武帝〔劉秀〕**（位25〜57）	
		25 光武帝，後漢を建国（都：**洛陽**）	
		☆ 豪族連合政権	
		27 赤眉の乱を鎮圧	57 倭の奴国王に金印を与える

◀3 光武帝〔劉秀〕 漢帝室の血をひく江南の豪族。赤眉の乱の中，江南諸豪族をまとめて挙兵，王莽軍を大敗させ，漢を復興した。
（ベトナム博物館蔵）

		国内政策	対外政策
後漢			91 **班超**，西域都護となる
			97 班超，部下の甘英を大秦〔ローマ帝国〕へ派遣
		166 **党錮の禁**（〜169）	166 **大秦王安敦**〔マルクス=アウレリウス=アントニヌス帝〕（◀P.28）の使者が日南郡に到着
		☆ 宦官，力をふるう	
		184 **黄巾の乱**（指導：太平道の**張角**）	
		☆ 後漢，統治能力失う	

↑4 鴻門の会（項羽と劉邦の対決） 秦滅亡後，劉邦が項羽の本陣を訪れた時，項羽側では劉邦が次の敵になると考え，劉邦を暗殺しようと計画した。余興の剣舞は，劉邦を殺すためのものだったが，劉邦の支持者がとっさに剣舞に参加して暗殺者から劉邦を守った。その後，両雄は衝突，垓下の戦いで項羽が敗死し，劉邦は漢を建国した。

（徐州，項羽戯馬台）

張良〔劉邦の参謀〕　劉邦　項羽　范増〔項羽の参謀〕暗殺の首謀者
樊噲〔劉邦の部下〕劉邦を救出　項荘〔項羽の部下〕暗殺実行者　項伯〔劉邦の支持者〕暗殺を阻止

2 秦・漢帝国の国家構造変化
□中央直接支配地

Ⓐ 郡県制（秦）　**Ⓑ 郡国制（漢初期）**　**Ⓒ 郡県制（武帝以降）**

郡県制　皇帝　呉楚七国の乱の鎮圧　皇帝　諸侯　封建制　諸侯　諸侯　諸侯　皇帝　諸侯

イメージ　イメージ　イメージ

↑全国を行政区の郡と県にわけ，役人を派遣して，直接支配

↑中央部は郡県制，地方は封建制で統治。諸侯国を徐々につぶし，郡県制部分を拡大。呉楚七国の乱の鎮圧を経て，郡県制に移行した。

◀5 発掘された遺体 前漢初期の老夫人遺体。腐敗しておらず，筋肉にも弾力があった。

馬王堆漢墓（前漢初期，湖南省長沙市）

➡6 首枷と足枷 6代目景帝（武帝の父）の墓から発見された。酷使された囚人を繋いでいたもの。

🔎 ニューアングル 中国古代専制国家のヒミツ

黄河流域は氾濫が多く農地になる部分は少ない。しかし，専制国家が成立して大規模な治水工事を行うと広大で肥沃な人工的農地が生まれる。専制国家は，ここに大量の農民を住まわせ生産させることで強大化した。しかし，少しでも治水が滞れば，この人工的農地はいっきに荒廃して国家財政は行き詰まり，大量の農民は流民化して農民反乱の原因となる。中国専制国家は，危うい基盤の上に成り立っていたのだった。

（参考：木村正雄『中国古代農民反乱の研究』）

↑7 現在も続く黄河の治水事業

東アジア

44 前漢②

作業 学習する「時代」（ ）を着色しよう。

世紀	5	4	3	2	1	1	2	3	4	5	6	7	8	9	10	11	12	13	14	15	16	17	18	19	20	21
日本				弥生				古墳			飛鳥		平安				鎌倉	室町				江戸			明治 大正 昭和	平成 令和

前2世紀の世界

前2世紀のナビ
①ユーラシアの東西で，共和政ローマと前漢帝国が拡大した。
②モンゴル高原には匈奴がおこり，前漢と激しく争った。
③西域の東西交易路には，楼蘭などの交易都市国家が繁栄した。
④東西の中間にはパルティアがあり，東西交易で繁栄した。

CROSS ROADS 世界史のクロスロード
（解答 別冊P.39）

ロプ＝ノール（ロプ湖）復元イメージ

楼蘭の繁栄
タクラマカン砂漠を貫く東西交易路にロプ＝ノールという湖があり，その湖畔にオアシス都市国家楼蘭が交易で繁栄した。しかし楼蘭は，対立する2大国の間に位置し，政治的に苦しい対応を迫られた。

Q その2大国とは何だろうか。 ヒント P.45地図

←1 ハンニバル（←P.27）のアルプス越え

↓2 **武帝に見送られる張騫** 張騫は，匈奴を挟み撃ちにしようとした武帝の命を受け大月氏に遣わされた。交渉には失敗したが，13年間の旅によって得た西域の情報を武帝にもたらした。下の絵は，敦煌の壁画で，馬に乗った武帝に見送られる張騫を描いた唐代の想像画。

──使者であることを示すのぼり
見送る武帝
説明文
出発する張騫
敦煌石窟323窟

胡瓜（きゅうり） 胡椒（こしょう） 胡桃（くるみ） 胡豆（そらまめ） 胡麻（ごま）

↑3 **西域からの物産** 西域諸国から中国に伝わった物産には，胡（えびす）がつけられたものが多い。これらは，シルク＝ロードによって中国にもたらされた。これら物産とともにワイン（ブドウ酒）が伝わり，中国人は遠い異国に思いを馳せるようになった。
（重要文化財，部分）

人物ファイル 不屈の人，司馬遷
（前145頃～前86頃）
歴史を記録する官職の家系に生まれた。父の後を継いで『史記』を書いていたが，友人の李陵将軍が匈奴に降伏する事件があった時，李陵を弁護して武帝の激怒をかい，宮刑（生殖器切断刑）に処されてしまう。その屈辱に耐えながら，彼は『史記』の完成に力を注いだ。後世，司馬遷の「紀伝体」という書き方と歴史に対する冷静な姿勢は中国歴史書の模範となった。
（『歴聖群像半身像』より。台北故宮博物院蔵）

日本画家高田若香等の作品
旅立つ王昭君
見送る侍女たち

←4 **王昭君** 前漢11代元帝の後宮女。『漢書』によれば和親のため匈奴の王に嫁がされた。元曲『漢宮秋』（▶P.71）では後宮の絵師に賄賂を贈らなかったので醜く描かれ，匈奴への降嫁に選ばれてしまったと脚色されている。

C　60°　D　90°　E　120°　F　60°

汗血馬の産地

匈奴の古墳群

ノイン=ウラ

匈　奴

続縄文文化

烏孫

大　宛
[フェルガナ]

天山山脈　亀茲[クチャ]　車師前王国[トゥルファン]

遼東　玄菟
楽浪　臨屯

日本海

マラカンダ[サマルカンド]

大月氏
バクトリア

疏勒[カシュガル]　タリム盆地　楼蘭[ローラン]　敦煌　月氏　酒泉　張掖　武威

太原

衛氏朝鮮
真番　韓

弥生文化

パルティア
王国

ヘカトンピュロス
(前248頃～後224)

バクトラ

于闐[ホータン]　西域諸国　陽関　祁連山脈　河西回廊

洛陽

登呂遺跡

クテシフォン

カーブル

崑崙山脈　玉門関

張騫の西域行路
(前139～前126)

前漢(前202～後8)

長安

沛

坂下

江水[長江]

前202
坂下の戦い

シンド

シュンガ朝

パータリプトラ
マガダ

蜀

長沙

閩越
ビンエツ

太平洋

(高さ34.5cm、青銅製)

サータヴァーハナ朝(前1世紀～後3世紀)

プラティーシュターナ　**カリンガ**

南越

蒼梧　南海
鬱林
交趾
合浦
儋耳
珠崖

東シナ海

アラビア半島
アラブ

九真
日南

南シナ海

ヒムヤル王国

アラビア海

季節風貿易で繁栄

チョーラ朝
(前3世紀頃～後4世紀頃、9～13世紀)

ベンガル湾

パーンディヤ朝
4 (前3世紀頃～後14世紀)

つばめ

⤴5 汗血馬　大宛[フェルガ
ナ]に産した名馬で1日に千里
(約400km)を走り、血のような汗
を流すので、この名がつけられ
た。後漢墓から発見された銅製
の馬の像。

弓をもつ豪族の私兵

⬅6 豪族の館　豪族は、
前漢代に豊かになり、後漢
代になると各地で群雄と
なった。写真は豪族の館を
かたどった副葬品。弓をも
つ私兵が武装している。

(河南省霊宝後漢墓出土)

⬜1 漢代の社会変化

その頃の日本(弥生時代前期)

中国大陸から、
水田による稲作が
九州北部に伝わり、
弥生時代がはじ
まった。生産力の
拡大により、貧富
の差が生まれ、縄
文時代に比べ、社
会はしだいに複雑
化していった。右
の絵は、稲刈りの
ようす。

(中西立太氏画)『週
刊朝日百科「新訂増補
日本の歴史」』より)

前漢前期	前漢後期	後漢時代
●**自作農**中心社会	●**豪族**(大土地所有者)が台頭	●**豪族**は武装して強大化
●国家が個々の自作農を管理し、人頭税と地租を徴収	●豪族は、没落自作農を小作人化、奴隷化	●各地で自立し、後漢末は群雄割拠化
		豪族イメージ

作業 学習する「時代」（□）を着色しよう。

世紀	5	4	3	2	1	← B.C. A.D. →	1	2	3	4	5	6	7	8	9	10	11	12	13	14	15	16	17	18	19	20	21
日本		弥生						古墳		飛鳥		奈良	平安					鎌倉	室町	安土桃山			江戸		明治	大正 昭和	平成

2世紀のナビ
①ユーラシアの東西でローマ帝国と後漢が拡大した。
②両大国の間でパルティア，クシャーナ朝が繁栄した。
③紀元後，世界は寒冷傾向の時代に入った。特に2世紀後半，急激な寒冷化があり，ローマ帝国や後漢末の混乱，日本の内乱などの原因の一つと考えられている。

CROSS ROADS 世界史のクロスロード （解答 別冊P.39）

（アフガニスタン・ハッダ出土、東京国立博物館蔵）
（11世紀，平等院鳳凰堂阿弥陀如来像）

クシャーナ朝，ガンダーラ美術の繁栄
クシャーナ朝は，中国とローマを結ぶ要衝にあり，ローマとの交易で大量の金が流入した。またクシャーナ朝のもとで大乗仏教が興隆し，初めて仏像が出現した。これをガンダーラ美術という。
Q 左の仏像は，どこの影響を受けているだろうか。それはなぜだろうか。右の日本の仏像と比較しながら考えよう。
ヒント P.25 ②，P.38 ①

2世紀初め ローマ帝国の領土最大化（トラヤヌス帝時代）
96〜180 五賢帝の時代
ローマ帝国（前27〜後395）
1世紀後半 シリアの地中海岸まで甘英到達（ペルシア湾岸までという説もある）

（オケオ出土，ホーチミン市博物館蔵）
←1 マルクス＝アウレリウス＝アントニヌス帝（◀P.28）の名が刻まれたローマ金貨（◀P.34）

1 後漢の動揺

←2 宦官 皇帝の私生活に関係するため側近として実権を握り，政治の混乱をまねくこともあった。写真の人物は，1949年，北京で撮影された元宦官。

←3 黄巾の乱 民間宗教太平道にもとづいた農民反乱。漢のシンボルカラー赤に対抗して，教団の色を黄とし，黄旗や黄の頭巾を使った。（中国歴史博物館の想像画）

2 漢代の文物

↓4 後漢の鏡（ホーチミン市博物館蔵）

↑港町オケオ（◀P.34）の出土品 扶南国のオケオは，海上ルートの重要中継地で，ローマや後漢の遺物が発掘されている。大秦王安敦［アントニヌス帝］の使者もここを通過していった。

→5・6 竹簡と製紙法 紙が普及するまでは，木簡・竹簡などが使われていた。「冊」は，その形からできた。後漢の宦官蔡倫は，これまでの製紙法に改良を加え，紙の普及を促した。紙の普及は，文書行政の発達など「情報化社会」を成立させた。

ニューアングル 漢字の世界

篆書 → 隷書 → 楷書

漢字は，独特の象形文字，例えば，「學」の「𦥯」は，両手で占いの棒「爻」を扱っているようすを表している。それを台の下から「子」が見て学んでいるようすが「學」である。古代中国では，偶数は不吉であった。占いの棒2本が箱の中にあるのは「凶」＝「凶」である。（参考：宮崎市定『論語の新しい読み方』）
写真左は周代の青銅器（「大盂鼎」）の字，中は後漢代の碑文（『曹全碑』）の字，右は唐代の書家，虞世南（◀P.59）の字。

冊

（陝西省の蔡倫祠，蔡倫祠博物館の絵）

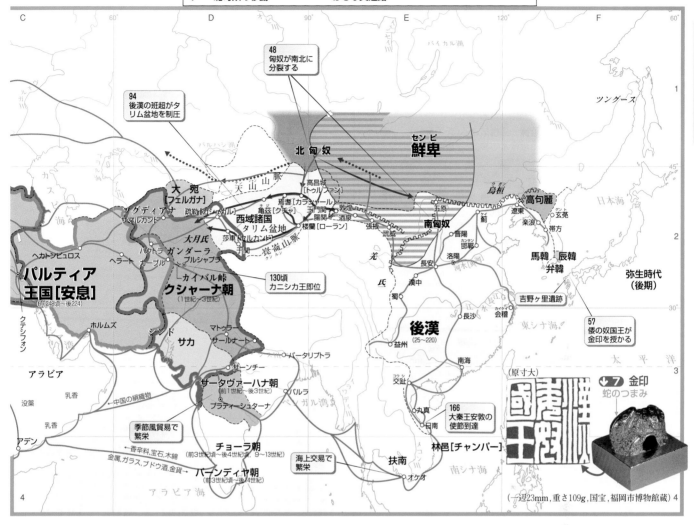

地図凡例：
← 北匈奴の侵攻(1世紀)　▭ カニシカ王の最大領土　← 班超の外征(1世紀)
◄┈ 北匈奴の移動　── おもな交通路

48 匈奴が南北に分裂する

94 後漢の班超がタリム盆地を制圧

130頃 カニシカ王即位

鮮卑（センピ）
北匈奴
南匈奴
烏桓（ウガン）
高句麗
ツングース
西域諸国
タリム盆地
高昌城[トゥルファン]
焉耆[カラシャール]
亀玆[クチャ]
疏勒[カシュガル]
楼蘭[ローラン]
玉門関
陽関
敦煌
酒泉
張掖
武威
五原
薊
遼東
玄菟
楽浪
帯方

大宛[フェルガナ]
天山山脈
ソグディアナ
サマルカンド
大月氏
バクトラ　ガンダーラ
プルシャプラ
カイバル峠
莎車[ヤルカンド]
于闐
崑崙山脈（クンルン）
ヘカトンピュロス
ヘラート
カーブル

パルティア王国[安息]
(前248頃～後224)

クシャーナ朝
(1世紀～3世紀)

羌
氐
長安
漢中
蜀
洛陽
陳倉
邯鄲
晋陽
河水（黄河）

後漢
(25～220)

馬韓　辰韓
弁韓

弥生時代
(後期)

吉野ヶ里遺跡

57 倭の奴国王が金印を授かる

クテシフォン
アラビア
ホルムズ
シンド
マトゥラー
サールナート
サカ
バータリプトラ

サータヴァーハナ朝
(前1世紀～後3世紀)

パーティリプトラ
ナーシク
プラティーシュターナ

季節風貿易で繁栄

チョーラ朝
(前3世紀頃～後4世紀頃、9～13世紀)

←中国の絹織物
←香辛料,宝石,木綿
金属,ガラス,ブドウ酒,金貨→

パーンディヤ朝
(前3世紀頃～後14世紀)

没薬
乳香
乳香
アデン

益州
長沙
会稽
南海
交趾
九真
日南

海上交易で繁栄
林邑[チャンパー]
扶南
オケオ

166 大秦王安敦の使節到達

長江
東シナ海
太平洋
南シナ海

金印
蛇のつまみ
漢委奴國王

(一辺23mm,重さ109g,国宝,福岡市博物館蔵)

3 漢代の文化

特色　①春秋戦国からの文化を集大成し，中国古典文化が完成
②専制政治の理論的支柱としての儒教が創始

儒学	官学化	武帝時代，**董仲舒**が五経博士設置を提案(儒学の官学化)　＊五経＝『書経』『易経』『詩経』『礼記』『春秋』
	訓詁学	儒教のテキスト解釈を研究。後漢代，鄭玄により完成。精密だが教義の固定化もまねく
歴史	『史記』(司馬遷)	前漢に完成。神話時代から武帝代までを**紀伝体**で記述。紀伝体は帝王の年代記(本紀)と伝記(列伝)からなる
	『漢書』(班固)	後漢に完成。前漢の歴史を**紀伝体**で記述。班固が謀反事件に連座して獄死後，妹の班昭が完成
宗教	太平道	後漢末，**張角**のはじめた宗教。呪術で病気を治すとし，**黄巾の乱**をおこす。道教の源流
	五斗米道	後漢末，張陵のはじめた宗教。祈祷で病を治し，米五斗(約五升)を差し出させた。道教の源流
	仏教	大乗仏教が前漢末か後漢初に西域より伝来
製紙法		後漢の宦官蔡倫が技術改良。木簡，竹簡に代わる

その頃の日本(弥生時代後期)

　弥生時代の後期，各地に小国が形成され相互に戦った。光武帝時代には小国の一つ「奴国」が使者を後漢に送り，金印を授けられた。江戸時代，その金印と考えられるものが博多湾で発見された。
　佐賀県の吉野ヶ里遺跡(下写真)は小国形成期の遺跡である。

57年	倭の奴国,使者を後漢に派遣(『後漢書』東夷伝より)
184年	卑弥呼,邪馬台国王となり,「倭国大乱」終了(『魏志』倭人伝より)

主祭殿(クニの政治・宗教の中心)
物見やぐら

作業 学習する「時代」（　　）を着色しよう。

世紀	29	28	27	26	25	24	23	22	21	20	19	18	17	16	15	14	13	12	11	10	9	8	7	6	5	4	3	2	1	1	2	3	4	5	6	7	8	9	10	11	12	13	14	15	16	17	18	19	20	21
日本						縄文														弥生			古墳			奈良	平安				鎌倉	室町	安土桃山	江戸	明治大正		昭和	平成令和											

←B.C｜A.D→

1 魏晋南北朝時代の歩み

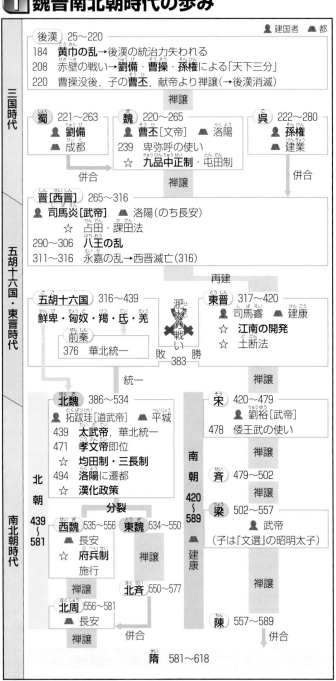

👤建国者 🔺都

【後漢】 25〜220
- 184 **黄巾の乱**→後漢の統治力失われる
- 208 **赤壁の戦い**→劉備・曹操・孫権による「天下三分」
- 220 曹操没後，子の**曹丕**，献帝より禅譲（→後漢消滅）

禅譲

三国時代

【蜀】 221〜263
- 👤**劉備**
- 🔺成都

【魏】 220〜265
- 👤**曹丕**[文帝] 🔺**洛陽**
- 239 卑弥呼の使い
- ☆**九品中正制・屯田制**

【呉】 222〜280
- 👤**孫権**
- 🔺**建業**

併合　禅譲　併合

【晋[西晋]】 265〜316
- 👤**司馬炎**[武帝] 🔺洛陽（のち長安）
- ☆ **占田・課田法**
- 290〜306 **八王の乱**
- 311〜316 **永嘉の乱**→西晋滅亡（316）

再建

五胡十六国・東晋時代

【五胡十六国】 316〜439
鮮卑・匈奴・羯・氐・羌

【前秦】
- 376 華北統一

淝水の戦い　敗 383 勝

【東晋】 317〜420
- 👤**司馬睿** 🔺**建康**
- ☆ **江南の開発**
- ☆ **土断法**

統一　禅譲

北朝

【北魏】 386〜534
- 👤**拓跋珪**[道武帝] 🔺**平城**
- 439 **太武帝**，華北統一
- 471 **孝文帝**即位
- ☆ **均田制・三長制**
- 494 **洛陽に遷都**
- ☆ **漢化政策**

分裂

南朝 420〜589

【宋】 420〜479
- 👤**劉裕**[武帝]
- 478 倭王武の使い

禅譲

【斉】 479〜502

禅譲

【梁】 502〜557
- 👤武帝
- （子は『文選』の昭明太子）

禅譲

北朝 439〜581

【西魏】 535〜556
- 🔺長安
- ☆ **府兵制**
施行

【東魏】 534〜550

禅譲

【北斉】 550〜577

禅譲

【北周】 556〜581
- 🔺長安

併合　禅譲　併合

南北朝時代

建康

【陳】 557〜589

併合

隋 581〜618

ニューアングル 大いなる茶番劇〜禅譲

- 皇帝位を君に譲りたいと思う…と言わされ…
- 私には無理でございます…と一応断り…

皇帝が有能な家臣に位を譲ったという伝説の美談（禅譲）を真似た王朝交代がしばしば行われた。しかし，実態は皇帝の位を奪うもので，形式的な茶番だった。前皇帝は殺されてしまうことが多かった。

2 三国時代の群像

（写真はNHK人形劇に使用された人形）

↑**1** **曹操** 後漢の献帝を擁して華北を統一し，魏の基礎を築いた。

↑**2** **劉備** 漢帝室の血縁といわれる。諸葛孔明を迎え，蜀を建てた。

↑**3** **孫権** 江南の有力豪族。魏・蜀に対抗して呉を建国した。

↓**4** **赤壁の戦い**（映画「レッドクリフ」） 江南に侵攻した曹操の水軍を孫権・劉備連合軍が迎え撃った戦い。風上から火船を突撃する作戦で曹操軍は大敗し，これによって三国の分立が決定化した。

↓**5** **10万本の矢のリサイクル** 赤壁の戦いの時，諸葛亮[孔明]はわら船を仕立てて曹操軍の前を行き来させ，射掛けられた矢10万本を回収して再利用した。正史『三国志』を脚色した小説『三国志演義』に描かれた話である。下はエコバッグに描かれたイラスト。（三国志ブランド『赤兎馬』より）

周瑜 赤壁の戦いを指揮した呉の将軍。

諸葛亮[孔明] 蜀の宰相で戦略家。曹操に対抗して「天下三分」を実現した。

「環保購物袋」＝環境保全買物袋：中国語でエコバッグの意。

③ 魏晋南北朝時代の変遷

Ⓐ 三国時代（3世紀前半）

Ⓑ 五胡十六国・東晋時代（4世紀）

	鮮卑 ○ →
赤字 五胡	羯 ○ →
□ 十六国	（原住地）（移動）（建国）
▨ 漢人の国家	氐 ○ →
晋の首都移動 ‥→	匈奴 ○ →
	羌 ○ →

Ⓒ 南北朝時代（540年代，北魏分裂後の形勢）

■ おもな石窟寺院

作業
①南朝の領域（□）を着色しよう。

④ 魏晋南北朝時代の文化

特色
①北朝の政治制度（均田制など） ⇒新統一国家（隋・唐）を準備
　南朝の経済躍進（江南開発）
②分裂による社会不安⇒仏教・道教・清談の流行

六朝文化	詩文	陶潜[陶淵明]	東晋・宋	田園詩人 「帰去来辞」
		謝霊運	東晋・宋	山水詩
		昭明太子	梁	梁の太子 『文選』四六駢儷体の名文
	絵画	顧愷之	東晋	画聖 「女史箴図」「洛神賦図」
	書道	王羲之	東晋	書聖 「蘭亭序」「喪乱帖」
歴史		陳寿	西晋	『三国志』
		范曄	南朝宋	『後漢書』
医学		王叔和（編）	西晋	『傷寒論』（中国最古の医学書）
宗教・思想	儒教	社会の混乱から儒教はふるわず		
	仏教	渡来僧 仏図澄	洛陽で布教	北朝 国家鎮護仏教 三大石窟寺院
		鳩摩羅什	仏典を漢訳	
		達磨	禅宗を伝える	南朝 貴族仏教
		法顕（◀P.37, ▶P.51）	東晋	求法のためインドへ 『仏国記』
		慧遠	東晋	浄土宗の開祖となる
	道教	寇謙之	北魏	道教を大成し新天師道を開く

⑤ 北魏の皇帝たち

←6 太武帝（3代目） 華北を統一し，北朝を創始。道教の教祖寇謙之を重んじ，仏教大弾圧を行った。

→7 孝文帝（6代目） 均田制などの改革は幼少期に行われたもの。自らは洛陽遷都，中国語・中国服・中国風姓名の強制など極端な中国化を推進した。

⑥ 江南の開発

←8 江南の水田風景（安徽省） 混乱する華北から約100万人の避難民が江南へ移住。南朝は彼らを戸籍に登録して土着を図った（土断法）。稲作中心の江南では水路の開発も進み，中国最大の穀倉地となる素地ができた。

↓9 女史箴図（伝顧愷之） 宮廷女の戒めを説く図巻。男子が化粧している。貴族文化の雰囲気を伝えている。外見を飾るのでなく内面を磨かなければならない，という文章に注目！（大英博物館蔵）

人咸知脩其容莫知飾其性
人咸く其の容を脩むるを知るも、其の性を飾るを知る莫し

ニューアングル
「蘭亭序」の運命（北京故宮博物院蔵）

王羲之は，永和9（353）年に自分の邸宅蘭亭で詩作の宴を催した。できた詩集の序文を王羲之が書いた。彼は酔っていたが，そのできばえに自分が驚くほどの書ができた。これが絶品「蘭亭序」である。300年後，唐の太宗（▶P.52）は，王羲之の愛好家で「蘭亭序」も苦労して手に入れ，死んだ時も一緒に埋葬させた。今ある「蘭亭序」はすべて模写である。

→11「蘭亭序」唐代の模写。

↑10 道教の神 老荘思想にもとづいた中国独自の宗教。寇謙之が大成した。上は，三国時代の武将関羽を神格化した関帝神。

東アジア

作業 学習する「時代」（□）を着色しよう。

世紀	5	4	3	2	1	B.C.	A.D.	1	2	3	4	5	6	7	8	9	10	11	12	13	14	15	16	17	18	19	20	21
日本				弥生						古墳					平安				鎌倉	室町			江戸				

5世紀の世界

5世紀のナビ

①3～5世紀の寒冷化による食糧不足が遊牧民の移動を促し，ユーラシア全域で民族移動の波がおこった。中国への五胡の侵入，ゲルマン民族の大移動，エフタルの台頭などである。

②ササン朝やグプタ朝は，エフタルの侵入に苦しんだ。ササン朝は，突厥と結んではさみうちし，エフタルを滅ぼした。

CROSS ROADS 世界史のクロスロード

（解答 別冊P.39）

ゲルマン人の大移動
ローマ帝国周辺に居住していたゲルマン人が，帝国領内に移動をはじめ，ヨーロッパ世界変動の一因となった。これは，ユーラシア全域でおこっていた大規模な民族移動の一環といえる。

Q 他にどのような民族移動があっただろうか，なぜ大規模な移動がおこったのだろうか。**ヒント** P.50世界ナビ

地図内の地名・注記：
481 メロヴィング朝建国／フィン＝ウゴル／バルト／スラヴ／ケルト／アングル サクソン／ブリトン／ブルターニュ／フランク王国（481～843）／パリ／フン／アッティラの居城／ゲピデ／451 カタラウヌムの戦い／ブルグンド王国／東ゴート王国／ラヴェンナ／カフカス／ラジア／スエヴィ王国／ナルボンヌ／オドアケルの王国（476～493）／ローマ／コンスタンティノープル／ビザンツ帝国（395～1453）／エフェソス／エデッサ／トレド／西ゴート王国（418～711）／カルタゴ／ヴァンダル王国（429～534）／アンティオキア／ダマスクス／セレウキア／ベルベル人諸国家／イェルサレム／アレクサンドリア／476 西ローマ帝国滅亡／メディナ／メッカ／サハラ砂漠／ヌビア／アクスム王国

1 中国の三大石窟寺院

↑1 雲崗石窟 北魏の首都平城のそばに造営。仏教弾圧を行った太武帝を継いだ文成帝は逆に仏教を統治の基礎とし，自分を含めた5人の皇帝をモデルに巨大仏像を5体つくった。写真の仏像は，初代道武帝を模した如来像（高さ13.44m；奈良の大仏は14.7m）。

↑2 敦煌石窟 中国最初の石窟寺院。写真左の仏像は，五胡十六国時代の弥勒菩薩で敦煌最古。足を交差させるのはシルク＝ロードの仏像の特徴だが，日本には伝わらなかった。写真右の建物は，唐代につくられた大仏（35.7m）を覆う9層の楼閣。

→3 竜門石窟 北魏の新首都洛陽のそばに造営。写真は竜門最大の仏像で唐代，則天武后（▶P.54）によってつくられた毘盧遮那仏（大日如来）。（高さ17.14m）

ここを覆っていた建物の柱の跡

華北統一時の北魏の領域(439)　柔然の最大領域(5世紀中頃)　エフタルの最大領域(6世紀初)
北魏の最南下領域(475頃)　グプタ朝の最大領域(4世紀末)　突厥の領域(6世紀)

仏図澄・鳩摩羅什の出身地

突厥

高車

柔然庭

柔然(5〜6世紀)

高車

契丹

高句麗

丸都

ツングーズ

蘇綽

バイカル湖

アルタイ山脈

ウイグル

天山山脈

烏孫

エフタル

タラス

疏勒[カシュガル]

亀茲[クチャ]

高昌[トゥルファン]

伊吾[ハミ]

敦煌

千仏洞

酒泉

張掖

武威

遼東

雲崗

平城

平壌

漢山

太原

サマルカンド

ソグド

ホラズム

ブハラ

バクトラ

ガンダーラ

于闐[ホータン]

鄯善

タリム盆地

吐谷渾

洛陽

竜門

麦積山

北魏(386〜534)

長安

南鄭

襄陽

新羅

斯盧[金城]

百済

熊津

加耶(加羅)

日本海

サ サン朝ペルシア(224〜651)

ニーシャープール

エクバタナ

クテシフォン

イスタクル[ペルセポリス]

バーミヤン

プルシャプラ

チベット

氐

羌

倭(古墳時代)
413〜478
倭の五王, 南朝(東晋・宋)に朝貢

シンド

マトゥラー

バタルカ

グプタ朝(320頃〜550頃)

ヒマラヤ山脈

成都

南郡

江水

建康

広陵

宋(420〜479)
斉(479〜502)

長沙

会稽

南海

東シナ海

太平洋

アラブ

アラビア半島

サーンチー

ヴァラナシ

アジャンター

エローラ

雲南

建寧

交趾

合浦

法顕の旅行路(◀P.49)(399〜412)

九真

日南

チャンパプラ

南シナ海

ヒムヤル

パッラヴァ朝

パーンディヤ朝

アヌラーダプラ

シンハラ[スリランカ]

ヴィヤーダプラ

扶南

オケオ

チャンパー[林邑]

ヴィヤーダプラ

ジャンビ

スマトラ島

匈奴→フン人の西進
高車の西進(5世紀後半)
孝文帝の遷都
おもな交通路
おもな仏教遺跡

2 渡来僧

(新疆ウイグル自治区の像)

↑4 鳩摩羅什　西域の王族出身。五胡十六国時代, 長安に連れ去られ, 仏教を伝えるよう強要された。

→5 達磨　インド出身の僧。南北朝時代に禅宗を伝えた。少林寺で壁に向かって9年間座禅して手足を失ったという伝説あり。その姿がだるま像である。

3 各王朝の豪族抑圧政策

🏯 中央集権をめざす各王朝

⬇

抑圧政策

⬇

🏹 各地で台頭する豪族層
(大土地所有・奴婢私有・私兵保有
割拠化=中央集権にマイナス)

	官吏法	九品中正	魏〜
		科挙制	隋〜
	大土地所有制限	屯田制	魏
		占田・課田法	晋
		土断法	東晋・南朝
		均田制	北魏〜

その頃の日本(古墳時代)

ヤマト政権が支配領域を拡大した。その王たちは, 巨大な古墳をつくった。写真は, 大仙陵古墳(◀P.42)。仁徳天皇陵と言われているが, 根拠はない。ヤマト政権の王が5代にわたって使者を遣わしたと南朝宋の歴史書『宋書』倭国伝に書かれている。

404年	倭国, 高句麗と戦う
421年	倭王讃(仁徳天皇か?)
	中国へ使者
478年	倭王武(雄略天皇か?)
	中国へ使者

486m

作業 学習する「時代」(▢)を着色しよう。

世紀	29	28	27	26	25	24	23	22	21	20	19	18	17	16	15	14	13	12	11	10	9	8	7	6	5	4	3	2	1	1	2	3	4	5	6	7	8	9	10	11	12	13	14	15	16	17	18	19	20	21
日本							縄文															弥生				古墳		飛鳥	奈良	平安											鎌倉	室町			江戸		明治 大正	昭和	平成	

←B.C｜A.D→

作業
① 隋代の運河(‥‥)を着色しよう。
② 煬帝が遠征して失敗した高句麗( )を着色しよう。

1 隋・唐帝国の歩み

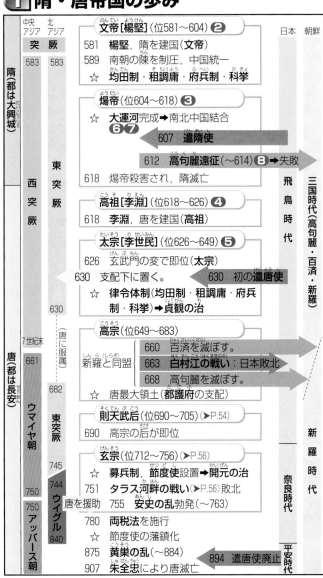

中央アジア	北アジア		日本	朝鮮
突厥	突厥	**文帝[楊堅]** (位581〜604) ❷		
583	583	581 楊堅，隋を建国(**文帝**)		
		589 南朝の陳を制圧，中国統一		
		☆ **均田制・租調庸・府兵制・科挙**		
	東突厥	**煬帝** (位604〜618) ❸		
		☆ **大運河**完成➡南北中国結合 ❻❼		
		607 **遣隋使**		
		612 **高句麗遠征**(〜614)❽➡失敗		
西突厥		618 煬帝殺害され，隋滅亡	飛鳥時代	三国時代(高句麗・百済・新羅)
		高祖[李淵] (位618〜626) ❹		
		618 李淵，唐を建国(**高祖**)		
		太宗[李世民] (位626〜649) ❺		
		626 玄武門の変で即位(**太宗**)		
		630 支配下に置く。 ← 630 初の**遣唐使**		
7世紀末	630	☆ **律令体制**(均田制・租調庸・府兵制・科挙)➡**貞観の治**		
	(唐に服属)	**高宗** (位649〜683)		
		660 百済を滅ぼす。		
661		新羅と同盟 663 **白村江の戦い**：日本敗北		
	682	668 高句麗を滅ぼす。		
		☆ 唐最大領土(**都護府**の支配)		新羅時代
ウマイヤ朝	東突厥	**則天武后** (位690〜705)(▶P.54)		
		690 高宗の后が即位		
	745	**玄宗** (位712〜756)(▶P.56)		
750	744	☆ **募兵制，節度使**設置➡**開元の治**	奈良時代	
750	ウイグル	751 **タラス河畔の戦い**(▶P.56)敗北		
アッバース朝		755 **安史の乱**勃発(〜763)		
		780 **両税法**を施行		
		☆ 節度使の藩鎮化		
	840	875 **黄巣の乱**(〜884)		
		907 朱全忠により唐滅亡 ← 894 遣唐使廃止	平安時代	

隋(都は大興城) / 唐(都は長安)

2 隋の統一

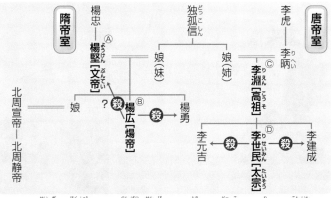

612〜614 煬帝の高句麗遠征失敗

高昌[トゥルファン]　伊吾[ハミ]　東突厥　高句麗
西突厥　敦煌　遼西　遼東　平壌　新羅　金城
且末　張掖　榆林　涿郡[北京]　泗沘　百済
吐谷渾　武威　太原　泰山　江都[揚州]
チベット　隴西　大興城[長安]　東都[洛陽]　隋　無錫
ラサ　蜀　武陵　九江　杭州　長沙　建安
南海　交趾　合浦　珠崖　日南　チャンパー　林邑[林邑]　流求

0　500　1000km

▢ 文帝時代の領土	◯ 政治の中心
▨ 煬帝の征服地	◯ 経済の中心
← 煬帝の高句麗遠征	‥‥ 隋代の運河
◠ 分裂前の突厥の勢力範囲	

❶広通渠584　❷永済渠608　❸通済渠605　❹山陽瀆587　❺江南河610

3 隋・唐成立期の人物たち

[隋帝室]　[唐帝室]

楊忠　独孤信　李虎　李昞
楊堅[文帝]Ⓐ　娘(妹)　娘(姉)　李淵[高祖]Ⓒ
北周宣帝　北周静帝　娘　？(殺)　楊広[煬帝]Ⓑ(殺)➡楊勇
李元吉(殺)←李世民[太宗]Ⓓ(殺)➡李建成

⤴北朝の西魏〜北周の有力軍閥(鮮卑系)の楊家，独孤家，李家の婚姻関係。隋・唐帝室は同じ支配者集団から台頭した。隋・唐とも，帝位をめぐる争いから，親や兄弟の殺害事件がおこっている。

◆1 伝 聖徳太子　遣隋使で煬帝に「日の出ずる処の天子」と対等に名乗った。煬帝はこれを無礼と感じたが，高句麗遠征を控えていたため国交は成立した。

(宮内庁蔵)

➡2 Ⓐ楊堅[文帝]　外戚として北周の実権を握り，帝位を奪って隋を建国。陳を征服して300年ぶりに中国を統一した。

(『歴代帝王図巻』より)

◆3 Ⓑ楊広[煬帝]　自分を嫌うようになった文帝を重病中に殺害したとされる。大運河の建設を推進したが，高句麗遠征の大失敗で没落。唐代に書かれた『隋書』で批判され，煬帝は，暴君として後世に名を残した。

(『歴代古人像賛』より)

◆4 Ⓒ李淵[高祖]　隋末の混乱に乗じ，次男李世民の勧めで挙兵，長安を占領して唐を建国した。

(北京歴史博物館蔵)

➡5 Ⓓ李世民[太宗]　兄と弟を玄武門で殺害して即位。唐の基礎を築いた太宗の政治は，唐代の歴史書によって理想化され(貞観の治)，太宗は，名君として後世に名を残した。

④ 隋の事業

場帝が乗る竜船
川岸から船を引く人夫たち
川岸で警備する軍隊

↑6 場帝運河巡幸図 大運河の建設は人民に重い負担を強いた。運河が完成すると，場帝は豪華な竜船で華北の首都大興城から江南の杭州まで巡幸した。

↓7 現在の運河（杭州） 大運河によって政治の中心地華北と経済の中心地江南が結合した。運河は，今も重要な役割を果たしている。

攻めてくる隋軍
迎え撃つ高句麗軍

↑8 場帝の高句麗遠征（▶P.60） 運河で運ばれた100万の軍が高句麗に侵攻したが大敗，隋滅亡のきっかけとなった。上は，高句麗首都平壌付近で隋軍が全滅した戦いの展示。（ソウル戦争記念館蔵）

⑤ 唐の諸制度＝律令体制

Ⓐ 唐の政治組織＝三省六部の制

中央

三省
- 皇帝
- 中書省 詔勅の起草 ①
- 門下省 詔勅の草案審議 ②
- 尚書省 詔勅の実施
- 御史台 官吏の監察
- 九寺五監 儀礼

六部
- 吏部 官吏の人事
- 戸部 戸籍・財政
- 礼部 儀礼・外交
- 兵部 軍事
- 刑部 司法
- 工部 土木・営繕

地方（道）
- 州 約350
- 県 約1,550
- 三府（洛陽・長安・太原）
- 折衝府 約600
- 都護府

律 —刑法典
令 —行政法・一般法
格 —補充・改正規定
式 —施行細則

Ⓒ 租調庸制度

租 粟（＝穀物）2石（約60ℓ）

調 絹2丈（約6m）綿3両（約112g）

庸 年20日間の中央労役（絹・麻の代納可）

雑徭 年40〜50日間の地方労役

府兵制 均田農民3人に1人 租調庸免除して兵役へ

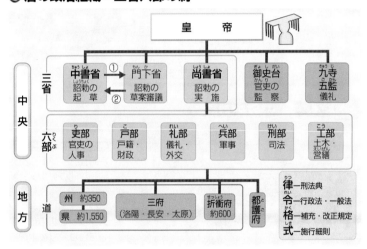

種まき装置
（西安唐墓壁画）

↑10 唐の農民 種まき装置など，農業技術の発達は生産量を拡大させたが，租調庸は重税で，均田農民は苦しい生活を強いられた。

Ⓑ 均田制の比較

	国に返還する土地			子孫に伝える土地			備考
北魏（15歳？）	露田	男 40畝 女 20畝		桑田	男 20畝 女 なし		奴婢・耕牛にも支給（豪族層への妥協策）
隋（18〜59歳）	露田	男 80畝 女 40畝		桑田	男 20畝 女 なし		高級官吏の広大な永業田（貴族層への優遇策）
唐（18〜59歳）	口分田	男 80畝 女 30畝（寡婦に限る）		永業田	男 20畝 女 なし		高級官吏に広大な永業田（貴族層への優遇策）
日本（6歳〜終身）	口分田	男 2反 女 1反120歩					＊唐代の支給額100畝は，約5.5ha ＊日本の支給額2反は，約0.23ha

ニューアングル 均田制は本当に実施できたのか？

均田制のような強力な統治制度を，唐は本当に実施できたのだろうか。敦煌やトゥルファンで発見された唐代の戸籍や納税書の調査から，口分田の支給や返還が実際に行われていたことがわかった。しかし，これは西域辺境だけに限られたことかもしれない。均田制が唐の全域で本当に実施できたのか，結論は出ていない。

（龍谷大学蔵）

↑9 8世紀の給田文書（トゥルファン古墳出土） 官庁の使用済紙が，龍の墓内壁掛けの下張りに再利用されていたので龍の形をしている。

Ⓓ 租調庸と両税法の比較

	租調庸	両税法
課税対象	各個人に平等に	各戸の資産量に応じて
納税形態	物納と労役	穀物納（地税）と銭納（戸税）
徴収時期		夏秋2回の収穫期に限定
財政原則	量入制出（税収に応じて支出）	量出制入（支出に応じて課税）

54 唐の展開①

作業 学習する「時代」（ ）を着色しよう。

世紀	5	4	3	2	1	B.C.|A.D.	1	2	3	4	5	6	7	8	9	10	11	12	13	14	15	16	17	18	19	20	21
日本			弥生						古墳						平安				鎌倉	室町			江戸				

7世紀の世界

7世紀のナビ
①唐とイスラーム勢力がそれぞれ拡大を開始した。
②ヨーロッパは，拡大するイスラーム勢力の圧迫を受けた。
③インドは，ヴァルダナ朝滅亡後，長い分裂時代に入った。

世界史のクロスロード　（解答 別冊P.39）

ヒラー山で大天使ガブリエルを目撃するムハンマド（想像図）

ムハンマドへの啓示(610年)

ムハンマドは，メッカ郊外ヒラー山で最初の啓示を受けた。「伝承」によれば，このとき彼は，地平線をまたぐ大天使ガブリエルを目撃する。視線をそらすとそこにもガブリエルは立っていた。イスラーム世界は，ここから始まる。

Q この伝説に，ユダヤ教・キリスト教の天使が登場するのは，なぜだろうか。 ヒント P.11 ④，P.86 ②，P.87人物ファイル

（中国歴史博物館蔵）

◀1 則天武后[則天大聖皇帝]　太宗の後宮女から，息子高宗の愛妃となり，やがて皇后位を奪って権力を握った。高宗の死後ついに中国史上唯一の女帝となった。権力欲のためには，自分の子も容赦しなかったが，科挙の重視による新興層の登用，仏教の保護政策では近年評価されている。

◀2 遣唐使船　日本の遣唐使は，630年から894年まで20回ほど派遣された。船は，全長約30m，幅約10m，約120人乗り，4隻で船団を組むことが多かった。竜骨を使わない箱型構造で横波に弱く，航海は命がけだった。
（イラスト：野上隼夫氏）

（地図内の文字）

スコットランド
アイルランド
アングロ＝サクソン七王国（6世紀末〜829）
ロンドン
アーヘン
パリ
フランク王国（481〜843）
ポワティエ
アヴァール
ピレネー山脈
西ゴート王国（418〜711）
トレド
コルドバ
ランゴバルド王国（568〜774）
ローマ
ブルガリア王国
ブルガール
ハザール
アラン
ビザンツ帝国（395〜1453）
アルメニア
クレタ
キプロス　シリア
ダマスクス
チュニス
タンジール
マグリブ
トリポリ
イェルサレム
アレクサンドリア
クーファ
サハラ砂漠
ウマイヤ朝（661〜750）
メディナ[ヤスリブ]
メッカ
ジェッダ
マクリア

642 ニハーヴァンドの戦い
622 ヒジュラ
610頃 ムハンマドがアッラーの啓示を受ける

北海　バルト　スラヴ　大西洋　地中海　黒海　紅海

① 玄奘，求法の旅

榆林石窟第2窟壁画

▶3 旅する玄奘　太宗時代，インドに出発，約10年間ヴァルダナ朝（◀P.36）治下で仏教を学び，帰国した。サンスクリット語の仏典をもち帰り，以後中国語への翻訳にあたった。写真は，敦煌に近い榆林石窟の壁画（西夏時代11世紀頃）。すでに孫悟空伝説が生まれているのがわかる。

→4 般若心経　玄奘がサンスクリット語原典から翻訳したものとされている。大乗仏教の本質を，釈迦の弟子の観音が，もう一人の弟子シャーリプトラ[舎利子]に語る，という内容。非常に難しい思想が述べられている。

観音菩薩さまは，深淵な智慧の完成の修行をされ，物質などの五つの要素は皆，実体がないと見極め，一切の苦痛と災厄を解決されました。シャーリプトラよ。物質は実体がないことにほかならず，実体がないことは物質にほかなりません。物質は実体がないのであり，実体がないことが物質なのです。

仏説摩訶般若波羅蜜多心経
観自在菩薩　行深般若波羅蜜多時
照見五蘊皆空　度一切苦厄
舎利子　色不異空　空不異色
色即是空　空即是色……（後略）

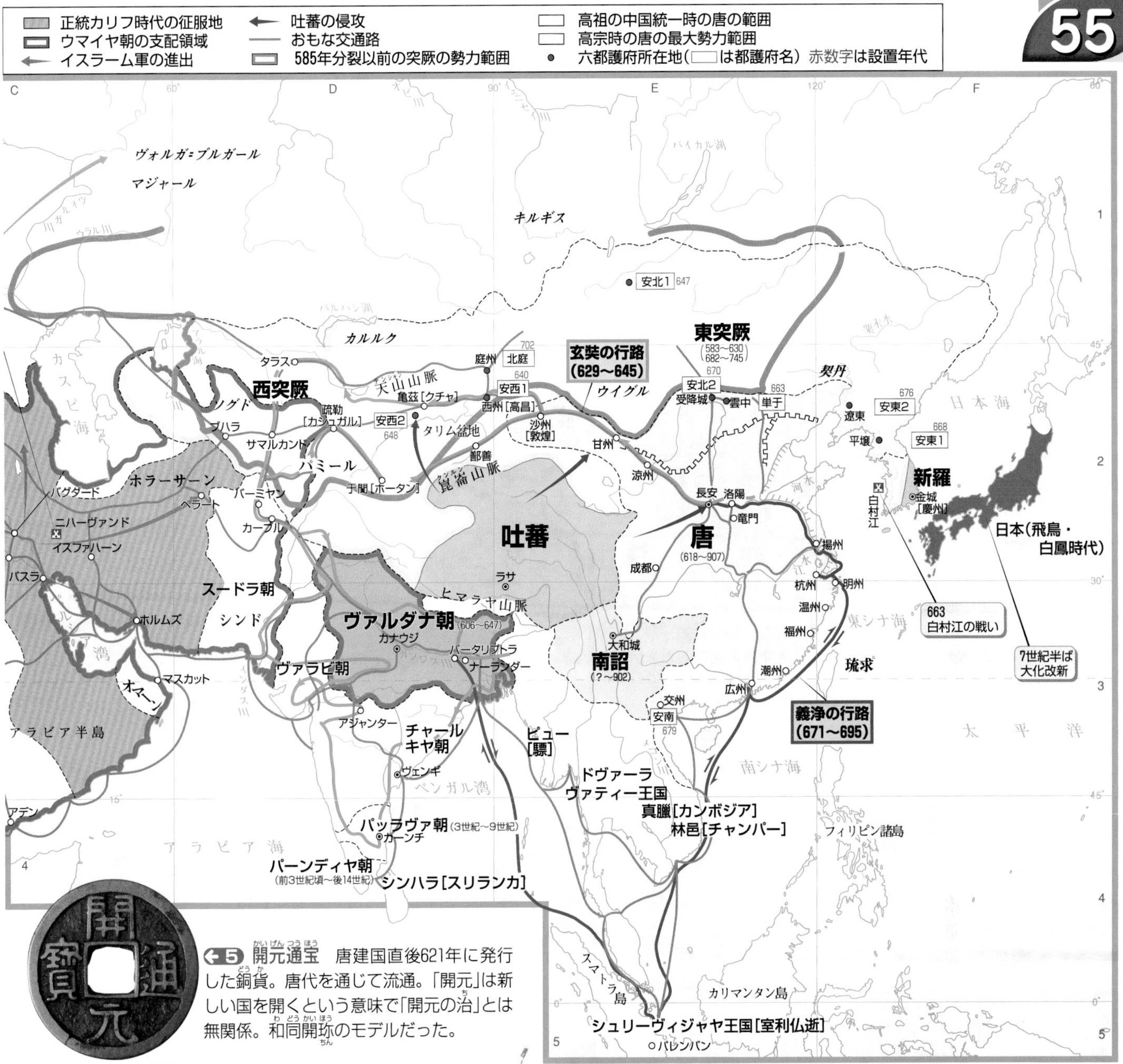

凡例
- 正統カリフ時代の征服地
- ウマイヤ朝の支配領域
- イスラーム軍の進出
- 吐蕃の侵攻
- おもな交通路
- 585年分裂以前の突厥の勢力範囲
- 高祖の中国統一時の唐の範囲
- 高宗時の唐の最大勢力範囲
- 六都護府所在地（　は都護府名）赤数字は設置年代

地図内表記

ヴォルガ＝ブルガール
マジャール
キルギス
カルルク
西突厥
東突厥 (583～630) (682～745)
安北1 647
タラス
天山山脈
庭州 北庭 702
亀茲[クチャ]
安西1 640
西州[高昌]
玄奘の行路 (629～645)
ウイグル
安北2
受降城
雲中
単于
契丹
670
安東2 676
ソグド
ブハラ
サマルカンド
パミール
疏勒[カシュガル]
安西2 648
タリム盆地
于闐[ホータン]
崑崙山脈
鄯善
沙州[敦煌]
甘州
涼州
長安
洛陽
竜門
遼東
平壌
安東1 663
安東1 668
新羅
金城[慶州]
日本海
ホラーサーン
バグダード
ニハーヴァンド
イスファハーン
ヘラート
バーミヤン
カーブル
吐蕃
ラサ
ヒマラヤ山脈
大和城
南詔 (?～902)
成都
揚州
杭州
明州
温州
福州
日本(飛鳥・白鳳時代)
663 白村江の戦い
7世紀半ば 大化改新
バスラ
ホルムズ
シンド
スードラ朝
ヴァルダナ朝 (606～647)
カナウジ
パータリプトラ
ナーランダー
ビュー[驃]
潮州
広州
交州
安南 679
琉求
義浄の行路 (671～695)
ヴァラビ朝
アジャンター
チャールキヤ朝
ヴェンギ
ベンガル湾
ドヴァーラヴァティー王国
真臘[カンボジア]
林邑[チャンパー]
フィリピン諸島
南シナ海
東シナ海
太平洋
アデン
アラビア半島
オマーン
マスカット
パッラヴァ朝 (3世紀～9世紀)
カーンチ
パーンディヤ朝 (前3世紀頃～後14世紀)
シンハラ[スリランカ]
スマトラ島
カリマンタン島
シュリーヴィジャヤ王国[室利仏逝]
パレンバン
唐 (618～907)

←5 **開元通宝** 唐建国直後621年に発行した銅貨。唐代を通じて流通。「開元」は新しい国を開くという意味で「開元の治」とは無関係。和同開珎のモデルだった。

←6 **ポロ競技[打毬]** 馬に乗ってスティックで球を打ち合う。イランから唐に伝わり，貴族間で大流行した。唐の国際性を示す。近代，植民地のインドからイギリスに伝わり，現在は，英・米で盛んに行われ，洋服ブランドにもなっている。

現在のポロ競技

聖徳太子(高宗と則天武后の子)墓の壁画

その頃の日本（飛鳥・白鳳時代）

聖徳太子死後，蘇我氏打倒クーデタがおこり，唐の律令体制をめざす改革（大化改新）が行われた。白村江で唐・新羅連合軍に大敗（▶P.60）し，朝鮮半島から撤退した。また政権の後継争いから壬申の乱がおこった。

607年	伝 法隆寺建立
622年	聖徳太子死去
7世紀半ば	大化改新
663年	白村江の戦い
672年	壬申の乱

↓7 **法隆寺** 最初の法隆寺は670年に焼失。

世界遺産

五重塔
金堂
中門

世紀	5	4	3	2	1	1	2	3	4	5	6	7	8	9	10	11	12	13	14	15	16	17	18	19	20	21
日本			弥生						古墳						平安			鎌倉	室町			江戸				

作業 学習する「時代」（　　）を着色しよう。
B.C|A.D

56 唐の展開②

8世紀の世界

8世紀のナビ
①唐とイスラームの二大帝国がそれぞれの文化圏を形成して繁栄した。両勢力は境を接し，衝突することもあった。
②それぞれの首都，長安(方形)とバグダード(円形)は，国際都市として繁栄した。
③イスラーム勢力包囲の中，キリスト教世界が形成された。

世界史のクロスロード (解答 別冊P.39)

タラス河畔の戦い(751年)(▶P.87)
唐の圧迫を受けた西トルキスタンは，成立したばかりのアッバース朝(イスラーム帝国)に救援を要請し，二大帝国が衝突した。唐は大敗し，以後，西トルキスタンは，イスラーム圏となった。捕虜となった唐兵に紙すき職人がいて製紙法が伝播したとされる。

Q タラス河畔の戦いが行われたのは，現在のどこの国の領土内だろうか。 ヒント P.208 A

↑1 湯浴みする楊貴妃と見つめる玄宗 玄宗(62歳)は，息子にその妻を譲らせ，楊貴妃(27歳)として寵愛した。その後政治は混乱し，楊貴妃の一族楊国忠と楊貴妃のお気に入りの安禄山の権力抗争から安史の乱がおこり，律令体制は完全に崩れ去った。

1 唐の社会変化

人身支配(律令制)	均田制	公地公民 均田給付		財産支配	荘園制	有力者による 大土地所有
	租調庸制	均田農民への 均等課税	→		両税法	土地所有量に 応じての課税
	府兵制	均田農民から 徴兵			募兵制	兵士を募集する傭兵制
	都護府	中央管轄の辺境統治機関			節度使	独立性の強い 辺境統治機関

人物ファイル 異形の反乱者 安禄山 (705〜757)

安禄山は，ソグド人の父と突厥人の母の間に生まれた西域系の軍人で，楊貴妃に取り入って玄宗の信任を得，北方の3節度使を兼ね，中国北部に強大な地盤を形成した。大変な肥満体で腹が膝までたれ，量ってみると約200kgあった。玄宗が「何が詰まっているのか。」と聞くと「赤心(まごころ)のみ。」と答えたという。755年，安禄山は部下の史思明とともに唐への大反乱(安史の乱)を引き起こし，「燕」を建国して皇帝に即位した。唐は，洛陽・長安を占領されて大混乱に陥ったが，反乱側も内部対立から安禄山，史思明それぞれがその子らに殺害され，唐は，ウイグルの支援を受けてようやく鎮圧した。この反乱によって唐中央政府の統制力は大きく弱体化し，節度使が自立化していった。

8世紀後半における唐の勢力圏
● 10節度使所在地（□はその節度使名）
← 製紙法の西伝経路・西伝年代
← 安禄山の進路 ← 吐蕃の進出
吐蕃の最大領土（8世紀後半）
― おもな交通路
← シャイレンドラ朝の進出
シャイレンドラ朝の最大勢力範囲
ローマ教皇領（754年）

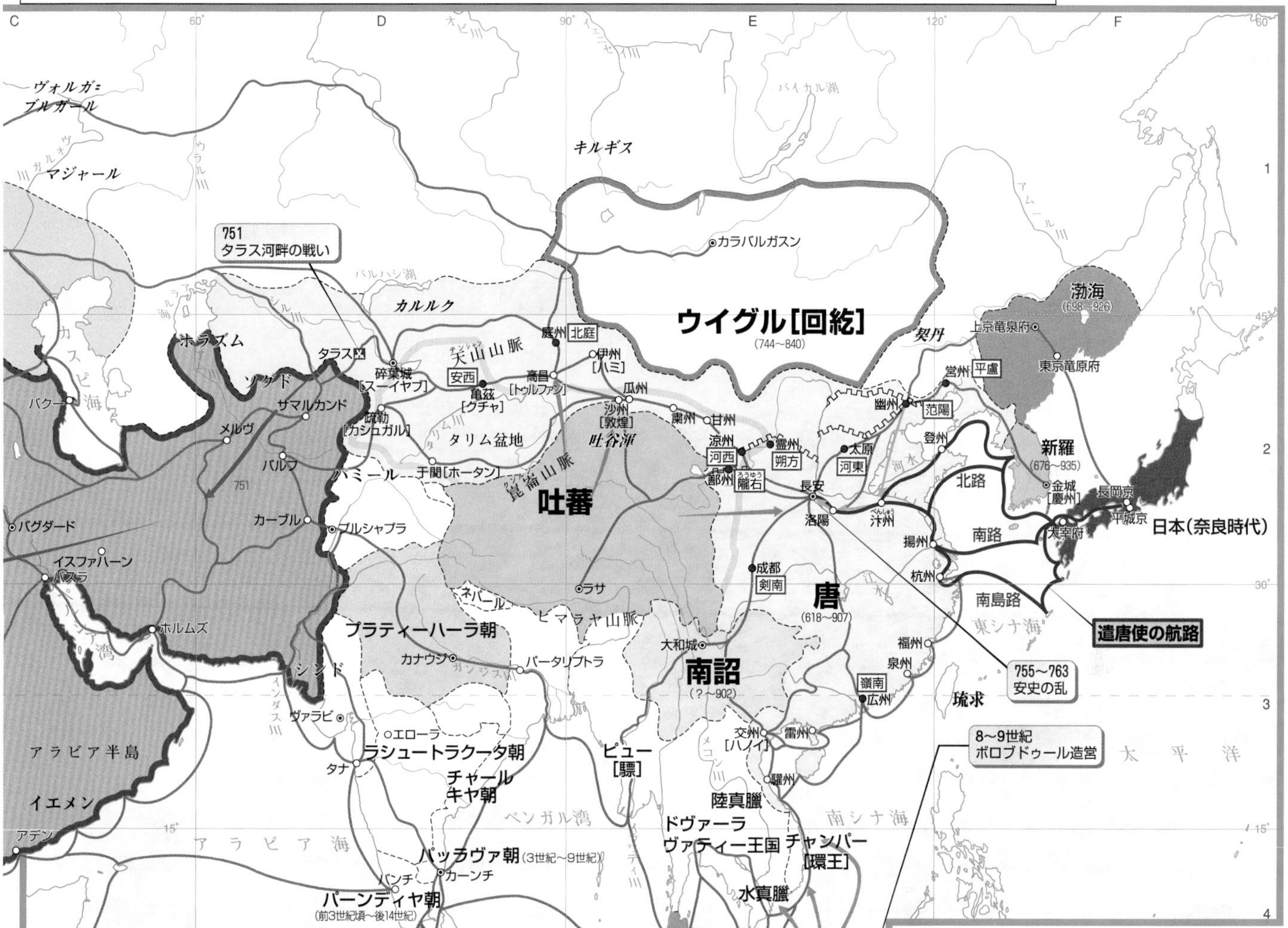
ヴォルガ=ブルガール
マジャール
キルギス
バイカル湖
カラバルガスン
751 タラス河畔の戦い
カルルク
ウイグル[回紇]
(744～840)
契丹
渤海
(698～926)
上京竜泉府
東京竜原府
ホラズム
ソグド
タラス
砕葉城[スーイヤブ]
安西
天山山脈
庭州 北庭
伊州[ハミ]
高昌[トゥルファン]
亀茲[クチャ]
カスピ海
バクー
サマルカンド
メルヴ
疏勒[カシュガル]
タリム盆地
沙州[敦煌]
瓜州
粛州
甘州
吐谷渾
涼州 河西
霊州 朔方
鄯州 隴右
太原 河東
幽州 范陽
営州 平盧
登州
新羅
(676～935)
金城[慶州]
北路
長岡京
平城京
日本（奈良時代）
バルフ
パミール
于闐[ホータン]
崑崙山脈
吐蕃
長安
洛陽
汴州
揚州
南路
大宰府
カーブル
プルシャプラ
バグダード
イスファハーン
バスラ
ホルムズ
成都 剣南
ラサ
杭州
唐
(618～907)
南島路
東シナ海
遣唐使の航路
ネパール
ヒマラヤ山脈
プラティーハーラ朝
カナウジ
パータリプトラ
大和城
南詔
(？～902)
福州
泉州
嶺南 広州
755～763 安史の乱
琉球
シンド
ヴァラビ
アラビア半島
エローラ
ラシュートラクータ朝
タナ
チャールキヤ朝
交州[ハノイ]
雷州
ピュー[驃]
8～9世紀 ボロブドゥール造営
太平洋
イエメン
アデン
アラビア海
ベンガル湾
陸真臘
ドヴァーラヴァティー王国
チャンパー[環王]
南シナ海
パッラヴァ朝(3世紀～9世紀)
カーンチ
パーンディヤ朝
(前3世紀頃～後14世紀)
水真臘
ポロンナルワ
シンハラ[スリランカ]

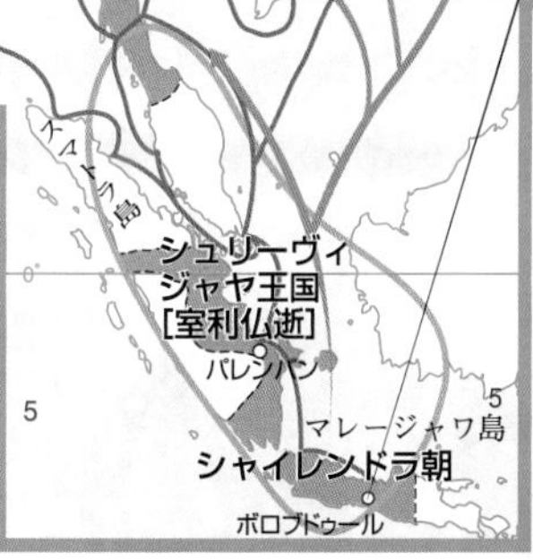
スマトラ島
シュリーヴィジャヤ王国[室利仏逝]
パレンバン
マレー＝ジャワ島
シャイレンドラ朝
ボロブドゥール

←2 黄巣 塩の専売制により，生活必需品の塩は原価の数十倍の値段になり，民衆を苦しめていた。塩の密売人黄巣などを指導者に，農民反乱がおこり，唐の支配に大きな打撃を与えた。

（中国歴史博物館の想像影刻）

その頃の日本（奈良時代）

長安をまねた平城京を建設。律令制の整備が図られ，天平文化は栄えたが，農民は重税に苦しんだ。国分寺を全国に建て，総本山東大寺には毘盧遮那大仏（大日如来）を建立した。

710年	平城京へ遷都
743年	墾田永年私財法発布
752年	大仏開眼
753年	鑑真来日

（奈良，国宝，像高14.73m）

↓4 東大寺毘盧遮那大仏 一部に創建時のものが残る。

ニューアングル おかえりなさい，いのまなりくん

おかえりなさい
藤井寺へ
いのまなりくん
井真成墓誌の
"里帰り"実現！

姓井字真成國号日本

→3 井真成の墓誌の一部

2004年，西安で唐に留学した日本人の墓誌が発掘された。姓名は「井真成」，才能をおしまれつつ，734年に亡くなった。玄宗がこれを哀れんだことも書かれている。日本の国号を「日本」と記述した最古の資料である。墓誌は「魂は故郷に帰ることを切に願う。」と締めくくられていたが，この墓誌が彼の故郷の可能性のある大阪府藤井寺市で公開された。写真は，その時の看板。

西安

□ 三内（三宮殿）

西安
中華人民共和国

→**1** 西安　長安は，明代からは西安と呼ばれた。市の中心には，時を知らせた明代の鐘楼・鼓楼が残る。

1 唐代の長安

◆南北9.7km，東西8.7km，高さ5.3mの城壁で囲まれていた。中央の朱雀大路は幅155m。人口は100万人以上で，多くの外国人も居住し，バグダードと並ぶ世界最大の国際都市だった。

明代（現在）の城壁

卍 仏寺
▲ 道観
✝ 景教
🔥 祆祠

（高さ233・5cm，西安碑林博物館蔵）

↑5 長安から出土したビザンツ帝国の金貨　西市と東市は商業地区だった。ただし営業時間は規制されていた。外国人は西市付近に住み，西市では異国の物産を商っていた。

↑4 大雁塔　玄奘が帰国後に住んだ慈恩寺の仏塔。インドからもち帰った経典が保管された。唐代の貴重な建築だが，明代に修築され，形がかなり変わった。（高さ64m）

↑3 小雁塔　義浄が帰国後に住んだ薦福寺の仏塔。地震で頂上部が破損しているが，唐代の姿でそのまま残る唯一の建築である。（高さ45m）

↑7 大秦景教流行中国碑　景教の流行を記念して大秦寺に建てられた。太宗に許可され，玄宗以降大流行するまでが漢字とシリア文字で記されている。この碑は会昌の廃仏時に倒されたが，明代に偶然掘り出された。

↑6 門と城壁（写真は明代西安のもの）長安は，高さ5.3mの城壁で囲まれていた。また，都市内の区画も塀で囲まれ，夜間は門を閉め，出入りは禁止された。宋代の都市と比べ，規制が多かった。

2 歴代の都城

（『長安旅遊』による）

秦の咸陽城
現咸陽市
明光宮
柱国
北宮
建章宮
漢の長安城
未央宮
長楽宮
現西安市
三橋鎮
秦の阿房宮
太極宮
皇城
明清の城壁
唐の長安城
周の鎬京
周の豊京
0　3km
古い池・川

3 都市の規模

■は宮殿

アテネ（古代）
ローマ（帝政時代）
バグダード（8世紀）
コンスタンティノープル（8世紀）
長安（8世紀）
0　5km
上京竜泉府（渤海）（8世紀）
平城京（8世紀）

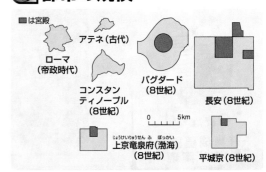

1 唐代の文化

特色
①北朝の質実剛健な文化と，南朝の優美華麗な文化，外来文化が融合
②唐を中心とする「東アジア文化圏」が成立

文学	唐詩	李白	詩仙 自由奔放な作風
		杜甫	詩聖 思索的で社会的作風
		王維	自然詩を完成
		白居易	「長恨歌」『白氏文集』 中唐で活躍
	散文	韓愈	唐宋八大家に数えられる。四六駢儷体を批判
		柳宗元	戦国時代・漢代の古文に帰る必要を説く
絵画		閻立本	高宗時代 「歴代帝王図巻」
		呉道玄	玄宗時代 人物・仏像・鬼神・山水画に秀でる
書道		欧陽詢	
		虞世南	太宗に仕える。初唐の三大家
		褚遂良	
		顔真卿	玄宗時代の書家。剛直な楷書
学問	儒学	孔穎達	太宗の命により『五経正義』編纂
	歴史	劉知幾	中国最古の歴史理論書『史通』
		杜佑	中国制度史書『通典』
仏教			特色：①中国仏教(天台宗・真言宗・浄土宗・禅宗)展開。②国家鎮護仏教の完成(則天武后の仏教政策)
			渡印僧＝玄奘(『大唐西域記』)・義浄(『南海寄帰内法伝』)
			渡日僧＝鑑真 挑戦6回目にして日本へ。唐招提寺を開く
道教			老子[李耳]と李姓が一致するため帝室が保護
			道教の立場から武宗の仏教・三夷教弾圧おこる(845年，会昌の廃仏)
三夷教	祆教		ゾロアスター教(◀P.17) 6世紀頃伝来 会昌の廃仏で衰退
	摩尼教		マニ教 則天時代に伝来 大雲光明寺建立 会昌の廃仏で衰退
	景教		ネストリウス派キリスト教(◀P.58) 太宗時伝来，大秦寺建立 会昌の廃仏で衰退
清真教 [回教]			イスラーム 高宗時代，ムスリム商人により海路で港市に伝来

ニューアングル

「雁塔聖教序」をめぐる物語

玄奘がインドからもち帰った仏教経典を中国語に翻訳すると太宗がそれに序文を付けた。この序文を褚遂良が優美な楷書で書き写したのが書道の絶品の一つとされる「雁塔聖教序」である。大雁塔の入口には，これを彫り込んだ石碑が建っている。褚遂良は，太宗・高宗二代に仕えた政治家で，武(のちの則天武后)が皇后となることに強く反対して左遷され病死した。

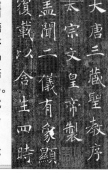

→1 雁塔聖教序

←2 顔真卿の書 力強い楷書が特徴。安史の乱では，義勇軍を組織して反乱軍と戦った。

→3 阿倍仲麻呂 井真成(◀P.57)同様，日本の留学生。科挙に合格して玄宗治下で官吏となる。鑑真と同じ船で出発したが難破し，長安で没。百人一首の和歌で有名。

（東京国立博物館蔵）

→4 唐三彩 副葬品とするためにつくられた唐代特有の陶器。鮮やかな色彩が特徴。（京都国立博物館蔵）

↑5 杜甫(712～770)
『晩笑堂竹荘画伝』(清代の人物事典)より

2 唐の古墳壁画とその影響

←6 唐永泰公主墓壁画・◢7 高句麗古墳群壁画・↑8 日本高松塚古墳壁画 それぞれの婦人像を比べてみると，服装や髪型，もち物が似ており，東アジアに広がった文化の流れを実感できる。永泰公主は，中宗の娘で則天武后の怒りに触れ，17歳で自殺させられた。則天武后の死後に手厚く葬られた。

東アジア

1 朝鮮・日本の歩み
※加耶は加羅と記述されることもある。

朝鮮		日本	
中国の影響・小国分立時代	前190頃 衛氏朝鮮成立 （中国燕の亡命者衛満建国） 前108 漢武帝，衛氏朝鮮制圧 楽浪・真番・臨屯・玄菟4郡設置 ☆ のち，楽浪郡のみ存続 ☆ 南部は小国分立（文化共通の3グループあり＝馬韓・辰韓・弁韓） 前37頃 高句麗建国	弥生時代	↑1 弥生時代の戦争の様子（想像図） 57 倭の奴国，後漢に使節（印綬受ける）
三国時代（高句麗・百済・新羅）	204頃 後漢末，帯方郡設置 313頃 高句麗，楽浪郡・帯方郡制圧 4世紀 馬韓統一⇒百済建国 中頃 辰韓統一⇒新羅建国 ☆ 弁韓は統一されず⇒加耶諸国 391 倭国（日本）朝鮮で戦う 414 高句麗広開土王碑建立 612 隋の高句麗遠征始まる（◀P.53） 660 新羅・唐連合軍，百済滅ぼす 663 白村江の戦い（◀P.55），唐・新羅連合軍，日本・百済連合軍を破る	ヤマト政権時代	239 邪馬台国卑弥呼，魏に使節 ☆ 朝鮮半島へ出兵 477 倭王武，宋に使節 607 聖徳太子，遣隋使派遣 7世紀半ば 大化改新
新羅時代	668 新羅・唐連合軍，高句麗滅ぼす 676 新羅の朝鮮統一完成 ☆ 律令体制導入・骨品制 698 渤海国建国	飛鳥時代	☆ 律令体制導入

2 前1世紀

玄菟郡
楽浪郡
臨屯郡
真番郡

馬韓　辰韓

弁韓

----- 2世紀頃の三韓の国境

作業
①楽浪郡（□）を着色しよう。

3 6世紀

414 広開土王碑建立
平壌
高句麗（前1世紀頃～後668）
新羅（4世紀～935）
泗沘[扶余]
金城[慶州]
百済（4世紀～660）
加耶諸国

作業
①新羅の領域（□）を着色しよう。

0　150km

4 8～9世紀の東アジア文化圏

作業
①渤海の領域（□）を着色しよう。

ウイグル
上京竜泉府　渤海
契丹
幽州[北京]
太原
新羅
金城[慶州]
稲荷山古墳
日本
平安京
平城京
博多
663 白村江の戦い
長安
太宰府
洛陽
揚州
唐
杭州
明州[寧波]

0　200　400km

── 遣唐使・遣渤海使のルート

→2 広開土王碑　高句麗の広開土王を讃える碑。391年，倭国（日本）が侵攻して百済，新羅を圧迫し，高句麗と戦って敗れたという内容が書かれている。当時を知る第一級の資料。

→3 韓国ドラマで広開土王役のペ・ヨンジュン
（「太王四神記」スタンダードDVD BOX Ⅰ・Ⅱ発売中）

太王四神記

大野城の石垣（福岡県太宰府市）

←4 白村江の戦い　大敗した日本は，唐の侵攻を予測して西日本各地に防衛拠点を築いた。写真はその一つ。超大国，唐への恐怖の中，日本でも新国家体制（律令体制）が形成されていった。

↓5 仏国寺　751年，新羅の首都慶州に建立された寺。豊臣秀吉の侵攻で焼失したが，釈迦塔，多宝塔は創建当時のもの。

釈迦塔
多宝塔

↓6 二つの弥勒菩薩像　二つの仏像は驚くほどよく似ている。新羅の仏教文化は，日本に大きな影響を与えていた。

人々をどうやって救おうか…？

新羅の弥勒菩薩像（金銅像）（ソウル国立中央博物館蔵）
日本の弥勒菩薩像（木像）（京都の広隆寺蔵）

1 内陸アジアの変遷

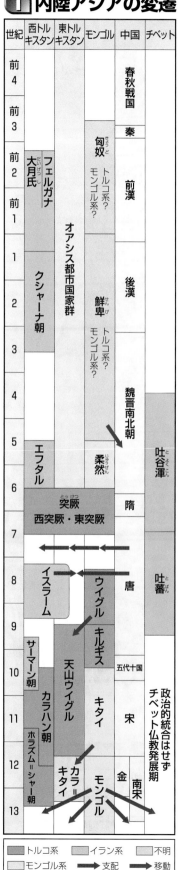

世紀	西トルキスタン	東トルキスタン	モンゴル	中国	チベット
前4				春秋戦国	
前3			匈奴	秦	
前2	大月氏 フェルガナ		トルコ系?	前漢	
前1			モンゴル系?		
1	クシャーナ朝	オアシス都市国家群		後漢	
2			鮮卑		
3			トルコ系? モンゴル系?	魏晋南北朝	
4					吐谷渾
5	エフタル		柔然		
6		突厥		隋	
7		西突厥・東突厥			吐蕃
8	イスラーム	ウイグル		唐	
9	サーマーン朝	天山ウイグル	キルギス		
10			キタイ	五代十国	チベット仏教発展期 政治的統合はせず
11	カラハン朝			宋	
12	ホラズム=シャー朝	カラ=キタイ	モンゴル	金	
13				南宋	

凡例：トルコ系／イラン系／不明／モンゴル系／→支配／➡移動

2 内陸アジア世界〜三つの世界と三つの道

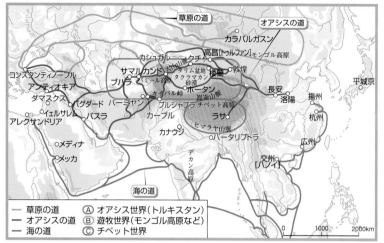

— 草原の道　— オアシスの道　— 海の道
Ⓐ オアシス世界（トルキスタン）
Ⓑ 遊牧世界（モンゴル高原など）
Ⓒ チベット世界

0 1000 2000km

↑1 楼蘭のミイラ　オアシス都市楼蘭（◀P.44）で発見された2000年前の幼女のミイラ。

3 オアシス世界 Ⓐ

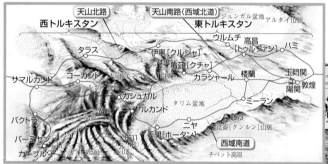

➡➡オアシス世界は，カレーズ（別名カナート）などによる灌漑農業とシルクロード交易で繁栄した。

⬇2 カレーズの構造

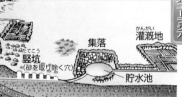

4 遊牧世界 Ⓑ

移動式住居ゲル［パオ］

➡➡遊牧世界は，家畜とともに移動する生活と騎馬軍団による強力な軍事力が特徴で，時に大帝国を形成した。

外の覆いは，羊の毛を圧縮したシート（フェルト）

◀3 ゲル［パオ］の内部

5 チベット世界 Ⓒ

⬇⬇チベット高原に花開いた独特の仏教文化世界。

ポタラ宮殿（▶P.81）内の像
ソンツェン＝ガンポ王
文成公主

↑4 ソンツェン＝ガンポ王　チベットを統一し，吐蕃を建国。唐の皇女，文成公主を王妃とした。

チベット最古の仏教寺院サムイェ寺

↑5 チベット仏教のマニ車　チベット仏教独特の仏具。経文が入っていて，回転させると功徳がある。

携帯用マニ車もある

中央ユーラシア

作業 学習する「時代」（　　）を着色しよう。

世紀	5	4	3	2	1	1	2	3	4	5	6	7	8	9	10	11	12	13	14	15	16	17	18	19	20	21
日本		弥生					古墳					飛鳥 奈良		平安			鎌倉		室町			江戸				

10世紀の世界

10世紀のナビ
①10世紀以降，気候が温暖化し，各地で農業生産が拡大した。
②中国では，北方に本拠地を保ちつつ中国内地も支配する最初の国，遼が発展した。
③イスラーム国家が各地で自立した。
④ヨーロッパでは，氷の消滅によるヴァイキングの活動活発化や，農業生産の拡大による封建社会の発展があった。

世界史のクロスロード （解答 別冊P.39）

上陸するヴァイキング
北欧を原住地とする北方ゲルマン人（ノルマン人＝ヴァイキング）は，ヨーロッパ全域のみならず，アイスランド，グリーンランド，北アメリカにまで移住し，世界史に大きな影響を及ぼした。
Q ヴァイキングの活動活発化の背景には自然現象の影響があったが，それはどのようなことだろうか。
ヒント P.62世界ナビ

1 中国マクロヒストリーと唐宋変革

中国史はおおむね，「分裂・混乱期」と「安定期」が交替して展開した。「分裂・混乱期」は，混乱の中で社会が転換する「変革期」でもあった。特に，唐末から宋にかけて，中国史を前半と後半に分ける「分水嶺」のような大転換をとげた。

Ⓐ 中国マクロヒストリー

は統一期，　は分裂・変革期

は一定の傾向を有する時代を示す。

＊「帝国」とは複数の文化圏や民族を統合する広域国家を示す。必ずしも，皇帝支配国ではない。
（ウィトフォーゲル『オリエンタル・デスポティズム』，黄仁宇『中国マクロヒストリー』，足立啓二『専制国家史論』などを参考に作成）

中国の奇習「纏足」

幼女の足の親指以外4本を裏に折り曲げ，さらに折りたたむように縮め，最後に布できつく縛って成長しないようにした。少女たちは，激痛，化膿に2年ほど苦しみながら「魅力的な」約10cmの尖った小足となった。十国の南唐起源説・北宋起源説がある。北宋以降，上流階級に流行して20世紀まで存続し，太平天国やその後の革命運動では批判の対象となった。
（参考：岡本隆三『纏足物語』）

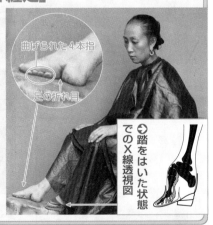

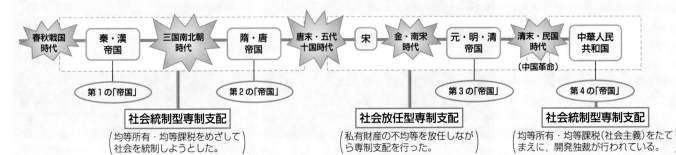

凡例:
- 五代十国の領域
- ← ウイグル人の西遷(9世紀後半)
- 天山ウイグル王国を中心とするウイグル人の移住圏(9世紀後半)
- ● 遼の五京
- ← ノルマン人の移動
- ← マジャール人の侵攻

946
ブワイフ朝のバグダード入城

936
遼が燕雲十六州を獲得

後晋が契丹に割譲した燕雲十六州(936)
遼の侵略地(989)
地名 十六州

0 100 200km

十六州内の地名: 武州 儒州 檀州 新州 媯州 順州 薊州 雲州 朔州 応州 蔚州 涿州 燕州[幽州] 易州 莫州 瀛州

天山ウイグル[西ウイグル]

遼[契丹・キタイ]
(916〜1125)

ヴォルガ・ブルガール王国

モンゴル

慶陵

女真

ビシュバリク

ベゼクリク・トゥルファン
カラシャール
沙州[敦煌]

燕雲十六州

上京臨潢府
中京大定府
東京遼陽府
西京大同府
南京析津府

サーマーン朝
(875〜999)

ホラズム
タラス
ベラサグン
クチャ

カラハン朝

高麗
(918〜1392)

日本海

カシュガル
タリム盆地
甘粛ウイグル
甘州

北漢
晋陽

開京[開城]

慶州

メルヴ
ニーシャープール
ブハラ
バルフ
アム川

カシミール
ホータン

タングート[党項]

涼州
西京大同府
東京開封府[汴京]
長安 洛陽

後周
(951〜960)
揚州
金陵

大宰府

平安京

日本(平安時代中期)

アルメニア
ハムダーン朝
ハマダーン
バグダード
イスファハーン

ホラーサーン
ガズナ
カーブル
カンダハール
ラホール

チベット

ラサ

ネパール アッサム

荊南
ケイナン
江陵
江州

後蜀
成都

楚
潭州

南唐
福州
杭州
明州

呉越

東シナ海

ブワイフ朝
(932〜1062)

シーラーズ
シーラーフ
ホルムズ

プラティーハーラ朝
カナウジ
ウダンダプラ

パーラ朝

大理
(937〜1254)
大理
鄯闡

南漢
広州
泉州

アッバース朝[東カリフ国]
(750〜1258)

アデン
オマーン

ラーシュトラクータ朝

ビュー[驃]

交州
丁朝(968頃〜980)
日南

南シナ海

太平洋

チョーラ朝
(9〜13世紀)
タンジョール
パーンディヤ朝
(前3世紀頃〜後14世紀)
シンハラ[スリランカ]

ベンガル湾
ペグー
パガン

ドヴァーラヴァティー王国

アンコール朝[真臘]

チャンパー[占城]

フィリピン諸島

スマトラ島

カリマンタン島

シュリーヴィジャヤ王国[三仏斉]

ニューアングル

三つどもえの華北戦争
〜うちの子は豚や犬

　唐を滅ぼした朱全忠は,「後梁」を建国。唐に仕えた突厥系の将軍李克用・李存勗父子はこれを認めず,キタイ族の族長耶律阿保機も加わり,三勢力は,三つどもえの抗争を展開した。朱全忠は,内紛から息子に殺されて自滅,李存勗は「後唐」を建国,耶律阿保機は「遼」を建国した。朱全忠は,生前,李存勗を評して,「息子はこうありたい,うちの子は豚や犬だ。」と嘆いたという。その後,突厥系の武将による「後晋」,「後漢」が続き,遼はその内紛に介入して燕雲十六州を得た。

↑1 朱全忠(後梁建国)
↑2 李存勗(後唐建国)
↑3 耶律阿保機(遼建国)

(28.7×335.3cm, 北京故宮博物院蔵)

←4 韓熙載夜宴図
　南唐は,戦乱の華北から逃れてくる文化人たちを受け入れ,伝統中国文化を保存継承した。左図は,そのようすを示す。韓熙載という重臣が客と琵琶を聴きながら宴会に耽っている。

豪華な料理　客　韓熙載　豪華な料理

その頃の日本(平安中期)

　律令制度は行き詰まり,全国に荘園が広がった。それを背景に中央では藤原氏が台頭して摂関政治が行われ,貴族文化が栄えたが,地方では新興の武士階級が力をもち始めた。日本も時代変革を迎えていた。

939年	平将門の乱・藤原純友の乱,始まる
967年	摂政・関白常設
996年	藤原道長実権を握る

←5 兜と鎧
(平安時代,国宝,山梨県菅田天神社蔵)武士の台頭は,兜や鎧を発達させた。

作業　学習する「時代」（□）を着色しよう。

世紀	29	28	27	26	25	24	23	22	21	20	19	18	17	16	15	14	13	12	11	10	9	8	7	6	5	4	3	2	1	1	2	3	4	5	6	7	8	9	10	11	12	13	14	15	16	17	18	19	20	21
日本								縄文																弥生			古墳		飛鳥			奈良	平安				鎌倉	室町	戦国	安土桃山	江戸			明治	大正	昭和	平成令和

1 五代・宋の歩み

	王朝	創建者	都
五代	後梁 907～923	朱全忠	開封
	後唐 923～936	李存勗	洛陽
	後晋 936～946	石敬瑭	開封
	後漢 947～950	劉知遠	開封
	後周 951～960	郭威	開封

〈北方民族〉

十国の興亡

916 遼（契丹［キタイ］）　耶律阿保機が遼を建国

936 後晋の建国に協力（燕雲十六州を獲得）

太祖［趙匡胤］（位960～976）
- 960　趙匡胤が宋を建国（都：**開封**）
- ☆ **殿試**を開始　☆ **節度使解体**

太宗（位976～997）
- 979　北漢を滅ぼし中国を統一

北宋
- 1004　**澶淵の盟**（宋と遼の和議が成立）
- 1044　**慶暦の和約**（宋と西夏の和議が成立）

神宗（位1067～85）
- 1069　**王安石の改革**［新法］が始まる
- ○ 司馬光，『**資治通鑑**』執筆
- 1086　**司馬光**宰相となり新法を廃止
- ☆ **新法党と旧法党**の対立激化

徽宗（位1100～25）
- 1126　**靖康の変**（～1127），徽宗・欽宗，金に拉致される
- 1127　**北宋滅亡**

南宋
高宗（位1127～62）
- 1127　**高宗**（欽宗の弟），江南で即位（都：**臨安［杭州］**）
- ☆ 主戦派（**岳飛**ら）と和平派（**秦檜**ら）対立
- 1142　**紹興の和議**（宋と金の和議が成立）
- 1235　モンゴルが侵攻を始める
- 1276　臨安占領，南宋滅亡
- 1279　**崖山の戦い**，南宋残存勢力全滅

1038 **西夏**　李元昊が西夏を建国

1115 **金**　完顔阿骨打が金を建国

1125

1206 1227 1234 **モンゴル（元）**

2 宋建国の立役者たち

←1 太祖［趙匡胤］ 後周軍の総司令だったが，配下の軍に推されて即位。節度使を解体し，科挙を整備して皇帝独裁体制をつくった。

←2 太宗 太祖の弟。有能な補佐役で2代目皇帝となる。残っていた呉楚と北漢を制圧して宋の統一を完成させた。

3 科挙の発展

（参考：宮崎市定『科挙』）

→4 受験中の科挙生 試験は個人用に区切られた会場で行われた。図をみると各自に監督が付いている。居眠りする受験生の夢に聖人が現れ，アドバイスをしている。

（明状元図考）

夢に現れた聖人

居眠りする受験生

各部屋ごとの試験監督

↑3 カンニング用の下着 四書五経の注釈がびっしり書き込まれている。受験には，最低でも62万1,402字の古典の暗記が必要だった。

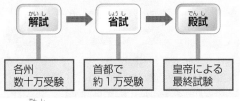

解試	→	省試	→	殿試
各州　数十万受験		首都で　約1万受験		皇帝による最終試験

→5 殿試 殿試は，皇帝による最終試験。試験を突破した数百人が受験した。不合格はないが，順位が昇進にひびいた。また，官僚と皇帝の個人的な関係が強まった。

担当の大臣

皇帝

皇帝からの問題を受ける受験生

4 王安石の改革

Ⓐ 宋代以降の社会構造

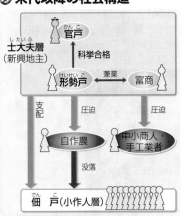

士大夫層（新興地主）

官戸
↑ 科挙合格
形勢戸 ──兼業── 富商

支配　圧迫　圧迫

自作農　　中小商人・手工業者

没落

佃戸（小作人層）

↑6 王安石 21歳で科挙に合格，6代目神宗に認められ，地主の利害を制限し自作農を保護する構造改革を推進したが，神宗の死によって挫折した。

↓7 司馬光 20歳で科挙に合格。王安石の改革に反対した保守派のリーダー。歴史書『資治通鑑』を書いた学者でもあった。

Ⓑ 王安石の改革のまとめ

	政策	しくみ	目的
富国政策	青苗法	春，農民に融資し，秋に低利（年利20%）で返済	高利貸から農民を救済
	均輸法	特産を政府が流通させる	大商人の中間搾取を抑え，物価の安定
	市易法	中小商人に低利（年利20%）融資	高利貸から中小商人を救済
	募役法	各戸の労役義務を免除し免役銭を徴収	中小農民の負担軽減
強兵政策	保甲法	10家を1保，5保を1大保，10大保を1都保に編成	軍事強化
	保馬法	各保ごとに政府の馬を飼育，戦時には軍馬に	軍馬の確保

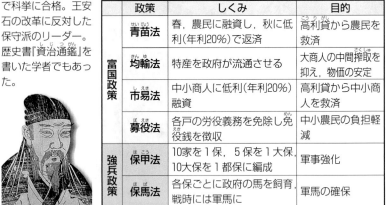

1 宋代の文化

特色 ①士大夫文化とともに，庶民文化も発達
②「中華思想」の強い文化

儒学	宋学[朱子学]	北宋	周敦頤(『太極図説』)・程顥(兄)・程頤(弟)～宋学の創始者たち
		南宋	朱熹[朱子]～宋学の大成者(理気二元論，大義名分論，性即理，格物致知) 陸九淵[陸象山]～朱子学の批判者(明代の陽明学に発展)
宗教	仏教		禅宗(士大夫中心)・浄土宗(庶民中心)が流行
	道教		**全真教**～金の王重陽が創始　道・儒・仏の三教融合
歴史			司馬光『**資治通鑑**』(儒学的観点から戦国～五代まで編年体で記述)　朱熹『**資治通鑑綱目**』
文学	散文		漢代の古文復興 唐宋八大家＝韓愈・柳宗元・王安石・**欧陽脩**・蘇洵(父)・**蘇軾**(兄)・蘇轍(弟)・曾鞏　＊韓愈・柳宗元は唐代
	韻文		宋詞(叙情的な歌謡詞)
	雑劇		庶民に流行した演劇
絵画	院体画[北宗画]		**徽宗**(北宋)・馬遠(南宋)など
	文人画[南宗画]		蘇軾(北宋)・牧谿(南宋～元)など
工芸			陶磁器～**青磁**・白磁
技術			印刷術～木版印刷がさかん　膠泥活字発明(実用化はされず) **火薬** **羅針盤**｝イスラーム世界経由で西方伝播

←1 **曜変天目茶碗**(南宋時代)　宋代陶磁器の絶品。徳川将軍家が所蔵していた。瑠璃色の斑点は偶然にしかできず，世界に三つしかない。すべて日本にあり，すべて国宝である。どのように日本に渡ったかはわからない。(東京，静嘉堂蔵)

ギャラリー 徽宗「桃鳩図」の謎

「桃鳩図」は，8代皇帝徽宗筆の院体画の代表作。この中国美術の絶品がなぜ日本の国宝になっているのだろうか。足利義満の所蔵印があるので，室町時代初期には，すでに日本にあったことがわかる。靖康の変の時，宮廷の膨大な書画が金にもち出され，その後，金がモンゴルに征服されて元の所有となり，日元貿易で日本に流出したのではないか，と考えられている。

「**大観丁亥御筆天**」＝「大観年間の丁亥(＝1107年)皇帝が描いた」という意味。細く硬い書体。この書体は徽宗がはじめたもので「瘦金体」と呼ばれ，当時大いに流行した。

(28.5×26.1cm，個人蔵)

「御筆」と書かれた印。皇帝の作品を意味する印。

「**天山**」と書かれた印。室町幕府3代将軍足利義満が所有したことを示す。日本に輸入された後，押された。

2 中国の三大発明(印刷術・羅針盤・火薬)

←2 **宋代に印刷された漢書**　宋代は木版印刷が発展した。活字も発明されたが，漢字は文字数が多いので実用的ではなかった。

(NASA人的資源教育事務局HPより作成)

↓3 **羅針盤**(中国歴史博物館蔵)

↑4 **火箭**　火箭(ロケット弾)や火薬玉などの火薬兵器は，宋代になって実戦に使われた。

3 宋学[朱子学]の発展

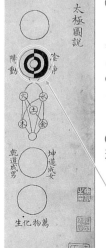

←5 **太極図説**　宇宙の根源＝太極から陰陽が生まれ，さらに水金土火木の五元素が生まれて男女を生み出し，ついに万物が生じた，という宋学の根本原理を示す図。宋学は，とても理屈っぽい儒学だった。
→7 **朱熹[朱子]**　宋学の大成者，南宋の人。

↓6 **太極旗**(韓国国旗：宋学の図像化)　中心の円形は，太極から生じた陰陽を表す。その周りには易で使う棒の組み合わせ。「乾(☰)」が天，「坤(☷)」が地を表し，「坎(☵)」が月，「離(☲)」が日を表す。

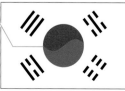

66 中国の再分裂①（宋代の社会・経済）

作業 学習する「時代」（□）を着色しよう。

世紀	5	4	3	2	1	B.C. A.D.	1	2	3	4	5	6	7	8	9	10	11	12	13	14	15	16	17	18	19	20	21
日本			弥生						古墳			飛鳥		奈良	平安				鎌倉	室町			江戸				

11世紀の世界

11世紀のナビ
①中国では、遼・西夏の圧迫を受けながらも北宋が繁栄した。
②イスラーム世界が拡大した（セルジューク朝・ムラービト朝のヨーロッパ侵攻・ガズナ朝のインド侵攻）。
③ヨーロッパ世界のイスラーム世界への反撃が開始された（十字軍とレコンキスタの開始）。

CROSS ROADS 世界史のクロスロード
(解答 別冊P.39)

2代目スルタン アルプ＝アルスラーン

セルジュークの軍旗（双頭の鷲*）
*ビザンツ帝国と同じ

捕虜となった皇帝ロマノス4世

マンジケルトの戦い(1071年)
アナトリアに侵入してきたセルジューク朝とビザンツ帝国が衝突し、ビザンツ帝国は、皇帝が捕虜となる大敗を喫した。その後、領土をしだいに奪われ追いつめられたビザンツ帝国は、対立関係にあったカトリック教会に救援を要請した。
Q これが契機となって発生した巨大な軍事運動は何か。
ヒント P.107①

1066 ノルマン＝コンクェスト
スコットランド王国
ノルウェー王国
スウェーデン王国
デンマーク王国
キエフ公国
北海
イングランド王国
ロンドン
プロイセン
ポーランド王国
ケルン
キエフ
ノルマンディー
パリ
神聖ローマ帝国
第1回十字軍(1096〜99)
フランス王国
クレルモン
ウィーン
ヴェネツィア
ハンガリー王国
1071 マンジケルトの戦い
ジェノヴァ
フィレンツェ
セルビア王国
黒海
カスティリャ王国
バルセロナ
ローマ
ナポリ
ビザンツ帝国
コンスタンティノープル
ポルトガル
アラゴン王国
サルデーニャ
教皇領
ノルマン公領
マンジケルト
コルドバ
グラナダ
地中海
イェルサレム
1055 セルジューク朝のバグダード入城
マラケシュ
ムラービト朝 (1056〜1147)
カイロ
ファーティマ朝 (909〜1171)
メディナ
ムラービト朝の進出
ガーナ王国
サハラ砂漠
メッカ

1 宋代の社会と経済

1 北宋の銅銭 北宋代は大量の銅銭が流通した。改元ごとに新年号の銅銭がつくられた。

2 会子 北宋代、銅の乏しい四川では、交子という世界最古の紙幣が流通した。南宋になると華北の銅産地を失ったので銅銭の流通は減少し、会子という紙幣が南宋全土で流通するようになった。

客を呼び込む露店商

3 『清明上河図』 清明節の祭りで賑わう開封の都。開封は、大運河の南方物資集結地として大繁栄した。図の橋は、船が通れるようにアーチ型をしていて虹橋と呼ばれた。(24.8×528cm, 部分, 北宋末張択端作, 北京故宮博物院蔵)

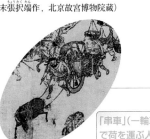

「串車」(一輪車)で荷を運ぶ人

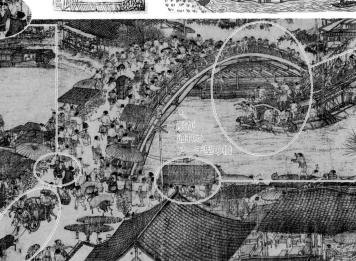

船が通れるアーチ型の橋

居酒屋で飲食

4 囲田 低湿地を堤防で囲み干拓した新田。北宋代以降、ベトナムから占城米も導入され、長江下流域が広大な水田地帯となった。

(王禎『農書』(元代)の挿絵より作成)

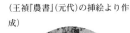

橋をくぐるためマストを倒す作業中の船を安定させようと、橋上から船曳人夫がロープを投げている。

凡例

□ ガズナ朝の最大領土(マフムードの治下) □ セルジューク朝の最大領土 ▨ セルジューク族の興起地 ・遼の五京 ← 遼の進出
← ガズナ朝のインド進出 ← チョーラ朝の進出 ← セルジューク族の進出 ・宋の四京

主な地名：
ヴォルガ=ブルガール王国
カラハン朝
天山ウイグル王国[西ウイグル]
西夏(1038〜1227)
遼[契丹・キタイ]
生女真
熟女真
上京臨潢府
中京大定府
西京大同府 南京析津府
燕雲十六州
東京遼陽府
三十姓女真
1004 澶淵の盟
興慶
太原
開京[開城]
高麗(918〜1392)
平安京
日本(平安時代)
北京大名府
澶州[澶淵]
東京開封府[汴京]
京兆府 西京河南府[洛陽]
南京応天府
大宰府
宋[北宋](960〜1127)
セルジューク朝(1038〜1194)
バグダード
アラムート砦
ニーシャープール
メルヴ
バルフ
ジェンド
ウルゲンチ
ブハラ
サマルカンド
タラス
ベラサグン
ビシュバリク
黒水城[カラホト]
クチャ
カシュガル
沙州[敦煌]
タリム盆地
ホータン
吐番
ラサ
バグダード=カリフ領[アッバース朝]
ゴール
ガズナ
ガズナ朝(962〜1186)
ラホール
デリー
グルカ
カナウジ
ベナレス
シンド
カルマート派
オマーン
アラビア半島
ジヤード朝
チャールキヤ朝
チョーラ朝
カーンチ
タンジョール
シンハラ[スリランカ]
成都
襄陽
揚州
杭州
明州[寧波]
景徳鎮
泉州
広州
大理(937〜1254)
昇竜[ハノイ]
バガン朝(1044〜1299)
バガン
アンコール朝[真臘]
アンコール
大越国[李朝](1009〜1225)
ヴィジャヤ
チャンパー[占城]
ラムリ
マラッカ
シュリーヴィジャヤ王国[三仏斉]
パレンバン
ボロブドゥール
クディリ朝(929〜1222)
クディリ
ブルネイ
カリマンタン島
モルッカ[マルク]諸島
フィリピン諸島
南シナ海
東シナ海
奄美
阿児奈波
流求
太平洋
日本海
モンゴル
バイカル湖
バルハシ湖
アラル海
カスピ海
ペルシア湾
アラビア海
ベンガル湾

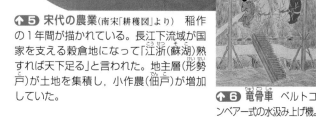

↑**5 宋代の農業**(南宋「耕穫図」より) 稲作の1年間が描かれている。長江下流域が国家を支える穀倉地になって「江浙(蘇湖)熟すれば天下足る」と言われた。地主層(形勢戸)が土地を集積し，小作農(佃戸)が増加していた。

図中の語：精米／粉摺り／乾燥／脱穀／田起こし／田植え／潅水／竜骨車／除草／刈入れ／地主の管理人

↑**6 竜骨車** ベルトコンベアー式の水汲み上げ機。

その頃の日本(平安末期)

中央では藤原氏が全盛期を迎え，地方では武士が台頭した。永承7(1052)年から，仏法が廃れる末法の世に入ると信じられ，浄土教も流行した。藤原頼通が浄土世界を夢見て平等院鳳凰堂を建てたのが1053年。同じ頃西欧でも，紀元1000年に世の終りが来るといううわさが人々を不安にさせていた。

11世紀初　紫式部，『源氏物語』を著す
1017年　藤原道長，摂政を子の頼通へ譲る
1051〜62年　前九年合戦
↓**7 平等院鳳凰堂**(京都)

世界遺産

作業 学習する「時代」（　　）を着色しよう。
B.C.|A.D.

世紀	5	4	3	2	1	1	2	3	4	5	6	7	8	9	10	11	12	13	14	15	16	17	18	19	20	21
日本		弥生					古墳				飛鳥		平安					鎌倉	室町			江戸				

12世紀の世界

12世紀のナビ
①中国の南北分裂，西遼の建国，イスラーム諸国の繁栄，インドのイスラーム化など，諸地域の分立傾向がさらに進行した。
②十字軍・レコンキスタなどが本格化し，ヨーロッパ世界はイスラーム世界への反撃を続行した。
③十字軍などの影響により，ヨーロッパで東方貿易が発達した。

CROSS ROADS 世界史のクロスロード
（解答　別冊P.39）

ジャームのミナレット（アフガニスタン）　クトゥブ＝ミナール（インド）　アンコール＝ワット（カンボジア）

三つの塔
Ⓐは，アフガニスタンのゴール朝が都に建てたイスラーム尖塔。ゴール朝は，北インドに侵攻を繰り返し，現地司令官がデリーにインド最初のイスラーム寺院Ⓑを建てた。なお，Ⓒは同世紀，インド文化の影響を受けて繁栄したカンボジアのヒンドゥー教寺院（のちに仏教寺院）である。
Ⓠ ゴール朝がインドに及ぼした影響は何か。また上記司令官がのちにインドで独立して建国した王朝は何か。ヒント P.94 Ⓙ

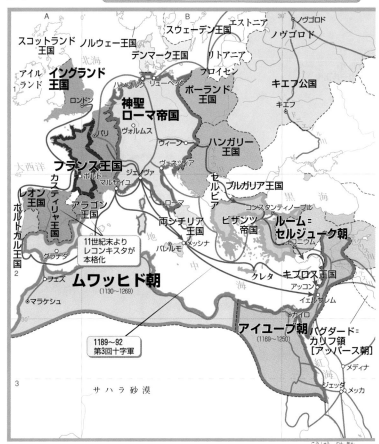

スウェーデン王国／エストニア／ノヴゴロド／ノルウェー王国／スコットランド王国／デンマーク王国／リトアニア／プロイセン／キエフ公国／アイルランド／イングランド王国／ハンブルク リューベック／ポーランド王国／キエフ／ロンドン／神聖ローマ帝国／ヴォルムス／ハンガリー王国／パリ／ウィーン／ヴェネツィア／フランス王国／ジェノヴァ／セルビア／ブルガリア王国／ボルドー／マルセイユ／ローマ／コンスタンティノープル／カスティリャ王国／アラゴン王国／両シチリア王国／ビザンツ帝国／ルーム＝セルジューク朝／レオン王国／ポルトガル王国／グラナダ／パレルモ／メッシナ／コニウム／11世紀末よりレコンキスタが本格化／フェズ／クレタ／キプロス王国／アッコン／イェルサレム／マラケシュ／ムワッヒド朝（1130〜1269）／1189〜92 第3回十字軍／サハラ砂漠／アイユーブ朝（1169〜1250）／バグダード＝カリフ領［アッバース朝］／カイロ／メディナ／ジェッダ／メッカ／北海／大西洋／地中海／黒海／紅海

1 北宋〜南宋の人物群像

→1 徽宗（◀P.65）
遊楽にふけって政治を省みず，金軍に開封を攻略され，子の欽宗とともに金に連れ去られた。10年後，異郷で寂しく病死した。
（台北故宮博物院蔵）

←2 高宗　金侵攻時，たまたま開封に不在で拉致を免れ，江南で南宋を建国した。父徽宗の棺と母の帰還を実現させたが，兄欽宗の帰還は求めなかった。
（台北故宮博物院蔵）

↓3 岳飛像（左）と秦檜像（右）　杭州の観光名所岳飛廟には岳飛像と秦檜像があり，岳飛は救国の英雄とされている。秦檜は縛られた姿で売国奴とされているが，彼の政策により平和が実現し，南宋の基礎が築かれた。

Ⓓ 六和塔（高さ60m，八角形）

←4 杭州［臨安］
大運河の起点として発展してきた産業都市。南宋の首都となったが，臨時の首都の意味で「臨安」と名付けられた。写真は，北宋によって建立され，焼失後，南宋によって再建された六和塔で，銭塘江の河岸に立って灯台の役目も果たした。

銭塘江（逆流現象で有名な河）

2 宋の対外和約

澶淵の盟	慶暦の和約	紹興の和議
1004年	1044年	1142年
北宋と遼	北宋と西夏	南宋と金
①宋＝兄　遼＝弟	①宋＝君主　西夏＝臣下	①金＝君主　宋＝臣下
②燕雲十六州は遼の領土	②国境で貿易	②淮河が国境
③毎年　宋から遼へ　銀10万両　絹20万匹	③毎年　宋から西夏へ　銀5万両　茶2万斤　絹13万匹	③毎年　宋から金へ　銀25万両　絹25万匹

3 金の二重統治体制

皇帝
├ 部族制
│　猛安　10謀克＝3,000戸（1,000人）
│　謀克　300戸（100人）女真人（狩猟・遊牧民）
└ 州県制
　　漢人・渤海人（農耕民）

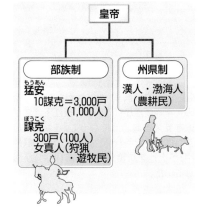

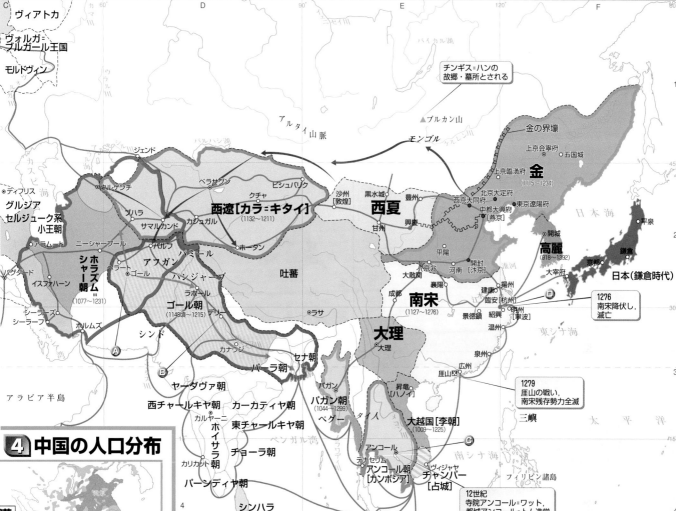

凡例:
- フランスにおけるイングランド領(1190)
- ゴール朝の進出
- おもな貿易路
- ホラズム=シャー朝の興起地
- ホラズム=シャー朝の最大領域(1217年)
- 耶律大石(遼)の西遷
- 西遼[カラ=キタイ]の最大領域(1150年頃)
- 金の五京

ヴィアトカ
ヴォルガ=ブルガール王国
モルドヴィン

アルタイ山脈
▲ブルカン山
モンゴル

チンギス=ハンの故郷・墓所とされる

金の界壕
上京会寧府
五国城
上京臨潢府
北京大定府
西京大同府
東京遼陽府
中都大興府[燕京]

金
(1115~1234)

日本海

平泉
鎌倉

ジェンド
バルハシ湖
ベラサグン
ビシュバリク
クチャ
沙州[敦煌]
黒水城
豊州
興慶
甘州
平陽

西遼[カラ=キタイ]
(1132~1211)

カシュガル
ホータン

西夏

開城

高麗
(918~1392)

京都
日本(鎌倉時代)

ディフリス
グルジア
セルジューク系小王朝

カスピ海

ブハラ
サマルカンド
ニーシャープール
メルヴ
ヘラート
バルフ
パミール
アフガン
ゴール

ホラズム=シャー朝
(1077~1231)

アラムート
バグダード
イスファハーン
シーラーズ
シーラーフ
ホルムズ

ゴール朝
(1148頃~1215)

ラホール
デリー
シンド
カナウジ

A
B

ヤーダヴァ朝

西チャールキヤ朝
カルヤーニ
ホイサラ朝
東チャールキヤ朝
チョーラ朝
カリカット
パーンディヤ朝
シンハラ

吐蕃

ラサ

大散関
京兆
河南
開封[汴京]
襄州
成都

南宋
(1127~1276)

大理
大理

建康
臨安[杭州]
景徳鎮
紹興
温州
明州[寧波]
泉州
広州
崖山

1276
南宋降伏し、滅亡

1279
崖山の戦い、南宋残存勢力全滅

東シナ海

太平洋

パーラ朝
セナ朝
パガン
パガン朝
(1044~1299)
ペグー
タイ
アンコール朝[カンボジア]
テプセリム
アンコール

昇竜[ハノイ]
大越国[李朝]
(1009~1225)
三嶼

C

ヴィジャヤ
チャンパー[占城]

12世紀
寺院アンコール=ワット、都城アンコール=トム造営

フィリピン諸島

南シナ海

ケダ
ケランタン

ブルネイ

シュリーヴィジャヤ王国[三仏斉]
パレンバン
カリマンタン島

モルッカ[マルク]諸島

アラビア半島

4 中国の人口分布

漢代(2世紀)
人口密集地域は、河水中下流域に限られていた。
■高密度 ■中密度

唐代(742年頃)
人口密集地域は、江水下流域にも広がった。
■高密度 ■中密度

宋代(1100年頃)
人口密集地域は、江水全域にも広がった。
■高密度 ■中密度

(フェアバンク『中国の歴史』より作成)

5 周辺民族の文字

遼・西夏・金は、漢字などをもとに独自の文字をつくった。民族の独自性を保とうとする意志の現れだった。

未解読 解読
一部解読

↑5 契丹文字　↑6 西夏文字
↓7 女真文字

その頃の日本(平安末期)

平氏政権が成立し、武士が中央政権を担うことになった。この平氏政権を、源氏に従った関東武士団が打倒し、ついに武士単独政権(鎌倉幕府)を打ち立てた。下は、平氏を滅亡させた壇の浦の戦い。

1156年	保元の乱
1159年	平治の乱
1167年	平清盛、太政大臣
1180年	源氏挙兵
1185年	平氏滅亡
1185~92年	鎌倉幕府成立

(安徳天皇縁起絵図)

源氏の小型戦闘船
平氏の大型軍船

作業 学習する「時代」（□）を着色しよう。

世紀	29	28	27	26	25	24	23	22	21	20	19	18	17	16	15	14	13	12	11	10	9	8	7	6	5	4	3	2	1	←B.C｜A.D→ 1	2	3	4	5	6	7	8	9	10	11	12	13	14	15	16	17	18	19	20	21
日本	縄文															弥生			古墳	飛鳥	平安	鎌倉	室町	安土桃山	江戸	明治 大正	昭和 令和

1 モンゴル帝国の歩み

遊牧民の帝国建設

チンギス＝ハン[太祖]（位1206〜27）

1206	テムジン，**クリルタイ**（部族長会議）でハン位につき，チンギス＝ハンと称す＝**大モンゴル国の成立**
1220	**ホラズム＝シャー朝**を征服（一度再興するが31に滅亡）
1227	**西夏**を征服

オゴタイ＝ハーン[太宗]（位1229〜41）

1234	**金**を征服
1235	**カラコルム**を首都とする
1236	バトゥの西征軍出発（〜42）
1241	**ワールシュタットの戦い**
1246	**プラノ＝カルピニ**（イタリア），カラコルムに到着

モンケ＝ハーン[憲宗]（位1251〜59）

1254	フランス王使節**ルブルック**がモンケと会見 フビライ，**大理**を征服
1258	**フラグ，アッバース朝**を滅ぼす
1259	**高麗**，服属

遊牧世界・農耕世界・海の道の結合へ

フビライ＝ハーン[世祖]（位1260〜94）

1264	**中都**（現在の北京）に遷都
1266	**ハイドゥの乱**（〜1301）
1271	国号を**元**（大元）と改称
☆	中都を**大都**と改称
1274	**第1回日本遠征**（**文永の役**）が失敗
1275	**マルコ＝ポーロ**が大都に到着
1279	**崖山の戦い**→南宋残存勢力全滅
1281	**第2回日本遠征**（**弘安の役**）が失敗
1284	チャンパー遠征に失敗
1287	ビルマのパガン朝に進出
1288	ベトナムの大越国[陳朝]への遠征に失敗
1294	修道士**モンテ＝コルヴィノ**（イタリア），来訪（大都で布教）
1313	元朝治下で初めての科挙が行われる

衰退期

1346	**イブン＝バットゥータ**，来訪
1351	**紅巾の乱**（〜66）
1368	**朱元璋，明**を建国。元はモンゴル高原へ撤退

2 モンゴル帝国の系図

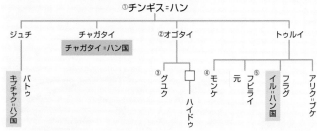

```
                    ①チンギス＝ハン
        ┌───────────┬──────────┬──────────┐
      ジュチ      チャガタイ   ②オゴタイ    トゥルイ
        │      チャガタイ＝ハン国   │      ┌───┬───┬───┬───┐
      バトゥ                    ③グユク    ④モンケ  元  ⑤フビライ フラグ  アリク＝ブケ
   キプチャク＝ハン国                │                    イル＝ハン国
                              ハイドゥ
```

←1 チンギス＝ハン 本名テムジン。モンゴル諸部族を統一して遊牧国家「大モンゴル国＝モンゴル帝国」を建設した。『元朝秘史』という一代記には，「蒼き狼」の末裔と書かれている。

↑2 オゴタイ＝ハーン チンギス第3子で2代目皇帝。初めて「ハーン」の称号を名乗った。カラコルムを首都とし，駅伝制を整え，ユーラシア国家の礎を築いた。

ニューアングル 「ハン」と「ハーン」は違う!?
モンゴルでは，国のことを「ウルス」と呼んだ。ウルスは人間の集団のことで，領土とは違う概念だった。ウルスの君主を「ハン」（ペルシア語，モンゴル語ではカン）といった。多くのウルスを統合する大皇帝を「ハーン[カーン]」といった。

→3 ワールシュタットの戦い バトゥに率いられたモンゴル軍は，ポーランド・ドイツ騎士団連合軍をポーランドのリーグニッツ近郊で大敗させた。ヨーロッパ側の総司令官ハインリッヒ2世は戦死した。ワールシュタットとは「死体の町」の意味。

↓4 モンゴル騎馬軍団（◀P.7）（『集史』の挿絵）　『集史』は，イル＝ハン国で編纂されたモンゴル帝国史で，世界最初の世界史の本といわれる。

軽い鎧や兜

馬から射るのに適した小型弓

敵の首や腕

小柄で頑丈なモンゴル馬。肉は食料に，皮は道具に利用

モンゴル騎馬軍団強さの秘密
①組織：生活集団をそのまま戦闘集団に組織
②兵器：小型弓・火薬兵器・巨大投石器など
③戦術：馬の機動力と集団戦法
④戦略：慎重な情報収集と作戦計画

3 元の支配

← 5 フビライ＝ハーン　5代目皇帝，首都を大都に移し，国号を「大元大モンゴル国」（元）とした。南宋を制圧して，海上交易路も押さえ，陸と海にまたがるユーラシア帝国を完成させた。

← 7 中国式の大宮殿

（NHKの番組のために大成建設株式会社が作成したCG）

積水潭（大都の中に建設された港）

ゲル（遊牧式テント）群

チベット仏教の巨大寺院

通恵河（海につながる運河）

Ａ 元の運河と海運

海岸線が現在よりも内陸に入っていたので，天津は外港であった

運河
海上運搬路

←フビライは，大都と穀倉地帯の江南を，運河と海上路で結びつけた。金と南宋の対立で衰退していた中国の南北交通はより発展した形で復活した。

↑ 6 大都の風景　フビライは，モンゴルと中国の中継点の地に首都を移し，26年かけて巨大な計画都市を建設した。内陸にありながら中央に大きな港をもち，水門で高低差を調節する運河で直接海とつながっていた。宮城に隣接して巨大なゲル（＝パオ：遊牧民の移動式住居）も並び，陸と海に君臨する国際都市だった。

Ｂ 元の中国支配

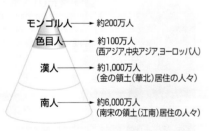

モンゴル人 → 約200万人
色目人 → 約100万人（西アジア,中央アジア,ヨーロッパ人）
漢人 → 約1,000万人（金の領土（華北）居住の人々）
南人 → 約6,000万人（南宋の領土（江南）居住の人々）

（『図説世界の歴史2』などによる）

↑モンゴル人が政権の中枢を占め，西方出身の色目人（多くはイスラーム教徒）が実務官僚を務めた。中国の政治体制や社会構造はそのままにし，緩やかに統治したので中国社会は変化しなかった。ただし，科挙を重視しなかったため，士大夫層には不評だった。

ニューアングル　マルコ＝ポーロは中国に行った？

（16世紀の想像画）

フビライに仕えたとされるヴェネツィア商人マルコについては，中国側の記録に一切出てこない。彼の『世界の記述』は，書写されるたびに新情報が加えられていったので，オリジナルの内容もわかっていない。もしかしたら，マルコは，中国に行っておらず，あるいは実在せず，複数の見聞を一つの本にまとめた時の架空の著者かもしれない。

コロンブスの書き込み

↑ 8 コロンブスの『世界の記述』（『東方見聞録』）　黄金の国ジパング（日本国の中国語読み？）の記述もあり，コロンブスの愛読書だった。本の余白には彼の書き込みがたくさん書かれている。

4 元代の文化

特色　①東西交流が活発化　②宋代に続いて庶民文化が発達

言語	モンゴル語が公用語，文字はウイグル文字・パスパ文字を使用
宗教	チベット仏教（ラマ教）　フビライの時代から宮廷に強い影響力をもつ　イスラーム教，ネストリウス派，カトリックも広がる
科学	郭守敬，授時暦を作成　＊日本の貞享暦に影響を与える
元曲	曲（歌）・白（せりふ）・科（しぐさ）で演じられる歌劇
文学	『西廂記』…親に反対されながらも結ばれる恋愛物語　『漢宮秋』…匈奴に嫁がされた王昭君の悲恋物語　『琵琶記』…栄達した夫に，その妻が苦労して再会を果たす物語（別の系譜である南曲の作品）

← 9 パスパ文字（孔子廟碑文）　孔子生誕地の曲阜にある碑文。モンゴルのパスパ文字と漢字で書かれている。元は，儒学を蔑視したと従来いわれてきたが，そうではなかった。

光が差しこむ

目盛り

↑ 10 元代の太陽観測施設（郭守敬製作）　フビライに仕えた郭守敬は，イスラーム暦を学び，精密な太陽観測にもとづいて1年を365.2425日とする授時暦をつくった。

作業 学習する「時代」（　）を着色しよう。

世紀	5	4	3	2	1	B.C.	A.D.	1	2	3	4	5	6	7	8	9	10	11	12	13	14	15	16	17	18	19	20	21
日本		弥生				古墳						飛鳥 奈良			平安					鎌倉	室町			江戸			明治 大正 昭和	平成

13世紀の世界

13・14世紀のナビ
①モンゴル帝国により，ユーラシアの緩やかな政治統合が実現，またユーラシア全体が１つの交易圏として結ばれた。こうして世界は，ユーラシアサイズで初めて一体化した。
②温暖な13世紀から寒冷な14世紀へ気候は一転し，モンゴル帝国は急速に衰退，ヨーロッパでは，飢饉や疫病の大流行がおこった。

CROSS ROADS 世界史のクロスロード　(解答 別冊P.39)

黒死病[ペスト]大流行
14世紀半ば，ヨーロッパで，黒死病が大流行し，当時の推定人口１億人の３分の１が死亡する大惨事となった。これは，中央アジアを病原地とし全ユーラシアに広がったペストの一部だった。

Q この大流行の背景に，13世紀モンゴル帝国の発展があると考えられる。それはどういうことだろうか。
ヒント P.73 ニューアングル

1 一体化するユーラシア

① 混一疆理歴代国都之図（室町時代，島原市本光寺蔵）　もとになった地図はモンゴル時代につくられた。モンゴルは，大航海時代より200年も前に，アフリカを含めた世界地図を作成していた。ユーラシアの主要部を征服し陸上交易路を握っていたモンゴルは，南宋を攻略して，海上交易路も支配下におき，陸と海の大帝国となった。（参考：杉山正明『逆説のユーラシア史』）

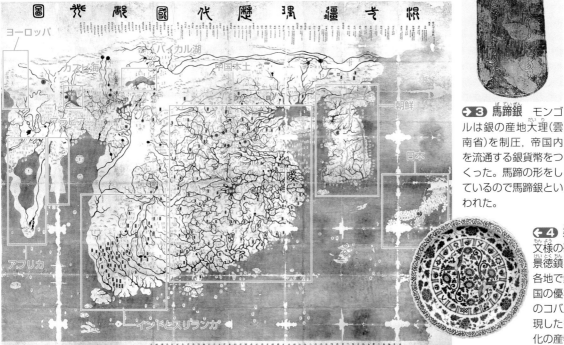

② 牌符（パスポート）　モンゴルの駅伝制＝ジャムチでは，交通路各所に駅が置かれ，牌符をもつものに飲食・宿泊のサービスをした。ユーラシアの旅はより便利で安全になった。

③ 馬蹄銀　モンゴルは銀の産地大理（雲南省）を制圧，帝国内を流通する銀貨幣をつくった。馬蹄の形をしているので馬蹄銀といわれた。

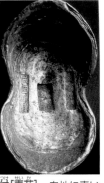

④ 染付[青花]　白地に青い文様の磁器を染付[青花]といい，景徳鎮を中心に生産され，世界各地で愛用された。これは，中国の優れた陶磁器技術とイランのコバルト染料が結びついて実現したもので，ユーラシア一体化の産物である。（松岡美術館蔵）

モンゴル帝国の領域	オゴタイ＝ハーン時代の征路	南宋攻略，ベトナム・ビルマ等への進出	国名：ヒンドゥー教諸国	
元朝及び四ハン国の境界	バトゥの西征	日本・ジャワ遠征路	ヴェネツィア領	
チンギス＝ハン時代の征路	フラグの西征	赤数字：モンゴル軍の進撃・占領の年代	マルコ＝ポーロの行路(1271〜95)	

地図上の地名・表記

オゴタイ家の勢力範囲(オゴタイ＝ウルス)は，グユク＝ハーンの死後，解体され，自立した国家にならなかったので，「ハン国」と呼ばない。

ブルガール

キプチャク＝ハン国
(1243〜1502)

1237
1238

カザフ草原[キプチャク草原]
サライ(新)／サライ(旧)
1224

(オゴタイ＝ウルス)

エミール

チンギス＝ハンの故郷・墓所とされる

アルタイ山脈

ブルカン山

カラコルム[和林]

元
(1271〜1368)

女真

日本海

1221
ウルゲンチ
ヒヴァ
ホラズム
ブハラ
メルヴ

1219
オトラル
タラス
サマルカンド
カシュガル
ヤルカンド

チャガタイ＝ハン国
(1227〜14世紀後半)

クチャ
アルマリク

1218

1211
1207
1226
上都[開平]
大都[北京]
浄州

1212
遼陽
開城
高麗
合浦
京都
鎌倉
日本
(鎌倉時代)

タブリーズ
アラムート
1221

ニーシャープール
バルフ
ホラサン
ヘラート
ガズナ
1221
カブール

ホータン

1279
崖山の戦い，南宋残存勢力全滅

イスファハーン
バグダード
1221

カシミール
1297〜
1327
ラホール
ムルタン

チベット[吐蕃]

ラサ

成都

沙州[敦煌]
甘州
寧夏
平陽
太原
長安
奉元

大同
居庸関
汴梁[開封]

襄陽
鄂州[武昌]
揚州
平江[蘇州]
杭州
慶元[寧波]
温州

黄河
長江

イル＝ハン国
(1258〜1353)

1258
アッバース朝滅亡

アラビア半島

ホルムズ

ペルシア湾

奴隷王朝[デリー＝スルタン朝]
(1206〜90)

デリー
1221

ネパール

ヴァラナシ

パガン朝
(1044〜1299)
1287
パガン

大理

慶中

福州
泉州[ザイトゥン]
1285
広州
崖山
1279
1287

中国最大の貿易港

瑠求

1274 文永の役
1281 弘安の役

博多
大宰府

グジャラート
ソムナート
デヴァギリ
ヤーダヴァ朝
オリッサ
カーカティヤ朝
ワランガル
ドーラサムドラ
ホイサラ朝
チョーラ朝
パーンディヤ朝

ペグー
スコータイ
スコータイ朝
(1257〜1438)
アユタヤ

昇竜[ハノイ]
1285

大越国[陳朝]
(1225〜1400)
1285
1292

東シナ海

太平洋

30°
15°

セイロン

アンコール朝[カンボジア]

ヴィジャヤ
チャンパー[占城]

南シナ海

フィリピン諸島

マラッカ
スマトラ

ボルネオ

シンガサリ朝の勢力範囲

シュリーヴィジャヤ王国[三仏斉]

パレンバン
スマトラ島

シンガサリ朝
(1222〜92)

ジャワ
シンガサリ

モルッカ[マルク]諸島

15°

←5 **交鈔** 基本通貨の銀を補助するため，紙幣(交鈔)も流通した。紙幣は，発行量の調節が難しく，乱発によるインフレが，元の衰退の一因となった。偽造紙幣も横行したため，紙幣には「偽造者処死」(偽造したら死刑)と書かれていた。

ニューアングル モンゴルシステムの崩壊〜世界史の皮肉

中央アジアで発生したペストは，ネズミを宿主とするノミが媒介した。モンゴルが張りめぐらせた交通網により，それらがユーラシア全域に広がった。ユーラシアを一体化するモンゴルシステムが，それ自体の衰退をもたらすという歴史の皮肉がおこったのだった。(参考：ウィリアム・H・マクニール『疫病の歴史』，村上陽一郎『ペスト大流行』)

元衰退の原因
①フビライ死後，後継者争いが続き，政治が混乱した。
②チベット仏教寺院建設費などの莫大な出費や紙幣(交鈔)の濫発によって経済が混乱した。
③14世紀の気候変動による寒冷化で，飢饉や疫病がユーラシア全域に広がった。

その頃の日本(鎌倉時代)

鎌倉幕府が日本の支配権を確立。モンゴルの侵攻(文永・弘安の役)を撃退したが，国内は不安定化し，その後，室町幕府が成立した。

1221年	承久の乱
1232年	御成敗式目
1274年	文永の役
1281年	弘安の役
1333年	鎌倉幕府滅亡
1338年	室町幕府成立

↓6 **蒙古襲来絵巻**(宮内庁三の丸尚蔵館蔵)

↑7 発掘されたてつはう

1 朝鮮・日本の歩み（10〜18世紀）

	朝鮮		日本		
	918	王建，高麗建国（〜1392）都：開城	935	平将門の乱	平安
	☆	『高麗版大蔵経』，高麗青磁，金属活字の発明	1167	平清盛，太政大臣就任	
高麗	936	朝鮮半島統一	☆	日宋貿易活発化	
	1259	モンゴル帝国に服属	1192	源頼朝，征夷大将軍就任	
	1274	文永の役（モンゴル，高麗混成軍）			鎌倉
	1281	弘安の役（モンゴル，高麗，江南の漢民族混成軍）			
			1338	室町幕府始まる	
	1380	李成桂，倭寇を撃破			
		前期倭寇，活発化			
李朝	1392	李成桂，高麗を滅ぼし朝鮮[李朝]樹立	1401	明から足利義満へ国書→日本冊封体制下へ	室町
	☆	科挙官僚を輩出する両班階層が支配階層に。朱子学官学化	1404	明と勘合貿易開始	
	1394	首都を漢陽とする→翌年，漢城（現ソウル）と改称	1467	応仁の乱（〜1477）	
			1543	ポルトガル人，種子島漂着（鉄砲伝来）	
	1446	世宗が訓民正音[ハングル]を制定	1549	ザビエル来日，キリスト教布教	
		後期倭寇，活発化			
			1590	豊臣秀吉，天下統一	安土桃山
	1592	秀吉の朝鮮出兵（壬辰・丁酉倭乱）（文禄・慶長の役）（〜98）			
	1607	最初の朝鮮通信使	1603	江戸幕府始まる（〜1867）	江戸
	1637	清に服属			
	☆	清に朝貢，江戸幕府には通信使派遣	1641	鎖国の完成	
		18世紀後半 キリスト教（天主教）広まる			

3 朝鮮王朝（李氏）

↑3 世宗の像　第4代の世宗は名君とされ，「世宗大王」と呼ばれている。彼は民衆にも使用できる文字が必要と考え，訓民正音[ハングル]を制定した。現在朝鮮半島ではハングルが一般的な文字になっている。（ソウル，徳寿宮）

↓4 世宗が刊行させた訓民正音[ハングル]の解説書

ニューアングル ドラマ「チャングムの誓い」に見る 朝鮮王朝
16世紀初頭の朝鮮を舞台に，母の遺志を継ぎ，宮廷料理人の頂点をめざすチャングムの物語。宮廷の儀式・料理や明の冊封を受ける王朝の状況などが学べる。

（「宮廷女官　チャングムの誓い 総集編」，発行：NHKエンタープライズ，販売元：バップ）

2 高麗の文化

世界遺産

↑1 『高麗版大蔵経』　13世紀前半，モンゴル軍撃退を祈願して大蔵経版木の製作が行われた。15年かけて約8万枚の版木が完成し，現在は海印寺に納められている。

←2 高麗青磁　宋から伝わった青磁の技術は高麗で独自の発展をとげ，本場の宋でも珍重された。（高さ39cm，ソウルの国立中央博物館蔵）

4 朝鮮出兵

←5 豊臣秀吉　天下統一後，秀吉は朝鮮出兵を開始した。李舜臣率いる朝鮮水軍の活躍などで次第に劣勢になり，秀吉の死去により撤退した。

→6 鼻塚（耳塚）　慶長の役において秀吉は，首に代えて鼻を戦功の証拠として送るよう指示した。その結果非戦闘員を含む何万もの朝鮮人の鼻が塩漬けにされて日本に運ばれ，方広寺で供養された。（京都）

←7 李舜臣像と亀甲船（復元）　李舜臣は大砲を装備した亀甲船を駆使して，日本水軍を破った。死後，各地に建てられた銅像はすべて日本の方を向き，護国の英雄として尊敬されている。

→8 朝鮮通信使　朝鮮出兵で断絶した日朝関係は，江戸幕府の成立によって復活した。将軍の代替わりなどの慶賀の目的で，朝鮮通信使が12回派遣された。（神戸市立博物館蔵）

作業 学習する「時代」（ □ ）を着色しよう。

																				←B.C|A.D→																				
世紀	29	28	27	26	25	24	23	22	21	20	19	18	17	16	15	14	13	12	11	10	9	8	7	6	5	4	3	2	1	1	2	3	4	5	6	7	8	9	10	11	12	13	14	15	16	17	18	19	20	21
日本						縄文																	弥生			古墳			平安		鎌倉	室町		江戸				

① 明の歩み

洪武帝[太祖，朱元璋]（位1368〜98）		
1368	**朱元璋，明**を建国（都：南京）	
1380	中書省を廃止して六部を皇帝に直属	北元
☆	一世一元の制，里甲制，衛所制，賦役黄冊，魚鱗図冊，六諭	
1398	建文帝[恵帝]，即位	1388
1399	燕王朱棣，**靖難の役**をおこす（〜1402）	
永楽帝[成祖，朱棣]（位1402〜24）		
1402	**永楽帝**，即位	
1405	鄭和に**南海大遠征**を命じる（〜33，7回）	オイラト
☆	海禁政策の実施，朝貢貿易体制を構築	
1410	モンゴル親征（〜24，5回）	タタール
1421	北京に正式に遷都	
1449	オイラトの**エセン**，英宗を捕らえる（**土木の変**）	
☆	後期倭寇，中国沿岸で活発に活動	
1550	タタールの**アルタン＝ハン**，北京を包囲	
1557	ポルトガル，マカオに居住権を獲得	
万暦帝[神宗]（位1572〜1620）		
1572	**張居正**，内閣大学士首席に就任	
1581頃	**一条鞭法**が全国的に実施	
1592	**豊臣秀吉の朝鮮出兵**（壬辰・丁酉倭乱）	
☆	東林派と非東林派の党争が激化	
1616	**ヌルハチ**，後金を建国	
1644	**李自成**，北京を占領，崇禎帝の自殺で**明滅亡** 清軍，北京に入城	清

明 / 後金 / 清

①1 万里の長城 現在見ることのできる長城は，おもにモンゴル高原のオイラト・タタールの襲来を恐れた明王朝の時代に建設したものである。明代の長城の長さは8,850kmを超え，秦・漢などの時代を含めると2万kmを超えるといわれている。

人物ファイル **洪武帝[朱元璋]〜二つの肖像画**

貧しい農民の家に生まれた朱元璋は，紅巾の乱に参加しており，その怪奇な容貌が武将の目にとまり，頭角を現すきっかけとなったといわれている。やがて彼はほかの実力者を倒して明王朝を開いた。皇帝になると君主独裁体制を確立したが，猜疑心の強い彼は建国の功臣や知識人をほぼ皆殺しにした。朱元璋には二種類の肖像画が伝えられているが，右のものが実体に近いものと考えられている。

② 明の官制

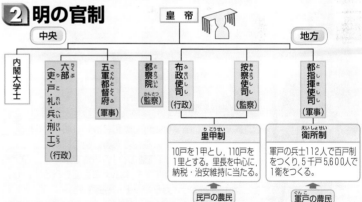

皇帝

中央 — 地方

内閣大学士

六部（吏・戸・礼・兵・刑・工）（行政）

五軍都督府（軍事）

都察院（監察）

布政使司（行政）

按察使司（監察）

都指揮使司（軍事）

里甲制 10戸を1甲とし，110戸を1里とする。里長を中心に，納税・治安維持に当たる。 — 民戸の農民

衛所制 軍戸の兵士112人で百戸制をつくり，5千戸5,600人で1衛をつくる。 — 軍戸の農民

③ 明の対外政策

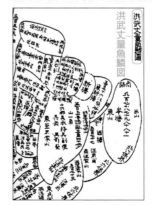

オイラト — エセン＝ハンの侵入（土木の変）（1449）
タタール — アルタン＝ハンの侵入
女真
永楽帝の遠征
北京
永楽帝の遠征（1410〜24）
朝鮮[李朝]
朝鮮出兵
明
南京
勘合貿易
室町幕府 豊臣政権
倭寇（14〜16世紀）
朝貢
永楽帝の遠征
南海諸国
ベトナム 黎朝の独立（1428）

↑元の自由な対外交易に対して，洪武帝以後明は**冊封・朝貢体制**を敷いた。鄭和の南海大遠征を敢行したが，朝貢以外の貿易の禁止で密貿易が増加し，それが**倭寇**に発展した。また貿易量の制限に不満をもつオイラトやタタールは，しばしば中国に侵入した。

④3 永楽帝 靖難の役により帝位に就き，積極的な対外政策を推し進めた。

④2 魚鱗図冊 租税を取るためにつくられた土地台帳。魚の鱗に形が似ているため，こう呼ばれた。鱗ごとに所有者，税額，地番などが記してある。

洪武丈量魚鱗図

（台北故宮博物院蔵）

東アジア

作業 学習する「時代」（□）を着色しよう。

←B.C|A.D→

世紀	5	4	3	2	1	1	2	3	4	5	6	7	8	9	10	11	12	13	14	15	16	17	18	19	20	21
日本		弥生							古墳				奈良		平安			鎌倉	室町			江戸				

15世紀の世界

15世紀のナビ
①モンゴル帝国のネットワークは崩壊，帝国旧領に，モンゴル再興をめざすティムール帝国と中華帝国再興をめざす明帝国が成立した。
②海の道は，イスラームが担って存続し，鄭和の遠征も行われた。
③ヨーロッパは14世紀の危機から脱し，大航海時代が始まった。

CROSS ROADS 世界史のクロスロード
(解答 別冊P.39)

上陸するコロンブス船団（3隻）

コロンブス

サンサルバドル島原住民

大航海時代始まる
15世紀前半の鄭和による中国の大航海時代の一方，15世紀後半を中心に西欧からの大航海時代が始まった。ヴァスコ＝ダ＝ガマはアフリカを迂回してインドをめざし，コロンブスは大西洋を横断してインドをめざした。

Q 西欧からの大航海時代を促した要因は，どのようなものだったのだろうか。ヒント P.116 ①

1 鄭和の南海大遠征

←1 鄭和像（南京鄭和公園） 鄭和（1371～1434頃）は雲南出身のイスラーム教徒である。明の捕虜になり，宦官となった。「靖難の役」の功績で永楽帝に重用され，前後7回にもおよぶ南海遠征を行った。第1回航海ではカリカットに到達した。

↓2 南海大遠征想像図（北京歴史博物館蔵）

←3 キリン
鄭和艦隊の分隊はアフリカ東岸にまでおよび，艦隊は各地の物産・珍動物を明にもたらした。
（南京の浄覚寺蔵）

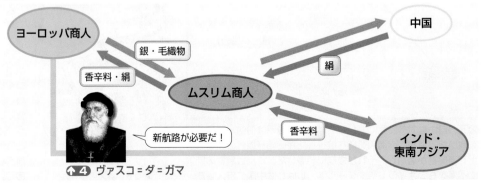

（地図内ラベル）
1397 カルマル同盟成立
ノルウェー王国
スウェーデン王国
ストックホルム
モスクワ大公国
スコットランド王国
カルマル
ドイツ騎士団領
ノヴゴロド共和国
モスクワ
デンマーク王国
コペンハーゲン
アイルランド
イングランド王国
リューベック
ハンブルク
リトアニア＝ポーランド王国
ロンドン
1453 百年戦争終結
カレー
クラクフ
クリム＝ハン国
パリ
オルレアン
1429
神聖ローマ帝国
オーフェン
モルドヴァ
フランス王国
ミラノ
ハンガリー王国
ワラキア
ヴェネツィア
ボスニア
セルビア
イスタンブル［コンスタンティノープル］
教皇領
コルシカ
ジェノヴァ
カスティリャ王国
トレド
ローマ
サルデーニャ
ナポリ王国
フィレンツェ
オスマン帝国
ブルサ
シノプ
アラゴン王国
ポルトガル王国
リスボン
グラナダ
シチリア王国
チュニス
1453 ビザンツ帝国滅亡
キプロス王国
ダマスクス
ナスル朝
タンジール
1492 グラナダ陥落（国土回復運動完成）
1402 アンカラの戦い
イェルサレム
カイロ
マムルーク朝（1250～1517）
アラビア
メディナ
メッカ
1415頃 鄭和艦隊が東アフリカに到達
エチオピア帝国
マリンディ
モンバサ

A 二つの船団（明とスペイン）
＊船の規模は諸説ある。

150m
26m
鄭和の宝船
コロンブスのサンタ＝マリア号

艦隊名	鄭和（第1回航海・1405～07）	コロンブス（第1回航海・1492～93）
旗船(重さ)	宝船（2,500～8,000t）	サンタ＝マリア号（約100t）
乗組員数	約2万7,000人	約90人
艦隊数	208隻（大型艦船60余隻）	3隻

（『週刊朝日百科「世界の歴史」』などによる）

↑宝船の規模については諸説あるが，これほどの大きさの木造帆船は動かないし，インド洋の荒波で壊れてしまうという説もある。

（参考：杉山正明『モンゴル帝国と長いその後』）

2 新航路誕生の背景

ヨーロッパ商人
中国
銀・毛織物
絹
香辛料・絹
ムスリム商人
絹
新航路が必要だ！
香辛料
インド・東南アジア
↑4 ヴァスコ＝ダ＝ガマ

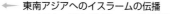
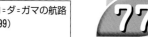

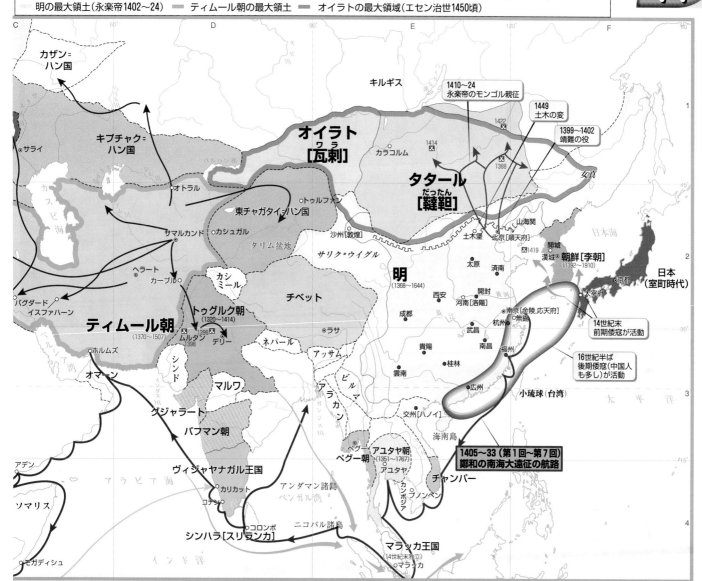

1410〜24 永楽帝のモンゴル親征

1449 土木の変

1399〜1402 靖難の役

カザン゠ハン国

キルギス

オイラト[瓦剌] ワラ

タタール[韃靼] だったん

女真

キプチャク゠ハン国

サライ

オトラル

トゥルファン

カラコルム

北京[順天府]

土木堡

山海関

朝鮮[李朝] (1392〜1910) 漢城 開城

日本海

日本(室町時代)

東チャガタイ゠ハン国

サマルカンド

カシュガル

沙州[敦煌]

サリク゠ウイグル

明 (1368〜1644)

京都

ヘラート

カーブル

カシミール

タリム盆地

チベット

太原

済南

大宰府

14世紀末 前期倭寇が活動

バグダード

イスファハーン

ティムール朝 (1370〜1507)

トゥグルク朝 (1320〜1414) ムルタン デリー

ネパール

ラサ

西安

開封

河南[洛陽]

南京[金陵,応天府]

無錫

杭州

16世紀半ば 後期倭寇(中国人も多し)が活動

ホルムズ

オマーン

シンド

マルワ

アッサム

ビルマ

成都

武昌

南昌

福州

小琉球[台湾]

太平洋

グジャラート

バフマン朝

アラカン

貴陽

雲南

桂林

広州

ヴィジャヤナガル王国

ペグー ペグー朝

アユタヤ朝 (1351〜1767) アユタヤ

交州[ハノイ]

海南島

チャンパー

1405〜33(第1回〜第7回)鄭和の南海大遠征の航路

アデン

カリカット

コチン

アンダマン諸島

ベンガル湾

カンボジア プノンペン

ソマリス

コロンボ

シンハラ[スリランカ]

ニコバル諸島

マラッカ王国 (14世紀末独立) マラッカ

インド洋

アラビア海

モガディシュ

---

5 倭寇　倭寇は,14世紀に高麗を襲った海賊の前期倭寇と,16世紀に東シナ海一帯で武装し,密貿易に従事した後期倭寇に大別される。北虜南倭として明を苦しめたのは後者で,しかも明の海禁政策に違反する中国人が多数を占めた。上の絵は上陸して略奪するようす。下の絵は襲撃する倭寇と応戦する明軍を描いたもの。(東京大学史料編纂所蔵)

略奪する倭寇

上陸した倭寇

鉄砲を持っている。→

明軍

倭寇

その頃の日本(室町時代)

鳳凰

観音殿の仏像

書院造

1404	勘合貿易始まる
1467	応仁の乱始まる
1489	足利義政,銀閣造営

　応仁の乱で戦場となった京都は荒廃し,室町幕府は衰退の一途をたどる。幕府の支配力は地に落ち,戦国時代の到来へと続く。

← 6 慈照寺銀閣(京都)

↑1 空から見た紫禁城

1 紫禁城　→清代の北京城

↑2 紫禁城　明の永楽帝が造営した宮殿は李自成の乱で焼失し、清代に現在の建物が再建された。南北1km、東西760mに及び、屋根は金色の瑠璃瓦で、樹木・庭園は存在しない。1925年からは故宮博物院として公開されている。

↑3 天壇　皇帝が天の祭祀を行う場所。

←4 「三跪九叩頭」の礼（映画「ラスト・エンペラー」）　すべての者に皇帝への最高の礼が求められ、後にイギリスとの外交問題に発展する。

→5 雲竜階石　宮殿に向かう中央の道は両脇に階段を配置したスロープ（雲竜階石）となっている。皇帝は輿に担がれてこの竜の刻まれた道を進んだ。

2 破壊された円明園

←6 円明園　1860年のアロー戦争、1900年の義和団事件で破壊された。その跡は現在もそのまま保存され、外国侵略のすさまじさを後世に伝えている。
（◀P.85）

ニューアングル **北京の開発と今**

北京では、「胡同」と呼ばれる伝統的な平屋の町並みが再開発事業によって取り壊された。「拆」とは中国語で取り壊すという意味で、このマークがつけられた家屋が立退きの対象になった。

←7 胡同

↑8 天安門も見えづらい！　PM2.5など北京の大気汚染は深刻な状況になっている。

1 清の歩み

ヌルハチ[太祖](位1616～26)

1616	ヌルハチ，**後金**を建国
☆	**八旗制**・満州文字を創設
1619	サルフの戦いで明を破る

ホンタイジ[太宗](位1626～43)

1635	モンゴルのチャハルを平定
1636	後金を**清**と改称
1637	朝鮮を服属させる

順治帝[世祖](位1643～61)

1644	**李自成の乱**で**明が滅亡**　北京に入城，北京へ遷都
1644～45	**辮髪令**を発布

康熙帝[聖祖](位1661～1722) ❶

1661	**鄭成功**が台湾を占領し反清運動続行
1673	呉三桂らの**三藩の乱**がおこる（～81）
1683	鄭氏勢力が降伏し，台湾が清の支配下に入る
1689	ロシアと**ネルチンスク条約**を結びシベリア国境を画定
1706	典礼問題でイエズス会以外の宣教師の布教を禁止
1713	盛世滋生人丁への人頭税免除（▶P.84）
18世紀初め	**地丁銀制**しだいに全土に普及

雍正帝[世宗](位1722～35) ❷

☆	**軍機処**を設置
1724	**キリスト教布教を禁止**
1727	ロシアと**キャフタ条約**を結びモンゴル国境を画定

乾隆帝[高宗](位1735～95) ❸

1757	外国との貿易を広州1港に限定
1793	英使節**マカートニー**，自由交易を請うが拒絶される

2 清の官制

3 清の対外関係

↑1 康熙帝 幼少で即位した康熙帝は，中国文化のみならず西欧文化も積極的に学び，幅広い知識を得た。三藩の乱を鎮圧し，台湾も支配下に入れ，清朝安定の基礎を築いた。

↑2 雍正帝 君主独裁政治を体現し，地方役人からの膨大な報告にも細かい指示を与えた。執務は朝4時から夜12時まで続き，在位中はほぼ休暇をとらなかった。

↑3 乾隆帝 清の最盛期をつくり上げた。しかし度重なる外征による財政の破綻と，寵臣の登用は，清王朝の衰退を招く原因ともなった。

Ａ 清の統治方法

少数の満州人

懐柔策
・満漢偶数官制
・科挙の重視
・編纂作業の実施

威圧策
・辮髪の強制
・文字の獄
・禁書令

士大夫階級
漢民族の民衆

↑4 辮髪 満州族は，後頭部だけを残して残りを剃り上げる辮髪といわれる髪型をしていた。中国を支配した後はこの髪型を漢民族にも強制した。

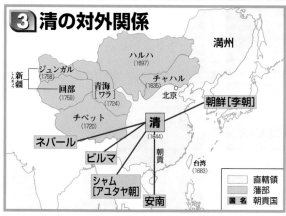

↑5 八旗兵 清の軍事制度で，旗の色の違いによって区別された。満州族の八旗以外にも，**蒙古八旗・漢軍八旗**も編成され，清の正規軍として活躍した。また地方の治安維持を担当する緑営が設置された。

正黄旗 → 正白旗 → 正紅旗 → 正藍旗
鑲黄旗 → 鑲白旗 → 鑲紅旗 → 鑲藍旗

4 鄭成功の抵抗

↑6 国性爺合戦（写真提供松竹株式会社）

↙7 ゼーランディア城の鄭成功像 明の武将鄭芝竜と日本人女性の間に生まれた鄭成功は，明復興のために台湾を拠点として清に抵抗したが病死した。明皇室から同じ朱姓を賜り，国性[姓]爺と呼ばれた。近松門左衛門の浄瑠璃『国性爺合戦』は「和藤内」の名で彼の奮闘を描いた。

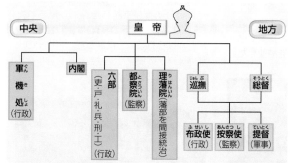

東アジア

作業 学習する「時代」（□）を着色しよう。

世紀	5	4	3	2	1	1	2	3	4	5	6	7	8	9	10	11	12	13	14	15	16	17	18	19	20	21
日本		弥生					古墳		飛鳥	奈良		平安				鎌倉		室町		江戸			明治	大正	昭和	平成

17世紀のナビ

①ヨーロッパのアジア貿易参入と新大陸植民地化が本格化し、ヨーロッパ中心の「近代世界システム」が形成され始めた。

②アジア専制帝国（清・ムガル・サファヴィー・オスマン）が繁栄した。

③17世紀は、14世紀に続く２度目の寒冷ピークで飢饉や疫病が多発し、西欧では社会不安から「魔女狩り」も起こった。

世界史のクロスロード CROSS ROADS

（解答 別冊P.40）

（ネルチンスク条約締結時の復元模型。アイグン歴史陳列館展示）

ネルチンスク条約の締結（1689年）

シベリアに進出したロシアは、黒竜江流域に到達する。当時、清は中国攻略に専念しており、ロシアへの対応は難しかった。1681年、三藩の乱が鎮圧され中国平定が一段落すると、清はようやく満洲地域への兵力動員が可能となり、有利な条件で国境を定めた。

Q 国境はどのようになったか。その後19世紀に、国境はどのように変化したか。 ヒント P.81、P.134 2 、P.170 2

[地図中の注記]
- 1652～74 イギリス＝オランダ戦争
- スコットランド王国
- スウェーデン王国
- デンマーク王国
- プロイセン公国
- ポーランド王国
- モスクワ
- イングランド王国
- アイルランド王国
- アムステルダム
- 神聖ローマ帝国
- ベルリン
- ワルシャワ
- キエフ
- 西インド貿易路
- オランダ
- ロンドン
- 1642～49 ピューリタン革命
- 1688～89 名誉革命
- パリ
- ウィーン
- ブダ
- ペスト
- ハンガリー
- フランス王国
- スイス
- オーストリア
- ヴェネツィア
- カルロヴィッツ
- クリム＝ハン国
- アゾフ
- ジェノヴァ共和国
- ローマ
- ベオグラード
- 黒海
- イスタンブル[コンスタンティノープル]
- アンカラ
- 教皇領
- ナポリ王国
- シチリア王国
- レバント貿易路
- スペイン王国
- マドリード
- ポルトガル王国
- オスマン帝国（1299～1922）
- クレタ
- キプロス
- ダマスクス
- イェルサレム
- アルジェリア
- 地中海
- アレクサンドリア
- カイロ
- エジプト
- サハラ砂漠
- 1618～48 三十年戦争
- 1683 オスマン帝国が第2次ウィーン包囲に失敗
- 1571 レパントの海戦
- メディナ
- メッカ
- 紅海

1 銀のネットワーク

16世紀の後半、スペイン支配下のメキシコやペルーで大量の銀が生産されるようになるとそれらがヨーロッパやアジアに運ばれ、経済上の大きな変革をもたらした。ヨーロッパでは、この銀の流入が**価格革命**を引きおこし、資本主義経済形成の前提条件を整えた。アジアでは、中国の税制に大きな変革をもたらした。

←1 鉱山で使役されるインディオ スペインによる銀の生産は16世紀末に最盛期を迎え、その後１世紀近く続く。採掘では先住民を酷使した。

A 銀の道

[地図中の注記]
- ヨーロッパ
- 価格革命
- メキシコ
- ペルー
- ポトシ
- オスマン帝国
- 織物
- インド
- 香辛料、綿織物
- 東南アジア
- 香辛料
- 絹織物 陶磁器
- 銀納税制開始
- 中国
- 人参
- 女真族
- 日本
- 石見

- ← 銀の流れ
- ○ 銀が流入した地域
- □ 銀で購入された商品
- □ 銀流入で引きおこされた出来事

→2 ムガル帝国の銀貨 ムガル帝国では、ヨーロッパ経由で新大陸の銀が運ばれ、銀貨が発行された。

→3 日本の丁銀 江戸時代の銀貨の中核でナマコ形の銀塊。メキシコ銀に先駆けて中国に流入した。
（日本銀行金融研究所貨幣博物館蔵）

↑4 石見銀山 島根県にある日本最大の銀山で、2007年に世界遺産に登録された。精錬加工された銀（丁銀）は基本通貨として国内で流通したばかりでなく、外国との活発な交易をも支えた。17世紀初頭には日本の銀産出量は世界の３分の１にも達していたといわれる。

ニューアングル 中国と日本のはざまで～琉球

1429年に中山王尚巴志が三山を統一して琉球王国を樹立し、明の冊封体制下に入った。明の使者が来訪した際にかけられた「守礼之邦」の額（下の写真）は、17世紀以後、常時かけられるようになった。17世紀の琉球は薩摩藩の侵攻を受け、貿易管理権を薩摩藩に掌握された。

↑5 首里城 沖縄戦で焼失し1992年に再建。写真は焼失前の首里城正殿での空手演武のようす。1938（昭和13）年。

↓6 守礼門（1958年再建）

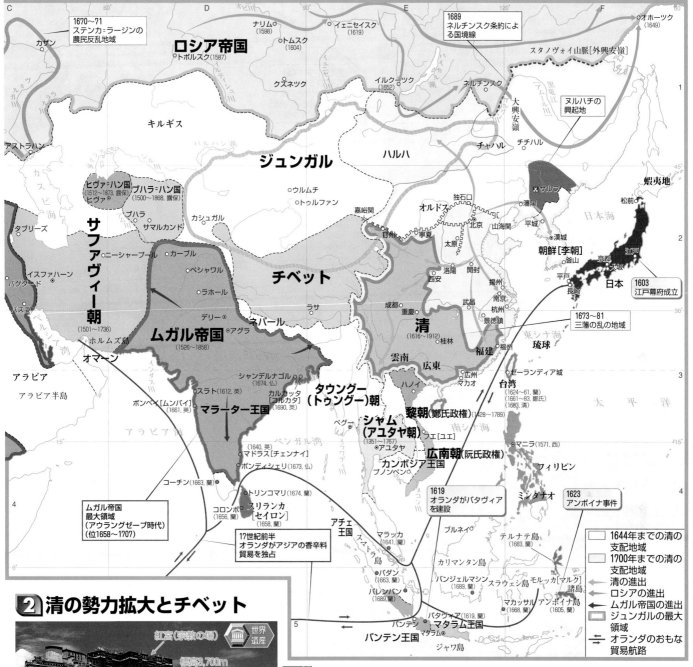

| フランス領 | イギリス領 | ポルトガル領 | ● オランダの植民地 | ○ ロシアのおもな開発 |
| オランダ領 | スペイン領 | ● フランスの植民地 | ● イギリスの植民地 | 拠点都市 |

1670～71 ステンカ=ラージンの農民反乱地域

ロシア帝国

ナリム(1598) トムスク(1604) イェニセイスク(1619)

1689 ネルチンスク条約による国境線

スタノヴォイ山脈[外興安嶺]

オホーツク(1649)

カザン トボルスク(1587) クズネツク イルクーツク(1652) ネルチンスク 大興安嶺

ヌルハチの興起地

蝦夷地

松前

アストラハン キルギス バルハシ湖 ジュンガル ハルハ チャハル チチハル

ヒヴァ=ハン国 ブハラ=ハン国 ウルムチ トゥルファン 独石口 オルドス 瀋陽 漢城 朝鮮[李朝] 釜山 京都 江戸

日本海

サファヴィー朝 カシュガル 嘉峪関 甘州 寧夏 北京 山海関 平城 平戸 長崎 日本

1603 江戸幕府成立

チベット ネパール ラサ 西安 洛陽 開封 揚州 南京 杭州 景徳鎮 清(1616～1912)

1673～81 三藩の乱の地域

ムガル帝国(1526～1858) デリー アグラ 成都 重慶 武昌 桂林 雲南 広東 福建 福州 琉球

マラーター王国 カルカッタ タウングー(トゥングー)朝 広西 広州 マカオ 台湾

その他の地名省略

2 清の勢力拡大とチベット

ラサのポタラ宮殿 チベットは1720年清に服属したが、清の皇帝はチベット仏教(ラマ教)を厚く信仰していたため、チベットの元首であり活仏とされるダライ=ラマは丁重に遇された。ポタラ宮はチベットの首都ラサにあり、政治・宗教の中枢となっていた。

その頃の日本(江戸時代) 日光東照宮陽明門(栃木)

1613 全国に禁教令
1615 大坂夏の陣
1641 鎖国の完成

1603年、徳川家康が征夷大将軍となり江戸幕府が開かれた。禁教令が出され、鎖国が完成し、17世紀末には5代将軍徳川綱吉のもとで元禄時代を迎える。

作業 学習する「時代」（□）を着色しよう。
←B.C.|A.D→

世紀	5	4	3	2	1	1	2	3	4	5	6	7	8	9	10	11	12	13	14	15	16	17	18	19	20	21
日本			弥生					古墳		飛鳥		平安					鎌倉	室町		安土桃山		江戸		明治	大正 昭和	平成

18世紀の世界

18世紀のナビ
①欧米諸国は，市民革命・産業革命などを経て「近代社会」を形成，世界の他地域を収奪しつつ繁栄する「近代世界システム」を構築した。
②ムガル・オスマン両帝国が衰退し，西欧諸国に圧迫され始めた。
③清は，繁栄を続けたが，やがて貿易をめぐり西欧と対立し始めた。

CROSS ROADS 世界史のクロスロード
(解答 別冊P.40)

「商品」として積み込まれた奴隷（奴隷船内部の想像図）

奴隷貿易
インディオ激減による労働力不足を補うため，16〜19世紀間に1,000万人以上の黒人奴隷が新大陸へ輸送された。そのピークは18世紀で，その数は約700万人にのぼる。アフリカ，アメリカの悲惨な犠牲の上に，資本主義が成立し，欧米が他地域を収奪して繁栄する「近代世界システム」が形成された。

Q 奴隷労働で生産された商品作物で，新大陸原産でないものをあげてみよう。 ヒント P.119 ②，P.139 ⑥

凡例
- イギリス領
- フランス領
- オランダ領
- ポルトガル領
- スペイン領

1776 アメリカ独立宣言

↑1 新疆（新しい領土）の中国風城郭 18世紀後半，乾隆帝のジュンガル征服により東トルキスタンは清の領土となった。

1779年，ミナレットの高さは44m

↑2 新疆のイスラーム文化 乾隆帝に協力しトルファン郡王となった父オミンをたたえるために子スレイマンが建てた。

人物ファイル 大黒屋光太夫（だいこくやこうだゆう）(1751〜1828)

ロシア

── 光太夫のルート
┈┈ 想像のルート

（『大黒屋光太夫』による）

↓3 映画『おろしや国酔夢譚』 (1992年，日本作品)

光太夫（緒方拳）

（写真提供 角川映画）

1782年，伊勢（三重）の商人光太夫らを乗せた船は，江戸に向かう途中暴風にあい，アムチトカ島に漂着した。その後，生き残った者は厳寒のシベリアに暮らしたが，光太夫はエカチェリーナ2世に帰国を願うため，都ペテルブルクへ向かった。光太夫らはロシア使節ラクスマンに連れられ帰国を果たしたが，未知の国ロシアを漂流して得た見聞は，蘭学の発展に貢献することになった。

清の最大領土	清の藩部	赤数字：清の征服年代
清の直轄地	清の冊封体制下に入った国	ヒンドゥー教国

1772・1793・1795 ポーランド分割

1713 ユトレヒト条約

1758 乾隆帝がジュンガルを平定

1727 キャフタ条約によるロシアと清の国境

1689 ネルチンスク条約によるロシアと清の国境

ノルウェー
スウェーデン
デンマーク
ペテルブルク
モスクワ
イルクーツク
バイカル湖
ネルチンスク
キャフタ
樺太
蝦夷
オホーツク海

イギリス
ロンドン
プロイセン
ポーランド
オランダ
オーストリア

**1740〜48 オーストリア継承戦争
1756〜63 七年戦争**

フランス
パリ
マドリード
スペイン
ポルトガル
ローマ
イスタンブル
黒海
イェルサレム
バグダード
カイロ
メッカ

1789 フランス革命はじまる 人権宣言

オスマン帝国

コーカンド=ハン国
ヒヴァ=ハン国
ブハラ=ハン国
アフシャール朝
テヘラン
イリ
ジュンガル 1758
カシュガル
回部 1759
ハルハ 1697
チャハル 1635
北京
西安
南京
漢城
京都
江戸
大坂
長崎
日本（江戸時代）
朝鮮

ロシア帝国

シク教国
ムガル帝国
ネパール
ベンガル
ビルマ
チベット
ラサ
ラワ 1720
寧波
廈門
広州
マカオ（ポ）
台湾
琉球
清

1757 乾隆帝が貿易港を広州に限定

マラーター同盟
スーラト
ゴア
ディウ
ボンベイ
カリカット
マイソール王国
マドラス
ポンディシェリ
コロンボ
セイロン
アチェ王国
マラッカ
タイ
アユタヤ
ベトナム
ハノイ
ユエ
カンボジア
ブルネイ
ルソン
マニラ
フィリピン
ミンダナオ
南シナ海
東シナ海
太平洋

1757 プラッシーの戦い

セネガル
サン=ルイ
ギニア
サハラ砂漠
コンゴ
ルアンダ
アンゴラ
モザンビーク
マリンディ
モンバサ
インド洋
パレンバン
ジャワ
バタヴィア
バリ島
スラウェシ
ティモール
モルッカ諸島
ケープ植民地

↑4 クック（1728〜79）
（ロンドン；海事博物館蔵）

ヨーロッパ人の進出

1642〜43	**タスマン**（蘭），タスマニア・フィジーなどに到達
1770	**クック**（英），オーストラリア東岸を探検
1788	イギリス，オーストラリアへ最初の植民約1,000名を送る
1850年代	オーストラリアでゴールドラッシュ，中国系移民増加
19世紀後半〜	白豪主義が進む

1 その頃の世界〜大西洋革命の時代

大西洋の両岸で，人権や民主主義を求める革命や独立が連鎖した。そこには共通性があり，「大西洋革命」と総称される。

アメリカ独立革命

産業革命

大西洋

フランス革命

ハイチ革命

↑5 『コモン=センス[常識]』と著者トマス=ペイン このパンフレットが，「独立宣言以外には，現在の事態を速やかに解決できる道はない」と植民地の独立気運を高めた。

←6 自由の女神像（パリ） ニューヨークの女神像は，アメリカ独立100周年を記念してフランスより贈呈された。これは，フランス革命100周年を記念してパリ在住アメリカ人が贈呈したものである。

ラテンアメリカ諸国の独立

その頃の日本（江戸時代）

18世紀の中頃から江戸を中心に町人文化が発展した。浮世絵の技術も進み，表現方法，色彩は，当時のヨーロッパの絵画に大きな影響を与えた。

1716〜45年	享保の改革（徳川吉宗）
☆	蘭学，国学おこる
1772年	田沼意次の政治
1778〜87年	天明の大飢饉
1787〜93年	寛政の改革（松平定信）
☆	化政文化（江戸の町人中心）

←7 喜多川歌麿の美人画（婦女人相十品「ポッピンを吹く女」
（東京国立博物館蔵）

←8 葛飾北斎の風景画（富嶽三十六景より「神奈川沖浪裏」）
（東京国立博物館蔵）

1 明・清時代の産業の発達

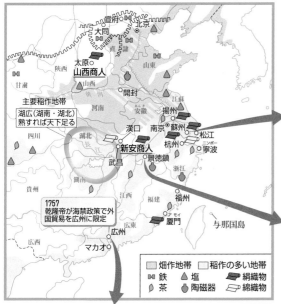

主要稲作地帯
湖広(湖南・湖北)
熟すれば天下足る

1757
乾隆帝が海禁政策で外
国貿易を広州に限定

畑作地帯　稲作の多い地帯
鉄　塩　絹織物
茶　陶磁器　綿織物

↑1 盛世滋生図(徐揚作)　明・清代の経済の中心蘇州の繁栄ぶりを示している絵で、活気溢れる人々の動きや軒を並べる店舗、激しく行き交う船など、当時の発展ぶりがうかがわれる。

↑2 明・清の産業　産業の広い分野で商品の生産力が著しく向上し、陶磁器や絹製品は世界に輸出された。写真は陶磁器生産の中心地景徳鎮の作業(窯入れ)のようすを描いた図である。

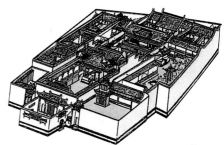

↑3 会館・公所の発達　明・清では、山西商人(山西省出身)、新安商人(安徽省出身)などによる遠隔地交易が盛んになる。彼らは同郷者・同業者どうし協力し合い中国全土で活躍し、各地に会館・公所と呼ばれる宿泊施設や倉庫をつくった。上は武漢の山陝西会館の見取り図。

←4 広州に立ち並ぶ外国商館　乾隆帝の海禁政策の結果、外国貿易は広州に限定されたので、絵のようにイギリス・フランスなどの商館が珠江沿岸に立ち並んだ。貿易は公行(広東十三行)と呼ばれる特許商人組合が独占した。(個人蔵)

2 銀の流入と社会の変化

Ⓐ 銀の流通

←5 清代の馬蹄銀(上海歴史博物館蔵)

→6 スペインの8レアル銀貨(日本銀行金融研究所貨幣博物館蔵)

←明・清の時代では、日本銀やメキシコ銀[墨銀]が大量に流入すると、税も銀で納められるようになった。中国では銀を馬のひづめの形に整え、計量して取引を行った。

Ⓑ 税制の変化

＊盛世滋生人丁…1711年の人口調査よりあとに増えた人丁(16～59歳男性)を「盛世滋生人丁」(「盛んな時代に繁殖した人口」という意味)と称し、人頭税を免除

一条鞭法(明代後期〜清初)		地丁銀制(清代中期以降)
16世紀初めに江南で実施。万暦帝の時代に全国に広がる	実施時期	18世紀初頭から一部の地方で実施。雍正帝の時代に全国に広がる
煩雑な徴税方法を簡素化し、税負担の不均衡を解消する	目的	康熙帝による盛世滋生人丁＊で、固定化した人頭税を、土地税に組み込んで一本化した
土地税と人丁(成年男性)の徭役を一括銀納させる	内容	人頭税を廃止し、その分を土地税に繰り込んで徴集する

Ⓒ 中国人口の推移

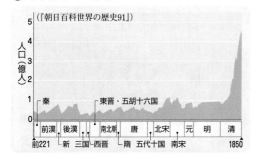

(『朝日百科世界の歴史91』)

人口(億人)

秦　東晋・五胡十六国
前漢　後漢　南北朝　唐　北宋　元　明　清
前221　新　三国　西晋　隋　五代十国　南宋　1850

←18世紀に入ると人口が急増した。これは税制の改正の結果、税逃れの戸籍かくしがなくなったことと、トウモロコシ・サツマイモ栽培の拡大によって食糧事情が好転したためだった。

🔍 ニューアングル　日本最西端「与那国島」の人頭税

与那国島の島民は、琉球による厳しい人頭税の取立に苦しんだ。この税は田畑の面積とは関係なく15歳から50歳までのすべての島民に均等に課すため、身体が弱く働けない人の分は周囲の負担になるという過酷なものであった。写真の久保良割と呼ばれる岩場には妊婦が集められ、幅3m・深さ7mの岩の割れ目の上を飛ばせ、転落死や流産によって人減らしをしたという。

1 ヨーロッパから中国への影響

A ヨーロッパ宣教師の活躍（明・清）

	人名[中国名]	出身地	活動内容
明	マテオ＝リッチ[利瑪竇]	イタリア	「坤輿万国全図」『幾何原本』
清	アダム＝シャール[湯若望]	ドイツ	『崇禎暦書』、欽天監長官（天文台長）に就任
	フェルビースト[南懐仁]	ベルギー	シャールの職務を継承
	ブーヴェ[白進]	フランス	『康熙帝伝』「皇輿全覧図」
	レジス[雷孝思]	フランス	「皇輿全覧図」
	カスティリオーネ[郎世寧]	イタリア	宮廷画家として西洋画法紹介・円明園設計

↑1 坤輿万国全図 1602年にマテオ＝リッチが北京で刊行した東洋最初の科学的な世界地図。当時の中国人や日本人の世界観を大きく変えたといわれる。（東北大学附属図書館蔵）

↑2 円明園の西洋風宮殿 乾隆帝の命を受けたカスティリオーネらがヴェルサイユ宮殿を模して設計した北京郊外の離宮。バロック様式の洋館や噴水がつくられた。アロー戦争で破壊された。（▶P.78）

←3 観象台 イエズス会宣教師が製作した天体観測所で、北京の南陽門の南に置かれた。赤道経緯儀などを使い正確な天体観測を行った。

↓4 マテオ＝リッチと徐光啓 イエズス会宣教師マテオ＝リッチ（1552～1610）は、1583年に中国に来訪し、1601年にようやく万暦帝に会い、キリスト教布教を許された。西洋科学を紹介しながら布教し、高官徐光啓らを入信させた。

東アジア

2 明・清の文化

特色
①皇帝権力による大編纂事業の推進　②口語小説などの庶民文化や実学が盛ん
③陽明学や考証学などに斬新な思想が登場　④イエズス会宣教師による西洋文化の流入

		明	清	
編纂事業		『永楽大典』　古今の諸書の収集・分類 『四書大全』　四書の注釈書 『五経大全』　五経の注釈書 『性理大全』　朱子学の性理学説を集成 （永楽帝の命）	『康熙字典』　康熙帝の命　漢字の字典 『古今図書集成』　雍正帝時代　中国最大の類書 『四庫全書』　乾隆帝の命　古今の書籍を集成　叢書 『五体清文鑑』　乾隆帝の命　満州語・チベット語・モンゴル語・トルコ語・中国語の対照辞典	
学問	陽明学	王守仁[王陽明]　心即理を説く陽明学確立 「知行合一」 李贄[李卓吾]　儒教礼教主義を批判	黄宗羲　明末清初に活躍　君主独裁を批判 顧炎武　明末清初に活躍　古典研究・文献実証の学問を唱える 銭大昕　史料を重視する史学の樹立	考証学
	実学	『本草綱目』（李時珍）　薬物の分類集大成 『農政全書』（徐光啓）　総合的農業技術書 『天工開物』（宋応星）　産業・技術の図解書 『崇禎暦書』（徐光啓ら）　西洋暦法の書	康有為　経世致用を唱え、西学を加味　戊戌の変法の中心人物	公羊学
文学	小説	『西遊記』　唐僧玄奘をモデルとした小説 『水滸伝』　宋末の義賊の武勇物語 『三国志演義』　三国時代の英雄の物語 『金瓶梅』　明末の風俗小説 （四大奇書）	『紅楼夢』　貴族社会への批判をこめた長編恋愛小説 『儒林外史』　科挙を風刺　官吏の腐敗を描く 『聊斎志異』　伝奇スタイルの短編集	小説
	戯曲	『牡丹亭還魂記』　恋愛長編戯曲	『長生殿伝奇』　玄宗と楊貴妃が題材 『桃花扇伝奇』　明滅亡期の文人の恋愛を描く	戯曲
美術	絵画	北宗画[北画]　院体画系で仇英が活躍 南宗画[南画]　文人画系で董其昌が様式を確立	カスティリオーネが西洋絵画の技法を伝え、宮廷で活躍 円明園　バロック様式の離宮	絵画・建築
	陶磁器	景徳鎮などを中心に染付、赤絵が発達		

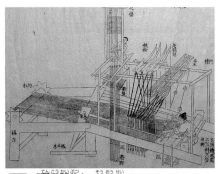

↑5 『天工開物』 宋応星が1637年に刊行した中国の農業・工業の技術を記録した実学の書で、これは「花紋」を織り出すための織り機について説明したページである。この本は中国よりも江戸時代の日本で重視された。

ニューアングル 『金瓶梅』

　口語長編小説で、明の万暦年間に書かれた。大商人西門慶が金の力で多くの女性と関係を結ぶさまが、過激な性描写で表現され、中国文学史上、特異な地位を占めている。「金瓶梅」は西門慶と関係をもった三人の名を一字ずつ取ったものだが、金・酒・色事を意味するとも言われる。絵は西門慶が箸を落としたふりをして人妻の足に触れて言い寄る場面の挿絵。

メッカ

カーバ聖殿と黒石
キスワと呼ばれる黒布がかけられている

← 1 カーバ聖殿(神殿)

高さ16m
回る方向

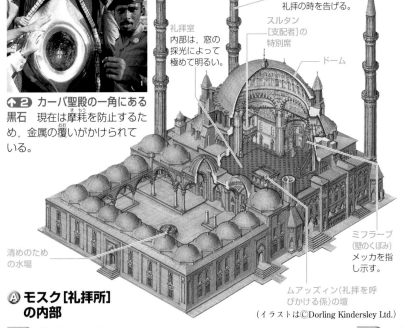

← 2 カーバ聖殿の一角にある黒石 現在は摩耗を防止するため、金属の覆いがかけられている。

Ⓐ モスク[礼拝所]の内部

ミナレット
礼拝の時を告げる。

スルタン
[支配者]の
特別席

礼拝室
内部は、窓の採光によって極めて明るい。

ドーム

ミフラーブ
(壁のくぼみ)
メッカを指し示す。

清めのための水場

ムアッズィン(礼拝を呼びかける係)の壇

(イラストは©Dorling Kindersley Ltd.)

→ 3 豚肉の禁忌
イスラームでは豚肉を食してはいけないため、ムスリムが多く乗る航空会社の機内食には右のようなカードが配られ、豚肉を使っていないことを示す。

← 4 トルコ共和国のコーラン イスラームは普遍的宗教だが、コーランはアラビア語のため、各国で解説が書かれている。ただし、読みは必ずアラビア語で行われる。

1 礼拝の仕方

礼拝の時刻
(2005年6月1日東京での時刻の場合)

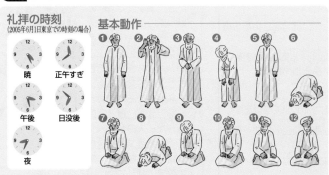

暁　正午すぎ　午後　日没後　夜

基本動作

① ② ③ ④ ⑤ ⑥
⑦ ⑧ ⑨ ⑩ ⑪ ⑫

2 イスラームの教義
*固有名詞でなく、「神」の意味

六信(10世紀後半に成立)	五行(8世紀初に成立)
①**アッラー**(唯一神)*	①**告白**(「アッラーのほかに神はなく、ムハンマドはアッラーの使徒である」と唱える)
②**天使**(神と人間の中間的存在)	
③**啓典**(『コーラン』・『旧約聖書』の「モーセ五書・詩篇」・『新約聖書』の「福音書」)	②**礼拝**(1日5回の礼拝。金曜日正午には集団礼拝)
④**預言者**(ムハンマドが最大かつ最後の預言者)	③**喜捨**(事実上の財産税で、使途は困窮者の救済)
⑤**来世**(審判ののち天国と地獄にわかれる)	④**断食**(イスラーム暦9月は、日の出から日没まで飲食禁止)
⑥**天命**(神がすべてを予定)	⑤**巡礼**(メッカ巡礼)

作業 学習する「時代」( )を着色しよう。

←B.C.|A.D.→

| 世紀 | 29 28 27 26 25 24 23 22 21 20 19 18 17 16 15 14 13 12 11 10 9 8 7 6 5 4 3 2 1 | 1 2 3 4 5 6 7 8 9 10 11 12 13 14 15 16 17 18 19 20 21 |
| 日本 | 縄文 | 弥生 / 古墳 | 飛鳥 平安 鎌倉 室町 安土桃山 江戸 明治大正 昭和平成令和 |

1 イスラームの発展

作業
①ウマイヤ朝の最大領域(   )を着色しよう。

凡例:
- ■■■ ムハンマド時代の征服地
- ▨▨▨ 正統カリフ時代の征服地
- ← 正統カリフ時代の進出方向
- □□□ ウマイヤ朝時代の征服地
- ← ウマイヤ朝時代の進出方向
- ■ アッバース朝時代に一時領有した島

732 トゥール・ポワティエ間の戦い
711 西ゴート王国滅亡
751 タラス河畔の戦い
642 ニハーヴァンドの戦い
630 ムハンマド,メッカ占領
622 ヒジュラ[聖遷]

2 イスラーム世界の展開

時代区分	年	出来事
イスラーム以前		6世紀後半 ビザンツ帝国とササン朝の抗争が激化。紅海経由の交易が活発化,メッカが繁栄
イスラーム誕生	570頃	**ムハンマド**生まれる
	622	ムハンマド,メッカでの迫害を逃れ,**メディナ**に移住 =**ヒジュラ[聖遷]**…教団国家[ウンマ]の発足(この年がイスラーム暦元年となる)
	630	ムハンマド,**メッカを奪回**,カーバ聖殿の偶像を破壊
正統カリフ時代	632	ムハンマド,病没
		正統カリフ ・シリア,エジプトへ進出
		①アブー=バクル(～634)　642 **ニハーヴァンドの戦い**でササン朝破る(651 滅亡)
		②ウマル(～644)
		③ウスマーン(～656)　650頃 『コーラン』の編纂
		④アリー(～661)
ウマイヤ朝	661	**アリー暗殺,ウマイヤ朝**創始(初代カリフ:ムアーウィヤ)
	☆	都:**ダマスクス**。スンナ派とシーア派の分裂,カリフ位世襲
	711	西ゴート王国を滅ぼす
	732	**トゥール・ポワティエ間の戦い**(▶P.100)でフランク軍に敗退
アッバース朝	750	アブー=アルアッバース,**アッバース朝**を建国
	☆	ムスリムの平等を実現。都:**バグダード**(マンスールが造営)
	751	**タラス河畔の戦い**で唐軍を破る(製紙法西伝)
	756	イベリア半島に**後ウマイヤ朝**,成立(～1031)
	786	**ハールーン=アッラシード**,即位。アッバース朝全盛期(～809)
イスラーム諸王朝分立	875	**サーマーン朝**成立(スンナ派,イラン系,中央アジアの王朝)
	909	**ファーティマ朝**成立(シーア派,カリフ称す)
	929	**後ウマイヤ朝**のアブド=アッラフマーン3世(カリフ称す)
	946	**ブワイフ朝**,バグダード入城
	1055	**セルジューク朝**トゥグリル=ベク,バグダード入城
	☆	アッバース朝より**スルタン**の称号を授与
	1096	**第1回十字軍**(～99)
	1169	**アイユーブ朝**成立(サラディンによる,スンナ派) エジプトを支配(都:カイロ)
	1187	サラディン,イェルサレム奪回→第3回十字軍(1189～92)
	1250	**マムルーク朝**成立
	1258	モンゴル帝国により,アッバース朝滅亡

人物ファイル ムハンマド (570頃～632)

　メッカのクライシュ族ハーシム家の商人で,幼い頃両親を失った。隊商に加わり真面目に働くムハンマドは,15歳年上の大実業家ハディージャに見初められ,25歳の時に結婚する。40歳の時ヒラーの洞窟で唯一神アッラーの啓示を受け,その後ヒラー山の中腹で大天使ガブリエルを目撃する体験からイスラームを創始した。ユダヤ教・キリスト教は,当時アラビア半島に広がっており,ムハンマドは,天使をつかわした神をユダヤ教・キリスト教の唯一神ヤハウェと同一の神と意識した。彼は,自らをモーセやイエスに続く「最大かつ最後の預言者」と考えたのである。

↑1 ヒラー山とメッカ市街

啓示を受けるムハンマド
大天使ガブリエル
偶像崇拝禁止のため,顔は描かれていない
(トプカプ宮殿博物館蔵)

2 啓示を受けるムハンマド

Ⓐ ムハンマドの系図

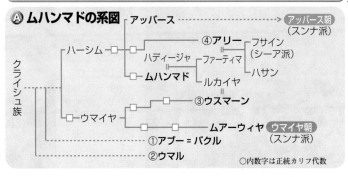

クライシュ族
├ ハーシム
│　├ □ ─ アッバース ……→ **アッバース朝**(スンナ派)
│　├ □ ─ ④**アリー** ─ フサイン(シーア派)
│　│　　ハディージャ ─ ファーティマ ─ ハサン
│　├ **ムハンマド** ─ ルカイヤ
│　└ □ ─ ③**ウスマーン**
├ □ ─ ウマイヤ ─ □ ─ **ムアーウィヤ** → **ウマイヤ朝**(スンナ派)
├ ① **アブー=バクル**
└ ② **ウマル**

○内数字は正統カリフ代数

西アジア

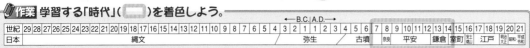

世紀	29 28 27 26 25 24 23 22 21 20 19 18 17 16 15 14 13 12 11 10 9 8 7 6 5 4 3 2 1	B.C. A.D.	1 2 3 4 5 6 7 8 9 10 11 12 13 14 15 16 17 18 19 20 21
日本	縄文		弥生　古墳 飛鳥 平安 鎌倉 室町 安土桃山 江戸 明治大正 昭和平成令和

1 イスラーム世界の展開

A 10世紀

後ウマイヤ朝［西カリフ国］
コルドバ
カラハン朝
サーマーン朝
バグダード
バグダード入城
ブワイフ朝
カイロ
ファーティマ朝［中カリフ国］
アッバース朝［東カリフ国］
緑字：シーア派
世紀の特徴
①シーア派が台頭
②3人のカリフが並立

アラブ系　イラン系　トルコ系　ベルベル系

B 11世紀

第1回十字軍の行路
ムラービト朝
マラケシュ
バグダード
イェルサレム
カイロ
アラムート
セルジューク朝
カラハン朝
ガズナ朝
緑字：シーア派
世紀の特徴
①スンナ派が勢力を取り戻す
②トルコ人が西進

アラブ系　トルコ系　ベルベル系

C 12世紀

第3回十字軍の行路
ムワッヒド朝
マラケシュ
ルーム＝セルジューク朝
バグダード
アラムート
ホラズム＝シャー朝
カイロ
アイユーブ朝
バグダードカリフ領
西遼［カラ＝キタイ］
ゴール朝
世紀の特徴
十字軍との戦闘

アラブ系　イラン系　トルコ系　ベルベル系

D 13世紀

第4回十字軍の行路
グラナダ
ナスル朝
カイロ
マムルーク朝
タブリーズ
イル＝ハン国
チャガタイ＝ハン国
デリー
奴隷王朝［デリー＝スルタン朝］
世紀の特徴
①モンゴルとイスラーム世界の交易ネットワークが繁栄
②デリー＝スルタン朝が始まる

アラブ系　トルコ系　モンゴル系

2 イスラーム王朝の変遷

	アラブ系		ベルベル系		イラン系
	トルコ系		モンゴル系	色字	シーア派

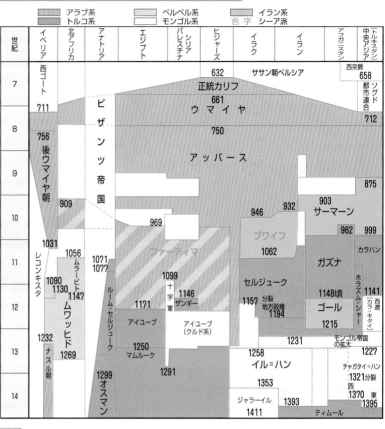

世紀	イベリア	北アフリカ	アナトリア	エジプト	シリア パレスチナ	ヒジャーズ	イラク	イラン	アフガニスタン	（トルキスタン）中央アジア
7	西ゴート		ビザンツ帝国			632 正統カリフ 661 ウマイヤ		ササン朝ペルシア		西突厥 658 ソグド都市連合
	711									
8	756						750 アッバース			712
9	後ウマイヤ朝	909								875
10				969 ファーティマ			946 932 ブワイフ 1062	903 サーマーン 962		999 カラハン
11	1031 レコンキスタ	1056 ムラービト朝 1090 1130		1071 1077		1099 十字軍 1146 ザンギー		セルジューク 1152	1148頃 ガズナ 1141 西遼［カラ＝キタイ］ ホラズム＝シャー	
12		1147 ムワッヒド	ルーム＝セルジューク	1171 アイユーブ	アイユーブ（クルド系）		分裂 地方政権 1194	ゴール 1215		
13	1232 ナスル朝	1269		1250 マムルーク			1258 イル＝ハン	1231 モンゴル帝国の拡大 1227 チャガタイ＝ハン 1321分裂		
14			1299 オスマン	1291			1353 ジャラーイル 1411	西 1370 東 1395 ティムール 1393		

3 ウマイヤ朝とアッバース朝

	ウマイヤ朝（661〜750）		アッバース朝（750〜1258）	
特徴	アラブ帝国（アラブ人の異民族支配）		イスラーム帝国（ムスリムの支配）	
	対象	内容	対象	内容
税制	アラブ人ムスリム	ジズヤ・ハラージュとも免除	アラブ人ムスリム	ジズヤ免除，ハラージュのみ納入
	マワーリー（非アラブ人ムスリム）	人頭税（ジズヤ）・地租（ハラージュ）とも納入	マワーリー（非アラブ人ムスリム）	
	ジンミー（異教徒）		ジンミー（異教徒）	ジズヤ・ハラージュとも納入
統治体制	・カリフの世襲化 ・アラビア語の公用語化		・カリフは「神の代理」 ・官僚機構の整備	

←1 ダマスクスの旧市街とウマイヤ＝モスク
花嫁の塔　東の塔（イエスの塔）　西の塔
ウマイヤ朝は，ダマスクスを首都とした。ウマイヤ＝モスクは現存する最古のモスクで，8世紀初め，聖ヨハネ教会の跡地に建てられた。
世界遺産

←2 ハールーン＝アッラシード　アッバース朝の最盛期のカリフ。

←3 アッバース朝の都バグダード　直径3kmの3重の城壁に囲まれた円形都市。最盛期の人口は約150万人で，唐の都長安と並ぶ大国際都市であった。

城壁は壊れやすい日干しレンガ製
金曜宮殿
壁と壁の間は政府の役人・衛兵の居住区
都市民は城壁の外に居住

4 三カリフ国の鼎立

Ⓐ 後ウマイヤ朝[西カリフ国]
（スンナ派イスラーム）

↑4 **コルドバのメスキータ（大モスク）** 現在はキリスト教会となっている。（スペイン）

南北180m、東西130m、列柱850本

Ⓑ ファーティマ朝[中カリフ国]
（シーア派イスラーム）

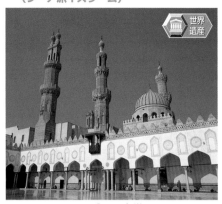

↑5 **カイロのアズハル大学** 建国当初からアッバース朝に対抗心を燃やしたファーティマ朝が、シーア派教義擁護のために建設した世界最古の大学。のちにスンナ派の大学となる。（エジプト）

Ⓒ アッバース朝[東カリフ国]
（スンナ派イスラーム）

↑6 **ブワイフ朝の内紛**（継承者戦争の絵） イランのシーア派のブワイフ朝は946年バグダードに入城し、アッバース朝カリフを宗教的権威のみの存在として、政治的権力を握った。しかし軍事政権ゆえに内紛も多かった。以後、アッバース朝カリフは名目的存在となっていく。（『集史』の挿絵。エディンバラ大学蔵）

5 エジプトのイスラーム王朝

（ダマスクスのサラディン像）

↑7 **アイユーブ朝のサラディン** クルド人のサラディン[サラーフ＝アッディーン]はファーティマ朝を倒してエジプトにスンナ派を回復させた。また第3回十字軍を撃退し、イスラーム世界の英雄として西ヨーロッパにも名を轟かせた。

↑8 **マムルーク** イスラーム世界で多用された奴隷兵士で、アイユーブ朝では整備された専門教育を受けた。マムルーク朝は、こうした教育を受けたのちに解放された奴隷が建てた王朝で、強大な軍事力を誇り、イスラーム世界の中心となった。

6 セルジューク朝

マリク＝シャー

ニザーム＝アル＝ムルク

（エディンバラ大学蔵）

↑9 **ニザーム＝アル＝ムルク** マリク＝シャーの宰相としてセルジューク朝最盛期をもたらし、スンナ派擁護のためにニザーミヤ学院をつくったが、シーア派の暗殺教団により暗殺された。

7 アッバース朝の滅亡
（『集史』の挿絵。パリ国立図書館蔵）

投石器

↑10 **モンゴル軍のバグダード攻略**（投石器による城壁の破壊の絵） 1258年フラグの率いるモンゴル軍はバグダードに入城、カリフのムスターシムは処刑された。すでに政治的な力を失ってはいたが、アッバース朝は名実ともに滅亡した。この後マムルーク朝の保護下にカリフは復活する。

8 イスラーム文化とキリスト教文化の接点

トレド大聖堂

王城（アルカサル）

↑11 **トレド**（イベリア半島中部の都市） 西ゴート王国の首都だったが、8世紀よりイスラーム支配下となり1085年にキリスト教徒に奪取された。イスラーム文化とキリスト教文化の接点の都市として重要な役割をもった。

1 イスラーム文化

は人物名

固有の学問	神学	ガザーリー　哲学研究を離れ，スーフィズム[イスラーム神秘主義]へ
	法学	シャリーア[イスラーム法]をウラマーが司る
	歴史学	**タバリー**　イラン系神学者　年代記形式の世界史『預言者たちと諸王の歴史』 **イブン＝ハルドゥーン**　チュニジア出身　『**歴史序説**』で歴史理論を構築 ラシード＝アッディーン　イル＝ハン国の宰相　『集史』を編纂
外来の学問	哲学	**イブン＝ルシュド**　ムワッヒド朝で活躍　アリストテレスの注釈研究　『医学大全』
	医学	**イブン＝シーナー**　サーマーン朝で活躍　アリストテレス研究　『**医学典範**』
	数学	フワーリズミー　アッバース朝で活躍　代数学を発展させる
	化学	錬金術から蒸留・ろ過などの実験が発達　多くの化学用語が生まれる
	天文学	ウマル＝ハイヤーム　セルジューク朝で活躍　太陽暦のジャラリー暦を作成
	地理学	**イブン＝バットゥータ**　モロッコ出身　『旅行記(三大陸周遊記)』 イドリーシー　ヘレニズム文化から地球球体説を継承　「世界図」を作成
文学		『千夜一夜物語』(アラビアン＝ナイト) フィルドゥシー　イランの詩人　『シャー＝ナーメ』(王の書) ウマル＝ハイヤーム　イラン人でセルジューク朝時代に活躍　『ルバイヤート』
建築・美術		ミナレット[尖塔]・ドーム[円屋根]を特色とするモスク[礼拝堂] 偶像崇拝禁止なのでアラベスク[幾何学文様]が発達　アルハンブラ宮殿 写本にミニアチュール[細密画]の挿絵が施される　『集史』など

2 イスラームの学問

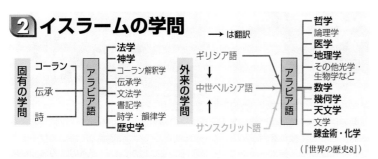

『世界の歴史8』

3 イスラーム金融

コーランでは利子を取ることが禁止されているため，イスラーム世界ではさまざまな工夫をして金融を発展させてきた。下図は前近代のイスラーム金融の一例。(潜脱[ヒヤル]という方法の一つモハトラ契約)

例 AさんからBさんに1,000円貸し，3か月後にBさんは200円の利子をつけてAさんに返却する場合。

3か月後に1,200円払ってね。

① AさんはBさんに，3か月後に1,200円で本を売る契約を結ぶ。

② その場でAさんはBさんに本を渡し「3か月後に1,200円払って下さい」という。

③ そしてその場でAさんはBさんに1,000円払って本を買い戻す。

④ 3か月後　Bさんは Aさんに本代の1,200円を払う。

ニューアングル

イスラーム世界の４大イブン

←1 イブン＝シーナー(980〜1037) サーマーン朝下のブハラ近郊の生まれ。『医学典範』を記してヨーロッパの医学にも絶大な影響を与えた。(絵はパリ大学医学部図書館蔵の油彩)

→2 イブン＝ルシュド(1126〜98) コルドバに生まれ，ムワッヒド朝の宮廷医師や法官をつとめた。アリストテレス哲学の注釈に大きな業績を残した。

←3 イブン＝ハルドゥーン(1332〜1406) チュニジアの生まれ。『歴史序説』を著し，都市と遊牧民の関係が歴史を動かすとした。(写真はチュニスにある銅像)

→4 イブン＝バットゥータ(1304〜68/69/77) モロッコ出身。メッカ巡礼以来，イベリア半島から元朝の大都にいたる各地を旅行した。その旅行記『旅行記(三大陸周遊記)』は14世紀の貴重な史料。

4 外来の学問　Ⓐ アラビア数字

諸文明の数字	文明	1	2	3	4	5	6	7	8	9	0	10	100
	ローマ	I	II	III	IV	V	VI	VII	VIII	IX		X	C
	インド位取り式	१	२	३	४	५	६	७	८	९	०	१०	१००
	西方アラビア	1	2	3	4	5	6	7	8	9	0	10	100

↑アラビア数字　後世への最大の貢献は，インドで発見されたゼロの概念を発達させ，アラビア数字を発明したことである。

Ⓑ アラビア語起源の英語

アルコール alcohol←al-kuḥl(粉末)　砂糖 sugar←sukkar(砂糖)
アルカリ alkali←al-qalī(植物の灰)　小切手 check←sakk(証書)

Ⓒ 天文学

四分儀

アストロラーベ

コンパス

砂時計

地球儀

↖5 天体観測器具 16世紀のイスタンブルの天文台を描いた細密画。星の位置や高度を観測するアストロラーベを始め，地球儀・コンパス・砂時計などが描かれている。(イスタンブル大学図書館蔵)

世界遺産

水原地シエラネバダ山脈

アルハンブラ宮殿

アルハンブラとは「赤い城」の意味

→1 アルハンブラ宮殿全景

↑2 アルハンブラ宮殿「ライオンの中庭」 王族のプライベートな空間で，夏は噴水によって涼をとった。また，政治の裏舞台となることもあり，噴水が血に染まることもあった。

→4 アラベスク

↑3 アルハンブラ宮殿「二姉妹の間」 ライオンの中庭に面した一室。天井には壮麗なアラベスクの装飾が施され，細部へのこだわりが見える。

Ⓐ スペイン＝イスラーム小史

711	西ゴート王国，ウマイヤ朝に滅ぼされる
756	**後ウマイヤ朝**，コルドバを都に建国
9世紀	アルハンブラ宮殿の原形となる砦が築かれる
11世紀	キリスト教徒によるレコンキスタが活発化
1232	**ナスル朝**，グラナダを都に建国
1238	初代ムハンマド1世が宮殿の造営を開始
14世紀	王宮が完成。「ライオンの中庭」もこの時代に造営
1479	スペイン王国が成立
1492	グラナダが陥落し，ナスル朝滅亡 →ムスリムはイベリア半島から追放
1832	アーヴィング，『アルハンブラ物語』を出版
1984	アルハンブラ宮殿，世界文化遺産に登録

世界遺産

↑5 アルバイシン地区の風景 アルハンブラ宮殿から望むことができる。アルバイシン地区はイスラーム勢力が最初に砦を築いた場所であり，1492年にグラナダがキリスト教徒の手に落ちてからは，ムスリムの居住地となった。

5 神学

↑6 スーフィズムのメヴレヴィー教団（イスタンブル） 形式主義を批判し神との神秘的合一を求めるスーフィズム［イスラーム神秘主義教団］の代表的な教団。小アジアを拠点に，旋舞を修行として実践した。教団はトルコ革命で解散させられたが，現在は旋舞が観光事業として復活した。土産の人形も売り出されている。

天使ブラークに乗ったムハンマド

大天使ガブリエル

ラクダに乗った巡礼者

←7 イスラームの天国 「天国では錦織の寝台が置かれ…いくら酒を飲んでも頭痛がしたり泥酔することはない。果物も鳥の肉も好きなだけ選べる。…地獄は業火の炎と煮えたぎった熱湯，苦いザックームという木の実を…食べさせられ，熱湯を無理やり飲まされる。まさに砂漠の灼熱地獄。」（『コーラン』56章）

作業 学習する「時代」(□)を着色しよう。

世紀	29	28	27	26	25	24	23	22	21	20	19	18	17	16	15	14	13	12	11	10	9	8	7	6	5	4	3	2	1	1	2	3	4	5	6	7	8	9	10	11	12	13	14	15	16	17	18	19	20	21
日本									縄文															弥生						古墳		飛鳥	奈良	平安						鎌倉	室町	安土桃山	江戸		明治	大正 昭和	平成 令和				

1 ティムール朝とサファヴィー朝の歩み

14世紀　チャガタイ＝ハン国東西分裂
西チャガタイ＝ハン国内でティムールが実権を握る

ティムール朝

ティムール(位1370〜1405)

1370	**ティムール朝**成立(都：サマルカンド)
1402	**アンカラ[アンゴラ]の戦い**でオスマン帝国撃破
1405	**明への遠征**の途上，オトラルで病死
1409	シャー＝ルフ即位(〜47)
○	ヘラートに遷都，学芸の保護
1507	ウズベク族によりティムール朝滅亡

サファヴィー朝

イスマーイール1世(位1501〜24)

1501	**サファヴィー朝**建国(都：タブリーズ)
☆	**神秘主義教団**を基盤とする
☆	**シャー[王]**の称号を用いる
☆	**シーア派**イスラームを国教とする

アッバース1世(位1587〜1629)

☆	オスマン帝国からアゼルバイジャン・イラクの一部を奪う
1598	**イスファハーン**に遷都
1736	アフガン人の侵入によりサファヴィー朝滅亡

2 ティムール朝の最大領域(15世紀初め)

作業
①ティムール朝の最大領域の線(┈┈)を着色しよう。

┈┈ ティムール朝の最大領域
← ティムールの征路

0　1000　2000km

3 サファヴィー朝の最大領域(16世紀末)

作業
①サファヴィー朝の最大領域の線(┈┈)を着色しよう。

┈┈ サファヴィー朝の最大領域

0　1000　2000km

→2 ティムール
チンギス＝ハンを理想とし，モンゴル帝国の再興をめざした。破壊者としても有名だが，首都サマルカンドは東西交易の中心として栄えた。いち早くヨーロッパから伝わったガラス製鏡を見て自らの醜さを嘆いたという。(発掘された頭蓋骨から復元されたもの。タシケント歴史博物館蔵)

↑1 サマルカンドのグリ＝アミール廟 この廟にティムールの遺体は埋葬された。

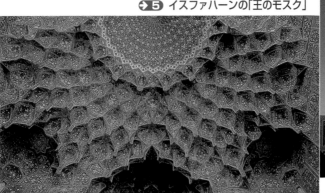

↑3 アッバース1世 サファヴィー朝の最盛期のシャー[王]。(ルーヴル美術館蔵)

→5 イスファハーンの「王のモスク」

→4 イマームの広場(イスファハーン) サファヴィー朝のアッバース1世が建設。当時「イスファハーンは世界の半分」と言われる程に栄えた。東西交易の中心となり人口は50万人にも達した。

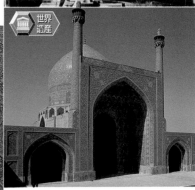

→6 「王のモスク」正面玄関の天井 青を基調としたアラベスクのタイルに覆われている。

作業 学習する「時代」（□）を着色しよう。

世紀	29	28	27	26	25	24	23	22	21	20	19	18	17	16	15	14	13	12	11	10	9	8	7	6	5	4	3	2	1	1	2	3	4	5	6	7	8	9	10	11	12	13	14	15	16	17	18	19	20	21
日本						縄文																	弥生				古墳		奈良	平安						鎌倉	室町	安土桃山	江戸			明治	大正	昭和	平成令和

B.C.｜A.D.

1 オスマン帝国の歩み

1299	**オスマン1世**即位，オスマン帝国初代皇帝
14世紀	**イェニチェリ**成立

バヤジット1世[電光]（位1389〜1402）

1396	**ニコポリスの戦い**でハンガリー王ジギスムントを撃破，スルタンの称号を名乗る
1402	**アンカラ**[アンゴラ]**の戦い**でティムールの捕虜となり帝国崩壊
1413	帝国再建

メフメト2世[征服者]（位1444〜46,51〜81）

1453	**ビザンツ帝国**（▶P.104）を滅ぼす **コンスタンティノープル**をイスタンブル（▶P.105）と改称して首都とする
1475	**クリム＝ハン国**を保護下に黒海沿岸支配
○	**トプカプ宮殿**完成

セリム1世[冷酷者]（位1512〜20）

| 1517 | **マムルーク朝**を滅ぼし，メッカ・メディナの保護権獲得 |

スレイマン1世[立法者]（位1520〜66）

1526	**モハーチの戦い**で勝利しハンガリーを領有
1529	**第1次ウィーン包囲**で神聖ローマ皇帝カール5世を圧迫
1538	**プレヴェザの海戦**に勝利，東地中海制圧
1569	フランスに**カピチュレーション**を付与
1571	**レパントの海戦**でスペイン海軍に敗れる
1683	**第2次ウィーン包囲**に失敗
1699	**カルロヴィッツ条約**でオーストリアにハンガリーを割譲

2 オスマン帝国の発展

作業
①オスマン帝国の最大領土（┈┈）を着色しよう。

ロシア帝国
神聖ローマ帝国
1571 レパントの海戦
ウィーン ハンガリー王国
ヒヴァ＝ハン国
クリム＝ハン国
モハーチ 1526
ブハラ＝ハン国
ローマ
イスタンブル（コンスタンティノープル）
アンカラ
オスマン帝国
サマルカンド カシュガル＝ハン国
タブリーズ ニーシャープール
チベット
サファヴィー朝
バグダード
イェルサレム
イスファハーン
カーブル
カイロ
デリー
ムガル帝国
アグラ
1538 プレヴェザの海戦
1517 マムルーク朝滅亡
メッカ

1529 第1次ウィーン包囲
1683 第2次ウィーン包囲 失敗

0 1000 2000km

オスマン帝国の領土
- 1520年までの獲得地
- スレイマン1世時代の獲得地
- ┈┈ 最大領土（1683年）

←1 陸を越えるオスマン艦隊（1453年）難攻不落のコンスタンティノープル攻略のため，メフメト2世は深夜，秘かに，樹脂を塗った板を敷いた道をつくり，一夜のうちに敵の心臓部の金角湾に艦隊の一部を移動させた。

メフメト2世

→3 スレイマン1世 第1次ウィーン包囲やプレヴェザの海戦でヨーロッパを圧倒し，帝国の最盛期を築いた。

（トプカプ宮殿博物館蔵）

↓2 コンスタンティノープル

テオドシウス2世の城壁
金角湾
1453年 オスマン艦隊の陸越え路
ジェノヴァ人居住地（中立）
鎖
スレイマン＝モスク
金門
ハギア＝ソフィア聖堂
トプカプ宮殿

ウィーン
オスマン軍

（トプカプ宮殿博物館蔵）

世界遺産

←6 第1次ウィーン包囲（1529年）スレイマン1世と神聖ローマ皇帝カール5世の，ハンガリーをめぐる抗争。オスマン軍は撤退したが，ハンガリーはオスマン領となった。

↓4 イェニチェリ（新しい兵士の意）帝国内のキリスト教子弟をイスラームに改宗させ，スルタンの個人的奴隷にするという**デウシルメ**により徴用された。皇帝直属の常備歩兵は，派手な格好とその強さで，ヨーロッパ諸国に恐れられた。

←5 スレイマン＝モスク（イスタンブル）デウシルメによって登用された建築家シナンによるモスク。同じイスタンブルにそびえるハギア＝ソフィア聖堂（▶P.105）への挑戦だった。

（ウィーン美術史美術館蔵）

西アジア

作業 学習する「時代」(□)を着色しよう。

世紀	29	28	27	26	25	24	23	22	21	20	19	18	17	16	15	14	13	12	11	10	9	8	7	6	5	4	3	2	1	1	2	3	4	5	6	7	8	9	10	11	12	13	14	15	16	17	18	19	20	21
日本							縄文													弥生						古墳		奈良	平安					鎌倉	室町			江戸				

1 インド＝イスラーム王朝の歩み

■トルコ系王朝

インドのイスラーム化	**ガズナ朝**(962〜1186) **ゴール朝**(1148頃〜1215) ＊ヒンドゥー教寺院・神像を破壊	アフガニスタンから北インドに侵入	南インド ヒンドゥー教諸王朝が興亡
デリー＝スルタン朝 (都デリー)	**奴隷王朝**(1206〜90) 建国者アイバク(ゴール朝将軍) 1221 侵入したモンゴル撃退 **ハルジー朝**(1290〜1320) **トゥグルク朝**(1320〜1414) 1398 ティムール軍の侵入 **サイイド朝**(1414〜51) **ロディー朝**(1451〜1526) アフガン系		ヴィジャヤナガル王国 (1336〜1649) 1498 ガマのカリカット到達
ムガル帝国 (1526〜1858)	初代**バーブル**(位1526〜30)〈帝国の建国者 ティムール朝11代〉 1526 パーニーパットの戦いでロディー朝打倒 2代フマーユーン 3代**アクバル**(位1556〜1605)〈帝国のために飽くなき献身〉 アグラ遷都 人頭税[ジズヤ]廃止 4代ジャハーンギール〈文芸の保護 酒と麻薬の日々〉 5代シャー＝ジャハーン(位1628〜58)〈皇妃への愛〉 デリー再遷都 アグラにタージ＝マハル建設 6代**アウラングゼーブ**(位1658〜1707)〈熱烈なスンナ派ムスリム〉 領域最大 異教徒への弾圧 **人頭税[ジズヤ]復活** デカン西部にマラーター王国建国(反ムガル帝国の勢力) フランス〜シャンデルナゴル獲得 イギリス〜カルカッタ建設 1757 プラッシーの戦い		

↑1 **十字架降架**(ムガル絵画) アクバルは宗教的には寛容策をとり，ヒンドゥー教徒の人頭税[ジズヤ]を廃止して支持を得た。さらにキリスト教にも寛容策をとり，キリスト教を主題とした絵画を描かせるにいたった。
(1598年頃 47.0×31.8cm)
(ヴィクトリア＆アルバート博物館蔵)

↑2 **アクバル**
(『アクバル＝ナーメ』より)

←3 **アウラングゼーブ** 熱烈なスンナ派ムスリムで，人頭税[ジズヤ]を復活させた。これにより帝国は崩壊に向かっていった。
(ヴィクトリア＆アルバート博物館蔵)

2 インドのイスラーム化

A 11〜12世紀

□ ガズナ朝の領域
□ ゴール朝の領域

ブハラ・サマルカンド・ゴール・ガズナ・デリー・ヴァラナシ[ベナレス]
ヒンドゥー教諸王朝
500km

B 14世紀

□ トゥグルク朝の最大領域
→ ティムールの侵入路

サマルカンド・カイバル峠・デリー・ヴァラナシ[ベナレス]・トゥグルク朝・バフマン朝・ヴィジャヤナガル王国
500km

作業
①ゴール朝の領域の線(□)を着色しよう。
②トゥグルク朝の最大領域の線(□)を着色しよう。

3 ムガル帝国の発展(16〜17世紀)

| 1526 パーニーパットの戦い | ■ バーブル時代のムガル帝国 □ アクバル時代のムガル帝国 □ アウラングゼーブの最大領域 □ ヒンドゥー教諸王国 緑字 反ムガル勢力 |

カーブル・ペシャワル・カンダハル・ラホール・パンジャーブ・シク教徒・デリー・アグラ・ラージプート諸王国・ネパール・ヴァラナシ[ベナレス]・ビハール・ベンガル・シャンデルナゴル(仏)・カルカッタ[コルカタ](英)・ディウ(ポ)・マラーター王国・ハイデラバード・ボンベイ[ムンバイ](英)・マイソール王国(17世紀よりイスラーム系か)・マドラス[チェンナイ](英)・ポンディシェリ(仏)・カリカット(ポ)・コーチン[コチン](ポ→蘭)・ヴィジャヤナガル王国(1336〜1649)・コロンボ(ポ→蘭)

1526 バーブル ムガル帝国建国
1757 プラッシーの戦い
1510 ポルトガル ゴア占領 ゴア 1510(ポ)
16世紀半ば アクバルのアグラ遷都
1498 ヴァスコ＝ダ＝ガマ カリカット到達
250 500km

作業
①アウラングゼーブの最大領域の線(□)を着色しよう。

4 インド＝イスラーム文化

ウルドゥー語	この時代に成立したヒンドゥー語・アラビア語・ペルシア語の混成語。現在のパキスタンの国家語。
シク教 (創始者ナーナク)	16世紀に成立したヒンドゥー教改革派の宗教。イスラームの影響を受け，カーストや偶像を否定。

↑4 **シク教の総本山「黄金寺院」**

→5 **現在のシク教徒** 髭とターバンが特徴。ターバンの中には生まれてから一度もハサミを入れたことがない髪が巻かれている。

シャー゠ジャハーン。1653年完成。
庭園東西300×南北560m。インド

ドーム 頂点には蓮の花弁をかたどった飾りがついている。ドームの外側と内側の天井との間には空間があり、二重構造となっている点が特徴的。

壁面の文様 『コーラン』の章句(アラビア文字)を文様化して壁面の装飾としている。

ミナレット タージ゠マハルはミナレット[尖塔]をともなったイスラーム世界で最初の霊廟。ミナレットは本来モスクに付属する建築物だが、ここでは装飾的な意味が強い。

↑1 ムムターズ = マハル

↑2 シャー = ジャハーン

草花の連続文様の装飾(アラベスク) イスラーム建築の特徴の一つ。世界各地から集められたサファイヤやアメジストなどの貴石が要所に埋め込まれている。

タージ゠マハル	国会議事堂(日本)
65m / 95m	65.45m / 206.36m

(©YANN-ARTHUS-BERTRAND/IPJNET.com)

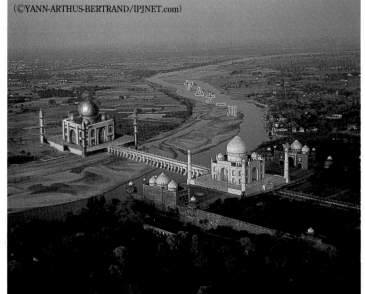

↑3 シャー゠ジャハーンの夢(合成写真) シャー゠ジャハーンは自らの廟も黒大理石でヤムナー川の対岸に建て、橋で結ぶ予定だった。しかし息子のアウラングゼーブによりアグラ城に幽閉され実現しなかった。帝の棺は愛妃ムムターズの横に葬られている。写真のイラスト部分は、完成していたと仮定しての想像図である。

A タージ = マハルとは?

　ムガル帝国第5代皇帝シャー゠ジャハーン(位1628〜58)が最愛の皇妃ムムターズ゠マハルの死を悼み、アグラに建設した廟で、インド゠イスラーム建築の最高傑作。白大理石でできており、これにより国家財政は傾いた。

↑4 タージ゠マハルとアグラ城 シャー゠ジャハーンはアグラ城の一角に幽閉されるが、そこからはタージ゠マハルが遠望できたという。

作業 学習する「時代」（□）を着色しよう。

世紀	29	28	27	26	25	24	23	22	21	20	19	18	17	16	15	14	13	12	11	10	9	8	7	6	5	4	3	2	1	1	2	3	4	5	6	7	8	9	10	11	12	13	14	15	16	17	18	19	20	21

←B.C.｜A.D.→

日本：縄文／弥生／古墳／飛鳥／平安／鎌倉／室町／安土桃山／江戸／明治大正昭和平成令和

◉ビルマ[ミャンマー]

1044	パガン朝成立〜上座部仏教国
1287	元軍侵攻→分裂状態に
1531	タウングー朝成立
1752	コンバウン朝成立
	→アユタヤ朝（タイ）に侵攻

◉タイ

1257	スコータイ朝〜上座部仏教国
1351	アユタヤ朝成立
	17世紀前半山田長政の活躍
1782	ラタナコーシン朝成立

◉カンボジア

| 1431 | アンコール朝, アンコール 放棄→プノンペンに |

◉マレーシア・スマトラ

14世紀末	マラッカ王国成立
	（15世紀にイスラーム受容）
1511	マラッカ王国滅亡←ポルトガル
17世紀	スマトラでオランダ支配 が進む

1 現在の宗教分布と各国の歴史

＊東南アジアの宗教分布は, 大陸部の上座部仏教, 群島部のイスラーム教に大別できる。ベトナムとバリ島に特殊な分布がある。

伝播と分布地域
- □ 大乗仏教
- □ 上座部仏教
- □ ヒンドゥー教
- ■ キリスト教（カトリック）
- ■ イスラーム教（スンナ派）
- □ 儒教・道教
- □ その他

（『Diercke Weltatlas』Westermann などによる）

○ベトナム

1407	明（永楽帝）の支配
1428	黎朝成立（都ハノイ）（〜1789）
	（1471 チャンパー遠征）
1778	西山朝（〜1802）
1802	阮朝越南国成立←阮福暎

●フィリピン

1521	マゼランの到達
1571	スペイン領に（拠点マニラ）
	（カトリックが広まる）

○ジャワ

1293	マジャパヒト王国（〜1520頃）
	（ヒンドゥー教国）
16世紀末	マタラム王国（〜1755）
	（イスラーム国）
1619	オランダがバタヴィア建設
	→オランダの支配拡大へ

←1 イスラーム教徒 貿易商人と共にやってきたスーフィー（神秘主義教団）が伝えた。女性のチャドルも白色で, 儀式や正式な集会の時にのみ着用するなどイスラームも柔らかさを帯びている。

↓3 サント＝トマス＝デ＝ビリャヌエバ聖堂（フィリピンのバロック式教会） イスラームのマラッカ王国の支配下だったフィリピンは, スペイン植民地時代, 宣教師によるカトリック布教がなされた。

↓2 シュウェダゴン＝パゴダ パゴダとは仏塔のこと。14世紀半ば以降, コンバウン朝の時代に高さ約100mの大仏塔に完成した。

世界遺産

聖堂は要塞でもあり防備の塔がある

地震にも強い構造

←4 アユタヤの日本人義勇軍 17世紀前半, 日本人は東南アジア各地で活躍した。山田長政はリゴールの大守となった。

作業 ①マジャパヒト王国の最大領域（……）を着色しよう。

A 15〜16世紀

0 500 1000km

■ 日本人活動地

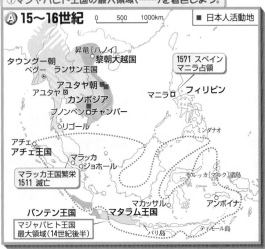

- タウングー朝
- 昇竜[ハノイ]
- ペグー ランサン王国
- 黎朝大越国
- 1571 スペインマニラ占領
- アユタヤ朝
- カンボジア
- マニラ
- フィリピン
- プノンペンロチャンバー
- リゴール
- アチェ
- アチェ王国
- マラッカ
- ジョホール
- ミンダナオ
- マラッカ王国繁栄 1511 滅亡
- モルッカ[マルク]諸島
- バンテン王国
- マカッサル
- マタラム王国
- アンボイナ
- マジャパヒト王国 最大領域（14世紀後半）
- ティモール島

作業 ①ラタナコーシン朝の領域（////）を着色しよう。

B 17〜18世紀

0 500 1000km

■ スペイン領
■ オランダ領

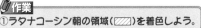

- コンバウン朝
- 広州
- マカオ
- ゼーランディア城
- ハノイ
- 黎朝（鄭氏）
- 1624〜61（蘭）
- 1661〜83（鄭氏）
- 1683（清）
- ヤンゴン ラタナコーシン朝
- アユタヤ
- バンコク
- 広南朝（阮氏）
- マニラ 1571（西）
- フィリピン
- サイゴン
- アチェ
- アチェ王国
- マレー半島
- ブルネイ
- ミンダナオ
- マラッカ
- 1623 アンボイナ事件
- 18世紀後半 オランダにより滅亡
- スマトラ
- パレンバン
- モルッカ[マルク]諸島
- セレベス
- バンテン王国
- バタヴィア
- 1619 オランダ バタヴィア市建設
- マタラム王国
- バリ島
- 東ティモール（ポ）

←5 復元されたマラッカ王国の王宮 季節風貿易の要衝のマラッカ王国は, 王がイスラーム教に改宗し, ここから東南アジア各地にイスラームが広まった。1511年ポルトガルに滅ぼされた。

1 アフリカ諸王国

各王国の最大領域
ガーナ王国(11世紀)
マリ王国(14世紀)
ソンガイ王国(16世紀)
おもな交易路

ナイル川上流域
ニジェール川流域
ザンベジ川流域
東アフリカ海岸海港都市(スワヒリ語文化圏)

作業
①クシュ王国の領域(⬚⬚⬚)を着色しよう。
②モノモタパ王国の領域(▨)を着色しよう。

Ⓐ ナイル川上流域

世界遺産

↑1 **クシュ王国のピラミッド**(スーダン) クシュ王国は前8世紀～前7世紀にエジプトを支配(第25王朝)したのち，メロエに遷都し(前670頃～後350頃)，ここに多数のピラミッドを建設した。

←2 **エチオピアのギョルギス聖堂**(エチオピア) アクスム王国がキリスト教を受容してから，エチオピアでは，キリスト単性説をとるコプト派がさかんとなった。12～13世紀に建設された聖堂は，岩盤を掘ってつくられた。

世界遺産
幅12m，奥行き12m，高さ12m

2 アフリカ諸王国の歩み

前920頃	ナイル川上流に**クシュ王国**成立
前747頃	クシュ王，エジプト第25王朝を開く
前670頃	クシュ王国，メロエに遷都(メロエ王国)
前120頃	エチオピアに**アクスム王国**成立
332	アクスム王，キリスト教受容
350頃	アクスム王国，クシュ王国を滅ぼす
7世紀頃	ニジェール川上流に**ガーナ王国**成立
10世紀頃	東アフリカ海岸海港都市(**モガディシュ，マリンディ，ザンジバル**など)繁栄
～11世紀	**ガーナ王国**，サハラ越え貿易(金↔岩塩)で繁栄
1076/77	**ムラービト朝**，ガーナ王国を攻撃→サハラ以南のイスラーム化
1240	ニジェール川上流に**マリ王国**成立
1312	マリ王国に**マンサ＝ムーサ**即位(最盛期)
1352	**イブン＝バットゥータ**，マリ王国来訪
1415頃	**鄭和の遠征隊**，東海岸へ到達
15世紀	**モノモタパ王国**繁栄
1473	**ソンガイ王国**，マリ王国を滅ぼす
1505	ポルトガル，東海岸海港都市を攻略
16世紀～	**奴隷貿易**始まる
1591	ソンガイ王国，モロッコに攻撃され滅亡
1652	オランダ，ケープ植民地建設
1795	イギリス，ケープ植民地占領
19世紀～	ヨーロッパ諸国の進出本格化

Ⓑ ニジェール川流域

→3 **マンサ＝ムーサ王**(位1312～37) マリ王国最盛期の王。メッカ巡礼の途上，カイロで金を大量に使ったため，金相場の大暴落をひきおこしたという。(1385年作成の世界図，パリ国立図書館蔵)

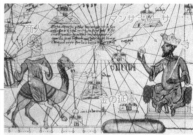

中央のミナレット→

→4 **サンコレ＝モスク**(マリ，トンブクトゥ) **トンブクトゥ**はマリ王国やソンガイ王国の都であり，イスラーム文化の中心の一つでもあった。

世界遺産

Ⓒ ザンベジ川流域

世界遺産

→5 **大ジンバブエ遺跡**(ジンバブエ) 13～15世紀に最盛期をむかえた，黒人王国の遺跡。ムスリム商人との交易により栄えた。

アフリカ

作業 学習する「時代」（ ⬜ ）を着色しよう。

世紀	29	28	27	26	25	24	23	22	21	20	19	18	17	16	15	14	13	12	11	10	9	8	7	6	5	4	3	2	1	1	2	3	4	5	6	7	8	9	10	11	12	13	14	15	16	17	18	19	20	21
																					←B.C									A.D→																				
日本	縄文																			弥生						古墳		平安						鎌倉	室町			江戸											

1 ヨーロッパの地形

＝はシュヴァルツヴァルトの森

2 ヨーロッパの風土

アルプス山脈を挟んだ南北に，対照的な二つの風土が広がる。南側は温暖な海洋気候の地中海世界，北側は冷温帯の大森林地帯である。深い森を切り拓いてヨーロッパの発展を築いていった北の人々にとって，光輝く南の地中海世界は強い魅力をもっていた。

↑1 ドイツのシュヴァルツヴァルトの森
↓2 エーゲ海の島

3 ヨーロッパの言語分布と民族

- ▢ ラテン｜インド＝
- ▢ ゲルマン｜ヨーロッパ
- ▢ スラヴ｜語族
- ▢ ウラル語族（マジャール人，フィン人）
- ▢ その他のインド＝ヨーロッパ語族（ケルト，バルト，ギリシア，アルバニア，バスク）

（矢花和成氏作成）

Ⓐ ハリウッド女優にみる民族の特徴

↑3 ラテン系女優 ペネロペ＝クルス。黒髪・黒い目が多い。

↑4 ゲルマン系女優 スカーレット＝ヨハンソン。金髪・青い目が多い。

↑5 スラヴ系女優 ミラ＝ジョボヴィッチ。暗褐色の髪・灰色がかった目が多い。

Ⓑ 森とヨーロッパ

↑6 クリスマスツリー 古代の**ケルト人**は森で暮らし，樹木とそれに宿る精霊を信仰した。この聖樹信仰は**ゲルマン人**にも受け継がれたが，キリスト教の浸透とともに否定され，森は伐採され，開墾が進んだ。しかし，現在でもクリスマスツリーなどにその名残が認められる。

4 ケルト人の世界

ヨーロッパの先住民である**ケルト人**は，前8世紀から前1世紀にかけて独自の文化を形成した。その後，**ローマ人**による征服や**ゲルマン人**の移動で圧迫され，現在はアイルランドやスコットランドなどに居住する。

↑7 スコットランドの民族衣装とバグパイプ

Ⓐ アイルランドとケルト文化

アイルランドはケルト文化遺産の宝庫である。装飾性あふれるケルト美術，ハープやバグパイプなどの民族音楽を用いたアイルランド音楽など，世界の文化に大きな影響を与えてきた。エンヤ（アイルランド人）やU2（アイルランド人）などのアーティストはその象徴的存在である。

↑8 U2「ヨシュア＝トゥリー」

作業 学習する「時代」（☐）を着色しよう。

世紀	29 28 27 26 25 24 23 22 21 20 19 18 17 16 15 14 13 12 11 10 9 8 7 6 5 4 3 2 1	1 2 3 4	5 6 7 8 9 10 11 12 13 14 15 16 17 18 19 20 21
日本	縄文	弥生	古墳 奈良 平安 鎌倉 室町 安土桃山 江戸 明治大正 昭和平成令和

←B.C.｜A.D.→

1 大移動期のヨーロッパ

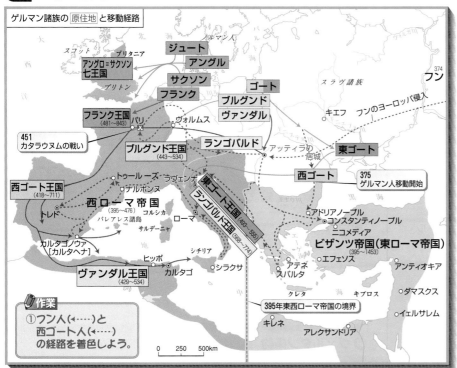

ゲルマン諸族の 原住地 と移動経路

- ジュート
- アングル
- サクソン
- フランク
- ゴート
- ブルグンド
- ヴァンダル
- ランゴバルド

アングロ＝サクソン七王国
フランク王国（481〜843）
451 カタラウヌムの戦い
ブルグンド王国（443〜534）
西ゴート王国（418〜711）
西ローマ帝国（395〜476）
東ゴート王国（493〜555）
ランゴバルド王国（568〜774）
ヴァンダル王国（429〜534）
東ゴート
西ゴート
375 ゲルマン人移動開始
フン
フンのヨーロッパ侵入
アッティラの居城
ビザンツ帝国（東ローマ帝国）（395〜1453）
395年東西ローマ帝国の境界

作業
①フン人（◀┈┈）と西ゴート人（◀┈┈）の経路を着色しよう。

0 250 500km

2 ゲルマン諸国の興亡

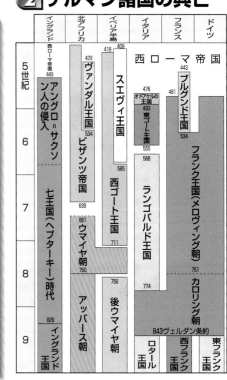

	イングランド	北アフリカ	イベリア半島	イタリア	フランス	ドイツ
5世紀	西ローマ帝国 449 アングロ＝サクソン人の侵入	429 ヴァンダル王国 534	418 スエヴィ王国 409 585	西ローマ帝国 476 オドアケルの王国 433 東ゴート王国 555	443 ブルグンド王国 481 534	
6	七王国（ヘプターキー）時代	ビザンツ帝国 639	西ゴート王国	ランゴバルド王国 568	フランク王国（メロヴィング朝） 751	
7		661 ウマイヤ朝 750	711	774		
8		アッバース朝	756 後ウマイヤ朝		カロリング朝	
9	829 イングランド王国			ロタール王国	843ヴェルダン条約 西フランク王国	東フランク王国

ヨーロッパ

3 6世紀前半のヨーロッパ

フランク王国
ナント ブルグンド王国
スエヴィ王国
トゥールーズ
西ゴート王国
トレド
ゲピデ王国
東ゴート王国
ラヴェンナ ミラノ
ビザンツ帝国
コンスタンティノープル
ローマ ナポリ
エフェソス アテネ
カルタゴ シラクサ
ヴァンダル王国
キレネ

0 250 500km

赤字：各国のキリスト教会派
☐ユスティニアヌスによるビザンツ帝国支配の領域

A タキトゥス『ゲルマニア』（後98年）

　彼らは王の家柄に基づき、将を武勇に基づいて立てる。王たちには無制限な、あるいは欲しいままな権力はなく、また将たちの地位は、権勢よりも人々の模範たることによって決まる。…小事は（選挙された）首長たちが、大事は人民全体が協議する。…予期しない緊急のことがおこらないかぎりは、一定の時期すなわち新月あるいは満月の時に集会をもつ。

（『西洋史料集成』による）

＊大移動前の原始ゲルマン社会のようすを知る上で、カエサル『ガリア戦記』と並ぶ重要な史料である。

←1 ゲルマン人の大移動 ゲルマン人は、紀元前後には先住のケルト人を圧迫しながらローマ帝国と接するようになった。その後、彼らは次第に南下し、3世紀以降には平和的に帝国領内に入り、下級官吏や傭兵・コロヌスなどになっていった。

アッティラ王（位433頃〜453）

↑2 アッティラ（ルーヴル美術館蔵）

　アッティラはフン人の王。フン人は中央アジアの騎馬民族で、匈奴の一派とも言われる。民族大移動は、375年彼らが東ゴート人を征服し、西ゴート人に迫ったことで始まった。アッティラに率いられたフン人はローマとゲルマンの連合軍にカタラウヌムで敗れ撤退、北イタリアからローマをうかがったが、教皇レオ1世の説得で中止した。

（ラファエロ画、ヴァチカン博物館蔵）

ローマ教皇レオ1世　アッティラ王

←3 レオ1世がアッティラ王にローマ攻撃を思いとどまらせている場面

作業 学習する「時代」（□）を着色しよう。

世紀	29 28 27 26 25 24 23 22 21 20 19 18 17 16 15 14 13 12 11 10 9 8 7 6 5 4 3 2 1 ←B.C|A.D→ 1 2 3 4 5 6 7 8 9 10 11 12 13 14 15 16 17 18 19 20 21
日本	縄文 ／ 弥生 ／ 古墳 飛鳥 奈良 平安 鎌倉 室町 安土桃山 江戸 明治 大正 昭和 平成 令和

1 フランク王国の歩み

クローヴィス（位481～511）

481　メロヴィング朝フランク王国建国
496　アタナシウス派に改宗

◀1 クローヴィスの洗礼　クローヴィスは自らアタナシウス派に改宗し、ガリア全体を征服してメロヴィング朝の基礎をつくった。（アミアン、ピカルディ博物館蔵）

534　ブルグンド王国を滅ぼす
732　フランクの宮宰カール＝マルテル、トゥール・ポワティエ間の戦いでウマイヤ朝軍に勝利

◀2 トゥール・ポワティエ間の戦い　732年にフランク王国の宮宰カール＝マルテルは、ピレネー山脈を越えて北上するウマイヤ朝軍を、トゥール・ポワティエ間の戦いで撃破した。

ピピン（3世）（位751～768）

751　カロリング朝フランク王国を開く
756　ランゴバルドを破り、ラヴェンナと中部イタリアを教皇に寄進＝ピピンの寄進（ローマ教皇領の起源）

カール大帝（位768～814）

☆　ランゴバルド征服、アヴァール人撃退
○　アルクインを招く＝カロリング＝ルネサンス
800　教皇レオ3世から西ローマ皇帝の冠を授与される

843　ヴェルダン条約によりフランク王国が分割

西フランク	ロタール王国（中部フランク）	東フランク

870　メルセン条約（再分割）

西フランク	イタリア	東フランク

西フランク	東フランク
987　カロリング朝が断絶	911　カロリング朝が断絶
987　ユーグ＝カペーがカペー朝を開く	**オットー1世（位936～973）**
	955　レヒフェルトの戦いでマジャール人を破る
	962　教皇から西ローマ皇帝の冠を授与される＝神聖ローマ帝国成立

（左側欄外縦書き：メロヴィング朝／カロリング朝／仏・伊・独への分裂）

---

2 フランク王国の発展

A カール大帝の時代（800年頃）

■ カール大帝即位当時のフランク王国の領土
□ カール大帝の獲得地　← カール大帝の外征
▨ 同帝の勢力範囲

作業
①カール大帝の勢力範囲（⋮⋮⋮）を着色しよう。

（地図内地名：ノルマン人、アイルランド、アングロ＝サクソン七王国、ウェールズ、ヨーク、ロンドン、カンタベリー、アーヘン、ケルン、ハンブルク、ザクセン、東スラヴ諸族、西スラヴ諸族、ブルターニュ、ランス、パリ、732年トゥール・ポワティエ間の戦い、トゥール、ポワティエ、フランク王国、バイエルン、アヴァール王国、アヴァール王都、ブルガリア王国、カルパティア山脈、リヨン、プロヴァンス、ヴェネツィア、ミラノ、ラヴェンナ、クロアティア、南スラヴ諸族、ボルドー、トゥールーズ、ジェノヴァ、ピサ、トスカナ、アストゥリアス王国、ピレネー山脈、マルセイユ、教皇領、コンスタンティノープル、後ウマイヤ朝、トレド、バレンシア、コルドバ、バルセロナ、コルシカ、756年ピピンの寄進、ローマ、ナポリ、サルデーニャ、ビザンツ帝国、アテネ、ロードス、シチリア、クレタ、アッバース朝、チュニス、0 250 500km）

B ヴェルダン条約

843 ヴェルダン条約

（地図内：イギリス、オランダ、チェコ、アーヘン、ヴェルダン、パリ、マインツ、東フランク王国、西フランク王国、ロートリンゲン（ロタールの王国）、オーストリア、教皇領、ローマ、イタリア、地中海）

緑字は現在の国境、国名を示す

C メルセン条約

870 メルセン条約

（地図内：イギリス、オランダ、チェコ、メルセン、アーヘン、マインツ、パリ、ランス、東フランク王国、西フランク王国、スイス、オーストリア、イタリア王国、教皇領、ローマ、地中海）

緑字は現在の国境、国名を示す

◀4 オットー1世（位936～973）　955年のレヒフェルトの戦いにおけるマジャール人撃退の名声を響かせ、962年に教皇ヨハネス12世から西ローマ皇帝の冠を授与されて初代神聖ローマ皇帝となった。絵はオットー1世が主従関係を結んだイタリア王に剣を授ける場面。

人物ファイル カール大帝（位768～814）

　約50年の治世の間に、外征を繰り返し、西ヨーロッパの大半を支配した。800年にはローマ教皇より、西ローマ皇帝の冠を授与された。彼が好んだものは、狩猟・乗馬・水泳などで、温泉も好きだったらしい。学芸も奨励し、彼自身、ラテン語を話し、ギリシア語も理解できたが文字を書くのは苦手で、最後まで自分の名前を書くことができなかったという。

▶3 大帝に写本を見せるアルクイン（19世紀の作品、ルーヴル博物館蔵）

1 ノルマン・マジャール・イスラームの侵攻

作業
①ノルマン人の移動先（▨▨▨）を着色しよう。

国境は900年頃を示す
原住地 進路 移動先
■ ノルマン人（ヴァイキング）
← マジャール人の侵攻
← イスラーム勢力の侵攻

グリーンランド（983頃）
アイスランド
北米（1000頃）
大西洋
フェロー諸島
シェトランド諸島
スカンディナヴィア半島
ノルウェー
スウェーデン
ノヴゴロド
ノヴゴロド国
デンマーク
キエフ公国（882～13世紀前半）
キエフ
ハザール王国
1066 ヘースティングズの戦い
スコットランド
アイルランド
ノルマン朝
ロンドン
ノルマンディー公国（911～1204）
パリ
東フランク王国
マインツ
955 レヒフェルトの戦い
マジャール人（ハンガリー）
西フランク王国
アストゥリアス
イタリア王国
ローマ
教皇領
ブルガリア王国
コンスタンティノープル
後ウマイヤ朝
コルドバ
732 トゥール・ポワティエ間の戦い
パレルモ
ビザンツ帝国（395～1453）
両シチリア王国［ノルマン＝シチリア王国］

0 250 500km

2 ノルマン人の展開

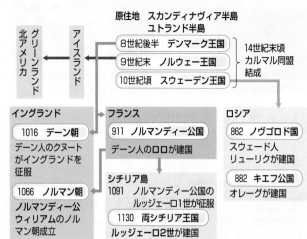

原住地 スカンディナヴィア半島・ユトランド半島

アイスランド		
8世紀後半	デンマーク王国	14世紀末頃カルマル同盟結成
9世紀末	ノルウェー王国	
10世紀頃	スウェーデン王国	

北アメリカ ← グリーンランド ← アイスランド

イングランド
1016 デーン朝
デーン人のクヌートがイングランドを征服
1066 ノルマン朝
ノルマンディー公ウィリアムのノルマン朝成立

フランス
911 ノルマンディー公国
デーン人のロロが建国
シチリア島
1091 ノルマンディー公国のルッジェーロ1世が征服
1130 両シチリア王国
ルッジェーロ2世が建国

ロシア
862 ノヴゴロド国
スウェード人リューリクが建国
882 キエフ公国
オレーグが建国

ヨーロッパ

↑9～11世紀のヨーロッパでは，北は**ノルマン人**，東は**マジャール人**，南はイスラーム勢力の侵入に脅かされ，自給自足的な封建社会が形成される背景となった。北欧のデンマーク，ノルウェー，スウェーデンは14世紀末にカルマル同盟を結び，16世紀にスウェーデンが分離するまで続いた。

3 ヴァイキングの活動

オール
吃水（船底から水面までの高さ）
所持品入れを兼ねたイス

←1 **ヴァイキング船** ノルマン人は船を副葬する風習があり，現在10隻以上が出土している。長さは20～30m，数十人のこぎ手と帆で航行した。頑丈で安定性の高い極めて優秀な船であり，吃水線が浅いため河川を遡行して大陸奥深く進入できた。外洋航海も十分可能であり，1000年頃にはすでに北アメリカに到達していたことが確認されている。

4 ノルマン＝コンクェスト

（タピスリー，高さ約50cm，長さ70m，バイユー教会蔵）

（ミラノ市立ベルタレッリ印刷物収集館蔵）

→2 **ヘースティングズの戦い** 1066年，**ノルマンディー公ウィリアム**はドーヴァー海峡を渡って，イングランドに侵攻した。ヘースティングズの戦いでアングロ＝サクソン軍を破ったウィリアムは，**ノルマン朝**を建てた。その様子を表したのが，このバイユーのタピスリーである。①はノルマン軍が出航する場面。総勢750に及び，馬も乗っている。②は戦闘の場面。長槍を手に，楯もかまえずに突進するノルマン軍の騎兵が，アングロ＝サクソンの歩兵を圧倒した。

↑3 **ウィリアム1世** ノルマン朝を開いたウィリアム1世は，土地調査を徹底的に進めるなど，中央集権的な体制を構築した。これは国王の力が弱く，分権的な状況が続く大陸諸国と対照的であった。

1 封建制の成立と展開

封建制の成立	→	封建制の変質

8〜9世紀
- カロリング家の軍事政策
  …**従士制**(ゲルマン)と**恩貸地制度**(ローマ)の結合
  (土地を媒体とする主従関係＝封建制成立)

9〜11世紀
西欧混乱期
- **フランク王国の解体**
  →地方分権化の進行
- **ノルマン人・マジャール人**などの侵入
- **城主支配権の成立**

11〜13世紀
- 相互安全保障契約としての封建制へ
- 封土世襲化
- **不輸不入権**
  (インムニテート)
- 複数家臣制

荘園制の成立	→	荘園制の完成	→	荘園制の変化

7〜8世紀
コロナトゥス制(ローマ)・大土地所有(ゲルマン)から進行
古典荘園
- **直営地**と**保有地**
- 一村多領主制，分散所有

11世紀後半〜12世紀
- 領主による村の一円支配
  農村共同体の成立
  ↓↑
- 村落協働を前提とする**三圃制**，**鉄製有輪犂**の普及

12世紀後半〜13世紀
純粋荘園
- 直営地の解体，賦役の消滅
  →地代の金納化が進行

2 封建制の構造

```
        教皇      皇帝・国王
                    │軍役・封土
  大司教  司教    公  侯  伯
  修道院長        (俗界諸侯)
  (聖界諸侯)
              騎士
```

領主層
支配
- 賦役(領主直営地での労働)
- 貢納(貢租・人頭税)
- 教会への十分の一税

農民(一般保有農・農奴)

3 中世の荘園

Ⓐ **中世荘園の想像図**
(古典荘園 7・8世紀〜10世紀頃)

休閑地
耕地
領主の館
焼きがま
領主直営の家畜小屋

三圃制農法(10〜11世紀に普及)

	1年目	2年目	3年目
A区画	パン用の小麦など	飼料用の大麦など	休閑
B区画	飼料用の大麦など	休閑	パン用の小麦など
C区画	休閑	パン用の小麦など	飼料用の大麦など

```
  B区画 | A区画
  ------+------
    C区画
```

⤴荘園耕地は三つの耕区に分けられ，**三圃制**が行われる。農地は細長い地条という単位に区切られ，**領主直営地**の地条が**農民保有地**の地条の中に散在していた。耕地は保有者ごとに仕切らずに村全体で耕作した(開放耕地制)。

⤴休閑地は家畜の放牧に利用した。畜舎のなかった農奴たちにとって，この休閑地で家畜を増やせるチャンスが生まれた。

Ⓑ **農民の生活**

冬(2月) (ベリ公のいとも華麗な時禱書)
冬の生活

春(3月) (ベリ公のいとも華麗な時禱書)
有輪犂
畑の耕作

夏(6〜8月)
麦の刈入と干し草づくり

秋(11〜12月) (フランドルの暦)
豚殺し

4 諸侯と騎士

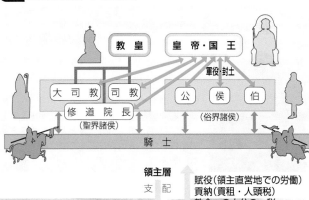

←①**諸侯の主城**(アンジュー伯の城，フランス)
王侯貴族は外敵から自衛するために城郭を建造した。暗く寒い上に衛生状態も劣悪であった。

↑②**臣従礼** 主従の関係を結ぶ儀礼は，家臣が両手を合わせて主君の手に包み込まれるという形で行われた。

←③**騎馬像** 騎士は幼時から訓練を始め18歳の頃叙任式を行い，騎士身分を獲得した。平和な時には騎馬試合や狩猟をする一方で，近隣の領主との土地を巡る争いから私闘を繰り返した。

1 ローマ＝カトリック教会の盛衰

教皇権の確立	**レオ1世**(位440〜461)
	・ローマ教会の首位権を主張
	452 アッティラを説得，ローマを救う
	グレゴリウス1世(位590〜604)
	・ゲルマンへの布教に尽力
	・中世の教皇支配の基礎を確立
ローマ教会と王権の提携	496 **クローヴィス，アタナシウス派へ改宗**
	529 **ベネディクトゥス**，モンテ＝カシノに修道院を設立
	756 **ピピンの寄進**(教皇領の創設)
	800 **カールの戴冠**
	910 **クリュニー修道院設立** →教会刷新運動の中心に
	962 **神聖ローマ帝国成立**
叙任権闘争	**グレゴリウス7世**(位1073〜85)
	・クリュニー修道院の改革運動の影響
	・聖職売買・聖職者の妻帯を禁止
	・世俗君主による聖職者任命を禁止
	1076 神聖ローマ皇帝**ハインリヒ4世**を破門
	1077 **カノッサの屈辱**
	ウルバヌス2世(位1088〜99)
	1095 **クレルモン宗教会議**で十字軍を提唱
	1098 シトー修道会設立
	1122 **ヴォルムス協約**(叙任権闘争終結)
教皇権の絶頂	**インノケンティウス3世**(位1198〜1216)
	1202 **第4回十字軍**を提唱(〜04)
	・仏王フィリップ2世と英王ジョンを破門
	1209 フランチェスコ修道会設立〔托鉢修道会〕
	1215 ドミニコ修道会設立〔托鉢修道会〕
教会権威の衰退	**ボニファティウス8世**(位1294〜1303)
	1303 **アナーニ事件**(仏王**フィリップ4世**と対立)
	1309 **教皇のバビロン捕囚**(〜77) 教皇庁アヴィニョンに移る
	1378 **教会大分裂[大シスマ]**(〜1417)
	1414 **コンスタンツ公会議**(〜18) フスに異端宣告，処刑(1415)

2 中世ヨーロッパの宗教分布

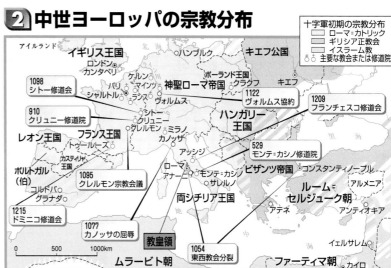

十字軍初期の宗教分布
□ ローマ＝カトリック
▨ ギリシア正教会
□ イスラーム教
⌘ 主要な教会または修道院

↑1 クリュニー修道院の再現図

A 修道院の構造

製パン所／仕事場／修道院長の館／新聖堂／大食堂／墓地／病院

↙↗中世ヨーロッパの修道院では，修道士たちが「祈り，働け」をモットーに，信仰と学び，労働をおこない，自給自足の生活を送った。

B 6世紀のモンテ＝カシノ修道院の11月の日課

1時	2	3	4	5	6	7	8 9 10 11 12 13 14	15	16	17	18 19 20
起床	朝課	読書	讃課	読書			労働(3回の祈りが入る)	昼食	読書	晩課／夕食	就寝(17:15)

『世界史資料④』

3 叙任権闘争

（サレルノ大聖堂美術館蔵）

←2 グレゴリウス7世 クリュニー修道院で学んだ彼は，教皇として聖職者の腐敗の是正につとめ，教皇の至上性を説いて皇帝との対立を深めた。カノッサの屈辱で一時的勝利をおさめたが，皇帝の反撃で南イタリアのサレルノに追われ，亡くなった。

→3 カノッサの屈辱 教皇から破門された**皇帝ハインリヒ4世**は，諸侯の反抗に直面し，雪のカノッサ城で3日間裸足のまま祈りと断食を続け，破門を解かれた。
（ヴァチカン図書館蔵）

クリュニー修道院長／トスカナ女伯／ハインリヒ4世

↑4 カノッサ城

→5 インノケンティウス3世（位1198〜1216）「教皇権は太陽であり，皇帝権は月である」という有名な言葉を残した。仏王，英王を破門し，**第4回十字軍**を提唱するなど，教皇権は絶頂期を迎えた。（フィレンツェ，アカデミア美術館蔵）

映画「薔薇の名前」 ニューアングル

14世紀の北イタリアの山中の修道院を舞台に，聖書の世界終末の預言をなぞった連続殺人事件がおこる。ウィリアム修道士たちは，教会権力と対立しながら真の殺人犯を追うことになる。主人公はウィリアム＝オブ＝オッカムなどがモデルになっているといわれる。(1986年，仏・伊・西独作品)

異端審問官ベルナール＝ギー（ドミニエ＝オブ＝マリー＝エイブラハム）

ウィリアム修道士（ショーン＝コネリー）

1 ビザンツ帝国の一千年

初期（専制君主政の維持）	395	ローマ帝国分裂，ビザンツ[東ローマ]帝国誕生	サ サ ン 朝 ペ ル シ ア
		ユスティニアヌス大帝（位527〜565）	
	☆	東ゴート，ヴァンダルを滅ぼして地中海支配再興	
	☆	ササン朝ペルシアと抗争	
	☆	『ローマ法大全』編纂	
	○	ハギア＝ソフィア聖堂建設	
中期（聖像破壊・最盛期）	610	ヘラクレイオス1世，即位	632 651 正統カリフ 661 ウ マ イ ヤ 朝 750 ア ッ バ ー ス 朝 1055 セルジューク朝 ルーム゠セルジューク朝 1194 1258 イル゠ハン国 1299 オスマン帝国 1077
	○	公用語がラテン語からギリシア語に	
	667頃	「ギリシア火」開発	
	☆	軍管区[テマ]制と屯田兵制，広まる	
	726	レオン3世の聖像禁止令。東西教会対立進む	
	843	聖像崇拝の完全復活	
		マケドニア朝（867〜1057）	
	976	バシレイオス2世即位。帝国最盛期	
	1018	ブルガリア王国を征服，バルカン半島全体を支配	
	1054	ギリシア正教とカトリックの完全分裂	
後継（衰退・ビザンツ゠ルネサンス）	1081	アレクシオス1世，即位	
	☆	プロノイア制施行，帝国の封建化進む	
	1095	十字軍派遣決定	
	1204	第4回十字軍，コンスタンティノープルを征服しラテン帝国を建国	
	1261	ビザンツ帝国の復活	
	1453	オスマン帝国に滅ぼされる	

2 ユスティニアヌス大帝時代

565年

← ユスティニアヌス大帝は，ヴァンダル王国・東ゴート王国を滅ぼして，西ローマ帝国の旧領を部分的に回復し，「地中海帝国」を復興した。

ニューアングル **ビザンツの不運な皇帝たち**

↓4 生きたまま棺に入れられる皇帝ゼノン（5世紀）

ビザンツ帝国の皇帝は元老院・軍隊・市民によって推挙されるのが習わしであった。皇帝位は不安定で，クーデタも権力交替の一方式として認められていたため，ビザンツ帝国では，凄惨な帝位争奪戦が展開された。歴代89名の皇帝のうち，43名がクーデタで失脚し，うち30名が非業の最期を遂げている。

Ⓐ ユスティニアヌス大帝

（モザイク画，ラヴェンナ，聖ヴィターレ教会蔵）

←1 **ユスティニアヌス大帝と皇妃テオドラ** ユスティニアヌス大帝は，ゲルマン人の諸国家を服して地中海支配を再興させ，『ローマ法大全』の編纂を推進した。しかし彼が戦費のために重税を課すと，532年にニカの乱がおこった。逃亡を決意した皇帝に，皇妃テオドラが「帝衣は最高の死装束である」と説得し，皇帝は反乱を鎮圧し，帝位を守ったと伝えられている。

←2 **テオドシウスの城壁** 5世紀初め，テオドシウス2世によって建造された城壁は，その後，濠・外壁・内壁の三重構造となり，1000年にわたって外敵の侵攻を防いだ。しかし，1453年，メフメト2世率いるオスマン帝国の攻撃によって，コンスタンティノープルは陥落した。

（『図説イスタンブル歴史散歩』）

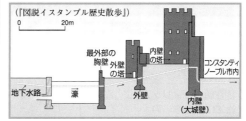

←3 **ギリシア火** ギリシア火はビザンツ海軍が用いた火器。水で消火できないため，敵船を大いに苦しめた。イスラーム勢力の攻撃からコンスタンティノープルを守る際の秘密兵器となった。

3 西ヨーロッパとビザンツ帝国

	西ヨーロッパ諸国	ビザンツ帝国
政治体制	世俗権力（皇帝・王など）と教会権力の二元構造で，世俗権力は弱体な封建社会	皇帝が中央集権的な支配を進め，官僚制・**軍管区制**などを施行
経済の特質	自給自足的な荘園制で，11〜12世紀以後に「商業の復活」が見られる	自由農民が存在し，国家が指導する商工業・貨幣経済が発達
文化	**ラテン語**が知識人の共通語で，ゲルマン文化とカトリックが融合	**ギリシア語**が公用語で，ギリシア＝ローマ文化を継承
宗教	**ローマ＝カトリック** ローマ教皇を頂点とする聖職階層制	**ギリシア正教** 皇帝教皇主義。皇帝が常に総主教を支配したわけではなかった（特に信仰上では）

世界遺産

アジア

ボスフォラス海峡

トプカプ宮殿

ハギア＝ソフィア聖堂

ブルー＝モスク
[スルタン＝アフメト＝ジャーミー]

新市街

旧市街

↑1 空から見たイスタンブル

1 文明の十字路

ロシア・東欧諸国

黒海

イタリア諸都市

イスタンブル
（旧コンスタンティノープル）

アジア諸国

地中海世界

地中海

↑ 黒海と地中海を結ぶボスフォラス海峡に面するイスタンブル。文明の十字路にあるこの都市では，古来より，さまざまな民族が出会い，多くの交易品が集まり，いろいろな情報が行き交った。現在もトルコ共和国最大の都市である。

A 都市名の変遷

前650頃	ビザンティオン（古代ギリシア）

ポリスのメガラが建設した植民市戦略上の要地。黒海交易の通行税徴収で繁栄。

330	コンスタンティノープル（ローマ帝国，ビザンツ帝国の首都）

コンスタンティヌス帝がコンスタンティノープルと改称。

1453	イスタンブル[コンスタンティノープル]（オスマン帝国）

ビザンツ帝国がオスマン帝国に滅ぼされ，オスマン帝国の首都となる。

B ハギア＝ソフィア聖堂

↑4 ハギア＝ソフィア聖堂　コンスタンティヌス帝が建築した教会が地震で倒壊し，ユスティニアヌス大帝によって再建された。正十字形と円蓋[ドーム]を特徴とするビザンツ様式建築の代表作。オスマン帝国に征服されたのち，モスクにつくり変えられ，1935年，無宗教の博物館となった。

↑2 ブランコで遊ぶトルコ人　オスマン帝国の首都となったイスタンブルは数百年にわたって，繁栄と平和を享受し，さまざまな庶民文化が花開いた。お祭りで最も人気があったのがブランコだった。

↓3 スルタンの兜　歴代のスルタンが暮らしたトプカプ宮殿は，現在では博物館になっている。宝石類，陶磁器，スルタンの日用品，武具など約8万6,000点が収蔵されている。写真は金やルビー，トルコ石などで飾られた儀礼用の鉄製兜。

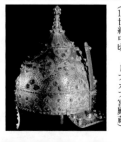

（16世紀中頃，トプカプ宮殿蔵）

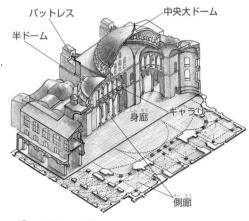

バットレス

中央大ドーム

半ドーム

身廊

ギャラリー

側廊

（©ヨシザワスタジオ）

↑5 ハギア＝ソフィア聖堂の構造

1 東ヨーロッパ諸国の歩み

世紀	9	10	11	12	13	14	15	16
ロシア	862 ノヴゴロド国　882		キエフ公国		1243　キプチャク＝ハン国　1502		モスクワ大公国	
ポーランド			ポーランド王国			1386　リトアニア＝ポーランド王国（ヤゲウォ朝）　1572		
ボヘミア	モラヴィア王国	ボヘミア[ベーメン]王国（神聖ローマ帝国に属す）					1526	
ハンガリー	896		ハンガリー王国					
クロアティア	910	クロアティア王国						
セルビア			セルビア王国					
ブルガリア	ブルガリア王国		1018　（ビザンツ帝国）　1187　ブルガリア王国			（オスマン帝国）		
ルーマニア					モルドヴァ公国／ワラキア公国	オスマン帝国に臣従		

凡例：ギリシア正教／カトリック

ギリシア文字	A	B	Γ Δ
キリル文字	ᗋ	ᕊ	Γ Д
ロシア文字	A	Б	Г Д
ローマ字	A	B	G D

↑ 9世紀末, スラヴ諸語を表記するため, ギリシア文字をもとにキリル文字が発明された。この文字はギリシア正教の布教の過程で, 東欧諸国に広く普及した。ロシアではこれをもとに1704年, ロシア文字がつくられた。

2 ギリシア正教圏の拡大

ノルマン人／リトアニア人／ポーランド人／チェック人／神聖ローマ帝国／スロヴェニア人／クロアティア人／セルビア人／ブルガール人／西スラヴ族／南スラヴ族／東スラヴ族／キエフ／ロシア人／ウクライナ人／黒海／ビザンツ帝国

0　1000km

世界遺産　メテオラ修道院
ギリシアのピンドス山中の絶壁

↑1 ギリシア正教会の修道院　ギリシア正教会では, 険しい地形に建設された修道院でひたすら祈りが捧げられた。

→2 ウラディミル1世の洗礼　キエフ公国のウラディミル1世(位980頃～1015)は, ビザンツ皇帝の妹と結婚し, ギリシア正教に改宗した。これにより, キエフ公国は, ビザンツ文化と君主専制の政治スタイルを取り入れ, 以後の発展の礎を築くことになった。

ウラディミル1世
（『ウラディミル年代記』の挿絵）

(12世紀, ロシア, トレチャコフ美術館蔵)

↑3 ウラディミルの聖母　ギリシア正教会では, 9世紀半ばに聖像崇拝が復活したのち, 聖画像が発達した。写真はロシアの代表的なイコンで, ビザンツ帝国起源とされる。

人物ファイル　ヴラド公～ドラキュラのモデル

ドラキュラのモデルとされるのが, 15世紀半ばのワラキア公国の君主, ヴラド(串刺し)＝ツェペシュ＝ドゥラクルである。当時, ワラキア公国はオスマン帝国の度重なる攻撃にさらされており, ヴラド公は勇敢に戦った。
しかし, 捕虜とした敵兵を串刺しの刑にしたり, 国内のドイツ系住民を迫害する中で, その残虐性が誇張され, 東欧各地に残る吸血鬼伝説と結びつき, 「吸血鬼ドラキュラ」の誕生となった。

↑4 ヴラド公
(ウィーン美術史博物館蔵)

↓5 ドラキュラ城

3 ロシアの拡大

→6 「双頭の鷲」の継承　イヴァン3世は, ビザンツ帝国滅亡後, モスクワを「ローマ, コンスタンティノープルに次ぐ"第三のローマ"」と称し, 自ら「ツァーリ(皇帝)」の称号とビザンツ皇帝の紋章「双頭の鷲」を用いるようになった。

←7 イヴァン4世[雷帝] (位1533～84)　イヴァン3世の孫である彼は正式にツァーリを称して, 専制政治を強化した。国内においては大貴族を厳しく弾圧し, 対外的にはイェルマークにシベリア遠征を行わせ, 領土を拡大した。
(パリ装飾美術図書館蔵)

ヨーロッパ

1 十字軍の展開

世紀	29 28 27 26 25 24 23 22 21 20 19 18 17 16 15 14 13 12 11 10 9 8 7 6 5 4 3 2 1 ←B.C A.D→ 1 2 3 4 5 6 7 8 9 10 11 12 13 14 15 16 17 18 19 20 21
日本	縄文 ／ 弥生 ／ 古墳 奈良 平安 鎌倉 室町 安土桃山 江戸 明治 大正 昭和 平成

封建社会の安定
- ●農業生産力の上昇，人口増加 → 土地不足　●民衆の間に巡礼熱の高まり

1071 **セルジューク朝**，聖地占領，アナトリア地方（小アジア）進出

☆ ビザンツ皇帝アレクシオス1世が教皇ウルバヌス2世に救援要請する

西欧の膨張運動 ｜ **十字軍遠征** ｜ **レコンキスタ（イベリア半島）東方植民（エルベ川以東ドイツ）**

回（期間）	契機・目的	結果
第1回（1096〜99年）	**セルジューク朝**の聖地**イェルサレム**占領，アナトリア地方進出	仏，南伊の騎士，諸侯が参加。聖地を占領し，**イェルサレム王国**などを建国
第3回（1189〜92年）	**サラディン**の聖地奪還	皇帝フリードリヒ1世（水死），仏王フィリップ2世，英王リチャード1世が行う。聖地奪還は失敗
第4回（1202〜04年）	**インノケンティウス3世**の提唱	**ヴェネツィア商人**にあやつられ，**コンスタンティノープル**攻撃に脱線。**ラテン帝国**建国
第7回（1270年）	チュニス攻略	仏王ルイ9世による。チュニスを攻撃したが，王の病死で失敗

- **教皇権の衰退**
- **諸侯・騎士の没落**
- **ヴェネツィア・ジェノヴァの遠隔地商業発展→貨幣経済の普及**

- **王権伸張**
- **荘園解体**

中世封建社会の崩壊 ｜ **西ヨーロッパ世界の拡張**

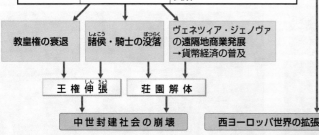
←1 **クレルモン宗教会議** ビザンツ皇帝の要請を受けて，教皇ウルバヌス2世は**十字軍**を宣言した。聖地**イェルサレム**の回復が唱えられたが，当時のイスラーム教徒の支配下においては異なる宗教の共存が行われていた。（パリ国立図書館蔵）

→2 **第3回十字軍による捕虜の処刑** 第3回十字軍は，1191年アッコン攻略に成功した。第1回十字軍がイェルサレムで虐殺をしたように，今回も捕虜の大量処刑がリチャード1世［獅子心王］の前で行われた。（14世紀，パリ国立図書館蔵）

←3 **チェスで遊ぶキリスト教徒とイスラーム教徒** 当時の戦争は休戦中に文化交流や交易を発展させることもあった。絵は13世紀の写本における休戦中の風景。（スペイン，エル＝エスコリアル図書館蔵）

↓4 サラディン

2 十字軍の遠征

十字軍初期の宗教分布
- □ ローマ＝カトリック
- ■ ギリシア正教会
- ■ イスラーム教

十字軍の進路
- ── 第1回（1096〜1099）
- ── 第3回（1189〜1192）
- ‥‥ 第4回（1202〜1204）
- ── 第7回（1270）

0　　500km

アイルランド　スコットランド王国　デンマーク王国　リトアニア　プロイセン人　イングランド王国　ウェールズ　ノルマンディー　ポーランド王国　キエフ公国　ハザール　フランス王国　神聖ローマ帝国　ハンガリー王国　クレルモン　ヴェネツィア　クロアティア王国　セルビア　ブルガリア　コンスタンティノープル　レオン王国　ナバラ王国　アラゴン王国　ジェノヴァ　マルセイユ　ビザンツ帝国　ルーム＝セルジューク朝　ニケーア　アルメニア　ポルトガル（伯）　カスティリャ王国　バルセロナ　教皇領　ギリシア　両シチリア王国　ムラービト朝　チュニス　ロードス　クレタ　キプロス　アッコン　イェルサレム　ファーティマ朝　カイロ

作業
①脱線してしまった第4回の十字軍の進路（‥‥‥）を着色しよう。
②レコンキスタ（⇨）と東方植民（⇨）の矢印を着色しよう。

人物ファイル
サラディン

サラディンは，クルド人の武将で，**アイユーブ朝**の創始者となった。十字軍国家**イェルサレム王国**から聖地を奪回したが，虐殺などを行うことはなかった。その後，第3回十字軍を招いたが，休戦条約を結んで**イェルサレム**を保持した。キリスト教徒の巡礼を許すなどイスラーム流の宗教共存に即し，節度と寛容によって名声を博した。しかし，ヨーロッパで描かれた14世紀の挿画ではサラディンが悪魔のように描かれて英王リチャード1世がたたえられている。（想像図，大英博物館蔵）

サラディン　リチャード1世

作業 学習する「時代」（□）を着色しよう。

世紀	29	28	27	26	25	24	23	22	21	20	19	18	17	16	15	14	13	12	11	10	9	8	7	6	5	4	3	2	1	1	2	3	4	5	6	7	8	9	10	11	12	13	14	15	16	17	18	19	20	21
日本										縄文																		弥生					古墳		奈良	平安				鎌倉	室町		江戸					

B.C. | A.D.

1 商業の発達

- ◎ 人口5万以上の都市
- ● おもなハンザ同盟加入都市
- 名 ハンザ同盟4大在外商館
- ● シャンパーニュの市
- ― おもな交易路

↑ 北ヨーロッパ商業圏と地中海商業圏が出会うのは，内陸のシャンパーニュや南ドイツの諸都市だった。地中海商業圏だけでなく，北ヨーロッパ商業圏もキエフのノルマン人経由でイスラーム世界に接続していた。

↑1 ネルトリンゲン　南ドイツの都市ネルトリンゲンは直径800m，長さ4kmの城壁に囲まれ，中央には高さ90mの塔をもつ聖ゲオルク教会がたち，典型的な中世都市の面影を今に伝えている。なお，この都市は隕石孔の跡につくられた。

↑2 「アドリア海の女王」ヴェネツィア　十字軍を契機に東方貿易に進出し，北イタリアやアドリア海一帯に領土を拡大して繁栄した。約120の島が約400の橋でつながれ，約150の運河がはりめぐらされた「水の都」である。人々は船で街中を移動し，車は一台も走っていない。

2 都市の形成と商業ルネサンス

Ⓐ 商業の復活

背景
①生産力の増大により余剰生産物の定期市が各地にうまれる
②十字軍以後，遠隔地商業が発展する

↓

11～12世紀に中世都市が発達し，イスラーム世界・ノルマン人の世界と接続した交易ネットワークが形成（「商業の復活」，「商業ルネサンス」などとも呼ばれる）

Ⓑ 都市の階層

闘争　ツンフト VS 商人ギルド
同職ギルド（ツンフト）
都市貴族／商人／親方
市政を担う市民層
下層民（職人，徒弟，賃金労働者，被差別民）

↑ 都市には市民と下層民の区別があり，市政に参加できるのは市民のみであった。商人・親方たちの利益を守るためにギルド[同業組合]があり，製造販売を統制して市場を独占した。

↑4 中世の都市　中世ヨーロッパの都市の大半が人口1,000人に満たない小規模なものであった。都市の内部は，幅2～3mの道が曲がりくねり，人々がひしめきあい，鶏や豚も放し飼いにされていた。狭いながらも商人や手工業者が店をつらね，活気に満ちていた。絵は15世紀のパリの市場を描いたもの。

←3 リューベック　北ドイツのリューベックはハンザ同盟の盟主として，北ヨーロッパ商業圏における貿易で大いに繁栄した。写真は塩を収める倉庫としても使われたホルシュテン門。

1 西ヨーロッパ社会の変化

11〜12世紀「革新の時代」	14世紀「危機の時代」	15〜16世紀「近代国家の起源」
・三圃制農法の普及 ・**十字軍** ・商業ルネサンス	・気候の寒冷化 ・**黒死病の流行** ・**百年戦争**	・国王による中央集権化
貨幣経済が浸透し，労働地代（賦役）から生産物地代・**貨幣地代**に移行 →領主直営地が縮小 →領主は貨幣とひきかえに**農奴解放**に同意	農村人口激減のため，領主は農奴解放を一層進める →①窮乏した領主は，農民への負担を再び重くする（封建反動）→農民一揆 ②貴族領主層の没落により王権が伸張	①封建社会の衰退 ②エルベ川以東では西欧への穀物輸出のため，賦役が強化される（再版農奴制）

2 「危機時代」

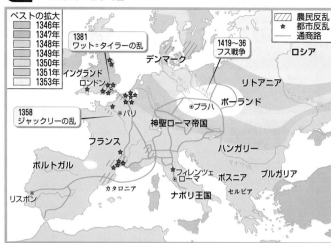

ペストの拡大
1346年
1347年
1348年
1349年
1350年
1351年
1353年

農民反乱
都市反乱
通商路

1381 ワット＝タイラーの乱
1419〜36 フス戦争
1358 ジャックリーの乱

デンマーク　ロシア　イングランド　ロンドン　リトアニア　プラハ　ポーランド　パリ　神聖ローマ帝国　ハンガリー　フランス　ポルトガル　ブルガリア　フィレンツェ　ローマ　ボスニア　セルビア　カタロニア　ナポリ王国　リスボン

ヨーロッパ

→1 バーゼルの「死の舞踏」
14世紀，気候の寒冷化，凶作，飢饉，戦争，疫病の流行がヨーロッパを荒廃させた。とりわけ**黒死病[ペスト]**の流行は，人口の3分の1を失わせる大惨事となった。人々は身分に関係なく，常に死を強く意識せざるを得ない状況に置かれた。

悪魔の帽子

←2 フスの火刑
カトリックに批判的であったプラハ大学長**フス**は，**コンスタンツ公会議**で異端とされ，火刑に処された。悪魔の帽子を被せての刑死はチェック人を憤激させ，**フス戦争**を招いた。

現代の屋外劇

←3 「ハーメルンの笛吹き男」 グリム童話の「ハーメルンの笛吹き男」は昔から広く読まれてきた。鼠の被害に苦しむ町に現れた男が，笛の音で鼠を誘い出し退治するが，報酬の支払いをだまされる。怒った男は，子どもたちを笛の音で誘拐していったという話である。これは1284年におきた130人の子どもの行方不明事件にもとづいているといわれる。その原因として，東方植民説や少年十字軍説，祭りの日におきた集団事故説などが挙げられている。

（大英図書館蔵）
リチャード2世と接見中に暗殺されるワット＝タイラー
いったん要求を受け入れるリチャード2世
リチャード2世

↑4 ワット＝タイラーの乱 14世紀後半のイギリスで**ワット＝タイラーの乱**がおきた。反乱に加わった神父ジョン＝ボールは「アダムが耕し，イヴが紡いだ時，一体誰が貴族であったのか」と述べて，農奴制の廃止を訴えた。

世界遺産

↑5 アヴィニョン教皇庁 1309〜77まで，フランス王権のもとで教皇庁が南フランスの**アヴィニョン**におかれた。この事態は前6世紀のユダヤ人の苦難になぞらえて，「**教皇のバビロン捕囚**」と呼ばれた。

ニューアングル **中世ヨーロッパのユダヤ人**
中世ヨーロッパでは，ユダヤ人はイエスを殺害した民族として，迫害と差別の対象となった。13世紀初め以降，ユダヤ人は農業や商業から締め出され，金融業に向かうしかなかった。だが，このことがキリスト教徒の不安や敵意を一層煽ることにもなった。黒死病流行の際には，井戸に毒を入れたという疑いをかけられ，ユダヤ人の虐殺が行われた。

↓6 ユダヤ人虐殺（「ニュルンベルク年代記」挿絵）

作業 学習する「時代」（□）を着色しよう。

世紀	29	28	27	26	25	24	23	22	21	20	19	18	17	16	15	14	13	12	11	10	9	8	7	6	5	4	3	2	1	1	2	3	4	5	6	7	8	9	10	11	12	13	14	15	16	17	18	19	20	21
日本								縄文													弥生				古墳		飛鳥	奈良	平安								鎌倉	室町	安土桃山	江戸						明治 大正	昭和 平成令和

←—B.C.|A.D.→

1 イギリスとフランスの歩み

	イギリス	フランス	
プランタジネット朝	1066 ノルマン＝コンクェスト ウィリアム1世，**ノルマン朝**創設	987 **ユーグ＝カペー**，**カペー朝**創設	カペー朝
	1154 ヘンリ2世，**プランタジネット朝**創設	**フィリップ2世**（尊厳王，位1180〜1223）	
	1189 第3回十字軍出発（英王リチャード1世，仏王フィリップ2世が参加）		
	ジョン（欠地王，位1199〜1216）		
	1206 フィリップ2世に敗北，ギュイエンヌ地方を除く大陸所領を失う	1209 アルビジョワ十字軍開始（〜29）	
	1209 教皇**インノケンティウス3世**に破門，屈服	**ルイ9世**（聖王，位1226〜70）	
	1215 **大憲章**[マグナ＝カルタ]を認める	1270 第7回十字軍を行うが国王客死	
	1265 **シモン＝ド＝モンフォール**により，議会が招集…イギリス議会の起源	**フィリップ4世**（端麗王，位1285〜1314）	
	1295 **エドワード1世**，**模範議会**招集	1302 **三部会**招集	
		1303 **アナーニ事件**で教皇憤死	
	1327 **エドワード3世**即位（〜77）	1309 **教皇のバビロン捕囚**（〜77）	
		1328 **ヴァロワ朝**成立	
	百年戦争（1339〜1453）	百年戦争（1339〜1453）	ヴァロワ朝
	1339 **百年戦争**開始（クレシーの戦いやポワティエの戦いで英軍優勢）		
	1346（〜50） **黒死病**が大流行		
	1360 カレーの和約で一時休戦		
ランカスター朝 ヨーク朝 テューダー朝	1381 **ワット＝タイラーの乱**	1358 **ジャックリーの乱**	
	1429 オルレアンの戦いで仏軍勝利（**ジャンヌ＝ダルク**らの活躍），**シャルル7世**が戴冠式挙行		
	1453 カレーを除く全フランスから英軍が撤退，終戦		
	1455 **バラ戦争**（〜85）	☆ シャルル7世，官僚制・常備軍を整備し，絶対王政の基礎を固める	
	1485 **ヘンリ7世**，**テューダー朝**創設		

↑1 **ジョン**（位1199〜1216） ジョンは，大陸の領土の多くを失い，カンタベリ大司教の選任問題をめぐって教皇インノケンティウス3世に破門された。課税をめぐって貴族に反抗され，1215年に**大憲章**[マグナ＝カルタ]を承認した。これは旧来の貴族・市民の特権を成文化したものであった。（ウスター主教座聖堂蔵）

↓2 大憲章（大英図書館蔵）

←3 **フィリップ4世**（位1285〜1314） 教皇**ボニファティウス8世**と聖職者への課税問題で争い，**三部会**を開いて臣民の支持を獲得した彼は，1303年にアナーニ事件を起こし，教皇を憤死させた。さらに1309年には，教皇庁を南フランスの**アヴィニョン**に移した。

2 百年戦争

↑4 **クレシーの戦い** 百年戦争前期の戦い。フランス軍は，ハンドルをまわして弦を引きしぼり引金で撃つ弩を使用していたが，操作が面倒で，イギリス軍の集団戦法と長弓の速射性の前に敗れた。

A 百年戦争前

- ■ 11世紀末におけるフランス王家の所領
- ■ 1154年におけるイングランド領
- ■ 1328年におけるイングランド領
- □ 1363年におけるブルゴーニュ公領

ロンドン・カンタベリ
イングランド王国 カレー
フランドル
毛織物工業の先進地帯
イギリス海峡
ノルマンディー クレシー
ランス
パリ
ブルターニュ
アンジュー
ロワール川
ブルゴーニュ
スイス
フランス王国
ボルドー
ギュイエンヌ
教皇領
アヴィニョン
マルセイユ プロヴァンス

13世紀前半
アルビジョワ十字軍でフランス王権が勢力拡大

0 150 300km

作業
①1154年のイングランド領（:::::）を着色しよう。

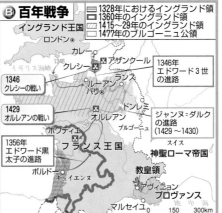

B 百年戦争

- ■ 1328年におけるイングランド領
- ■ 1360年のイングランド領
- ■ 1415〜29年のイングランド領
- □ 1477年のブルゴーニュ公領

イングランド王国
ロンドン
カレー
イギリス海峡 1346
クレシー アザンクール
1346 クレシーの戦い
ルーアン ランス
パリ
1429 オルレアンの戦い
ドンレミ
オルレアン
ポワティエ
ブルゴーニュ
1356年エドワード黒太子の進路
スイス
フランス王国
神聖ローマ帝国
ボルドー ギュイエンヌ
教皇領
アヴィニョン プロヴァンス
マルセイユ

1346年 エドワード3世の進路

ジャンヌ＝ダルクの進路（1429〜1430）

0 150 300km

→5 **ジャンヌ＝ダルク** 農民の娘であったジャンヌ＝ダルクは，神の声を聞いたと確信し，オルレアンで苦戦する**シャルル7世**のフランス軍に加わった。彼女の活躍により勝利を収めたフランス軍は，以後，形勢を逆転させ，シャルル7世も即位した。しかし，ジャンヌはまもなく捕えられ，宗教裁判の結果，火刑に処せられた。わずか19歳の生涯であった。（15世紀の細密画，パリ国立図書館蔵）

3 バラ戦争

←6 **ヘンリ7世**（位1485〜1509） **ランカスター家**につながっていた彼は**ヨーク家**のリチャード3世を破り，**テューダー朝**を開いた。貴族の私兵を制限したり，星室庁をひらいたりして，イギリス絶対王政の基礎を形成した。

←7 **ヨーク教会堂のステンドグラス**（16世紀） 百年戦争後のイギリスでは，王位継承をめぐってランカスター家（赤バラが紋章）とヨーク家（白バラが紋章）のあいだでバラ戦争がおこった。写真は白・赤・白赤のバラを交互に配列したステンドグラス。

ランカスター家 ヨーク家 テューダー家

1 14世紀中頃のヨーロッパ

スコットランド王国
1397 カルマル同盟
ノルウェー王国
アイルランド
スウェーデン王国
ノヴゴロド
カルマル
モスクワ大公国
デンマーク王国
ドイツ騎士団領
イングランド王国
リューベック
ロンドン
ハンブルク
1386 ヤゲウォ朝成立
カレー
ブレーメン
プロイセン
1339～1453 百年戦争
ブリュージュ ケルン
神聖ローマ帝国
ワルシャワ
リトアニア大公国
ブルターニュ
パリ
トリール ⑥ ⑤ マインツ
ハイデルベルク
ブラハ ポーランド王国
1356 金印勅書
キエフ
オルレアン
アウクスブルク ベーメン
クラクフ
キプチャク ハン国
ナバラ王国
フランス王国
スイス
コンスタンツ
オーストリア
ウィーン
1414～18 コンスタンツ公会議
ボルドー
ギュイエンヌ公国
リヨン
ミラノ
ヴェローナ
ブダ ペスト
モルダヴィア公国
カスティリャ王国
サラゴサ
アヴィニョン ジェノヴァ
ヴェネツィア
フィレンツェ
ボスニア（王）
ハンガリー王国
ワラキア公国
リスボン
トレド
アラゴン王国
マルセイユ ピサ
コルシカ
教皇領
ローマ
アナーニ
セルビア王国
ブルガリア王国
カッファ
グラナダ
ナスル朝
1309～77 教皇のバビロン捕囚
サルデーニャ
ナポリ
アルバニア
ビザンツ帝国
コンスタンティノープル
オスマン帝国
1453 ビザンツ帝国滅亡
1492 レコンキスタ完了
1303 アナーニ事件
ナポリ王国
シチリア王国
ヨハネ騎士団領
キプロス王国 シリア
ロードス

0 400 800km

七選帝侯 ① ● ブランデンブルク辺境伯 ② ● ザクセン公 ■ 1360年におけるイングランド領 ■ ハプスブルク家領
③ ● ベーメン（ボヘミア）王 ④ □ ファルツ伯 ⑤ ● ケルン大司教 ■ ヴェネツィア領 ■ ブルゴーニュ公領
⑥ ● マインツ大司教 ⑦ ● トリール大司教 ■ ジェノヴァ領 — 神聖ローマ帝国の境界

2 スペインのレコンキスタ

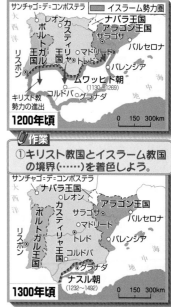

サンティアゴ=デ=コンポステラ ■ イスラーム勢力圏
レオン カスティ
ポルト ナバラ王国
ガル リャ アラゴン王国
王 王 サラゴサ バルセロナ
国 国 マドリード
リスボン トレド バレンシア
ムワッヒド朝（1130～1269）
キリスト教勢力の進出
コルドバ
グラナダ
1200年頃
0 150 300km

✎作業
①キリスト教国とイスラーム教国の境界（……）を着色しよう。

サンティアゴ=デ=コンポステラ
ナバラ王国
レオン
ポルト カスティ アラゴン王国
ガル リャ サラゴサ バルセロナ
ル 王 マドリード
王 国
国 トレド バレンシア
リスボン コルドバ
グラナダ
ナスル朝（1232～1492）
1300年頃
0 150 300km

↑1 レコンキスタ キリスト教徒によるイベリア半島「征服」は、イスラーム王朝下の宗教共存体制を否定して、ムスリムばかりかユダヤ教徒の迫害を始めるものであった。その後カスティリャとアラゴンは1479年に合同し、スペインが成立した。1492年、スペインはグラナダ征服でレコンキスタを完了した。

3 ドイツの歩み

962	オットー1世即位
	聖職叙任権闘争
1077	カノッサの屈辱（皇帝ハインリヒ4世が教皇グレゴリウス7世に謝罪）
1122	ヴォルムス協約（叙任権闘争終結）
☆	東方植民の進行（ドイツ騎士団が中心）
☆	ハンザ同盟の成立（リューベックが盟主）
1256	大空位時代（～73）（事実上、皇帝が不在）
1356	カール4世、金印勅書を発布（七選帝侯制度制定）
☆	諸侯・都市の自立化が進行
	コンスタンツ公会議（1414～18）
1415	フスを異端として火刑に処す
1417	教会大分裂を解消
1419	フス戦争（～36）
1438	神聖ローマ皇帝位、ハプスブルク家が世襲化

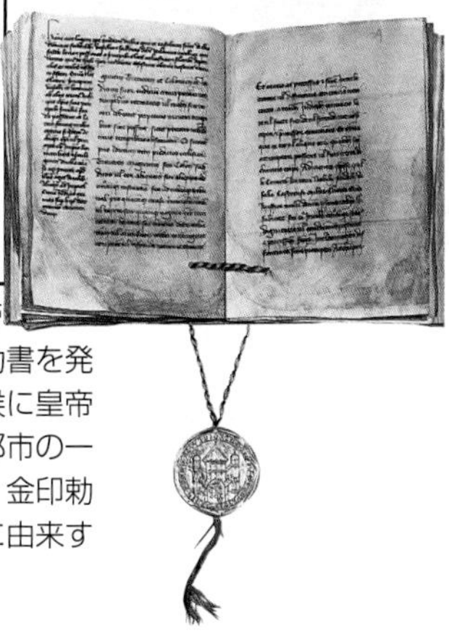

（左縦書き：神聖ローマ帝国（～1806））

→2 金印勅書 1356年、神聖ローマ皇帝カール4世は七選帝侯制度を定めた金印勅書を発布した。これは帝国内の聖俗7人の大諸侯に皇帝を選ぶ権限を与えるものであり、諸侯や都市の一層の自立化を促すことにもなった。なお、金印勅書の名は、文書につけた金メッキの印章に由来する。（ウィーン国立図書館蔵）

4 スイスの独立

←3 ヴィルヘルム＝テル伝説 13世紀末、ハプスブルク家の支配に抵抗して、スイスの独立運動が始まり、その後1648年に独立が国際的に承認された。その過程で、子どもの頭上のリンゴを矢で射落とすなどのヴィルヘルム＝テル伝説が生まれた。この英雄伝説は戯曲やオペラなどに取り上げられた。

5 イタリアの分裂

◎ニューアングル

『ロミオとジュリエット』

シェークスピアの名作『ロミオとジュリエット』は、教皇党と皇帝党の対立に彩られた13世紀後半のイタリアのヴェローナが舞台である。仇敵どうしの家に生まれたロミオとジュリエットだが、二人は恋に落ち、そして親どうしの抗争ゆえに命を失っていく。シェークスピアは直前にバラ戦争を描いた『リチャード3世』を書いており、血みどろの政治対立にささやかな幸福を引き裂かれる人間の悲劇性に注目していた。

↑4 映画「ロミオとジュリエット」（1968年、イギリス・イタリア合作）

	皇帝党[ギベリン]	教皇党[ゲルフ]
主張	皇帝のイタリア政策を支持	皇帝のイタリア干渉に反対
構成基盤	封建領主、新興市民、小都市など	小貴族、大商人、有力都市など

（右端縦書き：ヨーロッパ）

1 中世ヨーロッパの文化

特色
①キリスト教の神学が中核
②学問研究の場は，スコラから，次第に大学へ
③**ラテン語**が神学・学術用語で，国際性あり
④異端審問などの抑圧で，学問の自由はなし

神学	アウグスティヌス	キリスト教会初期の著作家（**教父**）。『**神の国**』を書いて，ローマ帝国滅亡の原因をキリスト教に帰す論に反対
	アルクイン（イギリス）	フランク王国のカール大帝に招かれる。**カロリング＝ルネサンス**の原動力となる
	アンセルムス（イギリス）	アウグスティヌス哲学を継承し**スコラ学**の父と呼ばれる。理性の上に信仰をおき**実在論**を確立
	アベラール（フランス）	人間の認識のありかたを批判的に検討し**唯名論**の道を開く（実在論との間で**普遍論争**始まる）
	ロジャー＝ベーコン（イギリス）	**アリストテレス**の影響を受けて実験・観察を重視
	トマス＝アクィナス（イタリア）	実在論の立場からアリストテレス哲学とキリスト教神学の調和につとめ『**神学大全**』を著述
	ウィリアム＝オブ＝オッカム（イギリス）	唯名論を確立して普遍は記号にすぎないことを説く
文学	騎士道物語	北方では戦場の騎士を描いた武勲詩が流行 『**ローランの歌**』（11〜12世紀のフランスで成立，カール大帝のイベリア半島遠征が題材）南方では宮廷における恋愛を，**吟遊詩人**（ドイツでは**ミンネジンガー**，フランスでは**トゥルバドゥール**）が歌う
	英雄叙事詩	『**ニーベルンゲンの歌**』（13世紀にドイツで成立，ニーダーラントの王子ジークフリートらが活躍する英雄叙事詩）『**アーサー王物語**』（ケルト人の伝説的英雄アーサー王の物語に円卓の騎士の話などが加わった長大な物語群）

2 中世の大学

- 12世紀までの設立
- 13世紀の設立
- 14世紀の設立
- 15世紀以後の設立

0 250 500km

グラスゴー
ケンブリッジ（神学）
オクスフォード（神学）
ケルン
ヴィッテンベルク
エルフルト クラクフ
パリ（神学）
ハイデルベルク プラハ
ボルドー
フライブルク
ウィーン
トゥールーズ
パドヴァ
サラマンカ
アヴィニョン
ボローニャ（法学）
リスボン
ピサ
バレンシア
ローマ
ナポリ
サレルノ（医学）

A 大学のカリキュラム

7 自由学科							→	4 専門学部			
文法	修辞	論理	算術	天文	幾何	音楽		神学	法学	医学	哲学

↑5 中世の大学の授業風景 先生も，学生も聖職者のような長い衣装を着ているのは，大学の起源が司教座教会や修道院の付属学校であった名残である。熱心に授業を受けている学生もいれば，居眠りをしたり，私語を交わしている学生もいる。（14世紀ドイツの大学，ベルリン国立博物館蔵）

←1 アウグスティヌス 若い頃，肉欲と理想のはざまで苦しみマニ教徒となったが，30代前半の時，「取れ，読め」という神秘的な童子の声を耳にして，回心したという。（ボッティチェリ作，オニサンティ聖堂蔵）

←2 トマス＝アクィナス 彼は，**アリストテレス哲学とキリスト教神学の融合**をめざし，『**神学大全**』を完成させた。実在論と唯名論の調和を図った。

↑3 トゥルバドゥール 12世紀以降，南フランスで女性に対するロマンティックな愛を歌う**吟遊詩人**が現れた。彼らは宮廷に仕え，リュートなどの楽器に合わせて，「宮廷風恋愛」と呼ばれる愛のかたちを歌った。（1300年頃の細密画）

ニューアングル 12世紀ルネサンス

↑4 両シチリア王国・パレルモの宮廷の書記官たち
西欧世界（ラテン文化）とビザンツ世界（ギリシア文化）・イスラーム世界の接点であったシチリア島は，イベリア半島と並んで12世紀ルネサンスの舞台となった。アラビア語経由で古代ギリシア文化の著作を**ラテン語**に翻訳する一連の文化事業を12世紀ルネサンスという。この成果は同じ頃，各地に成立した大学で一般に広められ，**アリストテレス**や**アルキメデス**などの著作が復活していった。

↑6 ケンブリッジ大学（イギリス）

3 中世の絵画

↑ **7 中世写本画の世界** 修道院では聖書などの写本の製作が盛んに行われていた。その挿絵が写本画であり、中世絵画の中心をなしている。写実にとらわれない独自の作風は印象的である。写真は9世紀の写本画であり、十戒を受けるモーセを描いている。

↑ **8 「一角獣[ユニコーン]を連れた貴婦人」** 中世においては、一角獣は恋に落ちた男性になぞらえられることが多かった。

(15世紀末、377×466cm、パリ、国立中世美術館蔵)

4 教会と建築

様　式	特　徴	代　表　例
ビザンツ様式 （4〜8世紀、 東欧）	正十字の平面 大円蓋 モザイク壁面	サン＝マルコ聖堂 （伊・ヴェネツィア） **ハギア＝ソフィア聖堂** （トルコ・イスタンブル）
ロマネスク様式 （11〜12世紀）	半円筒穹窿と交差穹窿・ 周歩廊・放射状祭室 重厚な水平に広がる印象 を与える	**ピサ大聖堂**（伊） クリュニー修道院（仏） マインツ聖堂（独）
ゴシック様式 （13〜15世紀）	尖頭アーチ・肋骨穹窿・ 飛梁により高さと光（大 きな**ステンドグラス**）を 強調	**シャルトル大聖堂**（仏） **ケルン大聖堂**（独） カンタベリ大聖堂（英） ノートルダム大聖堂（仏・パリ）

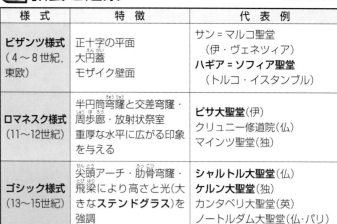

ビザンツ様式

↑ **10 サン＝マルコ聖堂（イタリア・ヴェネツィア）** 9世紀にアレクサンドリアからもたらされた使徒マルコの遺骸を納めている。ギリシア十字形平面プランをもつ。

↓ **11 ピサ大聖堂（イタリア・ピサ）** 都市の中心部から離れた郊外に建つ。ラテン十字形平面プランをもつ。

ロマネスク様式

洗礼堂

鐘楼（ピサの斜塔）　　大聖堂

➡ **12 ケルン大聖堂**
（ドイツ・ケルン）
北ヨーロッパ最大の
ゴシック聖堂。13世
紀半ばに着工された
が、最終的に完成し
たのは19世紀後半
だった。

ゴシック様式

祭りに見る中世の名残

ニューアングル

ベルギーのイープルでは5月に猫祭りが行われる。猫の仮装をした人々が町をパレードする。ペストの流行時や魔女狩りの時、猫に厄を負わせて塔から投げ落としたのがその起源とされている。民衆世界では、猫は魔力をもつと考えられていた。こうした民衆信仰は、キリスト教と融合しつつ、形を変えながら現代まで脈々と生き続けている。

↓ **9** 猫祭り

ヨーロッパ

尖頭アーチ

シャルトル大聖堂 は，当初**ロマネスク様式**の建築だったが，1194年に一部焼失，1220年に**ゴシック様式**で再建されて今日に至っている。天空へ向かう垂直性の強いプロポーションと広い壁面を飾る**ステンドグラス**は，ゴシック建築の代名詞ともなっている。173枚のステンドグラスが使われ，その総面積は2,000㎡にもおよぶ。

⬆**2** シャルトル大聖堂の内部

⬆**1** 正面扉口から見たシャルトル大聖堂

13世紀　高さ南塔106m・北塔115m　フランス，シャルトル

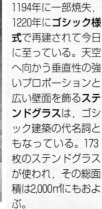

➡**3** 北のバラ窓　キリスト教徒にとって「神は光」であった。ステンドグラスを通して入った多彩な光が聖堂内を満たし，神秘的な空間をつくり出した。それはまさに「天上のイメージ」が実現した空間であった。

上写真の撮影方向

⬆**5** 空から見たシャルトル大聖堂

⬅**4**「美しき絵ガラスの聖母」　最古のステンドグラスで12世紀のもの。「シャルトルブルー」といわれる衣の青と聖母マリアの表情が，見る者に深い印象を与える。

Ⓐ 見る視点「ロマネスクとゴシック」

ロマネスク

ゴシック

⬅**6** ロマネスクとゴシック　石やレンガを積み上げる建築は天井構造がアーチ型となる。天井に働く水平力が壁面を崩壊させないように，外部に取り付けられた飛梁が力を地上へと分散させて支えている。シャルトルに始まるこの発明が，ゴシック建築の高さを可能とし，窓のための場所を提供した。

1 13世紀の各地の交易圏

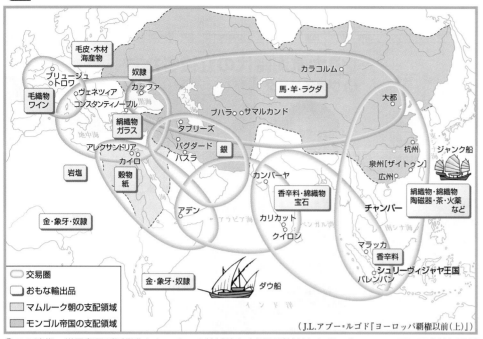

（毛皮・木材・海産物）（奴隷）（馬・羊・ラクダ）カラコルム 大都

ブリュージュ トロワ ヴェネツィア コンスタンティノープル（毛織物・ワイン）（絹織物・ガラス）アレクサンドリア カイロ（穀物・紙）（岩塩）タブリーズ バグダード バスラ（銀）ブハラ サマルカンド

杭州 泉州[ザイトゥン] 広州 ジャンク船（絹織物・綿織物・陶磁器・茶・火薬など）

カンバーヤ（香辛料・綿織物・宝石）カリカット クイロン アデン チャンパー マラッカ（香辛料）シュリーヴィジャヤ王国 パレンバン

（金・象牙・奴隷）（金・象牙・奴隷）ダウ船

凡例：
- 交易圏
- おもな輸出品
- マムルーク朝の支配領域
- モンゴル帝国の支配領域

（J.L.アブー＝ルゴド『ヨーロッパ覇権以前（上）』）

↑この時代、世界貿易が活発化した。8つの地域的な交易圏が接続しあうことで、ユーラシア全体に及ぶ経済システムが構築されたのである。

2 海の道

A 使用された船

↑1 **ダウ船** 古来、インド洋・アラビア海で活躍するのが「海のラクダ」と呼ばれるダウ船である。三角帆で、木材をロープで縫い合わせて作る。

↑2 **ジャンク船** 中国の伝統的帆船で、蛇腹式の伸縮する帆、壁で船体を仕切る構造が特色である。東シナ海、南シナ海で活躍した。

B 交易された商品

←3 **カイロの香辛料店** 店先に胡椒・ナツメグなどの**香辛料**を詰めた袋が所狭しと並ぶ。カイロは香辛料など東方の物産を紅海から地中海にかけて運ぶ商人たちの拠点として繁栄した。

→4 **陶磁器の交易** 中国産の**陶磁器**はアジア・ヨーロッパ各地に輸出され、愛好された。絵はオスマン帝国宮廷へ運ばれるようすを描いたもの。（イスタンブルのトプカプ宮殿博物館蔵）

←5 **綿織物** インド産の綿織物はその色や模様の美しさと肌触りの良さ、手頃な価格などから近世ヨーロッパで爆発的な人気を呼んだ。写真は木版で染めている風景。

3 ムスリム商人の活動

←6 **キャラヴァン＝サライ** イスラーム世界ではほぼ1回の旅が進む距離ごとにキャラヴァン＝サライ（隊商宿）が置かれていた。建物は方形の中庭を囲むように2～3階建て構造になっている。（パリ国立図書館蔵）

←7 **ラクダによる交易** ラクダは「砂漠の船」とも呼ばれ、隊商交易に欠かせない家畜であった。厳しい自然条件を伴う砂漠を走破するためには、3～4日も水なしで生きられ、耐荷重量が平均150kgもあるラクダに頼るところが大きかった。

ニューアングル シンドバッドの冒険

『千夜一夜物語』（『アラビアン＝ナイト』）の中に登場するムスリム商人シンドバッドは、7回の大航海をおこなう。その航海で、シンドバッドはダイヤモンドやルビーなどの宝石、胡椒・クローヴなどの香辛料などを獲得して大富豪になる。物語の背景にはインド洋海域を中心にアフリカ東岸から中国に至るまではりめぐらされたイスラーム＝ネットワークが存在した。

ロック鳥
シンドバッド

作業 学習する「時代」（ ）を着色しよう。

世紀	29	28	27	26	25	24	23	22	21	20	19	18	17	16	15	14	13	12	11	10	9	8	7	6	5	4	3	2	1	1	2	3	4	5	6	7	8	9	10	11	12	13	14	15	16	17	18	19	20	21
日本						縄文															弥生			古墳		奈良 平安							鎌倉 室町				江戸												

1 大航海時代の展開

背景

プレスター＝ジョン伝説		マルコ＝ポーロ『世界の記述』	ルネサンス
宗教	政治	文化・経済	技術
情熱	君主の経済的欲求	東方への憧れ	科学技術の発展
イスラーム勢力を駆逐	王権強化のための財政基盤の確保	香辛料の直接入手	航海術・羅針盤地球球体説

↓

スペインの動き	ポルトガルの動き
スペインの海外活動 おもにアメリカ大陸に植民地を建設	**ポルトガルの海外活動** おもにアジアに拠点を築く
（赤字：イギリスの動き） 1492 **レコンキスタ**完了 1492 **コロンブス**が**サンサルバドル島**に到達	1415 **エンリケ航海王子**支援による北アフリカ探検 1488 **ディアス**が**喜望峰**に到達
1493 教皇アレクサンデル6世の教皇子午線 1494 トルデシリャス条約で教皇分界線が西方に移動	
1497 **カボット**がカナダ東岸到達 1501〜02 **アメリゴ＝ヴェスプッチ** 　　　中南米探検（アメリカの語源） 1513 バルボアがパナマ地峡を横断，太平洋へ 1519 **マゼラン**世界周航（〜22） 1521 **コルテス**が**アステカ王国**を滅ぼす	1498 **ガマ**が**カリカット**に到達 　　　**インド航路**開拓 1500 **カブラル**，ブラジル漂着 1510 インドの**ゴア**を占領 ☆ 商館を各地に建設し，香料貿易・カトリック布教 1511 **マラッカ**を占領
1529 サラゴサ条約でアジアにおける勢力圏を画定	
1533 **ピサロ**が**インカ帝国**を滅ぼす ☆ **エンコミエンダ制**による先住民の虐待酷使が深刻化 1571 **マニラ**を建設 1577 イギリス人**ドレーク**が世界周航に出発（〜80）	1543 **種子島**に漂着（鉄砲伝来） 1549 **フランシスコ＝ザビエル**，鹿児島に上陸。カトリック布教 1557 明朝から**マカオ**の居住権獲得 1580 ポルトガルがスペインに併合される

Ⓐ 大航海を実現させた知識と技術

↑1 トスカネリの球体世界地図 イタリアの天文学者であった**トスカネリ**は，**地球球体説**に基づいて大西洋西進がアジアへの近道であると説き，**コロンブス**の航海に大きな影響を与えた。（マドリード，アメリカ博物館蔵）

2 大航海時代の立役者たち

Ⓐ ヴァスコ＝ダ＝ガマ（1469頃〜1524）

↑2 喜望峰

1497年インド航路開拓の旅に出た。喜望峰を経由して，マリンディでムスリムの水先案内人を雇い，翌年**カリカット**に到着。唯一もち帰ったものは商品見本としての香辛料・宝石であった。

Ⓑ コロンブス（1451〜1506）◀P.76

↓3 映画「1492」（1992年，米・仏・西作品）の一場面
サンタ＝マリア号

金と香辛料を求めてアジアに西回りの航路で行くことを計画し，**スペイン女王イサベル**の援助を受けて，1492年8月出発した。約2か月の航海の末，カリブ海の小島に到着し，その島を**サンサルバドル**（聖なる救世主）と名付けた。

Ⓒ マゼラン（マガリャンイス）（1480頃〜1521）

↑4 ラプラプと戦うマゼラン（現在の戦勝記念祭）

西回りで**モルッカ諸島**に到達しようと，1519年スペインの**カルロス1世**の援助を受けて出発した。マゼラン海峡を越え，太平洋を横断し，フィリピンに到着。彼はここで先住民と衝突して，戦死してしまう。1522年に部下が帰還し，世界周航に成功した。

3 苦しかった当時の航海

航海者	出航時	帰国時
コロンブス	3隻 90名（1492.8）	1隻 40名（1493.3）
ヴァスコ＝ダ＝ガマ	4隻 170名（1497.7）	2隻 44名（1499.7）
マゼラン	5隻 265名（1519.9）	1隻 18名（1522.9）

旅も風任せであった当時の航海は，多くのリスクが伴った。船員の病死のおもな原因はビタミンCの不足による壊血病であった。また，難破をすればたちまち多くの人が亡くなった。

食事	悪臭	病気
主食に毎日700gのパンと80gの豆。副食に週3回の塩づけ肉・週2回の150gのチーズと200gの塩づけ鱈。水は1人当たり1日1ℓ。	ごみや食べ物の残りかすが適切に処理されず，船底にたまった水が腐敗して，悪臭に悩まされた。	ビタミンC不足からくる壊血病，疫病，また衣類を洗濯できなかったために無数のシラミに悩まされた。

（『朝日百科世界の歴史69』による）

1 大航海時代の世界

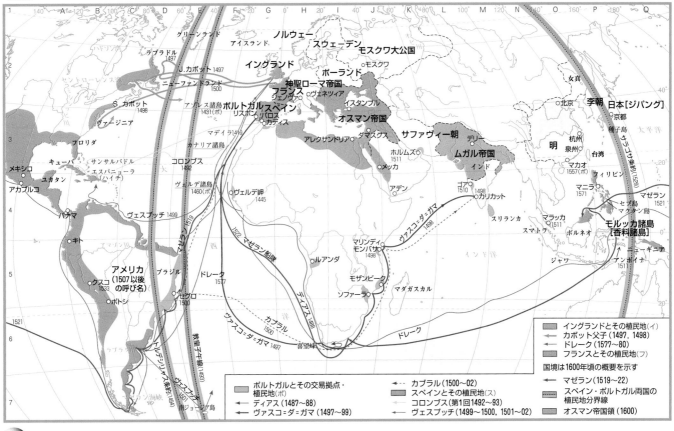

	イングランドとその植民地(イ)
カボット父子(1497、1498)	
ドレーク(1577〜80)	
フランスとその植民地(フ)	

国境は1600年頃の概要を示す

マゼラン(1519〜22)	
スペイン・ポルトガル両国の植民地分界線	
オスマン帝国領(1600)	

ポルトガルとその交易拠点・植民地(ポ)	カブラル(1500〜02)
ディアス(1487〜88)	スペインとその植民地(ス)
ヴァスコ=ダ=ガマ(1497〜99)	コロンブス(第1回1492〜93)
	ヴェスプッチ(1499〜1500、1501〜02)

ニューアングル 香辛料を求めて

インドや東南アジアを原産地とする胡椒・クローヴなどの香辛料は、ヨーロッパでは調味料・防腐剤そして医薬品として尊重された。ムスリム商人経由で入手する香辛料は、インドでの取引価格の数十倍と極めて高く、ヨーロッパの人々が直接、アジアに到達できる道を考えはじめたのは当然のことであった。

← 1 胡椒畑

A 香辛料の魅力

*16世紀初めリスボンでの価格(50.8kg当たり)
**価格単位はクルザード　　　(『朝日百科世界の歴史67』)

香辛料の種類	胡椒	クローヴ	シナモン
購入価格+船賃	6.08	10.58	6.58
販売価格	22	60〜65	25
利益率(%)	261.84	467.11〜514.37	279.94

その頃の日本(戦国時代)

16世紀の日本は、戦国時代の真っ只中にあった。下剋上の風潮の中、全国各地で戦国大名が天下統一をめざして争っていた。そのような中、急速に台頭してきたのが織田信長であった。信長は長篠合戦(愛知県)で勝利を収めるなど、領地を拡大したが、本能寺の変で倒れ、天下統一は家臣の豊臣秀吉によって達成された。

1543年	ポルトガル人種子島に漂着(鉄砲伝来)
1549年	フランシスコ=ザビエル、キリスト教を伝える
1573年	室町幕府滅亡
1575年	長篠合戦(鉄砲の大量使用)
1582年	本能寺の変
1590年	豊臣秀吉による天下統一
1600年	関ヶ原の戦い

↑ 2 長篠合戦図屏風 (157.9×366.0cm 徳川美術館蔵)

1 古アメリカ文明の展開

	メソアメリカ文明			アンデス文明			
	メキシコ中央高原	メキシコ湾	ユカタン半島	ペルー北海岸	ペルー中央高地	ペルー南海岸	ペルー・ボリビア国境

紀元前 1200 / 1000 / 800 / 600 / 400 / 200 / 紀元後 1 / 200 / 400 / 600 / 800 / 1000 / 1200 / 1400 / 1600

オルメカ文明
テオティワカン文明
トルテカ文化
マヤ古典期文化
マヤ後古典期文化
アステカ王国 1521

チャビン文化
モチカ文化
チムー文化

パラカス文明
ナスカ文化
ワリ文化
インカ帝国 1533

ティアワナコ文化

2 古アメリカ文明の特色

共通の特色 ①**トウモロコシ・ジャガイモ**などを栽培、②**金・銀・青銅器**を使用、③**太陽神**を信仰、④**鉄、車両、馬、牛などの大型家畜は存在しない**（リャマ・アルパカなどの小型家畜は存在）

人口 食物の豊かさと疫病の少なさから、1492年時点で南北アメリカの人口は5,000万〜1億人に達した。（同時期のヨーロッパは6,000万〜8,000万人。） （『南北アメリカの500年①』）

	Ⓐ アステカ文明	Ⓑ マヤ文明	Ⓒ インカ文明
中心地と時期	メソアメリカ（メキシコ〜パナマ）**アステカ王国**を建設（14世紀〜1521）	ユカタン半島中心 古典期文化（4〜16世紀）	アンデス高地（コロンビア〜チリ）**インカ帝国**を建設（1200頃〜1533）
首 都	**テノチティトラン**	（多くの都市国家）	**クスコ**
文 字	アステカ文字	マヤ文字	文字はなく**キープ（結縄）**で表現
文化的政治的特色	**神権政治**が展開し、**人身供犠**の習慣	**ピラミッド・神殿**と**暦法**が発達、二十進法	**神権政治**が展開し、南北4,000kmの領土に**街道・宿駅・飛脚**を整備
衰 退	1521 **コルテス**によって滅亡	16世紀 スペイン人によって滅亡	1533 **ピサロ**によって滅亡

Ⓐ アステカ文明

→1 テノチティトランの繁栄 **アステカ**の首都は、海抜2,200mの壮大な湖上都市であった。のちにスペインはここを破壊し、メキシコ市（◀表表紙裏）を建設した。

→2 コルテス（1485〜1547）スペインのコンキスタドール[征服者]の代表格で、1521年に**アステカ王国**を征服した。

3 古アメリカ文明の時代

作業 ①インカ帝国（　）を着色しよう。

テオティワカン / マヤパン / チチェン＝イツァ / テノチティトラン / **マヤ文明圏** / **アステカ王国** / ティカル / チャビン / **インカ帝国** / マチュ＝ピチュ / **クスコ**（標高3,360m） / ナスカ / ティアワナコ / ポトシ / 赤道 / 太平洋

アンデス西山系 / アンデス東山系 / 4,000m / 2,000m / 0m / A / B

インカ帝国 / コルテスの進路 / ピサロの進路

Ⓑ マヤ文明

↑3 マヤ文字 3世紀半ばには、マヤ文明の広い地域でマヤ文字が使われていた。王たちは文字を使って即位や戦勝記念などの栄光を刻ませた。

Ⓒ インカ文明

↓4 マチュ＝ピチュ 標高2,400mの峰に15世紀半ばに築かれた都市で推定人口はおよそ1,000人。都市の石材は、南側のがけの石切り場や川から採掘され、リャマや人力で運ばれた。

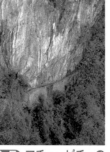
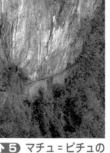

↑5 マチュ＝ピチュの裏手のインカ道

キープ（結縄） 文字をもたなかったインカでは紐の色や結び目の数・位置などで人口や穀物量などを表した。16世紀まで使われた。

数字の表し方
1 / 2 / 3 / 4

↑6 ピサロ（1470頃〜1541）バルボアのパナマ遠征に参加したのち、わずか180名の部下を率いて、1533年に**インカ帝国**の征服に成功した。（セビリャ、インド博物館蔵）

←7 クスコの街並 標高3,360mの高地にある**インカ帝国**の首都**クスコ**は、精密な石造建築がたちならび、強固な砦によって防衛されていた。

ヨーロッパ

アメリカほか

1 大航海時代の結果

↑ヨーロッパがアフリカ・アメリカ諸地域を自分たちにとって都合よく支配する形で、「世界の一体化」が進んだ。その結果、これらの地域の多くは、**モノカルチャー経済**の枠組みの中で経済的に従属させられ、政治的に近代化が遅れた。

A 大航海時代の結果

①**商業革命**　世界貿易の中心が地中海から**大西洋沿岸**へ

②**価格革命**　16世紀、アメリカ大陸から**銀**が流入し、ヨーロッパで急激な物価上昇→好景気による商工業の発展、固定した地代収入に依存する封建領主層の没落

③**食生活の変化**　アメリカ大陸原産の農作物（**ジャガイモ・トウモロコシ・トマト・トウガラシ**など）の流入

④「**世界の一体化**」

2 アメリカ大陸とヨーロッパとの交流

　ジャガイモ　　トウモロコシ　　トウガラシ

アメリカ大陸　→　ジャガイモ、サツマイモ、トウモロコシ、トマト、カボチャ、トウガラシ、ピーマン、インゲン豆、カカオ、タバコ、**梅毒**　→　**ヨーロッパ・ユーラシア大陸**

ヨーロッパ・ユーラシア大陸　←　車輪、鉄、キリスト教、馬、牛、羊、コーヒー、藍、サトウキビ、綿花、**天然痘、はしか、インフルエンザ**　←　**アメリカ大陸**

　キリスト教　　馬　　コーヒー

↑**トウモロコシ**や**ジャガイモ**がアメリカ大陸から世界各地に伝播し、世界の食糧事情は大きく改善された。一方、ヨーロッパ人はアメリカ大陸や西インド諸島で、**コーヒー**や**サトウキビ**などの商品作物を導入し**プランテーション**を形成していった。

3 先住民人口の減少

A エスパニョーラ島の人口推移　B メキシコ中央部の人口推移　C アンデスの人口推移

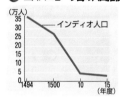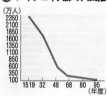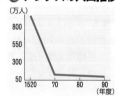

（『朝日百科世界の歴史68』）

↑スペイン領植民地では、先住民がプランテーション農業や鉱山開発、都市の建設などで酷使されるとともに、ヨーロッパ人がもたらした天然痘やインフルエンザが流行したため、人口を激減させた。

→3 鉱山で働く先住民

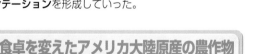

→4 **ポトシ銀山の現在の光景**　1545年に巨大な銀鉱が発見されたため、標高4,180mのポトシは16世紀末に人口17万人の南米最大の都市となった。

ニューアングル 食卓を変えたアメリカ大陸原産の農作物

←1 **イタリア料理のトマトソース**　16世紀、トマトがイタリアに届いた時は、その色などから毒があると思われ観賞用として扱われたが、その後の品種改良によって、イタリア料理のソースとして欠かせないものになった。

→2 **チョコレート（ココア）**　原料となるカカオはアメリカ大陸では紀元前から栽培されていたらしい。**コルテスがカルロス1世**に献上したのが、ヨーロッパにココアが伝わった最初といわれる。

人物ファイル ラス＝カサス（1474/84～1566）

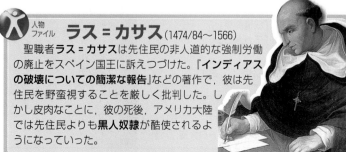

聖職者**ラス＝カサス**は先住民の非人道的な強制労働の廃止をスペイン国王に訴えつづけた。『**インディアスの破壊についての簡潔な報告**』などの著作で、彼は先住民を野蛮視することを厳しく批判した。しかし皮肉なことに、彼の死後、アメリカ大陸では先住民よりも**黒人奴隷**が酷使されるようになっていった。

（パリ国立図書館蔵）

作業 学習する「時代」（　）を着色しよう。

世紀	29	28	27	26	25	24	23	22	21	20	19	18	17	16	15	14	13	12	11	10	9	8	7	6	5	4	3	2	1	1	2	3	4	5	6	7	8	9	10	11	12	13	14	15	16	17	18	19	20	21
日本								縄文															弥生				古墳		飛鳥	奈良	平安					鎌倉	室町	安土桃山		江戸				明治 大正	昭和	平成 令和

1 ルネサンスの都・フィレンツェ

世界遺産

ヴェッキオ宮殿
メディチ家礼拝堂
ジョットの鐘楼
ヴェッキオ橋
ウフィツィ美術館
サンタ＝マリア大聖堂
アルノ川

←1 フィレンツェ　イタリア中部に位置するフィレンツェは，中世以来，**毛織物工業・金融業**で栄えた。これらで財を成した大商人・銀行家などがパトロンとして学者・芸術家を支え，フィレンツェで**ルネサンス**が花開くこととなった。15世紀には人口が10万人を超えていたという。

←2 コジモ＝デ＝メディチ（1389〜1464）　14世紀末に父がはじめた銀行業を引き継ぎ，これを大きく発展させた。市政を支配し「祖国の父」と呼ばれ，学者・芸術家の支援に熱心であった。

2 イタリア＝ルネサンスの展開

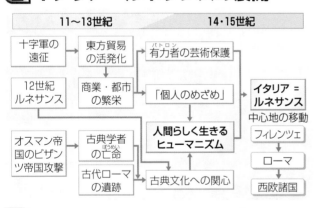

11〜13世紀	14・15世紀

十字軍の遠征 → 東方貿易の活発化 → 有力者の芸術保護（パトロン）

12世紀ルネサンス → 商業・都市の繁栄 → 「個人のめざめ」

有力者の芸術保護・「個人のめざめ」 → 人間らしく生きるヒューマニズム → **イタリア＝ルネサンス**

中心地の移動
フィレンツェ
ローマ
西欧諸国

オスマン帝国のビザンツ帝国攻撃 → 古典学者の亡命 → 古代ローマの遺跡 → 古典文化への関心

● イタリア＝ルネサンスの衰退
① **イタリア戦争**による政治的混乱
② **大航海時代**の到来
　→東方貿易の衰退
　→経済力の低下
③ **対抗宗教改革**の圧迫

4 ルネサンス時代のイタリア

ヴェネツィア
ミラノ公国
サヴォイア公国（ミラノ）
マントヴァ
パルマ公国
モデナ公国
フェラーラ公国
ジェノヴァ共和国
サンマリノ共和国
フィレンツェ共和国
シエナ共和国
教皇領
コルシカ
ローマ
ナポリ王国
ナポリ
サルデーニャ
地中海
アドリア海
シチリア王国

| 都市名 | ルネサンス文化の中心地 | 100km |

3 イタリア＝ルネサンスの人々

文学	ダンテ	『**神曲**』（トスカナ語で著される）	絵画・彫刻	ジョット	ルネサンス絵画の先駆者
	ペトラルカ	『**叙情詩集**』		ドナテルロ	ルネサンス彫刻の創始者
	ボッカチオ	『**デカメロン**』		ボッティチェリ	「**ヴィーナスの誕生**」「**春**」
思想	**マキァヴェリ**	政治学者『**君主論**』		レオナルド＝ダ＝ヴィンチ	「**モナ＝リザ**」「**最後の晩餐**」科学の研究など，**万能人**
建築	ブルネレスキ	ルネサンス建築の創始者 サンタ＝マリア大聖堂建設		ミケランジェロ	「**ダヴィデ像**」「**天地創造**」「**最後の審判**」
	ブラマンテ	**サン＝ピエトロ大聖堂**設計		ラファエロ	「**アテネの学堂**」「**聖母子像**」
				ティツィアーノ	「**ウルビーノのヴィーナス**」

人物ファイル

（パラッツォ＝ヴェッキオ蔵）

マキァヴェリ（1469〜1527）

　マキァヴェリはフィレンツェの書記官として軍事・外交に携わった政治思想家である。著書『**君主論**』の中で彼は，「君主には，獅子のような力と狐のような狡知が必要である」と説いた。すなわち，イタリアを統一する強力な君主の必要性を説き，政治を道徳から切り離して論じたのである。マキァヴェリは，近代政治学の祖といわれる。

↑**3** ボッティチェリ「ヴィーナスの誕生」 「春」と並ぶ代表作。海の泡から生まれた女神が，風の神によって海岸に吹き寄せられ，妖精が迎えている。女神は恥じらいのポーズをとっている。(1486年頃,173×279cm,フィレンツェのウフィツィ美術館蔵)

(1501年頃, 高さ174cm, ヴァチカン,サン＝ピエトロ大聖堂蔵)

→**5** ミケランジェロ「ダヴィデ」 投石で巨人ゴリアテに立ち向かったダヴィデの伝説を表現した29歳の時の作品。当初，フィレンツェ市庁舎前におかれていた。(1501〜04年, 504cm, フィレンツェ, アカデミア美術館蔵)

170cm

↑**4** ミケランジェロ「ピエタ」 ピエタとは，磔刑に処せられたのち，十字架から降ろされたイエスを抱く聖母マリアを題材とした作品のことで，これは26歳の時の作品である。我が子を失ったマリアの悲しみが伝わってくる。

人物ファイル **レオナルド＝ダ＝ヴィンチ**
(1452〜1519)

レオナルド＝ダ＝ヴィンチは，絵画・彫刻・音楽・土木技術・軍事技術・解剖学・機械工学など，あらゆる分野において，その才能を発揮した「万能人」であった。空を飛ぶことに強い関心をもっていた彼は，さまざまなアイデアを残した。

↓**7** ヘリコプターのイメージ

↑**6** 自画像

→**8**「モナ＝リザ」 世界で最も有名な絵画の一つ。「永遠の微笑」とたたえられる表情と，岩と水から大地が形成されているような神秘的な背景が描かれている。(1503〜06年頃の作, 77×53cm,ルーヴル美術館蔵)

↑**9** ラファエロ「椅子のマドンナ」 **ラファエロ**は数多くの聖母子像を描き，「聖母子の画家」と呼ばれた。彼の描く聖母はどれも優雅で気品に満ちている。(直径71cm, フィレンツェ, ピッティ美術館蔵)

（　）はモデル

アレクサンドロス大王　ソクラテス　プラトン（ダ＝ヴィンチ）　アリストテレス　ラファエロ

ピタゴラス　ヘラクレイトス（ミケランジェロ）　エウクレイデス

↑**10** ラファエロ「アテネの学堂」 天上を指す**プラトン**と地上を指す**アリストテレス**を中心に，古代ギリシアの賢人たちが一堂に会している。ラファエロ,27歳の時の作品である。(1509〜10年, 6×8m,ヴァチカン宮殿蔵)

ヨーロッパ

都市の世界史 **ヴァチカン**

サン゠ピエトロ大聖堂（高さ138m）
システィナ礼拝堂
馬見ホール
ヴァチカン宮殿
広場
ヴァチカン市国の国境線
ヴァチカン

サン゠ピエトロ大聖堂は、1506年、教皇ユリウス2世が建築家**ブラマンテ**に命じて改築に着手し、以後、**ラファエロ・ミケランジェロ**などが設計・監督に携わった。完成は120年後の1626年。キリスト教世界最大の聖堂である。

1 ミケランジェロの芸術

「創世紀」の場面

←**1 システィナ礼拝堂内部**　教皇ユリウス2世の要請を受け、長さ約40m、幅約13m、高さ約20mの礼拝堂の天井画を描きはじめたのは、ミケランジェロが33歳の時。4年の歳月をかけ、「天地創造」、「楽園追放」など『旧約聖書』の「創世紀」の9場面を描いた。

マリア
イエス
パウロ
ペテロ
ミケランジェロの
自画像

←**2** 「**最後の審判**」システィナ礼拝堂の正面に描かれた縦15m、横13mの壁画。イエスの下す審判により、天国に昇る人、地獄に落ちる人が分けられる。この祭壇画を描きはじめたのは、彼が60歳の時。5年の歳月をかけ、天使などを含めてこの絵の中に約400人が描かれた。

人物ファイル **ミケランジェロ** (1475～1564)

20代半ばで傑作「**ピエタ**」を彫った**ミケランジェロ**は、その後「**ダヴィデ像**」の完成により彫刻家としての名声を確立する。30代以降は**システィナ礼拝堂**の壁画を描くことになる。「神の如き人」と呼ばれた**ミケランジェロ**は、まさにルネサンス期を代表する天才の一人であった。

1478年頃。203×314cm。
フィレンツェ,ウフィツィ美術館蔵。

Ⓐ ルネサンスの背景

ロレンツォ゠デ゠メディチ

↑1 ボッティチェリ
(1445頃～1510) (フィレンツェ,ウフィツィ美術館蔵)

↑2 ロレンツォ゠デ゠メディチと文学者・哲学者たち (ヴァザーリ画)

　15世紀後半の**フィレンツェ**を,事実上支配した**ロレンツォ゠デ゠メディチ**は,祖父コジモ同様に多くの学者や芸術家を支援した。メディチ家の別荘には当代一流の学者や芸術家が集まり,哲学や文学の議論に花を咲かせた。ロレンツォの保護を受けていた**ボッティチェリ**もそうした影響を強く受けながら,絵を描いた。

→古代の三美神は裸体で描かれ,中世においては身体は布で覆われた。「春」では三美神は薄い布をまとい,身体が見える形で表現された。芸術表現は時代の思潮を反映するが,この三美神の変遷からもそのことがうかがえる。

↑3 古代の三美神(イタリアのポンペイ出土,1世紀)

↑4 中世の三美神(写本のさし絵,14世紀)

Ⓑ 名画を読み解く

ヴィーナス　キューピッド　西風ゼフェロス

170cm

官能　貞節　美

メルクリウス　三美神　花の女神フローラ　大地の妖精クローリス

↑春の到来を告げる西風ゼフェロスが,大地の妖精クローリスに春の風を吹きつけようとしている。ゼフェロスに抱きかかえられた瞬間,クローリスの口からは花々が溢れだし,花の女神フローラに変身する。キューピッドが矢を向けている相手は三美神の中央の「貞節」。いまだ愛を知らない「貞節」がキューピッドの矢に打たれれば,その両脇に位置する「官能」,「美」に導かれて愛に目覚めていく。神々の足元には数多くの花が咲き誇っている。

1 西ヨーロッパのルネサンス

文学	チョーサー	イギリス	『カンタベリ物語』
	ラブレー	フランス	『ガルガンチュアとパンタグリュエルの物語』
	セルバンテス	スペイン	『ドン゠キホーテ』
	シェークスピア	イギリス	エリザベス期に活躍『ハムレット』『オセロ』『リア王』『マクベス』(四大悲劇)
思想	エラスムス	ネーデルラント	『愚神礼賛』
	トマス゠モア	イギリス	『ユートピア』
	モンテーニュ	フランス	『エセー(随想録)』
美術	ファン゠アイク兄	フランドル	弟とともに油彩細密画創始(異説あり)
	ファン゠アイク弟	フランドル	「アルノルフィニ夫妻の肖像」
	デューラー	ドイツ	「四使徒」
	ホルバイン	ドイツ	「エラスムス像」
	ブリューゲル	フランドル	「農民の踊り」「婚礼の宴会」

2 ルネサンス時代の西ヨーロッパ

ホルバイン「エラスムス像」 エラスムスはオランダ生まれの人文主義者で、『愚神礼賛』で既成の教会を批判した。「エラスムスが産んだ卵をルターが孵した」といわれるが、彼自身はのちにルターを批判した。(1523年頃、42×32cm、ルーヴル美術館蔵)

人物ファイル モンテーニュ (1533~92)

南フランスの豊かな法服貴族の家に生まれ、37歳で『エセー(随想録)』の執筆を始めた。ユグノー戦争の時代を生きた彼は、狂信を戒めて寛容を説き、「私は何を知っているだろうか」という健全な懐疑精神を求めた。さらに大航海時代にアメリカ先住民を「野蛮人」と見なしていた当時の風潮を批判した。

シェークスピア 世界史上最も有名な劇作家。ロンドンの俳優団に加入し、1590年ごろ独立して戯曲を書くようになった。作品数はおよそ36篇。各国語に翻訳され世界文学に影響を与えた。

A 美術

一本のローソク=「神」
果実=「原罪」
サンダル=「神への絶対的帰依」
犬=「貞節」

イエスの磔刑

ファン゠アイク(弟)「アルノルフィニ夫妻の肖像」 作者の友人である裕福な商人の結婚記念の肖像画として描かれた。中央の鏡には、部屋全体が映し出され、結婚の証人である作者自身が描かれている。まわりの木枠にはイエス磔刑のようすが10の場面に分けて描かれている。この驚異的な写実を可能にしたのは、新しく導入された油彩技法であるが、その背後には細部にこだわる「中世的思考」が存在するといわれている。(1434年画、84×57cm、ロンドン、ナショナル゠ギャラリー蔵)

ヨハネ ペテロ マルコ パウロ

デューラー「四使徒」 彼はルター派の信念に基づきニュルンベルク市にこの絵を寄贈した。原始キリスト教精神再生の願いを込めたという。(1523~26年画、各216×76cm、ミュンヘン、アルテ゠ピナコテーク蔵)

③ ルネサンス期の自然科学と技術

天文学	コペルニクス	ポーランド	地動説主張，『天球回転論』
	ブルーノ	イタリア	地動説や汎神論を唱える
	ガリレイ	イタリア	振子の等時性，落下の法則，望遠鏡製作，地動説主張，『天文対話』
	ケプラー	ドイツ	「惑星の三法則」発見
技術	グーテンベルク	ドイツ	活版印刷術の発明
	ルネサンス三大発明(火薬[火器]・羅針盤・活版印刷術)～中国起源，イスラーム世界経由の技術を改良		
	製紙法～中国からイスラーム世界経由で12世紀以降広まり，従来の羊皮紙にかわる		

Ⓐ 宇宙像の転換

←5 コペルニクス 『天球回転論』で地動説を唱えたが，この本の発刊は迫害をさけるため，彼の死が迫ったときになされた。(ポーランド，ヤゲウォ大学蔵)

→6 ガリレイ 物体落下の運動法則を証明し，地動説を望遠鏡の観察に基づき支持したが，教皇庁の圧力で撤回を迫られた。教皇庁は1992年に彼の名誉回復を行った。(マルチェリアーナ図書館蔵)

↓7 ガリレイの望遠鏡

Ⓑ ルネサンスの三大発明(改良)

火器

←8 初期の大砲 火薬は中国で実用化され，宋代にさまざまな火器が考案された。13〜14世紀にヨーロッパに伝わる中で，弾丸を発射する形に改良されて大砲と鉄砲が発明された。戦術が変化したことで騎士階級の没落を早めた。

羅針盤

←9 羅針盤 宋代に考案され，12世紀にヨーロッパで普及した。その後，方位を刻んだ円盤の上に磁針をおく形に改良され，コロンブスも用いた。

活版印刷

↑10 グーテンベルク聖書(大英博物館蔵)

←11 グーテンベルクの印刷機 グーテンベルクは，①鋳造活字，②油性インク，③ブドウしぼり機をヒントにしたプレス式印刷機を発明した。活版印刷術の発明は，印刷物を安価にし，宗教改革期にはルターの説を早く正確に広めた。

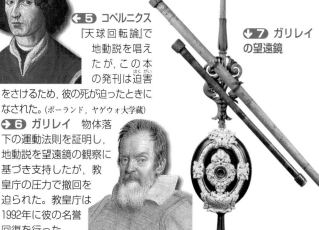

↑12 ブリューゲル「農民の踊り」 聖人祝祭日の村祭を描いた作品。村の広場では楽士の演奏に合わせて，村人たちが踊りに打ち興じている。左側の食卓では，もうすでに乱痴気騒ぎが始まっている。ブリューゲルは，こうしたフランドルの農民の生活を生き生きと描いた。(1568年頃の作，114×164cm，ウィーン美術史美術館蔵)

ニューアングル ルネサンスと占星術

ルネサンス期は，コペルニクスやガリレイなどによって宇宙の謎が合理的に解明されていく一方で，占星術が盛んな時代でもあった。人々は宇宙(マクロコスモス)における天体の運行やその性質が地上の人間(ミクロコスモス)の生活にも大きな影響を与えていると考え，その関連性を見出そうとしたのである。

↓13 16世紀に出版された誕生時ホロスコープ

ヨーロッパ

作業 学習する「時代」（□）を着色しよう。

世紀	29 28 27 26 25 24 23 22 21 20 19 18 17 16 15 14 13 12 11 10 9 8 7 6 5 4 3 2 1	←B.C|A.D→ 1 2 3 4 5 6 7 8 9 10 11 12 13 14 15 16 17 18 19 20 21
日本	縄文	弥生 / 古墳 飛鳥 平安 鎌倉 室町 安土桃山 江戸 明治大正 昭和 平成令和

1 ルターの改革

（1524年の絵，バーゼル美術館蔵）

↑1 贖宥状の販売　政治的に分裂していたドイツは，「ローマの牝牛」といわれた。当時カトリック教会は，**サン＝ピエトロ大聖堂**の新築資金のため，贖宥状（免罪符）の販売を行った。

人物ファイル マルティン＝ルター（1483〜1546）

（クラナハ画，ウフィツィ美術館蔵）

ルターは道で落雷にあったことを神の怒りと受け止め，信仰生活に入った。「信仰によってのみ人間は神の前で正しいとされる」と考えたルターは，「お金によって魂が救われる」とするカトリック教会の教えを批判する。1517年，ヴィッテンベルク城付属教会の扉に「**九十五カ条の論題**」を貼りだしたが，この文書は活字印刷され，全ドイツに広まっていった。

→2 「九十五カ条の論題」を貼り出すルター

↓3 現在の扉とルターをまねた男性

当時は木製であった

2 宗教改革の展開

カトリック教会	ルター派		カルヴァン派	イギリス国教会
教皇レオ10世 ドイツで贖宥状販売	**ルター** 1517 「九十五カ条の論題」発表 　　　贖宥状販売批判 聖書主義 1520 『キリスト者の自由』発表 1521 『新約聖書』のドイツ語訳完成		**ツヴィングリ** 1523 宗教改革（チューリヒ）（〜31）	**ヘンリ8世**
神聖ローマ皇帝カール5世 1521 ルターを法の保護外に 1526 ルター派を容認 1529 ルター派を再度禁止 1534 イエズス会創設	**ドイツ農民戦争（1524〜25）** 　ミュンツァー指導，農奴制廃止 ☆ ルター派は抗議者「**プロテスタント**」（新教徒の別名）と呼ばれる 1530 ルター派諸侯，**シュマルカルデン同盟**結成		**カルヴァン** 1536 『キリスト教綱要』発表 1541 神権政治（ジュネーヴ）（〜61） 　　　徹底した聖書主義 ☆ カルヴァン派，西欧各地へ	1534 **首長法（国王至上法）発布** **イギリス国教会**の成立 　　修道院領の没収 **エドワード6世** 1549 一般祈禱書の制定
シュマルカルデン戦争（1546〜47）			●スイス・フランス—ユグノー ●ネーデルラント—ゴイセン ●イングランド—ピューリタン ●スコットランド—プレスビテリアン	**メアリ1世** 1555 カトリックに復帰 **エリザベス1世** 1559 **統一法**発布，国教会の確立
トリエント公会議（1545〜63） 　対抗宗教改革の開始	**アウクスブルクの和議（1555）** 　ルター派のみ容認 　諸侯，都市に信仰の自由 ☆ ルター派，北ドイツ・北欧諸国へ			
教義・組織	①教皇の首位権 ローマ教皇 大司教 司教 司祭	①信仰義認説（信仰によってのみ義とされる）　領邦君主 ②領邦教会制　牧師	①**予定説**（魂の救済はあらかじめ神によって決定されている）・職業召命観 ②組織廃止，長老主義	①カトリックの儀式とプロテスタントの教義 ②王が至上の統治者

3 16世紀前半の国際関係

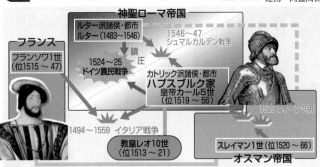

- - - 連携・同盟関係

神聖ローマ帝国

ルター派諸侯・都市
ルター（1483〜1546）
→1546〜47 シュマルカルデン戦争

1524〜25 ドイツ農民戦争

カトリック派諸侯・都市
ハプスブルク家
皇帝カール5世（位1519〜56）

フランス
フランソワ1世（位1515〜47）

1494〜1559 イタリア戦争

教皇レオ10世（位1513〜21）

1529 ウィーン包囲

スレイマン1世（位1520〜66）
オスマン帝国

4 カルヴァンの宗教改革

↑4 カルヴァン　フランスの人文主義者で，厳格な神権政治を行った。

↑5 カルヴァン派の教会　カルヴァンは教会の信徒から人望の厚い人を選び，長老として牧師とともに教会を運営させた。聖書中心主義のため，教会にはイエスやマリアの像，ステンドグラスもない。（ジュネーヴ大学公共図書館蔵）

5 1560年頃のヨーロッパの宗教分布

凡例:
- ☐ ルター派
- ☐ イギリス国教会
- ☐ カルヴァン派 ツヴィングリ派
- ☐ カトリック
- ☐ ギリシア正教
- ☐ イスラーム教

1534 首長法

1598 ナントの王令(勅令)

1541〜64 カルヴァンの神権政治

ノルウェー / スウェーデン / ドイツ騎士団領 / モスクワ大公国

スコットランド / デンマーク / プロイセン

1517 ルターの「九十五カ条の論題」

アイルランド / イングランド / リトアニア=ポーランド

ロンドン / ネーデルラント / ヴィッテンベルク

シュマルカルデン / 神聖ローマ帝国

1555 アウクスブルクの和議

パリ / シュパイアー / ウィーン / フランス / チューリヒ / アウクスブルク / ナント / トリエント / スイス自由連邦 / ジュネーヴ / ヴェネ / 共和国 / オスマン帝国 / イスタンブル

アヴィニョン(教皇領) / 教皇領 / ローマ

1545〜63 トリエント公会議

ポルトガル / スペイン / サルデーニャ / 両シチリア王国

0 250 500km

←6 魔女狩り 宗教改革後のヨーロッパでは、社会不安が強まり、人々はさまざまな事件を悪魔のしわざと考えた。「魔女」として告発された人々は、拷問にかけられ、火あぶりなどで処刑された。
(絵は16世紀ドイツの版画で、魔女を処刑しているところ。)

6 対抗宗教改革

ロヨラ

(ローマ、イエズス会礼拝堂蔵)

←7 イエズス会の創設を請願するイグナティウス=ロヨラ 教皇によって認められた**イエズス会**は、軍隊的規律をもって海外布教を行った。

人物ファイル

フランシスコ=ザビエル
(1506頃〜52)

パリでイグナティウス=ロヨラと出会い、**イエズス会**創設に参加した。その後、インドのゴアを拠点に、マラッカ、モルッカ諸島で布教活動を行った。1549年には鹿児島に上陸し、日本にキリスト教を伝えている。中国に向かう途中で病死した。
(神戸市立博物館蔵)

A イエズス会の伝道地域

ゴア

インド ザビエル、インドへ(1542)

日本 ザビエル、日本へ(1549)

(『キリスト教史』などによる)

凡例:
- ☐ 大司教区及び司教区
- ■ イエズス会の主要宣教地

7 16世紀中頃のヨーロッパ

作業
① 神聖ローマ帝国の境界(・・・・・)を着色しよう。
② スペイン=ハブスブルク家領(斜線)を着色しよう。

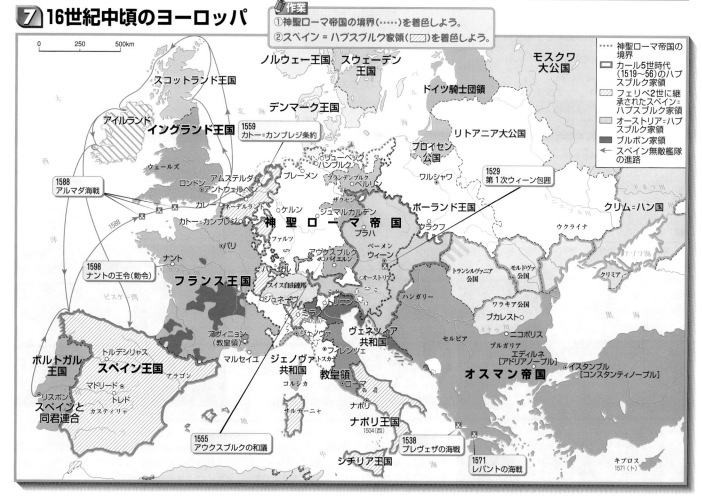

凡例:
- ・・・・・ 神聖ローマ帝国の境界
- ☐ カール5世時代(1519〜56)のハブスブルク家領
- ☐ フェリペ2世に継承されたスペイン=ハプスブルク家領
- ☐ オーストリア=ハプスブルク家領
- ☐ ブルボン家領
- ← スペイン無敵艦隊の進路

0 250 500km

スコットランド王国 / ノルウェー王国 / スウェーデン王国 / モスクワ大公国

アイルランド / イングランド王国 / デンマーク王国 / ドイツ騎士団領

1559 カトー=カンブレジ条約

ウェールズ / リューベック / ハンブルク / プロイセン公国 / リトアニア大公国

1588 アルマダ海戦

ロンドン / アムステルダム / アントウェルペン / ブレーメン / ブランデンブルク / ベルリン / ワルシャワ

1529 第1次ウィーン包囲

カレー / ネーデルラント / ケルン / ザクセン / シュマルカルデン / ポーランド王国 / クリム=ハン国

カトー=カンブレジ / 神聖ローマ帝国 / プラハ / クラクフ / ウクライナ

パリ / ファルツ / ベーメン / ウィーン / バイエルン / オーストリア / ハンガリー / トランシルヴァニア公国 / モルダヴァ公国 / クリミア

1598 ナントの王令(勅令)

フランス王国 / バーゼル / スイス自由連邦 / ジュネーヴ / トリエント / ヴェネツィア共和国 / ワラキア公国 / ブカレスト / セルビア / ブルガリア

ビスケー湾 / アヴィニョン(教皇領) / ジェノヴァ / ジェノヴァ共和国 / フィレンツェ / トスカナ / 教皇領 / ローマ / ニコポリス / エディルネ[アドリアノープル] / イスタンブル[コンスタンティノープル]

ポルトガル王国 / トルデシリャス / スペイン王国 / アラゴン / マルセイユ / コルシカ / オスマン帝国

リスボン / マドリード / トレド / カスティリャ / サルデーニャ / ナポリ / ナポリ王国 1504(西)

スペインと同君連合

1555 アウクスブルクの和議

1538 プレヴェザの海戦

1571 レパントの海戦

シチリア王国

キプロス 1571(ト)

作業 学習する「時代」（□）を着色しよう。

世紀	29 28 27 26 25 24 23 22 21 20 19 18 17 16 15 14 13 12 11 10 9 8 7 6 5 4 3 2 1	←B.C.A.D.→ 1 2 3 4 5 6 7 8 9 10 11 12 13 14 15 16 17 18 19 20 21
日本	縄文	弥生　古墳　飛鳥　平安　鎌倉　室町　江戸　明治大正　昭和　平成令和

1 主権国家と絶対王政

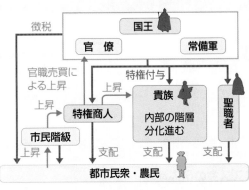

Ⓐ 主権国家の成立

- 16世紀になると，皇帝や教皇の権威は衰えた。西ヨーロッパ各国は独立性を強め，国王を中心とする「主権国家」に再編されていく。
- 国王は，貴族・聖職者（封建勢力）や新興の市民階級の力を利用し，国内の統一的な支配を強化する。
- 初期の「主権国家」は，国王が主権を握り，専制政治を行ったため，「絶対王政（絶対主義）」とも呼ばれる。
- 「絶対王政」は，官僚・常備軍を権力の基盤とし，その財源確保のため重商主義政策を推進する。

3 南北ネーデルラント

	南部10州（現ベルギー）	北部7州（現オランダ）
民族	ラテン系	ゲルマン系
言語	南ワロン語（フランス語系）北フラマン語（ドイツ語系）	オランダ語（ドイツ語系）
宗教	カトリック	カルヴァン派（ゴイセン）
支配層	土地貴族	商人貴族（レヴェント）
産業	毛織物工業・牧畜	造船・中継貿易・農業
独立	1830年（オランダより）	1581年　独立宣言 1648年　国際承認

2 15～17世紀のスペイン・オランダ

	スペイン		オランダ
絶対王政の確立期	**カルロス1世**（位1516～56）	ハプスブルク家領	1477　ネーデルラントがハプスブルク家領に
	1517　ルターの宗教改革開始		
	1519　神聖ローマ皇帝に即位（カール5世）		
	マゼランが世界周航へ出発（～22）		
	1521　イタリア戦争が激化（～1559）		
	コルテスがアステカ王国を征服		
	1533　ピサロがインカ帝国を征服		（ベルリン美術館蔵）
	フェリペ2世（位1556～98）		
全盛期	1559　イタリア戦争終結		◪1 **オラニエ公ウィレム**（1533～84）
	☆　　強力なカトリック政策		
	1568　オランダ独立戦争が勃発（～1609）	独立戦争	1579　北部7州が**ユトレヒト同盟**を結成
	1571　**レパントの海戦**でオスマン艦隊撃破		1581　北部7州がネーデルラント連邦共和国の独立を宣言　総督：**ウィレム**
	1580　**ポルトガルを併合**（同君連合）		
	1588　無敵艦隊（アルマダ）が英に敗北		1602　東インド会社を設立
衰退期	1609　休戦条約＝オランダ独立を事実上承認（正式承認は1648年の**ウェストファリア条約**）		
	1618　ドイツで三十年戦争が勃発（～48）		
	1640　ポルトガルがスペインより独立		
	1700　ハプスブルク家が断絶		

4 オランダの独立

凡例	
州名	1579年ユトレヒト同盟加盟の北部7州
都市名	ユトレヒト同盟に一時加入の都市
—	1648年ウェストファリア条約で承認された国境

ネーデルラント連邦共和国
クロニンヘン
フリースラント
ホラント
アムステルダム
オーベルアイセル
1579 ユトレヒト同盟結成
ユトレヒト
ゲルデルラント
ロッテルダム
神聖ローマ帝国
ゼーラント
ブレダ
ブリュージュ
アントウェルペン
ケルン
アーヘン
フランドル
ブリュッセル
スペイン領南ネーデルラント
カトー=カンブレジ
1585 アントウェルペン陥落
フランス王国
ルクセンブルク
0　75　150km

人物ファイル **フェリペ2世**
（位1556～98）
カルロス1世とポルトガル王女の間に生まれ，熱狂的なカトリック教徒であった彼は，きわめつけのまじめ人間であったらしい。治世の後半はオランダ独立戦争に手を焼き，無敵艦隊の敗北により威信は低下したが，新大陸・アジアに及ぶ広大な領土（**太陽の沈まぬ国**）を支配した輝かしき時代の象徴である。

◪2 **レパントの海戦** この戦いは，フェリペ2世にとってキリスト教の保護者としての「聖戦」であった。絵から，いまだ手漕ぎのガレー船であったことがわかる。（グリニッジ国立海洋博物館蔵）

オスマン艦隊
連合艦隊

◪3 **オランダの商人** オランダの発展を支えたのは商人貴族であった。17世紀のオランダは，世界の覇権国家となったが，富を背景にして商人貴族が政治を動かしていた。（レンブラント画，アムステルダム王立博物館蔵）

ヨーロッパ

ヨーロッパ

作業 学習する「時代」(　　)を着色しよう。

	←B.C／A.D→																																																
世紀	29 28 27 26 25 24 23 22 21 20 19 18 17 16 15 14 13 12 11 10 9 8 7 6 5 4 3 2 1 1 2 3 4 5 6 7 8 9 10 11 12 13 14 15 16 17 18 19 20 21
日本	縄文　　　　　　　　　　　弥生　／古墳　奈良　平安　鎌倉 室町　江戸　明治 大正 昭和 平成 令和

1 15〜18世紀のイギリスの歩み

絶対王政の確立
絶対王政の全盛（テューダー朝）

- **ヘンリ7世**(位1485〜1509)
- **ヘンリ8世**(位1509〜47)
  - 1534 **首長法[国王至上法]**発布　**イギリス国教会の成立**
- **エドワード6世**(位1547〜53)
- **メアリ1世**(位1553〜58) ➡1 メアリ1世
  - ☆ カトリックに復帰　新教徒の迫害
- **エリザベス1世**(位1558〜1603)
  - 1559 **統一法**発布　**イギリス国教会**の確立
  - 1588 スペインの**無敵艦隊(アルマダ)**を撃破
  - 1600 **東インド会社**を設立

王権と議会の対立
内乱（ステュアート朝）

- **ジェームズ1世**(位1603〜25)
  - ☆ **王権神授説**を唱え議会無視　専制政治強行
- **チャールズ1世**(位1625〜49)
  - 1628 議会が「**権利の請願**」を提出　☆議会を解散(専制政治)
  - 1639 スコットランドの反乱　☆ 短期議会／長期議会
  - 1642 内戦の勃発：**ピューリタン革命**(〜49)
  - ☆ マーストンムーアの戦い，ネーズビーの戦い
  - 1649 **チャールズ1世の処刑**

共和政

- **クロムウェル**
  - ☆ アイルランド征服(アイルランド問題のはじまり)
  - 1651 **航海法**を発布→イギリス＝オランダ戦争
  - 1653 **護国卿**に就任(〜58)

王政復古
議会政治の発展（ステュアート朝／ハノーヴァー朝）

- **チャールズ2世**(位1660〜85)
  - 1673 **審査法**の制定
  - 1679 **人身保護法**の制定　☆ **トーリ党，ホイッグ党**の形成
- **ジェームズ2世**(位1685〜88)
  - 1688 **名誉革命**(〜89)
- **ウィリアム3世**(位1689〜1702)　**メアリ2世**(位1689〜94)
  - 1689 「**権利の宣言**」承認，「**権利の章典**」発布
- **アン女王**(位1702〜14)
  - 1707 **大ブリテン王国**が成立
- **ジョージ1世**(位1714〜27)「王は君臨すれども統治せず」
  - ☆ **ウォルポール**内閣から**責任内閣制**が発達

2 テューダー朝の時代　Ⓐ テューダー朝の略系図

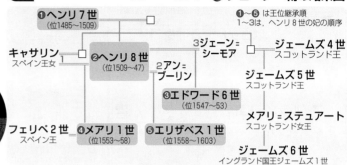

❶〜❺は王位継承順
1〜3は，ヘンリ8世の妃の順序

- ❶**ヘンリ7世**(位1485〜1509) ─□
- キャサリン スペイン王女 ─1
- ❷**ヘンリ8世**(位1509〜47)
- 3ジェーン＝シーモア
- 2アン＝ブーリン
- ジェームズ4世 スコットランド王
- ❸**エドワード6世**(位1547〜53)
- フェリペ2世 スペイン王
- ❹**メアリ1世**(位1553〜58)
- ❺**エリザベス1世**(位1558〜1603)
- ジェームズ5世 スコットランド王
- メアリ＝ステュアート スコットランド女王
- ジェームズ6世 イングランド国王ジェームズ1世

Ⓑ 第1次囲い込み

原因 新大陸への輸出にともなう毛織物需要の増大

囲い込み前…開放耕地制

ジェントリが囲い込み

囲い込み後…牧羊(草)地に

✖ 人物ファイル **ヘンリ8世**(位1509〜47)

（ホルバイン画）

王家安定のため男子を望んだヘンリ8世は，教皇とカルロス1世(カール5世)のスペイン(神聖ローマ帝国)を敵にしてまでもキャサリンと離婚し，若き女官アン＝ブーリンと結婚した。この離婚を認めない大法官トマス＝モアは斬首され，結局アンも同じ運命に。彼は，6度結婚したが，王家は長続きしなかった。

◆1 土地を追われた農民は浮浪者となり社会不安を生んだので，禁止法や救貧法がしばしば出された。トマス＝モアは『ユートピア』の中で「羊が人間を食う」と酷評した。

◆2 観劇するエリザベス1世　輿に乗り華やかな襞襟のエリザベス女王は「よき女王ベス」と敬愛された。最後に王位継承問題を残した。

（ドーセットシャー＝シャーボーン城蔵）

◆3 **アルマダ海戦**　エリザベス公認の海賊船によるスペイン船襲撃に，イギリスとスペインの関係は最悪になっていた。スペインの無敵艦隊(アルマダ)に対し，海賊ドレークらを指揮官にした小型船のイギリス艦隊は，巧みな戦法で勝利した。(ロンドン薬剤師協会蔵)

スペイン無敵艦隊　イギリス艦隊

1 ピューリタン革命

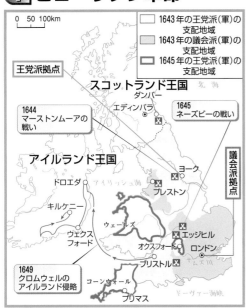

	1643年の王党派（軍）の支配地域
	1643年の議会派（軍）の支配地域
	1645年の王党派（軍）の支配地域

王党派拠点 / 議会派拠点

スコットランド王国　ダンバー　エディンバラ

1644 マーストンムーアの戦い

1645 ネーズビーの戦い

アイルランド王国　ドロエダ　ヨーク　プレストン　キルケニー　ウェールズ　ウェクスフォード　オクスフォード　エッジヒル　ロンドン　ブリストル　コーンウォール　プリマス

1649 クロムウェルのアイルランド侵略

Ⓐ 王党派と議会派

党派名		支持層	政治的主張
王党派		有力なジェントリ，特権商人	絶対王政
議会派	長老派	一部貴族，ロンドン大商人中心	立憲王政
	独立派	農村のジェントリ以下の広い層	共和政（制限選挙）
	水平派	ロンドンの手工業者，職人中心	共和政（普通選挙）

人物ファイル クロムウェル (1599〜1658)

ジェントリ出身で熱心なピューリタンであったクロムウェルは，国王一派を信仰の敵と考え，チャールズ1世を処刑する。王政復古後は，悪人として墓が暴かれたが，19世紀末には英雄として議事堂（ウェストミンスター宮殿）前に像が立てられた。

Ⓑ ステュアート朝の系図

❶〜❻は王位継承順

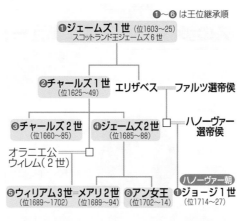

❶ジェームズ1世（位1603〜25）スコットランド王ジェームズ6世

❷チャールズ1世（位1625〜49）　エリザベス＝ファルツ選帝侯

❸チャールズ2世（位1660〜85）　❹ジェームズ2世（位1685〜88）　ハノーヴァー選帝侯

オラニエ公ウィレム（2世）

ハノーヴァー朝

❺ウィリアム3世（位1689〜1702）＝メアリ2世（位1689〜94）　❻アン女王（位1702〜14）　❼ジョージ1世（位1714〜27）

← 1 チャールズ1世の処刑　特設法廷で裁かれ，専制君主，反逆者，殺人者，国家の敵として群衆が見守る中で斬首された。（エディンバラのナショナル＝ギャラリー蔵）

2 議会政治の発達

国王

1215 大憲章［マグナ＝カルタ］	ジョン
王権の濫用防止　国王も法に従う〈立憲政治の基礎〉	
1265 モンフォール議会	ヘンリ3世
封臣会議に州騎士と都市の代表参加〈議会の起源〉	
1295 模範議会	エドワード1世
騎士と市民が2名ずつ議会に参加〈議会の制度化〉	
1341 二院制の成立	エドワード3世

貴族と高位聖職者が上院，騎士と市民が下院を形成
16世紀　ジェントリが地域代表の下院に進出し国政に参加

← 2 ウォルポール　20余年にわたって政権を担当したが，下院の信任を失うと，王の信任にもかかわらず，辞職してその責任を示した。

3 名誉革命

メアリ　ウィリアム

← 4 「権利の宣言」を受け取るウィリアムとメアリ　二人は「権利の宣言」に署名し共同王位についたが，それを基礎に発布された「権利の章典」には，王権を制限する議会主権論が説かれている。（大英図書館蔵）

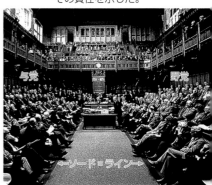

与党　野党　ソード＝ライン

← 3 現代の下院　カーペットの2本の線，ソード＝ライン（剣線）は，かつて議員が帯剣を許された時代の名残で，発言者はこの線を越えてはならないとされる。

ニューアングル ユニオン＝ジャックの歴史

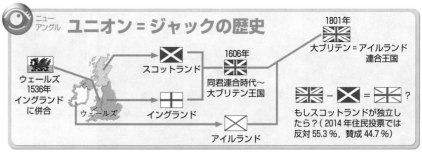

ウェールズ 1536年 イングランドに併合

スコットランド　1606年 同君連合時代〜大ブリテン王国

イングランド

アイルランド

1801年 大ブリテン＝アイルランド連合王国

もしスコットランドが独立したら？（2014年住民投票では反対55.3％，賛成44.7％）

作業 学習する「時代」（□）を着色しよう。

世紀	29 28 27 26 25 24 23 22 21 20 19 18 17 16 15 14 13 12 11 10 9 8 7 6 5 4 3 2 1	1 2 3 4 5 6 7 8 9 10 11 12 13 14 15	16 17 18	19 20 21
日本	縄文	弥生 / 古墳 飛鳥 平安	鎌倉 室町 安土桃山 江戸	明治大正 昭和 平成令和

←B.C.｜A.D.→

1 16～18世紀のフランスの歩み

ヴァロワ朝

フランソワ1世（位1515～47）
- 1521　イタリア戦争が激化（～59）
- 1562　**ユグノー戦争**が勃発（～98）
- 1572　**サン＝バルテルミの虐殺**

アンリ4世（位1589～1610）
- 1593　アンリ4世，カトリックに改宗
- 1598　**ナントの王令**発布（ユグノー戦争終結）
　　　→ユグノーの信仰の自由実現
- 1604　東インド会社を設立

↑1 アンリ4世

確立期

ブルボン朝

ルイ13世（位1610～43）
- 1614　三部会招集停止（1789年まで）

宰相リシュリュー時代（1624～42）
- ☆　大貴族やユグノーの勢力を抑え絶対王政の確立
- ☆　三十年戦争に新教側で参戦

ルイ14世[太陽王]（位1643～1715）

宰相マザラン時代（1642～61）
- 1648　**ウェストファリア条約**でアルザスなど獲得
　　　貴族反乱**フロンドの乱**（～53）

親政時代（1661～1715）
- ☆　財務総監**コルベール**の重商主義政策
- ○　フランス古典主義文学・芸術の最盛期
- 1661　**ヴェルサイユ宮殿**の造営開始
- 1664　**東インド会社の再建**
- ☆　王位継承権，自然国境説を主張した侵略戦争
- 1685　**ナントの王令を廃止**→多数のユグノーが国外亡命
- 1701　**スペイン継承戦争**（～13）

全盛期

ルイ15世（位1715～74）
- 1740　オーストリア継承戦争（～48）
- 1756　七年戦争（～63）

衰退期

ルイ16世（位1774～92）
- 1789　三部会招集，**フランス革命勃発**

2 宗教戦争と絶対王政

↑2 **サン＝バルテルミの虐殺** ユグノー戦争はフランス全土を血で染めていたが，新旧両派の和解のためにブルボン家のアンリ（のちのアンリ4世）とシャルル9世の妹との結婚が行われた。しかし母后カトリーヌ＝ド＝メディシスなどの策略により，結婚祝福のため全国からパリに集まった新教徒貴族3,000人以上が虐殺された。（ローザンヌ，カルナヴァレ博物館蔵）

↓3 ルイ13世

Ⓐ ヴァロワ朝・ブルボン朝略系図

```
        ヴァロワ朝   シャルル
          ⑨フランソワ1世            アンリ2世
          （位1515～47）           ナヴァル王
カトリーヌ＝ド    ⑩アンリ2世              ブルボン朝
＝メディシス     （位1547～59）
⑪フランソワ2世   マルグリット＝    ①アンリ4世    マリー＝ド＝
（位1559～60）  ド＝ヴァロワ    （位1589～1610）  メディシス
⑫シャルル9世                   ②ルイ13世
（位1560～74）                 （位1610～43）
⑬アンリ3世     ③ルイ14世
（位1574～89）  （位1643～1715）
                           フィリップ
                           オルレアン公
          ④ルイ15世
          （位1715～74）      フェリペ5世
                           スペイン王
⑨～⑬はヴァロワ朝の
王位継承順        ⑤ルイ16世
①～⑤はブルボン朝の （位1774～92）
王位継承順
```

↑4 **リシュリュー** ひたすら国益の拡大を考えたリシュリューは，国内では王権に反抗する勢力と，また対外的にはハプスブルク家と戦った。

↓5 **マザラン** リシュリューの後継者。外交手腕でフランスの地位を向上させた。

3 ルイ14世の侵略戦争

```
南ネーデルラント
継承戦争
（1667～68）
    ↓          スペイン継承戦争
オランダ          （1701～13）
侵略戦争       【原因】スペイン王位のブルボン
（1672～78）     家継承を主張
    ↓          フランス ✕ オーストリア
ファルツ         スペイン    イギリス
継承戦争                 オランダ
（1688～97）               プロイセン
            【結果】
            ユトレヒト条約（1713）
            ラシュタット条約（1714）
            ・フェリペ5世の王位継承権承
             認，スペインとの併合不可
```

人物ファイル **ルイ14世** （位1643～1715）

（ルーヴル美術館蔵）

1684年頃の1日

7:30	起床 起床の儀
9:30	国務会議
12:30	昼のミサ 午餐
	散歩・狩り 政務
19:00	夜会
22:00	晩餐
24:00	就床の儀
1:30	就寝

ルイ14世の親政時代は，「朕は国家なり」の言葉どおり，絶対王政の最盛期であった。国王の1日は，整然と時間を決めた儀式としてとり行われた。真実，公正を愛し，勇気に満ちた人物であったとされるが，栄光を求めた戦争やぜいたくな生活が，「太陽王」を「借金王」にし，革命の遠因となった。

↓6 **コルベール** マザランの推薦により，ルイ14世親政時代に重商主義政策を積極的に推進した。

作業 学習する「時代」（□）を着色しよう。

世紀	29 28 27 26 25 24 23 22 21 20 19 18 17 16 15 14 13 12 11 10 9 8 7 6 5 4 3 2 1	1 2 3 4 5 6 7 8 9 10 11 12 13 14 15 16 17 18 19 20 21
日本	縄文	弥生 / 古墳 飛鳥 平安 鎌倉 室町 安土桃山 江戸 明治 大正 昭和 平成 令和

←B.C.｜A.D.→

1 オーストリア・プロイセンの歩み

オーストリア（ハプスブルク家）	プロイセン（ホーエンツォレルン家）	
1156　**オーストリア公国**成立	1134　ブランデンブルク辺境伯領	☆東方植民活発化
1438　**神聖ローマ皇帝位世襲**	1415　ホーエンツォレルン家の支配 選帝侯	1230　**ドイツ騎士団領**
カール5世（スペイン国王 カルロス1世）（位1519〜56）		1525　ルター派に改宗
	1618　プロイセン公国相続	**プロイセン公国**
1529　第1次ウィーン包囲	1618　ブランデンブルク＝プロイセン同君連合成立	
	1618　**三十年戦争**（〜48）	
1683　第2次ウィーン包囲	1701　**プロイセン王国**成立	
カール6世（位1711〜40）	**フリードリヒ＝ヴィルヘルム1世**（位1713〜40）	
☆　国事勅令で女系の相続権規定	**フリードリヒ2世**（位1740〜86）	
マリア＝テレジア（位1740〜80）	☆　啓蒙専制君主（ヴォルテールと親交）	
	1740　**オーストリア継承戦争**（〜48）	
	1756　**七年戦争**（〜63）	
ヨーゼフ2世（位1765〜90）	☆　列強の地位を固め絶対主義完成	
☆　啓蒙専制君主　**第1回ポーランド分割**（1772）		

ニューアングル **戦争の惨禍** （パリ国立図書館蔵）

❶ カロ、銅版画集『戦争の惨禍』

中世から絶対王政期までのヨーロッパでは，軍隊は一種の個人企業で，戦争の開始とともに契約が結ばれ，軍費の代わりに行動の自由（略奪，暴行，虐殺）が保障された。三十年戦争では，疫病の流行も加わり，ドイツの人口は3分の1ないし4分の1にまで激減したといわれる。

2 三十年戦争

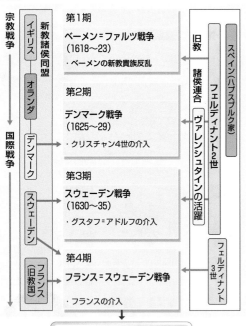

宗教戦争 → 国際戦争

新教諸侯同盟：イギリス → オランダ → デンマーク → スウェーデン → フランス（旧教国）

第1期 **ベーメン＝ファルツ戦争**（1618〜23）・ベーメンの新教貴族反乱

第2期 **デンマーク戦争**（1625〜29）・クリスチャン4世の介入

第3期 **スウェーデン戦争**（1630〜35）・グスタフ＝アドルフの介入

第4期 **フランス＝スウェーデン戦争**・フランスの介入

旧教 諸侯連合：スペイン（ハプスブルク家）／フェルディナント2世／ヴァレンシュタインの活躍／フェルディナント3世

↓

ウェストファリア条約（1648）

①アウクスブルクの和議の再確認と**カルヴァン派の公認**

②フランスはアルザスなど，スウェーデンは北ドイツに領土を獲得

③**スイス・オランダの独立**を正式に承認

④ドイツ諸侯は完全な主権を認められ，**神聖ローマ帝国が事実上分裂**

結果

① ドイツの人口は激減し，経済も荒廃して，後進性が決定的となった。

② ヨーロッパが主権国家から構成される国際社会となった。（ウェストファリア体制）

3 三十年戦争後のヨーロッパ

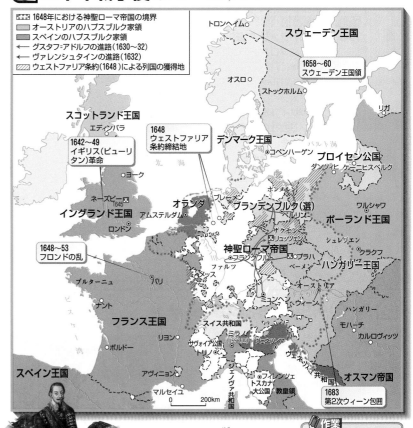

凡例：
- 1648年における神聖ローマ帝国の境界
- オーストリアのハプスブルク家領
- スペインのハプスブルク家領
- → グスタフ＝アドルフの進路（1630〜32）
- ← ヴァレンシュタインの進路（1632）
- ／／ ウェストファリア条約（1648）による列国の獲得地

スウェーデン王国／1658〜60 スウェーデン王国領／トロンヘイム／オスロ／ストックホルム／リガ

スコットランド王国／エディンバラ／1642〜49 イギリス（ピューリタン）革命／1648 ウェストファリア条約締結地／デンマーク王国／コペンハーゲン／プロイセン公国／ダンツィヒ／ケーニヒスベルク

イングランド王国／ヨーク／ネーズビー 1645／ロンドン／オランダ／アムステルダム／ブレーメン／ブランデンブルク（選）／ベルリン／ワルシャワ／ポーランド王国

1648〜53 フロンドの乱／ザクセン／リュッツェン／神聖ローマ帝国／フランクフルト／プラハ／ベーメン／シュレジエン／クラクフ／ハンガリー王国

ブルターニュ／ナント／パリ／ファルツ／メッツ／ミュンヘン／ウィーン／オーストリア／ハンガリー

フランス王国／リヨン／ボルドー／スイス共和国／ミラノ／サヴォイア公国／トリノ／ヴェネツィア共和国／ヴェネツィア／モナーチ／カルロヴィッツ

スペイン王国／マルセイユ／ジェノヴァ共和国／トスカナ大公国／フィレンツェ／教皇領／オスマン帝国／1683 第2次ウィーン包囲

アヴィニョン

0　200km

←2 **三十年戦争の雄**　スウェーデン王グスタフ＝アドルフは近代的な国民軍を率いて進軍を重ねたが，皇帝側傭兵隊長ヴァレンシュタインとの戦いで戦死した。その後，ヴァレンシュタインも皇帝に野心を疑われ，暗殺された。

作業

①神聖ローマ帝国の境界（……）を着色しよう。

④ 18世紀中頃のヨーロッパ

凡例:
- ·····・ 1763年における神聖ローマ帝国の境界
- ── オーストリア帝国の境界
- ハプスブルク家領（オーストリア）
- ホーエンツォレルン家領（プロイセン）
- ブルボン家領（フランス）
- 同　上　（スペイン）
- 第1回ポーランド分割(1772)による3国の獲得地

0　150　300km

1713 ユトレヒト条約
1721 ニスタット条約

ノルウェー王国　スウェーデン王国　ロシア帝国
アイルランド（1801合併）　大ブリテン王国　デンマーク王国　プロイセン王国　オランダ　ポーランド王国
神聖ローマ帝国　フランス王国　スイス　ハンガリー王国　ヴェネツィア　オスマン帝国
ポルトガル王国　スペイン王国　サルデーニャ王国　両シチリア王国　教皇領

作業
①神聖ローマ帝国の境界（·····）を着色しよう。
②シュレジエンを斜線で示してみよう。

⑤ プロイセン

ケーニヒスベルク
東ポンメルン　東プロイセン（プロイセン公国）
西ポンメルン　西プロイセン
ブランデンブルク　ベルリン　ポーランド　ポツダム　ザクセン　シュレジエン　ベーメン

凡例:
- 三十年戦争まで
- 1648～1700年まで
- 1701～1786年まで

0　100　200km

（『世界の歴史17』）

人物ファイル フリードリヒ2世
（位1740～86）

読書とフランス語を好み，フルートの名手で作曲もした。父の厳しさに耐えかねてイギリス逃亡を企て，死刑の判決を受けたこともあった。即位後もフランス文化に心酔し，啓蒙思想家**ヴォルテール**を招いたりした。著書『反マキァヴェリ論』の中の「**君主は国家第一の下僕**」という考えは，啓蒙専制主義の象徴とされる。

↓3 **サンスーシ宮殿**（▶P.136）
フリードリヒ2世はベルリンから少し離れたポツダムにロココ調の宮殿をつくらせた。フランス文化崇拝者の彼は，その宮殿をサンスーシ（フランス語で「憂いなし」の意）と名づけた。

世界遺産

⑥ オーストリア

ヨーゼフ2世　マリア＝テレジア　フランツ1世　マリ＝アントワネット

↑4 **マリア＝テレジアとその家族**　男子の相続者が絶え，マリア＝テレジアがハプスブルク家領を相続すると，諸国の介入を招いた。家族の肖像画には，初恋の相手であるフランツとの間に16人の子どもに恵まれた母の姿が見られる。（フィレンツェ，ピッティ宮殿蔵）

⑦ オーストリアとプロイセンの対立

←5 **七年戦争（ドレスデン東方の戦い）**　フリードリヒ2世率いる3万7,000のプロイセン軍は，9万のオーストリア軍に包囲されたが，どうにか脱出した。オーストリア継承戦争と七年戦争は，ヨーロッパの覇権をめぐる大戦でもあった。（ウィーン美術館蔵）

オーストリア継承戦争(1740～48)	七年戦争(1756～63)
【原因】マリア＝テレジアの家領相続	【原因】マリア＝テレジアがシュレジエン奪還をめざす
オーストリア × フランス イギリス × プロイセン バイエルン　ザクセン スペイン	*1 マリア＝テレジアは宿敵フランスと同盟締結（外交革命） フランス *1 オーストリア × プロイセン ロシア *2 イギリス スウェーデン *2 ピョートル3世の即位とともに同盟締結
【結果】アーヘンの和約 ①マリア＝テレジアのハプスブルク家継承権を承認 ②オーストリアは**シュレジエン**をプロイセンに割譲	【結果】 ①プロイセンの**シュレジエン**領有を決定

作業 学習する「時代」（□）を着色しよう。

世紀	29	28	27	26	25	24	23	22	21	20	19	18	17	16	15	14	13	12	11	10	9	8	7	6	5	4	3	2	1	1	2	3	4	5	6	7	8	9	10	11	12	13	14	15	16	17	18	19	20	21
日本							縄文															弥生					古墳				飛鳥 奈良	平安				鎌倉		室町	安土 桃山	江戸				明治 大正 昭和 平成 令和

1 15〜18世紀のロシアの歩み

準備期

イヴァン3世（位1462〜1505）
1480 キプチャク＝ハン国から，モスクワ大公国自立
☆ 初めてツァーリ[皇帝]の称号を使用

イヴァン4世[雷帝]（位1533〜84）
☆ 公式にツァーリの称号を使用
1581 コサック首領イェルマークのシベリア遠征（〜82）
1613 ミハイル＝ロマノフがロマノフ朝創設
1670 ステンカ＝ラージンの乱（〜71）

確立期

ピョートル1世[大帝]（位1682〜1725）
1689 ネルチンスク条約…対清朝（康熙帝）
☆ 西欧へ大使節団を派遣
1700 北方戦争の開始（〜21）
1703 ペテルブルクの建設開始（12年に完成，遷都）
☆ 戦勝記念祭で「ロシア帝国」の成立宣言
1727 キャフタ条約…対清朝（雍正帝）
1728 ベーリングが北太平洋に海峡を発見

全盛期

エカチェリーナ2世（位1762〜96） 啓蒙専制君主
☆ 3回のポーランド分割で西方領土拡大
1773 プガチョフの乱（〜75）
☆ オスマン帝国から黒海北岸，クリミア半島併合
1792 ラクスマンを日本に派遣

人物ファイル ピョートル1世
（位1682〜1725）

身長2mを超すピョートルは，戦争と改革によりロシアを帝国に発展させたが，それは自らが参加した西欧への「修学旅行」の成果であった。彼の最大の関心事は海事で，オランダでは船大工として汗を流した。また，好奇心旺盛で歯の治療にも興味をもち，その後長い間，アマチュア歯科医として活躍した。

世界遺産 ↑2 エカチェリーナ宮殿 エカチェリーナ2世は，ペテルブルクから南へ約30kmのこの宮殿で夏を過ごした。ロシアに漂流していた大黒屋光太夫は，帰国許可を得るために彼女に謁見している。

2 ロシアの発展

1721 ニスタット条約
1712 ペテルブルク遷都
1689 ネルチンスク条約の国境線

1670〜71 ステンカ＝ラージンの乱
1773〜75 プガチョフの乱
1727 キャフタ条約の国境線

	1462年のモスクワ大公国（イヴァン3世即位時）
	1689年までの獲得地（ネルチンスク条約締結時）
	1796年までの獲得地（エカチェリーナ2世時代）
	1613年までの獲得地（ロマノフ朝成立時）
	1725年までの獲得地（ピョートル1世時代）

→ イェルマークの遠征　　→ ベーリングのカムチャツカ探検

作業
①イヴァン3世即位時のモスクワ大公国（□）を着色しよう。
②ロマノフ朝成立時のロシア（⋯）を着色しよう。

←1 **都ペテルブルク** ピョートルの時代に，イヴァン4世以来の宿願であったバルト海進出が果たされた。ネヴァ川河口の湿地に建設された新首都は「ヨーロッパへの窓」となった。（1753年作の版画）

3 ポーランド分割

ポーランド国王　オーストリアのヨーゼフ2世
ロシアのエカチェリーナ2世
プロイセンのフリードリヒ2世

←3 **ポーランド分割を風刺した絵** この絵は第1回分割後に出回ったものであるが，ヴォルテールはポーランドを「王たちの菓子」に例え，啓蒙専制君主による偉業を讃えた。
（パリ，ポーランド図書館蔵）

↘4 **コシューシコ** アメリカ独立戦争に参加した軍人のコシューシコは，第2回分割後に「自由と独立」のために蜂起した。
（ポーランド，クラクウ国立美術館蔵）

分割前のポーランド国境（1772年）

	ロシア	プロイセン	オーストリア
第1回（1772年）			
第2回（1793年）	〃	〃	
第3回（1795年）	〃	〃	

←**ポーランドは選挙で国王を選ぶ「貴族の共和国」であったが，貴族間の争いで政治は混乱し，3回の分割により地図上から消滅した。**

1 思想

哲学	経験論	フランシス=ベーコン	イギリス	実験・観察から理論を形成する帰納法を重視 『新オルガヌム』
		ロック	イギリス	認識の起源を経験におく
		ヒューム	イギリス	懐疑論
	大陸合理論	デカルト	フランス	理性から出発する演繹法を重視 「われ思う，ゆえにわれあり」『方法序説』
		パスカル	フランス	「人間は考える葦である」『パンセ[瞑想録]』
		スピノザ	オランダ	神と宇宙を同一視する汎神論
		ライプニッツ	ドイツ	単子[モナド]論 微積分法
政治思想		王権神授説：絶対王政を正当化		
		ボシュエ	フランス	パリ大司教
		自然法思想：永久不変の法（自然法）が存在		
		グロティウス	オランダ	国際法の父 『戦争と平和の法』『海洋自由論』
		社会契約説：社会も国家も人民の契約により成立		
		ホッブズ	イギリス	「万人の万人に対する闘争」『リヴァイアサン』
		ロック	イギリス	革命権 『統治二論[市民政府二論]』
		啓蒙思想：人間の理性を信頼し，不合理を批判		
		モンテスキュー	フランス	三権分立 『法の精神』
		ヴォルテール	フランス	教会制度を批判 『哲学書簡』
		ルソー	フランス	「自然に帰れ」『社会契約論』
		ディドロ	フランス	『百科全書』
		ダランベール	フランス	『百科全書』
経済学	重農主義	ケネー	フランス	『経済表』
		テュルゴー	フランス	ルイ16世の財務総監
	古典派	アダム=スミス	イギリス	『諸国民の富』 自由主義経済学

2 自然科学～17世紀は科学革命の時代

物理・化学	ボイル	イギリス	ボイルの法則
	ニュートン	イギリス	万有引力の法則
	フランクリン	アメリカ	避雷針の発見
	ラヴォワジェ	フランス	質量不変の法則
医学生物	ハーヴェー	イギリス	血液循環論
	リンネ	スウェーデン	植物分類学
	ジェンナー	イギリス	種痘法

←8 ニュートン リンゴの実が落ちるのを見た時，月はなぜ落下しないのかと連想したことから万有引力の法則を発見したといわれる。

→9 少年に種痘を行うジェンナー 1796年，ジェンナーが行った臨床実験は，予防接種の先駆けとなり，天然痘撲滅の第一歩となった。(種痘協会蔵)

A 社会契約説の比較

思想家	↑1 ホッブズ	↑2 ロック	↑3 ルソー
特徴	絶対王政理想化。王政復古後の政治体制正当化	間接民主制主張。名誉革命正当化。アメリカ独立宣言に影響	直接民主制志向。フランス革命に影響

→5 グロティウス 『海洋自由論』で航行と通商の自由を説いた。フランス亡命後，三十年戦争の惨禍から『戦争と平和の法』を著した。

→6 アダム=スミス 国家権力が個人的経済活動を自由放任[レッセ=フェール]すれば，「神の見えざる手」のごとき市場原理が働き，最善の状態が実現するとした。

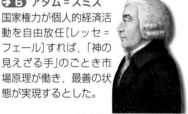

←4 百科全書 ディドロとダランベールが編集し，最終的に264人もの知識人が執筆にかかわった。当時のあらゆる思想，科学・技術上の知識，政府・教会に対する批判までもが詳述された啓蒙思想の集大成である。

↑7 ジョフラン夫人のサロン 18世紀になると，芸術・学問の交流の場として，貴族の邸宅のサロンや，市民たちの集うカフェ・コーヒーハウスが脚光を浴びるようになった。絵は想像画であるが，このサロンでは急進的な思想が大胆に討論されていた。(ルモニエ画，ルーアン美術館蔵)

ルソー ヴォルテールの胸像 ディドロ ケネー テュルゴー ジョフラン夫人 ビュフォン ダランベール モンテスキュー

ヨーロッパ

1 美術・文学・音楽

美術	バロック	エル゠グレコ	スペイン	「受胎告知」
		ベラスケス	スペイン	「女官たち」
		ルーベンス	フランドル	「愛の園」
		レンブラント	オランダ	「夜警」
		フェルメール	オランダ	「青いターバンの少女」
		ヴェルサイユ宮殿（フランス）		
	ロココ	ワトー	フランス	「シテール島の巡礼」
		ブーシェ	フランス	「ポンパドゥール夫人」
		フラゴナール	フランス	「ぶらんこ」
		サンスーシ宮殿（ドイツ）		
文学	古典主義	コルネイユ	フランス	『ル゠シッド』
		モリエール	フランス	『人間嫌い』
		ラシーヌ	フランス	『アンドロマク』
	ピューリタン文学	ミルトン	イギリス	『失楽園』
		バンヤン	イギリス	『天路歴程』
	風刺文学	デフォー	イギリス	『ロビンソン゠クルーソー』
		スウィフト	イギリス	『ガリヴァー旅行記』
音楽	バロック	バッハ	ドイツ	「マタイ受難曲」
		ヘンデル	ドイツ	「水上の音楽」
	古典派	ハイドン	オーストリア	「天地創造」
		モーツァルト	オーストリア	「フィガロの結婚」

2 バロック美術（豪壮・華麗）

⬆2 フェルメール「青いターバンの少女（真珠の耳飾りの少女）」 フェルメールはありふれた日常生活を美しい色と光の反映で描いた。（1665年頃，47×40cm，マウリッツハイツ美術館蔵）

⬆1 シェーンブルン宮殿 ヴェルサイユ宮殿とともにバロック建築の代表で，当初はハプスブルク家の夏の離宮であった。マリア゠テレジアが壁をイエローに塗り替え，内装をロココ様式にした。

⬆3 レンブラント「夜警」 レンブラントは，依頼された自警団の肖像画を，光と影によって，出動の瞬間を描く作品に仕上げた。「夜警」と呼ばれるが，それは表面が変色したためで，昼の場面を描いている。
（1642年，363×437cm，アムステルダム国立美術館蔵）

⬅4 ベラスケス「女官たち」 ベラスケスはフェリペ4世の宮廷で活躍した。この絵は，ベラスケスのアトリエを王女，女官たちが訪問した設定である。後方の鏡にはモデルとなっている国王夫妻が映り，王女の瞳は国王夫妻を見つめている。（1656年，318×276cm，プラド美術館蔵）

3 ロココ美術（繊細・優美）

⬅5 サンスーシ宮殿内部 サンスーシ宮殿（◀P.133）にある音楽室で，絵画と繊細な装飾でおおわれている。

➡6 サンスーシ宮殿内の中国風建築 ロココ時代のヨーロッパでは，「中国趣味（シノワズリ）」が流行した。

➡7 フラゴナール「ぶらんこ」 フラゴナールは，世俗的で明るい主題を繊細に描いた。（1766年，81×65cm，ウォーレスコレクション蔵）

ヴェルサイユ宮殿

図1 **1668年のヴェルサイユ宮殿**
（ヴェルサイユ宮殿博物館蔵）

図2 **現在のヴェルサイユ宮殿**　ルイ14世(▶P.6, 131)は、パリ南西20kmの地に、大宮殿を造営した。庭園に1,000以上の噴水をつくるために、セーヌ川の水をポンプで汲み上げ運河を引くなど、「太陽王」の夢の宮殿であった。
宮殿中央部の2階に「鏡の間」と国王夫妻の寝室が配され、宮殿には貴族や高位聖職者、その従者を含めれば5,000人が一緒に居住していたとされる。

図3 **映画「マリー・アントワネット」**　「鏡の間」での1シーン。マリ＝アントワネット生誕250周年の年に撮影された。（2006年，アメリカ作品）

世界遺産

マリー・アントワネット（キルスティン＝ダンスト）

図4 **鏡の間**　「鏡の間」は大宴会場であった。全長75m、幅10m、高さ13m。日中は、明り窓に庭園からの光が差し込み、壁面の17枚（総計では578枚）の鏡に反射されていた。夜になると、クリスタル製のシャンデリアなどに、3,000本のろうそくがともされた。その後も、ドイツ皇帝の戴冠式(1871年)(▶P.159)、ヴェルサイユ条約の調印 (1919年)(▶P.182)など歴史の舞台としても使用された。

明り窓

クリスタル製のシャンデリア

鏡

図5 **ドイツに野戦病院として利用される「鏡の間」**(1871年, プロイセン＝フランス戦争時)

（『週刊朝日百科世界100都市25』）

平和の間　鏡の間　戦争の間

中央棟2階

宮廷礼拝堂

1 17世紀中頃の世界

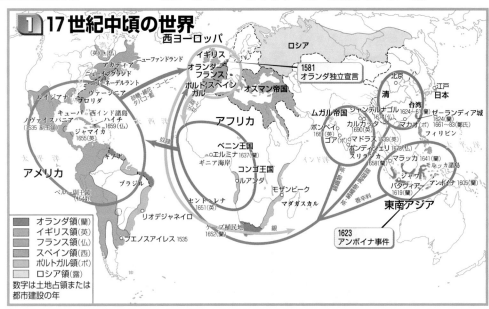

西ヨーロッパ

凡例:
- オランダ領(蘭)
- イギリス領(英)
- フランス領(仏)
- スペイン領(西)
- ポルトガル領(ポ)
- ロシア領(露)

数字は土地占領または都市建設の年

⬆大西洋では、ヨーロッパからの積み荷(火器など)がアフリカの黒人国家で奴隷と交換され、その奴隷はアメリカ大陸で砂糖、タバコなどと交換され、それらの世界商品がヨーロッパに送られた(大西洋三角貿易)。

2 重商主義の展開

主権国家(絶対王政)時代、各国は財源確保のため重商主義政策を実行した。当初は植民地から金銀の獲得をめざしたが、しだいに植民地の拡大、貿易のための特許会社の設立や自国産業の保護育成をめざすものとなった。

オランダの覇権

- 東インド会社設立(1602)
- 北米にニューネーデルラント植民地建設
- バタヴィアを拠点に香辛料貿易独占
- **アンボイナ事件**(1623)
- 台湾一時占領。ゼーランディア城建設
- アフリカ南端に**ケープ植民地**建設
- **イギリス＝オランダ戦争**(1652〜74)

イギリスの進出

- 東インド会社設立(1600)
- 北米植民地建設(ヴァージニア、ニューイングランド)ジャマイカの砂糖プランテーション
- **イギリス＝オランダ戦争**(1652〜74)ニューアムステルダムを奪いニューヨークと改称
- インド進出〜**マドラス・ボンベイ・カルカッタ**を拠点に茶・綿織物を輸入

フランスの進出

- 東インド会社設立(1604)、再建(1664)
- 北米植民地建設(カナダ、**ルイジアナ**)
- ハイチで砂糖プランテーション
- インド進出〜**シャンデルナゴル・ボンディシェリ**を拠点

17世紀後半、世界商業の主導権がオランダからイギリス・フランスに移行

3 オランダの覇権

⬆1 **アムステルダム港の繁栄** 当時のオランダを代表する画家による1686年の作品。オランダ東インド会社は、17〜18世紀に100万人をアジアに送り込んだ。

⬆2 **アンボイナ事件** 1623年、モルッカ諸島のアンボイナ島で、オランダ商館襲撃計画を拷問によって自供したイギリス商館員20名(うち9名は日本人傭兵)が斬首された。この事件は、オランダが香辛料を独占するきっかけとなった。(ミラノ市立ベルタレッリ印刷物収集館蔵)

⬆5 **黒人奴隷の積み込み方法を描いた図** できるだけ多く詰め込むために、子どもは船尾に寝かせた。劣悪な環境と伝染病もあり、17世紀には4分の1近くの奴隷が航海中に死亡した。(18世紀のフランスの絵)

4 大西洋三角貿易

⬆3 **奴隷狩り** 黒人社会にもともと存在した奴隷制度に加え、部族抗争に勝つために必要な武器・物資と引き換えに、たくさんの黒人が「商品」として白人商人に売り渡されていった。(マンセル＝コレクション蔵)

⬆4 **ギニア海岸での黒人奴隷の売買** 西ヨーロッパ諸国はギニア海岸のベニン王国などの黒人勢力に奴隷狩りをさせて、海岸でそれを購入した。絵は、黒人の仲介者が白人商人に奴隷を売却しているようすで、17〜19世紀にアメリカに移送された**黒人奴隷**は、実に1,000万人に達した。(キングストン＝アポン＝フル博物館蔵)

⬆6 **砂糖プランテーション** 黒人奴隷は、ブラジルをはじめ南北アメリカの砂糖**プランテーション**などで酷使された。鞭に打たれながらつくった砂糖は、中・上流階級の朝食のコーヒー・紅茶に入れられた。(大英博物館蔵)

5 第2次英仏百年戦争

ヨーロッパ	北米	
ファルツ継承戦争 (1688〜97)	ウィリアム王戦争 (1689〜97)	ライスワイク条約(1697)
スペイン継承戦争 (1701〜13)	アン女王戦争 (1702〜13)	ユトレヒト条約(1713)
オーストリア継承戦争 (1740〜48)	ジョージ王戦争 (1744〜48)	アーヘンの和約(1748)
七年戦争 (1756〜63)	フレンチ=インディアン戦争 (1755〜63)	パリ条約(1763)

イギリスの覇権確立

フランス革命とナポレオン戦争 (1789〜1815)	アメリカ独立戦争 (1775〜83)	パリ条約(1783)

6 18世紀中頃の世界

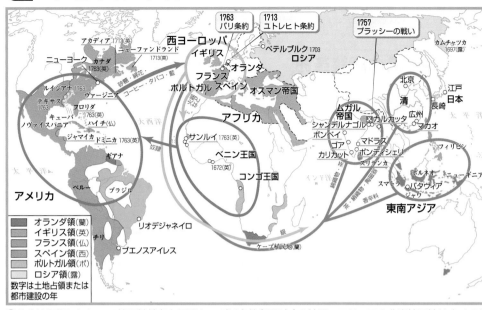

| 1763 パリ条約 | 1713 ユトレヒト条約 | 1757 プラッシーの戦い |

凡例
- オランダ領(蘭)
- イギリス領(英)
- フランス領(仏)
- スペイン領(西)
- ポルトガル領(ポ)
- ロシア領(露)

数字は土地占領または都市建設の年

⬆英仏は長期にわたって植民地抗争を展開し，パリ条約(1763年)の結果，フランスの北米植民地はすべて失われた。また，プラッシーの戦いの結果，イギリスのインド支配の基礎が固まった。

7 オランダからイギリスへ

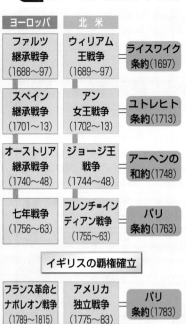

⬆**7 1664年のニューアムステルダムと現代のニューヨーク(マンハッタン島南部)** 1625年，オランダは先住民からマンハッタン島を安く手に入れ，ニューネーデルラント植民地の首都を建設した。1664年，この地を占領したイギリスはニューヨークと改称したが，当時すでに10か国以上の言葉が話される国際都市であった。(ニューヨーク市博物館蔵)

⬅**8 イギリス＝オランダ戦争** オランダがイギリス艦隊に損害を与えている。三度にわたる戦争の結果，世界貿易からオランダが後退し，英仏の抗争時代に入った。(アムステルダム，海洋博物館蔵)

⬅**9 ムガル皇帝からベンガル地方の実質的支配権を与えられるクライヴ** 1757年のプラッシーの戦いでフランスを破ったイギリスは，1765年に東インド会社によるインド支配を開始した。

(ロンドン，ギルダール美術館蔵)

⬅**10 フレンチ＝インディアン戦争** ミシシッピ川支流で先住民と同盟を結んでいたフランス軍の攻撃を受けるイギリス艦隊。戦争はイギリスの勝利に終わり，フランスは北米から完全撤退した。(グリニッジ，国立海洋博物館蔵)

ニューアングル イギリスはなぜ強かったか
(参考：川北稔『ヨーロッパと近代世界』)

植民地戦争でイギリスが勝利をおさめたのは，豊富な軍事費とその財政にあった。軍事費は国債の発行(国の借金)でまかなわれたが，イギリスが政治・経済面で安定していたことから，国際金融の中心オランダの資金までもがイギリスに流れこんでいた。また，イギリスでは，ヨーロッパ最高税率を国民に課していたが，勝利がもたらす植民地の拡大が，国民の不満を解消していたのである。

⬇**12 イングランド銀行 (1734年)**

⬆**11 カルカッタの風景** 最初は寒村にすぎなかったカルカッタ(現地発音コルカタ)がイギリス領インドの中心地となった。

ヨーロッパ / 西アジア / 南・東南アジア / 東アジア / アメリカ・アフリカ

作業 学習する「時代」（□）を着色しよう。

世紀	29 28 27 26 25 24 23 22 21 20 19 18 17 16 15 14 13 12 11 10 9 8 7 6 5 4 3 2 1	1 2 3 4 5 6 7 8 9 10 11 12 13 14 15 16 17 18 19 20 21
日本	縄文	弥生 ／ 古墳 ／飛鳥／ 平安 ／鎌倉／室町／安土桃山／ 江戸 ／明治／大正昭和平成令和

1 イギリスの産業革命

背景

戦争による植民地の拡大	➡ 広大な海外市場
大西洋三角貿易，商工業の発展	➡ 資本の蓄積
第2次囲い込みなど［農業革命］	➡ 豊富な労働力
豊富な資源（鉄・石炭）	➡ 自然科学の発達
インド産綿織物の流行，需要増加	➡ 綿工業分野の機械化

2 囲い込み

	第1次囲い込み	第2次囲い込み
時代	おもに16世紀	おもに18世紀
目的	毛織物工業のための牧羊	人口増加による穀物増産
方法	ジェントリにより非合法的に推進	議会立法により合法的に推進
特色	共有地の囲い込みが中心で規模は小さい。全耕地の2％以下	地主が小作人を囲い込んだ広大な農地を資本家に貸し出した
結果	土地を追われた農民は浮浪者となる。毛織物工業発達	土地を失った農民の多くは賃金労働者となる。近代的な大農経営確立

経過

布を織る

1733	飛び杼	ジョン＝ケイ
1785	力織機	カートライト

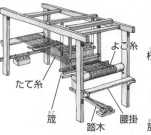

たて糸／よこ糸／筬／踏木／腰掛

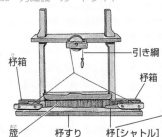

杼箱／引き綱／杼箱／筬／杼すり／杼［シャトル］

技術革命

←1 手織機の仕組み たて糸を上糸と下糸に分け，その間に杼［シャトル］をくぐらせてよこ糸を交差させ，筬で締める。この繰り返しで布が織られる。

←2 飛び杼 **ジョン＝ケイ**が発明した飛び杼は織布工程のスピードを2倍にしたため糸が不足し，紡績工程の改良が要求されるようになった。

糸を紡ぐ

1764頃	多軸（ジェニー）紡績機 ハーグリーヴズ
1769	水力紡績機 アークライト
1779	ミュール紡績機 クロンプトン

←4 多軸（ジェニー）紡績機 一度に8本（のちに16本）の糸を紡ぐことができ，紡績工程のスピードがアップした。ジェニーは**ハーグリーヴズ**の妻（または娘）の名といわれる。

←3 力織機 **カートライト**は水力紡績機にヒントを得て，蒸気機関を利用した力織機を発明し，織布工程の生産力を大きく向上させた。写真は1851年の博覧会に展示された力織機。

（ロンドン科学博物館蔵）

（ロンドン科学博物館蔵）

↑6 ミュール紡績機 多軸（ジェニー）紡績機と水力紡績機の長所を取り入れたもの。ミュールとはラバ（馬とロバの合いの子）を意味する。

（ロンドン科学博物館蔵）

↑5 アークライトと水力紡績機 **アークライト**は水車（のちに蒸気機関）を動力とした紡績機を開発し，より強い糸の生産が可能になった。

蒸気機関を利用 ↑

1712	蒸気機関	ニューコメン
1769	蒸気機関改良	ワット

動力革命

←7 ワットと蒸気機関 **ワット**は**ニューコメン**の蒸気機関を改良し，ピストン運動を回転運動に変え，あらゆる機械に応用できるようにした。

（ロンドン科学博物館蔵）

蒸気機関を利用 ↓

鉄・石炭の増産 ➡ **製鉄・機械工業の発達**

影響

資本主義社会の確立 イギリスは「**世界の工場**」に

- 工場制機械工業による大量生産
- （産業）**資本家**，（賃金）**労働者**の二大階級の形成
- 人口の都市集中 ● 労働問題・社会問題の発生

Ⓐ 各国の産業革命

国名	特色
フランス	1830年代。フランス革命の混乱で進展ゆるやか
アメリカ	1830年代。南北戦争後の60年代後半に本格化
ドイツ	1840年代。ドイツ関税同盟による市場統一
ロシア	1890年代。農奴解放令とフランス資本の導入
日本	1890年代。日清戦争前後に展開。殖産興業政策

交通革命

1807	蒸気船	フルトン（米）
1814	蒸気機関車	スティーヴンソン

→8 蒸気機関車ロコモーション号 **スティーヴンソン**が発明したロコモーション号は，1825年，ストックトン〜ダーリントン間を35台の客車と貨車を引いて走行した。鉄道時代の始まりである。

（イギリス，ダーリントン鉄道博物館蔵）

3 産業革命期のイギリス

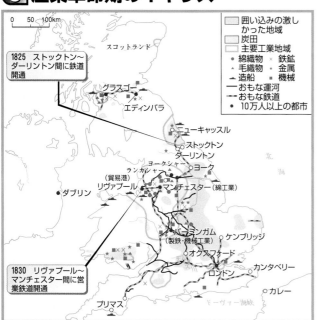

1825 ストックトン〜ダーリントン間に鉄道開通

1830 リヴァプール〜マンチェスター間に営業鉄道開通

凡例：囲い込みの激しかった地域／炭田／主要工業地域／● 綿織物 × 鉄鉱／▲ 毛織物 × 金属／造船 ■ 機械／─ おもな運河／━ おもな鉄道／• 10万人以上の都市

Ⓐ 都市人口の推移

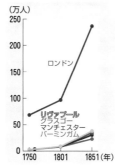

Ⓑ 石炭・銑鉄生産量と綿花輸入量の推移

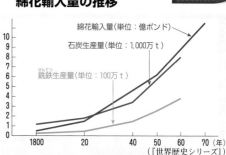

綿花輸入量（単位：億ポンド）／石炭生産量（単位：1,000万t）／銑鉄生産量（単位：100万t）
（『世界歴史シリーズ』）

Ⓒ 綿製品の輸出と世界工業生産額に占めるイギリスの割合

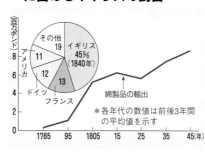

イギリス 45%（1840年）／フランス 13／ドイツ 12／アメリカ 11／その他 19
綿製品の輸出
＊各年代の数値は前後3年間の平均値を示す

↑9 紡績工場のようす（1833年）

4 産業革命の影響

Ⓐ 19世紀前半のイギリスの世界貿易

↑19世紀になると、奴隷制廃止によりそれまでの「大西洋三角貿易」は衰退したが、産業革命が進展したイギリスは、「世界の工場」として世界経済の覇権を握るようになった。

◉ ニューアングル 産業革命期の労働

産業革命の時代、労働者は劣悪な環境で働かされていた。リヴァプールの平均寿命は上流階級で35歳、労働者は15歳だったようである。炭鉱のせまい坑道での労働は特に悲惨であったが、子どもは普通8歳ごろから1日12時間以上も働かされ、その状況は19世紀半ばに工場法が成立するまで続いた。

←10 マンチェスターの景観 この町は農産物の集散地としてひらけたが、産業革命によりその景観は一変した。煙突が立ち並び、建物も真っ黒に汚れてしまった。

←11 ロンドンのスラム 労働者たちは集合住宅を借りて住んでいた。上下水道がないので、容器にためた糞尿は道や川に捨てられた。（ドレ画、1872年）

1 世界の紅茶

A 世界三大銘茶

- **ダージリン**（インド北部産）
- **ウバ**（セイロン島南東部産）
- **祁門**（中国安徽省産）

→1 ダージリン

B 着香茶

→2 アールグレイ

- **アールグレイ**
  第1回選挙法改正を行ったグレイ伯爵が所望してできた紅茶。ベルガモットの香りをつける。
- **正山小種（ラプサン・スーチョン）**
  薬の正露丸の香りのする紅茶。イギリスでは伝統のあるもの。原産地の中国では絶対に飲まない。合う食べ物はスモークド・サーモン。

2 "お茶"の種類

不発酵茶		半発酵茶	発酵茶
蒸し製（日本式）	釜炒り製（中国式）	ウーロン茶	紅茶
煎茶・玉露・抹茶・番茶	中国緑茶		

茶の原産地はアッサム地方（インド）・シャン地方（ミャンマー）・雲南省（中国）を結ぶラインとされる。イギリスは「茶の中国至上主義」のため、中国の苗が根づいたダージリン（インド）が最上級とされる。アッサムは中国の苗が根づかず土着の種であったため下級とされた。しかしアッサムはミルクティーに最適であり、実際はイギリス人が最も好む紅茶である。

→4 **イギリスのミルクティー** 正式なミルクティーの入れ方は、ミルクを入れたカップに、ティーを注ぐものとされる。

高さ5.4m、幹まわり4.34m以上。中国雲南省

↑3 **茶樹王（茶の巨木）** 樹齢800年以上。国家重点保護文物。

3 紅茶の世界史

17〜18世紀	絶対王政下のヨーロッパ社会で、紅茶を飲むことが、上流社会のステータスを示す習慣と考えられて流行
☆	各国の東インド会社が、中国[清朝]・インド[ムガル帝国]との交易を活発に展開
☆	ヨーロッパ各国は紅茶用の砂糖を入手するために、アフリカの黒人奴隷を運搬し、カリブ海周辺地域で奴隷制プランテーションによる砂糖生産を展開（＝大西洋三角貿易）
☆	紅茶やコーヒーを提供するコーヒーハウス(英)・カフェ(仏)が流行し、市民文化興隆の舞台となる
18世紀末	工場労働者の簡便な食事の栄養源として、紅茶が流行。イギリスは紅茶輸入のため、清朝に対する銀の流出が深刻化し、その解決策としてインド産アヘンの清朝への密輸出を展開
1840	イギリスの清朝攻撃（アヘン戦争）が始まる

5 インドの茶の産地

中国／パキスタン／ダージリン／アッサム／ネパール／カンクラ／ドアーズ／ミャンマー／インド／ニルギリ／バングラデシュ／スリランカ／セイロン／0 500km／おもな茶の産地

1865年伝染病で死滅したコーヒーに代わり、セイロンでは茶が栽培されるようになった。イギリスは大規模農園の経営のため、南インドのタミル人（ヒンドゥー教徒が多数）を移民させたが、これがシンハラ人（上座部（◀P.37）仏教徒が多数）との対立を招き、民族紛争の遠因となった（▶P.202）。

4 イギリスでの紅茶の流行

A 上流社会での紅茶の流行

砂糖入れ →

←5 **18世紀初めイギリスの飲茶風景** 17世紀初めに中国から輸入された茶は、当時高価だった砂糖を入れて飲まれるようになり、上中流階級の間で流行してステータスを示すものとなった。（ヴィクトリア＆アルバート博物館蔵）

B 産業革命と下層社会での紅茶の流行

ポット入り茶

→6 **マンチェスター近郊の女工の昼休み**（19世紀後半） 産業革命の進展で「砂糖入り紅茶」は疲労回復とカロリー補給のための飲み物として庶民に広まっていった。（マンチェスター＝シティ＝アートギャラリー蔵）

C コーヒーハウスの誕生と市民文化の成立

←7 **ロンドンのコーヒーハウス** クロムウェル時代の1652年に出現したコーヒーハウスは1683年には3,000軒に増加。市民たちが集い、意見交換をする貴重な場であった。提供される飲み物は、初期のコーヒー中心から紅茶中心へと変化し、名称もティーハウスと呼ばれるようになる。（大英博物館蔵）

ニューアングル　紅茶のイメージは「気取っている」？

日本での紅茶のイメージは、「上品」あるいは「気取っている」であるが、それはイギリス上流階級のイメージがあるからであろう。

→8 **現代のロンドンの高級ホテルのアフタヌーン・ティー**（値段は平均で35ポンド以上）

1 木綿の世界史

紀元前より	インドで綿織物生産が発達
17〜18世紀	ヨーロッパで, インド産綿織物の人気が急上昇
☆	インドと交易するイギリスの世界貿易が発展
1757	プラッシーの戦いの勝利後, イギリスはインド支配を開始
18世紀末	イギリスは産業革命で機械による綿織物の大量生産をめざす
☆	インドの植民地化と, 手織りの綿工業が衰退
☆	イギリスは綿織物を世界に輸出し, 「世界の工場」に
☆	インドは綿花生産地に, アメリカ南部も奴隷制プランテーションによる綿花生産地に
20世紀前半	インドにガンディーが登場し, イギリスに対抗する国産品愛用[スワデーシ]の理念を説く

A インドと木綿(キャリコ)

↑1 インドの木綿 綿業はインドの主要輸出産業であった。イギリス産業革命も**インド産キャリコ**に対抗するために始まった。

B 織物ができるまで

繊維をとり出す
↓
紡績(紡ぐ)
繊維を撚り合わせて糸をつくる。
↓
織機で織る

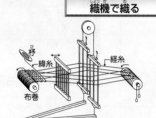

2 織物の種類

	植 物 性		動 物 性	
	綿織物(木綿)	**麻織物(亜麻・リネンなど)**	**絹織物**	**毛織物**
原料の写真	綿花	麻(クワ科)	蚕の繭	羊毛(ウール)
織物の例	インド更紗(18世紀, ロンドン, ヴィクトリア＆アルバート博物館蔵)	前1370〜1360頃, エジプト(ルーヴル美術館蔵)	1747年, ヴィクトリア＆アルバート博物館蔵	アウグストゥス像(1世紀, 国立古代ローマ博物館蔵)
特性	保温・吸湿性に優れ, 肌触りもよい。染色が容易であり安価。	白色度が高く, 熱伝導率が高い。吸湿・発散性に富んでいる。	肌触りのよい高級品。装飾表現に向いている。	紡績は容易。保温性は高いが, 肌触り・色合いでは綿織物に劣る。

3 木綿がもたらした世界への影響

A イギリスでは

→2 イギリス人のインド産綿織物流行(©京都服飾文化研究財団. 左／畠山崇撮影, 右／小暮徹撮影)

1780年代 インド風の花柄文様
1790年代

↑3 綿織物生産の機械化 イギリスでは18世紀末に綿織物工業部門で産業革命が進行した。
(カートライトによる発明)

B インドでは

→4 飢饉に見舞われるインド人 イギリスとの競争に敗れたインドは, 綿花の供給地となっていき, 政治的にもイギリスに屈服した。19世紀を通じてインドの飢饉は深刻化していった。

C 中国では

←5 アヘンを吸う中国(清)の男たち 中国に対し, 機械化による綿製品売り込みに失敗したイギリスは, インド産アヘンを中国に密輸することで輸入超過を解消しようとした。中国へのインド産アヘン流入は1880年にピークを迎えた。

D アメリカでは

1860年代 ジョージア州

→6 綿花王国と黒人奴隷 19世紀前半ジョージアからテキサスにかけての綿花地帯が奴隷制の主要な舞台となった。綿花栽培や綿花摘み取りに, 黒人奴隷が労働力として利用された。

チャルカ

→7 チャルカ[手紡ぎ車]で糸を紡ぐガンディー インドはイギリスの植民地となっていくが, イギリス機械工業への対抗として, チャルカはインドの民族主義のシンボルとなっていく。

																					←B.C|A.D.→																		
世紀	29	28	27	26	25	24	23	22	21	20	19	18	17	16	15	14	13	12	11	10	9	8	7	6	5	4	3	2	1	1	2	3	4	5	6	7	8	9	10	11	12	13	14	15	16	17	18	19	20	21
日本					縄文																		弥生			古墳		奈良	平安		鎌倉	室町	安土桃山	江戸		戦国	明治	大正	昭和	平成 令和

1 アメリカ独立革命の歩み

植民地の動き	本国イギリスの動き
13植民地の建設	**重商主義政策の推進**
1607 ヴァージニア植民地	1651 航海法
1620 ピルグリム＝ファーザーズの**プリマス**上陸	1664 ニューアムステルダム占領，ニューヨークと改名
1732 ジョージア植民地建設	1699 羊毛法，帽子法(1732)

フレンチ＝インディアン戦争［七年戦争］(1756～63)

1763 パリ条約　英はカナダ，ミシシッピ川以東，フロリダ獲得

本国政策への不満・抵抗	課税・貿易統制の強化
1765 「代表なくして課税なし」の決議	1764 砂糖法
	1765 **印紙法**
	1767 タウンゼンド諸法
1773 **ボストン茶会事件**←	1773 **茶法**
1774 第1回**大陸会議**←	1774 ボストン港閉鎖

独立戦争(1775～83)

1775	レキシントンの戦い　総司令官に**ワシントン**任命
1776	**トマス＝ペイン**『**コモン＝センス**』発刊
7.4	**独立宣言**の採択　起草者**トマス＝ジェファソン**
1777	サラトガの戦い　連合規約制定
1778	**フランス参戦**　スペイン参戦(79)
1780	武装中立同盟成立　ロシア女帝**エカチェリーナ2世**提唱
1781	**ヨークタウンの戦い**
1783	**パリ条約**　アメリカ独立の承認

合衆国の成立

1787	**合衆国憲法**の制定　連邦派と反連邦派の対立
1789	**ワシントン**，初代大統領就任(任～97)

Ⓐ 1763年の北アメリカ東部

カナダ
コネティカット(18.4)
ケベック
アカディア
モントリオール
ニューハンプシャー(6.2)
マサチューセッツ(23.5)
ボストン
プリマス
ニューヨーク(16.8)
イロコイ
ロードアイランド(5.8)
ニューヨーク
ニュージャージー(11.8)
ペンシルヴァニア(24.0)
フィラデルフィア
デラウェア(3.6)
セントルイス
ヴァージニア(44.8)
メリーランド(20.3)
ショーニー
ジェームズタウン
ルイジアナ
先住民指定
保留地
ノースカロライナ(20.0)
大西洋
チェロキー
テネシー
サウスカロライナ(12.4)
ジョージア(9.3)
クリーク
チャールストン
フロリダ
ニューオーリンズ
メキシコ湾

■	イギリス領
■	スペイン領
植民地名	13植民地
(青数字)	当時の推定人口（単位：万人）
黒字	主たる先住民部族
---	13植民地の境界

0 300km

←パリ条約(1763年)により，フランスの北アメリカ植民地は消滅した。フランスの脅威がなくなった**13植民地**は，イギリス本国の保護を必要としなくなっていたが，イギリスは財政難から植民地支配の強化をはかり，両者の対立は深まっていった。

➤3 **ボストン茶会事件**　1773年12月16日夜，茶法に反対するボストンの急進的な一団が先住民に変装して東インド会社の船を襲い，茶箱を海に投げ捨てる事件が発生した。その後，本国側の弾圧に対し，植民地側では権利と自由を守るために第1回**大陸会議**が開催された。

2 アメリカの植民地時代

←1 **先住民（インディアン）の生活**
ヨーロッパ人の植民が始まる以前のアメリカには，自然環境に適応した個性豊かな文化が数多く存在していた。（大英博物館蔵）

1580年，ヴァージニアの一集落

➤2 **プランテーションの黒人奴隷**
奴隷制度は，1661年にヴァージニアで初めて法制化され，植民地全土に広がっていった。独立戦争時には，総人口250万のうち50万が**黒人奴隷**であったとされる。
（ニューヨーク公立図書館蔵）

検討される
輸出用タバコ

3 1763年の北アメリカ

■	イギリス領
■	フランス領
■	スペイン領
■	ロシア領
■	未探検

ハイチ（仏領）

0 1500 3000km

Ⓑ 13植民地の政治体制

総督　国王や領主が任命	**植民地議会**（参議会）（代議院）　パリ条約以前は，「有益なる怠慢」政策により大幅な自治権を享受	北部 **タウン＝ミーティング**　成人男性のすべてが集まって生活に必要な事柄を決定し，必要な税の徴収などを担当する公職者を選出した。
		南部 **カウンティ制度**　有力なプランターがカウンティ（郡）における統治機関，裁判所の役職を独占し，自治を行った。

（米国議会図書館蔵）

先住民に変装したボストンの急進的一団

ジョージ3世（イギリス国王）の議会と教育の声をあげる市民

東インド会社の船

海に投げ込まれた茶箱

4 アメリカ独立戦争

A アメリカ独立戦争の構図

	国際環境	13植民地
	フランス	
ロシア 武装中立同盟	愛国派[パトリオット] X （急進派・保守派）	ロイヤリスト 国王派[忠誠派]
プロイセン スウェーデン デンマーク ポルトガル 義勇兵	黒人奴隷 先住民	イギリス本国
ラ=ファイエット コシューシコ	中立派	
	スペイン オランダ	

愛国派…本国の政策に抵抗し，独立戦争を推進　**国王派**…本国との関係が深く，独立に反対

→4 ワシントン　ヴァージニアの大プランター出身。大陸軍司令官として**独立戦争**を勝利に導き，初代大統領に就任した。（写真は1ドル札）

人物ファイル フランクリン
（1706〜90）

　独立宣言をまとめた後にパリに赴任したフランクリンは，科学上の名声や人柄のよさで大歓迎を受けた。彼の活躍によりフランス側は援助を引き受け，参戦を決定したともいえる。「身分ではなく，あの人は何ができるのかと聞くのがアメリカ人だ」という言葉には，フランクリンの考えがよく表されている。（写真は100ドル札）

↑6 独立宣言の採択　1776年7月4日，**フィラデルフィア**で開かれていた**大陸会議**は，**ジェファソン**を中心に起草した**独立宣言**を採択，公布した。
（イェール大学蔵）

B アメリカ独立宣言

自由の鐘

　われわれは，自明の真理として，すべての人は平等に造られ，造物主によって，一定の奪いがたい天賦の権利を付与され，そのなかに生命，自由および幸福の追求の含まれることを信ずる。また，これらの権利を確保するために人類のあいだに政府が組織されたこと，そしてその正当な権力は被治者の同意に由来するものであることを信ずる。そしていかなる政治の形態といえども，もしこれらの目的を毀損するものとなった場合には，人民はそれを改廃し，かれらの安全と幸福とをもたらすべしとみとめられる主義を基礎とし，また権限の機構をもつ，新たな政府を組織する権利を有することを信ずる。（斎藤真訳『人権宣言集』）

↑7 インディペンデンスホール[独立記念館]　「**独立宣言**」の採択は，**フィラデルフィア**にあるこの建物の広間で行われ，「自由の鐘」が打ち鳴らされた。

↑5 ヨークタウンの戦いで降伏するイギリス軍　イギリス国内では，アメリカとの戦争は不人気であった。**ヨークタウン**（ヴァージニア）での敗北により，イギリス議会はアメリカとの和平交渉に入った。

5 アメリカ合衆国憲法

連邦主義	**連邦政府**…外交・通商・国防・徴税などの権限
	州政府…州独自の軍隊など，市民生活に直結する権限
三権分立	**立法権**…連邦議会 ┬上院は各州2名の代表で構成 └下院は人口比例による選挙区より選出された議員で構成
	行政権…間接選挙により選出された大統領 （任期4年）
	司法権…連邦最高裁判所を頂点とする下級裁判所
人民主権	当初は白人に限定

＊憲法案に賛成した人々が連邦派を，反対した人々が反連邦派を形成したが，最終的に各州の批准により1787年世界初の成文憲法が発効した。

アメリカ

作業 学習する「時代」（□）を着色しよう。

世紀	29	28	27	26	25	24	23	22	21	20	19	18	17	16	15	14	13	12	11	10	9	8	7	6	5	4	3	2	1	1	2	3	4	5	6	7	8	9	10	11	12	13	14	15	16	17	18	19	20	21
日本							縄文															弥生				古墳		飛鳥奈良	平安			鎌倉	室町	安土桃山	江戸					明治大正	昭和	令和									

1 旧制度（アンシャン＝レジーム）

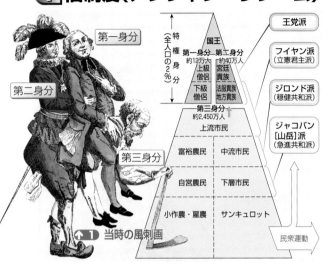

第一身分
第二身分
第三身分

特権身分（全人口の2％）

国王
第一身分 約12万人 上級僧侶 下級僧侶
第二身分 約40万人 宮廷貴族 法服貴族 地方貴族

第三身分 約2,450万人
上流市民
富裕農民　中流市民
自営農民　下層市民
小作農・雇農　サンキュロット

王党派
フイヤン派（立憲君主派）
ジロンド派（穏健共和派）
ジャコバン[山岳]派（急進共和派）

民衆運動

↑1 当時の風刺画

2 フランス革命の歩み

ブルボン朝	三部会	**ルイ16世，三部会を招集（1789.5）**
	国民議会	**第三身分が国民議会を設立（1789.6）**
		1789.6 **球戯場の誓い**
		7 **バスティーユ牢獄襲撃** 革命勃発
		8 **封建的特権の廃止**
		人権宣言
		10 **ヴェルサイユ行進**
		1791.4 ミラボー死去
		6 **ヴァレンヌ逃亡事件**
		8 **ピルニッツ宣言**（墺・普の革命干渉）
		9 **立憲王政の1791年憲法制定**
	立法議会	**立法議会が成立（1791.10）**
		1792.3 ジロンド派内閣成立
		4 オーストリアに宣戦＝ 革命戦争
		8 **8月10日事件で王権停止**
		9 **ヴァルミーの戦い**（フランス軍の初勝利）
第一共和政	国民公会	**国民公会が成立（1792.9）**
		1792.9 **王政の廃止と共和政の成立が決定**
		1793.1 **国王ルイ16世の処刑**
		2 **第1回対仏大同盟結成 徴兵制を採用**
		3 革命裁判所設置
	ジャコバン派独裁	**ジャコバン派独裁が成立（1793.6）**
		1793.7 ロベスピエールにより恐怖政治が成立
		8 1793年憲法制定，施行は延期
		10 **革命暦採用**
		マリ＝アントワネットの処刑
		1794.7 **テルミドール9日のクーデタ**
		1795.8 **1795年憲法制定**
	総裁政府	**総裁政府が成立（1795.10）**
		1796.3 ナポレオンのイタリア遠征
		5 バブーフの陰謀
		1798.5 ナポレオンの**エジプト遠征**
		1799.11 **ブリュメール18日のクーデタ**

ルイ16世
貴族
僧侶
第三身分唯一の農民
第三身分

←2 三部会の開会 1789年5月5日，ルイ13世の招集停止後久しぶりの招集となったが，議決方法をめぐり最初から紛糾した。

バイイ
ロベスピエール
シェイエス
ミラボー

→3 球戯場の誓い 第三身分の議員らは，国王によって議場が閉鎖されたためヴェルサイユ宮殿内の室内球戯場に集まり，憲法制定まで国民議会を解散しないことを誓い合った。（ダヴィド画，カルナヴァレ美術館蔵）

（カルナヴァレ美術館蔵）

←4 バスティーユ牢獄の襲撃 国王の国民議会弾圧に怒ったパリの民衆は，**1789年7月14日**，圧政の象徴とされていたバスティーユ牢獄を襲撃した。牢獄を占領した民衆は，司令官や士官の首を槍の先に掲げ，市庁舎へ勝利の行進を行った。フランスではこの日を**革命記念日**としている。

3 フランス人権宣言

第1条　人は，自由かつ権利において平等なものとして出生し，かつ生存する。（…）
第2条　あらゆる政治的団結の目的は，人の消滅することのない自然権を保全することである。これらの権利は，自由・所有権・安全および圧制への抵抗である。
第3条　あらゆる主権の原理は，本質的に国民に存する。（…）
第17条　所有権は，一の神聖で不可侵の権利である。（…）　（『人権宣言集』）

5 人権宣言の寓意画

→6 ラ＝ファイエット（1757～1834）

↑ ラ＝ファイエットらが起草し，1789年8月に国民議会が採択した。自然権としての自由・所有・抵抗権のほか，国民主権実現のための「市民」の権利を宣言した。ただし，対象は男性のみであった。

④ フランス革命期のヨーロッパ

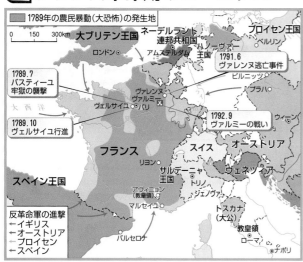

■ 1789年の農民暴動(大恐怖)の発生地

- 1789.7 バスティーユ牢獄の襲撃
- 1789.10 ヴェルサイユ行進
- 1791.6 ヴァレンヌ逃亡事件
- 1792.9 ヴァルミーの戦い

反革命軍の進撃
←イギリス
←オーストリア
←プロイセン
←スペイン

大ブリテン王国／ネーデルラント連邦共和国／ハノーヴァー／プロイセン王国／フランス／スイス／オーストリア／ヴェネツィア／サルデーニャ王国／トスカナ(大公)／教皇領／スペイン王国

(カルナヴァレ美術館蔵)

➔7 **ヴェルサイユ行進** 食糧不足に怒るパリの女性たちはヴェルサイユ宮殿に乗り込み、国王一家をパリのテュイルリー宮殿に移らせた。国民議会もパリに移り、国王は封建的特権の廃止と人権宣言を承認せざるを得なくなった。

➔8 **ルイ16世**(位1774~92) 決断力に欠け、革命勃発時には現実感覚が薄く、最終的にギロチンで処刑された。

(ヴェルサイユ宮殿蔵)

Ⓐ フランス革命期のパリ
*道路は現在のもの

凱旋門(1836)／タンプル塔 8月10日事件以後、国王一家が幽閉された／コンコルド広場(革命中は革命広場)ギロチンによる死刑が行われた／パレ=ロワイヤル／ルーヴル宮殿／ノートルダム大聖堂／テュイルリー宮殿 十月事件から8月10日までの国王一家の居城／アンヴァリッド(廃兵院)1789年7月14日、パリの民衆はここから武器を運び、バスティーユ牢獄をめざした／コンシェルジュリー牢獄▶P.156／バスティーユ牢獄 旧制度下で政治犯・思想犯が収監された牢獄で、圧政の象徴とされた

⑤ 革命の中心人物
*( )はフランス革命勃発時の年齢

➔10 **ダントン**(1759~94) 民衆の人気を博したジャコバン右派。恐怖政治の行き過ぎに反対したため、処刑された。(30)

⬆9 **ミラボー**(1749~91) 国民議会の指導的役割を果たした。貴族出身で立憲王政をめざした。彼の死を機に革命は急進化した。(40)

⬆11 **ロベスピエール**(1758~94) ジャコバン派中間派。恐怖政治を推進し、テルミドール9日のクーデタで処刑された。(31)

⑥ フランスナショナリズムの高揚　Ⓐ 国歌

フランス革命は、外国の反革命軍から祖国を守ろうとするなかで、「フランス国民」の一体感を生み出した。そのとき重要な役割を果たしたのが国歌と国旗であった。

➔12 **「ラ=マルセイエーズ」の楽譜** 初めは「ライン軍の歌」として歌われたが、8月10日事件に参加したマルセイユ義勇兵が歌ったところから改名され、のちに国歌となった。

Ⓒ 革命暦

革命暦(共和暦)	西暦
ヴァンデミエール(葡萄月)	9~10月
ブリュメール(霧月)	10~11月
フリメール(霜月)	11~12月
ニヴォーズ(雪月)	12~1月
プリュヴィオーズ(雨月)	1~2月
ヴァントーズ(風月)	2~3月
ジェルミナール(芽月)	3~4月
フロレアル(花月)	4~5月
プレリアル(草月)	5~6月
メシドール(収穫月)	6~7月
テルミドール(熱月)	7~8月
フリュクティドール(実月)	8~9月

◀1793年国民公会は革命暦(共和暦)を採用した。1792年9月22日、共和国成立の日を紀元第1日とし、キリスト教精神支配からの独立をめざした。1806年ナポレオンが廃止。

Ⓑ 国旗
⬅13 **三色旗(トリコロール)** ラ=ファイエットが国王とパリ市の調和のために、ブルボン家の色である白をパリ市の色である青・赤ではさみ、帽章のマークとしたことに由来する。

人物ファイル マリ=アントワネット(1755~93) オーストリアのマリア=テレジアの娘で、フランスとの関係改善のためにルイ16世に嫁いだ。浪費癖があり、「パンが買えないのならケーキを食べればよい」といって、民衆の怒りを買ったといわれる。1793年にギロチンで処刑された。

1 ナポレオン時代の歩み

台頭	総裁政府	1795	総裁政府が発足 ＊年齢は満年齢	1793 第1回対仏同盟
		1796	ジョゼフィーヌと結婚 26歳	
			イタリア遠征	
		1797	第1回対仏大同盟崩壊	1797
権力確立	第一共和政	1798	**エジプト遠征**	
			イギリスのネルソンに敗北	
		1799	ブリュメール18日のクーデタ	
	統領政府（執政政府）	1799	統領政府（執政政府）発足，第一統領に就任 30歳	1799 第2回対仏大同盟
		1800	フランス銀行設立	
			第2次イタリア遠征	
		1801	宗教協約[コンコルダート]で教皇と和解	
		1802	アミアンの和約	1802
			終身統領に就任	
		1804	民法典[ナポレオン法典]制定	
全盛	第一帝政	1804	皇帝に即位（＝第一帝政開始） 35歳	1805 第3回対仏大同盟
		1805	**トラファルガーの海戦**	
			アウステルリッツの戦い（三帝会戦）	
		1806	ライン同盟成立，神聖ローマ帝国消滅	
			大陸封鎖令（ベルリン勅令）	
		1807	ティルジット条約	
			（ワルシャワ大公国成立）	
		1808	**スペイン反乱（半島戦争）**（～14）	
		1810	マリ＝ルイーズと再婚 40歳	
		1812	**ロシア遠征**	
		1813	**ライプツィヒの戦い（諸国民戦争）**	1813 第4回対仏大同盟
		1814	エルバ島配流 44歳	
没落	ブルボン朝		王政復古（＝ブルボン朝）	1814
			ウィーン会議	
		1815	パリに帰還（＝百日天下）	
			ワーテルローの戦い	
			セントヘレナ島流刑	
		1821	セントヘレナ島で死亡 51歳	

2 ナポレオンの人物像

↑1 ピラミッドの戦い ナポレオンは1798年にエジプト遠征を始めた。「兵士諸君，4千年の歴史がピラミッドの頂から諸君を見下ろしている」という言葉は，ナポレオンの名言として知られている。（ヴェルサイユ宮殿美術館蔵）

→2 ナポレオン（ダヴィド画，マルメゾン城博物館蔵）

A ボナパルト家の系図

シャルル＝ド＝ボナパルト ― レティチア＝ラモリノ

- ジョゼフ（兄）1808～13 スペイン王
- マリ＝ルイーズ オーストリア＝ハプスブルク家 ②
- **ナポレオン1世** 1804～14, 15 ①②
- ジョゼフィーヌ ①
- アレクサンドル＝ド＝ボーアルネ
- ジェローム（弟）1807～13 ウェストファリア王
- カロリーヌ（妹）― ミュラ 1808～15 ナポリ王
- 1806～08 ナポリ王

ナポレオン2世（ローマ王の称号を付与される）
オルタンス ＝ ルイ（弟）（1806～10 オランダ王）
ナポレオン3世（1852～70）

①**①**は初婚，②**②**は再婚

→3 ジョゼフィーヌ

→4 マリ＝ルイーズ

↑ナポレオンは，年上の未亡人ジョゼフィーヌと結婚したが，嫡子に恵まれず離婚し，4か月後にオーストリア皇帝の娘マリ＝ルイーズと再婚した。

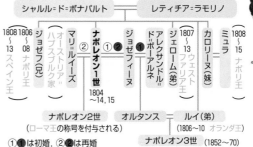

🔍 ニューアングル ナポレオン法典

三大基本原理	①所有権の不可侵
	②契約の自由
	③家族（家父長権）の尊重

1804年にナポレオンが制定した。自由かつ権利において平等な市民社会の確立を宣言するものであった。ヨーロッパ近隣諸国の民法典の模範となった。

ダヴィド→ 母レティチア ナポレオン 兄ジョゼフ 弟ルイ 教皇ピウス7世 タレーラン ジョゼフィーヌ

↑5 「ナポレオンの戴冠式」（部分） 1804年12月に戴冠式がパリのノートルダム大聖堂で挙行されたが，招かれた教皇は祝福をするだけで戴冠はナポレオン自らが行った。絵はナポレオンが皇后ジョゼフィーヌに冠を授けている場面。（ダヴィド画，610×910cm，ルーヴル美術館蔵）

③ ナポレオン時代のヨーロッパ

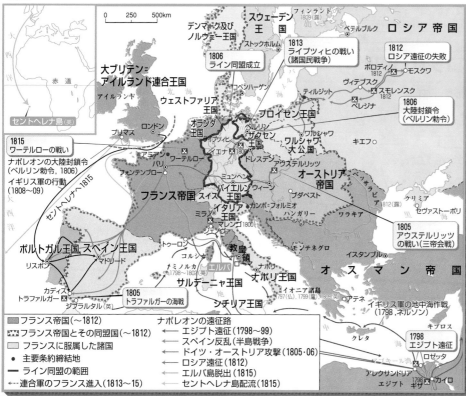

フランス帝国（〜1812）
フランス帝国とその同盟国（〜1812）
フランスに服属した諸国
● 主要条約締結地
━ ライン同盟の範囲
←… 連合軍のフランス進入（1813〜15）

ナポレオンの遠征路
← エジプト遠征（1798〜99）
← スペイン反乱（半島戦争）
← ドイツ・オーストリア攻撃（1805・06）
← ロシア遠征（1812）
← エルバ島脱出（1815）
← セントヘレナ島配流（1815）

↑**6** **トラファルガーの海戦** 1805年10月，ナポレオンはイギリス本土上陸作戦を敢行したが，ネルソン提督の率いるイギリス艦隊に敗れた。

↑**7** **ネルソン提督**
（グリニッジ王立海事博物館蔵）

四面楚歌の状況でナポレオンと死神が対面している。

←**8 モスクワから敗走するフランス軍 大陸封鎖令**に違反したロシアに対して60万人の大軍の遠征を企てたナポレオンは，例年より早い寒気の到来の中で撤退，軍は壊滅状態に陥った。（トリノ，リソルジメント図書館蔵）

→**9 ライプツィヒの戦い（諸国民戦争）**
1813年10月，プロイセン・オーストリア・ロシア同盟軍がナポレオン軍に大勝した。
（フランス国立図書館蔵）

ギャラリー ゴヤ「マドリード，1808年5月3日」

暗黒の夜空＝その場の冷酷さを表現

1814年，266×345cm，マドリード，プラド美術館蔵

　1808年5月にマドリード郊外で，ナポレオンに抵抗する市民が処刑された。その後，スペインの民衆はゲリラ戦を展開しフランス軍を悩ませた。ゴヤが描いたこの絵は，人々の心に燃え上がった国民主義（ナショナリズム）の炎を今日に伝えている。

白シャツの男の右手には釘の痕が見られ，その姿は磔刑のキリストを暗示させる。

銃殺刑を待つ市民の顔には耐え難い「恐怖」が描き出されている。特にこの男の目は印象的で，おびえきった姿が表現されている。

170cm

ヨーロッパ

作業 学習する「時代」（ ）を着色しよう。

世紀	29 28 27 26 25 24 23 22 21 20 19 18 17 16 15 14 13 12 11 10 9 8 7 6 5 4 3 2 1	←B.C A.D→ 1 2 3 4 5 6 7 8 9 10 11 12 13 14 15 16 17 18 19 20 21
日本	縄文	弥生 古墳 奈良 平安 鎌倉 室町 安土桃山 江戸 明治大正 昭和 平成令和

1 ウィーン体制下のヨーロッパ（1815年）

作業
①ドイツ連邦の境界（----）を着色しよう。
②五国同盟の加盟国（ ）を線で囲もう。

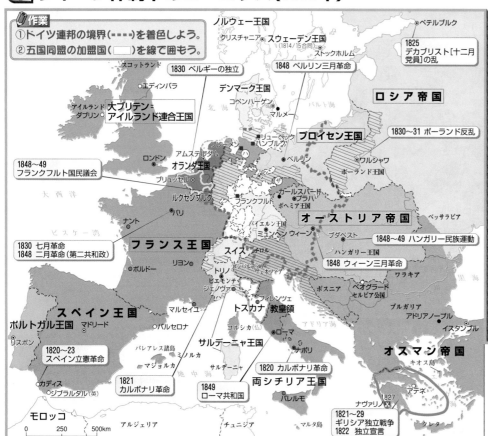

1825 デカブリスト[十二月党員]の乱
1830 ベルギーの独立
1848 ベルリン三月革命
ノルウェー王国
クリスチャニア
スウェーデン王国（1814/15合同）
ストックホルム
ペテルブルク
ロシア帝国
スコットランド
エディンバラ
アイルランド
ダブリン
大ブリテン=アイルランド連合王国
デンマーク王国
コペンハーゲン
マルメー
プロイセン王国
1830～31 ポーランド反乱
ワルシャワ
ポーランド王国
1848～49 フランクフルト国民議会
ロンドン
アムステルダム
オランダ王国
ブリュッセル
ルクセンブルク
ブレーメン
ハンブルク
ベルリン
カールスバード
プラハ
ベーメン王国
オーストリア帝国
ベッサラビア
ナント
パリ
フランクフルト
バイエルン王国
ミュンヘン ウィーン
ブダペスト
1848～49 ハンガリー民族運動
フランス王国
1830 七月革命
1848 二月革命（第二共和政）
ボルドー
リヨン
スイス
チロル
ハンガリー王国
1848 ウィーン三月革命
トリノ
ピエモンテ
ジェノヴァ
ロンバルディア
ヴェネツィア
ワラキア
ベオグラード
セルビア公国
ボスニア
ブルガリア
スペイン王国
ポルトガル王国
マドリード
リスボン
1820～23 スペイン立憲革命
カディス
ジブラルタル（英）
モロッコ
0 250 500km
バレアレス諸島
ミノルカ
マジョルカ
サルデーニャ
フィレンツェ
トスカナ 教皇領
サルデーニャ王国
コルシカ（仏）
ローマ
1849 ローマ共和国
1820 カルボナリ革命
両シチリア王国
1821 カルボナリ革命
マルセイユ
バルセロナ
ナポリ
パレルモ
アドリアノープル
イスタンブル
オスマン帝国
アテネ
ナヴァリノ 1827
クレタ島
キオス島
1821～29 ギリシア独立戦争
1822 独立宣言
アルジェリア
チュニジア
マルタ島

---- ドイツ連邦の境界（1815年）
国名 五国同盟
■ ドイツの4自由市
ウィーン議定書による各国の獲得地
● 主要会議・条約関係地
1830年独立したベルギー領土
1830年確定したギリシア領土
● 革命運動発生地（1848～49年）
イタリアにおけるハプスブルク家の諸国家
ザ ザクセン王国
ハ ハノーヴァー王国

A ウィーン議定書の内容

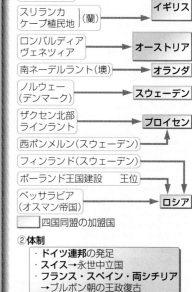

①領土変化

マルタ島（仏）
スリランカ ケープ植民地（蘭） → イギリス

ロンバルディア ヴェネツィア → オーストリア

南ネーデルラント（墺） → オランダ

ノルウェー（デンマーク） → スウェーデン

ザクセン北部 ラインラント → プロイセン

西ポンメルン（スウェーデン）
フィンランド（スウェーデン）
ポーランド王国建設　王位
ベッサラビア（オスマン帝国） → ロシア

□ 四国同盟の加盟国

②体制
・ドイツ連邦の発足
・スイス→永世中立国
・フランス・スペイン・両シチリア
　→ブルボン朝の王政復古

2 ウィーン体制の推移

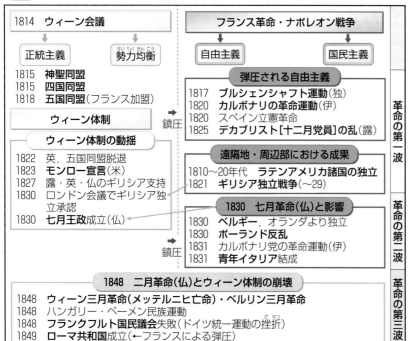

1814 ウィーン会議		フランス革命・ナポレオン戦争	
正統主義	勢力均衡	自由主義	国民主義

1815 神聖同盟
1815 四国同盟
1818 五国同盟（フランス加盟）

ウィーン体制

ウィーン体制の動揺
1822 英，五国同盟脱退
1823 モンロー宣言（米）
1827 露・英・仏のギリシア支持
1830 ロンドン会議でギリシア独立承認
1830 七月王政成立（仏）

弾圧される自由主義
1817 ブルシェンシャフト運動（独）
1820 カルボナリの革命運動（伊）
1820 スペイン立憲革命
1825 デカブリスト[十二月党員]の乱（露）

遠隔地・周辺部における成果
1810～20年代 ラテンアメリカ諸国の独立
1821 ギリシア独立戦争（～29）

1830 七月革命（仏）と影響
1830 ベルギー，オランダより独立
1830 ポーランド反乱
1831 カルボナリ党の革命運動（伊）
1831 青年イタリア結成

1848 二月革命（仏）とウィーン体制の崩壊
1848 ウィーン三月革命（メッテルニヒ亡命）・ベルリン三月革命
1848 ハンガリー・ベーメン民族運動
1848 フランクフルト国民議会失敗（ドイツ統一運動の挫折）
1849 ローマ共和国成立（←フランスによる弾圧）

鎮圧

革命の第一波
革命の第二波
革命の第三波

3 ウィーン会議
（フォルスヴァルの描いた風刺画。パリ国立図書館蔵）

オーストリア皇帝
ロシア皇帝アレクサンドル1世
タレーラン（仏）
プロイセン王
カースルレー（英）
ザクセン王
ナポレオン側についた

↑1 ウィーン会議の風刺画「会議は踊る」 1814年9月から，フランス革命とナポレオン戦争の戦後処理のためウィーン会議が開かれた。議長はオーストリア外相（のちの宰相）メッテルニヒ。列強の利害が対立する一方で，舞踏会や宴会にあけくれたので，「会議は踊る，されど進まず」と皮肉られた。フランス外相タレーランは正統主義を採択させ，フランスの損失を最小限に食い止めた。

↑2 メッテルニヒ

4 革命の第一波　Ⓐギリシアの独立

手前と同じような殺戮が行われている。

裸婦を拉致する無情な表情のトルコ士官

瀕死の男性と涙する女性。後方の影の中の敵が犠牲者の悲惨な運命を予兆している。

←3 ドラクロワ「キオス島の虐殺」 ギリシア独立戦争中の1822年にオスマン帝国軍がキオス島で虐殺・掠奪を行った。これに怒りを覚えたフランスのロマン派の画家ドラクロワが描き，ギリシアの救済を訴えた。（1824年の作品。油彩，417×354cm，ルーヴル美術館蔵）

←4 バイロン（1788〜1824） イギリスのロマン派詩人。ギリシア独立戦争に参加し，詩作品でギリシア救済を訴えたが，その地で病死した。

5 革命の第二波　Ⓐポーランド反乱（ワルシャワ蜂起）

←8 ワルシャワ蜂起 1830年，パリの七月革命とベルギー独立の知らせが届いたポーランドでは，ロシア軍と戦う**ワルシャワ蜂起**が起こった。一時は革命政府樹立に成功したが，革命は鎮圧された。ポーランド人**ショパン**はパリに向かう途中で鎮圧を知り，悲しみと怒りの中で「革命」を作曲した。
→9 ショパン（1810〜49）（ドラクロワ画）
（パリ・ポーランド図書館蔵）

6 革命の第三波　Ⓐハンガリー民族運動

農民に演説するコシュート

←10 ハンガリー民族運動 1848年のパリの**二月革命**から生じた「諸国民の春」の中で，ハンガリーでも革命運動が高まった。翌49年コシュートが独立を宣言してオーストリアとの戦争状態に突入したが，成功しなかった。（ハンガリー国立博物館蔵）

Ⓑ ラテンアメリカの独立

作業
①ボリバルの進路（◀┈┈）を着色してみよう。
②サン＝マルティンの進路（◀┈┈）を着色してみよう。

赤数字 各国の独立した年代
☐ 中央アメリカ連邦（1823〜39）
☐ 大コロンビア共和国（1819〜30）
☐ アメリカ領（米）　☐ イギリス領（英）
☐ オランダ領（蘭）　☐ フランス領（仏）
☐ スペインからの独立
☐ ポルトガルからの独立
◀┈┈ ボリバルの進路
◀┈┈ サン＝マルティンの進路

↑5 イダルゴ（1753〜1811）メキシコ・クリオーリョ出身。メキシコ独立運動指導者。

←6 シモン＝ボリバル（1783〜1830）ベネズエラ・クリオーリョ出身。大コロンビア樹立。ベネズエラ，ペルー，ボリビアを解放した。

→7 サン＝マルティン（1778〜1850）アルゼンチン・クリオーリョ出身。チリとペルーを解放。ボリバルと会見し，ペルー全土の解放をゆだね自身はヨーロッパに渡った。

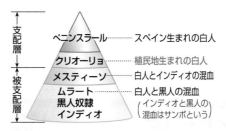

Ⓒ ラテンアメリカの社会構造

支配層 ｜ 被支配層

ペニンスラール……スペイン生まれの白人
クリオーリョ……植民地生まれの白人
メスティーソ……白人とインディオの混血
ムラート……白人と黒人の混血
黒人奴隷（インディオと黒人の
インディオ　混血はサンボという）

←18世紀末〜19世紀前半のラテンアメリカ社会 ラテンアメリカの独立の主役はクリオーリョだった。ゆえに彼らが支配するプランテーション，アシエンダ制といった社会構造は，独立後も変化はなかった。

人物ファイル　トゥサン＝ルーヴェルチュール 〜「黒いジャコバン」（1743〜1803）

フランス革命期，植民地のハイチでは黒人の反乱が激化し，フランスのジャコバン派政府は1794年に奴隷解放を宣言した。1801年にハイチ議会は憲法を制定したが，ナポレオンはトゥサンを連行し獄死させ，奴隷制復活を画策した。ここにハイチは再び反乱を開始し，ついに1804年1月1日に独立を宣言した。**世界最初の黒人共和国の誕生**である。（参考：『地中海からカリブ海へ』）

ヨーロッパ

アメリカほか

世紀	29	28	27	26	25	24	23	22	21	20	19	18	17	16	15	14	13	12	11	10	9	8	7	6	5	4	3	2	1	←B.C.|A.D.→ 1	2	3	4	5	6	7	8	9	10	11	12	13	14	15	16	17	18	19	20	21
日本									縄文																	弥生						古墳		飛鳥	奈良	平安						鎌倉	室町	南北朝 戦国			江戸			明治 大正	昭和	平成 令和

1 19世紀のイギリスの歩み

赤字：制定　青字：廃止

	年	内容
ジョージ3世	1813	東インド会社の対インド貿易独占権を廃止
ジョージ4世	1828	審査法廃止
	1829	カトリック教徒解放法制定
ウィリアム4世	1832	第1回選挙法改正
	1833	工場法制定 東インド会社の商業活動停止・対中国貿易独占権廃止
ヴィクトリア女王	1837頃	チャーティスト運動始まる
	1846	穀物法廃止
	1849	航海法廃止（→自由貿易の実現）
	1851	ロンドン万国博覧会開催
	1858	東インド会社解散
	1867	第2回選挙法改正
	グラッドストン内閣（第1次，自由党，1868～74）	
	1869	スエズ運河開通
	1870	教育法制定，初等教育制度発足
	1871	労働組合法制定
	ディズレーリ内閣（第2次，保守党，1874～80）	
	1875	スエズ運河会社株の買収
	1877	インド帝国成立（▶P.168）
	グラッドストン内閣（第2次，自由党，1880～85）	
	1882	エジプト占領，保護国化（▶P.176）
	1884	第3回選挙法改正

2 イギリスの選挙法改正

＊数字は全国民に対する有権者の比率

	年	内閣	内容
第1回	1832	ホイッグ党 グレー内閣	☆腐敗選挙区の廃止 都市のブルジョワジー　4%
第2回	1867	保守党 ダービー内閣	都市の労働者のほとんど 9%
第3回	1884	自由党 グラッドストン内閣	農業・鉱山労働者 19%
第4回	1918	自由党 ロイド＝ジョージ内閣	☆男性(21歳以上)・女性(30歳以上)の普通選挙 46%
第5回	1928	保守党 ボールドウィン内閣	☆男女とも21歳以上の普通選挙 62%
第6回	1969	労働党 ウィルソン内閣	☆男女とも18歳以上の普通選挙 71%

3 保守党と自由党

保守党（旧トーリ党）		自由党（旧ホイッグ党）
ジェントリ	支持層	ジェントリ・ブルジョワジー
帝国主義 保護貿易・植民地拡大	外交	**小英国主義** 自由貿易・植民地の自治
伝統的秩序の維持 アイルランド自治付与慎重	内政	内政改革の推進 アイルランド自治付与
ディズレーリ (任1868, 74～80)	代表的政治家	**グラッドストン** (任1868～74, 80～85, 86, 92～94)

1 ヴィクトリア女王　18歳の若さで即位し，その後64年間王位にあった。その治世は，イギリスの繁栄期（パクス＝ブリタニカ）と一致しており，**ヴィクトリア時代**と呼ばれる。夫のアルバート公との間には9人の子が育ち，それぞれが諸国の王侯と結婚したので，晩年には「ヨーロッパの祖母」と呼ばれた。

4 イギリスの繁栄（パクス＝ブリタニカ）

作業
①イギリスが1910年までに獲得した領域（　）を着色しよう。
②A～Gでヴィクトリアの名がつくものに○をつけよう。

カナダ連邦(1867)　イギリス　ロンドン　ロシア　アメリカ合衆国　ニューファンドランド(1907)　アフガニスタン(1880)　清　G港(香港)　キプロス　デリー　B（ガイアナ首都）　エジプト(1882)　インド　ビルマ(1886)　香港・九竜半島　F山　A（ブリティッシュコロンビア州都）　C湖　D（セーシェル首都）　赤道　マレー連合州(1895)　パプアニューギニア　E州　オーストラリア連邦(1901)　メルボルン　南アフリカ連邦(1910)　ケープタウン　ニュージーランド(1907)

1910年までに獲得した領域
● 帝国の主要な都市

5 アイルランドの歴史

5世紀	聖パトリックのカトリック布教	イギリスの支配
1649	**クロムウェル**のアイルランド征服	
1801	イギリスのアイルランド併合	
1829	カトリック教徒解放法	
1845	ジャガイモ飢饉（～49），大量の移民が発生	
1848	青年アイルランド党の蜂起	
1870	最初のアイルランド土地法制定	
1914	アイルランド自治法成立（実施延期）	
1916	シン＝フェイン党のイースター蜂起	
1922	アイルランド自由国成立（自治領）	
1937	**エール共和国**成立（英連邦内の独立国）	
1949	**アイルランド共和国**成立	

Ⓐ 現代のイギリスとアイルランド

ケルト系 国教会　アルスター　ケルト系 国教会　イギリス　グラスゴー　エディンバラ　スコットランド　北アイルランド　ベルファスト　アイルランド　ダブリン　ケルト系 カトリック　アングロ＝サクソン系 国教会　ウェールズ　イングランド　ロンドン　ケルト系 国教会

ニューアングル アイルランド移民と「タイタニック」

　1840年代に大飢饉に見舞われたアイルランドでは，40年代だけで200万以上の人間が餓死するか移民となり，アイルランドからいなくなった。映画「タイタニック」は夢を求める貧しい移民と上流階級の女性との恋を，実際にあったタイタニック号の悲劇(1912年)の中で描いたものである。(1997年，アメリカ作品)

世界遺産

ヨーロッパ

↑1 ウェストミンスター宮殿(国会議事堂)　1547年以来，イギリスの政治を動かしてきた場所である。旧来の建物は1834年の火災で焼失し，1860年，現在の建物が再建された。また宮殿の北側にそびえる時計塔はビッグ＝ベンの愛称で親しまれている。

ビッグ＝ベン(高さ96m)　下院議場　上院議場　テムズ川

1 伝統の王室

↑2 バッキンガム宮殿(上)と衛兵の交代(下)　バッキンガム宮殿は，ヴィクトリア女王以来，歴代イギリス王室の住居である。宮殿では，女王のために約300人が働いている。また，衛兵交代の儀式は，ロンドン観光の目玉の一つになっている。

Ⓐ ロンドンの中心部

シティ(王権から独立している金融の中心)

大英博物館　ロンドン博物館　ギルドホール　セント＝ポール大聖堂　イングランド銀行　旧王立取引所　国立美術館　ピカデリーサーカス　テムズ川　トラファルガー広場　ロンドン橋　ロンドン塔　タワー＝ブリッジ　バッキンガム宮殿　ビッグ＝ベン　ウェストミンスター寺院　ウェストミンスター宮殿(国会議事堂)　上の写真の撮影方向

0　　1km

↓3 ロンドン万国博覧会の水晶宮における開会式　1851年，ロンドンで万国博覧会が開催された。鉄骨と総ガラス張りという壮大な建築の「水晶宮」と膨大な展示品で，イギリスは工業力を世界に誇ったのである。
(ヴィクトリア＆アルバート博物館蔵)

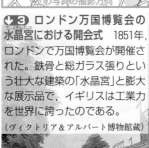

ニューアングル **切り裂きジャック事件**

ヴィクトリア女王時代のロンドンで，5人の娼婦が次々と襲われ，切り刻まれた内臓の一部が持ち去られるという残虐な事件がおこり，大騒動となった。「切り裂きジャック(Jack the Ripper)」と名のる犯人から(真犯人かは不明)犯行声明が出されたり，女王の孫が容疑者になるなど，事件は異様な展開を見せたのち，迷宮入りとなった。

↑4 風刺漫画雑誌『パンチ』の挿絵(1888年9月29日)

↓5 映画『フロム・ヘル』「切り裂きジャック」を扱った作品。ジョニー＝デップ主演。(2001年，アメリカ作品)

世紀	29 28 27 26 25 24 23 22 21 20 19 18 17 16 15 14 13 12 11 10 9 8 7 6 5 4 3 2 1	←B.C|A.D→ 1 2 3 4 5 6 7 8 9 10 11 12 13 14 15 16 17 18 19 20 21
日本	縄文	弥生 / 古墳 奈良 平安 鎌倉 室町 安土桃山 江戸 明治 大正 昭和 平成 令和

1 フランス政体の変遷

1589
ブルボン朝（絶対王政）
↓ 1792 フランス革命
第一共和政
↓ 1804
第一帝政 ナポレオン1世
↓ 1814 ウィーン会議
ブルボン朝（復古王政） ルイ18世 シャルル10世
↓ 1830 七月革命
七月王政（オルレアン朝） ルイ＝フィリップ
↓ 1848 二月革命
第二共和政 ルイ＝ナポレオン
↓ 1851年クーデタ

1852
第二帝政 ナポレオン3世
↓ 1870 プロイセン＝フランス戦争
第三共和政 ティエール
↓ 第二次世界大戦（対独降伏） 1940
ヴィシー政府（ファシスト政権） ペタン
↓ 1940 パリ解放 ロンドン亡命政権（自由フランス政府）
1944
臨時政府 ド＝ゴール
↓ 1946
第四共和政 オリオール
↓ 1958
第五共和政 ド＝ゴール オランド（第五共和政7人目の大統領）

2 七月革命

（1831年の作品，260×325cm，ルーヴル美術館蔵）

ドラクロワの自画像？

→1 ドラクロワ「民衆を導く自由の女神」 1830年7月，「栄光の三日間」と呼ばれるバリケード戦の末にラ＝ファイエットを国民衛兵総司令官とする革命派が勝利し，シャルル10世は亡命した。この七月革命を描いたのが，ロマン派の画家ドラクロワであった。

Ⓐ 七月王政への批判

西洋梨にたとえられるルイ＝フィリップの顔

国民から集めたお金が王の口の中に運び込まれていく

←2 ドーミエの描いた風刺画

↑3 ヴィクトル＝ユゴー（1802～85）『レ＝ミゼラブル』

（1862年）の中で**ルイ＝フィリップ**（在位1830～48）について描写している。ルイ＝フィリップは，啓蒙思想に親しみフランス革命を支持する王族として国民に人気があり，ユゴーの分析どおり，七月革命時にはまさに適役であった。しかし，「フランス国民の王」として即位したものの，金融資本家を優遇する金権政治を展開して，国民からは「株屋の国王」と呼ばれ憎悪をあびることになった。

Ⓑ 七月革命の影響

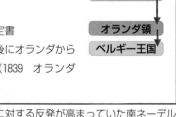

ベルギーの独立

1581	ネーデルラント独立戦争で脱落	スペイン領
1714	スペイン継承戦争後のラシュタット条約	オーストリア領
1815	ウィーン議定書	オランダ領
1830	七月革命直後にオランダからの独立宣言（1839 オランダによる承認）	ベルギー王国

↑オランダ語の強制に対する反発が高まっていた南ネーデルラントは，七月革命の直後，「九月の四日間」と呼ばれる激しい市街戦の末，**ベルギー王国**として独立した。

3 二月革命

炎上する国王軍の要塞「シャトー＝ドー」

国王軍

蜂起した民衆

←4 二月革命のパレ＝ロワイヤル広場での戦闘 1848年2月22日，パリの民衆と憲兵隊とのこぜりあいが始まった。翌日にはパリの要所はバリケードで埋まり，激しい戦闘が展開された結果，**ルイ＝フィリップ**は亡命した。

（カルナヴァレ博物館蔵）

Ⓐ 七月革命と二月革命の比較

七月革命（1830年）		二月革命（1848年）
ブルボン朝の**シャルル10世**の反動政治	原因	**ルイ＝フィリップ**の金融資本家・大ブルジョワジー優遇政策
ラ＝ファイエット ティエール	指導者	ラマルティーヌ ルイ＝ブラン
七月王政 極端な制限選挙	結果	**第二共和政** 男性普通選挙が実現
ベルギーの独立，ポーランド反乱，英の第1回選挙法改正など	影響	ベルリンとウィーンの三月革命，ローマ共和国など「**諸国民の春**」へ

4 ナポレオン3世の第二帝政

ボナパルト家の紋章　　ラマルティーヌ

ルイ＝ナポレオン　　カヴェニャック　　ルイ＝フィリップ

↑5 ルイ＝ナポレオン大統領のための露払い　ルイ＝フィリップの七月王政以来の政治指導者が次々と交代していくさまを描いた風刺画。ラマルティーヌは二月革命後の臨時政府のリーダー。カヴェニャックは六月暴動を鎮圧した将軍。最後のルイ＝ナポレオンはボナパルト家の紋章の鷲を手にしている。

A ナポレオン3世の対外政策

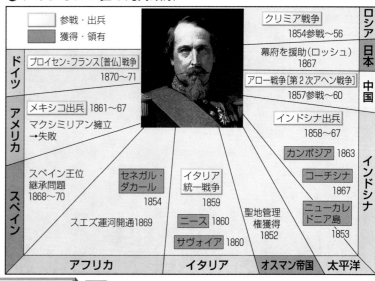

凡例	地域
□ 参戦・出兵	
■ 獲得・領有	

ロシア
クリミア戦争　1854参戦～56

日本
幕府を援助（ロッシュ）　1867

中国
アロー戦争［第2次アヘン戦争］　1857参戦～60

ドイツ
プロイセン＝フランス［普仏］戦争　1870～71

アメリカ
メキシコ出兵 1861～67
マクシミリアン擁立→失敗

スペイン
スペイン王位継承問題 1868～70

アフリカ
スエズ運河開通1869
セネガル・ダカール 1854
ニース 1860
サヴォイア 1860

イタリア
イタリア統一戦争 1859
聖地管理権獲得 1852

インドシナ
インドシナ出兵 1858～67
カンボジア 1863
コーチシナ 1867
ニューカレドニア島 1853

オスマン帝国　太平洋

B フランスの植民地進出

作業
①1914年までのフランス領（////）を着色しよう。

フランス

タヒチ(1842)
マルケサス(1842)
パウモツ(1881)
ツブアイ(1881)

広州湾(1899)
ジブチ
ギアナ
仏領インドシナ(1887)
マダガスカル(1896)
レユニオン
チュニジア(1881)
モロッコ(1912)／アルジェリア(1830)
フランス領西アフリカ
ニューカレドニア(1853)

赤道

//// 1914年までのフランス領

0　2500　5000km
0　1000km

↑フランスは、1830年のアルジェリア出兵以来第二帝政崩壊までの40年間に、各地に植民地支配の足場を築いていった。植民地拡張政策は、当初国内でも批判があったが、第三共和政下ではしだいに受け入れられ、喪失したアルザス・ロレーヌの代償となったのである。(参考:『フランス植民地帝国の歴史』)

5 フランス第三共和政

↑6 処刑されたパリ＝コミューンの兵士　プロイセン＝フランス戦争に敗北し、ティエールの臨時政府に対して、民衆は不満を爆発させ、1871年に蜂起して自治政府**パリ＝コミューン**を樹立した。しかしわずか72日間でティエールによって鎮圧された。この戦闘と処刑でのコミューン派の死者は3万人。

ニューアングル アルザスとロレーヌ

オランダ王国
ドイツ帝国
ベルギー
ルクセンブルク
パリ
ロレーヌ
アルザス
フランス共和国
スイス

870	メルセン条約	東フランク王国領（神聖ローマ帝国）
1648	ウェストファリア条約	フランス領▼
1871	プロイセン＝フランス戦争後	ドイツ領▼
1919	ヴェルサイユ条約	フランス領▼
1940	第二次世界大戦中(～1944)	ドイツ占領▼
1945	第二次世界大戦後	フランス領

アルザス・ロレーヌ地方は、フランスとドイツの係争の地であった。**プロイセン＝フランス戦争の結果ドイツに割譲されたとき、フ**ランス人作家ドーデは『月曜物語』の中で「最後の授業」を書いた。

A パリ万国博覧会

	時期	入場者数
第1回	1855年	516万人
第2回	1868年	1,100万人
第3回	1878年	1,600万人
第4回	1889年	2,800万人
第5回	1900年	5,000万人

(『The paris Exhibition』より作成)

←万国博覧会は、産業革命期の象徴的な祭典であり、国威高揚のシンボルとして開催された。19世紀のパリでは5回も行われた。

→7 「人間動物園」万国博覧会の会場には柵の中に植民地集落が再現され、連れてこられたアフリカ・アジア諸民族が生活した。

B パリの大改造

凱旋門
シャンゼリゼ通り

↑8 大改造後のパリ　**ナポレオン3世**によりセーヌ県知事に抜擢された**オスマン**の使命は、パリ市の大改造であり、増え続ける人口問題解消と複雑な路地の整備に取り組んだ。歴史的建造物も容赦なく破壊する彼を人々は「ヴァンダリスト(ぶち壊し屋)」と呼んだが、17年間の彼の努力により、近代都市パリが出現した。

ヨーロッパ

↑ **1** セーヌ川下流から眺めたセーヌ河岸

1 パリの拡大

- 1841〜45年
- 18世紀末
- ラ＝ヴィレット市門
- シャルトル市門
- サン＝マルタン門
- サン＝ドニ門
- 17世紀
- 12世紀末 15世紀
- ルーヴル
- 9世紀後半
- バスティーユ
- トローヌ市門
- アンフェール市門
- 1945年

（『週刊朝日百科 世界100都市2 パリ』）

↑パリはセーヌ川の中洲のシテ島から始まり、以後シテ島を中心に同心円状に拡大を続け現在に至っている。

2 フランス革命の精神

↑ **2** パリ市庁舎の時計台 フランスの国の標語が刻まれている。フランス革命の大きな遺産の言葉である。

Ⓐ シテ島のコンシェルジュリー

← **3** マリ＝アントワネットが投獄された独房（復元）

◉ ニューアングル **パリの地上と地下**

かつてパリでは路上の溝が下水道の代わりとなり、汚物やゴミで悪臭が立ちこめていた。そのため、たびたびコレラの流行も引きおこし、多数の死者が出た。そこで上下水道の整備が計画・実行され、下水道は400kmに及ぶ大下水道に整備された。パリの地上の美しさを地下の大下水道が支えているのである。

↗ **4** 現在も残る地上の下水溝跡（路上の溝）

3 パリの人口増加

（万人）

（『フランス第二帝政下のパリ都市改造』より作成）

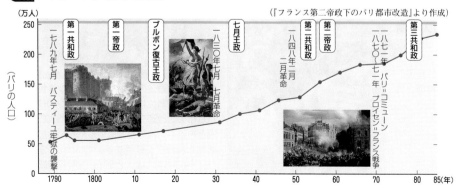

- 一七八九年七月 バスティーユ牢獄の襲撃
- 第一共和政
- 第一帝政
- ブルボン復古王政
- 一八三〇年七月 七月革命
- 七月王政
- 一八四八年二月 二月革命
- 第二共和政
- 第二帝政
- 一八七一年 パリ＝コミューン
- 一八七〇〜七一年 プロイセン＝フランス戦争
- 第三共和政

（パリの人口）

250
200
150
100
50

1790　1800　10　20　30　40　50　60　70　80　85（年）

作業 学習する「時代」（☐）を着色しよう。

	←B.C. A.D.→		
世紀	29 28 27 26 25 24 23 22 21 20 19 18 17 16 15 14 13 12 11 10 9 8 7 6 5 4 3 2 1 1 2 3 4 5 6 7 8 9 10 11 12 13 14 15 16 17 18 19 20 21		
日本	縄文　　　　　　　　　　　　　　　　　　　弥生　　古墳　奈良　平安　鎌倉 室町 安土桃山 江戸 明治 大正 昭和 平成令和		

1 イタリア統一の歩み

年	内容	関連
1815	ブルボン朝復活，両シチリア王国成立	1814 ウィーン会議
	ロンバルディア・ヴェネツィアはオーストリアへ	
1820	カルボナリを中心とするナポリ革命（～21崩壊）	1815
1831	カルボナリらの中部イタリア革命，失敗	1830 七月革命
	マッツィーニ，**青年イタリア**結成	
1848	サルデーニャ，オーストリアに宣戦（敗北）	1848 二月革命
1849	サルデーニャ王ヴィットーリオ＝エマヌエーレ2世即位	
	マッツィーニの樹立した**ローマ共和国**が仏の干渉で崩壊	

サルデーニャ中心の統一事業（リソルジメント）

年	内容	関連
1852	宰相に**カヴール**就任	
1855	クリミア戦争参戦，国際的地位向上	1853 クリミア戦争
1858	フランスとプロンビエールの密約（フランスの協力と ニース・サヴォイア の割譲を約束）	
1859	イタリア統一戦争でオーストリアからロンバルディア獲得	
1860	中部イタリア諸国，住民投票でサルデーニャへ併合決定 ニース・サヴォイア はフランスに割譲	1856
	ガリバルディ，両シチリア王国征服，住民投票でサルデーニャへの併合決定	
	ガリバルディとサルデーニャ王の会見	
1861	**イタリア王国成立**，国王にサルデーニャの**ヴィットーリオ＝エマヌエーレ2世**，首都：トリノ	
	南イタリアで農民匪賊の大反乱（～65）	1866 プロイセン＝オーストリア戦争

イタリア王国の拡大

年	内容	関連
1866	プロイセン＝オーストリア戦争でヴェネツィア併合	1870 プロイセン＝フランス戦争
1870	プロイセン＝フランス戦争で**ローマ教皇領**併合	
1871	ローマ遷都	1871
☆	**「未回収のイタリア」**（南チロル・トリエステ）残存	

A イタリア統一
■ フランスへ割譲（1860年）

凡例：
- サルデーニャ王国（1815年）
- 併合（1859年）
- 中部イタリア諸国が併合（1860年）
- 両シチリア王国が併合（1860年）
- 併合（1866年）
- 併合（1870年）
- 「未回収のイタリア」

0 200km

↑1 イタリア王国旗 ナポレオンの影響下にできた三色旗にサルデーニャ王家の紋章があしらわれた。

ヨーロッパ

2 イタリア統一の三傑

←2 マッツィーニ（1805～72） ジェノヴァ生まれ。秘密結社**カルボナリ**での活動の後，**「青年イタリア」**を結成して1849年にローマ共和国を樹立したが，フランスの干渉によって崩壊した。

↑3 カヴールの風刺画 保守派が多数であった議会において巧みな政治手腕を生かし，1852年にサルデーニャ王国の宰相に就任し，イタリア統一に貢献した。

カヴール（1810～61）

↑4 ガリバルディ率いる義勇兵（千人隊） 「青年イタリア」出身のガリバルディは，南米の独立運動参加の際，目にした精肉業者の服をヒントに義勇兵に赤いシャツを着用させた。

↑5 ガリバルディの南イタリア献上 ガリバルディは両シチリア王国を解放したのち，サルデーニャ王と会見し，この地を王に献上したというのが俗説である。しかし実際は1860年10月に住民投票が行われて両シチリアのサルデーニャへの併合が決定され，ローマ侵攻をめざすガリバルディに対し，王はフランスを刺激しないためにローマ侵攻を断念することを求めたのであった。

ガリバルディ世／サルデーニャ王 ヴィットーリオ＝エマヌエーレ2世／ガリバルディと国王の会見

ニューアングル イタリアの「南北問題」とマフィア

　イタリア統一後も貧困に苦しむ南部の農民の生活は改善されず，大量の匪賊（山賊）と移民が生み出され，南部の後進性はイタリアの「南北問題」となった。一方，南イタリア，特にシチリアの農村部に成立した不在者地主に代わる管理請負人による特殊な支配形態がマフィアであった。19世紀末から始まる南イタリアからアメリカへの大量移民が，マフィア的人間関係を移民社会にもち込み，当初の自己防衛的性格から犯罪的性格へと姿を変えていったのである。映画「ゴッドファーザー」ではイタリア系アメリカマフィアの姿がみごとに表現されていた。

↓6 とらえられた匪賊

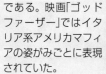

→7 「ゴッドファーザー」（1972年，アメリカ作品）

ゴッドファーザー役 マーロン＝ブランド

作業 学習する「時代」（ ）を着色しよう。

世紀	29	28	27	26	25	24	23	22	21	20	19	18	17	16	15	14	13	12	11	10	9	8	7	6	5	4	3	2	1	1	2	3	4	5	6	7	8	9	10	11	12	13	14	15	16	17	18	19	20	21
日本								縄文																弥生			古墳			平安		鎌倉	室町	江戸																

←B.C.｜A.D.→

1 ドイツ・オーストリアの歩み

	プロイセン	オーストリア
1806	神聖ローマ帝国滅亡	
1815	ドイツ連邦成立　35君主国，4自由都市	
1814～15 ウィーン会議 →		1814　ウィーン会議主催
		1815　ロンバルディア，ヴェネツィア取得
1817	ブルシェンシャフト運動	四国同盟成立
1830 七月革命		1819　カールスバートの決議
1834	ドイツ関税同盟発足 ← →プロイセン中心の経済的統一	
1848 二月革命		
1848	ベルリン三月革命 ← フランクフルト国民議会 （小ドイツ主義を選択）	1848　ウィーン三月革命，メッテルニヒ失脚 ハンガリーでコシュートらの独立運動
1861	プロイセン王にヴィルヘルム1世即位	1859　イタリア統一戦争で大敗 →ロンバルディア割譲
1862	ビスマルク首相就任	
1864 デンマーク戦争		
1864	デンマーク戦争 シュレスヴィヒ・ホルシュタイン問題	
1866 プロイセン=オーストリア戦争		1866　シュレスヴィヒ・ホルシュタインをめぐり，プロイセンと対立
1867	北ドイツ連邦成立 ←	
1870～71 プロイセン=フランス戦争		1867　アウスグライヒ[妥協]によりオーストリア=ハンガリー帝国（二重帝国）成立
1871	ドイツ帝国（第二帝国）の成立 （皇帝ヴィルヘルム1世） アルザス・ロレーヌ併合	

←1 ヴァルトブルク祭　1817年，ルターゆかりの古城ヴァルトブルクで，宗教改革300周年を記念してブルシェンシャフト[学生組合]が祝祭を開催した。祝祭の晩，急進的な学生らが旧体制的・反ドイツ的な書物を炎に投じたことが諸国の政府を緊張させ，弾圧へと発展していった。

→2 ベルリンの三月革命　国王フリードリヒ=ヴィルヘルム4世が譲歩して憲法制定議会が開かれた。しかし国王は議会を解散して欽定憲法を発布した。
（カルナヴァレ美術館蔵）

→3 ドイツ帝国国旗（左）と現ドイツ国旗（右）　ドイツ帝国の国旗はプロイセン王国の色である黒・白とハンザ同盟の白・赤の旗を合わせたもの。現在の黒・赤・金は，それぞれ勤勉・情熱・名誉を表すといわれ，ナポレオン戦争時の義勇軍の軍服が，黒地に赤の襟，金のボタンであり，「ブルシェンシャフト」が自由と統一のシンボルとして旗に使用したことに由来するとされる。

2 ドイツ統一の経過

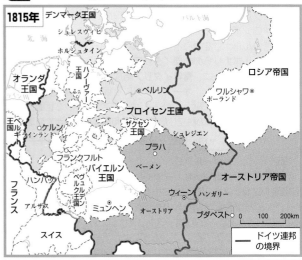

1815年

1867年

- ── ドイツ関税同盟の境界（1854年時点）
- ┈┈ 北ドイツ連邦の境界
- □ 1867年のプロイセン領

作業
①北ドイツ連邦の境界（……）を着色しよう。

3 大ドイツ主義と小ドイツ主義

大ドイツ主義
オーストリアのドイツ人居住地域を含むドイツ統一

小ドイツ主義
オーストリアを除いてプロイセンを中心としたドイツ統一。フランクフルト国民議会はこの方式に決定

↓4 フランクフルト国民議会　1848年5月にドイツ統一の方法を議論した。大ドイツ主義と小ドイツ主義，君主政か共和政かといった論点で紛糾し，最終的にプロイセン王フリードリヒ=ヴィルヘルム4世をドイツ皇帝として選出した。しかし王はこれを拒絶した。

④ プロイセン＝フランス戦争とドイツ帝国の成立

↑⑤ 降伏するナポレオン3世　スダンで捕虜となり降伏するナポレオン3世。

→⑥ ヴェルサイユ宮殿で行われたドイツ皇帝戴冠式　プロイセン＝フランス戦争中の末期の1871年1月18日、占領したヴェルサイユ宮殿の「鏡の間」で、ヴィルヘルム1世のドイツ皇帝戴冠式が挙行された。この儀式は、ドイツ諸邦の君主たちによる推挙という形で行われ、**戦争と外交による「上からの」ドイツ統一という性格**をよく物語っている。

（ファネサリー宮殿、ビスマルク博物館蔵）

⑤ 1871年頃のヨーロッパ

凡例：
- 1871年成立のドイツ帝国の領域
- プロイセン＝フランス戦争後フランスから譲渡された地域（1871）
- 1871年にドイツ帝国に参加した南ドイツ諸邦
- 未回収のイタリア

1870　プロイセン＝フランス戦争でナポレオン3世捕虜となる
1871　パリ＝コミューン
1871　ドイツ帝国の成立
1870　イタリア王国に併合される
1871　ローマ遷都
1871　ドイツ帝国の首都になる

0　250　500km

人物ファイル　ビスマルク（1815〜98）

「…言論や多数決によっては現下の大問題（ドイツ統一のこと）は解決されないのであります。鉄と血によってこそ問題は解決されるのであります」
（『西洋史料集成』による）

　ビスマルクは、**ユンカー**出身で、1862年にプロイセン首相に就任し、直後に議会で上記の演説を行い、**「鉄血宰相」**と呼ばれるようになった。戦争を利用して、プロイセン中心の統一をはばむ敵を倒しドイツ国民の一体感をつくり出した。統一後は巧みな外交を展開し、国内においては「アメとムチ政策」を行って社会主義勢力などの抑圧と労働者の懐柔に努めた。

アメとムチ政策	
1871	文化闘争（カトリック弾圧）
1878	皇帝狙撃事件 社会主義者鎮圧法
1879	保護関税法（資本家優遇）
1883	疾病保険制度
1884	災害保険法
1889	養老保険法

作業　①1871年成立のドイツ帝国の領域（■）を着色しよう。

→⑦ クルップ社の大砲工場　プロイセンの経済発展の原動力の一つになったのは、「ドイツの兵器工場」とうたわれたクルップ社であった。落下時の重量50tという巨大ハンマーで多数の砲身を鍛造し、プロイセン＝オーストリア戦争・プロイセン＝フランス戦争でプロイセンに勝利をもたらした。

→⑧ ルートヴィヒ2世とノイシュヴァンシュタイン城　ドイツ帝国創立に際し、ビスマルクはバイエルンに気を遣い一定の主権を認め、国王ルートヴィヒ2世に年金を与えた。また、ビスマルクはルートヴィヒ2世に皇帝推戴の発議をさせ、プロイセン国王が帝位につくことに成功した。その代償がノイシュヴァンシュタイン城の築城資金であったといわれる。

作業 学習する「時代」（◻）を着色しよう。

| 世紀 | 29 | 28 | 27 | 26 | 25 | 24 | 23 | 22 | 21 | 20 | 19 | 18 | 17 | 16 | 15 | 14 | 13 | 12 | 11 | 10 | 9 | 8 | 7 | 6 | 5 | 4 | 3 | 2 | 1 | ← B.C | A.D → | 1 | 2 | 3 | 4 | 5 | 6 | 7 | 8 | 9 | 10 | 11 | 12 | 13 | 14 | 15 | 16 | 17 | 18 | 19 | 20 | 21 |
| 日本 | | | | | | | | | | 縄文 | | | | | | | | | | | | | 弥生 | | | 古墳 | | 飛鳥 | 平安 | | 鎌倉 | 室町 | 安土桃山 | 江戸 | | | 明治 | 大正 | 昭和 | 令和 |

1 19世紀のアメリカ合衆国の歩み

内政・外交と領土の拡大（赤字）	黒人奴隷制とインディアン問題（青字）
建国 ③**ジェファソン**（任1801〜09） 1803 フランスからルイジアナ買収 1812 アメリカ=イギリス[米英]戦争（〜14）	1808 奴隷輸入の廃止 1820 **ミズーリ協定**成立

経済的自立・西部への拡大・南北の対立

⑤**モンロー**（任1817〜25）
1819 スペインからフロリダ買収
1823 モンロー教書（宣言）発表

ミズーリ州は奴隷州、メイン州は自由州として連邦に加入する。ミズーリ州南境の北緯36度30分以北では、今後、奴隷制は認めない。

1822 リベリア植民地の建設開始
1830 **インディアン強制移住法制定**
1838 **チェロキー族の「涙の道」（〜39）**
1850 **「1850年の妥協」成立**

⑦**ジャクソン**（任1829〜37）
☆ ジャクソニアン=デモクラシー
1836 **テキサスがメキシコから独立**
1845 **テキサス共和国を州として併合**
1846 **アメリカ=メキシコ戦争**（〜48）
　　 イギリスとの協定でオレゴン領有
1848 カリフォルニアで金鉱発見
　　 メキシコからカリフォルニア、ニューメキシコ獲得
1854 反奴隷制勢力が共和党を結成

カリフォルニア州は自由州として連邦に加入するが、北部（自由州）は奴隷逃亡取締法を強化する。ニューメキシコについて、奴隷制の是非は州昇格時に住民の意思で決める。

1852 ストウ『アンクル=トムの小屋』
1854 **カンザス・ネブラスカ法成立**

北緯36度30分以北にカンザス、ネブラスカ準州を設けるが、奴隷制の是非は州昇格時に住民の決定に委ねる（住民主権）。ミズーリ協定破棄。

⑯**リンカン**（任1861〜65）
1861 アメリカ連合国結成、南北戦争（〜65）
1862 ホームステッド法成立
1863 **ゲティスバーグの戦いで北軍勝利**

1863 **奴隷解放宣言**（予備宣言は62年）

南部の「再建時代」（1865〜77）

資本主義の発展
1867 ロシアからアラスカ買収
1869 最初の**大陸横断鉄道開通**
☆ **世界第一の工業国へ発展**
1886 アメリカ労働総同盟[AFL]結成
1890 **フロンティアの消滅宣言**

1865 反黒人秘密結社ＫＫＫの結成
1868 南部にシェアクロッパー制度出現

☆ 南部では「再建時代」以降、**黒人差別体制[ジム=クロウ制度]**が再確立

（米国議会図書館蔵）

↑1「アメリカの進歩、明白な天命」（マニフェスト=デスティニー） 西部移住者への広告用に1872年に描かれた絵。領土膨張を「明白な天命」と賛美、正当化していた当時のようすをよく表現している。

（オクラホマ、WOOLAROC博物館蔵）

↑2「涙の道」想像図 ジャクソン政権下で、白人男性の普通選挙権がほぼ実現した。その一方で、先住民は「強制移住法」により先住民保留地（現オクラホマ）へと駆逐された。

←3 ジャクソン 写真は20ドル札。

Ⓐ 国旗の変遷

1777年（最初の国旗）

1795年 ↓

1960年（現在） ↓

↑合衆国の国旗は、☆の数が州の数を表すため、星条旗と呼ばれる。13本の縞は建国当時の13州を表している。現在の州（☆）の数は、50である。

2 西漸運動

1867 ロシアよりアラスカを買収
1803 フランスよりミシシッピ川以西のルイジアナを買収
1783 パリ条約でミシシッピ川以東のルイジアナをイギリスより割譲
英領カナダ
1846 イギリスとの協定によりオレゴンを領有
1869 大陸横断鉄道開通
1849 ゴールドラッシュ
1898 ハワイ併合
1848 メキシコよりカリフォルニアを割譲
1776「独立宣言」に加わった13州
1845 テキサスを併合
1819 スペインよりフロリダを買収

Ⓑ 合衆国人口の推移

（万人）
3,500 ― （3,144.3）
3,000
2,500
2,000 ― （1,706.9）
1,500
1,000 ― （723.9）
500 ― （392.9）

■ アパラチア以西地域の合計人口
■ アパラチア以東地域の合計人口

1790年 1810年 1840年 1860年
（紀平英作『世界の歴史23』による）

3 南北戦争当時のアメリカ

イギリス領カナダ　（『American Odyssey』GLENCOE）

A 黒人人口の推移

（『アメリカ黒人の歴史』による）

凡例：
- ▨ 北部連邦（自由州）
- ▢ 北部連邦（奴隷州）
- ▢ 準州
- ⟶ 北軍の進路
- ▢ アメリカ連合国（奴隷州）
- ミズーリ協定

4 南北の比較

	北部連邦	南部連合
中心産業	商工業	綿花プランテーション
貿易政策	保護貿易	自由貿易
奴隷制度	反対	賛成
政体	連邦主義	州権主義
政党	共和党	民主党

	北部連邦	南部連合
人口	2.5	1
鉄道（マイル数）	2.4	1
工場生産額	10	1
鉄生産	15	1
石炭生産	32	1
綿花生産	1	24

黒人奴隷制度は、18世紀末に衰えたが、綿花の需要増大によって再生・拡大された。ホイットニーの綿繰り機（右写真）の発明もあり、南部には「綿花王国」が形成されていった。

↑5 綿花プランテーション（当時）

人物ファイル リンカン（1809〜65）

奴隷解放を実現したリンカンは、アメリカ史上最も偉大な大統領とされる。しかし、彼にとって南北戦争の目的は、あくまでも「連邦の維持」にあり、「奴隷解放」は、内外の世論を味方につけるためのものであった。また、有名なゲティスバーグの演説では「人民の、人民による、人民のための、政治を地上から絶滅させない」と、戦争の目的が「民主主義国家をまもる」ためであったことも示している。写真は5ドル札。

↑4 ゲティスバーグの戦い　南北戦争最大の激戦。南北戦争は、最新の技術（鉄道）、兵器（ライフル銃）、戦術（塹壕戦）を使用した「近代戦争」で、アメリカ史上空前の犠牲者を出した（下表参照）。

B アメリカの戦死者数

年	戦争	人
1775	独立戦争	12,000
1861〜	**南北戦争**	**625,000**
1914〜	第一次世界大戦	112,432
1939〜	第二次世界大戦	321,999

↑6 黒人シェアクロッパーの家（1880年代）　解放黒人の切実な願いは、「40エーカーの土地と1頭のラバ」であった。しかし、土地改革は進まず、黒人の多くはシェアクロッパー［分益小作人］として、解放後も社会の最底辺で生きていくしかなかった。

5 南北戦争後のアメリカ

A 「移民の国」アメリカ

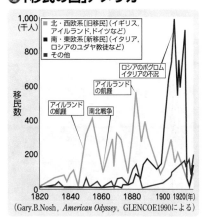

凡例：
- ■ 北・西欧系［旧移民］（イギリス、アイルランド、ドイツなど）
- ■ 南・東欧系［新移民］（イタリア、ロシアのユダヤ教徒など）
- ■ その他

ラベル：ロシアのポグロム　イタリアの不況／アイルランドの飢饉／アイルランドの飢饉／南北戦争

（Gary.B.Nosh, American Odyssey, GLENCOE1990による）

↑アメリカは豊富な天然資源と「移民」の安い労働力によって、世界一の工業国となった。

（米国議会図書館蔵）

↑8 大陸横断鉄道　最初の大陸横断鉄道は、1869年にユタ準州のプロモントリーでレールが結ばれ、開通した。大陸横断鉄道は、東部の工業地帯と中西部の農業地帯を結びつけ、経済発展に大きく貢献した。

寄宿学校に入れられたインディアンの子どもたち

↑7 「文明化」　インディアンを同化する政策が進められ、伝統文化は破壊されていった。（1880年頃撮影）

アメリカ

作業 学習する「時代」（▢）を着色しよう。

世紀	29	28	27	26	25	24	23	22	21	20	19	18	17	16	15	14	13	12	11	10	9	8	7	6	5	4	3	2	1	1	2	3	4	5	6	7	8	9	10	11	12	13	14	15	16	17	18	19	20	21
日本							縄文																弥生					古墳				飛鳥	平安						鎌倉	室町		江戸				明治 昭和	平成 令和

1 19世紀のロシアの歩み

── 同盟関係　▨ 戦勝国　▨ 敗戦国
青字＝東方進出（対極東）

	国内政治	対外政策（東方問題）（❶～❸はロシアの南下政策の挫折）
1801 アレクサンドル1世	1815 **ウィーン会議**　ポーランド王位兼任　**神聖同盟**提唱　四国同盟参加	1821 アラスカ領有

ギリシア独立戦争（1821～29）

ギリシア ✕ **オスマン帝国**	ギリシアの独立を承認
英・仏・露　｜　エジプト	

1825 ニコライ1世	1825 **デカブリスト[十二月党員]の乱**　1830 ポーランド反乱（～31）	

↑**2 デカブリスト[十二月党員]の乱**　青年将校ら約3,000人が，1825年の暮れの新皇帝ニコライ1世への宣誓式を拒否，首都で蜂起したが鎮圧された。

第1回エジプト＝トルコ戦争（1831～33）

エジプト ✕ **オスマン帝国**	ロシア，ボスフォラス・ダーダネルス海峡の独占通行権獲得
英・仏・墺　｜　露	

↑**1 ニコライ1世**
1851 モスクワ～ペテルブルク間鉄道開通

第2回エジプト＝トルコ戦争（1839～40）

エジプト ✕ **オスマン帝国**	ボスフォラス・ダーダネルス海峡のあらゆる外国軍艦の通行禁止❶
仏　｜　英・露・墺・普	

（要塞陥落の模様を描いたルボー　1902～04年の作品）

クリミア戦争（1853～56）

ロシア ✕ **オスマン帝国**	**パリ条約**（1856）❷　・黒海の中立化　・オスマン帝国の領土保全
英・仏・サルデーニャ	

↑**3 クリミア戦争の敗北**　セヴァストーポリの要塞陥落のようす。

↑**4 ナイティンゲール**　クリミア戦争で敵味方の区別なく看護し，のちに「クリミアの天使」と讃えられた。

1855 アレクサンドル2世	1861 **農奴解放令**　1863 ポーランド反乱（～64）	1858 アイグン[愛琿]条約　1860 北京条約
	1873 **三帝同盟**（露・普・墺）　1874 **ナロードニキ運動**最盛期　テロリズム・ニヒリズムの台頭	1867 アラスカを米に売却　1875 樺太・千島交換条約

ロシア＝トルコ[露土]戦争（1877～78）

ロシア ✕ **オスマン帝国**	**サン＝ステファノ講和条約**（1878）ロシアのバルカンでの勢力拡大
バルカン地域のギリシア正教徒	↓ **ベルリン条約**（1878）❸ ロシアの南下政策挫折

1881 **アレクサンドル2世暗殺**

↙**5 農奴解放令を読み上げるアレクサンドル2世**　クリミア戦争の敗北で，改革の必要性を痛感した皇帝は農奴解放令を発布した。これにより，農奴は人格的自由を獲得したが，土地は領主から買い戻さなければならなかった。

（ミラノ，市立ベルタレッリ印刷版画収集館蔵）

1881 アレクサンドル3世	1891 **露仏同盟**	1881 イリ条約　1891 シベリア鉄道着工（～1904）
1894 ニコライ2世	1898 **ロシア社会民主労働党**結成　1905 血の日曜日事件	1896 東清鉄道敷設権獲得　1898 旅順・大連租借　1904 日露戦争（～05）

2 1878年のバルカン半島

国名：サン＝ステファノ講和条約で独立した国家
── 1878年のブルガリア国境（サン＝ステファノ講和条約）

1853～56 クリミア戦争

1878 サン＝ステファノ講和条約

1878 ベルリン条約でイギリスが獲得

1878 ベルリン条約でオーストリアが行政権を獲得

↑**6 ベルリン会議**　サン＝ステファノ講和条約はイギリスなどの強硬な反対にあい，**ビスマルク**がベルリン会議を開いて調停にあたった。会議は19世紀的な大国主義中心の外交の典型であり，ロシアの利益が徹底的に抑え込まれた。（Berlin, Alte Nationalgalerie蔵）

ディズレーリ（英）　アンドラーシ（オーストリア＝ハンガリー）　ビスマルク（独）　シュバーロフ（露）

1 文学・美術・音楽

文学	古典主義	ゲーテ	ドイツ	『若きウェルテルの悩み』『ファウスト』
		シラー	ドイツ	『群盗』『ヴァレンシュタイン』
	ロマン主義	ユゴー	フランス	『レ＝ミゼラブル』
		ワーズワース	イギリス	『叙情詩選』
		バイロン	イギリス	『チャイルド＝ハロルドの巡礼』
		グリム兄(弟)	ドイツ	『グリム童話集』『ドイツ語辞典』
		ハイネ	ドイツ	『歌の本』
		プーシキン	ロシア	『オネーギン』『大尉の娘』
		ホイットマン	アメリカ	『草の葉』
	写実主義	スタンダール	フランス	『赤と黒』
		バルザック	フランス	『人間喜劇』
		フロベール	フランス	『ボヴァリー夫人』
		ディケンズ	イギリス	『二都物語』
		ゴーゴリ	ロシア	『検察官』『死せる魂』
		トゥルゲーネフ	ロシア	『猟人日記』『父と子』
		ドストエフスキー	ロシア	『罪と罰』『カラマーゾフの兄弟』
		トルストイ	ロシア	『戦争と平和』『復活』
	自然主義	ゾラ	フランス	『居酒屋』
		モーパッサン	フランス	『女の一生』
		イプセン	ノルウェー	『人形の家』
	象徴主義	ボードレール	フランス	『悪の華』
美術	古典主義	ダヴィド	フランス	「ナポレオンの戴冠式」
	ロマン主義	ドラクロワ	フランス	「キオス島の虐殺」「民衆を導く自由の女神」
	自然主義	ミレー	フランス	「落ち穂拾い」「晩鐘」
	独自の画風	ゴヤ	スペイン	「マドリード、1808年5月3日」
	写実主義	クールベ	フランス	「石割り」
	印象派	マネ	フランス	「草上の昼食」
		モネ	フランス	「印象・日の出」「睡蓮」
		ルノワール	フランス	「ムーラン＝ド＝ラ＝ギャレット」
	後期印象派	セザンヌ	フランス	「サント＝ヴィクトワール山」
		ゴーガン	フランス	「タヒチの女たち」
		ゴッホ	オランダ	「ひまわり」「自画像」
	彫刻	ロダン	フランス	「考える人」「地獄の門」
音楽	古典派	ベートーヴェン	ドイツ	「運命」など9つの交響曲
	ロマン派	シューベルト	オーストリア	「未完成交響曲」
		ショパン	ポーランド	「革命」
		ヴァーグナー	ドイツ	「ニーベルングの指輪」
	国民学派	チャイコフスキー	ロシア	「白鳥の湖」「悲愴」
	印象派	ドビュッシー	フランス	「牧神の午後への前奏曲」

人物ファイル ベートーヴェン(1770〜1827)

ベートーヴェンは、20代後半から耳鳴り・難聴に苦しんだが、それを克服して古典派音楽を完成させた。それまでの作曲家は、王侯貴族や教会からの注文で生計をたてていたが、彼は作品の出版により収入を得ていた。「第3番英雄交響曲」は、当初ナポレオンを讃える「ボナパルト」という題の曲であった。しかし、彼は、ナポレオンの皇帝就任の報に激怒し、タイトルを書き換えた。

ヨーロッパ

アメリカ

↑1 ミレー「落ち穂拾い」 収穫後の落ち穂拾いは農場主が貧しい女たちに許した施しである。ミレーは、パリ南方のバルビゾン村で、大地とともに生きる人々の姿を、愛情を込めて描き続けた。(1857年、83.5×111cm、オルセー美術館蔵)

←2 クールベ「石割り」 「自分の知っている世界だけを描くのが画家の仕事だ」と主張したクールベは、文学的・宗教的なテーマを捨て、現実の民衆、社会生活を力強く描いた。(1849年、165×257cm、原画は第二次世界大戦で焼失)

↑3 モネ「印象・日の出」 モネのこの作品を、批評家が「これは単なる印象を描きとめた未完成作品だ」と批判したことから、印象派の名が生まれた。(1873年、48×63cm、パリ、マルモッタン美術館蔵)

ニューアングル ジャポニスム

↓4 モネ「日本娘ラ＝ジャポネーズ」 ジャポニスムに魅了されたモネは、扇子をもち、着物の姿の妻を描いた。(1876年、232×142cm、ボストン美術館蔵)

シノワズリ（中国趣味）もやや下火になった19世紀後半、パリの版画家が陶器の包装紙として使われていた葛飾北斎の「北斎漫画」を発見したことから、日本美術ブーム、ジャポニスムが急速な広がりをみせた。浮世絵の構図や色彩は、印象派の画家たちのめざしているものに近く、また、風景・役者・美人といった世俗的な主題は、彼らが好んで描いた主題でもあった。

(1887年、92×75cm、ロダン美術館蔵)

↑5 ゴッホ「タンギー爺さん」 知り合いの画商を描いた作品。ゴッホは日本の浮世絵に触れ、独自の様式をつくり出した。

① 美術

(1891年，69×91.5cm，オルセー美術館蔵)

↑② ゴーガン「タヒチの女たち」 「楽園」を求めて，南太平洋のタヒチに移住したゴーガンは，失われつつある神秘性を作品の中で大胆な色で表現した。

←① ルノワール「ムーラン＝ド＝ラ＝ギャレット」 パリの歓楽街モンマルトルの野外ダンス場を舞台に，人々の青春と生きる喜びをうたいあげた作品。

(1876年，131×175cm，オルセー美術館蔵)

② 思想・学問

哲学	ドイツ観念論	カント	ドイツ	合理論と経験論を統合し観念論を創始
		フィヒテ	ドイツ	愛国的講演「ドイツ国民に告ぐ」
		ヘーゲル	ドイツ	観念論大成 弁証法による理論体系を構築
	唯物論	**マルクス**	ドイツ	弁証法的唯物論を形成 唯物史観を樹立
	実証主義	**コント**	フランス	実験と観察を重視 社会学を創始
	功利主義	**ベンサム**	イギリス	「最大多数の最大幸福」 **功利主義**を創始
		J.S.ミル	イギリス	「満足せる豚よりは，不満足な人間がよい」
		スペンサー	イギリス	進化論に基づいて社会の発展を説明
	世紀末	**ニーチェ**	ドイツ	力への意志に基づく新しい道徳を主張
経済学	古典派	**マルサス**	イギリス	社会悪の根源を食料と人口の関係に追求
		リカード	イギリス	労働価値説をもとに古典派経済学を完成
	歴史学派	リスト	ドイツ	後進国ドイツのため保護貿易を主張
歴史学		ランケ	ドイツ	厳密な史料批判で近代歴史学を創始
法学		サヴィニー	ドイツ	歴史法学を創始
社会主義思想	18世紀	バブーフ	フランス	土地の私的所有を禁止
	初期社会主義	オーウェン	イギリス	工場法制定に努力 ニューハーモニー村
		サン＝シモン	フランス	産業の合理的な再編成を提唱
		フーリエ	フランス	協同組合的な理想社会を提唱
		ルイ＝ブラン	フランス	二月革命指導 国立作業場
	無政府主義	プルードン	フランス	私有財産制を否定
	科学的社会主義	マルクス	ドイツ	生産手段の社会化 『共産党宣言』『資本論』
		エンゲルス	ドイツ	マルクスと協働 『空想から科学へ』

人物ファイル　マルクス(1818〜83)

ユダヤ人家庭に生まれたマルクスは，1848年に友人エンゲルスとともに『共産党宣言』を発表した。その中で，世界史は階級闘争の歴史であり，労働者階級が革命で共産主義(社会主義)社会を築くことを展望した。その後，『資本論』にまとめられた彼の思想は，マルクス主義と呼ばれ，社会主義全体に大きな影響を与えた。

③ 国際運動

1854	ナイティンゲールがクリミア戦争に従軍
1864	**国際赤十字社**発足(本部：ジュネーヴ)
	第1インターナショナル結成(ロンドン)
1865	**国際電信連合**設立(本部：ジュネーヴ)
1875	**万国郵便連合**設立(本部：ベルン)
1889	**第2インターナショナル**結成(パリ)
1890	欧米で労働者の祭典第1回メーデー開催
1896	**第1回国際オリンピック大会**開催(アテネ)
1899	**第1回万国平和会議**開催(ハーグ)
1907	**第2回万国平和会議**開催(ハーグ)

↑③ デュナン スイスの実業家。彼の情熱により国際赤十字社が結成された。

→④ 第1回大会での100m競争 古代オリンピックから1500年の時を経て，近代オリンピックが故地アテネで開催された。

④ 第2次産業革命(19世紀末)

内燃機関(ディーゼル)の発明

↓

石油・電力を基軸とする技術革新

↓

鉄鋼・電気・化学工業の進展など

↓

巨大企業の成立，資本の独占化

↑⑤ ベッセマーの転炉 本格的な鉄の時代の到来となった。

5 自然科学・発明・探検活動

自然科学	ファラデー	イギリス	電磁誘導の法則(1831)，電気分解の法則(1833)発見
	マイヤー	ドイツ	エネルギー保存の法則発見(1842)
	ヘルムホルツ	ドイツ	エネルギー保存の法則体系化(1847)
	レントゲン	ドイツ	X線発見(1895) 第1回ノーベル物理学賞受賞(1901)
	キュリー	ポーランド	夫(フランス)とラジウム発見(1898) ノーベル物理学賞(1903)，化学賞受賞(1911)
	ダーウィン	イギリス	進化論発表(1858) 『種の起源』
	メンデル	オーストリア	遺伝の法則発見(1865)
	パストゥール	フランス	狂犬病の予防接種に成功(1880)
	コッホ	ドイツ	結核菌(1882)，コレラ菌(1883)発見
発明	モース(モールス)	アメリカ	モールス信号(1837)
	ノーベル	スウェーデン	ダイナマイト(1867)
	ダイムラー	ドイツ	ガソリン自動車(1886)
	ベル	アメリカ	電話(1876)
	エジソン	アメリカ	蓄音機，電球，映画など
	ディーゼル	ドイツ	ディーゼル＝エンジンの完成(1897)
	ライト兄弟	アメリカ	動力飛行機(1903)→
	マルコーニ	イタリア	無線電信機(1895)
探検活動	タスマン	オランダ	オーストラリア周辺探検 ニュージーランド到達
	クック	イギリス	太平洋を3度航海 オーストラリア東岸を英領に
	リヴィングストン	イギリス	宣教師 南部アフリカ横断 ナイル川水源の確認
	スタンリー	アメリカ	消息不明のリヴィングストン発見 アフリカ横断
	ピアリ	アメリカ	グリーンランド探検後，北極点初到達(1909)
	スコット	イギリス	2度目の南極探検で南極点到達(1912)
	アムンゼン	ノルウェー	南極点初到達(1911) 北極海で消息不明

↓ 6 ノーベル賞のメダル 表側，23金製。(直径6.5cm, 重さ220g)

↓ 7 レントゲン 彼が発見したX線（Xは「未知なもの」の意）は，医学の診断技術に飛躍的な進歩をもたらした。

↓ 9 当時の風刺画 ダーウィンの「進化論」は各界に衝撃を与えたが，特にキリスト教関係者からは強い反発をまねいた。(当時の週刊誌「パンチ」に掲載)

人物ファイル **キュリー夫人** (1867〜1934)

↓ 8 実験室のキュリー夫妻

パリで学んでいたポーランド人のマリア＝スクロドフスカは，夫となるピエール＝キュリーとの出会いを機に，異国で研究を続ける。やがて夫妻は，強い放射能をもつ未知の元素を予測・発見するが，その一つに，ロシアの圧政に苦しむ祖国にちなみポロニウムの名がつけられた。

→ 10 エジソン 生涯で1,300もの特許をとった「発明王」は，小学校に3か月行っただけであった。「天才とは1％のひらめき(才能)と99％の汗(努力)からなる」という言葉を残した。

→ 11 ガソリン自動車 ベンツが1885年に製造した三輪車が，ガソリン自動車の第1号とされる。その後，改良されて人気を博した。(ダイムラー＝ベンツ博物館蔵)

6 当時の欧米世界

↑ 12 万国博覧会と当時のシカゴ 1893年にアメリカのシカゴで万国博覧会が開催されたが，それはアメリカの繁栄を示すものであった。

USEFUL SUNDAY LITERATURE FOR THE MASSES OR, MURDER MADE FAMILIAR.

↑ 13 大衆新聞の登場 労働者の気晴らしは日曜新聞の「殺人事件」記事であった。家族のうしろには聖書が捨てられている。(1849年の「パンチ」に掲載)

↑ 14 建設中のエッフェル塔 1889年のパリ万国博覧会のシンボルとして計画されたが，その景観に芸術家は大反対をした。

ヨーロッパ
アメリカ

作業 学習する「時代」（□）を着色しよう。
←B.C A.D→

世紀	5	4	3	2	1	1	2	3	4	5	6	7	8	9	10	11	12	13	14	15	16	17	18	19	20	21
日本		弥生					古墳		飛鳥		平安						鎌倉	室町				江戸				

20世紀初頭の世界

20世紀初頭のナビ
①欧米「近代社会」は資本主義を形成，植民地獲得に乗り出し，「近代世界システム」による世界の一体化が完成。やがて，植民地をめぐる諸国家間の対立が激化，20世紀の世界戦争の原因がつくられた。
②植民地化された地域では，抵抗運動が行われるようになった。

CROSS ROADS
世界史のクロスロード
（解答 別冊P.39）

（明治期日本で活躍した画家ビゴー（仏）の風刺画）

世界史の中の日露戦争
日本の実態は，アジア諸民族の期待とかけ離れたものだったが，日露戦争は西洋に対する東洋の勝利というイメージでとらえられ，各地の民族運動に影響を与えた。また日露戦争の結果は，帝国主義諸国の関係に変動をもたらし，やがて始まる第一次・第二次世界大戦の遠因となっていった。

Q 風刺画の中のⒶとⒷは，どこの国を示しているだろうか。また，両大戦の遠因とは，どのようなものだったのだろうか。ヒント P.174

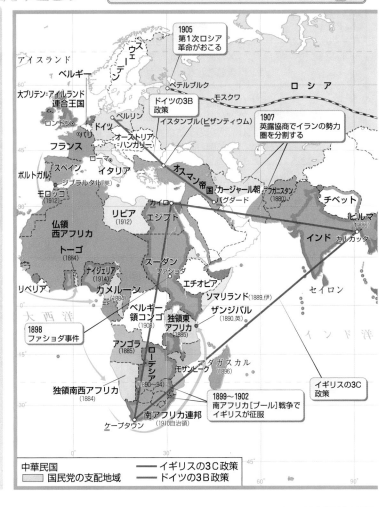

1905 第1次ロシア革命がおこる

1907 英露協商でイランの勢力圏を分割する

ドイツの3B政策

イギリスの3C政策

1898 ファショダ事件

1899～1902 南アフリカ[ブール]戦争でイギリスが征服

| 中華民国 | | ━━ イギリスの3C政策 |
| □ 国民党の支配地域 | | ━━ ドイツの3B政策 |

1 東南アジアの動き

インド	ビルマ[ミャンマー]	マレー半島	ボルネオ島	スマトラ	ジャワ	タイ	ベトナム	カンボジア	フィリピン
	1752 コンバウン朝			アチェ		1782 ラタナコーシン朝（独立維持）	1778 西山朝	真臘	スペイン領
							1802 阮朝		
					1830				
1858 英直轄統治		1867 英直轄統治	北南				1884	1863	アメリカ=スペイン戦争
1877	1886	1895 マレー連合州（英）	1888	1904			1887 仏領インドシナ連邦（1899 ラオスを編入）		1898
インド帝国（英）	インド帝国（英）		オランダ領東インド						アメリカ領

天然ゴムの樹 19世紀の缶詰 アチェ戦争

1 天然ゴムの樹
ブラジル原産の**天然ゴム**は，1867年イギリス人が禁を犯して種を持ち出し，マレー半島で栽培され，20世紀には**タイヤ**の原料となった。同じくマレー半島産の**錫**は，需要が急増した缶詰の**ブリキ板の原料**となった。

（1824年のもの）
2 19世紀の缶詰

3 アチェ戦争（アチェ族の死体に軍刀をかざすオランダ軍兵士）
スマトラ島で最後までオランダ人に抵抗したアチェ王国は，1904年滅亡した。

4 イギリス植民地のビルマでの英王室歓迎舞踊（1889年）
アルバート殿下（ヴィクトリア女王の孫）がビルマを訪問したとき，旧コンバウン朝の関係者の女性に歓迎の伝統舞踊を踊らせた。

5 チュラロンコン[ラーマ5世]
（位1868～1910）タイは英仏の侵略に対し緩衝国としての役割を強調するなどして独立を維持した。

6 フランスにより逮捕されたベトナムの農民
1884年全土がフランスの保護領となったベトナムでは，徹底した反フランス抵抗運動の弾圧が行われた。

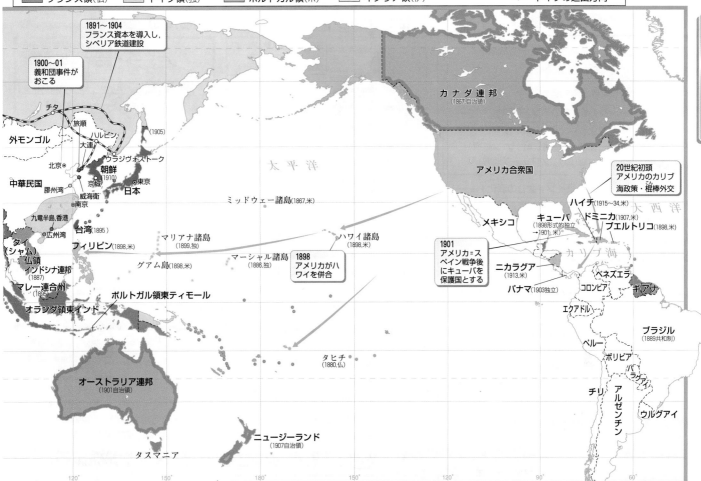

凡例：
イギリス領（英）　フランス領（仏）　オランダ領（蘭）　ドイツ領（独）　スペイン領（ス）　ポルトガル領（ポ）　アメリカ領（米）　イタリア領（伊）　日本領　← アメリカの進出方向　← ドイツの進出方向

1891〜1904
フランス資本を導入し，シベリア鉄道建設

1900〜01
義和団事件がおこる

チタ　旅順　ハルビン　(1905)　外モンゴル　大連　京城 (1910)　ウラジヴォストーク　北京⊙　朝鮮　東京　中華民国　威海衛　日本　膠州湾　南京　九竜半島，香港　台湾(1895)　広州湾　フィリピン(1898,米)　タイ(シャム)　仏領インドシナ連邦(1887)　マレー連合州(1895)　オランダ領東インド

太平洋

ミッドウェー諸島(1867,米)

マリアナ諸島(1899,独)　グアム島(1898,米)　マーシャル諸島(1886,独)

1898
アメリカがハワイを併合

ハワイ諸島(1898,米)

ポルトガル領東ティモール

タヒチ(1880,仏)

オーストラリア連邦(1901自治領)

タスマニア

ニュージーランド(1907自治領)

カナダ連邦(1867自治領)

アメリカ合衆国

メキシコ

20世紀初頭
アメリカのカリブ海政策・棍棒外交

ハイチ(1915〜34,米)　ドミニカ(1907,米)　キューバ(1898形式的独立→1901,米)　プエルトリコ(1898,米)

1901
アメリカ＝スペイン戦争後にキューバを保護国とする

ニカラグア(1913,米)　パナマ(1903独立)　ベネズエラ　コロンビア　ギアナ　エクアドル　ブラジル(1889共和制)　ペルー　ボリビア　パラグアイ　チリ　アルゼンチン　ウルグアイ

大西洋　カリブ海

---

② 朝鮮の動き

1875	江華島事件…日本軍が朝鮮軍を挑発し両軍衝突
1876	**日朝修好条規**（江華条約）…日本による朝鮮の開国（釜山・仁川・元山の開港。日本の領事裁判権）
1882	**壬午軍乱**…攘夷派兵士が大院君を擁しクーデタ→日本公使館も襲撃→清軍による鎮圧→閔氏政権を清が支援→日本勢力後退
1884	**甲申政変**…急進改革派の独立党の金玉均らのクーデタ→清軍の介入で失敗
1885	天津条約（日本＝清）…両国軍の撤兵など
1894	**甲午農民戦争**（東学の乱）→日本と清の両軍出兵→**日清戦争**へ（1894〜95）
1895	**下関条約**（伊藤博文＝李鴻章）…日清戦争講和条約・朝鮮の独立（実際は日本の圧力が強まる）

↑7 金玉均 独立党を率い日本の支援で近代化を図ったが，失敗。

↑8 甲午農民戦争を率いる東学の幹部全琫準

---

③ 明治維新と日清戦争

↑9 大日本帝国憲法の発布（1889年） 1868年の明治維新により中央集権的近代国家のスタートを切った日本は，朝鮮への侵略を強めながらもアジアで2番目の憲法を制定した（アジアで初の憲法は1876年のオスマン帝国のミドハト憲法である）。（明治神宮聖徳記念絵画館蔵）

❶列強（狼）による植民地化の危機にある日本と清。❷日本は明治維新により江戸幕藩体制（羊）から近代国家（狼）に変身を遂げた。一方清も羊から狼に変身するべく洋務運動を展開したが，これは清の延命をはかるもので，羊の体に狼の仮面をかぶせたものであった。❸この両国が衝突した日清戦争は，真に狼に変身した日本と，狼の仮面をかぶった羊である清との戦争だったとたとえられる。

Ⓐ 日清戦争のたとえ

❶列強（狼）に狙われる羊

清　日本（江戸幕藩体制）

❷強大な国家（狼）に変身

清（洋務運動）　日本（明治維新）

・狼の仮面，本当は羊　・本当に変身

❸日清戦争

仮面　清　日本

・清は狼の仮面をはがされる

1 インドの植民地化

英仏の抗争	1744〜63　カーナティック戦争（3回）
	1757　プラッシーの戦い

イギリスの植民地化	イギリスがフランスを駆逐
	イギリスのインド侵略
	1767〜99　マイソール戦争（南インド）
	1775〜1818　**マラーター戦争**（デカン高原）
	1845〜49　シク戦争（パンジャーブ地方）
	イギリス東インド会社の変化
	1813　対インド貿易独占権の廃止
	1833　商業活動の停止 → インド統治機関に

反イギリス民族闘争	1857〜59　**シパーヒーの大反乱** ❶
	1858　ムガル帝国滅，イギリス東インド会社解散 → イギリス直接統治へ
	1877　**インド帝国成立**（皇帝はヴィクトリア女王）
	1885　**インド国民会議**（ボンベイにて）
	1905　ベンガル分割令 ← インド総督カーゾン
	1906　**インド国民会議**（カルカッタにて）
	4綱領〜英貨排斥・スワデーシ（国産品愛用）・スワラージ（自治獲得）・民族教育
	1906　全インド＝ムスリム連盟結成

Ⓐ 1805年のインド

凡例：イギリス領（1805年）／ヒンドゥー教国／イスラーム系王国

Ⓑ 1857年のインド

凡例：イギリス領（1857年）／ヒンドゥー教系藩国／イスラーム系藩国／仏教藩王国
1845〜49 シク戦争
1857 シパーヒーの大反乱始まる
1906 インド国民会議カルカッタ大会
1885 インド国民会議開催
インド帝国の領域（1886年）
『世界の歴史14』
大反乱の範囲／1905年のベンガル分割線

Ⓒ インド綿布とイギリス綿布

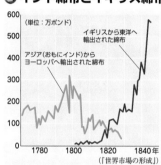

（単位：万ポンド）
イギリスから東洋へ輸出された綿布
アジア（おもにインド）からヨーロッパへ輸出された綿布
『世界市場の形成』

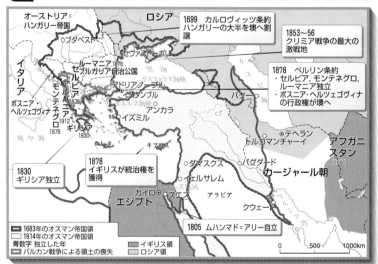

↑❶ **シパーヒーの大反乱**（見せしめとして大砲に吹きとばされるシパーヒー）　イギリス東インド会社のインド人傭兵がおこした反乱は民族的独立運動の様相となったが，イギリス軍によって残酷に鎮圧されていった。

2 西アジアの動き

オスマン帝国	エジプト	アラビア半島	イラン
1789〜　トルコ近代化政策		**ワッハーブ派の運動**	1796　**カージャール朝**
	1805〜48　**ムハンマド＝アリーの改革**	1744頃〜　ワッハーブ王国	
1826　イェニチェリ全廃			1828　**トルコマンチャーイ条約**
1839〜76　**タンジマート**〔恩恵改革〕	1869　スエズ運河開通	→ 1818滅亡	
	1875　**英がスエズ運河株買収**	1823　ワッハーブ王国再興	1848〜50　**バーブ教徒の乱**
1876　**ミドハト憲法**（78停止）	1881〜82　**ウラービー運動**	1889 ↓ 内紛により滅亡	1891　**タバコ＝ボイコット運動**
19世紀末　青年トルコ結成	1882　**英が軍事占領**（保護国化）	サウジアラビア王国となる	1905　**立憲革命**

↓❸ **ウラービー＝パシャ**　「**エジプト人のエジプト**」をスローガンに反英闘争を行ったが鎮圧され，エジプトはイギリスの保護国となった。

↑❷ **ムハンマド＝アリー**　オスマン帝国の軍人だったが，エジプトを自立させた。上からの近代化を進めたが，列強の干渉により挫折した。

↑❹ **ミドハト＝パシャ**　オスマン帝国の宰相としてアジア初の憲法「**ミドハト憲法**」を制定した。

3 オスマン帝国の領土縮小（17世紀末〜20世紀初頭の西アジア）

1699　カルロヴィッツ条約　ハンガリーの大半を墺へ割譲
1853〜56　クリミア戦争の最大の激戦地
1878　ベルリン条約
・セルビア，モンテネグロ，ルーマニア独立
・ボスニア・ヘルツェゴヴィナの行政権が墺へ
1878　イギリスが統治権を獲得
1830　ギリシア独立
1805　ムハンマド＝アリー自立

凡例：1683年のオスマン帝国領／1914年のオスマン帝国領／青数字 独立した年／バルカン戦争による領土の喪失／イギリス領／ロシア領

作業
1914年のオスマン帝国領（╱╱）を着色しよう。

ターバンを廃止しフェズ（トルコ帽）に
洋装化

→❺　**イェニチェリに代わり西欧化された新式軍隊**　マフムト2世により1826年からオスマン軍は近代化された。

世紀	29 28 27 26 25 24 23 22 21 20 19 18 17 16 15 14 13 12 11 10 9 8 7 6 5 4 3 2 1	1 2 3 4 5 6 7 8 9 10 11 12 13 14 15 16 17 18 19 20 21
日本	縄文	弥生／古墳 飛鳥 平安 鎌倉 室町 安土桃山 江戸 明治 大正 昭和 平成 令和

1 ヨーロッパ列強の進出と清の改革

	中国国内の動き		西欧列強の動き
乾隆帝 1795 嘉慶帝 1820	1757	貿易港を広州1港に限定 貿易は公行[コホン]が独占	1793 マカートニー 制限貿易の 1816 アマースト 緩和要求
	1796	白蓮教徒の乱(～1804)	**アヘン戦争(1840～42)**
	1839	林則徐、アヘンを没収	1841 平英団事件
道光帝		**太平天国(1851～64)**	1842 **南京条約(対英)**
		・「滅満興漢」を主張	1843 虎門寨追加条約(対英)
		・「天朝田畝制度」を発表	1844 望厦条約(対米)、黄埔条約(対仏)
1850	1851	洪秀全、広西省金田村で挙兵	**アロー戦争(1856～60)(対英・仏)**
咸豊帝	1853	南京占領、天京と改称	1856 アロー号事件
		曾国藩、湘軍結成	1858 天津条約(対英・仏・露・米)
1861	1860	ウォード(米)、**常勝軍**編成	→清が条約の批准を拒否
		→ウォード死、ゴードン(英)指揮	アイグン[愛琿]条約(対露)
同治帝	1862	李鴻章、淮軍結成	1860 **北京条約(対英・仏・露)**
	1864	洪秀全死亡、太平天国滅亡	1881 イリ条約(対露)
	1860	**洋務運動(～94)**	1884 清仏戦争(～85)(対仏)
1875	☆	同治の中興	1885 天津条約(対仏)
	1898	変法(自強)運動	→ベトナムの宗主権放棄
		→**戊戌の政変**で失敗(1898)	1894 **日清戦争(～95)(対日)**
光緒帝		**義和団事件[北清事変](1900～01)**	1895 下関条約(対日)
		・「扶清滅洋」を主張	→列強による中国分割が本格化
		→清、諸外国に宣戦	1900 義和団事件
1908			1901 北京議定書(対連合国)

3 アヘン戦争

🔲 凡例
← 英軍の進路
● 南京条約による開港5港
● 主要条約締結地

1842 南京条約
南京 上海
寧波
浙江
福建
1841 平英団事件
福州
厦門
広東 広州 黄埔
望厦 虎門寨
マカオ 香港
台湾

0 500 1000km

Ⓐ 英領香港形成の3段階

虎門寨
■1842年(南京条約)
■1860年(北京条約)
■1898年(99年間租借)
1997年にすべて返還

広九鉄道
九竜半島
(1898,英,租借)
九竜市
(1860,英)
香港島
(1842,英)

0 50km

2 清と英国の貿易

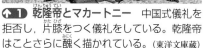

片貿易(18世紀)
茶・絹 陶磁器 → イギリス ← 東インド会社 ← *公行 清
銀 →

三角貿易(19世紀前半)
銀・茶・絹・陶磁器 → イギリス
綿織物
原綿
インド
アヘン
清

*公行は広州で外国貿易を独占した特許商人の組合。

←1 乾隆帝とマカートニー 中国式儀礼を拒否し、片膝をつく儀礼をしている。乾隆帝はことさらに醜く描かれている。(東洋文庫蔵)

↑2 林則徐 科挙エリート。清廉潔白な官僚で、道光帝から欽差大臣に任命され、イギリスのアヘンを強制没収した。

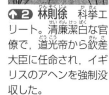

→3 ケシ畑 アヘンはケシの半熟の実の果肉汁を粘土状に固めたもの。モルヒネが主成分の麻薬で、医薬品としても使用される。(◀P.143)

九竜半島
中環セントラル 香港政庁や多くの金融機関がある
香港島

↑5 現在の香港 ヴィクトリア＝ピークから見た夜景。

ネメシス号
船を微妙に移動させ、大砲の射程を調節できる

ジャンク船

↑4 アヘン戦争(1841年・広州) 中国のジャンク船を砲撃するネメシス号。イギリス東インド会社の蒸気船の威力がわかる。(東洋文庫蔵)

→6 上海 1845年より租界(外国人居留地)が設けられ、欧米風の建物が建てられた。写真は1928年外灘(バンド)と呼ばれる地区のもの。

東アジア

Ⓐ **太平天国**

1 太平天国とアロー戦争

【作業】
① 太平天国軍前期支配領域（□）を着色しよう。
② 天津・北京条約による開港場に丸をつけよう。

←1 **太平天国の戦闘**　広東省の客家（移住民）出身の洪秀全は，独自のキリスト教団の拝上帝会を組織し，「滅満興漢」をスローガンに広西省金田村に挙兵した。地上の天国（太平天国）建設をめざし一気に南京を占領するに至ったが，指導層の内紛などで崩壊した。

↑2 洪秀全（1813〜64）
（北京革命博物館蔵）

←3 **曾国藩**（1811〜72）　漢人官僚で儒学者。故郷の湖南省で郷勇の湘軍を組織し，太平天国と戦って清に勝利をもたらした。

←4 **李鴻章**（1823〜1901）　郷勇の淮軍を組織し太平天国と戦った漢人官僚。洋務運動を推進し，日清戦争での主力軍を育てた。

Ⓑ **アロー戦争**

←5 **略奪直前の円明園**
（1860年10月）　アロー戦争のとき，英仏軍により徹底的に破壊された。（◀P.78）

ウサギ　ネズミ

→6 **アロー戦争で円明園から略奪された十二支像**　ウサギとネズミの2体は，2009年パリで開かれたオークションで34億円で落札された。中国政府は競売中止と像の返還を求めたが聞き入れられなかった。
＊2013年に写真のウサギとネズミが返還され，これまでに7体が見つかっている。

→7 **総理各国事務衙門**　アロー戦争後の北京条約では，清は開国することとなった。そのため中国は初めて日本の外務省に相当する役所を設け，1861年に北京に設置された。

2 清と諸外国との条約

条約	南京条約（1842）	天津条約（1858）（批准されず）	北京条約（1860）
戦争	アヘン戦争（1840〜42）	アロー戦争（1856〜60）	アロー戦争
対象国	英	英・仏・露・米（露米は戦争に不参加）	英・仏・露（露は戦争に不参加）
開港地	広州・上海・寧波・厦門・福州	南京・漢口など10港 →	天津を追加（11港開港へ）
その他	・公行の廃止と自由貿易の実施 ・香港島の割譲 ・1,200万両の賠償金 **虎門寨追加条約（1843）** ・領事裁判権 ・最恵国待遇 ・関税自主権の喪失 ＊望廈条約（対米）・黄埔条約（対仏）で南京条約と同じ内容を承認	・外国公使の北京常駐 ・キリスト教布教を承認 ・外国人の内地旅行を承認 **アイグン[愛琿]条約（1858）** （対露） ・アムール川以北の領地割譲 ・沿海州を共同管理に	・天津条約の条項を再承認 ・九竜半島南端を英に割譲 ・露に沿海州（ウスリー川以東の領地）を割譲→この方面での現在の中露国境の画定。

→8 **同治帝**（位1861〜75）　洋務運動が推進され，在位期間中比較的安定していたので，「同治の中興」といわれる。咸豊帝と西太后の子である。

→9 **金陵機器局**　太平天国から奪回した金陵[南京]に李鴻章が設立した武器工場。イギリス人が指導にあたった。

3 明治維新と洋務運動

←10 **大久保利通**　廃藩置県を断行した。

	日本（明治維新）	清（洋務運動）
担い手	・薩摩藩・長州藩などの革新的下級武士	・高級漢人官僚
目的	・分権的な江戸幕藩体制を変革→中央集権的国民国家の形成 ・植民地化の危機の脱出	・「中体西用」（中国の伝統を基礎，西洋の技術導入）による近代化 ・清朝の延命
結果	・新しい列強としてアジアへ進出	・清仏戦争，日清戦争に敗れ，限界明らかに

作業 学習する「時代」（□）を着色しよう。

世紀	29 28 27 26 25 24 23 22 21 20 19 18 17 16 15 14 13 12 11 10 9 8 7 6 5 4 3 2 1 ←B.C｜A.D→ 1 2 3 4 5 6 7 8 9 10 11 12 13 14 15 16 17 18 19 20 21
日本	縄文　　　　　　　　　　　　　　　　　　　　弥生／古墳／奈良／平安／鎌倉 室町 安土桃山 江戸 明治大正 昭和平成令和

1 帝国主義の時代　Ⓐ 独占資本と帝国主義

1873年〜1890年代半ばの「**大不況**」期に資本主義の構造が変化＝**帝国主義時代**へ

カルテル[企業連合]	トラスト[企業合同]	コンツェルン[持ち株会社]
企業としての独立性を残したまま，販売価格などを協定する。	同じ業種の複数の会社が単一の経営権にまとめられる。	中心的な巨大企業が他企業の株を保有することで経営権を握る。他の業種にもおよぶ。
ドイツ・ロシアで発達。	アメリカで発達。	ドイツ・アメリカで発達。日本では財閥と呼ばれた。

Ⓑ 帝国主義段階への流れ

自由競争（18〜19世紀）

産業革命 → **資本主義の確立**
・軽工業中心
・産業資本家による支配
・原料供給地，市場として植民地

→ 第2次産業革命 → 大不況 → 独占資本形成 →

帝国主義時代（19世紀後半〜）

帝国主義
・重工業中心
・金融資本による支配
・国家権力との結合
・資本の投下先としての植民地

影響

列強 → **世界大戦の危機**
・植民地再分割の動き
・社会主義運動の高まり

植民地
・民族独立運動の高まり

ホーエンツォレルン家とビスマルクのいずれが帝国を統治すべきか，それが問題だ。（ハムレット風）

2 帝国主義時代のドイツ・オーストリア

ドイツ帝国	オーストリア＝ハンガリー帝国
1866　プロイセン＝オーストリア戦争	
1871　**プロイセン＝フランス戦争**（70〜71），**ドイツ帝国成立 文化闘争**	1867　**オーストリア＝ハンガリー帝国**成立
1873　三帝同盟成立（独・墺・露）	
1875　ドイツ社会主義労働者党成立	
1878　ベルリン会議	
・社会主義者鎮圧法制定	・オスマン帝国から**ボスニア・ヘルツェゴヴィナの行政権**獲得
1882　三国同盟成立（独・墺・伊）	
1884　ベルリン会議	
1887　**独露再保障条約**（90　破棄）	
1888　**ヴィルヘルム2世**即位	
1890　宰相ビスマルク辞任　ヴィルヘルム2世「**新航路政策**」宣言　社会主義者鎮圧法廃止	
1897　イギリスとの建艦競争へ	1898　ハンガリーを愛した**エリザベート妃**スイスで暗殺→伝説のヒロイン化
1898　清朝から膠州湾を租借	
1899　バグダード鉄道の敷設権をオスマン帝国から獲得（**3B政策**）	1908　青年トルコ革命→**ボスニア・ヘルツェゴヴィナを併合**
1905　**第1次モロッコ事件**	
1911　**第2次モロッコ事件**	1912　バルカン戦争（〜13）
1912　社会民主党が帝国議会第一党に躍進	1914　帝位継承者フェルディナントがサライエヴォで暗殺
1914　第一次世界大戦	

（左列区分）ヴィルヘルム1世／ヴィルヘルム2世
（右列）フランツ＝ヨーゼフ1世

←4 エリザベート妃

↑1 ヴィルヘルム2世とビスマルク

←2 **ヴィルヘルム2世**（位1888〜1918）　ドイツ帝国第3代皇帝。1890年老宰相ビスマルクを辞職させ親政を開始。それまで控えていた帝国主義的進出（**新航路政策，世界政策**）を行った。内政では社会主義者鎮圧法を廃止したが，これにより社会民主党が急速に勢力を伸ばした。

→3 **イギリスとの建艦競争**　ドイツ帝国はユンカーのために保護関税政策を取る代替として，ブルジョジーに軍需を発注して不満を抑えた。（1911〜14年頃，キール軍港のパレード）

3 帝国主義時代の国際対立

Ⓐ ビスマルク外交の時代（1870〜80年代）

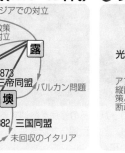

東方問題・イラン・東アジアでの対立
ロシアの南下政策による対立
光栄ある孤立
1887　独露再保障条約
1873　三帝同盟
アフリカ縦断政策と横断政策
歴史的対立
バルカン問題
1882　三国同盟
未回収のイタリア
チュニジア問題
英　露　独　墺　仏　伊

Ⓑ ヴィルヘルム2世親政時代（1890年代）

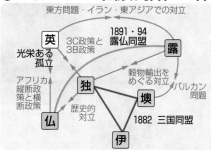

東方問題・イラン・東アジアでの対立
3C政策と3B政策
光栄ある孤立
1891・94　露仏同盟
アフリカ縦断政策と横断政策
穀物輸出をめぐる対立
歴史的対立
バルカン問題
1882　三国同盟
英　露　独　墺　仏　伊

Ⓒ 同盟と協商の対立時代（1900年代）

1907　英露協商
3C政策と3B政策
1891・94　露仏同盟
1904　英仏協商
モロッコ事件
バルカン問題
ファショダ事件
歴史的対立
1882　三国同盟
1904〜05　日露戦争
未回収のイタリア問題
1902　日英同盟
1905　桂・タフト協定
1907　日露協約
1907　日仏協約
英　露　独　墺　仏　伊　米　日

（右欄外）ヨーロッパ／アメリカ

1 帝国主義時代のイギリス・フランス

イギリス帝国主義(1870年代〜)	フランス帝国主義(1880年代〜)
・広大な植民地が背景	・第三共和政下の金融資本の成長
・アフリカ縦断政策	・アフリカ横断政策

	イギリス		フランス
ヴィクトリア女王	1873 **大不況**に突入(〜1890年代半ば)	第三共和政	1873 ティエール失脚,王党派のマクマオン,大統領就任
	第2次**ディズレーリ**保守党内閣(74〜80)		1875 **第三共和政憲法**制定
	1875 **スエズ運河会社株**を買収		
	1877 **インド帝国**成立(皇帝はヴィクトリア女王)		
	第2次**グラッドストン**自由党内閣(80〜85)		1883 **ユエ条約**でベトナムを保護国化
	1881 **アイルランド土地法**改定		1884 **清仏戦争**(〜85)
	1882 エジプトを単独占領		1887 **仏領インドシナ連邦**発足
	1884 **フェビアン協会**結成される		**ブーランジェ事件**(〜89)
	第3回選挙法改正		1889 パリ万国博覧会,エッフェル塔完成
	第3次**グラッドストン**自由党内閣(86)		パリで**第2インターナショナル**発足
	1886 アイルランド自治法案否決		1894 **露仏同盟**が批准されて成立
	第4次**グラッドストン**自由党内閣(92〜94)		**ドレフュス事件**(〜99)
	1893 アイルランド自治法案否決		1895 **フランス労働総同盟**結成
	1898 **ファショダ事件**で英仏関係が緊張,フランスの妥協で戦争回避		
エドワード7世 (1901)	1899 **南アフリカ[ブール]戦争**		1899 ドレフュス特赦
	1902 「**光栄ある孤立**」を放棄,**日英同盟**締結		清朝から**広州湾**を租借
	1904 **英仏協商**で英のエジプト支配,仏のモロッコ支配を保障しあう		
	1906 **イギリス労働党**発足		1905 **ジョレス**,社会党を統一
	1907 **英露協商**(**三国協商**成立)		**第1次モロッコ事件**〜アルヘシラス会議で**フランスのモロッコ支配**が確認される
ジョージ5世 (1910)	1914 **第一次世界大戦に参戦**		1914 ジョレス,国粋主義者により暗殺
	アイルランド自治法成立(実施は戦後)		**第一次世界大戦に参戦**

A イギリスの帝国主義

(絵は1870年に描かれたスエズ運河開通式の模様)

1 スエズ運河開通(1869年) フランス人レセップスによって完成したスエズ運河は,財政難に陥ったエジプトからイギリスが株を買収したことにより,イギリスのエジプト進出の手段となった。この株を買収した1875年がイギリス帝国主義の開始の年とされる。

2 植民相ジョゼフ゠チェンバレンの風刺画 南アフリカ[ブール]戦争を推進した帝国主義者の彼を,痛烈に風刺している。

3 ヴィクトリア女王とその一族(1894年,女王75歳のもの) 19世紀末になっても宮廷結婚は続いており,列強各国は君主が親戚同士だった。

B フランス第三共和政の動揺

4 ブーランジェ事件 国民に人気のブーランジェ将軍のクーデタ未遂事件。現体制に不満の国民の支持を得たが,将軍はクーデタに踏み切れず,のち愛人の墓前で1891年自殺した。

5 ドレフュス事件 ユダヤ人将校ドレフュスに対するスパイ冤罪事件。政情不安の中で,ユダヤ人差別により支持を拡大しようとした軍部の陰謀で,文学者ゾラなどがドレフュス擁護の運動を行った。

軍章をちぎり,サーベルを折りドレフュスの位階を剝奪するところ
ドレフュス

C 移民の国アメリカ

世界遺産

高さ93m

6 ヨーロッパからの移民を歓迎する自由の女神(ニューヨーク) 1876年アメリカ独立百周年を記念して,フランス政府が国民から募金を集め寄贈した。

② 帝国主義時代のロシア・アメリカ

アメリカ合衆国	ロシア帝国
1860年代以降　黒人の代わりの労働力として中国系移民が雇用	1881　アレクサンドル２世暗殺
	アレクサンドル３世(位1881〜94)
☆　ロシア・東欧から多数のユダヤ系移民が流入	☆　革命運動に対する弾圧が激化 ☆　ユダヤ人に対する**ポグロム**[迫害]が激化
1880年代　工業生産が世界１位に躍進	
1886　アメリカ労働総同盟[AFL]結成	1887　**独露再保障条約**(90　独が破棄)
1890　シャーマン反トラスト法制定 　　　フロンティア消滅を宣言	☆　ロシアの産業革命が本格化 1894　**露仏同盟**が正式に成立
マッキンリー共和党大統領(任1897〜1901)	**ニコライ２世**(位1894〜1917)
1898　**アメリカ＝スペイン戦争**が始まる 　　　**ハワイ併合**，パリ条約でアメリカ＝スペイン戦争の講和が成立，フィリピン・グアム島・プエルトリコを領有，キューバ独立を決定 　　　(しかし米の保護国化)	1895　日本に対する三国干渉 1898　ロシア社会民主労働党結成 　　　清朝より旅順・大連租借 1900　義和団事件に乗じて満州各地を占領 1901　**社会革命党結成** 1903　**社会民主労働党，ボリシェヴィキとメンシェヴィキに分裂** 1904　**日露戦争**(〜05)
1899　ジョン＝ヘイ国務長官の**門戸開放宣言**	
セオドア＝ローズヴェルト共和党大統領(任1901〜09)	**第１次ロシア革命**
☆　革新主義，トラスト規制 1903　**カリブ海政策**(棍棒外交)，パナマ運河地帯を永久租借 　　　フォード自動車会社設立 1905　日露戦争の講和を仲介，ポーツマス条約成立	1905　**血の日曜日事件**，第１次ロシア革命に展開 　　　ポーツマス条約で日露戦争講和 　　　十月勅令で国会の開設と立憲君主政採用を約束 　　　**ウィッテ**，首相に就任
1912　民主党ウィルソン，大統領に就任 1914　パナマ運河開通	1906　ストルイピン改革，革命派の弾圧，ミールを解体 1914　第一次世界大戦が始まる

うちのカミさんがね…

コロンボ警部
(ピーター＝フォーク)

↑7 ドラマ「刑事コロンボ」　19世紀末にはポグロムに苦しむロシアからのユダヤ人や，貧困に苦しむイタリア人移民などが増加した。彼らは「新移民」と呼ばれ，白人社会の下層に置かれた。コロンボは名前からイタリア系移民の子孫と思われる。風采も上がらぬ彼が，白人特権階級の完全犯罪を頭脳で暴いていくところに，このドラマの面白さがあるとも言える。

↑8 マッキンリー　アメリカ帝国主義を推進した第25代の大統領。1900年，二度目の当選を果たすも，翌年暗殺された。

↑9 セオドア＝ローズヴェルトの「棍棒外交」(カリブ海進出)の風刺画

③ ロシアの政党

党・党派		特　徴
立憲民主党[カデット]		1905年結成。立憲君主政主張。国会第一党としてロシア革命をむかえる。
社会革命党[エスエル]		1901年結成。ナロードニキの流れを汲む。
ロシア社会民主労働党 1903年分裂 (マルクス主義政党)	**ボリシェヴィキ**	多数派という意味。レーニンらの指導下，少人数精鋭による革命をめざす。
	メンシェヴィキ	少数派という意味。プレハーノフらの指導。大衆に基盤，議会による改革。

Ⓐ 名前の帝国主義的進出(？？？)

←10 マッキンリー山　現地名はデナリ。北米最高峰。1897年，大統領にちなみ命名された。

アラスカ州，6,194m

←11 テディ＝ベア　セオドア＝ローズヴェルトが獲物の老いた熊を逃がしてやったことから名付けられた。テディはセオドアの愛称である。

Ⓐ ロシア資本主義の発達

↑12 1890年頃の中央部ロシアの製鉄所　農奴解放令によって生まれた労働力とフランス資本の導入により，1890年代にはロシアの産業革命は本格化した。

(映画「１月９日」の一場面)

↑13 血の日曜日事件(1905年１月22日)　日露戦争中，生活苦にあえぐ民衆が僧ガポンに率いられペテルブルクの冬宮まで請願に行った。軍隊が発砲し第１次ロシア革命が始まった。

ラスプーチン

↑14 貴婦人に囲まれる怪僧ラスプーチン　皇太子の血友病を治療する奇跡(？)を行い，宮廷で権力を握った。風紀を乱したが，対外的には平和主義であった。第一次世界大戦中に暗殺された。

ヨーロッパ

アメリカ

作業 学習する「時代」(□)を着色しよう。

世紀	29	28	27	26	25	24	23	22	21	20	19	18	17	16	15	14	13	12	11	10	9	8	7	6	5	4	3	2	1	1	2	3	4	5	6	7	8	9	10	11	12	13	14	15	16	17	18	19	20	21
日本						縄文																		弥生			古墳		奈良	平安					鎌倉	室町		安土桃山	江戸					明治	大正	昭和	平成	令和

←B.C. A.D.→

1 列強の中国進出

作業 ①日本の勢力範囲(□)を着色しよう。

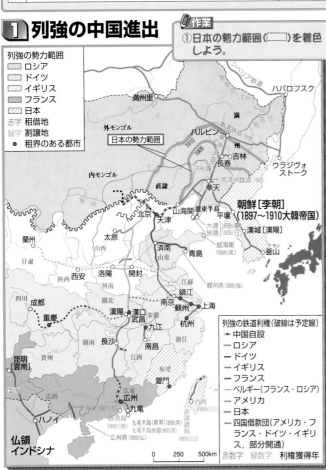

列強の勢力範囲
- □ ロシア
- □ ドイツ
- □ イギリス
- □ フランス
- □ 日本
- 赤字 租借地
- 緑字 割譲地
- ● 租界のある都市

列強の鉄道利権(破線は予定線)
- ‐‐ 中国自設
- ― ロシア
- ― ドイツ
- ― イギリス
- ― フランス
- ― ベルギー(フランス・ロシア)
- ― アメリカ
- ― 日本
- ― 四国借款団(アメリカ・フランス・ドイツ・イギリス, 部分開通)
- 赤数字 緑数字 利権獲得年

2 変法運動の関係者たち

↑1 康有為 清朝の構造改革により立憲君主制をめざしたが, 西太后派のクーデタ(戊戌の政変)で失脚し, 日本へ亡命した。

↑2 光緒帝 康有為を重用し, 変法運動を推進させたが, 戊戌の政変で幽閉された。10年後, 西太后死去の前日に急死している。

↑3 西太后 改革を嫌い戊戌の政変で変法運動を潰した。義和団事件に乗じ列強に宣戦布告したが大敗し, 中国をさらに混乱させた。

3 義和団事件

↓義和団は, 列強侵略への反感をもつ民衆層を吸収し, 「扶清滅洋」を唱えて挙兵した。西太后政権がそれに乗じて諸国に宣戦布告すると列強8カ国が共同出兵し, 北京を制圧した。

↑4 8カ国連合軍 英は南ア戦争中, 米はフィリピン反乱鎮圧中で, 連合軍の大半は日本軍・ロシア軍が占めた。

←5 義和団員 敗れた彼らは清の官憲の手で処刑された。その順番を待っているとされる写真。笑みを浮かべているのは不死身の確信のため。

4 日露戦争

清 / ロシア
長春へ
1904.10 沙河会戦
1905.3 奉天会戦
奉天
会寧
1904.8〜.9 遼陽会戦
遼陽
旅順 大連
1905.1 旅順陥落
遼東半島
平壌 元山
仁川 漢城
正式呼称 韓国(大韓)
バルチック艦隊
釜山
1905.5 日本海海戦
日本 / 日本艦隊
済州島
下関
福岡

↓6 旅順攻防戦 旅順要塞の攻略に日本は6万人の死傷者を出した。

28cm榴弾砲 (▶P.177)

↓7 戦艦「三笠」 バルト海からやってきたロシア艦隊を日本は対馬沖で全滅させた(日本海海戦)。この時の戦艦「三笠」が横須賀に保存されている。

Ⓐ 日露戦争をめぐる国際関係

仏
露仏同盟(1891)
露
ロシアの極東進出を危険視
米
日露戦争
独 ドイツは, バルカンに対するロシアの関心をそらしたいと考える
日
日英同盟(1902)
英
ロシアの極東進出を危険視

↑日露戦争によって中国方面への進出を阻止されたロシアは, その矛先を再びバルカン方面に向け, ドイツとの関係が悪化。これが第一次世界大戦の遠因の一つとなった。一方, 勝利した日本は朝鮮・中国への圧力を強め, これまで良好だった英・米との関係が悪化。これが, 第二次世界大戦の遠因の一つとなった。

Ⓑ 日露戦争が影響した民族運動

①インド国民会議の反英運動
②ベトナム維新会のドンズー運動
③青年トルコ革命
④イラン立憲革命
⑤孫文の革命運動

5 20世紀初頭の中国

```
列強の中国進出激化
      ↑
     反 発
```

義和団事件(1900～01)

1900	「扶清滅洋」を唱え、義和団❺挙兵 列強8カ国連合軍❹、北京制圧
1901	北京議定書締結➡清を圧迫

清朝の改革運動

1905	科挙の廃止
1908	憲法大綱公布、 国会開設公約

革命派の動き

1905	孫文❽ら中国同盟 会結成三民主義=「民 族・民権・民生」主張

辛亥革命(第一革命)⓫

1911.9	民営鉄道の国有化反対運動
.10.10	武昌で軍隊反乱(辛亥革命)
1912.1	南京で中華民国建国(孫文、臨時大総 統に就任) 実力者袁世凱❾、革命 側に寝返り、清朝消滅

袁世凱の反動化

1912	袁世凱、北京で 臨時大総統就任
1913	第二革命鎮圧 国民党を解散
1914	大総統独裁樹立
1915	日本の二十一カ 条の要求に屈服
1916	袁世凱、皇帝に 即位➡失敗 袁世凱急死

革命派の動き

1912	中国同盟会、 議会政党国民 党に再編成
1913	第二革命 失敗 孫文、日本へ亡命
1914	孫文、中華革命 党結成
1915	第三革命勃発(～1916)
1917	孫文、広州に革 命政府樹立

```
中国は統一を失い、軍閥割拠時代へ
```

7 韓国併合の歩み

1895	日清戦争終結、下関条約 (清は朝鮮宗主権を放棄) 反日派王妃の閔妃殺害
☆	反日義兵闘争(前期)
1904	日露戦争勃発 第1次日韓協約(日本人政治顧問強要)
1905	日露戦争終結 第2次日韓協約(韓国の外交権奪う)
1905	韓国統監府を設置(統監伊藤博文)
1907	第3次日韓協約(日本は韓国内政権掌握、 韓国軍を解散)
☆	反日義兵闘争(後期)
1909	安重根、伊藤博文暗殺
1910	日本、韓国併合 (朝鮮総督府を設置)

安重根

6 辛亥革命の関係者たち

↑❽ 孫文 革命運動の中心的指導者。三民主義実現のため、強権的な中央政府の樹立をめざしていたので、辛亥革命の結果には不満足だった。

↑❾ 袁世凱 清朝の実力者だったが、革命側に加担して実権を握った。反動政治家とされるが、強力な中央政府の樹立をめざす点で、孫文と同じだった。

父:光緒帝の実弟醇親王
弟:溥傑
本人:溥儀

↑❿ 溥儀(▶P.189)と父・弟 宣統帝溥儀は、3歳で即位し、辛亥革命によって7歳で退位した。その後、溥儀は、紫禁城内だけの皇帝位と年金を保証された。(参考:ジョンストン『紫禁城の黄昏』)

↑⓫ 辛亥革命 武昌で辛亥革命が始まった時、孫文は資金集めのためアメリカにいた。革命は、孫文とは別系統の革命組織によって予想外に始まり、孫文の構想とは違った形(州の緩やかな連合国家の成立)で進んでいった。上の写真は、武昌に成立した革命政府で、現在は、辛亥革命記念館(写真右)となっている。写真の革命旗については、右記参照。

ニューアングル 中華民国国旗論争

中華民国が成立した時、国旗をどうするかという問題がおこった。候補は三つ、孫文が強く主張した「青天白日旗」、武昌の革命で使われた「十八星旗」、上海の革命で使われた「五色旗」。結局、五族協和の意味をもつ「五色旗」が国旗に採用され、孫文の思いは実現しなかった。孫文が就任した臨時大総統も単なる名誉職で、彼がめざした強力な中央政府は成立しなかった。のちの国民革命は、強力な政府を樹立するための変革でもあり、北京政府の「五色旗」と国民革命軍の「青天白日旗」が対決することになる。

(参考:小野寺史郎「清末民初の国旗をめぐる構想と抗争」『歴史学研究803』)

↑⓬ 青天白日旗

↑⓭ 十八星旗

↑⓮ 五色旗

韓国併合前 韓国併合後 現在
朝鮮総督府
王宮正面の光化門

↑⓰ 景福宮と朝鮮総督府 韓国併合後、朝鮮総督府がソウルの王宮(景福宮)の正面を塞ぐように建設された。韓国独立後、朝鮮総督府の建物は、博物館などに利用されたりしたが、1995年、議論の末に取り壊され、植民地時代の威圧の象徴はついに姿を消した。

東アジア

1 アフリカ分割

1905・1911 モロッコ事件

1881～82 ウラービー運動

1899 ドイツ，鉄道敷設権を獲得

アルヘシラス　ジブラルタル(英)　チュニス
タンジール　アルジェ　チュニジア(1881,保護国)　キプロス(英)
フェズ　アルジェリア(1830)　カージャール朝
アガディール　モロッコ(1912,保護)　ダマスカス　バグダード
リオデオロ(1884)　サハラ砂漠　スエズ運河(1875,株買収)　クウェート
モーリタニア　トリポリ　キレナイカ　カイロ　スエズ
ダカール　トリポリタニア　エジプト(1882,占領)(1914,保護国)　メディナ
セネガル　仏領西アフリカ(1895)　メッカ
ガンビア　アフリカ横断政策(仏)
ポルトガル領ギニア　ナイジェリア(1914)　1896 アドワの戦い
シエラレオネ(1787)　アフリカ縦断政策(英)　ハルツーム　エリトリア(1885,伊)
モンロヴィア　1881～98 マフディー派の抵抗　スーダン(1899)　アデン
リベリア　トーゴ　アディスアベバ　ジブチ(1888,仏)　英領ソマリランド(1884)
アシャンティ　カメルーン(1884)　エチオピア
ファショダ　1898 ファショダ事件
ウガンダ(1890)　伊領ソマリランド
ボマ　ベルギー領コンゴ(1908)[コンゴ自由国](1885)　英領東アフリカ[ケニア](1885)
ルアンダ　独領東アフリカ[タンザニア](1885)　ザンジバル(1890,英)
アンゴラ(1888)　北ローデシア　ニヤサランド
南ローデシア　モザンビーク
独領南西アフリカ(1884)　モザンビーク(1894)　マダガスカル(1896)
ベチュアナランド
トランスヴァール共和国　1899～1902 南アフリカ戦争
オレンジ自由国
ケープ植民地(1814)　ケープタウン

作業
①イギリス領（ ）を着色しよう。

- □ イギリス領
- ■ フランス領
- ■ イタリア領
- ■ ベルギー領
- ■ ポルトガル領
- ■ スペイン領
- □ ドイツ領
- ← リヴィングストンの探検行路
- ← スタンリーの探検行路
- ← イギリスの進出方向
- ← フランスの進出方向
- ← ドイツの進出方向
- ○ おもな抵抗運動の地域

0　500　1000km

←1 セシル=ローズ 「地球の表面を1インチといえども取らなければならない」，「地球を分割しつくしたら遊星(惑星)を」という典型的な帝国主義者であった。(絵は『パンチ誌』の風刺画)

スタンリー　リヴィングストン

←2 リヴィングストン(英)を発見したスタンリー(米) (1871年) 19世紀半ばから，宣教師や探検家の活動でアフリカ内陸部の事情が判明した。

A アフリカ分割の進行

イギリス		フランス	
1814	ケープ植民地獲得	1830	アルジェリア占領
1875	スエズ運河株買収	1881	チュニジア保護国化
1882	エジプト軍事占領	1888	ジブチ建設
☆	アフリカ縦断政策		
1884～85	ベルリン会議　ビスマルク提唱		
	先占権の確認　ベルギー国王のコンゴ私有化		
1890	セシル=ローズ	1895	仏領西アフリカ形成
	ケープ植民地首相に	☆	アフリカ横断政策
1898	ファショダ事件		
	英仏のアフリカ政策衝突→妥協(1904 英仏協商)		
1899～1902	南アフリカ戦争		

2 南アフリカの歴史

- 1652 オランダ，**ケープ植民地**建設　オランダ系**ブール人**
- 1814 英，ケープ植民地成立(◀P.150)
- ☆ 英に抵抗するブール人の大移動
  →**オレンジ自由国，トランスヴァール共和国**の建設
- ☆ ブール人の共和国で金鉱・ダイヤモンド発見
- 1899 英がブール人を侵略する**南アフリカ戦争**開始
- 1910 南アフリカ連邦(自治植民地)成立
- ☆ 人種隔離政策[アパルトヘイト]の推進

A ハワイの歩み

- 1795 カメハメハ1世，ハワイ諸島をほぼ統一
- 1860年代 サトウキビ栽培拡大　以降，先住民の人口激減→中国系・日系移民の流入
- 1893 親米派がハワイ共和国樹立(前年，リリウオカラニ女王廃位)
- 1898 アメリカがハワイを併合

↑3 リリウオカラニ

3 太平洋地域の分割

満州　樺太(1905,日)　アリューシャン列島(1867,米)　1867 米がアラスカ買収　カナダ連邦
ウラジヴォストーク　千島(1875,日)　ポーツマス　ニューヨーク
北京　朝鮮(1910,日)　東京　1899 米が門戸開放宣言　アメリカ合衆国　ワシントン
上海　日本　サンフランシスコ
マカオ　小笠原諸島(1875,日)　ロサンゼルス　メキシコ湾　キューバ(1898独立)
台湾(日)　ハワイ諸島(1898,米)　1901 米がキューバ保護国化　ハイチ
香港(英)　フィリピン(1898,米)　マリアナ諸島(1899,独)　1898 米がハワイ併合　プエルトリコ(1898,米)　ドミニカ
グアム島(1898,米)　ミクロネシア　マーシャル諸島(1886,独)　ベネズエラ
1903 米が運河地帯租借　1914 パナマ運河開通
ボルネオ　ニューギニア　ビスマルク諸島(1884,独)　ポリネシア　コロンビア　エクアドル
オランダ領東インド　ソロモン諸島(1893,英)　メラネシア　パナマ
東ティモール(1769,ポ)　パプア　サモア諸島1899(独)
フィジー諸島(1874,英)　タヒチ島(1880,仏)
トンガ諸島1899(英)
オーストラリア連邦(1901自治領)　ニューカレドニア(仏)
シドニー　キャンベラ　メルボルン　ニュージーランド(1907自治領)
タスマニア

- □ イギリス領
- ■ アメリカ領
- ■ ドイツ領
- ■ フランス領
- □ オランダ領

地名 アメリカ=スペイン戦争後のパリ条約におけるアメリカの獲得地

↑4 パナマ運河

1 第一次世界大戦以前

18世紀半ばに銃身内部に浅い溝（ライフル）を施し，弾丸に回転を与えることによって命中率が格段に向上した**ライフル銃**が発明され，アメリカ独立戦争で使用された。19世紀後半には6本の銃身を束ねたガトリング砲が発明されたが，これが実用化された最初の**機関銃**である。また20世紀になると戦争の規模が拡大し，大砲も巨大な口径のものが出現した。

↑1 ライフル銃
（ドイツ「モーゼル銃」，1898年）

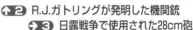

→2 R.J.ガトリングが発明した機関銃

→3 日露戦争で使用された28cm砲

2 第一次世界大戦

第一次世界大戦では**戦車・航空機・潜水艦**などの新兵器が使用された。また大量の機関銃が使用されたが，戦闘はそれまでと同じく歩兵の突撃が繰り返し行われた。そのため被害は甚大で，兵士の死者は900万人に達した。

↓4 マークIV型戦車（連合軍）

←5 ニューポール28戦闘機（フランス）

↓6 U4潜水艦（Uボート）（ドイツ）

←7 **防毒マスクをつけて機関銃を構える英軍兵士** 第一次世界大戦では呼吸障害性・催涙性・糜爛性（皮膚に炎症をおこす）・致死性などさまざまな**毒ガス**が使用された。被害を避けるため兵士は防毒マスクを装備することが多かった。

3 第二次世界大戦

↓8 B29爆撃機（アメリカ）

第二次世界大戦では，空を制することが勝敗を決する大きな要素となり，航空機が戦闘の主役となった。都市に対する戦略爆撃が連合国・枢軸国両陣営で実施され，東京，ドレスデン（ドイツ），重慶（中国）などで多くの市民がその犠牲となった。また，ドイツはロケット兵器V2号をロンドンへの空襲に使用し，アメリカは**原子爆弾**を**広島，長崎**に投下するなど，新時代の兵器も出現した。

→9 プルトニウム型原爆（ファットマン）（アメリカ）

4 第二次世界大戦後

第二次世界大戦後に始まった米ソ冷戦では，お互いに**大陸間弾道弾[ICBM]**を数万発保有してにらみ合う状況が続いた。またレーダーに探知されにくい，ステルス爆撃機が開発されるなど，科学技術の進歩は戦争をより精密・高度なものに変化させた。

↑10 B−2Aステルス爆撃機（アメリカ）

←11 タイタン級大陸間弾道弾（アメリカ）

↑12 **対人地雷の恐怖** 現在世界各地に敷設されている対人地雷は1億1,000万発といわれ，毎年約2万人が犠牲になっている。中にはお菓子の形をして子供をねらうものまである。1997年に「対人地雷全面禁止条約」が，日本を含む123か国によって締結されたが，アメリカ・ロシア・中国などが参加しておらず，全面解決の道はいまだ厳しい。

1 帝国主義時代の国際対立

Ⓐ ビスマルク外交

Ⓑ 露仏同盟の成立 1891

こうしてはいられないぞ
1902 日英同盟

Ⓒ 三国同盟 VS 三国協商 1907〜

Ⓓ 第一次世界大戦 1914〜

（『Man's Great Adventure』による）

2 第一次世界大戦の展開

第一次世界大戦初期（ドイツの攻勢）

1914 .6 **サライェヴォ事件**
.7 墺がセルビアに宣戦。第一次世界大戦勃発
.8 独の中立国ベルギー侵犯を理由に**英が独に宣戦**
.8 日英同盟を理由に**日本が独に宣戦**
.8 タンネンベルクの戦いで独が露に勝利

逮捕されたセルビア人青年

🔺1 サライェヴォ事件 1914年6月28日，**サライェヴォ**を訪問したオーストリア帝位継承者夫妻が，セルビア人青年に暗殺された。これをきっかけに全ヨーロッパを巻き込む大戦争が始まった。

第一次世界大戦中期（戦線の膠着と長期化）

.9 **マルヌの戦い**で独の進撃を阻止
1915 .1 日本，袁世凱政府に**二十一カ条の要求**
.5 伊が連合国側に立って参戦
1916 .2〜.12 ヴェルダン要塞の攻防戦
.6〜.11 ソンムの戦い
1917 .2 独が**無制限潜水艦作戦**を宣言

第一次世界大戦末期（米の参戦と革命の勃発）

.3 **ロシア三月革命**
.4 米が連合国側に立って参戦
.11 **ロシア十一月革命**
1918 .1 米大統領**ウィルソン**が「**十四カ条**」を発表
.3 **ブレスト＝リトフスク条約**
.9〜.11 ブルガリア，オスマン帝国・オーストリアが降伏
.11 **キール軍港**で水兵が反乱。**ドイツ革命**。ドイツ，連合国に降伏

1919 .1〜.6 パリ講和会議

3 バルカン問題

Ⓐ 第一次世界大戦直前のバルカン半島

1912年（第1次バルカン戦争）以前のオスマン帝国領

📝作業

①1912年以前のオスマン帝国領の線（……）を着色しよう。

🔺2 「バルカン問題」にふたをしようとする列強 バルカン半島は，ロシアの**パン＝スラヴ主義**とドイツの**パン＝ゲルマン主義**というヨーロッパ列強の利害が交錯し，かつてない緊張が高まっていた。

Ⓑ バルカン戦争の展開

①ボスニア・ヘルツェゴヴィナをめぐる民族対立

| ドイツ・オーストリア〜パン＝ゲルマン主義 | VS | ロシア・セルビア〜パン＝スラヴ主義 |

結果 1908 オスマン帝国からブルガリアが独立
墺が**ボスニア・ヘルツェゴヴィナ**を併合
（**青年トルコ革命**に乗じて）
1912 **バルカン同盟**成立

②第1次バルカン戦争（1912〜13）

| オスマン帝国（青年トルコ政権）〜親ドイツ | VS | バルカン同盟（セルビア・ブルガリア・モンテネグロ・ギリシア）〜パン＝スラヴ主義 |

結果 オスマン帝国の領土喪失と，その配分をめぐるバルカン同盟内の対立

③第2次バルカン戦争（1913）

| ブルガリア | VS | 他のバルカン同盟諸国 |

結果 ブルガリアの敗北と，ブルガリアのドイツへの接近

🔵 ニューアングル **クリスマスまでには…**

🔻3 出征するドイツ軍兵士

当初，第一次世界大戦は短期間で決着がつくと考えられていた。各国政府は「枯葉が散る頃」，「クリスマスまで」には帰還できるといって，兵士たちを戦場に送り出した。しかし，戦争は長期化し，戦死者の数も増大した。

ミュンヘンから メッツ経由で パリへ

④ 第一次世界大戦中のヨーロッパ

作業
①同盟国側諸国（▨▨）を着色しよう。

その他のおもな連合国
アメリカ合衆国，日本，中華民国，インド帝国，タイ，ブラジル，リベリア，カナダ，オーストラリア，ニュージーランド，南アフリカ連邦　など

国名　三国協商
国名　三国同盟

▨▨ 連合国側諸国
▨▨ 同盟国側諸国
▨▨ 中立国
☒ 大戦中のおもな戦場（付記した数字は戦闘年月）
1917年2月より11月に至るまでのドイツ軍の海上封鎖地域

1917 三月革命・十一月革命
1918 ドイツ革命
1918 ブレスト＝リトフスク条約
1914.6 サライェヴォ事件

大ブリテン＝アイルランド連合王国
ノルウェー王国
スウェーデン王国
フィンランド
ロシア帝国
ドイツ帝国
フランス共和国
オーストリア＝ハンガリー帝国
イタリア王国
ブルガリア王国
ギリシア王国
オスマン帝国
ペルシア王国（カージャール朝）

ニューアングル「西部戦線異状なし」
ヨーロッパ

自らも第一次世界大戦に従軍したドイツの作家レマルクによる小説が原作である。映画史上初の本格的な反戦映画となった作品でもある。ラストシーンでは，主人公の青年が蝶に触れようとして塹壕から身を乗り出した瞬間射殺されるが，その日の前線から本営への報告は「西部戦線異状なし」であった。レマルクはナチスが政権をとるとスイスに亡命した。

（1930年，アメリカ作品）

Ⓐ 西部戦線

□ 大戦前のドイツ帝国
□ 連合国側諸国
□ 中立国

オランダ
ベルギー王国
ドイツ帝国
フランス共和国

← 1914年ドイツ軍の侵攻
― 1914年ドイツ軍の前進
← 1918年連合軍全面反攻
― 1918年11月11日の休戦協定時の前線

↑4 西部戦線の塹壕　最前線には塹壕が建設され，兵士はここで何か月，何年も生死の境に身をおいた。帰還した兵士の中には精神疾患を患う者も多かった。写真はフランドルの戦線で，英軍が塹壕から出て敵陣に進撃しようとする緊迫した場面。

↑5 ヴェルダンの戦没者の墓標　西部戦線の最大の激戦の一つであったヴェルダン要塞攻防戦では，10か月間でフランス・ドイツ双方合わせて，約70万人にもおよぶ死傷者を出した。

⑤ 総力戦

↑6 軍需工場で働く女性（フランス）　第一次世界大戦では，女性も戦争に協力した。労働力不足となった軍需工場で働き，バスの運転手なども務めた。このような貢献が戦後の女性参政権の獲得や社会進出につながっていくことになった。

↑7 自治領と植民地から動員された兵士たち　戦争が長期化し，兵力が不足すると，イギリスはインドなどの植民地から人々を兵士として動員した。その折に戦後の自治などが約束されたが，守られることはなかった。

Ⓐ 第一次世界大戦の死者

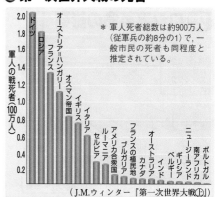

＊軍人死者総数は約900万人（従軍兵の約8分の1）で，一般市民の死者も同程度と推定されている。

（J.M.ウィンター『第一次世界大戦①』）

↑第一次世界大戦は，さまざまな新兵器が登場し，戦争の悲惨さを深刻化させた。発達した人間の産業技術が戦争に応用され，兵士のみならず民間人も戦争に巻き込まれた。

ロシア革命

1 ロシア革命の流れ

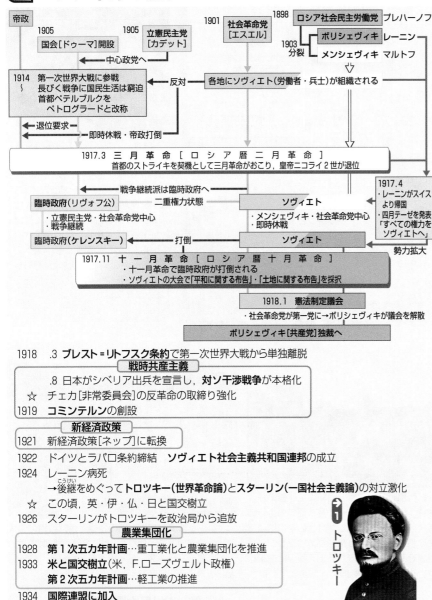

帝政

1905 国会[ドゥーマ]開設　1905 立憲民主党[カデット]

1901 社会革命党[エスエル]

1898 ロシア社会民主労働党　プレハーノフ
1903 ボリシェヴィキ　レーニン
分裂　メンシェヴィキ　マルトフ

中心政党へ

1914～ 第一次世界大戦に参戦
長びく戦争に国民生活は窮迫
首都ペテルブルクを
ペトログラードと改称

各地にソヴィエト(労働者・兵士)が組織される ← 反対

退位要求 ←
即時休戦・帝政打倒 ←

1917.3 三月革命 [ロシア暦 二月革命]
首都のストライキを契機として三月革命がおこり、皇帝ニコライ2世が退位

戦争継続派は臨時政府へ →

1917.4
・レーニンがスイスより帰国
・四月テーゼを発表
「すべての権力をソヴィエトへ」

臨時政府(リヴォフ公)　二重権力状態　ソヴィエト
・立憲民主党・社会革命党中心　・メンシェヴィキ・社会革命党中心
・戦争継続　・即時休戦

臨時政府(ケレンスキー) ← 打倒 ← ソヴィエト
勢力拡大

1917.11 十一月革命 [ロシア暦 十月革命]
・十一月革命で臨時政府が打倒される
・ソヴィエトの大会で「平和に関する布告」「土地に関する布告」を採択

1918.1 憲法制定議会
・社会革命党が第一党に→ボリシェヴィキが議会を解散

ボリシェヴィキ[共産党]独裁へ

1918 .3 ブレスト゠リトフスク条約で第一次世界大戦から単独離脱

戦時共産主義
.8 日本がシベリア出兵を宣言し、対ソ干渉戦争が本格化
☆ チェカ[非常委員会]の反革命の取締り強化
1919 コミンテルンの創設

新経済政策
1921 新経済政策[ネップ]に転換
1922 ドイツとラパロ条約締結　ソヴィエト社会主義共和国連邦の成立
1924 レーニン病死
→後継をめぐってトロツキー(世界革命論)とスターリン(一国社会主義論)の対立激化
☆ この頃、英・伊・仏・日と国交樹立
1926 スターリンがトロツキーを政治局から追放

農業集団化
1928 第1次五カ年計画…重工業化と農業集団化を推進
1933 米と国交樹立(米、F.ローズヴェルト政権)
第2次五カ年計画…軽工業の推進
1934 国際連盟に加入

↑1 トロツキー

2 ロシア革命の影響

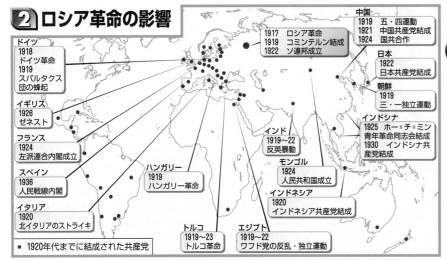

ドイツ
1918 ドイツ革命
1919 スパルタクス団の蜂起

イギリス
1926 ゼネスト

フランス
1924 左派連合内閣成立

スペイン
1936 人民戦線内閣

イタリア
1920 北イタリアのストライキ

ハンガリー
1919 ハンガリー革命

トルコ
1919～23 トルコ革命

エジプト
1919～22 ワフド党の反乱・独立運動

インド
1919～22 反英暴動

モンゴル
1924 人民共和国成立

インドネシア
1920 インドネシア共産党結成

ソ連
1917 ロシア革命
1919 コミンテルン結成
1922 ソ連邦成立

中国
1919 五・四運動
1921 中国共産党結成
1924 国共合作

日本
1922 日本共産党結成

朝鮮
1919 三・一独立運動

インドシナ
1925 ホー゠チ゠ミン青年革命同志会結成
1930 インドシナ共産党結成

● 1920年代までに結成された共産党

↑2 ニコライ2世とその家族　1917年の三月革命で退位したニコライ2世(ロマノフ朝最後の皇帝)とその家族は、翌18年7月にエカテリンブルクで銃殺された。91年に遺骨が発見され、98年に皇帝本人のものと確認された。

アレクサンドラ
ニコライ2世
アナスタシア
アレクセイ

↑3 ペトログラードの冬宮を砲撃した巡洋艦オーロラ号(1917年)　オーロラ号は十一月革命に大きな功績を残したとされ、現在記念艦となっている。

↑4 ブレスト゠リトフスク条約　ソヴィエト政権はこの条約で単独講和にふみきりウクライナなどから撤退した。

人物ファイル　レーニン(1870～1924)

ボリシェヴィキの指導者レーニンは、十一月革命後、人民委員会議議長として革命政府を動かした。しかし憲法制定議会選挙で社会革命党が第一党になると、彼は議会を解散しボリシェヴィキ(共産党と改称)のプロレタリア独裁を開始した。また内戦と対ソ干渉戦争の危機の中で戦時共産主義をしいて農民からの強制徴発などを強行した。

③ ロシア革命の展開

作業
①ソ連成立時の4共和国の線（　　　）を着色しよう。

凡例:
- ロシア帝国の国境線
- ソヴィエト社会主義共和国連邦（1922年12月結成）の領域
- 4共和国（ソ連成立時）
- 日本軍・反革命軍占領地
- ← 反革命軍の攻撃路
- ← 赤軍の反撃路
- ← 外国干渉軍の攻撃路

1920～21 ポーランド=ソヴィエト戦争

1918.3 ブレスト=リトフスク条約

1918.3 ペトログラードから首都移転

1918.7 ニコライ2世、家族とともに銃殺される

ソヴィエト社会主義共和国連邦（1922.12）

モンゴル人民共和国（1924）

列強のソ連承認
1922	ドイツ
1924	イギリス
	イタリア
	フランス
1925	日本
1933	アメリカ
1934	国連加盟

④ 社会主義の建設

Ⓐ 経済政策の移りかわり

戦時共産主義（1918～21）
反革命軍との内戦及び諸外国による干渉戦争を耐えぬくための非常体制
- 土地や工場の国有化
- 穀物の強制徴発と食料の配給制

↓

新経済政策[ネップ]（1921～28）
干渉戦争の終結にともなう戦時共産主義廃止後の修正路線
- 農民による収穫物の自由な販売
- 商工業発展のための外資導入

↓

五カ年計画（第1次1928～32、第2次1933～37）
農業国から工業国への転化、資本主義国からの経済的独立
- 農業の集団化
- 国家主導の工業化の推進

（1928年のコルホーズ創設のようす）

↑⑤ 農業集団化の風景　ソ連では1920年代末から集団農場であるコルホーズや、国営農場であるソフホーズが創設・増設された。コルホーズでは政策の失敗により30年代前半には大飢饉が発生し、600万人以上の餓死者が出た。

⑤ スターリンの独裁政治

人物ファイル　スターリン（1879～1953）

　グルジア（現ジョージア）出身のスターリンは**一国社会主義論**を主張し、レーニンの死後、**世界革命論**を説く**トロツキー**との後継者争いに勝利を収めた。その後、急速な工業化と農業集団化を推進し、ソ連の国力を増大させたが、その一方で反対派のみならず側近さえも処刑する**大粛清**を行った。38～39年には党中央委員の70%（約100名）を銃殺した。以後53年に没するまで、反対派を次々と強制収容所に送り込み、多くの人を死に追いやった。その犠牲者及び餓死者の総数は1,000万人を超えるとされる。

Ⓑ ソヴィエト経済の成長

（『近代国際経済要覧』）

戦時共産主義 / 新経済政策 / 第1次五カ年計画

工業総生産高
世界恐慌
生産国民所得
農業総生産高
1913年＝100

縦軸: 100, 200, 300, 400
横軸: 1913年　17　21　28 29　32　35

↑資本主義諸国とほとんど経済関係をもたなかった**ソ連邦**は、1929年以降続いた**世界恐慌**の影響をおよそ受けることなく、30年代前半には順調に工業生産が向上したが、その一方で農業集団化の失敗により、多数の犠牲を出し、社会・経済が停滞した一面もあった。

レーニン
トロツキー

→⑥ 消されたトロツキー
　スターリンは、トロツキーがレーニンの側近だった過去を隠すため、レーニンの演説（1920年）の写真を修整し、トロツキー（上写真）を消してしまった（下写真）。追放されたトロツキーは1940年にメキシコで暗殺された。

1 ヴェルサイユ・ワシントン体制と国際協調

赤字：国際協調・国際法に関する事項　　青字：ドイツ賠償問題に関する事項　　緑字：ファシズム勢力の台頭に関する事項

1918	.1	ウィルソンが「十四カ条」を発表
	.11	ドイツが連合国と休戦協定を締結
1919	.1	パリ講和会議（〜6月）
	.6	ヴェルサイユ条約調印
	.9	サン＝ジェルマン条約（対オーストリア）調印
	.11	ヌイイ条約（対ブルガリア）調印
1920	.1	国際連盟成立（本部：ジュネーヴ）
	.6	トリアノン条約（対ハンガリー）調印
	.8	セーヴル条約（対オスマン帝国）調印
1921	.4	ロンドン会議でドイツの賠償金額を1,320億金マルクに
	.11	ワシントン会議開催（〜22.2）

ワシントン会議

【提唱者】ハーディング（米大統領）

【参加国】米・英・日・仏・伊・蘭・ポルトガル・ベルギー・中国

四カ国条約（1921）／米・英・仏・日	・太平洋の現状維持 ・日英同盟は解消
ワシントン海軍軍縮条約（1922）／米・英・日・仏・伊	・主力艦保有トン(t)数比 米：英：日：仏：伊＝5：5：3：1.67：1.67
九カ国条約（1922）／参加9か国	・中国の領土保全・門戸開放・機会均等などを確認

1923	.1	フランス・ベルギーのルール占領（〜25.8）
1924	.8	ドーズ案が成立し、アメリカが支援
1925	.12	ロカルノ条約でドイツ・フランスの協調が成立

ロカルノ条約

【提唱者】シュトレーゼマン（独外相）、ブリアン（仏外相）、オースティン＝チェンバレン（英外相）

【調印国】英・仏・独・伊・ベルギー・ポーランド・チェコスロヴァキア

【内容】①ドイツの西部国境の維持②ラインラントの非武装化③集団安全保障の確認

| 1926 | .9 | ドイツが国際連盟に加盟 |
| 1928 | .8 | 不戦条約締結、「戦争の違法化」宣言 |

不戦条約（ブリアン・ケロッグ協定）

【提唱者】ケロッグ（米国務長官）、ブリアン（仏外相）

【参加国】米・英・仏など15か国（のち63か国）

【内容】戦争を違法と規定した初の国際法

1929	.6	ヤング案発表され、減額実現
	.10	アメリカのウォール街の株価大暴落、世界恐慌始まる
1930	.1	ロンドン軍縮会議が開かれ、海軍軍縮条約成立（4月）

ロンドン海軍軍縮条約

【提唱者】マクドナルド（英首相）

【参加国】英・米・日（仏は参加拒否、イタリアは途中で脱退）

【内容】補助艦の保有t数比を米：英：日＝10：10：7

1931	.6	フーヴァー＝モラトリアム
1932	.7	ローザンヌ会議で減額が決定
1933	.1	ドイツでヒトラーが首相に就任
	.3	日本が国際連盟を脱退
	.10	ドイツが国際連盟を脱退
1934	.12	日本がワシントン海軍軍縮条約廃棄を通告
1935	.3	ドイツが再軍備宣言をし、ヴェルサイユ条約破棄

2 ウィルソンと「十四カ条」

A 十四カ条

①秘密外交の廃止

②公海の自由

③平等な通商関係の確立

④軍備縮小

⑤植民地についての公平な調整（民族自決）

⑥アルザス・ロレーヌのフランスへの返還

⑦オーストリア＝ハンガリー国内の諸民族の国際的地位の保障

⑧国際連盟の設立　など

人物ファイル　ウィルソン（任1913〜21）

米大統領ウィルソンは、1918年に「十四カ条」を発表した。その中の国際連盟の設立という項目は、世界の平和維持を従来の勢力均衡論ではなく集団安全保障の理念で実現しようとする平和理念の大転換であった。戦争は当事者だけではなく、連盟全体の努力で解決すべきものであり、そのためには国際法に違反した国への制裁を連盟が行うというのが、集団安全保障の考え方である。

3 パリ講和会議

A ヴェルサイユ条約

(1) 国際連盟規約

(2) ドイツは全植民地と海外のすべての権利を放棄し、領土を割譲
　①アルザス・ロレーヌをフランスへ
　②ポーランド回廊をポーランドへ
　③オーストリアとの合併を禁止　など

(3) 軍備制限、徴兵制禁止、空軍・潜水艦保有禁止、ラインラント非武装化

(4) 賠償金支払い（額はロンドン会議で1,320億金マルクに）　など

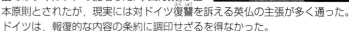

←1 ヴェルサイユ条約の調印　パリ講和会議ではウィルソンの提唱した「十四カ条」が基本原則とされたが、現実には対ドイツ復讐を訴える英仏の主張が多く通った。ドイツは、報復的な内容の条約に調印せざるを得なかった。

4 国際連盟

① 全会一致主義のため、意思決定困難

② 経済的制裁のみのため、制裁措置が不十分

③ 大国の不参加や脱退で実行力に限界

A 主要国の加盟状況

イギリス・フランス	1920 ●━━━━━━━━● 1946
イタリア	1920 ●━━━━━━● 37（脱退）
日　本	1920 ●━━━━━● 33（脱退）
ド　イ　ツ	1926 ●━━━● 33（脱退）
ソ　連	1935 ●━● 39（除名）
アメリカ	（上院で反対され、加盟せず）

5 ワシントン体制

↑2 戦艦陸奥のプラモデル（ケース）　ワシントン会議の最中、建造中であった戦艦陸奥は、海軍軍縮条約による英米の廃棄要求を拒否して、工事を急ぎ完成したいわくつきの軍艦である。ワシントン体制の背景には、日本の膨張を抑えようとする英米の思惑があった。

6 ヴェルサイユ体制下のヨーロッパ

A 第一次大戦後の主要条約締結地(パリ付近)

凡例:
- 敗戦国とロシアの大戦前の領域
- 軍備禁止地域
- 大戦以後の独立国
- 国際管理地域
- 主要条約締結地
- セーヴル条約(1920.8)によるトルコの東部国境(ローザンヌ条約(23.7)により改廃)
- セーヴル条約によるギリシア占領地(1920~22)
- 赤数字:東欧諸国の独立を宣言した年

作業
①大戦以後の独立国(□□)を着色しよう。

主な地名・国名:
ノルウェー王国 オスロ / スウェーデン王国 ストックホルム / フィンランド共和国 ヘルシンキ / レニングラード[ペテルブルク] / エストニア タリン / ラトヴィア リガ / リトアニア / ソヴィエト社会主義共和国連邦(1922) モスクワ / 大ブリテン=アイルランド連合王国 エディンバラ / アイルランド自由国(1922) ダブリン / デンマーク王国 コペンハーゲン / ハンブルク / ダンツィヒ / 東プロイセン / ミンスク / ロンドン / オランダ王国 ハーグ / ベルギー王国 ブリュッセル / ケルン / ベルリン / ドレスデン / ドイツ共和国 ヴァイマル / ワルシャワ / ブレスト-リトフスク / キエフ / ポーランド共和国 / ヴェルサイユ パリ / 1919 パリ講和会議 / ストラスブール / ミュンヘン / プラハ / フランス共和国 アルザス / 1920 国際連盟成立 / ジュネーヴ ローザンヌ スイス / チェコスロヴァキア共和国 / ウィーン / オーストリア共和国 / ブダペスト / ハンガリー共和国 / ルーマニア王国 / オデッサ / セヴァストーポリ / リヨン ボルドー / 1925 ロカルノ条約 / ストレーザ ミラノ ジェノヴァ / ラパロ / モナコ マルセイユ / 「未回収のイタリア」のイタリア併合 / セルブ=クロアート=スロヴェーン王国 / ベオグラード / ブカレスト / トリエステ フィウメ(1924伊) / アルバニア ティラナ / ブルガリア王国 ソフィア / イスタンブール / ボスフォラス海峡 / ブルサ アンカラ / トルコ(1922共和政) / スペイン(1931共和政) バルセロナ バレンシア / ローマ ナポリ / イタリア王国 / コルシカ島 / ギリシア王国 アテネ / イズミル / ペルシア王国(カージャール朝)(1925~パフレヴィー朝) / アルジェ / チュニス / サルデーニャ / シチリア / マルタ島(英) / クレタ / ロードス島(伊) / キプロス島(英) / シリア(1920仏委任統治) / ダマスクス / ベイルート / イラク王国(1920英委任統治) バグダード / メソポタミア / アルジェリア(仏) / チュニジア(仏) / トリポリ / トリポリタニア / キレナイカ / エジプト王国(1922独立) カイロ / イェルサレム(1920英委任統治) / アンマン / パレスチナ / トランスヨルダン(1920英委任統治) / ネジド王国(1926 ヒジャーズ=ネジド王国)(1932 サウジアラビア王国) / クウェート(英) / 中立地 / 地中海 / 黒海 / カスピ海

地図下:1923~25 ルール占領 / オランダ / ベルギー / ドイツ / ケルン / ラインラント / マインツ / ザール / フランス / ロレーヌ / ルクセンブルク / アルザス / スイス
- 大戦前のドイツの国境
- 大戦後のドイツの国境
- 連合軍占領地域
- 国際管理地域
- 軍備禁止区域

人物ファイル

ローザ=ルクセンブルク
(1871~1919)

ポーランドにユダヤ系商人の娘として生まれ、のち、ドイツに移り、**ドイツ社会民主党**で活躍した。**第一次世界大戦**がはじまると、反戦を訴え、**スパルタクス団**(のちのドイツ共産党)を組織した。1919年1月、スパルタクス団は社会主義革命をめざし蜂起したが失敗に終わり、ルクセンブルクは虐殺された。

7 1920年代のドイツ

←3 **ルールに向かうフランス軍** ドイツが賠償金支払いを履行できなくなったのを受けて、フランスはベルギーとともにドイツの工業地帯ルール地方を占領して賠償金の強制的な取立てを行った。

←4 **シュトレーゼマン** ヴァイマル共和国時代のドイツの政治家。**レンテンマルク**の発行によって、破滅的なインフレを終息させ、1925年には**ロカルノ条約**を結んでフランスなど周辺諸国との協調体制を築いた。1926年には**国際連盟加盟**を果たし、ノーベル平和賞を受賞した。

A ドイツ通貨のインフレーション

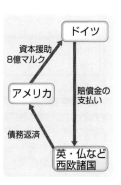

←5 **札束をおもちゃにして遊ぶ子供たち** ルール占領に対し、ドイツは徹底したサボタージュで対抗したが、経済は大混乱に陥り、破滅的なインフレを招いた。1919年7月には1ドルが14マルクだったのに、1923年1月には1ドルが4兆2千億マルクとなった。

↓インフレーションの悪化

年. 月	卸売物価指数
1913	1
1922. 1	37
1923. 1	2,785
4	5,212
7	74,787
10	7,094,800,000
11	725,700,000,000
12	1,261,600,000,000

(『西洋史料集成』)

→**ドーズ案** 1924年8月にアメリカのドーズを長とする委員会の賠償金支払い計画がロンドン会議で採択された。これにより**ドイツはアメリカの資本支援によって経済を再建し、賠償金支払いができることになった。**

図:
ドイツ → アメリカ:資本援助 8億マルク
ドイツ → 英・仏など西欧諸国:賠償金の支払い
英・仏など西欧諸国 → アメリカ:債務返済

サイドタブ:ヨーロッパ / 西アジア / 南・東南アジア / 東アジア / アメリカほか

1920年代のヨーロッパ

1 1920年代のヨーロッパの歩み

ドイツ		イギリス		フランス		イタリア	
1918	ドイツ革命	1916	アイルランドでイースター蜂起			1919	ヴェルサイユ条約で「未回収のイタリア」を獲得 フィウメ占領
1919	スパルタクス団の蜂起失敗 ドイツ共産党指導者ルクセンブルクら殺害 エーベルト(社会民主党)が大統領に就任 ヴェルサイユ条約に調印 ヴァイマル憲法が制定,ドイツ共和国(ヴァイマル共和国)が正式に成立	1918	第4回選挙法改正(女性参政権獲得)			1920	北イタリアで工場占拠が広まる
				1920	フランス共産党が成立	**ファシズムの台頭**	
						1921	ムッソリーニ,ファシスト党を結成
1920	国家社会主義ドイツ労働者党[ナチ党]結成					1922	ローマ進軍でムッソリーニが政権掌握
1921	ロンドン会議で賠償金1,320億金マルクが決定	1922	北部アルスター地方を除いてアイルランド自由国発足(37年にエールとして完全独立)				
1922	ラパロ条約(ソ連と国交樹立)			1923	ポワンカレ内閣,ベルギーとともにルール占領(~25)		
1923	フランス・ベルギー,ルール占領(~25) ヒトラーら,ミュンヘン一揆	1924	マクドナルド労働党内閣(第1次)成立 ソ連を承認	1924	左派連合内閣がソ連を承認	1924	フィウメを併合 議会法の結果,ファシスト党が第一党となる
相対的安定期の構築				**協調外交への転換**			
1923	シュトレーゼマン,レンテンマルクを発行	1926	イギリス帝国会議(本国と自治領を対等とする)	1925	ロカルノ条約で独仏の協調が成立	1927	アルバニアを保護国化
1924	ドーズ案が成立,米資本のもと賠償金支払いへ	1928	第5回選挙法改正(男女平等の普通選挙制の実現)	1928	外相ブリアンの提唱で不戦条約成立	1929	ローマ教皇とラテラノ(ラテラン)条約を締結(ヴァチカン市国創設)
1925	ロカルノ条約で独仏の協調が成立						
1926	国際連盟に加入						

1929　**世界恐慌**による経済的混乱が広まる

2 1920年代のイギリス

マクドナルド

←1 労働党内閣の成立　大戦中債務国に転落,輸出も生産も不振に陥り,アメリカに世界経済の覇権を奪われたイギリスは,常に100～200万人の失業者を抱えた。このような社会情勢の中,労働党が勢力を伸ばし,1924年には第1次マクドナルド労働党内閣が生まれた。

ニューアングル 新しい女性

←2 自らデザインした服を身にまとうココ=シャネル

↓3 ストッキングの広告

動きやすい短い丈のスカート

年	女性参政権の実現国
1893	ニュージーランド
1902	オーストラリア
1906	フィンランド
1913	ノルウェー
1918	イギリス
1919	ドイツ
1920	アメリカ・インド
1921	スウェーデン
1934	トルコ
1944	フランス
1945	日本・イタリア

　第一次世界大戦後の西欧では,戦争協力の成果として女性参政権が一気に実現したが,同時に1920年代は女性のファッションの変革期でもあった。女性も「働き遊ぶ自由」を求める時代である。ヨーロッパではパリのデザイナーであるシャネルが,ミニスカートや男性のようなファッションを発表。従来のタブーを破り,足を見せることを始めた女性たちは絹のストッキングを愛用するようになった。

3 1920年代のイタリア

ムッソリーニ

↑4 ローマ進軍(1922年)　第一次世界大戦後のイタリアは領土問題や戦後不況で混乱。ムッソリーニは「戦闘的ファッショ」を組織,社会主義の台頭を警戒する資本家などの保守層と結んだ。1922年混迷する政局の中で**ローマ進軍**を敢行,国王から組閣命令を受け政権を掌握した。

ローマ教皇　ムッソリーニ

↑5 ラテラノ(ラテラン)条約(1929年)　ムッソリーニはローマ教皇に対してヴァチカン市国の独立を認めるかわりに自らの政権を承認させる条約を締結し,人気を一層高めた。

1 1920年代のアメリカ

ウィルソン（民）	**ウィルソンの国際協調と議会の孤立主義の対立**	
	1917	第一次世界大戦に参戦
	1918	**ウィルソン**が「**十四カ条**」を発表
		米と日本が**シベリア出兵**でロシア革命に干渉
	1919	ウィルソンが**パリ講和会議**に出席
		禁酒法制定（～33廃止）**1**
		上院がヴェルサイユ条約批准を拒否し，国際連盟に加盟せず
	1920	サッコ＝ヴァンゼッティ事件
		女性参政権実現
		ラジオ放送開始
ハーディング（共）	**国際協調と国内の保守主義**	
	1921	**ワシントン会議**開催（～22），**海軍軍縮条約・四カ国条約・九カ国条約**成立
	1923	**クー＝クラックス＝クラン[KKK]**の活動が激化**2**
クーリッジ（共）	1924	**排日移民法**成立
		ドーズ案発表
	1927	リンドバーグ，大西洋無着陸横断飛行に成功（▶P.186）
	1928	初のテレビ放送開始
		不戦条約（ブリアン・ケロッグ条約）が成立
		ディズニー初のアニメ映画でミッキー＝マウスが登場（▶P.186）
	1929	**ヤング案**発表
フーヴァー（共）		「**暗黒の木曜日**」（10月24日），**ウォール街**の株価大暴落から**世界恐慌**へ

アメリカ

2 世界最大の債権国アメリカ

A 戦間期アメリカの国際経済

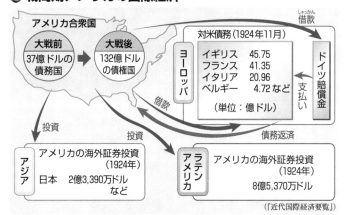

対米債務（1924年11月）	
イギリス	45.75
フランス	41.35
イタリア	20.96
ベルギー	4.72 など
（単位：億ドル）	

アメリカ合衆国
大戦前 37億ドルの債務国 → **大戦後** 132億ドルの債権国

ヨーロッパ
アジア — アメリカの海外証券投資（1924年） 日本 2億3,390万ドル など
ラテンアメリカ — アメリカの海外証券投資（1924年） 8億5,370万ドル

（『近代国際経済要覧』）

⬆️アメリカは**ドーズ案**によってドイツの賠償金を支援し，その賠償金は西欧諸国の対アメリカの債務返済にあてられた。**国際経済の資本はアメリカを中心に回っており，第一次世界大戦前に債務国であったアメリカは，世界の債権国として空前の経済的繁栄を実現した。**

3 社会の保守化

⬆️**1 禁酒法** 1920年1月に発効。飲酒を禁止するものではなく，製造・販売・輸送を禁止する不合理なものであった。このため，酒の密造・密輸はギャングの暗躍の温床となり，暗黒街は急成長，アル＝カポネなど都市の政治を牛耳る者まで現れた。写真は，摘発した密造酒を川に捨てる人々。

⬆️**2 クー＝クラックス＝クラン[KKK]** 南北戦争後に白人支配の復活を標榜して南部で結成された秘密結社。第一次世界大戦中に復活し，1920年代に急成長した。異様な服装で集会を行い，黒人・社会主義者・移民などに襲撃を加えた。

4 大量生産・大量消費社会の誕生 （1927年11月のニューヨーク）

⬅️**3 T型フォードの氾濫** 自動車の大量生産に成功した**フォード社のT型フォード**は，アメリカを世界一の自動車保有率を誇る社会に押し上げた。自動車をはじめとする大量生産の商品は，広告によって人々の購買欲を刺激した。こうして大量消費社会が世界に先駆けてアメリカで出現した。

（©日本コカ・コーラ社史「愛されて30年」）

⬅️**4 コカ＝コーラのウインドー＝ディスプレイ** コーラの出現は，工場でつくられた同じ味の同じ飲みものを，同じ宣伝につられた同じ国民がたしなむという大衆文化の到来を意味した。

ニューアングル グレート・ギャツビー

アメリカの「黄金の20年代」を象徴する文学作品がスコット＝フィッツジェラルドの『グレート・ギャツビー』である。第一次世界大戦後のニューヨーク近郊を舞台に，謎の大富豪ギャツビーがかつての失った恋を取り戻そうと，悲しいまでにひたむきな情熱を注いでいく。この小説は，1920年代のアメリカの若者から圧倒的な支持を受けた。

➡️**5** 同小説の映画「華麗なるギャツビー」 （2013年，アメリカ作品）

レオナルド＝ディカプリオ

Bazmark Films / The Kobal Collection

↑2 **現在の摩天楼(まてんろう)の夜景** 1920年代のニューヨークは，スポーツのように高さを競うビル建設のラッシュとなった。スカイスクレーパー(摩天楼)と呼ばれる高層建築が林立し，昼間でも薄暗い街が出現した。1931年には高さ102階・381メートルを誇る**エンパイア＝ステート＝ビル**が完成した。

↑1 空から眺めたニューヨークのマンハッタン島(現在)

（地図中のラベル）
- セントラル＝パーク
- ハーレム
- ロックフェラー＝センター
- 国連本部
- リンカン＝センター
- エンパイア＝ステート＝ビル
- イースト川
- ニューヨーク　アメリカ合衆国
- 五番街
- ハドソン川
- 世界貿易センタービル(2001.9にテロにより倒壊)
- ブルックリン橋
- ウォール街(世界経済の中心)

1 大衆娯楽

↑3 **ルイ＝アームストロングのジャズ** 黒人音楽から発展して，即興演奏を大胆に取り入れた**ジャズ**が，1920年代のアメリカで急速に流行した。黄金の20年代を「ジャズ・エイジ」とも呼ぶ。

（画像内）ジャズ界のスーパースター ルイ＝アームストロング

↑4 **映画の撮影風景** 1920年代の人々は，当時導入されたトーキー映画を楽しんだ。写真はMGM社のトレードマークとなった映画冒頭のライオンの咆哮(ほうこう)を撮影・録音している場面。

↑5 **ミッキーマウスとディズニー**(1901〜66) ディズニーの制作したアニメ映画「蒸気船ウィリー号」(1928年)でミッキーマウスが誕生した。ミッキーはその陽気で楽観的なキャラクターが大人気となった。

2 国民的ヒーローの登場

←6 **ベーブ＝ルース**(1895〜1948) 1920年代のアメリカン・ヒーローの代表格がニューヨーク＝ヤンキースのホームラン王，**ベーブ＝ルース**であった。彼のホームランを見るために観客が球場につめかけて，プロ野球は娯楽のナンバーワンの座を占めるようになった。

←7 **リンドバーグ**(1902〜74) 1903年，ライト兄弟が人類初の動力飛行に成功した。1927年にはリンドバーグによってニューヨーク〜パリ間の無着陸飛行が達成された。これらのできごとにより，人類の長年の夢であった空を飛ぶことが実現した。しかし，空を飛ぶ技術はやがて第二次世界大戦やベトナム戦争における空爆(くうばく)となって人類に恐怖を降らせていくことになる。

1 イギリスの多重外交

フセイン・マクマホン協定 (1915) 対アラブ人		バルフォア宣言 (1917) 対ユダヤ人
対オスマン帝国反乱を条件に、アラブ人独立国家支持を約束。	矛盾	第一次世界大戦の財政援助を条件に、ユダヤ人のパレスチナでの国家の建設を支持。

英

矛盾　サイクス・ピコ協定 (1916)　対仏・露　矛盾

英仏露でオスマン帝国領分割を定めた秘密協定。パレスチナを国際管理とする。

◆1 映画「アラビアのロレンス」 イギリスの情報将校のロレンスは、対オスマン帝国戦に勝つためアラブに送られ、アラブ人と行動を共にした。しかし戦後、母国イギリスの秘密外交の矛盾が暴かれ、失意の内に引退した。(1962年、英作品)

2 戦間期のトルコの歩み

1908	**青年トルコ革命**→オーストリアがボスニア・ヘルツェゴヴィナを併合
1911〜12	**イタリア＝トルコ戦争**→イタリアがトリポリを併合
1912〜13	バルカン戦争（第1次・第2次）
1914〜18	第一次世界大戦（同盟国側）
1919	ギリシア軍、オスマン帝国領侵入
1920	ムスタファ＝ケマル、新政権樹立　**セーヴル条約　スルタン制廃止**（オスマン帝国滅亡）
1922	ギリシア軍を撃退→休戦
1923	**ローザンヌ条約**（セーヴル条約破棄）
1923	トルコ共和国宣言、初代大統領ムスタファ＝ケマル
1924	トルコ共和国憲法公布、カリフ制廃止

ムスタファ＝ケマル

↑2 ムスタファ＝ケマル(1881〜1938) トルコ共和国の英雄で**アタテュルク**（父なるトルコ人）と尊称される。政教分離・女性参政権・一夫多妻制の廃止などを実現した。上の絵はアラビア文字を廃止しローマ字に改めた文字改革を推進するケマル。

西アジア
南・東南アジア

3 戦間期の西アジア（ローザンヌ条約以後）

作業 ①イギリスの委任統治領（ ）を着色しよう。

ルーマニア王国
ブルガリア王国
ギリシア王国
0　250　500km
黒海
イスタンブル[コンスタンティノープル]
トルコ
ブルサ　アンカラ
1923 トルコ共和国成立
アテネ
イズミル
1925 パフレヴィー朝成立
テヘラン
1932 イラク王国完全独立
モスル
キルクーク
ドデカネーズ諸島（伊）
キプロス島（英）
シリア
バグダード
レバノン
ベイルート　ダマスクス
イラク王国
クウェート（英）
中立地
クレタ
地中海
パレスチナ
イェルサレム
エジプト王国
カイロ
1946 トランスヨルダン王国完全独立
1932 サウジアラビア王国成立
サウジアラビア王国

□ イギリスの委任統治領
■ フランスの委任統治領

↑3 イブン＝サウード(1880〜1953) ワッハーブ王国を建てたサウード家の子孫。ハーシム家のフセイン[フサイン]を破り、サウジアラビア王国を建国した。

5 戦間期の東南アジアの歩み

フランス領インドシナ連邦（ベトナム・ラオス・カンボジア）	
1927	ベトナム国民党成立
1930	インドシナ共産党成立（指導者**ホー＝チ＝ミン**）
1940	日本軍が進駐
1941	**ベトナム独立同盟会**[ベトミン]を結成

アメリカ領フィリピン	
1934	アメリカが10年後の独立を約束
1942	日本軍が侵攻（抗日組織〜フクバラハップ）

オランダ領東インド（インドネシア）	
1920	インドネシア共産党成立
1927	インドネシア国民党結成（指導者**スカルノ**）
1942	日本軍が侵攻→スカルノを支援

イギリス領ビルマ（ミャンマー）	
1935	新インド統治法（インド帝国から分離決定）
1942	日本軍の侵攻開始
1944	**アウン＝サン**の反ファシスト人民自由連盟発足

4 戦間期のインドの歩み

1914	第一次世界大戦勃発、インドはイギリス側で参戦
☆	イギリスは代償に自治を約束
1919	**ローラット法**発布（令状なしの逮捕、裁判なしの投獄）**アムリットサール事件**（パンジャーブ州にて）**1919年インド統治法**[インド統治法]発布

非暴力・非協力運動（第1次サティヤーグラハ運動）

1919	**ガンディー**指導のインド国民会議派を中心とする非暴力・非協力運動開始（植民地行政への非協力など）
☆	**ジンナー**指導の**全インド＝ムスリム連盟**も支持
1924	ヒンドゥー教徒とムスリムの対立激化
1929	インド国民会議派のラホール大会（**ネルー**の指導）、完全独立（**プールナ＝スワラージ**）を決議

非暴力・不服従運動（第2次サティヤーグラハ運動）

1930	ガンディー、「塩の行進」**英印円卓会議**開催（〜32）
1934	逮捕者が続出しガンディーは運動を中止
1935	**1935年インド統治法**[新インド統治法]（ビルマをインドから切り離すなど）
1939	第二次世界大戦で英はインドを連合国側で参戦させる
1947	**インドとパキスタンが分離独立**

ネルー　ガンディー

↑4 ネルーとガンディー 非暴力・不服従運動を展開しインド独立の父といわれるガンディーは、急進的なネルーとしばしば対立した。しかしガンディーはネルーの指導力を評価しており、ネルーはインド国民会議の指導者になっていった。

◆5 ジンナー(1876〜1948) **全インド＝ムスリム連盟**のリーダーで、イスラーム国家パキスタンを分離独立させ、初代総督となった。

↓6 アウン＝サン ビルマ独立の英雄。日本の支援によりイギリスからの独立をめざしたが、のちに反日抗争に転じた。1947年、独立を目前に暗殺された。

アウン＝サン
娘のアウン＝サン＝スーチー→

❶ 戦間期東アジアの歩み

<table>
<tr><td rowspan="7">国共合作と中国国民革命</td><td colspan="3">
1915 『青年雑誌』創刊（翌年『新青年』に）
☆ 新文化運動➡中国に変革の機運
中国，日本から二十一カ条の要求を受ける
1916 袁世凱死去 ☆ 以後，中国，軍閥分立状態へ
1917 中国（北京政府），第一次世界大戦参戦
</td></tr>
</table>

	中国	朝鮮
1919	五・四運動 ❶ ☆ ヴェルサイユ条約反対の民族運動	1919 三・一独立運動 ❷

中国共産党	中国国民党
1921 陳独秀 ❸ ら創立	1919 孫文ら創立

1924	第1次国共合作成立

1925 孫文死去
☆ 後継者は蒋介石

1925	五・三〇運動（反帝国主義運動）

中国国民革命

☆ 国共合作革命軍による中国統一戦争
1926 国民革命軍，北伐を開始
1927 国民革命軍，江南地方制圧
蒋介石，共産党弾圧開始（＝上海クーデタ）❻
蒋介石，南京国民政府 ❼ 樹立
第1次国共合作崩壊

> 1927 第1次山東出兵

1928 北伐再開（第2次北伐）

> 1928 第2次山東出兵

国民革命軍，北京入城

> 1928 張作霖爆殺 ❽

張学良服属，革命完了

国共対決と日本の侵略

1931 中華ソヴィエト共和国 臨時政府樹立 （首都：瑞金）	1931 柳条湖事件 1932 満州国建国
1934 瑞金放棄 ☆ 長征開始 ⓬	1934 瑞金を攻略 ☆ 共産党攻撃続行
1935 遵義会議 ☆ 毛沢東指導権確立 八・一宣言 ☆ 抗日民族統一戦線呼びかけ	1935 通貨統一実施 ☆ 中国経済統合前進
1936 延安に新根拠地 ☆ 長征完了	1936 西安事件 ⓮ ☆ 共産党との協力へ

日 本

> 1937 盧溝橋事件

1937	日中戦争始まる
1937	第2次国共合作成立

国民革命歌 （国民革命軍兵士が歌ったもの）

＊1926年広州国民政府教育行政会議にて代用国歌に選定
＊フランス民謡「フレール・ジャック」（日本では「グーチョキパー」でおなじみ）のメロディーを使用
（栃木利夫・板野良吉『中国国民革命』より楽譜を作成）

打倒列強 打倒列強 除軍閥 除軍閥
ダー タオ リエチアング　ダー タオ リエチアング　チューチュン ファー　チューチュン ファー

国民革命 成功 国民革命 成功 斉歓唱 斉歓唱
クォシカァミン チェンコン　クォシカァミン チェンコン　チー ファンチャング　チー ファンチャング

❷ 民族運動の高まり

←❶ 五・四運動 二十一カ条の要求を追認したヴェルサイユ条約に反対する民族運動。1919年5月4日開始。

北京天安門広場の国民大会

「独立万歳」を叫ぶソウルの女学生

➡❷ 三・一独立運動 朝鮮全土に広がった日本からの独立要求運動。1919年3月1日開始。

❸ 新文化運動の担い手たち

←❸ 陳独秀 マルクス主義を受け入れる。共産党創立メンバーとなる。

➡❹ 魯迅 中国を代表する小説家。鋭い社会批判を展開。

❹ 中国国民革命の展開

孫文　蒋介石 孫文死後実権を握る 共産党を危険視

↑❺ 軍官学校開校記念式のようす 孫文は，ソ連の援助と中国共産党との連携により，革命のやり直しと中国の再統合をめざした。そのため，広州郊外に軍事教育学校を創設し，国民革命軍を育成した。校長には孫文の後継者蒋介石が，政治主任には共産党の周恩来が就任した。

蒋介石系国民革命軍兵士

クーデタに協力した上海の闇組織青幇の組員

←❻ 国共合作の崩壊（上海クーデタ） 上海に入った蒋介石指揮下の国民革命軍は，突然，上海を掌握していた共産党・労働組合を襲撃し，多くの活動家を殺害した。これ以後国共合作は崩壊していく。写真は，路上処刑に引き立てられていく共産党活動家。

5 「満州国」建国から第2次国共合作へ

A 1920年代の中国

作業
① 「満州国」の領域（░░）を着色しよう。
② 共産党の新根拠地（▨▨）を着色しよう。

人名 反革命派
人名 国民革命派 ｝軍閥
国民革命軍の北伐路
← 1次（1926～27）
← 2次（1928）
← 北方軍閥の退路
← 日本軍の進路（山東出兵）
▨ 国民革命直前の国民党
（国民政府）支配地域
□ 軍閥支配地域

1928.6 張作霖爆殺事件
1928.6 北伐軍の北京入城
1928.5 日本軍の出兵＝済南事件
1927.4 上海クーデタ
1927.4 蔣介石が南京国民政府を樹立
1925.7 広州国民政府成立
1926.7 北伐開始

作業
①国民革命直前の国民党支配地域（▨▨）を着色しよう。

1932.3 「満州国」建国
1936.10 すべての紅軍合流長征終了
1936.12 西安事件
1935.1 遵義会議
1931.9.18 柳条湖事件
1932.1 第1次上海事変
1931～34 中華ソヴィエト共和国臨時政府
1934.10 長征開始

← 満州事変での日本軍の侵攻
░ 共産党の革命根拠地（解放区）
← 長征［大西遷］1934～36年
← 国民党軍による共産党包囲攻撃（第1次～5次）

6 中国統一から満州事変へ

↑7 南京国民政府 中国統一後，蔣介石は，関税改訂や通貨統合などを進めた。日本の侵略や国共内戦がなければ中国は順調に発展したかもしれない。近年，これらの政策は評価されるようになった。

↓8 張作霖爆殺事件 国民革命軍に北京を追われた張作霖は，列車ごと奉天で爆殺された。利用価値の無くなった張作霖を殺し，満州を奪おうとする関東軍の謀略だった。

くぐったガードの下に仕掛けられた爆弾が上から爆発

←9 張作霖

↑10 満州事変の首謀者関東軍作戦参謀石原莞爾（中央） 自作自演の満鉄爆破を口実に，関東軍は満州地域を占領し，清朝最後の皇帝溥儀を国家元首にして「満州国」を建国した。

↑11 「満州国」皇帝溥儀（◀P.175）

7 国共の衝突から西安事件へ

↓12 長征（大雪山系を越える紅軍） 国民党軍の攻撃で瑞金を追われた共産党軍は，大損害を受けながら延安まで約1万2,000kmを移動し，新根拠地を築いた。長征の途上，毛沢東（▶P.204）が共産党の実権を握った。

↓13 延安での共産党の指導者たち

写真内の年齢表示は1936年の年齢

周恩来：38歳
朱徳：50歳
毛沢東：43歳

↓14 西安事件 協力して日本に対抗しようという共産党の呼びかけを無視し，共産党攻撃を続ける蔣介石を，張学良がクーデタで拘束し，共産党との連携を迫った。こうして第2次国共合作への道が開かれた。

張学良：36歳
蔣介石：49歳
1990年，90歳の張学良

1 世界恐慌とその後の展開

世界恐慌の原因

アメリカの空前の好景気
(アメリカ一人勝ち状態)
↓
バブル膨張
↓
生産の過剰
株投機の過熱
↓
ヨーロッパ復興

アメリカ大不況

世界恐慌

バブル崩壊
↓
世界規模の経済混乱へ

無関係

持てる国→ブロック経済化
- ●アメリカ→ニューディール ドル・ブロック
- ●イギリス→スターリング[ポンド]・ブロック
- ●フランス→フラン・ブロック

ソヴィエト→
　社会主義五カ年計画

全体主義の類似性

持たざる国→ファシズム化
- ●イタリア→エチオピア侵略
- ●ド イ ツ→東欧侵略
- ●日　本→中国侵略

微妙なスタンス

対立

第二次世界大戦へ

Ⓐ 各国の工業生産指数 (1929年＝100)

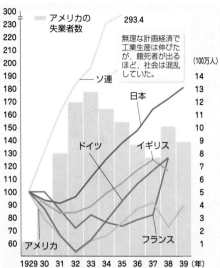

アメリカの失業者数

293.4

無理な計画経済で工業生産は伸びたが、餓死者が出るほど、社会は混乱していた。

ソ連 / 日本 / ドイツ / イギリス / アメリカ / フランス

1929 30 31 32 33 34 35 36 37 38 39 (年)

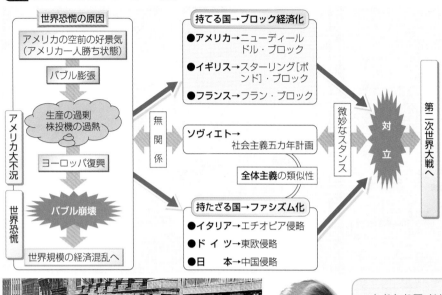

↑1 **1929年10月24日(木)・ニューヨーク・ウォール街**　この日、アメリカ金融の中心ウォール街で株価が大暴落した(「暗黒の木曜日」)。世界恐慌の始まりだった。不安にかられた株主たちが証券取引所に殺到している。

われわれアメリカ人は…貧困に対する最終的勝利に近づいている。……貧困がこの国から絶滅する日をやがて目の当たりにするだろう。

(1928年、大統領候補時代の演説)

↑2 **フーヴァー大統領**(共和党)永遠の繁栄を約束して大統領に当選したが、大不況に直面。何も手を打てないまま任期を終えた。

仕事を3つ知ってます。3か国語を話せます。3年間戦っていました(第一次世界大戦)。3人の子供がいます。そして3か月失業中です。でも私はたった1つの仕事が欲しいのです。

I KNOW 3 TRADES I SPEAK 3 LANGUAGES FOUGHT FOR 3 YEARS HAVE 3 CHILDREN AND NO WORK FOR 3 MONTHS BUT I ONLY WANT ONE JOB

↑3 **ある失業者**(イギリス)

2 ニューディール政策の展開＝修正資本主義の成立

皆さん、こんばんは！

↑4 **フランクリン＝ローズヴェルト大統領**(民主党)　ニューディールによって大恐慌の克服をめざす。ラジオ番組「炉辺談話」で直接国民に政策を語った。39歳で小児麻痺を発症し、車椅子で生活していた。

特徴	・資本主義の自由放任原則を変革 ・国家権力が経済活動をコントロール ・社会主義の手法を取り入れた資本主義 ・修正資本主義(現代資本主義)の開始	
経済・社会政策	金本位制の停止	管理通貨制度の導入
	農業調整法	農業への国家権力の介入によるコントロール
	全国産業復興法	工業への国家権力の介入によるコントロール
	テネシー川流域開発公社[TVA]	公共事業による景気刺激と失業者の吸収
	ワグナー法	労働者の権利保障→購買力増による景気浮揚
外交政策	善隣外交政策(市場拡大の思惑) ・ソ連の承認 ・フィリピン独立の約束(10年後) ・キューバ完全独立の承認	

経済活動という「車」を誰が運転するのか？

私企業　資本主義

修正資本主義
(現代資本主義[ニューディール])

国家権力　社会主義

↑5 **TVAによって完成したノリス＝ダム**(テネシー州)

③ ファシズムの歩み

ドイツ		イタリア（◀P.184）	
1920	国家社会主義ドイツ労働者党＝ナチ党成立	1921	ファシスト党成立
1921	ヒトラー党首に	1922	ローマ進軍 →ムッソリーニ政権成立
1923	ミュンヘン一揆	1924	フィウメ併合
		1927	アルバニア保護国化
1929	世界恐慌始まる	1929	ラテラノ条約締結
1932	ナチ党第一党に		
1933	ヒトラー内閣成立 国会放火事件 ナチ党独裁成立		
1934	レーム粛清事件 ヒトラー総統に		
1935	ザール併合 再軍備宣言（ヴェルサイユ条約破棄） 「ユダヤ人」差別法制定	1935	エチオピア侵略 開始（～36）
1936	ラインラント進駐（ヴェルサイユ条約破棄） ベルリン・オリンピック		
1936	スペイン内戦（～39） ベルリン＝ローマ枢軸成立		
1936	日独防共協定		
1937	日独伊三国防共協定成立		

↑⑥ ムッソリーニ

⑤ ナチ党の台頭

親衛隊[SS]

突撃隊[SA]

National Sozialistische Deutsche Arbeiter Partei＝NSDAP
国家　社会主義　ドイツ　労働者　党

↑⑧ ナチ式敬礼をするヒトラー（左）とナチ党員[ナチス]のデモ行進（右）　世界恐慌による社会不安を背景にナチは、巧みな宣伝と「かっこよさ」で大衆の感情に直接訴え、支持を獲得していった。その一方、ナチは、突撃隊や親衛隊という党独自の軍事組織をもち、力で反対派を圧倒した。「ナチ」とは、□□からきた反対派の蔑称。

ナチの政策
①反民主主義独裁　②反ユダヤ主義
③ヴェルサイユ体制打破
④軍需産業・公共事業による経済復興（一種の修正資本主義）
⑤大衆支持獲得のための巧みな宣伝

⑥ スペイン内戦とドイツ・イタリアの提携

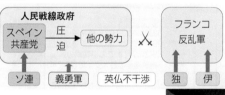

人民戦線政府
スペイン共産党 → 圧迫 → 他の勢力 ✕ フランコ反乱軍
ソ連　義勇軍　英仏不干渉　独　伊

↓⑨ ピカソ「ゲルニカ」（1937年）　スペイン内戦中、フランコ側を支援した独・伊軍が、人民戦線側の都市ゲルニカを無差別爆撃した。これに抗議してピカソが描いた作品。（▶P.213）
©2018-Succession Pablo Picasso-BCF(JAPAN)

↑⑩ 義勇軍に参加した作家たち
Ⓐヘミングウェー（米）『誰がために鐘は鳴る』（▶P.213）
Ⓑオーウェル（英）『カタロニア賛歌』
Ⓒアンドレ＝マルロー（仏）（◀P.35）『希望』

④ ドイツ・イタリアの拡大とスペイン内戦

←⑦ フランコ将軍

凡例	
━	1938年のドイツ国境
❶～❽	ドイツが進出した順序
	1938年ドイツが併合した地域
	1939年ドイツが併合した地域
	国民戦線軍（フランコ反乱軍）の支配地域（1936年7月）
→	国民戦線軍支援ルート
	共和国軍（人民戦線）の支配地域（1939年2月）

🖊 作業
①P.192 ①の年表中の凡例に合わせて、ナチス＝ドイツが進出していった地域（❸、❹・❺、❽）を着色しよう。

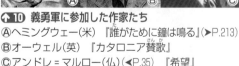

→⑪ ドイツとイタリアの提携　両国はスペイン内戦を通じて急接近し、1936年「ベルリン＝ローマ枢軸」が成立した。写真は、クルップ兵器工場を視察する両首脳。

ムッソリーニ　ヒトラー

ヨーロッパ

∕作業
① 枢軸国(□)を着色しよう。
② ヴィシー政府の領域の線(┈┈)を着色しよう。

1 ドイツの東方進出

※凡例はP.191の地図と同じ

1938年3月　**オーストリア併合**(□)
　　　9月　チェコスロヴァキアに
　　　　　　ズデーテン地方割譲要求,
　　　　　　ミュンヘン会談で併合(□)

↑1 ミュンヘン会談 英仏の宥和政策に乗じてズデーテン地方の併合を認めさせた。

1939年3月　**チェコスロヴァキア**
　　　　　→解体して支配下に(□)
　　　　　リトアニアからメーメル併合
　　　　　ポーランドへの領土要求
　　　　　→ポーランドの拒絶
　　　8月　**独ソ不可侵条約**締結
　　9月1日　**ポーランド侵攻**開始
　　　　　→**第二次世界大戦**始まる
　　　　　ポーランド西半分を併合(□)

2 ヨーロッパ戦線①(1939〜42年)

□ 1940年以後の連合国
← ソ連軍の侵攻(1939〜40年)
□ 中立諸国

│ 1939年末における枢軸国側諸国
▨ 1941年までの枢軸国側参加諸国
← 1942年7月までの枢軸軍の進撃
━ 枢軸国側の最大支配域(1942年)
数字:枢軸軍の占領年月
▲ ドイツが建設したおもな絶滅収容所・強制収容所

1940.7 ヴィシー政府樹立
1942.8〜43.2 スターリングラードの戦い
大戦前のポーランド国境(1941.9)

3 ドイツの優勢

↓2 独ソ不可侵条約の調印 対立していた両国の同盟は世界を驚かせた。ドイツのポーランド攻撃のゴーサインとなった。

↓3 ポーランド侵攻 ドイツ軍は,戦車と航空機一体の「電撃戦」により,一挙にポーランドを崩壊させ,密約に従って,ソ連とともに分割併合した。

↓4 カチンの森の虐殺 ソ連は,ポーランド軍捕虜2万数千人を移送し,カチンの森などですべて銃殺した。冷戦終了後,真相が明らかになり,追悼式が行われた。

↓5 パリ占領 ドイツは,電撃戦で北欧・西欧に侵攻。1940年6月にフランスは降伏した。

↓6 イギリス本土防空戦 ドイツは,イギリス制圧をめざして激しい空爆を行った。イギリスは,これを耐え抜き,ドイツの作戦はしだいに行き詰まっていった。

↓7 独ソ戦の開始 ドイツは,不可侵条約を一方的に破棄し,ソ連への攻撃を開始した。こうして大戦の主戦場は東ヨーロッパに移り,より悲惨なものになっていった。

4 ヨーロッパ戦線の展開

	年	月	できごと
大戦の勃発	1939	.8	独ソ不可侵条約締結
		.9	ドイツ，ポーランド侵攻（第二次世界大戦開戦）ソ連もポーランド・バルト3国に侵攻
		.11	ソ連＝フィンランド戦争
ドイツの優勢	1940	.5	ドイツがベルギー・オランダ・ルクセンブルクに侵攻
		.6	イタリア参戦　フランスがドイツに降伏
		.7	フランス，ヴィシー政府成立
		.8	ドイツのイギリス空襲が始まる
		.9	日独伊三国同盟成立
	1941	.6	独ソ戦開始
		.8	米・英が大西洋上会談
		.12	日米開戦により，日米参戦
	1942	.7	スターリングラードの戦い始まる
		.11	連合軍が北アフリカ上陸
連合国陣営の反撃と勝利	1943	.1	**カサブランカ会談**（米・英）
		.2	**スターリングラード**の戦いでドイツ軍が敗北
		.7	連合軍がシチリア島から上陸し，ムッソリーニ失脚
		.9	**イタリアが連合国に無条件降伏**
		.11	**カイロ会談**（米英中：日本の戦後処理）**テヘラン会談**（～.12）（米英ソ：対ドイツ第二戦線の形成）
	1944	.6	連合軍が**ノルマンディー上陸**
		.8	連合軍，**パリ解放**
	1945	.2	**ヤルタ会談**（米英ソ：ドイツ分割占領・ソ連対日参戦）
		.5 .2	ソ連軍，ベルリンを占領
		.5 .7	**ドイツが無条件降伏**

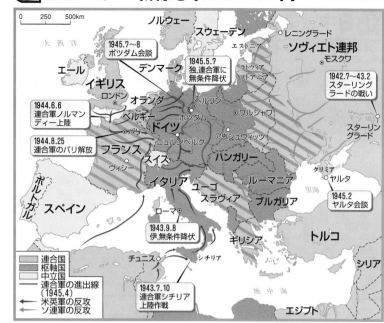

5 ヨーロッパ戦線②（1943～45年）

連合国　枢軸国　中立国
連合軍の進出線（1945.4）
← 米英軍の反攻
← ソ連軍の反攻

1945.7～8 ポツダム会談
1945.5.7 独，連合軍に無条件降伏
1944.6.6 連合軍ノルマンディー上陸
1944.8.25 連合軍のパリ解放
1942.7～43.2 スターリングラードの戦い
1945.2 ヤルタ会談
1943.9.8 伊，無条件降伏
1943.7.10 連合軍シチリア上陸作戦

← **8 スターリングラードの戦い** スターリングラードに突入したドイツ軍は，逆にソ連軍の包囲を受け，壊滅した。ドイツ側30万人，ソ連軍50万人の戦死者を出す悲惨な市街戦だった。これ以後形勢は逆転し，ドイツ軍の敗走が始まった。

瓦礫となった市街とソ連兵

上陸地点に向かうアメリカ兵

F.ローズヴェルト（米）
チャーチル（英）　スターリン（ソ）

↑ **9 ノルマンディー上陸作戦** 米英軍はフランスのノルマンディーに上陸，第二戦線［西部戦線］を形成し，東部戦線のソ連軍とドイツを挟み撃ちにする体勢をつくった。

↑ **10 ヤルタ会談** ドイツの敗北が決定化した1945年2月，連合首脳の会談が行われ，ドイツ分割占領，ソ連対日参戦などが決められた。ローズヴェルトはこの時不治の病でこの2か月後に亡くなった。

↑ **11 ドイツの降伏** ソ連軍がベルリンを制圧，1945年4月30日にヒトラーが自殺し，ドイツは5月7日に無条件降伏した。国会議事堂にはソ連国旗が掲げられた。その一方ベルリンは，ソ連兵の略奪や婦女暴行で悲惨な状態になっていた。

ニューアングル 史上最悪の人権蹂躙

　第二次世界大戦は，高機能兵器を装備し高度に組織化された軍隊が無抵抗な市民を一方的に殺戮した空前の戦争だった。ナチ党による「ユダヤ人虐殺」は，独ソ戦とともに始まり，やがて「最終解決」としてその絶滅をめざすものになった。600万人が犠牲となった。一方，両陣営双方が行った都市無差別爆撃も悲惨な被害をもたらした。特にドイツと日本は連合軍の戦略爆撃で多くの都市が焦土となり，おびただしい一般市民が犠牲になった。

主要交戦国の死者数（単位：万人）

国　名	兵　士	民間人
アメリカ	29	
ソ　連	1,450	700
ポーランド	85	578
イギリス	27	6
フランス	21	17
ドイツ	285	230
日　本	310	
中　国	1,000	

↓ **12** 英米軍の爆撃で破壊されたドイツの古都ドレスデン

↓ **13** 「ユダヤ人」強制収容所の惨状

ニューアングル リリー＝マルレーン

　ドイツで軍歌としてつくられたが，ドイツ兵だけでなくイギリス兵やフランス兵にも広まり，敵味方が同じ歌を口ずさんだ。ララ＝アンデルセンが歌い，のちにマレーネ＝ディートリッヒも持ち歌とした。若い兵士の心をとらえ，反戦歌として歌われ，ラジオでこの歌が流れるときは，戦闘が止んだという。

二次元コードを読み取って，実際に曲を聴いてみよう！

ヨーロッパ

1 日中戦争

日本軍の進路（数字は年次）
→ 日中戦争
← 対中国援護ルート

1939.5～.9 ノモンハン事件
モンゴル人民共和国（1924成立）
モンゴル自治連合政府（1939成立，内モンゴルの日本の傀儡政権）
1938.7～.8 張鼓峰事件
チチハル
ハルビン 牡丹江
「満州国」 吉林
新京 間島
北平[北京] 承徳[熱河] 奉天[瀋陽] 撫順
包頭 張家口 新義州
大同 山海関 平壌 元山
延安 太原 石家荘 天津 旅順 大連 関東州[日借] 京城 朝鮮[日]
蘭州 済南 青島 釜山
中華民国 河南 開封 徐州
西安 蘇州 杭州湾上陸 1次 32.1 2次 37.8
1937.11 重慶遷都
宜昌 武漢 漢口 南京 上海 1937.8 第2次上海事変
漢陽 武昌 九江 寧波
重慶 南昌 金華 1937.12 日本軍占領・南京事件 1940.3 汪兆銘の南京政府樹立
芷江 長沙 温州
衡陽
桂林 韶関 瑞金 厦門
柳州 広東[広州] 台北 台湾[日]
仏領インドシナ連邦 南寧 ランソン マカオ 香港[ポ][英] 澎湖諸島[日] バイアス湾上陸 高雄
ハノイ 海南島
日本軍進駐

1937.7 盧溝橋事件

0 250 500km

日本軍の作戦地域
■ 1937年7月～1941年11月
□ 1941年12月（日米開戦）以後

2 日中戦争とアジア・太平洋戦争

		世界の動き
日中戦争	1937 .7.7 盧溝橋事件	
	.8 第2次上海事変勃発	1936 .10 ベルリン=ローマ枢軸成立
	.9 第2次国共合作（抗日民族統一戦線）	
	.11 日独伊三国防共協定締結	
	.12 日本，南京占領＝南京事件	
	1938 .11 蔣介石，首都を重慶に移転	
	1939 .5～.9 ノモンハン事件	1939 .9 独軍によるポーランド侵攻（第二次大戦開始）
	1940 .3 汪兆銘，南京に日本の傀儡政権樹立	
	.9 日本，北部仏印進駐	
	.9 日独伊三国同盟成立	
	1941 .4 日ソ中立条約締結	1941 .6 独ソ戦開始
	.7 日本，南部仏印進駐	.8 大西洋憲章発表
アジア・太平洋戦争（太平洋戦争）	.12 マレー半島・パールハーバー（真珠湾）を奇襲，対英米戦争開始	
	1942 .6 ミッドウェー海戦，日本海軍大敗	1943 .2 スターリングラードの戦い，独軍敗北
	.8 ガダルカナル島に米軍上陸，反攻開始	
	1943 .10 学徒出陣始まる	.9 イタリア降伏
	1944 .7 米，サイパン島を占領	.11 カイロ会談
	.10 レイテ沖海戦，日本海軍大敗	.11 テヘラン会談
	1945 .3.10 東京大空襲	1944 .6 連合軍，ノルマンディー上陸
	.4 米，沖縄本島上陸（～.6）	
	.8.6 広島に原爆投下	1945 .2 ヤルタ会談
	.8.8 ソ連，対日宣戦	.5 ドイツ降伏
	.8.9 長崎に原爆投下	.7 米，原爆実験
	.8.14 日本，ポツダム宣言を受諾	.7 ポツダム会談
	.8.15 無条件降伏を国民に公表（「玉音放送」）	

3 日中戦争の展開

中国共産党旗　中国国民党旗

別名：マルコポーロ橋

永定河[盧溝河]

🔼1 盧溝橋（左）と第2次国共合作の成立（右）　北京郊外の盧溝橋で日中両軍の衝突がおこり，これが日中全面戦争に発展した。これを契機に第2次国共合作が成立し，中国側の抗戦体制もできた。

👁 ニューアングル 南京事件

南京市内に突入する日本戦車

日中戦争初期，首都南京陥落時におこった大量虐殺事件。①長江へ逃げる敗残兵，避難民への攻撃。②捕虜となった降伏兵の大量処刑。③規律を失った兵士たちの強姦，放火，略奪に伴う殺害。以上の三つが複合して中国軍民への大量殺戮が行われた。犠牲者の数は，4万人説や十数万人説など研究者によって異なり，はっきりしていない。
（参考：秦郁彦『南京事件』・笠原十九司『南京事件』・『日中全面戦争と海軍』）

🔼2 重慶に向かう爆撃機　日本軍は，航続距離の長い爆撃機を使い，首都南京や，新首都重慶へ無差別爆撃を繰り返し，多くの市民が犠牲になった。

🔽3 「三光戦」　民衆と区別の付かない八路軍のゲリラ戦術に手を焼いた日本軍は，共産党の拠点の疑いのある村を徹底的に破壊し，住民を殺害した。中国側はこれを「三光戦」と呼んだ。（「三光」とは「焼光・殺光・搶光」のことで，「光」とは，中国語の補語で「…し尽くす」という意味）

（河北省　潘家峪惨案紀念館蔵）

🔽4 皇民化政策　日中戦争が始まる頃から，朝鮮人を強引に日本人化する政策が始まった。①各村に神社②学校教育から朝鮮語追放③「創氏改名」（日本式氏名強制）など民族文化抹消政策を行い，その上に④朝鮮人労働者の徴用⑤徴兵制施行が行われた。写真は，ソウルに建てられた「朝鮮神宮」。祭神は，天照大神と明治天皇。

4 太平洋戦争の開始

5 パールハーバー(真珠湾)奇襲

1941年12月8日，日本軍はハワイの米軍基地を空爆し，大損害を与えた。しかし手違いから宣戦布告が攻撃55分後になり，騙し討ちの印象から米国民を団結させることになった。

沈没する戦艦アリゾナ（現在沈没した戦艦上に記念館が建っている）

6 ジャワ島を行く日本戦車
日本軍は，欧米からの解放軍として歓迎されたが，苛酷な占領政策は，しだいに反発を招くようになった。

日本軍を歓迎するジャワの住民

7 日本の敗北

9 特攻隊
追い詰められた日本軍は，体当たり攻撃＝「特別攻撃[特攻]」を行うようになったが，戦局の挽回をすることはできなかった。

沖縄に向け鹿児島県の基地を出撃する特攻機

10 東京大空襲
1945年3月10日，B29の大編隊が東京を無差別爆撃し，10万人が犠牲になった。非戦闘員の殺戮を目的とする計画的大虐殺だった。

5 アジア太平洋戦線

作業
①開戦時(1941年12月)の日本の勢力範囲(▨)を着色しよう。
②日本軍の最大進出地域(⬚)を着色しよう。

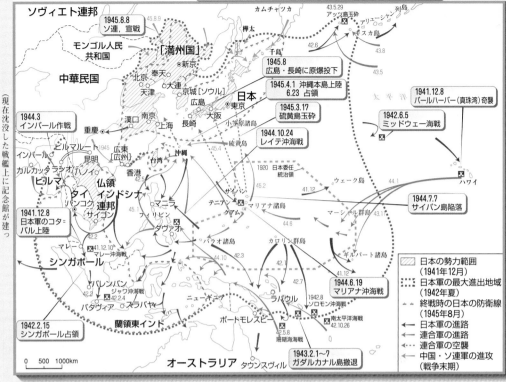

ソヴィエト連邦
モンゴル人民共和国
中華民国
「満州国」 新京
1945.8.8 ソ連，宣戦
43.5.29
アッツ島玉砕
キスカ島
アリューシャン列島
カムチャツカ
樺太
千島
北京 奉天
天津 大連
城[ソウル]
広島
日本
東京
大阪
重慶
漢口 南京
上海 長崎
小笠原諸島
1945.8 広島・長崎に原爆投下
1945.4.1 沖縄本島上陸 6.23 占領
硫黄島
1945.3.17 硫黄島玉砕
1945 広東[広州]
1944.10.24 レイテ沖海戦
沖縄
1944.3 インパール作戦
ビルマルート
インパール
カルカッタ ラシオ ハノイ
昆明
ビルマ
タイ 仏領インドシナ
ラングーン サイゴン
連邦 バンコク
1941.12.8 日本軍のコタバル上陸
マレー
シンガポール
1942.2.15 シンガポール占領
台湾
香港
日本委任統治領 1920
マニラ
ダヴァオ
フィリピン
パレンバン
バタヴィア スラバヤ
ジャワ沖海戦 42.2.4
マレー沖海戦 41.12.10
蘭領東インド
サイパン
テニアン グアム
マリアナ諸島
パラオ諸島
カロリン群島
ニューギニア
ポートモレスビー
珊瑚海海戦 42.5.8
オーストラリア タウンズヴィル
1943.2.1〜7 ガダルカナル島撤退
ラバウル
ギルバート諸島
南太平洋海戦 42.10.26
マーシャル群島
1944.6.19 マリアナ沖海戦
ウェーク島
1942.6.5 ミッドウェー海戦
ハワイ
1944.7.7 サイパン島陥落
1941.12.8 パールハーバー(真珠湾)奇襲
太平洋

0 500 1000km

凡例：
▨ 日本の勢力範囲(1941年12月)
⬚ 日本軍の最大進出地域(1942年夏)
‥‥ 終戦時の日本の防衛線(1945年8月)
← 日本軍の進路
⇠ 連合軍の進路
← 連合軍の空襲
← 中国・ソ連軍の進攻(戦争末期)

6 戦局の転換

炎上する日本空母飛龍

7 ミッドウェー海戦
開戦後半年間，日本は優勢だったが，この海戦で主力空母4隻，航空機300機を失って惨敗し，これを契機に形勢は逆転した。

8 大東亜会議
戦局の悪化を受け，1943年11月，日本支配下の地域首脳を集めて大東亜会議が開催された。しかし「大東亜共栄圏」とは裏腹の苛酷な占領政策は，民心の反発を招いていた。

ビルマ 満州国 南京国民政府 日本 タイ フィリピン 自由インド仮政府
バー・モウ 張景恵 汪兆銘 東条英機 ワンワイタヤーコン ラウレル チャンドラ・ボース

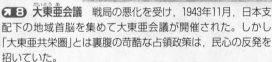
東京大空襲を行ったB29

米軍に投降する沖縄住民

12 ポツダム会談
英米の指導者は，ヤルタ会談と異なっている。スターリンは，ヤルタ協定にしたがって対日参戦を欲したが，原爆を手にしたアメリカにとってソ連の参戦は不要となっていた。

英首相 アトリー　米大統領 トルーマン　ソ連首相 スターリン

11 沖縄戦の犠牲者
1945年4〜6月，沖縄が戦場になった。住民も戦闘に巻き込まれ，10万人が犠牲になった。

13 廃墟となった広島
ソ連は，日本が降伏する前に参戦したかった。アメリカは，ソ連の参戦前に日本を降伏させたかった。こうした米ソの思惑が交錯する中で，広島・長崎の原爆とソ連参戦の悲劇がおこった。

世界遺産　原爆ドーム

南・東南アジア
東アジア

1 戦後世界の歩み ＜各事項の詳細▶P.197～212参照＞

年	資本主義陣営（西側）	社会主義陣営（東側）	第三世界	
1940	（米）核実験(45)　　国際連合の発足(45)（本部：ニューヨーク）			アジア諸国の独立
	チャーチル「鉄のカーテン」演説(46)		インドシナ戦争	
	トルーマン＝ドクトリン発表(47)　東西冷戦の開始		(46～54)	
	マーシャル＝プラン発表(47)　←→　コミンフォルム結成(47)		インド・パキスタン	
	ベルリン封鎖(48～49)		分離独立(47)	
	大韓民国成立(48)　　朝鮮民主主義人民共和国成立(48)		イスラエル建国(48)	
	北大西洋条約機構[NATO]結成(49)　　経済相互援助会議[コメコン〈COMECON〉]成立(49)		→第1次中東戦争	
	ドイツ連邦共和国[西ドイツ]成立(49)　←→　ドイツ民主共和国[東ドイツ]成立(49)		(48～49)	
		（ソ）核実験(49)		
		中華人民共和国成立(49)		
1950	朝鮮戦争(50～53)		イラン石油国有化(51)	第三世界の台頭
	サンフランシスコ平和条約(51)		エジプト革命(52)	
	日米安全保障条約(51)　　スターリン死去(53)		ネルー・周恩来会談(54)	
	ジュネーヴ休戦協定（インドシナ戦争休戦）(54)		アジア＝アフリカ会議(55)	
	東南アジア条約機構[SEATO]結成(54)		スエズ運河国有化宣言(56)	
	西ドイツ，NATO加盟(55)　←→　ワルシャワ条約機構結成(55)		→第2次中東戦争	
	ジュネーヴ4巨頭会談(55)		(56～57)	
		スターリン批判(56)		
		ハンガリー反ソ暴動(56)	キューバ革命(59)	
	米ソ首脳会談（フルシチョフ訪米）(59)			
1960	ベルリンの壁建設(61)		「アフリカの年」(60)	第三世界の自立・地域紛争
	キューバ危機(62)		第1回非同盟諸国首脳会議(61)	
	部分的核実験禁止条約（地下を除く核実験禁止条約）(63)　中ソ対立激化		アフリカ統一機構[OAU]結成(63)	
	（米）北爆開始(65)　　ベトナム戦争(65～75)		第3次中東戦争(67)	
	（仏）NATO軍事機構脱退(66)　　（中）プロレタリア文化大革命(66～77)		東南アジア諸国連合[ASEAN]結成(67)	
	ヨーロッパ共同体[EC]発足(67)			
	核拡散防止条約[NPT](68)			
	（ソ）「プラハの春」弾圧(68)			
	第1次戦略兵器制限交渉[SALT I](69～72)			
1970	ニクソン訪中(72)		第4次中東戦争(73)	
	第2次戦略兵器制限交渉[SALT II](72～79)	緊張緩和（デタント）	→第1次石油危機(73)	
	ベトナム（パリ）和平協定(73)			
	東西ドイツ，国連同時加盟(73)		イラン革命(79)	
	（ソ）アフガニスタン軍事侵攻(79)		→第2次石油危機	
1980	（英）フォークランド戦争(82)		イラン＝イラク戦争	
	（米）グレナダ侵攻(83)　　（ソ）ゴルバチョフ書記長就任(85)		(80～88)	
		チェルノブイリ原発事故(86)		
		ペレストロイカ[改革]開始(86)		
	中距離核戦力[INF]全廃条約調印(87)			
	（中）天安門事件(89)			
	ベルリンの壁開放(89)			
	マルタ会談（冷戦の終結）(89)　冷戦の終結			
1990	東西ドイツ統一(90)		湾岸戦争(91)	
	第1次戦略兵器削減条約[START I]調印(91)		ユーゴスラヴィア解体進行(91)	
	ヨーロッパ連合[EU]発足(93)　　独立国家共同体[CIS]結成，ソ連解体(91)			
2000	同時多発テロ事件(01)		イラク戦争(03)	
	→アフガニスタン攻撃		「アラブの春」(11)	
		ロシア，クリミア半島を併合(14)	ISIL台頭(14)	

2 国際連合の成立

←1 国連旗

Ａ 国際連合の組織

事務局	総会付属・常設機関…国連児童基金UNICEF　など	*1 1994年以後活動停止
総会	国際司法裁判所	
	信託統治理事会*1	
	安全保障理事会　拒否権をもつ常任理事国（米英仏中ソ*2）　非常任理事国(10か国)	*2 現在ロシア
経済社会理事会		

専門機関…
国際復興開発銀行[IBRD]
国際通貨基金[IMF]
国連教育科学文化機関[UNESCO]
世界保健機関[WHO]　　など

3 戦後処理

ゲーリング元国家元帥
ヘス元副総統
リベントロップ元外相

東条英機元首相

↑2 ニュルンベルク国際軍事裁判(上，1945～46年)と極東国際軍事(東京)裁判(下，1946～48年)
連合国により，ドイツと日本の戦争責任・戦争犯罪を追及する国際軍事裁判が開かれた。

1 第二次世界大戦後のヨーロッパ

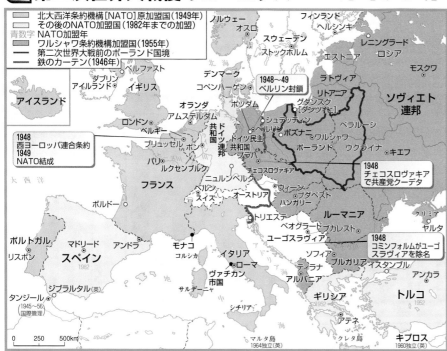

凡例：
- 北大西洋条約機構[NATO]原加盟国(1949年)
- その後のNATO加盟国(1982年までの加盟)
- 青数字 NATO加盟年
- ワルシャワ条約機構加盟国(1955年)
- 第二次世界大戦前のポーランド国境
- 鉄のカーテン(1946年)

1948 西ヨーロッパ連合条約 / 1949 NATO結成

1948～49 ベルリン封鎖

1948 チェコスロヴァキアで共産党クーデタ

1948 コミンフォルムがユーゴスラヴィアを除名

主な地名：ノルウェー、オスロ、スウェーデン、ストックホルム、フィンランド、ヘルシンキ、レニングラード、ロシア、モスクワ、エストニア、ラトヴィア、リトアニア、ソヴィエト連邦、ベラルーシ、ワルシャワ、ウクライナ、キエフ、ベルファスト、ダブリン、アイルランド、イギリス、デンマーク、コペンハーゲン、ポツダム、グダンスク[ダンツィヒ]、シュテッティン、ポズナニ、ポーランド、オランダ、アムステルダム、ドイツ連邦共和国、ベルリン、ドイツ民主共和国、プラハ、チェコスロヴァキア、ロンドン、ベルギー、ブリュッセル、ボン、パリ、ルクセンブルク、ニュルンベルク、ウィーン、ブダペスト、ハンガリー、フランス、ベルン、スイス、オーストリア、ボルドー、トリエステ、ベオグラード、ブカレスト、ルーマニア、ユーゴスラヴィア、クリミア、ヤルタ、ポルトガル、リスボン、マドリード、スペイン、アンドラ、モナコ、コルシカ、イタリア、ローマ、ヴァチカン市国、サルデーニャ、ソフィア、ブルガリア、イスタンブル、アンカラ、ティラナ、アルバニア、ギリシア、トルコ、アテネ、シチリア、タンジール(1945～56 国際管理)、ジブラルタル(英)、マルタ島(1964独立)(英)、クレタ島、キプロス(1960独立)(英)、大西洋、北海

0　250　500km

2 東西両陣営の安全保障体制

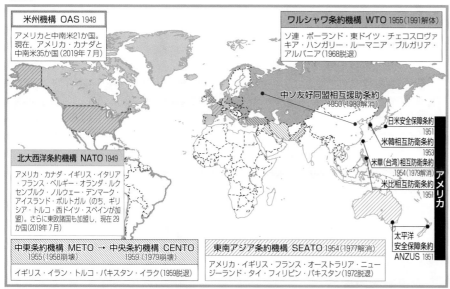

米州機構 OAS 1948
アメリカと中南米21か国。現在、アメリカ・カナダと中南米35か国(2019年7月)

ワルシャワ条約機構 WTO 1955(1991解体)
ソ連・ポーランド・東ドイツ・チェコスロヴァキア・ハンガリー・ルーマニア・ブルガリア・アルバニア(1968脱退)

中ソ友好同盟相互援助条約 1950(1980解消)

日米安全保障条約 1951
米韓相互防衛条約 1953
米華(台湾)相互防衛条約 1954(1979解消)
米比相互防衛条約 1951

北大西洋条約機構 NATO 1949
アメリカ・カナダ・イギリス・イタリア・フランス・ベルギー・オランダ・ルクセンブルク・ノルウェー・デンマーク・アイスランド・ポルトガル(のち、ギリシア・トルコ・西ドイツ・スペインが加盟)。さらに東欧諸国も加盟し、現在29か国(2019年7月)

中東条約機構 METO → 中央条約機構 CENTO
1955(1958崩壊) 1959(1979崩壊)
イギリス・イラン・トルコ・パキスタン・イラク(1959脱退)

東南アジア条約機構 SEATO 1954(1977解消)
アメリカ・イギリス・フランス・オーストラリア・ニュージーランド・タイ・フィリピン・パキスタン(1972脱退)

太平洋安全保障条約 ANZUS 1951

3 世界のおもな紛争(～1970年代) (1980年代～▶P.212)

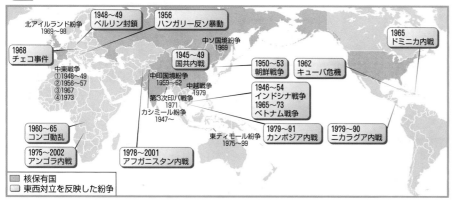

- 北アイルランド紛争 1969～98
- 1948～49 ベルリン封鎖
- 1956 ハンガリー反ソ暴動
- 1965 ドミニカ内戦
- 1968 チェコ事件
- 中ソ国境紛争 1969
- 中東戦争 ①1948～49 ②1956～57 ③1967 ④1973
- 1945～49 国共内戦
- 1950～53 朝鮮戦争
- 1962 キューバ危機
- 中印国境紛争 1959～62
- 中越戦争 1979
- 1946～54 インドシナ戦争
- 1965～73 ベトナム戦争
- 第3次印パ戦争 1971
- カシミール紛争 1947～
- 1960～65 コンゴ動乱
- 1975～2002 アンゴラ内戦
- 1978～2001 アフガニスタン内戦
- 東ティモール紛争 1975～99
- 1979～91 カンボジア内戦
- 1979～90 ニカラグア内戦

凡例：
- 核保有国
- 東西対立を反映した紛争

4 東西の対立(冷戦)

↑1 チャーチル(元英首相)の「鉄のカーテン」演説 バルト海のシュテッティンとアドリア海のトリエステを結ぶこの線は東西分断の境目であった。

↑2 トルーマン(米大統領)の演説 1947年3月、トルーマン大統領は米議会での演説で共産主義勢力に脅かされるギリシア・トルコに対する援助の必要性を強調した。

5 第三世界の自立

↑3 ネルー・周恩来会談 1954年、中国の周恩来首相とインドのネルー首相が会談し平和共存を柱とする「平和五原則」を発表した。国家体制の異なる両国によるこの宣言は、平和共存や第三世界の結集に大きく寄与した。

(UPI・サン)

↑4 第1回非同盟諸国首脳会議 1961年にユーゴスラヴィア(当時)のベオグラードで開催され、米ソいずれの陣営にも属さない「第三世界」諸国(25か国)が初めて結集した。

側注：ヨーロッパ / 西アジア / 南・東南アジア / 東アジア / アメリカほか

1 戦後のベルリン

↑ドイツ同様ベルリンも分割され，西ベルリンは，東側世界の海に浮かぶ西側世界の孤島となった。

↑2 「ベルリン空輸」作戦を実施する航空機
1948年，西側管理地区で通貨改革が断行されると，ソ連は西ベルリンへの交通路を閉鎖した（ベルリン封鎖）。これに対し西側諸国は，西ベルリン市民225万の生活物資を，空から運ぶ作戦を展開した。

↑3 ベルリンの壁 東西分割後，東ドイツから西ベルリン（西側世界）へ350万人もの人が亡命した。1961年，東ドイツ政府は国民が逃げられないように壁の建設を始めた。全長155km，壁を乗り越える者は射殺された。

A ベルリンの壁の構造

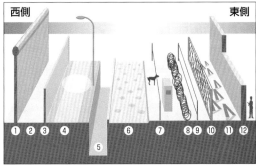

西側　東側

①コンクリートの壁
②開口部分
③音や光を探知するフェンス
④パトロール用の舗装道路
⑤幅3.5mの溝
⑥砂地
⑦番犬。リードが長いリールに付いている。
⑧鉄条網
⑨亡命者を探知するケーブル
⑩高さ2mの金網
⑪杭が設置された地面
⑫高さ3.4mのコンクリートの壁

（池上彰『そうだったのか！現代史』集英社文庫を参考に作成）

2 冷戦の終結

↓4 ベルリンの壁開放 1989年11月9日，28年もの間，東西ベルリンを隔てていた壁が開放された。それは，世界の人々に冷戦の終わりを告げるものであり，翌年のドイツ統一へとつながっていった。

マルタ会談（冷戦の終結）

米大統領
ブッシュ(父)

ゴルバチョフ

↑5 マルタ会談 第二次世界大戦末期1945年2月のヤルタ会談から兆候が見られた東西冷戦体制は，1989年12月アメリカのブッシュ大統領（父）とソ連のゴルバチョフ書記長のマルタ会談において終結が宣言された。その後，1991年12月にはソ連共産党が解体，ソヴィエト連邦は崩壊した。

1 アフリカ諸国の独立

```
0  500  1000km
```

凡例：
- □ 第二次世界大戦前の独立国
- ▨ 1946～59年の独立国
- ▨ 1960年(アフリカの年)の独立国
- □ 1961年以降の独立国
- 数字(国名) 独立年と独立前の宗主国

チュニジア 1956(仏)
モロッコ 1956(仏)
カナリア諸島
西サハラ 非独立(西)
アルジェリア 1962(仏)
リビア 1951(伊)
エジプト
カーボヴェルデ 1975(ポルトガル)
モーリタニア 1960(仏)
マリ 1960(仏)
ニジェール 1960(仏)
チャド 1960(仏)
スーダン** 1956(英)
エリトリア 1993(エチオピア)
セネガル 1960(仏)
ガンビア 1965(英)
ブルキナファソ 1960(仏)
ナイジェリア 1960(英)
ジブチ 1977(仏)
ギニアビサウ 1973(ポルトガル)
ギニア 1958(仏)
コートジボワール 1960(仏)
ベナン 1960(仏)
カメルーン 1960(仏)
中央アフリカ 1960(仏)
エチオピア
ソマリア 1960(英・伊)
シエラレオネ 1961(英)
リベリア
ガーナ 1957(英)
トーゴ 1960(仏)
ウガンダ 1962(英)
ケニア 1963(英)
赤道ギニア 1968(西)
ガボン 1960(仏)
コンゴ 1960(仏)
ルワンダ 1962(ベルギー)
ブルンジ 1962(ベルギー)
セイシェル 1976(英)
サントメ・プリンシペ 1975(ポルトガル)
コンゴ民主共和国(旧ザイール) 1960(ベルギー)
タンザニア 1961(英)
アンゴラ 1975(ポルトガル)
ザンビア 1964(英)
マラウイ 1964(英)
コモロ 1975(仏)
ナミビア 1990
ジンバブエ 1980(英)
モザンビーク 1975(ポルトガル)
マダガスカル 1960(仏)
ボツワナ 1966(英)
エスワティニ*** 1968(英)
レソト 1966(英)
モーリシャス 1968(英)
南アフリカ共和国*

* 独立時は南アフリカ連邦(～61)
** 2011年7月,南スーダンがスーダンより分離独立
*** 独立時はスワジランド(～2018.4)

作業
①1960年(アフリカの年)の独立国(▨)を着色しよう。

←1 独立宣言をするエンクルマ[ンクルマ](1957年) パン＝アフリカニズムの指導者としてガーナを独立に導き,1960年の黒人諸国の独立(「アフリカの年」)に大きな影響を与えた。一党独裁体制のもとで終身大統領となったが,66年のクーデタで失脚した。

2 独立後の問題点

植民地時代の人為的国境線		国民教育や民主主義の歴史が浅い
民族(部族)紛争	**内戦**	軍事政権・独裁政治

↓
旧宗主国による経済支配,モノカルチャー経済(単一商品作物に依存)
↓
経済的自立が困難

A 民族・部族の分布と国境線

25°E(東経25°)
西サハラ紛争 1973
アルジェリア・モロッコ国境紛争 1963～68
22°N(北緯22°)
スーダン内戦 第1次1955～72 第2次1983～2005
シエラレオネ内戦 1991～2002
チャド内戦 1965～84
ダルフール紛争 2003～13
エチオピア内戦 1962～
ソマリア内戦 1988～
オガデン戦争 1978～88
リベリア内戦 第1次1989～96 第2次1999～2003
ブルンジ内戦 1993～2006
ルワンダ内戦 1990～94
コンゴ動乱 1960～65
ウガンダ・タンザニア戦争 1972,1978～79
シャバ紛争 1977～78
アンゴラ内戦 1975～2002
ローデシア紛争 1965～79
ナミビア独立紛争 1975～90
20°E(東経20°)

凡例：
- □ 民族分布
- ― 植民地分割の線(国境)
- ― おもな人為的国境線

↑3 逮捕,虐殺されたルムンバ首相(当時)

飢餓に苦しむ母子
←2 ビアフラ紛争 1967～70

アフリカ

3 アパルトヘイトの撤廃

A アパルトヘイト時代の人種構成

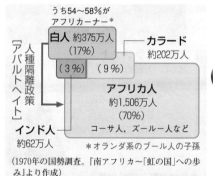

「アパルトヘイト」人種隔離政策

白人 約375万人(17%) → うち54～58%がアフリカーナー*
カラード 約202万人
(3%)(9%)
アフリカ人 約1,506万人(70%) コーサ人,ズールー人など
インド人 約62万人

* オランダ系のブール人の子孫

(1970年の国勢調査。『南アフリカ～「虹の国」への歩み』より作成)

←南アフリカの社会は,少数の白人が黒人を支配する階層社会であった。両者の間には「二級市民」として混血のカラードとインド人がいた。

人物ファイル マンデラ(1918～2013)

反アパルトヘイト運動の指導者マンデラは,27年以上におよぶ獄中生活に耐え,1991年に白人のデクラーク大統領と協力してアパルトヘイト撤廃を実現させた。大統領として,「新生南アフリカ」の基礎づくりに尽力したが,その後も厳しい社会情勢が続いている。

↓6 歌手のマイケル＝ジャクソンとポーズをとるマンデラ(1996年)

↑5 アパルトヘイトに抵抗し白人専用バスに乗る黒人男性(1986年) 当時はレストラン,ホテル,電車,公園から公衆トイレにいたるまで白人用と非白人用に区別されていた。

フツ族により虐殺されたツチ族の遺骨

↑4 ルワンダ内戦 ルワンダでは,植民地支配の後遺症が少数部族ツチ族と多数部族フツ族の部族対立をまねき,大虐殺(50～80万人)や難民(200万人)が発生した。

1 第二次世界大戦後の西アジア

エジプト	イラク	イラン
1922 エジプト王国成立	1932 イラク王国成立(親英的に)(ハーシム家の王)	1925 パフレヴィー朝成立
1948~49 パレスチナ戦争敗北 1952 **エジプト革命**~国王追放	1955 バグダード条約機構[METO]結成(親英米的に)	1951 **モサデグ首相**の石油国有化宣言
1956 ナセル大統領の**スエズ運河国有化宣言**→スエズ戦争(57年勝利)	1958 **イラク革命**→イラク共和国に。METO脱退(親ソ連的に)	1953 イラン=クーデタ パフレヴィー2世の親米近代化政策
1967 第3次中東戦争→シナイ半島失う	1979 フセイン大統領誕生 バース党を率いて独裁	1979 **イラン革命**→イラン=イスラーム共和国に。アメリカと断絶
1973 **第4次中東戦争**		
1979 **エジプト=イスラエル平和条約**(アメリカ仲介)	**1980~88 イラン=イラク戦争**	
1981 サダト大統領暗殺 ムバラク大統領に(親米的に)	●アメリカの支援を受ける 1991 **湾岸戦争**で多国籍軍に敗北(反米的に)	●イスラーム主義の輸出 レバノンのヒズボラなどを支援
1982 シナイ半島返還される	2003 **イラク戦争**→フセイン政権崩壊	2005 保守派アフマディネジャドが大統領に
2011 民主化革命がおこる	2006 マリキ政権発足(親米的に)	2009 再選するが動乱おこる

↑1 **イスラエルの建国宣言**(1948年5月14日,テルアヴィヴ) ブダペスト生まれのユダヤ人ヘルツルはシオニズム運動の提唱者である。

↑2 **エジプト革命** 1952年ナギブを担いだ自由将校団によるクーデタで王政が廃止された。この後1954年にはナセル政権が誕生した。

2 中東戦争

	原 因	結果と影響
〈第1次〉 1948 **パレスチナ戦争** Ⓐ	**イスラエル建国**に対するアラブ諸国の攻撃	1949年停戦→イスラエルの勝利・建国・領土の拡大 パレスチナ難民の発生(約100万人)
〈第2次〉 1956 **スエズ戦争**	ナセルの**スエズ運河国有化**に反対の英・仏・イスラエルの攻撃	英仏への国際的非難の高まり 米ソの戦争反対 **国連緊急軍の創設**
〈第3次〉 1967 **六日戦争** Ⓑ	エジプトのアカバ湾封鎖口実にイスラエルの奇襲攻撃	イスラエル圧勝→領土約5倍に拡大(シナイ半島・ガザ地区・ゴラン高原など) 新しいパレスチナ難民発生 国連撤退決議。アラブ団結の強化
〈第4次〉 1973 **十月戦争**	第3次中東戦争の失地奪回→エジプト・シリアの先制攻撃	アラブ初の緒戦勝利→米ソの仲介で停戦 エジプト~スエズ運河奪回 アラブ産油国の**石油戦略**→第1次石油危機

➡3 **第2次中東戦争** エジプトのナセルのスエズ運河国有化宣言に対し,英・仏・イスラエルが侵攻した。しかし国際的非難の中で撤退,ナセルはアラブ民族主義の旗手となった。

↑4 ナセル

➡5 **アラファト**(1929~2004) 1969年PLO[パレスチナ解放機構]の議長に就任。当初はゲリラの首領と見られていたが,90年代より対話路線に転じた。彼の長期政権下,汚職がはびこるようになった。

Ⓐ 第1次中東戦争(1948~49)

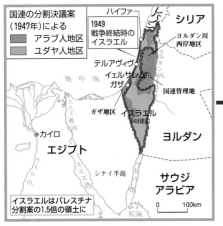

↑イスラエルが勝利し独立を守った。

Ⓑ 第3次中東戦争(1967)

↑イスラエルの圧倒的な勝利に終わった。

Ⓒ オスロ合意(1993)以降

↑先行自治が実現した後,対立は激化した。

西アジア

③ 中東和平の歩み

↑⑥ キャンプ゠デーヴィッド合意(1978年) アメリカの仲介でエジプトとイスラエルの和平が実現した。しかし和平に対する批判は双方ともに根強く、サダトは1981年に暗殺された。

↑⑦ オスロ合意[パレスチナ暫定自治協定] 1993年イスラエルとPLOがアメリカの仲介で双方を承認するという歴史的協定。しかし双方で反対の動きが激化し、ラビンは1995年に暗殺された。

⑥ 湾岸戦争から9・11以後へ

1990	.8 イラク、クウェート侵攻
1991	.1 **湾岸戦争勃発**～多国籍軍(米中心)、イラク攻撃
2001	**.9.11 米で同時多発テロ事件勃発**
	.10 米英軍、アフガニスタン攻撃(**対テロ戦争**)
2002	.11 国連によるイラク査察再開
2003	**.3 イラク戦争勃発**
	.4 米英軍、バグダード制圧
	.7 日本「イラク復興支援特別措置法」成立→自衛隊イラク派遣
	.12 米軍、イラクのフセイン拘束
2004	.6 イラク暫定自治政府発足(アル゠カーイダ等の自爆テロ頻発)
2006	.7 イスラエル、レバノン侵攻

⑦ アフガニスタンの動き

↑⑬ ターリバーン政権に破壊されたバーミヤンの大仏 イスラーム原理主義組織ターリバーンは、反ソ連ゲリラ戦でアメリカの支援を受けて成長し、アフガニスタンのほぼ全土を制圧した。しかし、2001年のアメリカの対テロ戦争を受けて崩壊した。のちパキスタン国境地域で勢力を回復している。

④ 資源ナショナリズムの動き

↑⑧ OPEC湾岸諸国会議 第4次中東戦争では、OPEC[石油輸出国機構]とOAPEC[アラブ石油輸出国機構]は石油戦略を発動してイスラエルに対抗した。イスラエル寄りの外交を展開していた先進国は大きな衝撃を受けた。

(武者小路公秀「ビジュアル版世界の歴史20」)

↑⑨ 石油危機 第1次中東戦争(1073年)とイラン革命(1979年)の際の2度おきた。西アジア産油国は、石油の大幅値上げを断行した。写真はパニックに陥りスーパーのトイレットペーパーに殺到する人々。(1973年、日本)

⑤ イランの動き

↑⑩ モサデグ 民族主義者のイラン首相。1951年イギリス系アングロ゠イラニアン石油会社を接収し石油国有化を断行。53年国王派クーデタで挫折。

↑⑪ パフレヴィー2世 モサデグ追放後、上からの近代化の白色革命を推進。しかし脱宗教的な社会変革と貧富の差の増大は、社会危機をもたらした。

←⑫ イラン革命(1979年) パフレヴィー朝が打倒され、ホメイニを最高指導者とするイラン゠イスラーム共和国が樹立された(イランでは宗教上の最高指導者が三権の上位に存在する)。革命の波及を恐れたイラクはアメリカの支援により一大軍事強国となり、イラン゠イラク戦争を引きおこした。

Ⓐ イラン革命(1979)以前　Ⓑ イラン゠イラク戦争(1980～88)　Ⓒ 湾岸戦争(1991)

⑧ アラブの春 (2016年10月現在)

凡例：デモ発生国／政変の起きた国／内戦状態の国

↑2010年末にチュニジアから始まった「アラブの春」と名付けられた変革は、北アフリカ・西アジアへ一気に波及した。しかしその後、これらの国々では政治的混乱が続いている。

←⑭ オサマ゠ビン゠ラーディンとテロ組織の「アル゠カーイダ」 1979年以降のソ連のアフガン支配に対し、アメリカはイスラーム系のゲリラ組織を支援したが、その一つがビン゠ラーディン率いる「アル゠カーイダ」であった。彼はその後、反米に転じ、2001年の9・11の同時多発テロ事件を引きおこす。

1 戦後の南アジアの歩み

1947	英首相アトリー，インド独立法制定
	インド連邦・パキスタン，分離独立
	（ともに英連邦内の自治領として）
	第1次印パ戦争（～49）
1948	**マハトマ＝ガンディー暗殺**
	セイロン独立（英連邦内自治領）
1950	インド共和国成立，インド憲法成立

首相　ネルー（任1947～64）
1954 コロンボ会議→アジア＝アフリカ会議提唱
ネルー・周恩来会談→「平和五原則」
1955 **アジア＝アフリカ会議[バンドン会議]主導**
1959 チベット反乱→ダライ＝ラマ14世のインド亡命，中印国境紛争（～62）
1961 **第1回非同盟諸国首脳会議を主導**
ポルトガルからゴア接収

1965	第2次印パ戦争[カシミール紛争]

首相　インディラ＝ガンディー（任1966～77）
1971 **東パキスタン独立→バングラデシュ**
第3次印パ戦争
1972 セイロン，スリランカと改称
1974 インド，第6番目の核保有国に
1977 総選挙→国民会議派大敗

1980	首相　インディラ＝ガンディー復権
1984	**インディラ＝ガンディー暗殺**
	首相　ラジブ＝ガンディー
1992	インド，宗教対立激化
1993	パキスタンでブット人民党内閣成立
1998	インド人民党内閣（ヒンドゥー原理主義）
	インド・パキスタン核実験
1999	パキスタンでムシャラフの軍事クーデタ
2004	インド国民会議派勝利
2008	パキスタン，ムシャラフ政権退陣
	インドでムンバイ同時テロ
2014	インド人民党（モディ政権の与党に）

A ネルー王朝 ＊比喩的な表現

インドの首相は世襲ではないが，インド国民会議を率い，3代にわたって首相を務めたので，ネルー王朝とも呼ばれる。

←1 ネルー（病死）

↓ 娘

←2 **インディラ＝ガンディー** 1966～77年，80～84年の二度首相を務めた。貧困追放をスローガンに社会主義的政策を推進した。急進的なシク教徒に暗殺された。

↓ 息子

←3 **ラジブ＝ガンディー** 1984～89年，母インディラの後を継いで首相となったが，タミル人の女性自爆者により1991年暗殺された。

ネルー（インド）　マウントバッテン総督（英）（ヴィクトリア女王のひ孫）　ジンナー（パキスタン）

↑4 **分離独立（1947年8月）** イギリスのインド支配の中で煽られた宗教対立は，分離独立となって現れた。イスラームの多い地域はパキスタン（東西の飛び地国家）として独立，1948年には上座部教徒が多数を占めるセイロンが独立した。

←5 **ガンディーの葬儀（1948年）** 最期まで宗教和解を願っていたガンディーだが，ヒンドゥー，ムスリムの対立は激化。ムスリムとの融和を説くガンディーは，ヒンドゥー至上主義者に暗殺された。

B カシミール問題

— 印パ停戦ライン
…… 国境線未画定

中国
カラコルム峠
K2
パキスタンが支配
中国が支配
アクサイチン地区
パキスタン
スリナガル
インドが支配
ジャンム＝カシミール州
イスラマバード
インド

←カシミール藩王国の，インドへの帰属を決定したヒンドゥー教徒の藩王と，反対するムスリム住民の対立に端を発した問題で，印パ戦争に発展した。現在は領域のほぼ中間に停戦ラインが引かれている。カシミールはカシミヤ山羊からとれる高級毛織物のカシミヤの語源でもある。

PURE CASHMERE

←6 カシミヤのマフラー

2 南アジアの動き

中華人民共和国
1947～ カシミール紛争
1959～62 中国・インド国境紛争
カーブル イスラマバード カシミール
アフガニスタン共和国
パキスタン・イスラーム共和国
デリー
ネパール カトマンズ
ブータン王国 ティンプー
ミャンマー連邦（ビルマ連邦）ネーピードー ヤンゴン
インド
バングラデシュ人民共和国
タミル人（ヒンドゥー教徒）とシンハラ人（仏教徒）の民族抗争
1971 第3次印パ戦争 バングラデシュ独立
0 400 800km
スリジャヤワルダナプラコッテ
スリランカ民主社会主義共和国

↑7 **スリランカ内戦（タミル人ゲリラ兵士）** 1983年から2009年にかけて展開された内戦も，スリランカ政府により制圧されて終結した。その根底には多数派のシンハラ人と少数派のタミル人との対立があった（◀P.142）。

作業
①パキスタンの領域（……）とスリランカの領域（////）に着色しよう。

インド・日本の合弁企業による自動車生産

↑8 **インドの経済発展** 長期的には，急速な高齢化が進展する中国より，人口の半分が25歳以下のインドの方が経済発展が見込めるとの分析がある。しかし一方，民族的・宗教的な多様性を抱えた複雑な社会構成が弱点になるとの指摘もある。

モディ首相

↑9 **インド人民党** 穏健ではあるがヒンドゥー至上主義を掲げ，国民会議派にかわって1998年に政権を獲得。一度下野するも2014年にモディ政権の与党となった。「一つのインド」を目標に経済発展をはかるモディ首相だが，その裏でイスラーム排斥の動きが起きているという指摘もある。

1 戦後の東南アジアの歩み

1945	インドネシア共和国独立(スカルノ指導)
	└→オランダとの闘争(1949 完全独立)
	ベトナム民主共和国独立(**ホー゠チ゠ミン**指導)
	└→**インドシナ戦争**(1946~54)(対フランス)
1946	フィリピン共和国独立(米より)
	ラオス王国成立
1948	ビルマ連邦共和国独立(英より)
1949	仏,ベトナム国樹立(主席バオ゠ダイ)
	カンボジア王国独立(仏より,元首シハヌーク)
1954	ジュネーヴ休戦協定→インドシナ戦争終結
	東南アジア条約機構[SEATO]成立(~77)
1955	アジア゠アフリカ会議[バンドン会議]
	ベトナム共和国成立(ゴ゠ディン゠ジエム大統領)
1957	マラヤ連邦成立(英連邦領内の自治領)
1963	**マレーシア連邦成立**(シンガポール含む)
1965	**ベトナム戦争開始**(~1975)
	シンガポール独立(マレーシア連邦より)
	インドネシア,九・三〇事件(共産党抹殺へ)
	フィリピン,**マルコス**大統領就任
1967	**東南アジア諸国連合[ASEAN]結成**
1968	インドネシア,**スハルト**正式大統領に
1970	カンボジアで親米右派ロン゠ノルのクーデタ
1973	**ベトナム[パリ]和平協定調印**
1975	サイゴン(現ホーチミン)陥落
	ラオス人民民主共和国成立(王政廃止)
1976	カンボジア,**ポル゠ポト政権**成立
	ベトナム社会主義共和国成立←
1978	ベトナム軍,カンボジア侵攻
1979	└→カンボジア人民共和国成立(**ヘン゠サムリン政権**)
	中越戦争(中国・ベトナムの国境紛争)
1986	フィリピン,**二月革命→アキノ政権**成立
1989	ビルマ,国名をミャンマーに改称
1993	カンボジア王国成立(国王シハヌーク)
1995	ベトナム,アメリカとの国交正常化
1997	タイ発アジア通貨危機
1998	インドネシアでスハルト辞任
2002	東ティモール独立(インドネシアより)
2004	スマトラ沖大地震
2006	タイで反タクシン首相派によるクーデタ

↑1 **カンボジア動乱** 豊かな農業国だったカンボジアは1970年からベトナム戦争の影響を受け,戦火に巻き込まれた。さらに1976年に成立した赤色クメール[ポル゠ポト政権]は,農村を基盤とする極端な共産主義社会の建設をとなえ,その中で大量虐殺が行われた。自国民の30%(約300万人)が虐殺されたとされる。

2 インドシナ戦争・ベトナム戦争

- ビルマ連邦
- ハノイ
- **1954.5 ディエンビエンフーの戦い**
- **1964.8 トンキン湾事件**
- ラオス王国
- **1965~68 アメリカ北爆**
- ベトナム民主共和国
- タイ王国
- カンボジア王国
- プノンペン
- ベトナム共和国
- サイゴン
- □ 解放戦線の活動地域
- □ ラオス愛国戦線(パテト゠ラオ)の勢力範囲
- □ 赤色クメールの勢力範囲
- ← ホー゠チ゠ミンルート
- メコンデルタへアメリカ軍上陸(1967.1)

→2 **ホー゠チ゠ミン** 共産主義の理念の下,日・仏・米の侵略に抵抗。死後北ベトナムによる統一が実現したが,1986年からドイモイ政策が始まり市場経済を導入。1995年にはアメリカとの国交も正常化した。現在,ホー゠チ゠ミンのTシャツも売られている(7ドル)。

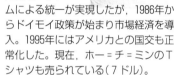

↑3 **スカルノ**　↑4 **スハルト** インドネシアは多様な島々から成るが,スカルノは対オランダ独立戦争を戦う中で一つの国家として独立させることに成功した。しかし,その維持は困難で1965年失脚,スハルトが政権の座についた。

↑5 **東南アジアの女性指導者** フィリピンのコラソン゠アキノは夫が暗殺された後,マルコス独裁を打倒,1986年大統領となった。ミャンマーのアウン゠サン゠スー゠チーは,民主化運動の象徴として長く軟禁状態にあったが,2010年に解放され政治活動を再開した。

3 ベトナム戦争の経過

1887	仏領インドシナ連邦成立
1940	日本軍,北部仏領インドシナに進駐
1941	ベトナム独立同盟会(ホー゠チ゠ミン指導)
1945	独立宣言　日本の敗戦
1946~54　インドシナ戦争	
1954	ディエンビエンフー陥落 ジュネーヴ休戦協定(北緯17度線で南北分断)
	(主席バオ゠ダイ)
	ベトナム民主共和国(ホー゠チ゠ミン大統領)
1955	ベトナム共和国(ゴ゠ディン゠ジエム大統領など)
1960	南ベトナム解放民族戦線
1964	トンキン湾事件
1965~75　ベトナム戦争	
1965	アメリカ軍北爆開始
1968	テト攻勢,ソンミ村虐殺 パリ拡大和平会談開始
1973	**ベトナム[パリ]和平協定調印** アメリカ軍撤退
1975	サイゴン陥落
1976	南北ベトナム統一選挙 **ベトナム社会主義共和国成立**

フランス ── 1949 ベトナム国 支援
アメリカ ── 支援

↑6 **「安全への逃避」沢田教一**(1965年南ベトナム中部) ベトナム戦争では大勢のカメラマンが戦場に入り,戦争の光景を世界に発信した。しかし,その活動は死と隣り合わせだった。(沢田も1970年,カンボジアでの取材中に殉職した。)

↑7 **米軍の枯葉剤により枯れ果てたマングローブ林**(1976年8月,ベトナム南部のカマウ岬)

1 中華人民共和国の歩み

	指導者			1946	国共内戦本格化
国家建設期	毛沢東（党主席）	国家主席		1949	中華人民共和国成立（首都：北京） 台湾国民政府成立（蔣介石総統）
				1950	中ソ友好同盟相互援助条約
				1953	第1次五カ年計画始まる（～1957）
大躍進とその挫折		周恩来（首相）	劉少奇	1958	第2次五カ年計画始まる 大躍進, 人民公社成立 → 生産減退
				1959	チベットで反乱, 中印国境紛争
				1960	平和共存をめぐり中ソ論争公然化
				1964	原爆実験に成功（1967　水爆も成功）
文化大革命				1966	プロレタリア文化大革命始まる
				1969	珍宝島[ダマンスキー島]にて中ソ武力衝突
				1971	中国の国連代表権交替　台湾, 国連脱退
				1972	ニクソン訪中, 日中国交正常化
		華国鋒	趙紫陽	1976	周恩来死去, 第1次天安門事件, 毛沢東死去, 「四人組」追放
	鄧小平（最高実力者）	胡耀邦		1978	新憲法公布（「四つの現代化」を目標） 日中平和友好条約調印
				1979	米中国交正常化　中越戦争 中ソ友好同盟相互援助条約破棄
改革・開放政策		江沢民	李鵬	1989	第2次天安門事件（民主化要求運動弾圧） 趙紫陽辞任, 江沢民総書記就任
				1992	中韓国交正常化
			朱鎔基	1997	鄧小平死去, 香港返還（7月1日）
				1998	朱鎔基首相就任（～2003）
				1999	マカオ返還
李克強	習近平	胡錦濤	温家宝	2003	胡錦濤国家主席, 温家宝首相就任
				2008	北京オリンピック
				2013	習近平国家主席, 李克強首相就任

ジャイアント・パンダ
（ネコ目クマ科, 大熊猫）

ニクソン
周恩来

（写真は中国から日本に贈られたパンダ）

↑6 ニクソン訪中（1972年2月）　1971年, 国連代表権が中華人民共和国に移ったことを機に, アメリカは台湾（中華民国）との国交を断ち, 中華人民共和国との関係樹立を進めた。この時友好の証として贈られたのがジャイアント・パンダだった。

大気汚染のスモッグでかすむ上海（外灘[バンド]◀P.169）から見たテレビ塔

←7 現在の中国
目覚ましい経済成長をとげる中国は, 2010年に名目GDP世界2位となり, またAIIB（アジアインフラ投資銀行）を設立するなど, 国際経済の中心になろうとしている。しかし公害の進展や, 「一人っ子政策」による高齢化の進展など大きな弊害も目立っている。

←1 中華人民共和国の成立を宣言する毛沢東（1949年10月 北京の天安門広場）　農民を主体とした解放区を拡大した中国共産党が, 国民党との内戦に勝利した。東西冷戦下, アメリカのアジア外交は転換することになった。

毛沢東

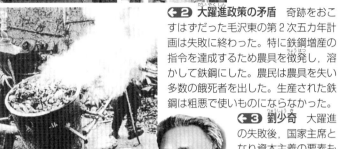

←2 大躍進政策の矛盾　奇跡をおこすはずだった毛沢東の第2次五カ年計画は失敗に終わった。特に鉄鋼増産の指令を達成するため農具を徴発し, 溶かして鉄鋼にした。農民は農具を失い多数の餓死者を出した。生産された鉄鋼は粗悪で使いものにならなかった。

土法炉を使った製鉄に励む人々

←3 劉少奇　大躍進の失敗後, 国家主席となり資本主義の要素も取り入れ, 経済を立て直した。しかし, それが文化大革命で批判され, 獄中死した。

无产阶级文化大革命

毛主席语录

↑4 プロレタリア文化大革命（北京に集まった数十万の紅衛兵）　「造反有理」を掲げ毛沢東語録を手にした紅衛兵が暴走するなど, 中国は内乱に近い状態となった。実態は毛沢東の権力闘争であり, 劉少奇らを「走資派」として失脚させるものであった。

↑5 毛沢東語録

←9 李登輝　国共内戦に敗れた蔣介石率いる中華民国は台湾に逃れた。この後, 非台湾出身者[外省人]を中心として蔣介石・蔣経国親子の独裁となった。李登輝は1988年, 初の台湾出身[本省人]の国民党総統となり, 民主化を推進した。

←8 鄧小平　鄧小平指導の改革・開放政策のもとで成長してきた市民層は, 1989年, 民主化を要求してデモを行った。鄧小平はこれを弾圧し多数の犠牲者が出た。以後, 市民層の関心は経済発展のみに絞られた。

←10 ダライ＝ラマ14世　先代ダライ＝ラマの生まれかわりとされるチベット仏教の教主。1959年のチベット動乱によりインドに亡命し現在にいたる。多くのチベット仏教徒の尊敬を集めている。2008年中国政府によるチベット弾圧の問題が浮上した。

② 朝鮮戦争 Ⓐ 朝鮮戦争の展開

＊韓国では日本海を東海と呼ぶ

- ― 北朝鮮軍の最前線
- ← 北朝鮮軍の進路

中華人民共和国
1949.10.1 建国
朝鮮民主主義人民共和国 1948.9.9建国
ピョンヤン
日本海
北緯38度線
黄海
ソウル
大韓民国 1948.8.15 建国
釜山
対馬
0 100km

↑ 1950年9月14日

- ― 国連軍の最前線
- ← 国連軍の進路

1950.10.19 中国義勇軍参戦
ピョンヤン
ソウル 仁川
1950.9.15 「国連軍」仁川上陸
釜山
対馬
0 100km

↑ 1950年11月26日

中華人民共和国
朝鮮民主主義人民共和国
軍事境界線
ピョンヤン
開城 板門店 北緯38度線
大韓民国
光州 慶州
釜山
対馬
1951.7〜53.7 休戦会談 1953.7.27 休戦協定調印
0 100km

↑ 1951年7月27日

1945	.8	米ソによる南北分割占領（北緯38度線）
1948	.8	大韓民国成立（大統領李承晩）
	.9	朝鮮民主主義人民共和国成立（首相金日成）
朝鮮戦争		
1950	.6	朝鮮戦争勃発
1951	.6	戦線膠着
1953	.7	板門店で休戦協定調印 → 南北分断固定化

（マックス＝デスフォー撮影）　（AP/WWP）

↑⑪ 朝鮮戦争　冷戦構造が実際の戦争となり朝鮮は南北分断が固定化し，1,000万の離散家族が生み出された。写真は崩壊した橋を渡る北からの避難民（1950年）。

③ 戦後の韓国

→⑭ 李承晩（任1948〜60）　→⑮ 朴正煕（任1963〜79）

ニューアングル 韓国大統領の運命　第1〜3代／第5代

初代大統領李承晩は独裁に反対する学生革命により退陣した。朴正煕は長期の軍事独裁政権下，日本資本の導入による急激な経済成長を成し遂げたが，部下に暗殺された。全斗煥軍事政権下，大統領の直接選挙制が導入され，軍人出身の盧泰愚が当選したが，のちに2人とも1980年の光州事件の責任などを問われ有罪となった。初の文民大統領金泳三は引退後の評判が悪く，また金大中は大統領に当選するまでに苦難の時代が長かった。また初の女性大統領朴槿恵は，一連の不祥事により，2017年3月に大統領弾劾が成立して罷免された。退任後，親族が汚職に問われることも多く，金泳三・金大中の息子は有罪となった。さらに盧武鉉第16代大統領は妻子の金銭授受疑惑の渦中，2009年自殺した。

→⑯「JSA」（2002年，韓国作品）　北緯38度線の板門店にある南北の共同警備区域での殺人事件を描いた映画。南北分断の悲劇が描かれている。

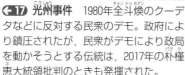

←⑰ 光州事件　1980年全斗煥のクーデタなどに反対する民衆のデモ。政府により鎮圧されたが，民衆がデモにより政局を動かそうとする伝統は，2017年の朴槿恵大統領批判のときも発揮された。

↑⑫ 初の日朝首脳会談（2002年9月）　小泉首相の訪朝で拉致被害者の一部が帰国したが，問題解決にはほど遠い状況にある。

④ 戦後日本の動き

←⑱ 昭和天皇とマッカーサー　1945年9月27日，昭和天皇はマッカーサーを訪問した。GHQは占領政策を円滑にするため天皇の存在を利用しようとした。

↑⑲ 朝鮮特需　朝鮮戦争は，アメリカ軍の特需による日本経済復興の要因となった。写真はアメリカ軍の注文で日本の企業が照明弾を製造しているところ。

①金日成（1912〜94）　②金正日（1942〜2011）　③金正恩

↑⑬ 北朝鮮の3代の指導者　抗日パルチザンの英雄という「革命神話」で極端な個人崇拝の国家を築いた金日成の権力は，その子金正日に，さらに2012年には孫の金正恩に継承された。近年では核開発とミサイル開発が進展している。

1 戦後の西ヨーロッパの歩み

イギリス	フランス	ドイツ（西ドイツ）	その他
アトリー　労働党 （任1945～51） ☆　福祉国家実現 49　エールの英連邦離脱，アイルランド共和国成立 52　原爆実験に成功 56　スエズ戦争介入(失敗) 60　ヨーロッパ自由貿易連合 63　仏の拒否でEEC加盟失敗 69　北アイルランド紛争表面化 73　ECに正式に加盟 サッチャー　保守党 （任79～90） ☆　新保守主義 82　フォークランド戦争 ブレア　労働党(任97～2007) 97　香港を中国に返還 98　北アイルランド和平合意 99　スコットランド，ウェールズに自治議会設立 05　ロンドンで同時多発テロ キャメロン　保守党(任2010～16) メイ　保守党(任2016～19) ジョンソン　保守党(任2019～22) 20　EU離脱	46　第四共和政発足　インドシナ戦争（～54） 54　アルジェリア戦争 58　第五共和政発足 ド＝ゴール(任59～69) 60　原爆実験に成功 62　アルジェリア独立承認 64　中国承認 66　NATO軍事機構から脱退 68　五月革命 75　先進国首脳会議 ミッテラン　社会党（任81～95） ☆　仏独連帯によるヨーロッパ統合 シラク　ド＝ゴール派（任95～2007） 95　核実験再開（～96）　NATOに部分復帰 オランド　社会党(任2012～17) マクロン　中道・独立系（任2017～）	45　4か国分割占領 48　ベルリン封鎖（～49） 49　ドイツ連邦共和国成立 アデナウアー　キリスト教民主同盟(任49～63) 55　パリ協定で主権回復，NATO加盟　ソ連と国交回復 61　東独，ベルリンの壁建設 ブラント　社会民主党（任69～74） ☆　東方外交展開 70　ソ連と武力不行使協定　ポーランドと関係正常化 72　東西ドイツ基本条約(翌年，国連同時加盟) コール　キリスト教民主同盟(任82～98) 89　ベルリンの壁開放 90　東西ドイツの統一 メルケル　キリスト教民主同盟(任2005～21)	46　イタリア，共和政に 55　オーストリア，永世中立化 63　キプロス紛争 67　ギリシアで軍事クーデタ 74　ポルトガル民主化 75　ギリシア，共和政移行　スペインでフランコ死去(ブルボン朝復位)

↑1 アデナウアー(西独首相)とシューマン(仏外相)　戦後復興に指導力を発揮したアデナウアーは，シューマンの石炭・鉄鋼を超国家的に共同管理する提案に賛成した。ヨーロッパ統合の始まりである。

↑2 マーストリヒト条約の調印(1992年)　マーストリヒトで開かれたEC首脳会議で，外交や安全保障を含めた政治同盟としてEUを創設することが決まった。

2 ヨーロッパ統合～ヨーロッパ連合[EU]の成立

1948
ヨーロッパ経済協力機構[OEEC]：マーシャルプランの受け入れ機関

1950
シューマンプラン：フランス・ドイツの石炭・鉄鉱資源の共同管理

1958 ヨーロッパ経済共同体[EEC]　**1952** ヨーロッパ石炭鉄鋼共同体[ECSC]　**1958** ヨーロッパ原子力共同体[EURATOM]

1967 ヨーロッパ共同体[EC]
フランス，西ドイツ，イタリア，ベネルクス3国（ベルギー，オランダ，ルクセンブルク）
1973　アイルランド，デンマーク，イギリス＊
1981　ギリシア
1986　スペイン，ポルトガル
＊イギリスは2020年に離脱

1960 ヨーロッパ自由貿易連合[EFTA]

1992 ヨーロッパ連合(マーストリヒト)条約
1993 ヨーロッパ連合[EU]
1995　オーストリア，フィンランド，スウェーデン
2004　旧東欧など10か国
2007　ブルガリア，ルーマニア
2013　クロアティア

A EUの拡大 (2022年現在)

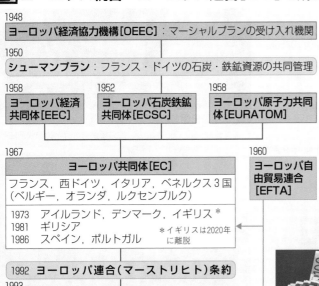

凡例：1995年までのEU加盟国(15か国)／2004年加盟国(10か国)／2007年加盟国(2か国)／2013年加盟国(1か国)／ユーロ導入国(19か国)

イギリスは2020年離脱

スウェーデン　フィンランド　ロシア連邦　ノルウェー　エストニア　ラトヴィア　リトアニア　ベラルーシ　イギリス　デンマーク　アイルランド　オランダ　ベルギー　ドイツ　ポーランド　ルクセンブルク　チェコ　スロヴァキア　ハンガリー　ウクライナ　スイス　フランス　オーストリア　スロヴェニア　ルーマニア　モルドヴァ　ポルトガル　スペイン　イタリア　ブルガリア　マルタ　ギリシア　トルコ　キプロス

1.クロアティア　2.ボスニア・ヘルツェゴヴィナ　3.セルビア　4.モンテネグロ　5.アルバニア　6.北マケドニア　7.コソヴォ

↑3 ユーロ紙幣　2002年，12か国(イギリス，デンマーク，スウェーデンは未参加)で単一通貨ユーロの流通が始まった。これによりヨーロッパ統合は節目を迎えた。

↑4 EUの旗

3 戦後のイギリス

スエズ運河

↑5 スエズから撤退する英仏軍 エジプトが**スエズ運河国有化を宣言**すると，イギリスはフランス，イスラエルと軍事介入した（**スエズ戦争**）。しかし，国際世論の批判と米ソの警告により撤退した。

中曽根首相(日) レーガン大統領(米) サッチャー首相(英) ミッテラン大統領(仏) コール首相(西独)
ヴェネツィアサミット(1987年)

↑6 サッチャー ヨーロッパ初の女性首相となり，強硬な反共反ソの姿勢から「鉄の女」と呼ばれた。内政では，福祉政策に依存して勤労意欲を失い，国際競争力が低下していたイギリス経済（イギリス病）の克服に取り組んだ。

アイルランド首相 ブレア英首相 自治政府副首相(カトリック系) 自治政府首相(プロテスタント系)

↑7 北アイルランド自治政府の復活(2007年)「ニュー労働党」のブレアは，スコットランドでは300年ぶり，ウェールズでは600年ぶりに地方議会を復活させた。また，イラク戦争参戦で批判が高まったが，北アイルランド紛争の解決に道筋をつけた。

ヨーロッパ

4 戦後のフランス

人物ファイル **ド＝ゴール** (1890〜1970)

ド＝ゴール
↑8 パリ解放時のド＝ゴール(1944年8月25日)

レジスタンスの英雄ド＝ゴールは，**アルジェリア独立**による国家的危機を乗り切り，強大な大統領権限を行使した。イギリスをアメリカの「トロイアの木馬」とみなしてＥＥＣ加盟を拒否するなど「偉大なフランス」を主張する外交を展開した。威厳を保つために大衆の前で笑わなかった。

↑9 五月革命 1968年5月，社会の管理強化に対する学生反乱がパリで始まった。その後，全国の労働者も決起して，ド＝ゴール政権を揺るがす事態に発展していった。

→10 1970年の核実験(仏領ポリネシア，ファンガタウファ環礁) ド＝ゴール以来，フランスはサハラとポリネシアで実験を行ってきた。シラク大統領が95，96年に強行した核実験は国際的な非難を受けた。

5 戦後のドイツ

人物ファイル **ブラント** (1913〜92)

↑11 ユダヤ人犠牲者慰霊碑前にひざまずくブラント(1970年)

西ドイツ首相となったブラントは，**東方外交**によって東欧諸国との和解を実現し，ドイツ再統一への道を開いた。1970年にポーランドとの関係正常化のためワルシャワを訪問したブラントは，ユダヤ人犠牲者慰霊碑前にひざまずき祈りを捧げた。それは過去の克服に真剣に取り組む姿勢を示すものであった。

↑12 ドイツ統一 1990年10月3日午前0時，ブランデンブルク門に約100万の市民が集い，ドイツ再統一が実現した。同時に，旧東ドイツ地域の再建という重い課題への取り組みが始まった。

←13 ヴァイツゼッカー 西ドイツ大統領として1985年の第二次世界大戦終結40周年記念式典において，ナチスの犠牲となったすべての人々に対して追悼の意を表明した。平和な未来を志向するためには，過去に目を閉ざすべきではないとする主張は，世界中で大きな反響を呼んだ。

←14 放火されたトルコ人家族(1993年) 統一後の旧東ドイツ地域では，高い失業率を背景に外国人労働者を襲撃する事件が多発した。それは，失業者の増大を外国人労働者，難民に責任転嫁するものであった。
放火された家

←15 メルケル首相(任2005〜21)旧東ドイツ出身のメルケルは，ドイツ初の女性首相となった。

1 戦後のソ連・東ヨーロッパの歩み

		ソ連（ソ連解体後はロシア）		東欧諸国
22 スターリン	1947	コミンフォルム（共産党情報局）結成（～56）	☆	社会主義政権の成立
	1948	コミンフォルム，ユーゴを除名	1948	チェコスロヴァキア＝クーデタ
	1949	経済相互援助会議[コメコン]創設（～91）		ベルリン封鎖
		原爆保有を公表	1949	東ドイツが成立
	1950	中ソ友好同盟相互援助条約（～80）		
53 フルシチョフ	1953	スターリン死去　集団指導体制へ	1953	東ベルリン，反ソ暴動
	1955	ワルシャワ条約機構結成（～91）	1956	ポーランド反ソ暴動（ポズナニ）
		ジュネーヴ4巨頭会談		ハンガリー反ソ暴動（ブダペスト）
	1956	共産党第20回大会でスターリン批判		
	☆	資本主義国との平和共存路線への転換（＝「雪どけ」）		
		ハンガリー事件		
	1957	人工衛星スプートニクの打ち上げ成功		
	1959	フルシチョフ訪米	1961	「ベルリンの壁」（～89）
	1962	キューバ危機		第1回非同盟諸国首脳会議（ベオグラード）
	1963	米英と部分的核実験禁止条約調印		アルバニア，ソ連と断交
		中ソ論争激化		
64 ブレジネフ 82	1968	チェコに軍事介入（チェコ事件）	1968	チェコスロヴァキアの自由化「プラハの春」
	1969	中ソ国境紛争		
	1970	西ドイツと武力不行使宣言	1972	東西ドイツ基本条約調印（翌年，国連同時加盟）
	1979	アフガニスタン侵攻	1980	ポーランド，自主管理労組「連帯」結成
	1982	アンドロポフ書記長就任　1984　チェルネンコ書記長就任		
85 ゴルバチョフ 91	☆	ペレストロイカ[改革]開始		
	1986	チェルノブイリ原発事故		
	1988	アフガニスタンから撤退開始（～89）	1989	東欧の民主化（東欧革命）
	1989	マルタ会談で冷戦終結を宣言		ベルリンの壁開放
	1990	バルト3国，独立を宣言	1990	東西ドイツ統一
	1991	エリツィン，ロシア共和国大統領就任 反ゴルバチョフ＝クーデタが失敗，共産党の解散　11共和国が独立国家共同体[CIS]を結成（バルト3国未加入），ソ連解体	1991	ユーゴ連邦解体，内戦開始 ワルシャワ条約機構解消
エリツィン	1994	チェチェン紛争に本格介入	1993	チェコとスロヴァキア分離
			1999～	東欧諸国，NATO加盟 コソヴォ紛争
プーチン	2002	チェチェン兵士のモスクワ劇場占拠事件	2004～	東欧諸国のEU加盟
	2008	メドヴェージェフが大統領に就任（～12）	2008	グルジア紛争
	2012	プーチンが再び大統領に就任		
	2014	ウクライナからクリミア半島を併合		
	2022	ウクライナに侵攻		

A 旧ソ連邦諸国

＊トルクメニスタンは2005年にCISを脱退し準加盟国，ジョージアは2009年に脱退，ウクライナは2014年に脱退表明。

旧ソ連邦諸国
ロシア以外のCIS原加盟国

ラトヴィア
リトアニア
モルドヴァ
エストニア
ベラルーシ
ウクライナ
アブハジア紛争　グルジア紛争
1994～ チェチェン紛争
ジョージア（グルジア）
ナゴルノ・カラバフ紛争
アゼルバイジャン
アルメニア
ロシア連邦
カザフスタン
トルクメニスタン
ウズベキスタン
キルギス
タジキスタン
0　400　800km

2 戦後のソ連（ロシア）

➡2 事故直後のチェルノブイリ原発 1986年4月26日，ウクライナ北部のチェルノブイリで史上最悪の爆発事故がおきた。放射性物質は国境を越えてヨーロッパ各地に深刻な環境汚染をもたらした。ゴルバチョフ政権はこの危機に直面して改革を急ぐことになった。

↑3 アフガニスタンから撤退するソ連軍（1988年） ソ連は親ソ政権を樹立するため，1979年にアフガニスタンに侵攻した。しかし抵抗運動は激しく，占領費はソ連の財政を圧迫した。

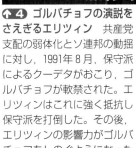

↑4 ゴルバチョフの演説をさえぎるエリツィン 共産党支配の弱体化とソ連邦の動揺に対し，1991年8月，保守派によるクーデタがおこり，ゴルバチョフが軟禁された。エリツィンはこれに強く抵抗し保守派を打倒した。その後，エリツィンの影響力がゴルバチョフをしのぐようになった。

↑5 廃墟と化したグロズヌイ 1991年，イスラーム教徒が多いチェチェン共和国は独立を宣言した。しかしエリツィンは，1994年に軍事介入し独立派を弾圧した。その後も反ロシアのテロが続発している。

↑6 ロシアのウクライナ侵攻 ロシアは，2014年のクリミア半島併合につづき，2022年2月，NATOへの接近を強める隣国ウクライナに対し軍事侵攻に踏み切った。写真は前線の兵士を激励するウクライナのゼレンスキー大統領。

③ 資源大国ロシア

↑7 強い指導者プーチン エリツィンの後継者プーチンは，豊富な資源でロシアを世界の大国に復活させようとした。2008年にロシア大統領の任期が4年から6年（連続2期まで）に延長され，長期にわたり権力を握り続けている。

Ⓐ 原油産出量

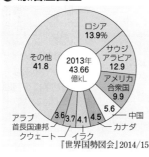

ロシア 13.9%
サウジアラビア 12.9
アメリカ合衆国 9.9
中国 5.6
カナダ 4.5
イラク 4.1
クウェート 3.7
アラブ首長国連邦 3.6
その他 41.8

2013年 43.66億kL

『世界国勢図会』2014/15

↑ソ連消滅後の急速なインフレ，その後の財政危機を経て，現在は石油産業を中心に経済成長が続いている。しかし，その一方で貧富の格差も拡大している。

Ⓑ 天然ガスのパイプライン

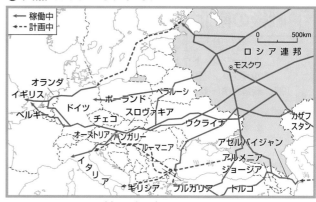

← 稼働中
←-- 計画中

0 500km

ロシア連邦
モスクワ
オランダ
イギリス
ベルギー
ドイツ
ポーランド
ベラルーシ
チェコ
スロヴァキア
ウクライナ
オーストリア ハンガリー
ルーマニア
イタリア
ギリシア
ブルガリア
トルコ
カザフスタン
アゼルバイジャン
アルメニア ジョージア

↑ロシアのヨーロッパ向けパイプライン　莫大な経済的利益をうむ天然資源は，複雑な民族問題とからみあい，新たな紛争の火種となっている。

④ 戦後の東ヨーロッパ

0 150 300km

北海
バルト海
旧東ドイツ（ドイツ民主共和国）
西ベルリン
旧西ドイツ（ドイツ連邦共和国）
ポーランド
ポツダム
ベルリン
ポズナニ
ワルシャワ
ボン
ドイツ
プラハ
チェコ
ウクライナ
スロヴァキア
ウィーン
ブダペスト
オーストリア
ハンガリー
スロヴェニア
クロアティア
ベオグラード
ボスニア・ヘルツェゴヴィナ
セルビア
ルーマニア
ブカレスト

1985〜 ペレストロイカ
1989 「連帯」政権誕生
1956 ポーランド反ソ暴動
1968 「プラハの春」（チェコ事件）
1961 「ベルリンの壁」建設
1989 「ベルリンの壁」開放
1990 ドイツ統一
1989 ビロード革命
1956 ハンガリー事件
1991 ユーゴ内戦
1989 「民主フォーラム」
1989 ルーマニア革命

— ドイツ統一以前の東西国境
— チェコとスロヴァキアの分離境界（1993）
← 「ベルリンの壁」開放直前の東ドイツ国民の脱出ルート

Ⓐ 冷戦時代

武装した労働者のデモ行進

↑8 チェコスロヴァキア＝クーデタ（1948年）　東欧で最も議会制民主主義が発達していたこの国の共産主義化は，西欧に衝撃を与えた。

（ブダペスト市内）
ソ連軍の戦車

↑9 ハンガリー事件（1956年）　スターリン批判後，東欧では自由化の要求がわきあがった。しかし，その要求が社会主義体制を踏み越えようとすると，ソ連は軍事介入した。

↑10 チェコ事件（1968年）　共産党政権の成立から20年，改革派のドプチェクが進めた言論・報道の自由「プラハの春」は，ワルシャワ条約機構軍によってつぶされた。再び春が訪れたのは，1989年のことであった。

人物ファイル ティトー（1892〜1980）

第二次世界大戦時に対ナチス抵抗運動を指導し，戦後ユーゴスラヴィア大統領となったティトーは，独自の社会主義の道を歩んだ。複数の民族・宗教が混在する「モザイク国家」をよくまとめたが，その死後，激しい内戦となり連邦は解体していった。

Ⓑ 東欧改革

←13 ワレサ　ポーランドでは，80年代に労働者を中心とする民主化運動が，知識人を巻き込んで形成されていった。自主管理労組**「連帯」**の議長ワレサは，逮捕や，地下活動を経験しながらも，体制転換を実現していった。

国民車トラバントー
社会主義経済の象徴

↑14 チェコスロヴァキアから西側へ脱出する東ドイツ国民　1989年5月，ハンガリーがオーストリア国境の鉄条網を撤去したのを機に，西側への流出が加速化した。

ドプチェク
ハヴェル

↑11 チェコスロヴァキアの民主化（1989年）　「プラハの春」に参加した劇作家のハヴェルは，1989年11月，ついに民主化・自由化を達成した。

↑12 倒されたレーニン像（1990年）　社会主義は人々をあらゆる抑圧から解放するはずであったが，逆に新たな抑圧を生んだ。その中で，人間らしい生き方を願う力が，社会主義体制を突き崩したのである。

① 戦後の南北アメリカの歩み

アメリカ合衆国		ラテンアメリカ諸国	
トルーマン(民)	1947 **トルーマン=ドクトリン，マーシャル=プラン**発表	1948	米州機構[OAS]設立
	1950 **朝鮮戦争**(～53)	1952	**キューバ** バティスタ親米政権(～58)
アイゼンハワー(共)	1955 ジュネーヴ4巨頭会談	1955	**アルゼンチン** 反米的ペロン政権崩壊
	☆ 公民権運動の始まり		
	1959 キャンプ=デーヴィッド会談	1959	**キューバ** 革命でカストロ政権掌握
	1961 キューバと断交		
ケネディ(民)	☆ ニューフロンティア政策	1961	**キューバ** 社会主義宣言
	1962 **キューバ危機**(核戦争の危機)		
	1963 ワシントン大行進 部分的核実験禁止条約調印		
ジョンソン(民)	1964 **公民権法**成立		
	1965 **ベトナム戦争**介入(～75)	1968	**ペルー** 左翼的軍事政権(～80)
	☆ ベトナム反戦運動の高まり		
ニクソン(共)	1969 アポロ11号が月面着陸成功	1970	**チリ** アジェンデ社会主義政権(～73)
	1971 **金・ドル交換停止[ドル=ショック]**		
	1972 中華人民共和国訪問		
	1973 南ベトナムから撤兵	1973	**チリ** ピノチェト軍事独裁政権(～90)
	1974 ウォーターゲート事件		
フォード(共)			
カーター(民)	1978 **エジプト=イスラエル平和条約**調停	1979	**ニカラグア** 革命で左翼政権(～90)
	1979 米中国交正常化		
レーガン(共)	☆ 「強いアメリカ」(対ソ強硬)	1982	**アルゼンチン** フォークランド戦争
	1987 INF全廃条約調印	1983	**グレナダ** 米軍の侵攻
ブッシュ父(共)	1989 マルタ会談 冷戦の終結宣言	1989	**パナマ** 米軍の侵攻
	1991 イラク攻撃(**湾岸戦争**)	1990	**ペルー** フジモリ政権(～2000)
クリントン(民)	1993 パレスチナ暫定自治協定調印	1999	**ベネズエラ** 反米チャベス政権
	1999 **コソヴォ紛争**		**パナマ** 米が運河返還
ブッシュ子(共)	2001 同時多発テロ事件，対テロ戦争		
	2003 **イラク戦争**		
	2008 世界金融恐慌		
オバマ(民)	2009 黒人初の大統領誕生	2015	**キューバ** 米と国交回復
トランプ(共)	2017 公職経験のない初の大統領誕生		
バイデン(民)	2021		

↓3 ワシントン大行進とキング牧師 奴隷解放宣言100周年にあたる1963年，公民権法の成立を願う20万の人々が，人種の壁を越えて首都ワシントンに集まった。非暴力的な手段で人種統合をめざすキング牧師の演説「私には夢がある」には，歓呼の拍手が送られた。

② 戦後のアメリカ合衆国

→1 軍隊に守られて登校する黒人生徒 1957年9月，アーカンソー州リトルロック市の高校は，黒人の入学をめぐり騒乱状態となった。反対派の州知事は，州兵を動員して学校を包囲させたが，アイゼンハワー大統領は，連邦軍を派遣して，黒人生徒の安全を確保した。

人物ファイル ケネディ (1917～63)

43歳の若き指導者ケネディは，ニクソンを破ってカトリック教徒初の大統領に選ばれた。外交ではキューバ危機を乗り切ったが，ベトナムへの介入を深めていった。内政では，**公民権法案**を提出したが，成立を見ずに遊説先の南部で凶弾に倒れた。アメリカ人は，ケネディの時代を懐かしく回想することが多い。それは，アメリカが自信と理想をもっていた時代だからである。写真は大統領就任式。

→2 映画「イージー=ライダー」

(1969年，アメリカ作品) 1960年代，ベトナム戦争の泥沼化が進む中で，戦争や人種差別を大人たちの文化によるものとして拒否し，若者独自の文化[カウンターカルチャー]を求める気運が広がっていた。この作品は，当時の社会をヒッピーのバイク旅を通して描いた。

←4 辞任を表明するニクソン ウォーターゲート事件(民主党本部の盗聴)をきっかけに，ジャーナリズムと世論の力が，大統領を任期途中で辞任に追い込んだ。それは，憲政史上の汚点であったが，民主主義の根強さが示されたものといえる。

→5 1980年の大統領選

当時の国際環境(ソ連のアフガニスタン侵攻，イランのアメリカ大使館人質事件)は，現職のカーターにとって不利に働いた。西部劇映画俳優出身の新人レーガンは，そうした不安と無力感を打ち消し，「強いアメリカ」を実現する指導者として登場した。

➡移民の変化 1965年制定の新移民法は，**公民権法**に対応して特定の人種や民族の差別を撤廃した。結果的に，アジアやラテンアメリカからの移民[ヒスパニック]が急増し，アメリカ社会では文化多元主義が定着していった。

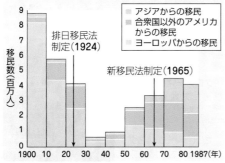

■ アジアからの移民
■ 合衆国以外のアメリカからの移民
■ ヨーロッパからの移民

排日移民法制定(1924)
新移民法制定(1965)

移民数(百万人)

1900 10 20 30 40 50 60 70 80 1987(年)

⬅6 ロサンゼルス暴動(1992年) 交通違反で捕まった黒人に，白人警官が集団暴行を加えた事件が無罪となり，それを引き金に大暴動が発生した。背景には，アメリカ社会が抱える人種差別の問題があった。

➡8 ビル＝ゲイツ

⬆7 クリントン大統領夫妻(左)**とマイクロソフト社**(右) クリントン政権下のアメリカは，グローバル化の中で経済覇権を築いた。中でも，基本ソフトWindowsを開発したマイクロソフト社は空前の躍進を実現した。

⬅9 アメリカ同時多発テロ事件 2001年9月11日，4機の旅客機がオサマ＝ビン＝ラーディン率いるイスラーム過激派組織「アル＝カーイダ」のメンバーによりハイジャックされ，そのうち2機がニューヨークの世界貿易センタービルに突入した。

⬅10 広島を訪問したオバマ大統領 2009年プラハ演説で核なき世界の構築を訴え，ノーベル平和賞を受賞したオバマ大統領は，2016年5月，アメリカ大統領として初めて被爆地広島を訪問し，改めて核廃絶を訴えた。

人物ファイル カストロとゲバラ

豊かな砂糖農場主の家に生まれ弁護士でもあるカストロと，アルゼンチンの中流家庭に生まれ医師でもあるゲバラは，ラテンアメリカにおける社会的不平等を解決するために革命運動に入った。カストロは亡命先のメキシコでゲバラと出会い，やがて2人は親米的なキューバのバティスタ独裁体制を打倒するのであった(キューバ革命)。その後，ゲバラは1967年ボリビアでゲリラ活動中に戦死(39歳)，長くキューバを率いたカストロは2016年に死去(90歳)。

⬆12 カストロ **⬆13 チェ＝ゲバラ**

⬆14 ソ連の貨物船に停船を求める米海軍駆逐艦 アメリカ大統領ケネディは，ソ連がキューバでミサイル基地を建設していることを知ると海上封鎖を発表し，アメリカ本土に対するミサイル使用に対してはソ連へ全面報復をすると警告した。結局，ソ連のフルシチョフが譲歩し，核戦争の危機「**キューバ危機**」は回避された。

⬅15 チリ大統領アジェンデ(任1970〜73) 世界で初めて民主的な選挙による社会主義政権を樹立。世界の注目は集まったが，銅鉱山の国有化に対するアメリカの反発から社会，経済は混乱した。最後はピノチェト(下写真)の軍事クーデタで射殺された。

ピノチェト

⬆16 民族解放戦線の女性兵士 ニカラグアでは，1979年に独裁政権を打倒して左翼政権が成立した(ニカラグア革命)。しかし，アメリカは反革命勢力を支援したため，内戦が激化した。

⬅11 トランプからバイデンへ 2020年大統領選挙で，国際協調・国内宥和を掲げる民主党バイデンが，排他的・扇動的な姿勢が目立った共和党トランプを僅差で破った。トランプは選挙結果を認めず，国内分断は深まった。

アメリカほか

1 民族問題と地域紛争

A ユーゴスラヴィア連邦の解体

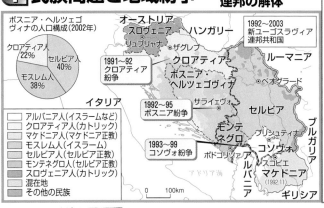

ボスニア・ヘルツェゴヴィナの人口構成(2002年)
- クロアティア人 22%
- セルビア人 40%
- モスレム人 38%

- □ アルバニア人(イスラームなど)
- □ クロアティア人(カトリック)
- □ マケドニア人(マケドニア正教)
- □ モスレム人(イスラーム)
- □ セルビア人(セルビア正教)
- □ モンテネグロ人(セルビア正教)
- □ スロヴェニア人(カトリック)
- □ 混在地
- □ その他の民族

ユーゴスラヴィアの歩み

1945	ユーゴスラヴィア連邦(首相ティトー(◀P.209)成立
1980	ティトー死去
1991	**クロアティア・スロヴェニア独立宣言,ユーゴ内戦へ**
1992	ボスニア内戦に飛び火(～95) セルビア・モンテネグロで新ユーゴ連邦結成
1999	**コソヴォ紛争(NATO軍,セルビア空爆)**
2003	新ユーゴ連邦,セルビア・モンテネグロに改称,国家連合形成
2006	モンテネグロ独立
2008	コソヴォが独立を宣言

↑**1 チベット問題** チベットでは中国の支配に抗議するチベット仏教僧侶の焼身自殺が相次いでいる。写真は2013年2月ネパールのカトマンズでおこった騒動の様子。

B 世界のおもな紛争(1980年代～) (～1970年代◀P.197)

ユーゴスラヴィア内戦 1991～99
シリア内戦 2011～
チェチェン紛争 1994～
クルド人問題 1980年代～
チベット問題 1987～
ソマリア内戦 1988～
グアテマラ内戦 1982～96
1980～92 エルサルバドル内戦
ルワンダ内戦 1990～94
イラク戦争 2003
イラン・イラク戦争 1980～88
湾岸戦争 1991
1983 米軍グレナダ侵攻
フォークランド戦争 1982

□ 東西対立を反映した紛争

↑**2 チェチェン紛争** ロシア南部チェチェン共和国では,2009年の紛争終結宣言後も抵抗が続き爆破テロも続発している。写真は2013年12月30日ヴォルゴグラードのバス爆破事件。

↑**3 クルド人問題** 約2～3千万人のクルド人は独自の国を持たない最大の民族であり,自治を要求している。写真は2008年3月トルコでおきたクルド人デモ隊と警官隊の衝突で負傷した女性。

2 混迷するイスラーム世界

↓フセイン大統領の像に星条旗をかける米兵

↑**4 イラク戦争とサダム゠フセイン** 2003年3月,米英を中心とする多国籍軍はイラクが「大量破壊兵器」を保有しているとして攻撃し,フセイン政権を崩壊させた。その後イラクでは不安定な情勢が続きISIL台頭の温床となった。

↑**5 シリア難民** 2010年末からの「アラブの春」(◀P.201)以後,内戦が続くシリアからヨーロッパへ多くの難民が押し寄せているが,難民の流入を拒む人々との間で対立が起きている。

(AFP PHOTO/HO/AL-FURQAN MEDIA)

3 新型コロナウイルス

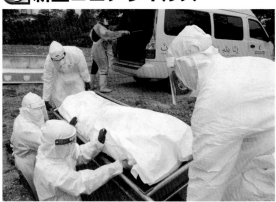

↑**7 東南アジアでの感染者の埋葬の様子** 新型コロナウイルスは,2019年中国ではじめて確認され,その後世界に急拡大した。2022年10月現在,感染者は6億人,死者は650万人にのぼる。第一次世界大戦末期から大流行し,数千万人が死亡したいわゆる「スペイン風邪」以来の世界的大流行で,社会や経済に与えた打撃ははかり知れない。

←**6 ISIL(「イスラーム国」を名乗る過激派組織)** 2014年イスラーム過激派組織がシリア,イラクで台頭し,一方的に国家の樹立を宣言してテロや破壊活動・残虐行為を行い支配地域を拡大したが,現在その勢力は衰退している。

1 現代の文化

	ロマン゠ロラン	フランス	『ジャン゠クリストフ』
文学	プルースト	フランス	『失われた時を求めて』
	カミュ	フランス	『異邦人』
	トーマス゠マン	ドイツ	『魔の山』
	ヘルマン゠ヘッセ	ドイツ	『車輪の下』
	カフカ	チェコ	『変身』
	バーナード゠ショー	イギリス	フェビアン協会
	ローレンス	イギリス	『チャタレー夫人の恋人』
	ヘミングウェー	アメリカ	『誰がために鐘は鳴る』
	スタインベック	アメリカ	『怒りの葡萄』
	ゴーリキー	ソ連	『どん底』
	ショーロホフ	ソ連	『静かなるドン』
	ソルジェニーツィン	ソ連	『収容所群島』
	タゴール	インド	『ギーターンジャリ』
	魯迅	中国	『狂人日記』『阿Q正伝』
美術	マティス	フランス	野獣派
	ピカソ	フランス	立体派 「ゲルニカ」
	ダリ	スペイン	超現実派 「内乱の予感」
音楽	シベリウス	フィンランド	国民楽派 「フィンランディア」
	ラヴェル	フランス	印象派 「ボレロ」
	ストラヴィンスキー	ソ連	現代革新音楽 「火の鳥」
哲学	ベルクソン	フランス	生の哲学
	ヤスパース	ドイツ	実存哲学 『哲学』
	ハイデッガー	ドイツ	『存在と時間』
	サルトル	フランス	『存在と無』
	デューイ	アメリカ	プラグマティズム
	シュペングラー	ドイツ	『西洋の没落』
	ラッセル	イギリス	パグウォッシュ会議主催
心理学	フロイト	オーストリア	精神分析学
経済学	ケインズ	イギリス	近代経済学の祖
歴史学	トインビー	イギリス	『歴史の研究』
社会学	マックス゠ヴェーバー	ドイツ	『プロテスタンティズムの倫理と資本主義の精神』
文化人類学	レヴィ゠ストロース	フランス	『悲しき熱帯』
自然科学	アインシュタイン	ドイツ	一般相対性理論
	ハイゼンベルク	ドイツ	原子核理論
	フレミング	イギリス	ペニシリンの発見
	ワトソン	アメリカ	共同でDNAの構造解明

←1 サルトル 五月革命では反体制運動を展開する学生たちを強く擁護し，行動的知識人として世論にも大きな影響を与え続けた。

←2 フロイト 心の奥底には無意識の領域があり，そこに閉じ込められた性的な衝動が，精神活動や行動に決定的な影響を与えると主張した。

←3 ケインズ 国家による完全雇用政策は，大恐慌下のニューディール政策や戦後の欧米諸国による福祉国家政策の理論となった。

←4 アインシュタイン ニュートン以来の自然観を覆す理論を完成させた。ユダヤ系のため，ナチス政権下に渡米し，戦後は平和運動に熱心に取り組んだ。

→5 「内乱の予感」 ダリ（下写真）は，フロイトの夢分析に興味をもち，幻想的な世界を描いた。この作品は，スペイン内乱が始まる6か月前に製作された。

（1936年，100×99cm，フィラデルフィア美術館蔵）

2 科学技術の発達

→6 世界最初のコンピュータ「ENIAC」（アメリカ） 軍事目的のために1946年に製作された巨大計算機は，1秒間に5,000回の加算を行った。

←7 人類最初の月面着陸 1969年7月20日，アメリカの宇宙船アポロ11号が「静かの海」に降り立った。その後，地球と宇宙を往復するスペースシャトル計画が進められた。

3 大衆文化

→8 ビートルズ（1969年アップル社屋上でのライブ） イギリスのバンド「ビートルズ」は，愛と平和を求めた歌を歌い，世界の若者から圧倒的に支持された。

←9 映画「スターウォーズ」（1977年，アメリカ作品） 莫大な制作費をかけ，特殊撮影や画像処理によりつくられるようになった映画は，他の芸術を圧倒している。

赤字：重要事項
■：戦争・戦乱・軍事

	ヨーロッパ・地中海世界		アフリカ・オリエント		
	イタリア等	エーゲ海・ギリシア	小アジア	エジプト	シリア・パレスチナ

前3000

イタリア等
- 前3000頃　西ヨーロッパ巨石文化（ドルメン・メンヒル・ストーンサークルの建造）
- 前1700頃　青銅器時代が始まる
- 前1200頃　イタリア人の南下

エーゲ海・ギリシア
- 前3000〜前2500頃　ギリシア・エーゲ海で青銅器の使用開始
- 前2000頃　ギリシア人の祖先が南下
- ＊クレタ島でクノッソスの大宮殿建設
- 前1600頃　ギリシア本土でミケーネ文明勃興
- 前1400頃　クレタ文明消滅
- 前1250頃　ギリシア連合軍がトロイアを滅ぼす
- 前1200頃　東地中海一帯で「海の民」の侵入ドーリア人が鉄器をもって南下
- 前1100頃　この頃、ミケーネ文明が崩壊し、暗黒時代（初期鉄器時代）へ突入

小アジア

ヒッタイト（前1680〜前1200頃）
- ＊オリエントで最初に鉄器を使用
- 前1595　バビロン第1王朝［古バビロニア王国］を滅ぼす
- 前1380　ヒッタイト全盛へ
- 前1286　ヒッタイトとエジプト、カデシュの戦いで激突
- 前1200頃　「海の民」の攻撃で滅亡

エジプト
- 前3000頃　メネス王、上下エジプト統一ヒエログリフの使用始まる
- ＊「死者の書」・ミイラ
- 前2650頃　古王国時代
- 前2580頃　クフ王、ギザに大ピラミッド
- 前2020頃　中王国時代
- 前1720頃　ヒクソスが流入、支配（〜前1567頃）
- 前1567　新王国時代
- アメンホテプ4世（イクナートン、位前1379〜前1362）
- ＊宗教改革、アマルナ美術
- ツタンカーメン（位前1361頃〜前1352頃）
- ラメス2世（位前1304頃〜前1237頃）

シリア・パレスチナ
- 前13世紀　モーセの「出エジプト」
- 前1200頃　アラム人（セム系）、ダマスクスを中心に陸上貿易に従事
- ＊アラム語・アラム文字
- 前1200頃　フェニキア人（セム系）、シドン・ティルスを中心に地中海海上貿易に従事
- ＊フェニキア文字の発明

ヘブライ王国（前1020〜前922頃）

前1000

イタリア等
- 前1000頃　イタリア、鉄器時代に入る
- 前779頃　ヨーロッパで鉄器時代が始まる（ハルシュタット文化・ケルト人）
- 前753　伝承では、ローマが建国される
- ＊エトルリア諸都市の興隆と文化の開花
- ＊ヨーロッパでラ＝テーヌ文化（ケルト人が担い手）

エーゲ海・ギリシア
- 前776　伝承では第1回オリンピア競技会開催
- 前750頃　ポリス形成
- 前750〜前550頃　黒海・地中海沿岸にギリシア人の植民活動
- 前750頃　ギリシア語アルファベットの成立
- 前730頃　ホメロス『イリアス』・『オデュッセイア』
- 前700頃　ヘシオドス『労働と日々』・『神統記』
- 前700頃　リュクルゴスの改革（スパルタ）
- 前621頃　アテネでドラコンの立法
- 前594　アテネでソロンの改革（財産政治）
- ＊叙情詩人サッフォー、ピンダロスや自然哲学（イオニア学派）のタレス、ピタゴラス、ヘラクレイトスらの活躍
- 前561頃　アテネでペイシストラトスが僭主となる
- 前510　アテネで僭主ヒッピアス追放
- 前508　アテネでクレイステネスの改革（オストラキスモス、民主政治）

小アジア

リディア（前7C〜前546）
- ＊世界最古の金属貨幣を鋳造
- 前546　ペルシアに滅ぼされる

エジプト
- 前747　エチオピア人（クシュ王国）の支配始まる（〜前656）
- 前680　アッシリア、エジプトに侵入
- オリエント世界の統一
- アッシリアの領土、最大（アッシュル＝バニバル王の治世）
- 前525　ペルシアに滅ぼされる

シリア・パレスチナ
- ダヴィデ（位前1000頃〜前960頃）
- ソロモン（位前960〜前922頃）

イスラエル王国（〜前722）　ユダ王国（〜前586）
- 前814　フェニキア人、カルタゴ市建設
- 前722　イスラエル、アッシリアに滅ぼされる
- 前586　ユダ、新バビロニアに滅ぼされる

前500

共和政ローマ（前509〜前27）
- 前509　伝承では、王政が倒され、共和政開始
- 前494　聖山事件（貴族と平民の対立が背景、平民がローマ退去）
- 前471頃　護民官、平民会の設置
- 前450頃　十二表法の制定
- 前396　ウェイイ（エトルリア人の都市）を占領
- 前367　リキニウス・セクスティウス法制定（コンスルの1名を平民より選出）

エーゲ海・ギリシア
- 前478　デロス同盟の成立
- 前443〜前429　ペリクレス時代　前449　カリアスの和約（ペルシア戦争終結）
- 前432　パルテノン神殿の完成（フェイディアス）
- 前431〜前404　ペロポネソス戦争
- ＊悲劇作家　アイスキュロス・ソフォクレス・エウリピデス　＊喜劇作家　アリストファネス
- ＊歴史家　ヘロドトス・トゥキュディデス
- 前399　ソクラテス刑死　＊プラトン『国家論』
- 前371　レウクトラの戦い

小アジア / アケメネス朝ペルシア
- 前525　アケメネス朝ペルシアによるオリエント世界の統一
- 前500　イオニア植民市でペルシアに対する反乱勃発（〜前494）
- 前500〜前449　ペルシア戦争
- 前492　第1回ギリシア遠征開始（トラキア・マケドニア方面）
- 前490　第2回ギリシア遠征開始（マラトンの戦いでギリシア側が勝利）
- 前480　第3回ギリシア遠征開始（テルモピレーの戦い、サラミスの海戦）
- 前479　プラタイアの戦い、ミカレ岬の海戦
- 前386　大王の和約（アンタルキダスの和約）

前350

イタリア等
- 前343〜前290　サムニウム戦争（サムニウム諸都市を支配）
- 前340〜前338　ラティニ戦争（ラティウム諸都市を支配）
- 前312　アッピア街道建設
- 前287　ホルテンシウス法
- 前272　タレントゥム占領（イタリア半島征服終了）

カルタゴ（前814頃〜前146）
- ＊前4Cまでに西地中海の制海権を握る

ギリシア・マケドニア
- ＊ポリス間の抗争が続く

マケドニア
- フィリッポス2世（位前359〜前336）
- 前338　カイロネイアの戦い
- 前337　コリントス同盟の結成
- アレクサンドロス3世（大王、位前336〜前323）
- 前334　東方遠征開始
- 前323　大王、バビロンで病死

小アジア
- 前333　イッソスの戦い
- 前332　エジプト征服　前331　アレクサンドリア市建設
- 前331　アルベラ［ガウガメラ］の戦い

エジプト
- 前330　滅亡

シリア・パレスチナ
- 前330　ペルシア帝国を滅ぼす

＊ディアドコイ戦争（アレクサンドロスの死後、部下の将軍間で後継者争い）　前301　イプソスの戦い（アレクサンドロス帝国の分割）

- 前264〜前241　第1回ポエニ戦争（ローマの勝利、シチリア・サルデーニャが初の属州に）
- 前218〜前201　第2回ポエニ戦争（ハンニバル戦争）
- 前216　カンネーの戦い（ハンニバル大勝利）
- 前215〜前205　第1次マケドニア戦争
- 前202　ザマの戦い（大スキピオ、ハンニバルを破る）

ギリシア
- ＊エピクロス
- ＊ゼノン

アンティゴノス朝マケドニア（前276〜前168）

トラキア・リシマコス朝（前306〜前281）

プトレマイオス朝エジプト（前304〜前30）
- ＊都アレクサンドリアの隆盛

セレウコス朝シリア（前312〜前64）

前200
- 前200〜前197　第2次マケドニア戦争
- 前171〜前168　第3次マケドニア戦争
- 前149〜前146　第3回ポエニ戦争
- 前146　滅亡
- 前168　ピュドナの戦い
- 前146　ギリシア、ローマの属州となる
- ＊歴史家ポリビオス
- 前148　マケドニア、ローマの属州化

ペルガモン王国（前241〜前133）

プトレマイオス朝エジプト
- ＊ムセイオンを中心にヘレニズム文化栄える
- エウクレイデス
- アルキメデス
- アリスタルコス
- エラトステネス

セレウコス朝シリア
- 前168〜前142　マカベア戦争（ユダヤ人の独立戦争）
- 前166　ハスモン朝（ユダヤ系）（〜前63）

- ＊中小農民の没落が進む
- 前133〜前121　グラックス兄弟の改革（失敗）
- 前133　ローマの属州化

前100

緑字：重要治政者に関する事項　　青字：文化に関する事項
◯：条約・会議・会談　▭：国際的に関連する事項　＊：その頃

前3500～前100

オリエント		アジア		
メソポタミア	イラン	南アジア・東南アジア	北アジア	中国・朝鮮半島・日本

オリエント — メソポタミア

前3500頃　メソポタミア(ティグリス・ユーフラテス流域)で都市国家成立(楔形文字・六十進法)
前2900頃　シュメール初期王朝(～前2317)の成立
前2500頃　(シュメール)ウル第1王朝の成立
前2316　サルゴン，アッカド王国(セム系,～前2125)を建国

ミタンニ王国(前1600～前1270)
前1550　アッシリアを服属させる
アッシリア王国(前1365～前612)
前1365　ミタンニより自立

バビロン第1王朝(古バビロニア王国，前1894頃～前1595頃，セム系アムル人)
ハンムラビ(前1792～前1750)
＊ハンムラビ法典編纂
前1595　ヒッタイト人侵入
前1595　バビロンにカッシート王国成立(～前1155)

前722　サルゴン2世，イスラエルを滅ぼす
前680頃　オリエント世界の統一
アッシュル＝バニパル王(位前668～前627)
＊アッシリアの領土最大
＊首都ニネヴェに大図書館建設

新バビロニア(カルデア)(前625～前538)
ネブカドネザル2世(位前604～前562)
＊都バビロンの繁栄
前612　新バビロニア，メディア連合軍に滅ぼされる
前586　イェルサレムを破壊，ユダを滅ぼす(バビロン捕囚)
前538　ペルシアに滅ぼされる

アケメネス朝ペルシアの領土拡大
前538　キュロス2世，ユダヤ人をバビロン捕囚より解放
カンビュセス2世(位前529～前522)
ダレイオス1世(位前522～前486)
＊ベヒストゥーン碑文
＊サトラップ制に基づく中央集権の確立
＊スサ～サルデス間の王の道を建設

セレウコス朝シリア(前312～前64)

パルティア(前248頃～後224)
前248頃　アルサケス，セレウコス朝より独立
前142　バビロニア占領
＊パルティア全盛

イラン

前1500頃　アーリヤ人の進入
前1350頃　エラム王国の繁栄

前7C頃　ゾロアスター教の成立

メディア

アケメネス朝ペルシア(前550～前330)
前550　キュロス2世(位前559～前530)メディアを滅ぼす
前546　キュロス2世，リディアを滅ぼす

バクトリア(前255頃～前145頃)
前255頃　セレウコス朝より独立
前175頃　西北インド侵入
メナンドロス(位前166～前150)
前139　大月氏に滅ぼされる

大月氏
前140頃　大月氏興る

アジア — 南アジア・東南アジア

前2600頃　インダス文明の形成　ハラッパー，モエンジョ＝ダーロ
前1800頃　インダス文明の衰退
前1500頃　アーリヤ人の進入
前1200頃　『リグ＝ヴェーダ』がつくられる　＊バラモン教の成立
前1000頃　アーリヤ人，ガンジス川上流域に進出，ヴァルナ制度の確立
前900頃　鉄器の使用が始まる
前7C頃　中央アジアにスキタイ文化の影響拡大
前650頃　ガンジス川中流域で都市が興る
前600頃　ウパニシャッド哲学の成立
＊十六王国並立時代(コーサラ国，マガダ国など)
前550　仏教の成立(ガウタマ＝シッダールタ，前563頃～前483頃)
＊ジャイナ教の成立(ヴァルダマーナ前549頃～前477頃)
前386頃　第2回仏典結集
前364頃　マガダ国にナンダ朝隆盛
＊『マハーバーラタ』・『ラーマーヤナ』の原形ができる
前327～前325　アレクサンドロス大王のインド遠征
前317頃　ナンダ朝，滅亡

マウリヤ朝(前317頃～前180頃)
前317頃　チャンドラグプタ王(位前317～前296頃)，都はパータリプトラ
(ベトナム)前3C～前1C頃　ドンソン文化
アショーカ王(位前268頃～前232頃)
前261　カリンガ征服
前244　第3回仏典結集
＊上座部仏教の南伝(伝承では，王子マヒンダがスリランカに布教)
＊磨崖碑・石柱碑の設置
(ベトナム)前214　南越ぼされ，南海3郡が置かれる

シュンガ朝(前180頃～前68頃)
前180頃　マウリヤ朝を滅ぼして成立　北インドを支配

(ベトナム)前111　南越国滅ぼされ，南海・日南など9郡が置かれる

北アジア

匈奴
冒頓単于(位前209～前174)
＊月氏を天山方面に圧迫

中国・朝鮮半島・日本

前3500頃　縄文文化前期　三内丸山遺跡(青森県)
前3千年紀　黄河流域に竜山文化(黒陶文化)
前1900頃　二里頭文化(黄河中流域)

殷(商，前1600頃～前11C頃)
＊都市国家(邑)の連合体として成立
＊殷墟・甲骨文字
前11C頃　牧野の戦い(殷の紂王が周の武王に敗れ，殷滅亡)

周(西周，前11C～前770)
前11C　武王が鎬京を都に建国
＊封建制度の確立
前770　犬戎侵入，幽王敗死，周滅亡

東周(春秋戦国時代，前770～前221)
前770　平王，洛邑に遷都(周の東遷)
前722　『春秋』の記述が始まる
＊春秋の五覇　斉の桓公　晋の文公　楚の荘王　越の勾践　呉の夫差
＊諸子百家　学術・思想の発達
孔子(儒家，前551頃～前479)
老子(道家，生没年不詳)
墨子(墨家，前480頃～前390頃)
孫子(兵家，生没年不詳)
孟子(儒家，前372頃～前289頃)
荘子(道家，前4C)
荀子(儒家，前298頃～前235頃)
韓非(法家，?～前233)
＊呉王・越王の抗争(臥薪嘗胆の由来)
＊鉄器の使用が徐々に広がる
前403　晋の分裂(韓・魏・趙氏が独立して，周王より諸侯と認められる)
前403～前221　戦国時代
＊戦国の七雄(秦・楚・斉・燕・韓・魏・趙)
前359　秦の商鞅(法家)の政治改革始まる
前338　商鞅刑死
＊青銅貨幣の流通
前333　蘇秦(縦横家)，合従策を説く
前328　張儀(縦横家)，秦の宰相となり連衡策を説く
前256　周，秦に滅ぼされる
前247　秦王政，即位

秦(前221～前206)
前221　秦王政，中国統一，始皇帝と称す
始皇帝(位前221～前210)
前221　度量衡の統一・郡県制の施行
前215　秦の将軍蒙恬，匈奴に遠征
前213～前212　焚書・坑儒　＊万里の長城
前209　陳勝・呉広の乱　項羽，劉邦の挙兵
前206　秦滅亡
前202　垓下の戦い(劉邦，項羽を破る)

前漢(前202～後8)
高祖(劉邦，位前202～前195)
＊郡国制の施行
前200　白登山の戦い(冒頓単于，高祖を破る)
前154　呉楚七国の乱
武帝(位前141～前87)
前139　張騫を西域に派遣(～前126)
前136　五経博士の設置(董仲舒の献策)
前123～前121　衛青，霍去病，匈奴を大いに破る
＊均輸法，平準法　＊塩・鉄・酒の専売
前108　衛氏朝鮮を滅ぼし，楽浪以下4郡を設置
前104～前102　李広利，フェルガナ[大宛]遠征

衛氏朝鮮
前190～衛氏朝鮮の成立(～前108)

(右端年代目盛)	前3000 / 前1000 / 前500 / 前350 / 前200 / 前100

赤字：重要事項
■：戦争・戦乱・軍事

	ヨーロッパ・北アフリカ		西アジア

	共和政ローマ	エジプト	セレウコス朝シリア

前100

ブトレマイオス朝

前64 ポンペイウスに滅ぼされる

前91～前88 同盟市戦争(同盟市がローマ市民権を要求)
前88 マリウス[平民派]とスラ[閥族派]の抗争
前73～前71 スパルタクスの反乱(剣闘士の大反乱，クラッススが鎮圧)　　前64～前63 ポンペイウス，西アジアを征
前60～前53 第1回三頭政治(ポンペイウス・クラッスス・カエサル)　　服し，ローマの属州とする
前58～前51 カエサルのガリア遠征(前55～前54年にはブリタニア遠征も行う)　前45 カエサル，ユリウス暦を採用
前46～前44 カエサルの独裁
前44 カエサル暗殺(ブルートゥスら元老院共和派による)
前43 第2回三頭政治(オクタウィアヌス・アントニウス・レピドゥス)
前31 アクティウムの海戦(オクタウィアヌスがアントニウス・クレオパトラ連合軍を破る)
前30 オクタウィアヌスのエジプト征服により，ローマ，地中海世界の統一完成
前27 オクタウィアヌスが元老院からアウグストゥスの称号を受ける(元首政開始)

前53 カルラエの戦い
(パルティア大勝，

クレオパトラ
(位前51～前30)

前30 クレオパ
トラ自殺し，
ブトレマイ
オス朝滅亡

	ローマ帝国（前27～後395）		

アウグストゥス(位前27～後14)
＊ローマで大土木工事が行われる
ネロ(位54～68)
64 ローマ市大火　ネロによるキリスト教徒迫害(伝承ではペテロ・パウロ殉教)
79 ウェスウィウス火山大爆発(ポンペイ埋没，『博物誌』の著者大プリニウス殉職)

＊ラテン文学の黄金時代　ウェルギリウス『アエネイス』・ホラティウス・オウィディウス
前4頃　イエス誕生
＊ストラボン『地理誌』　　　　リウィウス『ローマ建国史』
30頃　イエス刑死
44～64頃　使徒パウロの伝道
80　コロッセウム完成

40頃『エリュトゥラー海案内記』，
アレクサンドリアで刊行
66～70　第1次ユダヤ戦争

100

五賢帝時代(96～180)　ネルウァ(位96～98)(元老院の推挙)
トラヤヌス(位98～117)　＊帝国の領土最大
101～106　ダキア遠征(106　ローマの属州となる)
ハドリアヌス(位117～138)
アントニヌス＝ピウス(位138～161)
マルクス＝アウレリウス＝アントニヌス(位161～180)　＊『自省録』

98　タキトゥス『ゲルマニア』刊
＊プルタルコス『対比列伝』
＊プトレマイオスの活躍(数学・天文学・地理学)

＊『新約聖書』成る

114～117　パルティア遠征(114　メソポタミア，
ローマの属州となる)
132～135　第2次ユダヤ戦争(ユダヤ人，
イェルサレムより追放)

元首政

200

＊帝国の衰退が始まる

カラカラ(位198～217)　(軍人皇帝の出現)
212　アントニヌス勅令(ローマ市民権を帝国内の全自由民に付与)
216　カラカラ浴場の完成

235～284　軍人皇帝時代(狭義の軍人皇帝時代。この間，26人
の皇帝が軍隊に廃立される)
260　皇帝ウァレリアヌス，ササン朝ペルシアのシャープール
1世に敗れ，捕虜となる

ディオクレティアヌス(位284～305)
＊ドミナトゥス(専制君主政)の開始

＊シリアにパルミラ王国繁栄

軍人皇帝時代

300

293　帝国の四分統治
303　最後のキリスト教徒大迫害
コンスタンティヌス(位306～337)
313　ミラノ勅令(キリスト教を公認)
325　ニケーア公会議(アタナシウス派を正統，アリウス派を異端とする)
330　ビザンティウムへ遷都し，コンスタンティノープルと改名
ユリアヌス(背教者，位361～363)
＊ギリシアの神々の復活を企図し，キリスト教を迫害

378　アドリアノープルの戦い(皇帝ウァレンス[ワレンス]，敗死)　　375　西ゴート人，フン人に圧迫され南下(ゲルマン人の大移動開始)
テオドシウス(位379～395)　　　　　　　　　　　　　　　　376　西ゴート人，ドナウ川を渡る
392　キリスト教の国教化(異教の禁止)　　　394　最後のオリンピア競技会
395　テオドシウス死，ローマ帝国の東西分裂

専制君主政

400

西ローマ帝国（395～476）			ローマ教会	ヴァンダル王国 (429～534)	ビザンツ帝国[東ローマ帝国]（395～1453）

テオドシウス朝（395～518）

406　ヴァンダル・スエヴィ・アラン諸人，スペイン方面に移動開始
410　西ゴート王アラリック，ローマに侵入

西ゴート王国
(418～711)
418　南ガリア
に王国建設

433　アッティラ，フン人の王に即位(位～453)，勢力を拡大
443　ブルグンド人，ローヌ川上流に王国建設

アングロ＝サクソン
449頃　アングロ＝サ
クソン人，ブリ
タニアに侵入

451　カタラウヌムの戦い(西ローマ・フランク・
西ゴート連合軍がアッティラを破る)
452　アッティラ死，フン帝国瓦解
476　西ローマ帝国の滅亡

413頃　アウグスティ
ヌス『神の国』

452　教皇レオ1世(位
440～461)，アッティ
ラを退ける

429　ガイセリック，
カルタゴの故地
に王国建設

455　ローマに侵
入・掠奪

431　エフェソス公会議(ネストリウス派
を異端とする)
451　カルケドン公会議(キリスト単性論
を異端とする)

フランク王国
メロヴィング朝(481～751)
クローヴィス(位481～511)
496　クローヴィス，アタ
ナシウス派に改宗

オドアケルの王国
(476～493)

東ゴート王国(493～555)
テオドリック(位493～526)

499　ブルガール人の侵入

500

507　クローヴィ
スに破れる
(のち，イベ
リア半島に
移動)

534　ブルグンド王国併合

555　ビザンツ国に滅
ぼされる

529　ベネディクトゥ
ス(480頃～550頃)，
モンテ＝カシノ修
道院創設(ベネ
ディクト修道院の
始まり)

534　ビザンツ帝国
に滅ぼされる

ユスティニアヌス朝（518～610）
ユスティニアヌス大帝(位527～565)
534　ヴァンダル王国を滅ぼす
533　トリボニアヌス『ローマ法大全』完成
537　ハギア＝ソフィア聖堂(ビザンツ様式)の完成
540～562　ササン朝ペルシアのホスロー1世と戦う
555　東ゴート王国を滅ぼす　＊モザイク工芸が盛ん
＊スラヴ人，バルカン半島を南下・移住

ランゴバルド王国
(568～774)
568　北イタリアに建国

緑字：重要治政者に関する事項　　青字：文化に関する事項

◯：条約・会議・会談　▭：国際的に関連する事項　　＊：その頃

西・中央アジア		南アジア・東南アジア	北アジア	中国	朝鮮半島	日本	
パルティア	クシャーナ朝	サータヴァーハナ朝		後漢	楽浪郡	弥生～古墳	
（クラッスス戦死）	前70頃　アム川南に進出 大月氏	サータヴァーハナ朝（前1C～3C） 前1C　デカン高原西部に成立 前28頃　サータヴァーハナ朝、デカン高原一帯を統一 ＊季節風を利用したローマとの貿易で繁栄	前1C半ば　匈奴、東西に分裂 ＊ノインウラ文化時代	前97　司馬遷『史記』完成 前60　西域都護の設置 前7　哀帝、限田法を発布（実施できず） 前2頃　仏教伝来（一説に後67頃）	楽浪郡など朝鮮四郡		B.C. A.D. 前100
パルティア	クシャーナ朝（45頃～240頃） 45頃　クジュラ＝カドフィセスが建国 1C中頃　ガンダーラ美術が生まれる			新（8～23） 後8　王莽、前漢を滅ぼし、皇帝を称す 18　赤眉の乱（～27） 23　王莽敗死、新滅亡 後漢（25～220） 25　劉秀（光武帝、位25～57）都：洛陽 57　倭の奴国王、後漢に朝貢し、光武帝より印綬を授かる 81　班固『漢書』完成 91　班超、西域都護に任じられる 94　班超、西域50余国を漢に服属させる 97　班超、甘英を大秦に派遣する			
106頃　仏像の製作 カニシカ王（位130頃～170頃） ＊西北インドに領域拡大 150頃　第4回仏典結集		（カンボジア） 101頃　メコン川下流域に扶南 105頃　『マヌ法典』 199頃　チャム人、チャンパー建国 ＊ナーガールジュナ［竜樹］、大乗仏教の理論を確立	＊北匈奴、キルギス方面に移動 鮮卑 156　鮮卑、モンゴル高原を統一 166～169　党錮の禁	105　蔡倫、製紙法の改良 107　倭の国王、帥升らが後漢に奴隷を献上 ＊訓詁学　馬融・鄭玄 166　大秦王安敦［ローマ皇帝マルクス＝アウレリウス＝アントニヌス］の使者が日南郡（ベトナム中部）に至る 184　黄巾の乱（太平道の張角指導）		＊倭人百余国に分かれる 184　卑弥呼邪馬台国の王となる	100
224　滅亡 ササン朝ペルシア（224～651） 224　アルダシール1世建国（都クテシフォン） シャープール1世（位241～272） ＊マニ教 260　ローマ皇帝ウァレリアヌス捕える ＊ゾロアスター教国教化		＊サータヴァーハナ朝滅亡	鮮卑、隆盛	208　赤壁の戦い 220後漢滅亡 魏（220～265）｜蜀（221～263）｜呉（222～280） 曹丕（文帝,位220～26）｜劉備（昭烈帝,位221～23）｜孫権（大帝,位222～252） 220　九品中正の実施｜234　諸葛亮死す ＊屯田制 263　蜀を滅ぼす ＊清談の流行（竹林の七賢） 西晋（265～316） 265　司馬炎、魏を滅ぼし晋を建国 司馬炎（武帝,位265～290） 280　呉を滅ぼし、中国統一 280　占田・課田法 290　八王の乱（～306） 311　永嘉の乱（～316） 316　西晋滅亡	204　帯方郡設置 ＊朝鮮半島南部、三韓時代（馬韓・辰韓・弁韓）	239　邪馬台国女王卑弥呼の使者、魏に至る ＊古墳文化	200 300
エフタル 450　エフタル、中央アジアで勢力拡大 469頃　エフタルに敗れる ＊エフタル、グプタ朝を攻撃		グプタ朝（320頃～550頃） チャンドラグプタ1世（位320～335頃） 320頃　パータリプトラを都にグプタ朝建国 チャンドラグプタ2世［超日王］（位376頃～414頃） ＊グプタ朝の最盛期 ＊『マハーバーラタ』『ラーマーヤナ』の二大叙事詩成る 397頃　カーリダーサ『シャクンタラー』 ＊ナーランダー僧院建立 ＊グプタ美術 ＊数学　ゼロの概念 ＊ヒンドゥー教の成立	柔然 402　社崙が可汗と称す ＊柔然、モンゴル高原を支配 449　柔然、北魏に討たれ、衰退	五胡十六国（316～439）｜東晋（317～420） ＊仏図澄の活躍｜317　司馬睿、建康を都に東晋を建国 366　敦煌、莫高窟の造営が始まる｜364　土断法の施行 376　前秦の苻堅、華北を一時的に統一｜＊王羲之『蘭亭序』 383　淝水の戦い（前秦の苻堅、東晋に大敗） 386　鮮卑の拓跋珪、自立して北魏を建国｜＊顧愷之『女史箴図』 398　北魏、平城に遷都｜399～412　法顕、インド旅行（『仏国記』） 401　鳩摩羅什、長安に至る｜＊詩　陶潜・謝霊運 439　北魏、華北を統一｜420　東晋滅亡 北朝（439～581）｜南朝（420～589） 太武帝（位423～452）｜420　劉裕、宋を建国 ＊寇謙之、新天師道を樹立（道教の成立） 446　仏教の弾圧 460　雲崗石窟造営開始 孝文帝（位471～499）｜479　宋滅び、斉建国 485　均田制 486　三長制 494　洛陽遷都・漢化政策 494　竜門石窟造営開始	313　高句麗、楽浪郡を滅ぼす 三国時代（高句麗・百済・新羅） 4世紀半ば　百済興る　新羅興る 391　倭と百済・新羅が戦う 391～412　高句麗、広開土王 404　倭国、高句麗と戦う 414　高句麗、広開土王碑建立	＊ヤマト政権の成立 477　倭王武（倭の五王の一人）、宋に遣使	300 400 500
ホスロー1世（位531～579） ＊ササン朝ペルシア最盛期 540～562　ビザンツ帝国と戦う 559　ホスロー1世、突厥と結び、エフタルを滅ぼす		（タイ） ＊ドヴァーラヴァティー王国の発展 550　グプタ朝滅ぶ （カンボジア） 552頃　メコン川中流域にカンボジア［真臘］興る	突厥 552　突厥建国 555　柔然を滅ぼす 559　ササン朝と結びエフタルを滅ぼす	502　斉滅び、梁建国 ＊昭明太子『文選』 ＊四六駢儷体の流行 534　北魏、東魏（534）と西魏（535）に分裂 550　東魏滅び、北斉興る 550　西魏で府兵制開始 556　西魏滅び、北周興る 557　梁滅び、陳建国 577　北周、北斉を滅ぼし華北統一	513　百済、倭に五経博士を送る 538　百済より倭に仏教伝来（一説552） 562　新羅、加耶（加羅）を滅ぼす	527～528　磐井の乱	500

赤字：重要事項　■：戦争・戦乱・軍事

西ヨーロッパ

アングロ=サクソン ／ イングランド王国

- 597 キリスト教伝来
- 七王国
- 6C末 七王国（ヘプターキー）時代（～829）
- 601 カンタベリ大司教座の設置
- 793 デーン人，初めてイングランド侵入
- イングランド王国
- 829 ウェセックス王エグベルトが七王国統一
- 850 デーン人定住　アルフレッド大王（位871～899）
- 1016 デンマーク王子クヌート，イングランド王となる
- 1066 ヘースティングズの戦い（ノルマンの征服）
- ノルマン朝（1066～1154）
- ウィリアム1世（位1066～87）
- 1085～86 ドゥームズデイ・ブック（土地台帳）の作成
- プランタジネット朝（1154～1399）
- 1154 ヘンリ2世（位1154～89）即位
- 1169頃 オクスフォード大学（神学）成立
- リチャード1世[獅子心王]（位1189～99）
- 1189～92 第3回十字軍（英王・仏王・独帝参加）
- ジョン[欠地王]（位1199～1216）

フランク王国

- メロヴィング朝
- 613 宮宰職の設置
- 714 宮宰カール=マルテル（～741）
- 732 トゥール・ポワティエ間の戦い（カール=マルテル，ウマイヤ朝撃破）
- カロリング朝（751～987）
- 小ピピン（ピピン3世，位751～768）
- 756 ピピンの寄進（ランゴバルド人を討ち，ラヴェンナ地方を教皇に寄進・教皇領の始まり，フランク王国とローマ教会の提携成立）
- カール大帝（位768～814）
- 774 カール，ランゴバルド王国を滅ぼす
- 796 カール，アヴァール王国を滅ぼす
- 800 カール，皇帝戴冠を受ける（西ローマ帝国の復興）
- この頃より，ノルマン人，ヨーロッパ各地に侵入・掠奪（9～11世紀）
- ＊イングランドより学僧アルクインを招く（カロリング=ルネサンス）
- ルートヴィヒ1世（位814～840）
- 843 ヴェルダン条約
- 西フランク王国（843～987） ｜ ロタール王国（843～875） ｜ 東フランク王国（843～911）
- シャルル2世 ｜ ロタール1世 ｜ ルートヴィヒ2世
- 870 メルセン条約（ロタール王国を東西フランクで分割）
- 875 カロリング家断絶
- 896頃 マジャール人，ハンガリーに移動
- 910 クリュニー修道院設立
- 911 ノルマン人首長ロロがノルマンディー公に封じられる
- 911 カロリング家断絶
- 919 ザクセン朝成立
- オットー1世（位936～973）
- 955 レヒフェルトの戦い（マジャール人を破る）
- 987 カロリング家断絶
- フランス王国（987～1792, 1815～48）
- 神聖ローマ帝国（962～1806）
- カペー朝（987～1328）
- ザクセン朝（962～1024）
- 987 ユーグ=カペー（位987～996）即位
- 962 オットー1世，教皇ヨハネス12世より戴冠
- ザリエル朝（1024～1125）
- 1041 ベーメン服属
- ハインリヒ4世（位1056～1106）
- 1076 聖職叙任権闘争（～1122）
- 1077 カノッサの屈辱（皇帝謝罪し，破門赦免）
- ＊ボローニャ大学（法学）創立
- 1096～99 第1回十字軍（十字軍国家の建設）
- 1099頃 『ローランの歌』成立
- ＊スコラ学 アベラール
- 1122 ヴォルムス協約
- シュタウフェン朝（1138～1254）
- 1147～49 第2回十字軍
- ＊シャンパーニュ地方の定期市繁栄
- フリードリヒ1世[バルバロッサ]（位1152～90）
- 1163 ノートルダム大聖堂（ゴシック式）起工
- フィリップ2世[尊厳王]（位1180～1223）
- 1190 ドイツ騎士団成立

中央・南ヨーロッパ

ランゴバルド王国

- ランゴバルド王国
- 774 滅亡

ローマ教会

- グレゴリウス1世（位590～604）
- ＊教皇権確立
- 590 大陸伝道
- 597 アングロ=サクソンへの布教
- 726 聖像禁止令ののち，東西教会の対立深まる
- ＊東西両教会の分離進む
- 1054 東西教会分裂（ギリシア正教会）
- 1063 ピサ大聖堂[ロマネスク様式]建立
- グレゴリウス7世（位1073～85）
- ウルバヌス2世（位1088～99）
- 1095 クレルモン宗教会議（十字軍提唱）
- 1113 聖ヨハネ騎士団成立
- 1119 テンプル騎士団成立
- 1130 ルッジェーロ2世，両シチリア王国[ノルマン=シチリア王国]建国
- ＊教皇党と皇帝党の抗争
- 1167 ロンバルディア同盟結成
- インノケンティウス3世（位1198～1216）

北・東ヨーロッパ

ビザンツ帝国

- ビザンツ帝国[東ローマ帝国]
- ヘラクレイオス朝（610～717）
- ヘラクレイオス1世（位610～641）
- 616 ササン朝にペルシアを奪われる
- 622 テマ制[軍管区制]の開始
- 674 ウマイヤ朝軍がコンスタンティノープル包囲　ビザンツ側が「ギリシア火」で撃退
- イサウリア朝（717～867）
- レオン3世（位717～741）
- 717～718 コンスタンティノープルを包囲するウマイヤ朝軍を撃破
- 726 聖像禁止令
- ＊皇帝教皇主義の確立
- 751 ランゴバルド人にラヴェンナ地方を奪われる
- 843 コンスタンティノープル公会議，聖像崇拝復活
- マケドニア朝（867～1057）
- ＊ビザンツ文化全盛
- バシレイオス2世（位976～1025）
- ＊マケドニア朝の最盛期
- 1018 ブルガリア征服
- 1042 セルビア自立
- 1071 マンジケルトの戦い（ビザンツ帝国，セルジューク朝に敗れる）
- コムネノス朝（1081～1185）
- 1082 ヴェネツィア，商業特権獲得
- 1095 アレクシオス1世，十字軍派遣要請
- ＊プロノイア制の導入

（ロシア・ポーランド・ブルガリア）

- （ロシア）
- 862 リューリク，ノヴゴロド国建国
- 882 オレーグ，キエフ公国建国
- 9C末 ノルウェー王国成立
- （ポーランド）
- 960 ピアスト朝成立
- 966 カトリックを受容
- （ロシア）
- 988頃 ウラディミル1世（位980頃～1015），ギリシア正教改宗
- キエフ公国
- （ブルガリア）
- 1187 第2次ブルガリア王国成立（～1393）

イベリア半島・北アフリカ

西ゴート王国／イベリア半島

- 西ゴート王国
- 585 スエヴィ王国の併合
- 711 ウマイヤ朝に滅ぼされる
- 718 アストゥリアス王国の建国　レコンキスタの開始
- 後ウマイヤ朝（756～1031）
- 756 アブド=アッラフマーンがコルドバを都に建国
- 929 アブド=アッラフマーン3世がカリフの称号を用いる（西カリフ国）
- ＊コルドバ繁栄
- ＊キリスト教徒のレコンキスタ[国土回復運動]が盛んとなる
- 1031 後ウマイヤ朝滅亡
- 1035 カスティリャ王国，アラゴン王国の成立
- ムラービト朝（1056～1147）
- 1056 ムラービト朝成立（都：マラケシュ）
- 1076/77 ガーナ王国を攻撃
- ムワッヒド朝（1130～1269）
- 1130 ムワッヒド朝成立（都：マラケシュ）
- 1143 ポルトガル王国成立
- 1147 ムワッヒド朝，ムラービト朝を滅ぼす
- ＊哲学 イブン=ルシュド
- アイユーブ朝（1169～1250）
- サラディン（位1169～93）　アイユーブ朝建国
- 1187 イェルサレムを十字軍から奪還

北アフリカ（ウマイヤ朝・アッバース朝）

- ウマイヤ朝
- アッバース朝
- （モロッコ）
- 789 イドリース朝成立（～926）
- （チュニジア）
- 800 アグラブ朝成立（～909）
- （エジプト）
- 868 トゥールーン朝成立（～905）
- ファーティマ朝（909～1171）
- 909 チュニジアに建国
- 910 カリフを称す（東カリフ国）
- 969 エジプト征服，カイロ建設
- 975 アズハル学院設立

緑字：重要治政者に関する事項　　青字：文化に関する事項

⬭：条約・会議・会談　　⬭：国際的に関連する事項　　＊：その頃

580～1200

西・中央アジア	南アジア	東南アジア	北アジア	中国		朝鮮半島	日本
ササン朝ペルシア	ヴァルダナ朝	東南アジア諸国	突厥	隋		三国時代	飛鳥～平安

西・中央アジア	南アジア	東南アジア	北アジア	中国	朝鮮半島	日本	
610頃 ムハンマド(570頃～632)に神の啓示が下り、預言者を自覚(イスラームの成立)			583 突厥、東西に分裂	**隋(581～618)** 581 北周の外戚、楊堅が隋を建国、都は大興城 **文帝[楊堅](位581～604)** ＊府兵制・均田制・科挙の施行		593 聖徳太子、摂政となる	600
イスラーム教団国家 (606～647) 622 ヒジュラ[聖遷] 630 メッカを奪回 632～661 正統カリフ時代 642 ニハーヴァンドの戦い 650頃『コーラン』成立 651 ササン朝ペルシア滅亡 661 アリー暗殺され、正統カリフ時代終わる	**ヴァルダナ朝** (606～647) ハルシャ＝ヴァルダナ(位606～47)が北インド支配 647 ハルシャ＝ヴァルダナの死、北インド諸勢力分立(ラージプート時代)	(チベット) 吐蕃 ソンツェン＝ガンポ(位629～649)の支配 (スマトラ島) 7世紀後半、シュリーヴィジャヤ王国成立 (ベトナム) 679 唐、安南都護府を設置	630 東突厥、唐に敗れ一時滅亡 658 西突厥滅亡 682 東突厥復活	**煬帝(位604～618)** ＊大運河建設・高句麗遠征(失敗) 618 煬帝殺され、隋滅亡 **唐(618～907)** **高祖[李淵](位618～626)** ＊均田制・租調庸制の施行 **太宗[李世民](位626～649) 貞観の治** 629 玄奘、インドに出発(～645、『大唐西域記』) ＊孔穎達『五経正義』 **高宗(位649～683)** 660 唐・新羅連合軍、百済を滅ぼす ＊都護府の設置 ＊イスラーム・マニ教流入 668 唐、高句麗を滅ぼす 671～695 義浄、インド旅行『南海寄帰内法伝』		ササン朝ペルシア／三国時代／(統一)新羅 676 新羅、朝鮮半島統一	604 憲法十七条 607 小野妹子を隋に遣わす 630 第1回遣唐使派遣 7世紀半ば 大化改新
			渤海 (698～926) 698 大祚栄、震国建国、のち渤海と改称			672 壬申の乱	700
711 西ゴート王国を滅ぼす ＊イスラーム、中央アジアに広がる 732 トゥール・ポワティエ間の戦い 750 アブー＝アルアッバース、ウマイヤ朝を滅ぼす	730頃 プラティーハーラ朝興る 750頃 ベンガルにパーラ朝興る	(カンボジア) 702頃 真臘が水真臘と陸真臘に分裂 (雲南地方) 738 南詔建国 (ジャワ島) 8世紀中葉 シャイレンドラ朝成立	690～705 則天武后実権を掌握(国号は周) 710 韋后が政権を掌握、初めて節度使を設置 **玄宗(位712～756) 開元の治** 722 募兵制の開始 745 玄宗、楊太真を貴妃に 751 タラス河畔の戦い(高仙芝大敗) 755～763 安史の乱 ＊均田制・租庸調制の崩壊進行	**ウイグル** (744～840) 745 東突厥を滅ぼし、モンゴル高原統一 763 安史の乱に際し唐を援助 ＊ウイグル文字	＊西域文化流入 ＊唐三彩・白磁 ＊唐詩の全盛 李白・杜甫・王維・孟浩然 ＊書家 顔真卿 ＊画家 呉道玄	(統一)新羅 (676～935) 751 都の慶州に仏国寺建立	701 大宝律令 710 平城京遷都 727 渤海の使者来る 752 東大寺大仏開眼供養 753 鑑真来日	800
							794 平安京遷都	
＊「アッバース朝(750～1258) 751 タラス河畔の戦い(製紙法が西方に伝わる) 762 新都バグダードの建設(766完成) ハールーン＝アッラシード(位786～809) ＊アッバース朝の黄金時代				780 楊炎の建議により、両税法施行 ＊唐詩 白居易[白楽天] 古文 韓愈・柳宗元				
＊「知恵の館」でギリシア文化研究進む 827～878 イスラーム教徒、シチリア島征服 ＊代数学 フワーリズミー		＊ボロブドゥール建設 (カンボジア) 802 アンコール朝成立(～1431頃)	840 ウイグル、キルギスに敗れる	＊節度使の勢力強大になる 845 会昌の廃仏(武宗の仏教弾圧) 875～884 黄巣の乱 ＊唐帝室の権威衰え、藩鎮割拠 907 節度使の朱全忠、唐を滅ぼす			806 最澄,天台宗開く 806 空海,真言宗開く 838 円仁、遣唐使に同行 858 藤原良房、摂政となる 884 藤原基経、関白となる 894 遣唐使廃止 905『古今和歌集』	
サーマーン朝 (875～999) ＊東イラン～中央アジア支配 ＊イラン文化復興	897 南インドにチョーラ朝再興	(ジャワ島) 929 クディリ朝成立(～1222) (雲南地方) 937 大理自立(～1254)	**遼[契丹・キタイ]** (916～1125) 916 耶律阿保機、大契丹国建国(のち遼) ＊二重統治体制 ＊契丹文字作成 936 燕雲十六州を得る 946 後晋を滅ぼす	**五代十国(907～960)** <後梁>907～923 朱全忠建国 <後唐>923～936 <後晋>936～946 燕雲十六州を遼に割譲 <後漢>947～950 <後周>951～960 世宗の廃仏 **宋(北宋)(960～1127)**	**高麗(918～1392)** 918 王建が建国 936 朝鮮半島統一 ＊契丹の侵入		**935～941 承平・天慶の乱** ＊地方に武士おこる ＊国風文化	1000
ブワイフ朝 (932～1062) 940 カラハン朝興る 946 バグダード入城 ＊イクター制開始 999 サーマーン朝滅亡 ＊イブン＝シーナー『医学典範』	**ガズナ朝** (962～1186) (アフガニスタン) 962 ガズナ朝建国		926 遼に滅ぼされる	**太祖[趙匡胤](位960～976)** ＊文治主義 殿試の開始 979 北漢を滅ぼし、中国統一(2代太宗の時)				
セルジューク朝(1038～1194) 1038 トゥグリル＝ベク(位1038～1063) セルジューク朝建国 1055 バグダード入城、スルタンの称号得る 1071 マンジケルトの戦い マリク＝シャー(位1072～92) ＊セルジューク朝全盛 宰相 ニザーム＝アル＝ムルク	1001 ガズナ朝のマフムード、インドに侵入	(ベトナム) 1009 李朝興る(～1225) (ビルマ) 1044 パガン朝成立(～1299)	**1004 澶淵の盟(宋・遼間に和議成立)** **西夏(1038～1227)** 1038 李元昊が建国 **1044 慶暦の和約(宋・西夏間の和議)** ＊西夏文字	＊羅針盤・火薬の発明、木版印刷の普及 ＊宋学 周敦頤『太極図説』・程顥・程頤 ＊文人 欧陽脩『新唐書』 蘇洵・蘇軾・蘇轍 **神宗(位1067～85)** 1069 王安石の新法始まる(69青苗・均輸) 1084 司馬光『資治通鑑』 1086 司馬光、宰相となり新法を廃止 ＊新法党と旧法党の抗争	＊両班の形成 ＊『高麗版大蔵経』		＊藤原氏全盛時代 藤原道長 ＊紫式部『源氏物語』 1019 刀伊の入寇 1086 院政開始(白河上皇)	1100
＊詩人 ウマル＝ハイヤーム『ルバイヤート』 1157 イラン東部の支配終わる	(アフガニスタン) **ゴール朝** (1148頃～1215) 1186 ゴール朝、ガズナ朝を滅ぼす 1193 ゴール朝北インド支配 1194 滅亡	(カンボジア) 1125 アンコール＝ワット建設開始(スールヤヴァルマン2世)	1125 滅亡 **西遼** (1132～1211) 1132 耶律大石が建国	**金** 1115 完顔阿骨打が建国 1119 女真文字 **1126～27 靖康の変(徽宗、欽宗ら金に連行され、北宋滅亡)** **南宋(1127～1276)** **高宗(位1127～62)** 1138 臨安遷都 1141 秦檜(和平派)、岳飛(主戦派)を殺す **1142 紹興の和約(南宋と金の和議、淮水と大散関を結ぶ線が国境になる)** 1153 燕京に遷都 1160 会子の発行 ＊宋学の完成 朱熹	**徽宗(位1100～25)** ＊院体画の発達	1126 金に服属 ＊武人政権時代	1167 平清盛、太政大臣となる 1185 平氏滅亡 **1185 源頼朝、守護・地頭を設置** 1192 源頼朝、征夷大将軍となり、鎌倉幕府が成立	

| 1167 王重陽 全真教を創始 |

	アメリカ	西ヨーロッパ			中央・南ヨーロッパ			北・東ヨーロッパ	
		イベリア半島	イングランド王国	フランス王国	神聖ローマ帝国・スイス	ローマ教会	イタリア諸邦	ロシア	北・東欧諸国ビザンツ帝国

1200

アメリカ	イベリア半島	イングランド王国	フランス王国	神聖ローマ帝国・スイス	ローマ教会	イタリア諸邦	ロシア	北・東欧諸国ビザンツ帝国
		ジョン[欠地王](位1199〜1216)			インノケンティウス3世(位1198〜1216)			1204 第4回十字軍，コンスタンティノープル占領，ラテン帝国を樹立(〜61)
		1209 ジョン，破門される	1202〜1204 第4回十字軍		1209 フランチェスコ修道会創立	*ゲルフ・ギベリンの党争激化		
			1209 アルビジョワ十字軍(〜29)		1215 ドミニコ修道会創立			
	1230 カスティリャ王国，レオン王国を併合	1212 少年十字軍	1212 少年十字軍	1226 ドイツ騎士団，プロイセン征服開始	1245 プラノ＝カルピニ，モンゴルに派遣	1271 マルコ＝ポーロ，東方旅行に出発(〜95)		1236〜42 バトゥ率いるモンゴル軍のロシア・東欧遠征
	1232 ナスル朝成立(〜1492)	1214 ブーヴィーヌの戦い(仏王，英・独連合軍を破る)	ルイ9世[聖王](位1226〜70)	1228〜29 第5回十字軍			1240 モンゴル軍キエフ占領	*ビザンツの残存勢力，ニケーア帝国建国
	1269 ムワッヒド朝滅亡	1215 大憲章[マグナ＝カルタ]制定	1248〜54 第6回十字軍	1241 ハンザ同盟成立		1298 マルコ＝ポーロ『世界の記述』公刊	キプチャク＝ハン国(1243〜1502)	1241 ワールシュタットの戦い(モンゴル軍がドイツ・ポーランド連合軍を破る)
		ヘンリ3世(位1216〜72)	1270 第7回十字軍	1241 ワールシュタットの戦い			1243 バトゥ，サライを都にキプチャク＝ハン国建国	
		1258〜65 貴族の反乱		1248 ケルン大聖堂(ゴシック様式)起工	1289 モンテ＝コルヴィノ，モンゴルに派遣			
		1265 シモン＝ド＝モンフォールの議会		1256〜73 大空位時代				1261 ビザンツ帝国の復興
		エドワード1世(位1272〜1307)		1273 ルドルフ1世(ハプスブルク家)即位				
		*ロジャー＝ベーコン		1291 スイス3州独立	ボニファティウス8世(位1294〜1303)			
		1295 模範議会開催	フィリップ4世[端麗王](位1285〜1314)					

1300

アメリカ	イベリア半島	イングランド王国	フランス王国	神聖ローマ帝国・スイス	ローマ教会	イタリア諸邦	ロシア	北・東欧諸国ビザンツ帝国
		エドワード3世(位1327〜77)	1302 三部会召集	1315 モルガルテンの戦い	1303 アナーニ事件	*イタリア＝ルネサンスの開始	1313〜40 ウズベク＝ハンのもとで最盛期	
		*フランドル地方をめぐる英仏の対立深まる	ヴァロワ朝(1328〜1589)	ルクセンブルク朝(1346〜1437)	1309〜77 教皇のバビロン捕囚(教皇庁がアヴィニョンに移転)	*ダンテ『神曲』*ペトラルカ*画家ジョット	1328 イヴァン1世，モスクワ大公となる	(ポーランド)
			フィリップ6世(位1328〜50)	カール4世(位1347〜78)		1353 ボッカチオ『デカメロン』完成		1386 ポーランドとリトアニアが合同ヤゲウォ朝の成立(〜1572)
		1339 英仏百年戦争(〜1453)						
		1346 クレシーの戦い(英軍，仏軍に大勝)		1348 プラハ大学設立		1378 フィレンツェでチオンピの乱	1380 クリコヴォの戦い(モスクワ大公国，キプチャク＝ハン国を破る)	
		1346〜50 全ヨーロッパにペスト流行(人口の3分の1を失う)		1356 金印勅書(七選帝侯が皇帝選出権を得る)		1378 ヴェネツィア，東方貿易の主導権を握る		
		1356 ポワティエの戦い(英軍，仏軍に大勝)			1378 教会大分裂[大シスマ](〜1417)	1381 ヴェネツィア，東方貿易の主導権を握る		1397 カルマル同盟成立(北欧三国合同)
		1378 ウィクリフ，教会を批判	1358 ジャックリーの乱	1365 ウィーン大学設立		1395 ヴィスコンティ家，ミラノ公となる		
		1381 ワット＝タイラーの乱		1386 ゼンパッハの戦い	1390頃 ウィクリフ説，ベーメンに広がる	ローマ・アヴィニョンに教皇並立		
		1387頃 チョーサー『カンタベリ物語』						

1400

アメリカ	イベリア半島	イングランド王国	フランス王国	神聖ローマ帝国・スイス	ローマ教会	イタリア諸邦	ロシア	北・東欧諸国ビザンツ帝国
	(ポルトガル)	ランカスター朝(1399〜1461)	*フランドル画派ファン＝アイク兄弟	1410 タンネンベルクの戦い(ドイツ騎士団大敗)	1414〜18 コンスタンツ公会議	*ルネサンス展開彫刻家ドナテルロ建築家ブルネレスキ	1430頃 クリム＝ハン国の独立	
	1415 エンリケ航海王子，セウタ攻略	1415 アザンクールの戦い	シャルル7世(位1422〜61)	ジギスムント(位1411〜37)			1445 カザン＝ハン国の独立(キプチャク＝ハン国)	1453 メフメト2世によりコンスタンティノープル陥落(ビザンツ帝国の滅亡)
	1444 ポルトガル人ヴェルデ岬到達	1420 トロワ条約	1429 オルレアンの戦い(ジャンヌ＝ダルク活躍)	1415 フス火刑に処される		1434 コジモ＝デ＝メディチのフィレンツェ支配(〜64)	*内部対立により弱体化	
	スペイン王国成立(1479〜)(カスティリャとアラゴンの合同)	1453 百年戦争終結(1339〜)	1453 百年戦争終結(1339〜)	1419 フス戦争(〜36)				
*大航海時代始まる	フェルナンド(位1479〜1516)イサベル(位1474〜1504)の共同統治	1455 バラ戦争(〜85)		ハプスブルク朝(1438〜1740)		*ルネサンスの最盛期		
1492 コロンブス米大陸(サンサルバドル島)到達	1488 バルトロメウ＝ディアス喜望峰到達	ヨーク朝成立(1461〜85)	1477 ナンシーの戦い(ブルゴーニュ公戦死。フランスはブルゴーニュ併合，ハプスブルク家がネーデルラント相続)	1448 グーテンベルク，活版印刷術発明		1469 ロレンツォ＝デ＝メディチによるフィレンツェ支配(〜92)	モスクワ大公国(1328〜1598)	
1497 カボット，北米到達	1492 グラナダ陥落，レコンキスタ完了	1485 ボズワースの戦いバラ戦争の終結		*エルベ川の東では，ユンカーの農民支配が再強化される		1474 トスカネリ，地球球体説に基づき，世界地図作成	イヴァン3世(位1462〜1505)	
1500 カブラル，ブラジル漂着	1493 教皇子午線の決定	テューダー朝成立(1485〜1603)	1494 フランス・ドイツ間のイタリア戦争(〜1559)			1478頃 ボッティチェリ「春」	1480 モスクワ大公国独立	
	1494 トルデシリャス条約締結	ヘンリ7世(位1485〜1509)		1499 スイス，ハプスブルク家より事実上独立		1494 メディチ家失脚		
	1498 ヴァスコ＝ダ＝ガマ，カリカット到着(インド航路開拓)	1487 星室庁の設置				1498頃 レオナルド＝ダ＝ヴィンチ「最後の晩餐」		
		*第1次囲い込み運動盛んになる				1498 サヴォナローラ火刑		

1500

アメリカ	イベリア半島	イングランド王国	フランス王国	神聖ローマ帝国・スイス	ローマ教会	イタリア諸邦	ロシア	北・東欧諸国ビザンツ帝国
1501 アメリゴ＝ヴェスプッチの南米探検(〜02)	1510 ポルトガル，ゴア建設	ヘンリ8世(位1509〜47)	フランソワ1世(位1515〜47)	1509 エラスムス『愚神礼賛』	1501〜04 ミケランジェロ「ダヴィデ」		1502 キプチャク＝ハン国滅亡	1523 スウェーデン，デンマークより独立(カルマル同盟解体)
1513 バルボア太平洋岸到達	1511 ポルトガル，マラッカ占領	1516 トマス＝モア『ユートピア』		1514 贖宥状販売	1503〜06頃 レオナルド＝ダ＝ヴィンチ「モナ＝リザ」			
	ハプスブルク朝成立(1516〜1700)			1517 マルティン＝ルター，九十五カ条の論題を発表(宗教改革の始まり)	1506 サン＝ピエトロ大聖堂改築(〜1626)ブラマンテ，ラファエロ，ミケランジェロら参加		イヴァン4世[雷帝](位1533〜84)	
1519 マゼラン一行，世界周航(〜22)出発	カルロス1世(位1516〜56)[神聖ローマ皇帝カール5世]	ヘンリ8世(位1509〜47)	カール5世(位1519〜56)[スペイン王カルロス1世]		1509〜10 ラファエロ「アテネの学堂」			
1521 コルテス，メキシコ征服(アステカ王国滅亡)	1522 ポルトガル，モルッカ[マルク]諸島(香辛料の主産地)到達	1516 トマス＝モア『ユートピア』	1521 神聖ローマ帝国皇帝カール5世と対立(イタリア戦争激化)	1521 ヴォルムス帝国議会(ルター破門)	教皇レオ10世(位1513〜21)		1547 正式にツァーリと称す	
	*絶対主義の確立期(官僚・常備軍を支柱とする)	1533 ヘンリ8世，アン＝ブーリンと結婚しキャサリンと離婚	1523 ツヴィングリ，スイスのチューリヒで宗教改革を始める	1522 騎士戦争(〜23)	1513 マキァヴェリ『君主論』		(ポーランド)	
1521 コルテス，メキシコ征服(アステカ王国滅亡)	1529 サラゴサ条約(アジアにおけるスペイン・ポルトガルの勢力範囲定まる)	1534 首長法発布(イギリス国教会の成立)	1523 ツヴィングリ，スイスのチューリヒで宗教改革を始める	1524 ドイツ農民戦争(〜25，ミュンツァー)			1543 コペルニクス，地動説を唱える	
*マヤ文明，スペイン人の征服により消滅	*新大陸より銀の流入増大	1535 トマス＝モア処刑	1536 カルヴァン『キリスト教綱要』	1526 モハーチの戦い		1534 イエズス会設立(イグナティウス＝ロヨラ，フランシスコ＝ザビエル)		*北欧三国，ルター派採用
1533 ピサロ，インカ帝国を滅ぼす	1543 ポルトガル人，種子島漂着	エドワード6世(位1547〜53)	1541 カルヴァン，スイスのジュネーヴで宗教改革開始	1526 第1回シュパイアー帝国議会		1535〜41 ミケランジェロ「最後の審判」		
1545 スペイン人によるポトシ銀山の開発		1549 一般祈禱書制定		1529 オスマン帝国，第1次ウィーン包囲				
				1529 第2回シュパイアー帝国議会		1545 トリエント公会議(〜63，対抗宗教改革開始)		
		メアリ1世(位1553〜58)	1544 フランス・ドイツ間のイタリア戦争終結	1530 新教諸侯がシュマルカルデン同盟結成				
			1546 シュマルカルデン戦争(〜47)					

緑字：重要治政者に関する事項　　青字：文化に関する事項
◯：条約・会議・会談　◯：国際的に関連する事項　　＊：その頃

1200～1550

西アジア		中央・北アジア				中国	南アジア	東南アジア	朝鮮半島	日本
セルジューク朝	イスラーム諸王朝	西トルキスタン	西夏	遼	金	宋(南宋)		東南アジア諸国	高麗	鎌倉～安土桃山

西アジア

セルジューク朝

- 1291 十字軍最後の拠点，アッコン陥落
- オスマン帝国(1299～1922)
- オスマン1世(位1299～1326)が即位
- 1361 オスマン軍，アドリアノープルを占領
- ムラト1世(位1362～89)
- バヤジット1世(位1389～1402)
- 1396 ニコポリスの戦い
- 1402 アンカラの戦い
- メフメト2世(位1444～46, 1451～81)
- ＊コンスタンティノープルを首都とする(イスタンブル)
- ＊バルカン半島の大部分領有
- セリム1世(位1512～20)
- 1517 マムルーク朝を滅ぼし，エジプトを領有 メッカ・メディナの保護権獲得
- スレイマン1世(位1520～66)
- 1526 モハーチの戦い
- 1529 第1次ウィーン包囲
- 1538 プレヴェザの海戦

イスラーム諸王朝

- (アフリカ)マリ王国 1240～1473
- 1231 滅亡
- (エジプト)マムルーク朝(1250～1517)
- 1260 バイバルス，モンゴル軍破る
- (イラン)イル=ハン国(1258～1353)
- 1258 フラグ，アッバース朝，滅ぼす
- 1295 ガザン=ハン，イスラームに改宗 宰相ラシード=アッディーン『集史』
- (アフリカ)＊マリ王国
- マンサ=ムーサ(位1312～37)のもとで最盛期
- 1353 イル=ハン国事実上，解体
- 1325 イブン=バットゥータ，タンジール出発
- 1393 イランを支配
- 1395 キプチャク=ハン国を攻略
- ＊イブン=ハルドゥーン『世界史序説』
- 1405 ティムール病死(明への遠征途上)
- シャー=ルフ(1409～47)
- ウルグ=ベク(位1447～49)
- サファヴィー朝(1501～1736)
- 1501 サファヴィー朝成立(イスマーイール1世が建国)
- (中央アジア)＊ブハラ=ハン国(1505～1920)，ヒヴァ=ハン国(1512～1920)の建国

中央・北アジア

西トルキスタン

- 1211 滅亡
- 1231 滅亡
- チャガタイ=ハン国(1227～14C後半)
- 1236～42 バトゥのヨーロッパ遠征
- 1266～1301 ハイドゥの乱
- 1301 ハイドゥ，元を攻め敗死
- 1310 チャガタイ=ハン国，オゴタイ=ハン国を併合
- ティムール朝(1370～1507)
- ティムール(位1370～1405)

モンゴル帝国(1206～1271)／元・明

- モンゴル帝国(1206～1271)
- チンギス=ハン(位1206～27)
- 1219～25 チンギス=ハンの大西征
- オゴタイ=ハーン(位1229～41)
- 1227 滅亡（西夏）
- 1234 滅亡（金）
- 1235 カラコルム[和林]の建設
- 1236 交鈔の発行
- 1246 プラノ=カルピニ，カラコルム着
- 1254 ルブルック，カラコルム着
- フビライ=ハーン(位1260～94) 1264中都に遷都
- 元(1271～1368)
- 1271 国号を元と定める
- ＊パスパ文字(1269作成)・モンゴル文字
- 1275 マルコ=ポーロ，大都に至る
- 1279 崖山の戦い(南宋残存勢力全滅)
- 1280 授時暦(郭守敬)を施行
- 1294 モンテ=コルヴィノ，大都に至る
- 1313 元朝治下で初めて科挙を行う
- ＊元曲 『漢宮秋』・『西廂記』『琵琶記』
- 1346 イブン=バットゥータ，中国に至る
- 1351～66 紅巾(白蓮教徒)の乱おこる
- 北元
- 明(1368～1644)
- 1368 成立
- 1368 朱元璋，南京で即位(太祖洪武帝～98)
- 1388 滅亡
- ＊明律・明令の制定
- 1380 中書省廃止・六部は皇帝直轄に
- 1381 里甲制・賦役黄冊制定
- 1397 六諭発布
- 建文帝[恵帝](位1398～1402)
- (チベット)1409 ツォンカパがチベット仏教の黄帽派を創始
- 1399～1402 靖難の役
- 成祖[永楽帝](位1402～24)
- 1405 鄭和の南海大遠征(～33)
- 1407 ベトナムを支配(～27)
- 1410 永楽帝の北征(～24)
- (オイラト)
- ＊『五経大全』『四書大全』『永楽大典』『性理大全』
- 1421 北京に遷都
- 英宗[正統帝](位1435～49)
- 1439 エセン即位(～54)
- 1448 鄧茂七の乱
- 1449 土木の変(エセン，英宗を捕らえる)
- 1454 オイラトのエセン=ハン暗殺される
- ＊内乱が続く
- ＊ダヤン=ハンのもと，タタールが勢力を伸張し，たびたび明に侵入
- 1500 ウズベク族，サマルカンドを占領(1507，ヘラート占領でティムール朝滅亡)
- ＊北宗画 仇英 南宗画 沈周
- 1517 ポルトガル人，広州に至る
- ＊陽明学 王陽明
- ＊アルタン=ハンのもとでタタール最盛期，たびたび明に侵入
- ＊北虜南倭(この頃，タタールと倭寇の侵入増加)

中国 — 宋(南宋)

- ＊陸九淵
- ＊院体画 馬遠・夏珪
- ＊文人画 牧谿・米芾
- 1276 滅亡

南アジア

- 奴隷王朝(1206～90)
- 1206 アイバク(位～10)，ゴール朝より独立
- ＊デリー=スルタン朝の始まり
- ハルジー朝(1290～1320)
- トゥグルク朝(1320～1414)
- (南インド)1336 ヴィジャヤナガル王国成立(～1649)
- 1398 ティムールがデリー占領
- サイイド朝(1414～51)
- ロディー朝(1451～1526)
- 1451 ロディー朝(アフガン系)成立
- 1498 ヴァスコ=ダ=ガマ(ポルトガル)，ヴィジャヤナガル王国治下のカリカットに到着
- ＊ナーナク，シク教創始
- 1519 バーブル，パンジャーブ地方に侵入
- 1526 パーニーパットの戦い
- ムガル帝国(1526～1858)
- バーブル(位1526～30)
- 1526 バーブル，ムガル帝国(～1858)を建てる
- 1542 ザビエル，ゴアに到着

東南アジア — 東南アジア諸国

- (ジャワ島)1222 クディリを滅ぼしシンガサリ朝興る
- (ベトナム)1225 陳朝建国される(～1400)
- 1254 モンゴル，大理を滅ぼす(タイ)
- 1257 スコータイ朝成立
- 1257 モンゴル，ベトナムに侵入
- (ビルマ)1287 パガン朝，元に侵入される
- (ジャワ島)1293 マジャパヒト王国成立(～1520頃)
- 1299 パガン朝滅亡
- (タイ)1351 アユタヤ朝成立(～1767)
- 14C末 マラッカ王国の成立(～1511)
- (ベトナム)1428 黎朝成立(～1527,1532～1789)
- (ベトナム)1471 チャンパー，黎朝の攻撃を受け，衰亡
- (スマトラ島)＊アチェ王国(15C末～20C初)
- (ジャワ島)＊バンテン王国(16C前半～19C初頭)
- 1510 ポルトガル，ゴアを建設
- 1511 ポルトガル，マラッカを占領
- 1521 マゼラン，フィリピンで殺される
- (ビルマ)1531 タウングー朝の建国(～1752)

朝鮮半島 — 高麗

- 1231 モンゴルの侵入開始
- 1236～51 『大蔵経』復刻
- 1259 モンゴルに服属
- 1270～73 三別抄の乱
- 1350 倭寇の高麗侵入が激化
- (李朝)朝鮮(1392～1910)
- 1392 李成桂が建国
- 1403 銅活字の鋳造
- 1419 応永の外寇
- ＊儒教(朱子学)の国教化
- 1446 訓民正音発布

日本 — 鎌倉～安土桃山

- 1219 源実朝暗殺され源氏滅亡，北条氏の執権政治
- 1221 承久の乱
- 1232 御成敗式目制定
- 1274 文永の役(元・高麗軍の日本遠征)
- 1281 弘安の役(元の日本再遠征，失敗に終わる)
- 1333 鎌倉幕府滅亡
- 1334 建武の新政
- 1338 足利尊氏，室町幕府を開く
- 1342 幕府，元に天竜寺船を派遣
- 1392 南北朝合一
- 1397 金閣建立
- 1404 明との勘合貿易(明の冊封体制のもとで行われた貿易)
- 1429 中山王，琉球統一
- 1467～77 応仁の乱
- ＊戦国時代
- 1489 足利義政，銀閣建立
- 1543 ポルトガル人，種子島漂着(鉄砲伝来)
- 1549 フランシスコ=ザビエル，鹿児島上陸

右欄年代目盛：1200／1300／1400／1500

年	アメリカ	西ヨーロッパ スペイン王国（ハプスブルク朝）	イングランド王国	オランダ	フランス王国（ブルボン朝）	中央ヨーロッパ 神聖ローマ帝国・プロイセン（ハプスブルク朝）	イタリア諸邦 ローマ教会
1550	＊ポルトガル人，ブラジルに進出　1572　イエズス会によるアメリカ布教	1556　ハプスブルク家の分立（スペイン系とオーストリア系に）　フェリペ2世（位1556〜98）　1559　カトー＝カンブレジ条約　1568　オランダ独立戦争（〜1609）　1571　レパントの海戦（スペイン・教皇・ヴェネツィア連合軍がオスマン帝国を破る）	1555　メアリ1世，カトリック復活　エリザベス1世（位1558〜1603）　1559　統一法発布　1560　グレシャムの通貨改革	1555　アウクスブルクの和議　1556　ハプスブルクの分立（スペイン系とオーストリア系に）　スペイン領ネーデルラント（1556〜1713）　1568　オランダ独立戦争（〜1609，オラニエ公ウィレム指導）	1559　カトー＝カンブレジ条約（イタリア戦争の講和条約）　シャルル9世（位1560〜74）　1562　ユグノー戦争（〜98）　1572　サン＝バルテルミの虐殺	1569　フィレンツェ，トスカナ大公国に　1571　レパントの海戦	
	1584　ウォルター＝ローリー（英）のヴァージニア植民地建設（失敗）　1585　ドレーク，西インド諸島への航海	1580　スペイン，ポルトガルを併合（〜1640）　1588　アルマダ海戦（スペイン無敵艦隊がイギリス海軍に大敗）	1577〜80　ドレークの世界周航　＊マニュファクチュアが発展（おもに毛織物工業）　1587　メアリ＝ステュアート処刑	1579　北部7州ユトレヒト同盟結成　ネーデルラント連邦共和国（1581〜1795）　1581　独立宣言　1584　オラニエ公ウィレム暗殺	1580　モンテーニュ『エセー』　1589　アンリ3世暗殺　ブルボン朝成立（1589〜1792，1814〜30）　アンリ4世（位1589〜1610）　1593　アンリ4世，カトリックに改宗　1598　ナントの王令（ユグノー戦争終結）	1582　グレゴリウス暦制定　1583　ガリレイ，振子の定律の法則発見　1589　ガリレイ，物体落下の法則発見	
1600	1607　ヴァージニア植民地建設（英）　1608　ケベック市建設（仏）　1619　ヴァージニアでアメリカ初の議会　1620　ピルグリム＝ファーザーズ，メイフラワー号でプリマスに移住	＊エル＝グレコ「受胎告知」　1605　セルバンテス『ドン＝キホーテ』　1609　オランダと休戦　（ポルトガル）	1600　東インド会社設立　1601　救貧法制定　ステュアート朝（1603〜49）　ジェームズ1世（位1603〜25）　王権神授説を主張し，専制政治を行う　チャールズ1世（位1625〜49）　1628　権利の請願	1602　東インド会社設立　1609　スペインと休戦　ルーベンス　ファン＝ダイク　1621　西インド会社設立　1625　グロティウス『戦争と平和の法』	1603　シャンブラン，セント＝ローレンス川を探検　1604　東インド会社設立　ルイ13世（位1610〜43）　1614　三部会の招集（1615年以後，1789年まで三部会招集停止）　1624〜42　宰相リシュリュー主導の政治	1609　ケプラー『新天文学』刊　1618　ブランデンブルク＝プロイセンの成立　1618〜48　三十年戦争　1618　ベーメンで新教徒が反乱　Ⅰ.1618〜23　ベーメン＝ファルツ戦争　Ⅱ.1625〜29　デンマーク戦争（デンマーク王クリスチャン4世が介入）　1632　ヴァレンシュタイン，皇帝側総司令官として登場，デンマーク軍を破る	1600　ジョルダーノ＝ブルーノ火刑
1630	1625　ニューアムステルダム建設（蘭）　1630　マサチューセッツ植民地建設（英）　1636　ハーヴァード大学創設　1642　モントリオール市建設（仏）	1640　ポルトガル，スペインより独立を回復　＊ベラスケス活躍	1639　スコットランドの反乱　1640　短期議会・長期議会　1641　議会の大諫奏　1642〜49　ピューリタン革命　1645　ネーズビーの戦い（議会派が王党派を破る）　1649　チャールズ1世処刑，共和政に移行　共和政（1649〜60）	1642〜43　タスマン，タスマニア島，ニュージーランドに到達　1642　レンブラント「夜警」　＊哲学　スピノザ	1635　リシュリュー，三十年戦争に介入　1635　フランス学士院創設　1637　デカルト『方法叙説』　1642　マザラン，宰相になる　ルイ14世［太陽王］（位1643〜1715）　＊絶対王政の最盛期　ボシュエ，王権神授説を説く　1648〜53　フロンドの乱	Ⅲ.1630〜35　スウェーデン戦争（スウェーデン王グスタフ＝アドルフの介入）　1632　リュッツェンの戦い（グスタフ戦死）　Ⅳ.1635〜48　フランス＝スウェーデン戦争　ブランデンブルク＝プロイセン同君連合	1632　ガリレイ『天文対話』刊　1633　ガリレイ，宗教裁判を受け，地動説放棄
	＊北米で黒人奴隷を使役したプランテーション（砂糖・コーヒー・タバコなど）が発達		1649　アイルランド侵略　1651　ホッブズ『リヴァイアサン』　1651　航海法発布　1652〜54　第1次イギリス＝オランダ戦争　1653　クロムウェル，護国卿に就任（〜58）	1652　アフリカ南端にケープ植民地建設	1648　ウェストファリア条約締結（カルヴァン派公認，スイス・オランダの独立承認，フランス・スウェーデンの領土拡大，神聖ローマ帝国の有名無実化）　オーストリア	フリードリヒ＝ヴィルヘルム大選帝侯（位1640〜88）	
1660	1664　蘭領ニューアムステルダム，英に奪われたのち，ニューヨークと改称		1660　王政復古（ステュアート朝）　チャールズ2世（位1660〜85）　1665〜67　第2次イギリス＝オランダ戦争　1668　アーヘンの和約（ルイ14世，スペイン・オランダ・イギリス・スウェーデンと和す。占領地の多くを返還）　1672〜74　第3次イギリス＝オランダ戦争　1673　審査法成立	1667〜68　南ネーデルラント継承戦争　1670　パスカル『パンセ』　1672〜78　オランダ侵略戦争（ルイ14世）　1678　ホイヘンス光の波動説	1661　ルイ14世，親政開始　1664　東インド会社の再建　1664　財務総監コルベール	1678　ナイメーヘン和約（ルイ14世，スペイン・オランダと和す。占領地の多くを返還）	1669　ヴェネツィア，クレタ島を失う
	1681　英人ウィリアム＝ペン，ペンシルヴァニア植民地建設　1682　仏人ラサール，ミシシッピ川流域を仏領と宣言し，ルイジアナと命名		1679　人身保護法成立　＊トーリ党・ホイッグ党　ジェームズ2世（位1685〜88）　1687　ニュートン『プリンキピア』　1688　名誉革命（オランダからウィレム・メアリ夫妻を招く。ジェームズ2世フランスに亡命）　メアリ2世（位1689〜94）とウィリアム3世（位1689〜1702）の共治		＊古典主義文学　悲劇作家コルネイユ　ラシーヌ　喜劇作家モリエール　1682　ルイ14世，ヴェルサイユへ宮廷を移転　1685　ナントの王令廃止（多くのユグノーが亡命）	1683　オスマン帝国の第2次ウィーン包囲（失敗）	
1690	1689〜97　ウィリアム王戦争（英仏植民地戦争・第2次百年戦争の開始）	1700　ハプスブルク家断絶　ブルボン家のフェリペ5世（位1700〜24，24〜46）即位	1689　権利の章典　1690　ロック『市民政府二論』　1694　イングランド銀行創設　1697　ライスワイク条約締結（フランス，イギリス・オランダ・スペイン・神聖ローマ帝国と和す）		1688〜97　ファルツ継承戦争	1699　カルロヴィッツ条約（オーストリアがオスマン帝国よりハンガリーを獲得）	

緑字：重要治政者に関する事項　　青字：文化に関する事項
◯：条約・会議・会談　　◯：国際的に関連する事項　　＊：その頃

1550～1700

北ヨーロッパ	東ヨーロッパ	西アジア	南アジア	東南アジア	中国(北・中央アジア)		朝鮮	日本
北欧諸国	ロマノフ朝	オスマン帝国・サファヴィー朝	ムガル帝国	東南アジア諸国	明	女真	李朝	安土桃山～江戸
(ポーランド) 1572 ヤゲウォ朝が断絶、選挙王制へ	1552 カザン＝ハン国征服 1565～72 恐怖政治(オプリチニナ体制の強化) 1581 イェルマークのシベリア遠征 イヴァン4世 モスクワ大公国 1598 リューリク朝の断絶	1569 フランスにカピチュレーションを与える オスマン帝国 1571 レパントの海戦 サファヴィー朝 アッバース1世(位1587～1629) 1598 イスファハーンに遷都	アクバル[大帝](位1556～1605) 1564 アクバル、人頭税[ジズヤ]を廃止 1582 神聖宗教(ディーネ＝イラーヒー)の公布	(フィリピン) 1565 スペインによるフィリピン支配開始 1571 スペイン、マニラを占領 (ジャワ島) 16C末 マタラム王国建国(～1755)	1550 アルタン＝ハンが北京包囲 1557 ポルトガル人、マカオ居住を認められる 万暦帝[神宗](位1572～1620) 1572 張居正の改革(～82) 1581頃 一条鞭法、全国的に施行 1583 マテオ＝リッチ中国に上陸 1596 李時珍『本草綱目』刊行	＊チベット仏教がモンゴルに広まる 女真 1583 ヌルハチ自立 1593 ヌルハチ女真諸部統一 1599 満州文字作成	1555 倭寇、全羅道を侵す 1575 両班の党争激化	1573 室町幕府滅亡 安土・桃山 1582 大友・大村・有馬氏、ローマ教皇に少年使節派遣 1582 本能寺の変 1590 秀吉、天下統一 1592～93 壬辰倭乱 ＊水軍の李舜臣の活躍 1597～98 丁酉倭乱
(スウェーデン) グスタフ＝アドルフ(位1611～32)	1613 ミハイル＝ロマノフがツァーリに選ばれる(ロマノフ朝の創始) ミハイル＝ロマノフ(位1613～45) 1638 太平洋岸到達	1612 オランダにカピチュレーションを与える シャー＝ジャハーン(位1628～58)	1600 イギリス東インド会社設立 1602 オランダ東インド会社設立 1604 フランス東インド会社設立 ＊ミニアチュールの影響を受け、ムガル絵画・ラージプート絵画が発達	1619 オランダ、ジャワ島のバタヴィアに商館を設立 1623 アンボイナ事件(オランダがイギリスを駆逐)	1602 マテオ＝リッチ『坤輿万国全図』刊 1611 東林派・非東林派の党争激化 崇禎帝[毅宗](位1627～44)	1601 ヌルハチ、八旗制度を創設 1616 後金成立 ヌルハチ[太祖](位1616～26) 1619 サルフの戦い(ヌルハチ、明に大勝) (台湾) 1624 オランダ、台湾を占領(～61) ホンタイジ[太宗](位1626～43)	1607 朝鮮通信使来日 1609 対馬、朝鮮と通商条約締結	1600 関ヶ原の戦い 1603 徳川家康、江戸幕府を開く 1609 蘭、平戸に商館建設　島津氏、琉球征服
＊スウェーデンの最盛期(バルト海沿岸の支配)		1645～69 ヴェネツィアとの戦争	1632 タージ＝マハル廟建築開始(～53) 1639 イギリス、マドラスに商館建設 1649 (南インド)ヴィジャヤナガル王国(1336～1649)滅亡 1658 オランダ、セイロン島(スリランカ)をポルトガルより奪う アウラングゼーブ(位1658～1707)	1641 オランダ、ポルトガルよりマラッカを奪う	1631 李自成の乱(～44) 1634 徐光啓・アダム＝シャール『崇禎暦書』完成 1637 宋応星『天工開物』 1639 徐光啓『農政全書』 1644 李自成軍、北京占領。崇禎帝自殺、明滅亡 1644 清、中国支配の開始 1645 薙髪令の発布 ＊考証学：黄宗羲・顧炎武	1635 モンゴルのチャハル制圧 1636 国号を清と改める 1637 清軍、朝鮮に侵入、朝鮮降伏 順治帝[世祖](位1643～61)	1643 キリスト教伝来	1637～38 島原の乱 1639 ポルトガル船の来航禁止 1641 オランダ人を出島に移す　鎖国の完成 ＊オランダ風説書
(スウェーデン) カール12世(位1697～1718) 1700～21 北方戦争 1700 ナルヴァの戦い	1667 ポーランドからウクライナを奪う 1670 ステンカ＝ラージンの乱(～71) ピョートル1世[大帝](位1682～1725) 1689 ネルチンスク条約を清と締結(スタノヴォイ山脈とアルグン川が両国の国境となる) 1697 カムチャツカ半島に進出 1697～98 ピョートル1世の西欧視察旅行 1699 ピョートル1世改革開始	1669 ヴェネツィアよりクレタ島を獲得 1683 第2次ウィーン包囲の失敗 1699 カルロヴィッツ条約	1661 イギリス、ボンベイを獲得 1674 フランス、ポンディシェリとシャンデルナゴルを獲得 1674 マラーター王国成立 1679 非ムスリムに対する人頭税[ジズヤ]復活 ＊ラージプート族、マラーター族(ともにヒンドゥー教徒)の抵抗 1690 イギリス、カルカッタに商館建設		康熙帝[聖祖](位1661～1722) (台湾) 1661 鄭成功、台湾をオランダより奪い、反清復明運動の根拠地に 1673～81 三藩の乱(雲南の呉三桂らの反乱) ＊反清思想の弾圧(文字の獄・禁書) (台湾) 1683 鄭氏が降伏、台湾が清の直轄地となる 1689 ネルチンスク条約 1697 ジュンガルのガルダン＝ハンを敗死させる			

								1550
								1600
								1630
								1660
								1690

	アメリカ	西ヨーロッパ		南欧	中央ヨーロッパ	
	アメリカ	イギリス（ステュアート朝）	フランス王国（ブルボン朝）	スペイン イタリア諸邦	オーストリア（ハプスブルク朝）	プロイセン・ドイツ諸邦

1700

1702〜13　アン女王戦争

1701　スペイン継承戦争（フランス・スペインvsイギリス・オランダ・オーストリア・プロイセン）

アン（位1702〜14）　／　ルイ14世

1707　大ブリテン王国成立（スコットランドと合併）

プロイセン王国（1701〜1918、ホーエンツォレルン家）

1713　ユトレヒト条約（フランス・スペインとイギリス・オランダ・プロイセンの間で締結される。イギリスはフランスよりハドソン湾地方，ニューファンドランド，アカディアを，スペインよりジブラルタル，ミノルカ島を獲得する）

カール6世（位1711〜40）
1713　プラグマーティッシェ＝ザンクティオン制定（女子相続権を規定（'24））

フリードリヒ1世（位1688〜1713）

ハノーヴァー朝（1714〜1901）
ジョージ1世（位1714〜27）

1714　ラシュタット条約

1720　サルデーニャ王国の成立

＊バロック音楽　バッハ・ヘンデル

1719　デフォー『ロビンソン＝クルーソー』
1721　ウォルポール内閣成立
1726　スウィフト『ガリヴァー旅行記』

ルイ15世（位1715〜74）
＊ワトー「シテール島の巡礼」
＊ロココ様式の流行
＊フランス啓蒙思想

フリードリヒ＝ヴィルヘルム1世（位1713〜40）

1728　デンマーク人ベーリング，ベーリング海峡を発見

1730

1733　ジョージア植民地が建設され，13植民地が成立

1733　ジョン＝ケイ，飛び杼を発明

1734　ヴォルテール『哲学書簡』

1737　メディチ家断絶

フランツ1世（位1745〜65）
マリア＝テレジア

フリードリヒ2世（位1740〜86）（啓蒙絶対君主）

1740〜48　オーストリア継承戦争（フランス・スペイン・プロイセン・バイエルン・ザクセンvsオーストリア・イギリス），マリア＝テレジアの即位が契機

1744〜48　ジョージ王戦争

1742　ウォルポール内閣辞職（責任内閣制の始まり）

1747　サン＝スーシ宮殿完成

1748　アーヘンの和約（フランス・スペイン・プロイセンとオーストリア・イギリス間で講和成立。墺はプロイセンにシュレジエン地方を割譲）

1750　フランクリン，避雷針を発明

1753　大英博物館設立

1748　モンテスキュー『法の精神』（三権分立）
1751〜72　『百科全書』編集（ディドロ，ダランベール）

1748　ポンペイの発掘開始

1750〜53　ヴォルテール，滞在

1755〜63　フレンチ＝インディアン戦争

1756〜63　七年戦争（オーストリア・フランス・スペイン・ロシア・ザクセンvsプロイセン・イギリス，フランスとオーストリアは戦争に先立って，同盟を結び，200年来の敵対関係に終止符＝外交革命）

1759　英軍，ケベックを占領
1760　英軍，モントリオールを占領

ジョージ3世（位1760〜1820）
＊イギリス産業革命が始まる（木綿工業で技術革新が進む）

1758　ケネー『経済表』
＊重農主義，自由放任主義の思想を説く
1762　ルソー『社会契約論』

1763　フベルトゥスブルク条約（七年戦争の講和条約。プロイセンはシュレジエンを確保する）

1760

1763　パリ条約（フレンチ＝インディアン戦争の講和条約。イギリスとスペイン間で締結。イギリスはフランスよりカナダ，ミシシッピ川以東のルイジアナなどを，スペインよりフロリダを獲得する）

1764　砂糖法
1765　印紙法（植民地人は反対代表なくして課税なし＝翌年撤回）
1767　タウンゼンド諸法
1773　茶法
1773　ボストン茶会事件
1774　第1回大陸会議

1764　ハーグリーヴズ，ジェニー紡績機を発明
1769　アークライト，水力紡績機を発明
1769　ワット，蒸気機関の実用化

1770　東インド会社解散

1773　ローマ教皇，イエズス会に解散を命じる

ヨーゼフ2世（位1765〜90）
工業の育成
東部への植民
法典の編纂

1775　レキシントンの戦い（アメリカ独立革命）

ルイ16世（位1774〜92）
1774〜76　財務総監テュルゴーの改革

1772　オーストリア・プロイセン・ロシアによる第1回ポーランド分割

第2回大陸会議でワシントン，総司令官に就任
1776　トマス＝ペイン『コモン＝センス』
1776.7.4　アメリカ独立宣言

1776　アダム＝スミス『諸国民の富』

＊自由主義貴族ラ＝ファイエット，アメリカ独立革命に参加
1777〜81　財務総監にネッケル
1778　アメリカの独立を支持，対英開戦

1774　ゲーテ『若きウェルテルの悩み』

1777　サラトガの戦い

1779　クロンプトン，ミュール紡績機を発明

1780

1780　武装中立同盟結成（ロシアが提唱し，プロイセン，スウェーデン，デンマーク，ポルトガルなどが参加。イギリスの海上封鎖に対抗）

1783　カロンヌ，財務総監に就任（〜87）

＊古典派音楽　モーツァルト
1781　ヨーゼフ2世，農奴制廃止

1781　カント『純粋理性批判』

1781　ヨークタウンの戦い（イギリス軍降伏）

1783　パリ条約（イギリス，アメリカの独立を承認）

1787　憲法制定会議，合衆国憲法制定
1789　連邦政府発足

1783　ヴェルサイユ条約（イギリス，フランスに西インド諸島の一部，スペインにフロリダを割譲）

初代大統領ワシントン（任1789〜97）

1783〜1801　小ピット内閣
1785　カートライト，力織機発明
1786　英仏通商条約締結
1788　オーストラリアを植民地化

1788　ネッケル，財務総監に再任
1789.5　三部会招集
　　.6　国民議会開催　球戯場の誓い
**　　.7　バスティーユ牢獄襲撃（フランス革命勃発）**
　　.8　封建的特権の廃止宣言
　　.8.26　人権宣言
　　.10　ヴェルサイユ行進（王家をパリへ連行）

1790

1791.4　ミラボー急死　　.6　ヴァレンヌ逃亡事件
　　.9　1791年憲法制定　　.10　立法議会（〜92.9）
1792.4　ジロンド派内閣オーストリアに宣戦，革命戦争開始。　.8　8月10日事件　　.9　王政廃止

1791.8　オーストリア・プロイセン両君主によるピルニッツ宣言
1792.4　フランスに宣戦

.9　ヴァルミーの戦い（プロイセン・オーストリア連合軍敗退）

第一共和政（1792〜1804）
1792.9　国民公会（〜95）
1793.1　ルイ16世処刑　　.7　恐怖政治の開始

1793　ホイットニー，綿繰り機を発明
1793　対フランス中立宣言

1793　プロイセン・

1793　第1回対仏大同盟（〜97，英首相小ピット提唱）

　　.7　封建的貢租の無償廃止　.8　1793年憲法制定
　　.8　メートル法採用　.10　革命暦採用
1794.7　テルミドール9日のクーデタ（ロベスピエール処刑）
1795.8　1795年憲法制定　.10　総裁政府
1796　バブーフの陰謀失敗　1796〜97　ナポレオンのイタリア遠征

1799　ヴォルタ（伊），乾電池を発明

1796　ジェンナー，種痘法
＊第2次囲い込み運動盛ん
1798　マルサス『人口論』

1795　オーストリア・プロイセン

1797　カンポ＝フォルミオの和約（墺屈服，第1回対仏大同盟崩壊）

1798　アイルランド反乱

1798〜99　ナポレオンのエジプト遠征，ロゼッタ＝ストーンの発見

1799　第2回対仏大同盟（〜1802）

1799.11　ブリュメール18日のクーデタ（ナポレオン第一統領）
　　.12　統領政府の成立（ナポレオン第一統領）

北ヨーロッパ	東ヨーロッパ	西アジア	南アジア	東南アジア	中国	日本	
北欧諸国	ロシア帝国(ロマノフ朝)	オスマン帝国 ペルシア	ムガル帝国	東南アジア諸国	清	江戸	
	ピョートル1世				康熙帝		1700
	1703　ペテルブルク建設				＊典礼問題がおこる	1702　赤穂事件	
	1709　ポルタヴァの戦い	＊チューリップ時代	1708　マラーター同盟結成		1706　典礼否認派の宣教師の布教活動禁止		
	1712　モスクワからペテルブルクに遷都	（西欧文物の導入が盛んとなる）			1713　盛世滋生人丁への人頭税免除	1715　長崎貿易を制限	
	1721　ニスタット条約(北方戦争終結)		1710〜16　シク教徒の反乱		18世紀初め　地丁銀制しだいに全土に普及	1716　徳川吉宗の享保の改革始まる（〜45）	
	1721　戦勝記念祭で「ロシア帝国」の成立が宣言される	1718　パッサロヴィッツ条約	＊ムガル帝国の動揺		1716　『康熙字典』成る		
	1727　キャフタ条約(ロシア・清間で締結、モンゴル・シベリアの国境を定める)				1719　ブーヴェ・レジス『皇輿全覧図』		
					1720　広州に公行成立		
	1728　ベーリング海峡発見				雍正帝[世宗](位1722〜35)		
					1724　キリスト教布教禁止		
					1726　『古今図書集成』		
					1727　キャフタ条約		
					1729　軍機処の設置		
（スウェーデン）		1736　サファヴィー朝滅亡(1501〜)	1737　マラーター同盟、デリー攻略				1730
1737　リンネ『自然分類』刊	1741　ベーリング、アラスカに到達	（アラビア半島）					
		1744頃　ワッハーブ王国[第1次サウード朝]の成立	1742　デュプレクス、ポンディシェリ総督に就任		乾隆帝[高宗](位1735〜95)		
		（アフガニスタン）			＊チベットを藩部として支配		
		1747　ドゥッラーニー朝成立	1744〜63　カーナティック戦争　プラッシーの戦い(1757)（英勢力は仏勢力をインドより駆逐し、覇権を確立）	（ビルマ）1752　タウングー朝滅亡	＊曹雪芹『紅楼夢』		
				1752　コンバウン[アラウンパヤー]朝成立（〜1885）	1757　外国貿易を広州一港に限定		
					1758　ジュンガル部を滅ぼす		
					1759　回部を平定し、ジュンガルとともに新疆と命名、藩部として統治		
1756　スウェーデン・ポーランド・ロシアが対プロイセンの立場で七年戦争に参戦							1760
	ピョートル3世(位1761〜62)				＊考証学　戴震	1767〜86　田沼時代	
	1762　プロイセンと単独講和			（タイ）			
	エカチェリーナ2世（位1762〜96）			1767　アユタヤ朝、コンバウン朝に滅ぼされる		1772　田沼意次、老中となる	
	1767　訓令の布告		1765　英東インド会社、ベンガル・ビハール・オリッサの徴税権を獲得	（ベトナム）		1774　杉田玄白ら『解体新書』	
			1767〜69　第1次マイソール戦争	1771〜1802　西山の乱			
	1773〜75　プガチョフの乱			1775　フランス人宣教師ピニョー、コーチシナに来る			
	1774　キュチュク＝カイナルジ条約						
			1775〜82　第1次マラーター戦争(英、デカン高原のマラーター同盟を破る)	（タイ）			1780
	1780　アメリカ独立戦争に際し武装中立同盟を結成		1780〜84　第2次マイソール戦争	1782　ラタナコーシン朝[チャクリ朝、バンコク朝]成立	1782　『四庫全書』成る		
	1783　クリム＝ハン国併合			（マレー半島）1786　イギリス、ペナン島を獲得			
				（ベトナム）1789　黎朝、西山朝によって滅ぼされる		1787　松平定信、老中になる	
						1787〜93　寛政の改革	
							1790
	1791　大黒屋光太夫に会う		1790〜92　第3次マイソール戦争			1790　寛政異学の禁	
						1792　ロシア使節ラクスマン、根室に来航、通商を要求	
ロシアの第2回ポーランド分割		1793　イギリス、ベンガルにザミンダーリー制を導入		1793　イギリス使節マカートニー、北京に至る(通商要求は許可されず)			
	1794　コシューシコの抵抗						
・ロシア第3回ポーランド分割			1795　イギリス東インド会社、マラッカを占領				
	（イラン）1796　カージャール朝成立（〜1925）	1796　イギリス、オランダより、スリランカを奪う		仁宗[嘉慶帝](位1796〜1820)			
				1796　アヘンの輸入禁止			
	1798　ナポレオン、エジプト占領（〜1801）			1796〜1804　白蓮教徒の乱			
	1799　第4次マイソール戦争	1799　オランダ東インド会社解散			1798　近藤重蔵、エトロフ探検		

	アメリカ	西ヨーロッパ		南ヨーロッパ	中央ヨーロッパ	
	アメリカ合衆国 ラテンアメリカ諸国	イギリス (ハノーヴァー朝)	フランス(オルレアン朝)	イタリア諸邦 スペイン	オーストリア (ハプスブルク家)	プロイセン・ドイツ諸邦 (ホーエンツォレルン朝)
1800	1800 ワシントン，首都になる			1800 西，ルイジアナを仏に返還	1804 シラー『ヴィルヘルム＝テル』	
	ジェファソン(任1801〜09)	1801 大ブリテン＝アイルランド連合王国の成立	1800 フランス銀行設立　1800 ナポレオンの第2次イタリア遠征　1801 宗教協約[コンコルダート]　1802 ナポレオン，終身統領となる		オーストリア帝国 (1804〜67)	
	1803 仏(ナポレオン)からミシシッピ以西ルイジアナを買収(ハイチ)	1802 アミアンの和約(英仏和解，第2回対仏大同盟崩壊)	1804 ナポレオン法典　ナポレオン，皇帝となる	1805 アウステルリッツの戦い[三帝会戦]		
	1804 トゥサン＝ルーヴェルチュール指導の独立闘争ののち，初の黒人共和国として独立(ブラジル)	1804〜06 第2次小ピット内閣 ＊古典派経済学 リカード ＊功利主義 ベンサム	第一帝政(1804〜14)　ナポレオン1世(位1804〜14)	1806 ライン同盟成立，神聖ローマ帝国(962〜)滅　1806 イエナ・アウエルシュタットの戦い		1807 シュタイン，ハルデンベルクの改革(〜22)
	1807 ポルトガル王室，ブラジルに亡命　1807 フルトン，蒸気船を発明　1808 奴隷貿易の廃止	1805 第3回対仏大同盟　1805 トラファルガーの海戦(英提督ネルソン戦死)　1807 奴隷貿易の廃止	1807 ティルジット条約(プロイセン降伏・領土半減，ワルシャワ大公国成立)	1806 大陸封鎖令(ベルリン勅令)	1807 ヘーゲル『精神現象学』	1807 フィヒテ「ドイツ国民に告ぐ」
1810	マディソン(任1809〜17)	1811 ラダイト運動	1811 ラダイト運動	1808〜14 スペイン反乱 (半島戦争) ＊スペイン，反仏ゲリラ運動盛ん		1810 ベルリン大学創立
	1811 ベネズエラ独立　パラグアイ独立	1812〜14 アメリカ＝イギリス戦争	1812 ナポレオン，ロシア遠征(大失敗に終わる)			
		1813 第4回対仏大同盟　1813 東インド会社，対インド貿易独占権廃止	1814.3 連合軍，パリ入城　1814.5 ナポレオン，エルバ島に配流	1813 ライプツィヒの戦い(諸国民戦争)		
	1816 アルゼンチン独立	1814 スティーブンソン，蒸気機関車を発明	ブルボン朝(1814〜30)　ルイ18世(位1814〜24)			1813 ライン同盟解体
	モンロー(任1817〜25)	1814.9〜1815.6 ウィーン会議(フランス革命・ナポレオン戦争後のヨーロッパの国際秩序を構築，ウィーン体制の成立)				
	1818 チリ独立　1819 スペインよりフロリダ買収　1819 大コロンビア共和国独立(シモン＝ボリバル主導)　1819 サヴァンナ号，米英間大西洋初航海	1814 ケープ植民地・スリランカ・マルタ島領有　1815.6 ワーテルローの戦い　1815 穀物法制定	1815.3〜.6 ナポレオンの百日天下　.10 ナポレオン，セントヘレナ島に配流	1815 神聖同盟成立	1815 ドイツ連邦の成立　1815 ブルシェンシャフト結成　1815 四国同盟の成立(英・墺・普・露参加)	
1820	1820 ミズーリ協定　1821 メキシコ・ペルー独立　1822 ブラジル帝国成立　1823 モンロー教書(宣言)　1823 中央アメリカ連邦成立　1825 ボリビア独立　1828 ウルグアイ独立	1822〜27 カニング外交　1824 バイロン，ギリシア独立戦争に参加し，戦病死　1825 ストックトン〜ダーリントン間に鉄道開通　1828 審査法廃止　1829 カトリック教徒解放法　1830 リヴァプール〜マンチェスター間に営業鉄道開通	1818 アーヘン列国会議(フランス，四国同盟に参加し，五国同盟に)　1822 シャンポリオン，神聖文字の解読成功　シャルル10世(位1824〜30)　1829 ポリニャック内閣　1830 アルジェリア出兵　1830 七月革命(ブルボン朝崩壊)	1820〜23 スペイン立憲革命　1820 ナポリでカルボナリの革命　1821 ピエモンテでカルボナリの革命　1821 ギリシア独立戦争開始(〜29)	1817 ブルシェンシャフト，ヴァルトブルクで宗教改革300周年記念祭典　1819 カールスバルトの決議　1821 メッテルニヒ，宰相兼外相となる	1828 プロイセン関税同盟の発展
1830	ジャクソン(任1829〜37)	1832 第1回選挙法改正　1833 工場法制定	オルレアン朝(1830〜48)(七月王政)　ルイ＝フィリップ(位1830〜48)	1831 中部イタリアでカルボナリの革命　1831 マッツィーニ，青年イタリア結成	1830 ドイツ騒乱　1831 ゲーテ『ファウスト』完成	
	1830 ベネズエラ・エクアドル，大コロンビア共和国から分離独立 ＊ジャクソニアン＝デモクラシー　1830 インディアン強制移住法　1837 モース，有線電信機を発明	ヴィクトリア女王(位1837〜1901)　1837 人民憲章起草　1837 チャーティスト運動(〜50年代)　1839 反穀物法同盟結成	1830 ベルギー王国独立 ＊フランス産業革命の進展 ＊大ブルジョワジーの支配，極端な制限選挙			1834 ドイツ関税同盟結成
1840	1844 モース，電信機実用化　1845 テキサス併合　1846 オレゴン併合	1840 ロンドン会議(ロンドン四国条約，英・露・普・墺がオスマン帝国を支援。エジプト太守ムハンマド＝アリー，エジプト統治の世襲権を与えられる。)				1841 リスト『国民経済学大系』
	1846〜48 アメリカ＝メキシコ戦争　1848 アメリカがメキシコよりカリフォルニアなどを獲得　1848 カリフォルニアで金鉱発見　1849 カリフォルニアでゴールドラッシュ始まる	1845〜49 アイルランド大飢饉(ジャガイモ飢饉)　1846 穀物法廃止　1848 チャーティスト運動の高揚　1849 航海法廃止	1840〜48 ギゾー内閣 ＊選挙法改正運動　1848 二月革命　第二共和政(1848〜52)　1848.12 ルイ＝ナポレオン大統領選挙で当選(任1848〜52)　1851 ルイ＝ナポレオンのクーデタ	1849 青年イタリア(マッツィーニ)，ローマ共和国樹立　1849 サルデーニャ王ヴィットーリオ＝エマヌエーレ2世即位	1848 三月革命[ウィーン暴動](メッテルニヒ亡命)　1848 ハンガリー民族運動ベーメン民族運動	1848 マルクス・エンゲルス『共産党宣言』　1848 三月革命
1850	1852 ストウ『アンクル＝トムの小屋』　1854 カンザス・ネブラスカ法　1854 共和党結成	1851 ロンドン万国博覧会	第二帝政(1852〜70)　ナポレオン3世(位1852〜70)　1854 クリミア戦争に英仏両国参戦(〜56)　1855 パリ万国博覧会	1852 カヴール，宰相に　1855 クリミア戦争に参戦　1858 プロンビエールの密約	1848〜49 フランクフルト国民議会　フランツ＝ヨーゼフ1世(位1848〜1916)　1849 三月革命を鎮圧	
		1854 クリミア戦争に英仏両国参戦(〜56)	1856 パリ条約(黒海の中立化・オスマン帝国の領土保全・ドナウ川の自由通行権。ロシアの南下政策失敗)		ロシアの南下政策失敗	
		1856〜60 第2次アヘン戦争[アロー戦争]　1858 東インド会社解散　1859 ダーウィン『種の起源』　1860 英仏通商条約	1858〜62 仏越戦争(インドシナ出兵)	1859 イタリア統一戦争(フランスの支援を受けたサルデーニャがオーストリアと戦う)　1859 ロンバルディア獲得　1860 ガリバルディ，シチリア・ナポリ占領　中部イタリア併合		
1860	リンカン(共，任1861〜65)		1860 サヴォイアとニースをサルデーニャより獲得	イタリア王国 (1861〜1946)	1864 国際赤十字委員会発足	ヴィルヘルム1世(位1861〜88)
	1861〜67 メキシコ出兵(イギリス・フランス・スペイン)　1861 南部11州，アメリカ連合国結成　1861 南北戦争勃発(〜65)　1862 ホームステッド法　1863 奴隷解放宣言　1863 ゲティスバーグの戦い　1865 リンカン，暗殺される　1867 ロシアよりアラスカ買収　1867 再建法成立　1869 大陸横断鉄道開通	1863 ロンドンで地下鉄開通　1864 第1インターナショナル　1867 カナダ連邦(自治領)成立　1867 第2回選挙法改正　1868〜74 グラッドストン内閣(自由党)	1861〜70 メキシコ出兵　1862 ユゴー『レ＝ミゼラブル』 ＊オスマンによるパリ大改造 ＊写実主義絵画 クールベ	1861 イタリア王国成立(都：トリノ)　1865 メンデルの法則　ヴィットーリオ＝エマヌエーレ2世(位1861〜78)　1866 ヴェネツィア併合	1862 ビスマルク，首相に　1863 ラサール，全ドイツ労働者協会結成　1866 プロイセン＝オーストリア戦争(プロイセンの勝利)　1867 北ドイツ連邦の結成	
				オーストリア＝ハンガリー帝国 (1867〜1918)		

緑字：重要治政者に関する事項　　青字：文化に関する事項
◯：条約・会議・会談　◯：国際的に関連する事項　＊：その頃

1800〜1870

北・東ヨーロッパ	西アジア・アフリカ	南アジア・東南アジア		中国	朝鮮半島	日本
ロシア帝国　北・東欧諸国 （ロマノフ朝）	オスマン帝国 アフリカ諸国	ムガル帝国	東南アジア諸国	清	（李朝）朝鮮	江戸〜明治
アレクサンドル1世（位1801〜25）		1803〜05　第2次 マラーター戦争	（ベトナム） 1802　阮福暎，西山 朝を滅ぼし，阮 朝成立（〜1945）	＊中国・インド・イギリスの三角貿 易盛ん（インド産アヘンの中国流 入）	1801　キリスト教 大弾圧	1804　ロシア使節レ ザノフ長崎に来 航
1804〜13　ロシア＝ペルシア戦争	（エジプト） 1805　ムハンマド＝アリー，総 督に就任，以後，近代化政 策を推進 （ムハンマド＝アリー朝の成立）	1803　イギリス， デリー占領				
（ポーランド） 1807〜14　ワルシャワ大公 国（ナポレオン勢力下）						1808　フェートン号 事件 1808　間宮林蔵，樺 太を探検
1812　ナポレオン，ロシアに侵入 モスクワ大火	1811　ムハンマド＝アリーの下， エジプト，事実上の独立	1813　イギリス東イ ンド会社，茶以 外のインド貿易 の独占権廃止 1814〜16　ネパー ル征服	1811〜16　イギリス， ジャワ島を占領	1813　アヘンの販売を禁止 1813　天理教徒の乱 1815　アヘンの輸入を禁止 1816　イギリス使節アマースト来 訪（三跪九叩頭の礼を拒否し， 帰国を命じられる）	1811〜12　洪景 来の乱	1815　杉田玄白『蘭学 事始』
1812　ブカレスト条約（ロシア，ベッサラビア獲得）						
1815　ロシア皇帝，ポーラ ンド王を兼任	（アラビア半島） 1818　ムハンマド＝アリー，第 1次サウード朝（ワッハー ブ王国）を滅ぼす	1817〜18　第3次 マラーター戦争	1819　英人ラッフル ズ，シンガポー ルを建設			
1821〜29　ギリシア独立戦争	1822　ギリシア独立宣言 （アラビア半島） 1823　ワッハーブ王国[第2次 サウード朝]成立（〜89） 1826　オスマン帝国，イェニ チェリ軍団を廃止		1824〜26　第1回イ ギリス＝ビルマ 戦争 1824　イギリス，マ ラッカ領有 1826　イギリス，海 峡植民地を成立 させる	宣宗[道光帝]（位1820〜50） 1820〜28　イスラーム教徒の乱		1821　伊能忠敬「大日 本沿海輿地全図」 1823　シーボルト （独），長崎に来る 1825　異国船打払令 1828　シーボルト事 件
1821　アラスカ領有						
ニコライ1世（位1825〜55）						
1825　デカブリストの乱						
1827　ナヴァリノの海戦						
1828　トルコマンチャーイ条約（ロシア・カージャール朝間）						
1829　アドリアノープル条約（オスマン帝国・ロシア間，オ スマン帝国，ギリシアの独立を承認）						
1830〜31　ポーランド反乱 [ワルシャワ蜂起]	1830　ロンドン議定書[列国， ギリシアの独立承認]	1833　イギリス東 インド会社の 商業活動停止	（ジャワ島） 1830　総督ファン＝ デン＝ボス，オ ランダ領ジャワ 島に強制栽培制 度を導入	1833　イギリス東インド会社，中国 貿易独占権廃止 1834　イギリス使節ネーピア来航 1834　イギリス船のアヘン密売厳 禁 1839　欽差大臣の林則徐を広州に 派遣 1839　林則徐，アヘン没収	1839　キリスト 教大迫害	1834　水野忠邦，老 中となる
1833　ウンキャル＝スケレッ シ条約	1831〜33　第1回エジプト ＝トルコ戦争					
	（オスマン帝国） 1839　タンジマート開始					1837　モリソン号事 件
1839〜40　第2回エジプト＝トルコ戦争 ウンキャル＝スケレッシ条約の破棄。ロシアの南下政策失敗）		1838〜42　第1次 アフガン戦争		1840〜42　アヘン戦争		1837　大塩平八 郎の乱
	1841　ムハンマド＝アリー，シ リアを放棄	1845〜46　第1次 シク戦争		1841　平英団事件 1842　南京条約（香港の割譲，5港 開港・公行の廃止）		
（ポーランド） ＊ロマン派音楽　ショパン	1843頃　リヴィングスト ン（英）のアフリカ探 検始まる 1847　リベリア共和国独立	1848〜49　第2次 シク戦争 1849　イギリス， パンジャーブ 地方を併合		1843　五港通商章程 1843　虎門寨追加条約 1844　望厦条約（米）・黄埔条約（仏）		1841〜43　天保の改 革（水野忠邦） 1844　オランダ国王， 開国を勧告
1847　ムラヴィヨフ，東シ ベリア総督となる	（カージャール朝） 1848〜52　バーブ教徒 の乱					
1853〜56　クリミア戦争	1852　トランスヴァール 共和国（ブール人）成 立		（ビルマ） 1852〜53　第2回イギ リス＝ビルマ戦争	1851〜64　太平天国 1851　洪秀全，広西省で挙兵 1853　太平天国軍，南京陥落。首都と し天京と称す 1853　曾国藩，湘軍[湘勇]組織 1856　アロー号事件		1853　アメリカ使節 ペリー，浦賀来 航
1855　セヴァストーポリ要塞陥落		1857〜59　シパーヒー[セポイ] の大反乱[インド大反乱]				
アレクサンドル2世 （位1855〜81）	1854　オレンジ自由国 （ブール人）成立	1858　イギリス東インド会社解散 1858　ムガル帝国滅亡。イギリス のインド直接統治始まる		1856〜60　アロー戦争[第2次アヘン 戦争]		1854　日米和親 条約
1858　アイグン[愛琿]条約（黒 竜江を清との国境とする）			（ベトナム） 1858〜62　仏越戦争	1858　アイグン[愛琿]条約 1858　天津条約 （英・仏・米・露）		1858　日米修好 通商条約
1860　北京条約（ロシア， 沿海州領有）		1862　サイゴン条約（仏，コー チシナ東部占領）		1860　英・仏連合軍，北京占領。円明 園破壊される	1860　崔済愚， 東学を創始	1863　薩英戦争
1860　ウラジヴォストーク 建設開始 1861　農奴解放令発布			（カンボジア） 1863　フランス，カンボジアを保 護国化	1860　北京条約（英・仏・露） 1860　洋務運動始まる 1861　総理各国事務衙門設置	高宗[李太王] （位1863〜1907）	徳川慶喜 （位1866〜67）
1863〜64　ポーランド反乱 1863〜69　トルストイ『戦 争と平和』 1867　アラスカをアメリカへ売却 （スウェーデン） 1867　ノーベル，ダイナマ イト発明	1867　オレンジ自由国で ダイヤモンド鉱発見 1869　スエズ運河開通（レ セップス）	1867　イギリス，海峡植民地を直轄化 （ベトナム） 1867　フランス，コーチシナ西部を獲得 （タイ） 1868　ラーマ5世[チュラロンコ ン]（位〜1910）		穆宗[同治帝]（位1861〜75） ＊同治の中興 1862　李鴻章，淮軍[淮勇]を組織 1863　ゴードン（英），常勝軍を指揮 1864　太平天国滅亡 1866　キリスト教大弾圧 1869　上海に共同租界成立	1863〜73　大 院君摂政 1866　キリス ト教大弾圧 仏艦隊， 江華島を攻撃	1867　大政奉還 1867　王政復古の大 号令 明治天皇 （位1867〜1912） 1868　明治維新

（右欄年号）1800　1810　1820　1830　1850　1860

赤字：重要事項
：戦争・戦乱・軍事

国際問題	アメリカ合衆国 ラテンアメリカ諸国	イギリス王国（ハノーヴァー朝） （ヴィクトリア女王 位1901まで）	フランス共和国（第三共政） ベネルクス3国	ドイツ帝国 （ホーエンツォレルン朝）	オーストリア＝ ハンガリー帝国	イタリア・スペイン・ポルトガル
	アメリカ	**西ヨーロッパ**		**中央ヨーロッパ**		**南ヨーロッパ**

1870

国際問題	アメリカ合衆国・ラテンアメリカ諸国	イギリス王国	フランス共和国	ドイツ帝国	オーストリア＝ハンガリー帝国	イタリア・スペイン・ポルトガル
	1870 ロックフェラー，スタンダード石油設立 *南部でシェア＝クロッパー制度が拡大	1870 アイルランド土地法 1871 労働組合法制定 **1874〜80 ディズレーリ内閣** 1875 スエズ運河会社の株式買収 1877 インド帝国成立（ヴィクトリア女王，インド皇帝を兼ねる）	1870〜71 プロイセン＝フランス戦争（ナポレオン3世，スダンで降伏） **第三共和政（1870〜1940）** 1871 臨時政府（首班ティエール） 1871 パリ＝コミューン 1875 第三共和国憲法制定	1870 エムス電報事件 **ドイツ帝国（1871〜1918）** **ヴィルヘルム1世（位1871〜88）** 宰相ビスマルク（任1871〜90） 1871 文化闘争（〜80） **1873 三帝同盟成立（ドイツ・オーストリア・ロシア）** 1875 ドイツ社会主義労働者党結成（ゴータ綱領） 1878 社会主義者鎮圧法		1870 プロイセン＝フランス戦争に参戦し，教皇領併合，イタリアの統一完成（「未回収のイタリア」は残る） 1871 ローマ，首都となる
	1876 ベル，電話の発明 1877 エディソン，蓄音機発明 1879 エディソン，白熱電球発明			**1878 ベルリン会議（英，キプロス島獲得。墺，ボスニア・ヘルツェゴヴィナの行政管理権掌握。ルーマニア・セルビア・モンテネグロの独立承認）**		

1880

				1879 独墺同盟成立		
1882 三国同盟成立（独・墺・伊） **1884 ベルリン会議（アフリカ分割）** 1889 第2インターナショナル	1886 アメリカ労働総同盟［AFL］設立 1889 第1回パン＝アメリカ会議（ワシントン）	**1880〜85 グラッドストン内閣②** 1881 アイルランド土地法 1882 エジプト占領 1884 第3回選挙法改正 1884 フェビアン協会結成	**1884〜85 清仏戦争** 1887〜89 ブーランジェ事件 1889 パリ万国博覧会 1889 エッフェル塔建設 1889 第2インターナショナル，パリで結成	1882 コッホ，結核菌発見 **1882 三国同盟成立（独・墺・伊）** 1883 コッホ，コレラ菌発見 1883 疾病保険法 1884 南西アフリカ保護領化 *哲学者 ニーチェの活躍	フランツ＝ヨーゼフ1世	1889 イタリア，ソマリランド占領
1889 第2インターナショナル	（ブラジル） 1889 帝政倒れ，共和国となる 1890 シャーマン反トラスト法 1890 フロンティア消滅宣言	1889 アイルランド自治法案否決 1890 セシル＝ローズ，ケープ植民地の首相に就任		**1887 再保障条約（独・露，〜90）** **ヴィルヘルム2世（位1888〜1918）**		

1890

	1893 ハワイで王政廃止	1893 アイルランド自治法案，上院で否決される 1895 ジョゼフ＝チェンバレン，植民地相の就任	**1891 露仏同盟締結** 1894 ドレフュス事件（〜99） 1898 キュリー夫妻，ラジウム発見 1898 ゾラ「私は告発する」	1890 ビスマルク，宰相罷免。ヴィルヘルム2世親政開始（新航路政策） 1890 社会主義者鎮圧法廃止，ドイツ社会民主党結成（エルフルト綱領） 1895 レントゲン，X線を発見 1897 ディーゼル＝エンジン発明 1898 艦隊法制定 1898 膠州湾租借 1899 バグダード鉄道敷設権獲得	1897 バデーニの言語令 1898 皇后エリザベート暗殺される	1895 マルコーニ（伊）無線電信を発明 **1896 イタリア，エチオピアに侵入，アドワの戦いで大敗**
1896 第1回国際オリンピック大会（アテネ）	**マッキンリー** **（共，任1897〜1901）** **1898 アメリカ＝スペイン戦争（キューバ独立，米，フィリピン・グアム島・プエルトリコを領有）** 1898 ハワイ併合 1898 門戸開放宣言（国務長官ジョン＝ヘイ）	**1898 ファショダ事件** 1898 威海衛・九竜半島（新界）を租借	**1898 ファショダ事件** **1899〜1902 南アフリカ戦争［ブール戦争］** 1899 広州湾を租借			
1899 第1回万国平和会議（ハーグ）						

1900

	1901 プラット修正条項 **セオドア＝ローズヴェルト** **（共，任1901〜09）** 1903 ライト兄弟飛行機発明 1903 パナマ独立 1903 第2回パン＝アメリカ会議 1904 パナマ運河起工	1901 英領オーストラリア連邦成立 **1902 日英同盟** **1904 英仏協商** 1905 シン＝フェイン党結成（アイルランド） 1906 労働党成立 **1907 英露協商**	**1902 仏伊協商** 1905 フランス社会党結成 **1905 第1次モロッコ事件［タンジール事件］** **1907 日仏協約**	1905 アインシュタイン，特殊相対性理論を発表	1908 ボスニア・ヘルツェゴヴィナ併合	**1902 仏伊協商**
1906 アルヘシラス国際会議 **1907 第2回万国平和会議（ハーグ）** **1907 三国協商成立（英・仏・露）**						

1910

	（メキシコ） **1910〜17 メキシコ革命（マデロ，ディアス独裁政権打倒）** **ウィルソン（民，任1913〜21）** 1914 ヨーロッパ大戦に中立宣言	1911 議会法制定（下院優位） 1912 タイタニック号，沈没	1911 第2次モロッコ事件［アガディール事件］ 1912 モロッコ保護国化 1914 社会党党首のジョレス，暗殺される		1914.6 サライェヴォ事件 1914.7 セルビアに宣戦	**1911〜12 イタリア・トルコ戦争** **1912 ローザンヌ条約**
1912.10〜1913.5 第1次バルカン戦争 **1913.6〜.8 第2次バルカン戦争** **1914.7〜1918.11 第一次世界大戦**						

1914.7〜1918.11 第一次世界大戦

	1914 パナマ運河開通 1915 ルシタニア号事件（米国民の対独感情悪化） **1917.4 ドイツに宣戦** 1918 ウィルソン，十四カ条発表	1914.8 ドイツに宣戦 **1916.4 アイルランドでイースター蜂起（シン＝フェイン党）** **1916.5〜.6 ユトランド沖海戦** 1916〜22 ロイド＝ジョージ挙国一致内閣 **ウィンザー朝（ハノーヴァー朝を改称）（1917〜）** 1918 第4回選挙法改正	1914.8 ドイツ，ベルギーの中立侵犯を行い，フランスに侵攻 **1914.9 マルヌの戦い（フランス，ドイツの侵攻を阻止）** **1916.2〜.12 ヴェルダン要塞戦** **1916.6〜.11 ソンムの戦い** 1917〜20 クレマンソー内閣	**1914.8 タンネンベルクの戦い** 1915 アインシュタイン，一般相対性理論を発表 1917 無制限潜水艦作戦の開始 1918 ドイツ革命，皇帝退位し，オランダへ亡命，ドイツ降伏	1916 フランツ＝ヨーゼフ1世没 1918 降伏 皇帝退位	1915 イタリア，三国同盟を脱退し，オーストリアに宣戦
1915 フセイン・マクマホン協定 **1916 サイクス・ピコ協定** **1917 ロシア革命** 1917 バルフォア宣言 **1919 パリ講和会議** 1919 コミンテルン結成						

1918.11 第一次世界大戦終わる

	1919 禁酒法制定（〜1933） 1920 上院，ヴェルサイユ条約批准否決 1920 サッコ・ヴァンゼッティ事件 1920 女性参政権獲得 1920 最初のラジオ放送	1919 シン＝フェイン党，アイルランド独立宣言 1919 インド統治法制定	**1919.1〜.6 パリ講和会議** **1919.6 ヴェルサイユ条約調印**	1919.1 スパルタクス団の蜂起 1919.8 ヴァイマル憲法制定 **ドイツ共和国（1919〜49）** **大統領エーベルト（任1919〜25）**	**オーストリア共和国（1918〜38）** **1919.9 サン＝ジェルマン条約**	1919 ムッソリーニ，戦闘者ファッシ結成 1919 ダヌンツィオ，フィウメを占領
1919 ヴェルサイユ条約調印 **1920.1 国際連盟成立（米，不参加）**						

1920

	ハーディング（共，任1921〜23）		**1921〜22 ブリアン内閣**	1920 ドイツ労働者党結成 1921 賠償金，1320億金マルク **1922 ラパロ条約（対ソ連）** 1922〜24 ポワンカレ内閣 **1923 フランス・ベルギー，ルール占領（〜1925）**		1921 ファシスト党結成 1922 ムッソリーニ，ローマ進軍（ファシスト党内閣成立）
1921.11〜1922.2 ワシントン会議（ワシントン体制の確立） **1921.12 四カ国条約（日・英・米・仏，太平洋地域の領土保全，日英同盟廃棄）** **1922.2 九カ国条約（日・英・米・仏・伊・中・蘭・ベルギー・ポルトガル，中国問題に関して）** **.2 ワシントン海軍軍縮条約（英・米・日・仏・伊の主力艦トン数保有比を規定）**	1923 KKKの活動激化 **クーリッジ（共，任1923〜29）** 1924 排日移民法成立 1927 リンドバーグ，大西洋横断飛行成功	1922.2 エジプト独立 .11 カーター，エジプトでツタンカーメン王墓発見 .12 アイルランド自由国成立 1926 イギリス帝国会議 **1924.1〜.8 マクドナルド労働党内閣①** .2 ソ連を承認	1922〜24 ポワンカレ内閣 1924〜25 エリオ左翼連合内閣 1924 ソ連承認 1926〜29 ポワンカレ挙国一致内閣	1923 シュトレーゼマン内閣 大インフレーション レンテンマルク発行 **ミュンヘン一揆（ヒトラー）** 1924 ドーズ案成立 **大統領ヒンデンブルク（任1925〜34）** 1925 ヒトラー『我が闘争』 1926 国際連盟に加入		1924 イタリア，フィウメ併合 1927 アルバニアを保護国化 1928 ファシスト党一党独裁体制の確立 1929 ラテラノ条約（教皇と和解，ヴァチカン市国成立）
1922.2 ハーグ（蘭）に国際司法裁判所設置 1924 ドーズ案成立 **1925 ロカルノ条約** **1927 ジュネーヴ軍縮会議（英・米・日，失敗に終わる）** **1928 不戦条約（ケロッグ・ブリアン協定，15カ国署名，のち63カ国加盟）** 1929 ヤング案発表	1928 初のテレビ放送開始 **フーヴァー（共，任1929〜33）**	1928 第5回選挙法改正				

1929.10.24 ウォール街（ニューヨーク株式市場）の株価大暴落　世界恐慌始まる

北・東ヨーロッパ		西アジア・アフリカ	南アジア・東南アジア	中国	朝鮮半島	日本
ロシア帝国(ロマノフ朝)北欧諸国	バルカン諸国	オスマン帝国等アフリカ諸国	インド帝国東南アジア諸国	清	(李朝)朝鮮	明治～昭和

ロシア帝国(ロマノフ朝)北欧諸国

- 1873 ヒヴァ＝ハン国を保護国化
- 1873 三帝同盟(独・墺・露)成立
- 1874 ナロードニキ運動盛ん
- 1875 樺太・千島交換条約
- アレクサンドル2世
- 1877～78 ロシア＝トルコ戦争
- 1878 ベルリン条約(南下政策の挫折)
- 1881 イリ条約
- 1881 アレクサンドル2世暗殺
- アレクサンドル3世(位1881～94)
- 1885 露,アフガニスタンに進出し,英と対立
- 1887～90 独露再保障条約
- 1891 露仏同盟締結
- 1891 シベリア鉄道起工
- ニコライ2世(位1894～1917)
- 1894 露仏同盟発足
- 1895 独・仏とともに日本に対し三国干渉
- 1898 旅順・大連を租借
- 1898 ロシア社会民主労働党成立
- 1901 社会革命党結成
- 1903 社会民主労働党,ボリシェヴィキとメンシェヴィキに分裂
- 1904～05 日露戦争
- 1905 血の日曜日事件　第1次ロシア革命
- 1905 ポーツマス条約
- 1906～11 ストルイピンの改革
- 1907 英露協商・日露協約
- (三国協商中心の連合国ｖｓ.三国同盟中心の同盟国)
- 1917.3 ロシア三月革命(ロマノフ朝滅亡),臨時政府成立
- 1917.4 四月テーゼ(レーニン)
- .7 ボリシェヴィキの蜂起失敗　ケレンスキー内閣成立
- .11 十一月革命(レーニン,ソヴィエト政府樹立)
- 1918 ブレスト＝リトフスク条約
- モスクワ遷都
- 1918～22 対ソ干渉戦争
- 1919 コミンテルン結成(～43)
- 1920～21 ポーランド＝ソヴィエト戦争
- 1921 新経済政策[ＮＥＰ]実施
- 1922 ラパロ条約
- ソヴィエト社会主義共和国連邦[USSR](1922～1991)
- 1922.12 ソヴィエト社会主義共和国連邦成立
- 1924 レーニン死去
- 1925 トロツキー失脚,スターリン権力掌握
- 1927 農業集団化の決定
- 1928 第1次五カ年計画(～32)
- 1929 トロツキー,国外追放

バルカン諸国

- 1881 ルーマニア王国成立
- 1882 セルビア王国成立
- (ギリシア)
- 1896 第1回国際オリンピック大会(アテネ)
- 1897 ギリシア＝トルコ戦争
- (ギリシア)
- 1900～07 エヴァンズ(英),クノッソス遺跡発掘
- 1908 ブルガリア独立
- 1912 アルバニア独立宣言
- 1914.6 サライェヴォ事件
- 1915 ブルガリア,同盟国側に参戦
- 1916 ルーマニア参戦
- 1917 フィンランド,露より独立
- 1918 ポーランド,ハンガリー,チェコスロヴァキア,バルト3国の独立
- 1919～22 ギリシア＝トルコ戦争
- (ブルガリア)
- 1919 ヌイイ条約
- 1920 トリアノン条約
- 1929 セルビア＝クロアティア＝スロヴェニア王国,ユーゴスラヴィアと改称

オスマン帝国等アフリカ諸国

- 1871 スタンリー,リヴィングストンと会見
- 1874～77 スタンリー,アフリカ探検
- 1876 ミドハト憲法
- 1878 サン＝ステファノ講和条約
- 1881 仏,チュニジアを保護国化
- 1881～82 エジプトでウラービー運動
- (スーダン)
- 1881～98 マフディー派の抵抗
- 1882 英のエジプト支配開始
- 1884～85 ベルリン会議
- 1889 統一と進歩団結成
- 1889 伊,ソマリランド領有
- (カージャール朝)
- 1891 タバコ＝ボイコット運動
- (エチオピア)
- 1896 伊をアドワの戦いで破る
- 1898 ファショダ事件
- 1899～1902 南アフリカ戦争
- 1899 独,バグダード鉄道敷設権獲得(3B政策)
- (カージャール朝)
- 1905 イラン立憲革命
- 1905 第1次モロッコ事件
- (オスマン帝国)
- 1908 青年トルコ革命
- 1908 コンゴ自由国,ベルギー植民地になる
- 1910 英領南アフリカ連邦成立
- 1911 第2次モロッコ事件
- (オスマン帝国)
- 1911～12 イタリア＝トルコ戦争
- 1912 仏,モロッコを保護国化
- 1914 英,エジプトを保護国化
- 1916 オスマン帝国,同盟国側に参戦
- 1915 フセイン・マクマホン協定
- 1916 サイクス・ピコ協定
- 1917 バルフォア宣言
- 1920 ムスタファ＝ケマル,アンカラでトルコ大国民議会開催
- 1920 セーヴル条約
- 1921 ムスタファ＝ケマルのトルコ国民軍,ギリシア軍を破る
- (イラン)
- 1921 レザー＝ハーンのクーデタ
- 1922 スルタン制の廃止(オスマン帝国滅亡,1299～)
- 1922 エジプト,英より独立
- 1923 ローザンヌ条約
- 1923 トルコ共和国成立　大統領ケマル＝アタテュルク[ムスタファ＝ケマル](任1923～1938)
- 1924 カリフ制廃止
- 1925 パフレヴィー朝成立(国王レザー＝ハーン,位～1941)
- 1928 トルコ,文字改革

インド帝国・東南アジア諸国

- (スマトラ島)
- 1873～1912 アチェ戦争
- インド帝国(1877～1947)
- 1877 英ヴィクトリア女王を皇帝としインド帝国成立
- (アフガニスタン)
- 1878～80 第2次アフガン戦争
- 1880 英,アフガニスタンを保護国化
- 1883 ユエ条約
- 1885～86 ビルマ戦争
- 1885 第1回インド国民会議開催
- 1886 英,ビルマを併合
- 1887 仏領インドシナ連邦成立
- 1892 ホセ＝リサール,フィリピン民族同盟結成
- 1893 仏,ラオスを保護国化
- 1895 英領マレー連合州成立
- 1898 アメリカ＝スペイン戦争の結果,フィリピン,米領となる
- 1904 オランダ領東インド成立
- (ベトナム)
- 1904 ファン＝ボイ＝チャウが維新会を結成
- 1905 ベンガル分割令
- 1906 インド国民会議カルカッタ大会(四大綱領)
- 1906 全インド＝ムスリム連盟結成
- 1911 ベンガル分割令取消し
- 1912 ジャワでイスラーム同盟(サレカット＝イスラーム)結成
- 1914 国民会議派,戦争協力を発表
- 1916 国民会議派,自治を要求
- 1919 ローラット法
- 1919 非暴力・非協力運動始まる
- 1919 アムリットサール事件
- 1919 1919年インド統治法[インド統治法]
- 1920 インドネシア共産党結成
- 1921 ローラット法反対運動
- 1923 モエンジョ＝ダーロの発掘始まる
- 1923 ネパール王国独立
- 1927 スカルノ,インドネシア国民同盟結成(1928 インドネシア国民党と改称)
- 1929 国民会議派ラホール大会開催(完全独立を決議)

中国（清 → 中華民国）

- 穆宗[同治帝]
- 1871 ロシア,イリ地方を占領
- 1874 日本の台湾出兵
- 1874 日清互換条約(日清間,台湾問題)
- 徳宗[光緒帝](位1875～1908)
- 1875 西太后,摂政(～89)
- 1877 左宗棠,新疆のイスラーム教徒の乱鎮圧
- 1880 李鴻章,海軍創設
- 1881 イリ条約
- 1884～85 清仏戦争
- 1885 天津条約(清,仏の阮朝保護国化承認)
- 1885 天津条約(日清間,朝鮮問題)
- 1889 光緒帝の親政開始
- 1894 孫文,ハワイで興中会結成
- 1894～95 日清戦争
- 1895 下関条約
- 1898 膠州湾が独の,旅順・大連が露の,威海衛・九竜半島(新界)が英の租借地となる
- 1898 戊戌の政変
- 1899 米,門戸開放宣言　仏,広州湾を租借
- 1900～01 義和団事件
- 1900 8カ国連合軍北京入城,義和団鎮圧
- 1901 北京議定書
- 1905 孫文,中国同盟会結成
- 1905 科挙制度の廃止
- 1908 憲法大綱発表・国会開設公約
- 1908 光緒帝,西太后死去
- 宣統帝[溥儀](位1908～12)
- 1910 四国借款団成立
- 1911.5 鉄道国有令
- .9 四川暴動　.10 武昌挙兵(辛亥革命)
- 中華民国(1912～1949)
- 1912.1 中華民国成立,臨時大総統に孫文就任
- .2 宣統帝溥儀退位,清朝滅亡　臨時大総統に袁世凱就任
- 1913 第二革命失敗,孫文日本へ亡命
- 1915.1 日本,中国に二十一カ条の要求(.5 袁世凱受諾)
- 1917 文学革命(白話運動)(胡適,陳独秀ら)
- 1917 孫文,広東軍政府樹立
- 1916～28 軍閥抗争
- 1918 魯迅『狂人日記』
- 1919.5 五・四運動(排日運動,反帝国主義・反封建主義)始まる
- 1919 中華革命党,中国国民党と改称
- 1921 中国共産党結成(陳独秀ら)
- 1921 魯迅『阿Q正伝』
- 1924 第1次国共合作(～27)
- 1924 モンゴル人民共和国成立
- 1925.3 孫文死去
- .5 五・三〇運動
- 1926～28 国民革命軍の北伐
- 1927.1 武漢政府成立(汪兆銘)
- 1927.3 国民革命軍,上海・南京占領
- .4 蔣介石の上海クーデタ(南京国民政府成立)
- 1927.7 国共分裂
- 1928 蔣介石,国民政府主席就任(～31)

朝鮮半島（(李朝)朝鮮 → 大韓帝国）

- 1871 米艦隊,江華島攻撃
- 1873 閔氏,実権掌握
- 1875 江華島事件
- 1876 日朝修好条規[江華島条約]
- 1882 壬午軍乱(漢城の日本公使館焼打)
- 1884 甲申政変(開化派・金玉均)
- 1894 金玉均,暗殺
- 1894 甲午農民戦争
- 1895 下関条約
- 1895 閔妃殺害
- 1896 義兵闘争
- 1897 国号を大韓帝国と改称
- 大韓帝国
- 1904 日韓議定書・第1次日韓協約
- 1905 第2次日韓協約,韓国統監府設置
- 1907 ハーグ密使事件
- 1907 第3次日韓協約
- 1910 韓国併合,朝鮮総督府設置
- 1911 関税自主権の回復
- 大正天皇(位1912～1926)
- 1914.8 ドイツに宣戦
- .11 膠州湾占領
- 1918 シベリア出兵(～22)
- 1919.3 三・一独立運動(朝鮮の対日独立運動)
- 1920 ニコライエフスク(尼港)事件
- 昭和天皇(位1926～1989)
- 1927.5 日本の第1次山東出兵
- 1928.4 日本の第2次山東出兵[済南事件]
- 1928.6 奉天事件[張作霖爆殺事件]

日本（明治～昭和）

- 1871 廃藩置県
- 1872 学制発布。新橋～横浜間鉄道開通
- 1873 徴兵令。地租改正
- 1875 樺太・千島交換条約
- 1877 西南戦争
- 1881 国会開設の詔
- 1885 内閣制度発足
- 1889 大日本帝国憲法発布
- 1890 第1回帝国議会
- 1893 陸奥宗光,条約改正交渉開始
- 1899 治外法権撤廃
- 1902 日英同盟
- 1904～05 日露戦争
- 1905 ポーツマス条約
- 1906 南満州鉄道会社設立
- 1907 日露協約
- 1918 米騒動
- 1923 関東大震災
- 1925.1 ソ連承認
- .3 治安維持法,普通選挙法成立
- 1927 金融恐慌起こる

（右端の年代目盛：1870 / 1880 / 1890 / 1900 / 1910 / 1920）

国際問題	アメリカ合衆国／ラテンアメリカ諸国	イギリス（ウィンザー朝）	フランス	ドイツ	イタリア・スペイン・ポルトガル
1930 ロンドン軍縮会議（英・米・日の補助艦トン数保有比決定）		1930 第1回英印円卓会議		1930 ヤング案成立	**（スペイン）** **1931** スペイン革命（ブルボン朝滅亡）
1931 満州事変勃発	1931 フーヴァー＝モラトリアム発表	1931～35 マクドナルド挙国一致内閣	1932 仏ソ不可侵条約	1932.7 総選挙でナチス，第一党となる	（ポルトガル）
1932.6～.7 ローザンヌ会議（独の賠償金を30億金マルクに減額）	1931 ニューヨークにエンパイア＝ステート＝ビル完成	1931.9 金本位制停止　.12 ウェストミンスター憲章（イギリス連邦成立）		1933.1 ヒトラー内閣成立　.2 国会議事堂放火事件　.3 全権委任法成立　.10 国際連盟脱退	1932 サラザール，首相就任
	フランクリン＝ローズヴェルト（民，任1933～45） ＊ニューディール政策推進 1933.5 農業調整法　.5 TVA法　.6 全国産業復興法　.11 ソ連承認	1932.7～.8 オタワ会議（ブロック経済の形成）		**総統ヒトラー（任1934～45）** 1935.1 ザール地方復帰　.3 再軍備宣言　.6 英独海軍協定	1935～36 エチオピア侵略 1936 エチオピア併合
1935～36 エチオピア戦争	1935.5 全国産業復興法に違憲判決　.7 ワグナー法成立　.8 中立法制定	1935.4 **ストレーザ会議**（ドイツに対する英・仏・伊の提携）　.6 英独海軍協定	1935.5 仏ソ相互援助条約 人民戦線結成	1936.3 ラインラント進駐（ヴェルサイユ条約・ロカルノ条約破棄）	**（スペイン）** 1936.2 人民戦線政府成立　.7 スペイン内戦（～1939）
1936.7 スペイン内戦始まる　.11 日独防共協定		1937～40 ネヴィル＝チェンバレン内閣	1936.6 ブルム人民戦線内閣成立 1937.6 ブルム人民戦線内閣崩壊	1936.10 ベルリン＝ローマ枢軸の結成 1936.11 日独防共協定	1937 ゲルニカ爆撃
1937 日独伊防共協定		1937 アイルランド，エール共和国と改称		1937.11 日独伊三国防共協定成立 1938.3 ドイツ，オーストリアを併合	1937.12 伊，国際連盟脱退
1938.9 ミュンヘン会談	1938 産業別組織会議（CIO）成立	**1938.9 ミュンヘン会談（N.チェンバレン，ダラディエ，ヒトラー，ムッソリーニ，ズデーテン問題協議・対独宥和政策の頂点）**		1939.3 チェコスロヴァキア解体　.8 独ソ不可侵条約	1939 アルバニア併合
1939～45 第二次世界大戦		1939.8 英仏両国，対ポーランド相互援助条約 **1939.9.3 英・仏・フランス，ドイツに宣戦（第二次世界大戦が始まる）**		1939 ドイツ軍，ポーランド侵攻	**（スペイン）** 1939 スペイン内戦終結
1940.9 日独伊三国同盟 **1941 大西洋憲章**	1941 武器貸与法成立 **1941.8 大西洋上会談**	1940.5～45 チャーチル戦時連立内閣 1940.5～.6 ダンケルク撤退 ロンドン大空襲	1940.5 ドイツ軍，マジノ線突破，オランダ・ベルギー侵入　.6 ドイツに降伏 1940.6 ド＝ゴール，ロンドンに自由フランス政府樹立	1940.4 デンマーク・ノルウェー侵入 **1940.9 日独伊三国同盟締結（枢軸陣営の強化）**	**1940.6 イタリア参戦**
1941～45 太平洋戦争 1943.11 カイロ会談（米・英・中） テヘラン会談（米・英・ソ）	**1941.12.8 日本軍真珠湾奇襲 アメリカ・イギリス，対日宣戦** 1942.6 ミッドウェー海戦勝利　.8 原爆開発（マンハッタン計画）開始		.7 南部にヴィシー政府成立（国家主席ペタン）	1941.6 ドイツ・イタリア，対ソ宣戦　.12 ドイツ・イタリア，対米宣戦 1942.1 ユダヤ人の大量虐殺を決定 1942.1～.7 ドイツ・イタリア軍，北アフリカで反撃 1942.7 ドイツ軍，スターリングラード攻撃	1943.7 連合軍，シチリア上陸
1944.7 ブレトン＝ウッズ会議　.8 ダンバートン＝オークス会議	**1943.1 カサブランカ会談（ローズヴェルト・チャーチル）** **1944.6 連合軍，ノルマンディーに上陸**		1944.8 パリ解放	1943.2 スターリングラードのドイツ軍降伏	.9 イタリア無条件降伏（バドリオ政権）
1945.2 ヤルタ会談（米：F＝ローズヴェルト，英：チャーチル，ソ：スターリン） .6 国際連合憲章調印	**トルーマン（民，任1945～53）**			1945.4 ヒトラー自殺 1945.5 ベルリン陥落	**（イタリア）** 1945.4 ムッソリーニ処刑 1946 イタリア，王政廃止。共和国宣言
.7 ポツダム会談（米：トルーマン，英：チャーチル・アトリー，ソ：スターリン）	**1945.5.7 ドイツ，無条件降伏し，ヨーロッパ戦線終わる**				
.10 国際連合発足 1946.1 第1回国連総会，安全保障理事会発足　.7～.10 パリ和平会議	1945.7 初の原爆実験成功　.8 広島，長崎に原爆投下 1947.3 トルーマン＝ドクトリン（封じ込める政策）	アトリー内閣（労，任1945～51） 1946.3 チャーチル，「鉄のカーテン」演説	1945.6 ドイツ，東西に分裂 西側→米英仏占領，東側→ソ連占領 1946.10 ニュルンベルク国際軍事裁判終わる（ドイツ側）	**（スペイン）** 1947.3 フランコ，終身国家主席となる	
1947.2 パリ講和条約　.3～.4 モスクワ外相会議　.10 GATT調印	**.6 マーシャル＝プラン［ヨーロッパ経済復興援助計画］提唱** 1949.1 フェア＝ディール政策		第四共和政（1946～58） **1946～54 インドシナ戦争** 1948.3 西ヨーロッパ連合条約［ブリュッセル条約］		**（イタリア）** 1947.12 イタリア共和国成立
1948.6 ベルリン封鎖　.12 世界人権宣言	**.4 北大西洋条約機構［NATO］調印**	1949.4 アイルランド共和国成立（エール，英連邦離脱）	**.4 ヨーロッパ経済協力機構［OEEC］結成（16カ国，マーシャル＝プラン受け入れ決定）**	1948.6～1949.5 ソ連，ベルリン封鎖	
1950.6 朝鮮戦争勃発（～53） .7 国連軍，出動			1950.5 シューマン＝プラン	**ドイツ連邦共和国（1949～）** 1949.9 ドイツ連邦共和国成立	**ドイツ民主共和国（1949～1990）** 1949.10 ドイツ民主共和国成立
1951.9 サンフランシスコ講和会議	1951.9 太平洋安全保障条約［ANZUS］	チャーチル内閣②（保，任1951～55） エリザベス2世（位1952～2022）	1951.4 ヨーロッパ石炭鉄鋼共同体［ECSC］条約調印	アデナウアー内閣（キ民，任1949～1963）	1951 旧イタリア領リビア独立
1954.7 ジュネーヴ会議（インドシナ休戦協定） 1955 ラッセル＝アインシュタイン宣言	アイゼンハウアー（共，任1953～61） 1953.1 ダレス国務長官，「巻き返し政策」発表	1952 原爆保有を発表	1954 アルジェリア，民族解放闘争始まる	1950 ポーランド国境，オーデル・ナイセ線で合意 1953 ベルリンで反ソ暴動（オーストリア）	
1955.4 AA会議 1955.7 ジュネーヴ4巨頭会談（米英仏ソ）	1954.10 西側9カ国会議（パリ協定調印，西ドイツの主権回復・NATO加盟を決定） 1955.12 キング牧師ら，バス＝ボイコット運動	イーデン内閣（保，任1955～57） **1956.7 エジプト，スエズ運河国有化宣言**	1956 モロッコ，チュニジア独立	1955 主権回復，NATO加盟 1955 オーストリア国家条約調印（永世中立国宣言）	
1956.10 スエズ戦争［第2次中東戦争］（～57.3） ハンガリー事件	1958.1 人工衛星エクスプローラー1号打ち上げ成功	**.10 スエズ戦争［第2次中東戦争］（英・仏対エジプト出兵）** マクミラン内閣（保，任1957～63）	1957 ヨーロッパ経済共同体［EEC］，ヨーロッパ原子力共同体［EURATOM］結成に調印 1958.1 ヨーロッパ経済共同体［EEC］発足		
1957.7 パグウォッシュ会議（科学者たちの核実験中止要求声明）	**1959.1 キューバ革命（カストロ革命政府樹立）** .9 フルシチョフ訪米，キャンプ＝デーヴィッド会談	1959.11 ヨーロッパ自由貿易連合［EFTA］調印	第五共和政（1958～） 大統領ド＝ゴール（任1959～69）		
1960.5 U2型機事件 パリ東西首脳会談決裂	**1960.12 OEEC改組，アメリカ，カナダを加えて経済協力開発機構［OECD］調印**	1960.5 EFTA正式発足	1960.2 サハラで核実験		
	ケネディ（民，任1961～63） 1961.5 キューバ社会主義共和国成立	1961.5 南アフリカ連邦，英連邦を離脱		**1961 東ドイツ，東西ベルリンの境界に「ベルリンの壁」構築（西ベルリンへの交通遮断）**	
1961.9 第1回非同盟諸国首脳会議［ベオグラード会談］	1962.10 キューバ危機	1963.1 フランスの反対でEEC加盟失敗	**1963.1 フランス・西ドイツ協力条約**		1963 キプロス紛争始まる
1963.8 米英ソ3国，部分的核実験禁止条約調印 1964.3～.6 第1回国連貿易開発会議［UNCTAD］（ジュネーヴ）	1963.8 黒人差別撤廃を求めるワシントン大行進　.11 ケネディ，ダラスで暗殺 ジョンソン（民，任1963～69） 1964.7 公民権法成立　.12 黒人指導者キング牧師，ノーベル平和賞受賞	ウィルソン内閣①（労，任1964～70）	1964.1 中国を承認		

縦書き区分：ナチス独裁／第三帝国／米英仏ソ占領時代／西ドイツ・東ドイツ／ジョージ5世・ジョージ6世

緑字：重要治政者に関する事項　青字：文化に関する事項
▭：条約・会議・会談　▭：国際的に関連する事項　＊：その頃

1930～1965

東ヨーロッパ	西アジア・アフリカ	南アジア・東南アジア	中国	朝鮮半島	日本	
ソヴィエト連邦・東欧諸国	西アジア諸国・アフリカ諸国	インド帝国・東南アジア諸国	中華民国	昭和		
1929 スターリンの独裁始まる	1932 サウジアラビア王国成立	1930.2 ホー＝チ＝ミン,ベトナム共産党結成(.10 インドシナ共産党と改称)	1931.9 柳条湖事件［満州事変］		1930 ロンドン軍縮会議	1930
1932 仏ソ不可侵条約	1932 イラク王国成立		1931.11 毛沢東,江西省瑞金に中華ソヴィエト共和国臨時政府樹立			
1933 第2次五カ年計画(～37)	1935 ペルシア,国号をイランと改称	1930～34 非暴力・不服従運動	1932.2 リットン調査団来る		1932.1 上海事変おこる	
1934.9 ソ連,国際連盟加入	［エチオピア］	1930～32 英印円卓会議(3回)	1932.3 「満州国」建国宣言(執政に溥儀)		1932.5 五・一五事件	
.12 スターリンの粛清	1935 イタリア,エチオピア侵略				1932.10 リットン報告書	
1935.5 仏ソ相互援助条約	1936 イタリア,エチオピア併合	1932 タイで立憲革命	1933.2～.3 日本軍,熱河占領		1933.3 国際連盟を脱退	
1935.7～.8 コミンテルン第7回大会	1936 イギリス＝エジプト同盟条約	1934 ネルー,国民会議派の指導者となる	1934～36 中国共産党の長征(大西遷)(瑞金→延安)		1934.12 日本,ワシントン海軍軍縮条約の廃棄通告	
1936.12 新憲法［スターリン憲法］制定		1935 1935年インド統治法［新インド統治法］	1935.1 遵義会議(毛沢東,党内指導権を掌握)			
			.8 中国共産党,八・一宣言		1936.2 二・二六事件	
		1937 ビルマ,インドより分離	1936.12 西安事件(張学良ら,蔣介石を一時,監禁)		.11 日独防共協定	
1938.9 ミュンヘン会談		1938 ビルマでアウン＝サンらによる反英独立運動	1937.7 盧溝橋事件（日中戦争始まる）		1937.11 日独伊三国防共協定	
1939.3 チェコスロヴァキア解体		1939 シャム,タイと改称	.9 第2次国共合作		1938 国家総動員法発令	
1939.8 独ソ不可侵条約			.12 南京陥落,南京事件		1939.5 ノモンハン事件	
.9 ドイツ・ソ連,ポーランド侵略	1939 第二次世界大戦始まる(～45)		1938.10 日本軍,広州・武漢占領		.7 米,日米通商航海条約の廃棄通告	
1939.11～1940 ソ連＝フィンランド戦争			.11 国民政府,重慶へ遷都		.9 朝鮮人の労務動員開始	
1939 ソ連,国際連盟を除名される					1940.2 朝鮮人の創氏改名始まる	
1940.7 バルト3国併合	1941.6 トルコ,ドイツと友好条約	1940 日本軍,北部仏印進駐	1940.3 汪兆銘,南京政府を樹立		.9 日独伊三国同盟	1940
1941.4 日ソ中立条約	.9 イラン中立宣言	1941.5 ベトナム独立同盟会［ベトミン］結成			.10 大政翼賛会発足	
.5 スターリン,首相に就任(～53)	.9 シリア独立宣言	.7 日本軍南部仏印進駐			1941.4 日ソ中立条約	
.6 独ソ開戦	(イラン)				日米交渉開始	
.7 英ソ軍事同盟	1941 パフレヴィー2世即位(～79)	1941.12.8 太平洋戦争始まる(日本軍,真珠湾奇襲,米英に宣戦)			.10 東条英機内閣成立(～44)	
.7 ティトー,対independ... .7 ティトー,対独レジスタンス開始		1942.1 日本軍,マニラ占領	1941.12 米英と同盟し,日本に宣戦		1942.2 シンガポール占領	
1942.7 スターリングラードの戦い	1943 レバノン共和国独立	1943 日本軍,フィリピン,ビルマの独立を宣言	1943 蔣介石,国民政府主席就任(～48)		.6 ミッドウェー海戦で敗北	
1943.5 コミンテルン解散			.11 蔣介石,カイロ会談に出席		1943.2 ガダルカナル島撤退	
1943.10 ティトーのパルチザン蜂起					1944.7 米軍,サイパン占領	
1944.1 ソ連軍,ポーランド国境を突破					.10 レイテ海戦	
1945 ヤルタ会談	1945.3 アラブ連盟結成	1945.9 ベトナム民主共和国独立宣言	1945.8 ソ連軍,満州侵攻		.11 サイパンからの本土空襲激化	1945
.8.8 日本に宣戦,満州・朝鮮に侵攻	1946 トランスヨルダン王国,シリア共和国独立	1946.7 フィリピン独立			.3 東京大空襲	
1945 ユーゴ,王政廃止。連邦人民共和国になる	1947 国連,パレスチナ分割・ユダヤ民族独立案可決	.12 インドシナ戦争(～54)	1945.8.15 日本,無条件降伏し,太平洋戦争終わる		.4 米軍,沖縄本島上陸	
1945～48 東欧諸国,相次いで共産主義政権が成立する	1948.5 イスラエル建国	1947.8 インド連邦・パキスタン,英自治領として成立	.11 国共内戦始まる	1945.9 降伏文書調印	.6 広島,長崎に原爆投下される	
1947.9 コミンフォルム結成(～56)	.5 第1次中東戦争(～49.3)	1948 ビルマ連邦共和国成立	1946.1 政治協商会議	1946.1 日本国憲法公布	.8 ソ連,対日宣戦	
1948.2 チェコスロヴァキア＝クーデタ(共産党のクーデタ)		1948.1 ガンディー暗殺される	.5 国民政府,南京遷都			
.6 コミンフォルム,ユーゴを除名		1949 仏,ベトナム国樹立	中華人民共和国(1949～)	1948.8 大韓民国成立(大統領李承晩)	1948.11 極東国際軍事裁判終わる	
1949.1 経済相互援助会議［コメコン］設立		1949 インドネシア連邦共和国成立	1949.10 中華人民共和国成立 主席毛沢東・首相周恩来	1948.9 朝鮮民主主義人民共和国成立(首相金日成)	1949.2 吉田茂内閣(第3次)成立	
	1951 イラン,石油国有化公布	インド共和国(1950～)	1949.12 台湾に移る			
1950 中ソ友好同盟相互援助条約		1950 インド共和国成立(首相ネルー)	台湾		1951 サンフランシスコ平和条約・日米安全保障条約調印	1950
1953.3 スターリン死去	1952 エジプト革命		総統 蔣介石			
フルシチョフ第一書記(任1953～64)	1953 エジプト共和国宣言	(ベトナム)	1950 中ソ友好同盟相互援助条約	1950.6 朝鮮戦争始まる		
1953.8 水爆保有宣言	1954.11 アルジェリア独立戦争	1954.5 ディエンビエンフー陥落	1950 第1次五カ年計画	.9 国連軍,朝鮮に出動	1954.3 ビキニ水爆被災事件［第五福竜丸事件］	
1955.5 ワルシャワ条約機構(ソ連・東欧8カ国友好協力相互援助条約)調印	1954.11 エジプト第2次革命	1954.6 ネルー・周恩来会談	1954.6 ネルー・周恩来会談(平和五原則発表)	.10 中国人民義勇軍,北朝鮮に加わる	.7 自衛隊発足	
1956.2 ソ連共産党第20回大会(スターリン批判,平和共存政策)	1955.2 バグダード条約調印	1954.7 ジュネーヴ休戦協定(インドシナ戦争終結)	.9 中華人民共和国憲法採択		1955.8 第1回原水爆禁止世界大会(広島)	
.4 コミンフォルム解散(ポーランド)	.11 バグダード条約機構[METO]結成	.9 東南アジア条約機構[SEATO]調印	1954 米華相互防衛条約	1951.7 休戦会談始まる	.11 保守合同(自由民主党結成により55年体制発足)	
1956.6 ポズナニで反ソ暴動	1955.4 アジア・アフリカ会議［バンドン会議］(29カ国。平和十原則の発表)	1955 ベトナム共和国(南)成立	1958.1 第2次五カ年計画(大躍進政策)	1953.7 朝鮮休戦協定成立	1956.10 日ソ共同宣言(ソ連との国交回復)	
(ハンガリー)	1956.10 第2次中東戦争［スエズ戦争］(～57.3)	1956 パキスタン＝イスラーム共和国成立	.8 人民公社開始	.10 米韓相互防衛条約調印		
1956.10～.11 反ソ暴動	1957 ガーナ独立(大統領エンクルマ[ンクルマ])	1957 マラヤ連邦成立	1959 中国軍,チベット占領			
1957.10 人工衛星スプートニク1号打ち上げ成功	1958.7 イラク革命		主席劉少奇(任1959～68)		.12 国連加盟	
1960.11～12 モスクワ会議(81カ国共産党共同宣言)	1959 バグダード条約機構を中央条約機構[CENTO]に改称	1960 南ベトナム解放民族戦線結成	1960 中ソ論争始まる	(韓国)	1957.2 岸信介内閣成立	1960
1961 有人宇宙船ヴォストーク1号成功	1960 アフリカ諸国,相次いで独立(アフリカの年)	.7 コンゴ動乱		1960 四月革命(李承晩退陣)	1960.1 日米新安全保障条約調印	
1963 中ソ論争本格化	1960.9 石油輸出国機構[OPEC]結成	1962.10 中印国境紛争で武力衝突	1962.10 中印国境紛争	1961 韓国軍部クーデタ(朴正煕の軍事政権成立)	.5 安保改定反対運動	
1964.10 フルシチョフ解任	1961 南アフリカ共和国成立	1963.9 マレーシア連邦発足			1964.10 東京オリンピック	
ブレジネフ第一書記(任1964～82)	1962 アルジェリア独立			1963.12 朴正煕,大統領に就任(任～79)		
	1963 アフリカ諸国首脳会議(アジスアベバ),アフリカ統一機構[OAU]結成	1964 ラオス内戦激化(ベトナム)	1964.1 フランスと国交樹立			
	1964 パレスチナ解放機構[PLO]結成	1964.8 トンキン湾事件	.10 初の原爆実験			

1965～

赤字：重要事項
■：戦争・戦乱・軍事

年	国際問題	アメリカ合衆国／ラテンアメリカ諸国	イギリス（ウィンザー朝）	フランス（第五共和政）	ドイツ	南欧・北欧諸国	東欧諸国
1965	1965.2～75 ベトナム戦争	1965.2 米軍の北ベトナム爆撃(北爆)開始　ジョンソン	1965.1 チャーチル死去　.9 北海油田発見　ウィルソン	ド＝ゴール	1965.5 イスラエルと国交樹立	1965.12 ローマ教皇, ギリシア正教大主教, 東西教会対立解消の共同声明	
1966				1966.7 NATO軍事機構より脱退	キージンガー内閣(連立, 任1966～69)		(チェコスロヴァキア)
1967	1967.5 ケネディ＝ラウンド(関税一括引下げ交渉)妥結　.6 第3次中東戦争			1967.7 EEC・EURATOM・ECSCの3執行機関統合。新しくEC[ヨーロッパ共同体]発足		1967 ギリシアで軍事クーデタ	1968.1 自由化始まる(プラハの春)
1968	1968.5 パリ和平会談始まる　.6 核拡散防止条約調印	1968.4 黒人指導者キング牧師暗殺される　.10 北爆停止　ニクソン(共, 任1969～74)	1968.1 スエズ以東より撤兵	1968.5 五月革命　1969.4 ド＝ゴール辞任	ブラント内閣(社民, 任1969～74)	(ポルトガル) 1968 サラザール首相辞任	.8 ワルシャワ条約機構軍の侵攻　1968 アルバニア, ワルシャワ条約機構脱退 (チェコスロヴァキア)
1969		1969.7 アポロ11号, 月面着陸成功	1969.8 北アイルランド紛争	大統領ポンピドゥー(任1969～74)			1969 ドプチェク第一書記解任, フサーク政権成立
1970	1970.3 核拡散防止条約発効(調印97カ国)	1970.2 ニクソン＝ドクトリン(チリ)　1970 アジェンデ社会主義政権成立	ヒース内閣(保, 任1970～74)		1970.3 東西ドイツ首脳会談初開催		(東ドイツ) 1970 東西ドイツ首脳会談初開催
1971	1971.10 中華人民共和国, 国連加盟　中華民国, 国連脱退	1971.8 ニクソン, ドル防衛措置発表(ニクソン＝ショック)	1971.2 EC加盟条約調印　.3 北アイルランド直接統治				(ポーランド) 1972 西ドイツと国交樹立
1972	1972.4 生物兵器禁止条約調印	1972.2 ニクソン訪中　.5 米ソ首脳会談, SALT I 調印　.6 ウォーターゲート事件			1972.9 西ドイツ・ポーランド国交樹立　.12 東西ドイツ基本条約調印		
1973	1973.1 ベトナム和平協定調印　.9 東西ドイツ国連加盟　.10 第4次中東戦争　石油供給不安高まる(第1次石油危機)	1973.3 米軍, ベトナム撤退(チリ)　1973 軍部クーデタ, アジェンデ大統領死去, ピノチェト政権成立	1973.1 拡大EC発足(イギリス, アイルランド, デンマークが加盟)	1973 東ドイツと国交樹立	1973.9 国連加盟	(ポルトガル)	(東ドイツ) 1973.9 国連加盟
1974		1974.8 ニクソン大統領辞任　フォード(共, 任1974～77)	ウィルソン内閣②(労, 任1974～76)	大統領ジスカール＝デスタン(任1974～81)	1974.5 ブラント首相, 秘書スパイ事件で辞任　シュミット内閣(社民, 任1974～82)	(ポルトガル) 1974 無血クーデタ(ギリシア)	(ルーマニア) 1974 チャウシェスク体制確立
1975	1975.7 欧州安保協力会議(35カ国, ヘルシンキ宣言)　.11 第1回先進国首脳会議(サミット), ランブイエ(仏)で開催	1975.5 ベトナム戦争終結宣言　カーター(民, 任1977～81)	キャラハン内閣(労, 任1976～79)	1975 先進国首脳会議を開催		1975 民政移管, 共和政確立(スペイン)　1975 フランコ総統死去。王政復古　国王フアン＝カルロス1世(位1975～2014)	(チェコスロヴァキア)　1977 人権運動「憲章77」始まる
1978	1978.5 国連軍縮特別総会　.9 中東和平会談(キャンプ＝デーヴィッド合意)　1979.12 ソ連, アフガニスタンに侵攻	1979.1 米中国交正常化　.3 スリーマイル島原発事故　.6 SALT II 調印	1979 総選挙で保守党勝利　サッチャー内閣(保, 任1979～90)		1979 ナチス犯罪の時効を撤廃	教皇ヨハネ＝パウロ2世(位1978.10～2005.4)	
1980	1980.9 イラン＝イラク戦争　1981.10 初の南北サミット開催	1980.4 イランと国交断絶　レーガン(共, 任1981～89)　1981.4 スペースシャトル打ち上げ		大統領ミッテラン(社会党, 任1981～95)		(ギリシア) 1981.1 EC加盟　.10 左翼政権成立	(ユーゴスラヴィア) 1980 ティトー死去　(ポーランド) 1980.9 自主管理労組「連帯」結成　1981.9 ワレサ, 「連帯」議長に選出される
1982	1982.6 第2回国連軍縮特別総会	1982.4 フォークランド戦争(アルゼンチン, 英領フォークランド諸島占領)　.6 米ソ, 戦略兵器削減交渉　1983.10 グレナダ侵攻(ブラジル)	エリザベス2世　1984.12 香港返還協定調印		コール内閣(キ民, 任1982～98)　1984 大統領にヴァイツゼッカー選出(任～94)	(スペイン) 1982.5 NATO加盟　.10 左翼政権成立	
1985	1985.9 先進5カ国蔵相会議, ドル高是正協調介入合意[プラザ合意]　1986.9 GATT閣僚会議, 新多角的貿易交渉開始宣言[ウルグアイ＝ラウンド]　1987.10 世界各国で株価が大暴落[ブラック＝マンデー]	1985.3 民政移管(ブラジル)　1987.10 ウォール街で株価大暴落		1986.3 総選挙で保守連合勝利, シラク内閣成立	1985.5 ヴァイツゼッカー演説	1986.1 スペイン・ポルトガル, EC加盟	(ポーランド) 1989.6 国会選挙で「連帯」圧勝, 非共産党政権樹立
1987	1987.12 米ソ首脳会談(ワシントン), 中距離核戦力[INF]全廃条約調印　1988.8 イラン・イラク戦争停戦　1989.11 ベルリンの壁開放　1989.12 マルタ会談, 冷戦終結宣言	ブッシュ(共, 任1989～93)(父)　1989.12 米軍, パナマ侵攻(ペルー)					(東ドイツ) 1989.11 ベルリンの壁開放　(ルーマニア) 1989.12 チャウシェスク政権崩壊
1990	1990.10 東西ドイツの統一　1991.1～.4 湾岸戦争	1990.7 日系2世のフジモリ, 大統領に就任　1991.1 米軍を中心とする多国籍軍, イラクを空爆　.2 多国籍軍, 地上戦に突入, クウェート解放	メージャー内閣(保, 任1991～97)		1990.7 東西ドイツ, 経済統合　.10 東西ドイツの統一達成　1991.6 ベルリン遷都決定		(ポーランド) 1990.12 ワレサ, 大統領就任　1991.6 クロアティア, スロヴェニア, ユーゴからの独立宣言　.6 コメコン解消　.7 ワルシャワ条約機構解消
1991	1991.7 米ソ第1次戦略兵器削減条約[START I]調印　1992.3 国連カンボジア暫定統治機構[UNTAC]発足　1993.1 米ロ第2次戦略兵器削減条約[START II]調印　.9 イスラエル・PLO, パレスチナ暫定自治協定に調印　.11 アジア・太平洋経済協力会議[APEC]開催	1992.4 ロサンゼルス黒人暴動　.12 アメリカ・カナダ・メキシコが北米自由貿易協定[NAFTA]調印　クリントン(民, 任1993～2001)	1991.10 ECとEFTAが欧州経済領域[EEA]創設で合意　1991.12 EC首脳会談(オランダ・マーストリヒト)　1992.2 EC加盟国, EC統合の基礎となる欧州連合創設(マーストリヒト)条約調印　1993.11 マーストリヒト条約発効, ヨーロッパ連合[EU]発足(EC12カ国)　1994.1 欧州経済領域[EEA]発足				1992.3 ボスニア・ヘルツェゴヴィナ, ユーゴからの独立宣言。以後, 内戦激化　1993.1 チェコスロヴァキア, チェコとスロヴァキアに分離独立
1994	1995.1 世界貿易機関[WTO]発足　1996.9 国連, 包括的核実験禁止条約[CTBT]を採択　1997.4 化学兵器禁止条約発効　.6 対人地雷全面禁止条約採択　.12 京都議定書	1994.1 北米自由貿易協定[NAFTA]成立　1995.7 ベトナムと国交樹立　1996.12 左翼ゲリラによる日本大使公邸事件	1994.5 英仏海峡トンネル開通　1997.5 総選挙で労働党圧勝　ブレア内閣(労, 任1997～2007)	シラク大統領(任1995～2007)　1995.9 核実験再開　1996.1 核実験終結を宣言	1995.1 オーストリア・スウェーデン・フィンランド, EU加盟		1995.12 ボスニア和平協定調印
1997	1999.1 欧州単一通貨「ユーロ」導入　.3 対人地雷全面禁止条約発効	1999.10 CTBT批准を否決　.12 パナマ運河返還	1997.6 EU, アムステルダム条約[新ヨーロッパ連合条約]調印　1997.6 香港を中国に返還　1998.4 北アイルランド和平合意		シュレーダー内閣(社民, 任1998～2005)　1998.10 総選挙で社会民主党勝利, シュレーダー内閣		1999.3 ハンガリー・チェコ・ポーランド, NATOに加盟　.3～.6 NATO軍, セルビア空爆
2000	2002.8～9 環境・開発サミット(ヨハネスブルク)　2011～ ギリシア通貨危機　2015.7 キューバ・アメリカが国交回復　2018.6 初の米朝首脳会談(トランプ・金正恩)	ブッシュ(共, 任2001～09)(子)　2001.9 同時多発テロ事件　.10 アフガニスタンを攻撃　2003.3 イラク戦争　オバマ(民, 任2009～17)　トランプ(共, 任2017～21)　バイデン(民, 任2021～現)	ブラウン内閣(労, 任2007～10)　キャメロン連立内閣(保, 任2010～16)　メイ内閣(保, 任2016～19)　ジョンソン内閣(保, 任2019～22)	サルコジ大統領(任2007～12)　オランド大統領(任2012～17)　マクロン大統領(任2017～現)	メルケル内閣(キ民, 任2005～21)　ショルツ内閣(社民, 任2021～現)	2005.4 ローマ教皇ベネディクトゥス16世就任　2013.3 ローマ教皇フランシスコ就任	2004.5 拡大EU発足[東欧諸国加盟で25カ国体制] → 2007.1 EU加盟国27カ国に(ルーマニア・ブルガリア加盟)　2014.5 ウクライナ内戦

緑字：重要治政者に関する事項　　青字：文化に関する事項

◯：条約・会議・会談　　◯：国際的に関連する事項　　＊：その頃

1965〜

ロシア	西アジア・アフリカ	南アジア・東南アジア	中国	朝鮮半島	日本	
ソヴィエト連邦	西アジア諸国・アフリカ諸国	インド等・東南アジア諸国	中華人民共和国・台湾	韓国・北朝鮮	昭和〜平成	
	1966 ガーナでクーデタ(エンクルマ失脚)	1965.2 米軍の北ベトナム爆撃(北爆)開始	劉少奇 1965 チベット自治区成立	1965.6 日韓基本条約調印		1965
	1967.6 第3次中東戦争	.8 シンガポール分離独立	1966 「プロレタリア文化大革命に関する決定」発表	1966 韓国,GATT加盟		
	1967 ナイジェリア内戦	.9 インドネシアで九・三〇事件	1967 初の水爆実験			
(ソ連・東欧5カ国),チェコ侵攻		1965 印・パ間でカシミール紛争			1968.6 小笠原諸島返還 国民総生産,資本主義世界で第2位になる	
1969.3 中ソ国境紛争(ウスリー江,珍宝島[ダマンスキー島])	1968 アラブ石油輸出国機構[OAPEC]発足	1966 インディラ=ガンディー首相就任(任〜77,80〜84)	1969.3 中ソ国境紛争(珍宝島[ダマンスキー島]で衝突)			
.11 核拡散防止条約批准	1969 アラファト,PLO議長に就任	1967.3 インドネシアでスカルノ大統領失脚,スハルト将軍,実権掌握	.8 9全大会で林彪を毛沢東の後継者に決定			
1970.7 ソ連・西独武力不行使宣言	1969 リビアでクーデタ	1967 東南アジア諸国連合[ASEAN]結成	毛			
	1970 ナセル急死	1968.5 パリ和平会談	沢 1971.10 中華人民共和国,国連での代表権を承認される(国民政府の追放決定)		1970.3 大阪万国博開催	1970
.12 ソルジェニーツィン,ノーベル文学賞受賞		1970 北爆停止	東			
1972 ニクソン大統領訪ソ,米ソ首脳会談。戦略兵器制限交渉[SALTⅠ]調印		1970.3 カンボジアのクーデタでシハヌーク失脚	1972.2 ニクソン大統領訪中,共同声明発表	1972 南北朝鮮赤十字会談	1972.5 沖縄復帰	
	1973.10 第4次中東戦争 アラブ諸国「石油戦略」発動	1971.3 バングラデシュ独立宣言			.7 田中角栄内閣成立	
1975 サハロフ博士,ノーベル平和賞受賞	1974 エチオピア革命(皇帝ハイレ=セラシエ廃位)	.12 第3次インド=パキスタン戦争	.9 田中首相訪中,日中国交正常化(日中共同声明発表)		昭	
	1977.11 エジプトのサダト大統領,イスラエル訪問	1972 セイロン,スリランカと改称	1973 金大中事件			
	1978.3〜.6 イスラエル軍,レバノン南部に侵攻	1973 ベトナム和平協定調印	(台湾) 1975.4 蔣介石死去		1973.11 第1次石油危機,狂乱物価を招く	
	1978.9 中東和平会談(エジプト・イスラエル,キャンプ=デーヴィッド合意)	1975.4 サイゴン陥落,ベトナム戦争終わる	1976.1 周恩来首相死去			
		.12 ラオス人民民主共和国成立	第1次天安門事件		1976.2 ロッキード事件おこる	
	1979.1〜.2 イラン革命(国王亡命,ホメイニ帰国)	1976.1 民主カンボジア成立	.9 毛沢東主席死去			
		(ポル=ポト政権の大虐殺)	.10 華国鋒,共産党主席			
	1979 イラン=イスラーム共和国成立	.2 第1回ASEAN首脳会議	1977.8 11全大会でプロレタリア文化大革命終結宣言			
1979.6 米ソ首脳会談,第2次戦略兵器制限交渉[SALTⅡ]調印	1979.3 エジプト=イスラエル平和条約調印	.7 ベトナム社会主義共和国成立				
		1977.6 SEATO解散				
		1978.12 ベトナム軍,カンボジア侵攻	1978.8 日中平和友好条約に調印			
.12 ソ連軍,アフガニスタンに侵攻	(アフガニスタン) 1979 ソ連軍の侵攻	1979.1 カンボジアのポル=ポト政権崩壊,ヘン=サムリン政権樹立	1979.1 米中国交正常化		1979 第2次石油危機 第5回サミット(東京)	
		1979.2 中越戦争		(韓国) 1979.10 朴正煕大統領暗殺される		
1980 モスクワ=オリンピック(米・日・西独・中など不参加)	1979 イラン米大使館占拠事件					1980
	1980 ジンバブエ独立	1982.6 民主カンボジア連合政府成立(反ベトナム3派)	1980.2 胡耀邦,党総書記に就任	1980.5 光州事件		
1982.11 ブレジネフ書記長死去	1980.9 イラン=イラク戦争勃発(〜88)		.8 趙紫陽首相就任	.9 全斗煥大統領就任(任〜88)		
アンドロポフ就任(任〜84)	(エジプト)		1981.6 胡耀邦,党主席に就任		1982.7 教科書問題で日本に抗議	
	1981 サダト大統領暗殺,後任にムバラク就任(任〜2011)				1982.11 中曽根康弘内閣成立	
1984.2 アンドロポフ書記長死去	1982.4 イスラエル,シナイ半島を全面返還	(インド)	1984.12 サッチャー英首相,訪中。香港返還協定に調印			
チェルネンコ就任(任〜85)	.6 イスラエル軍,レバノンに侵攻	1984.10 インディラ=ガンディー首相暗殺,後任にラジブ=ガンディー			1984.9 全斗煥大統領訪日	1984
	.9 イスラエル,パレスチナ難民キャンプで大虐殺を行う					
1985.3 チェルネンコ書記長死去,後任にゴルバチョフ	1985.3 イラン=イラク戦争激化				1985.5 男女雇用機会均等法成立	1985
ゴルバチョフ(任1985〜91)	1986.4 米軍機,リビアを空爆	1986.2 フィリピン政変,マルコス大統領失脚・亡命,新大統領にコラソン=アキノ		1987.11 北朝鮮による大韓航空機爆破事件	1986.5 東京サミット開催	
1986.4 チェルノブイリ原子力発電所事故	1987.12 インティファーダ(イスラエル占領地におけるパレスチナ人の蜂起)開始	(ベトナム)	1987.1 胡耀邦総書記辞任(.10 後任に趙紫陽を選出)		1986.8 外貨準備高世界第1位	
.6 ゴルバチョフ,ペレストロイカ路線を打ち出す	1988.8 イラン=イラク戦争停戦成立	1986 ドイモイ[刷新運動]政策の導入	1988.1 台湾の総統に李登輝(任〜2000)	(韓国) 1988.2 盧泰愚,大統領に就任(任〜93)		
1986.10 米ソ首脳会談(アイスランド・レイキャビク)	.11 PLO,パレスチナ国家の樹立を宣言		1989.6 第2次天安門事件		1989.1 昭和天皇崩御	
1988.5 ソ連軍,アフガニスタン撤退開始	.12 アメリカ,PLOを承認	1989.6 ビルマ,国名をミャンマーと改称	.6 趙紫陽総書記解任,後任に江沢民指名	.9 ソウル=オリンピック	天皇即位(位1989〜2019) 元号は平成	
1990.3 憲法修正案採択 初代大統領にゴルバチョフ	1990.8 イラク軍,クウェートに侵攻し,全土を制圧。併合宣言	(インド)		1990.9 韓国,ソ連と国交樹立		1990
1991.6 エリツィン,ロシア共和国大統領に就任(〜99)	1991.1〜.4 湾岸戦争	1991.5 ラジブ=ガンディー元首相,暗殺される			1990.11 即位の礼	
	(南アフリカ共和国)	1991.10 カンボジア和平協定に調印(ミャンマー)		1991.9 韓国・北朝鮮,国連に同時加盟	1992.1 慰安婦問題で宮沢首相,韓国に謝罪	
.6 コメコン解消	1991.6 デクラーク大統領,アパルトヘイト体制終結宣言	1991.10 民主化運動指導者アウン=サン=スー=チーにノーベル平和賞決定			.9 カンボジアへPKO部隊派遣	
.7 ワルシャワ条約機構解消	(イスラエル)	1992.3 UNTAC発足	1992.3 全人代で改革開放政策を確認		この頃バブル経済崩壊	
.8 保守派によるクーデタ(失敗)。共産党解散	1992.7 ラビン内閣(労働党)発足	1993.9 シハヌーク,カンボジア国王に即位(位〜現)	1992.8 中国と韓国,国交樹立			
.12 独立国家共同体[CIS]結成,ソ連解体	1993.9 イスラエル・PLO,パレスチナ暫定自治協定に調印	(バングラデシュ)	(台湾)	(韓国)	1995.1 阪神・淡路大震災	
	(南アフリカ共和国)	1993.10 アワミ人民内閣成立	1996.3 初の総統直接選挙で李登輝当選	1993.2 金泳三,大統領に就任(任〜98)	.3 オウム真理教による地下鉄サリン事件	
ロシア連邦	1994.5 マンデラ,大統領に就任	(ベトナム)	1997.2 最高実力者,鄧小平死去。江沢民が最高実力者となる	(北朝鮮)		
1993.1 第2次戦略兵器削減条約[STARTⅡ]調印	1994.5 パレスチナ暫定自治始動	1995.7 アメリカとの国交正常化,ASEAN加盟	.7 香港返還,一国二制度となる	1994.7 金日成主席死去	平	
1994.12 ロシア軍,チェチェン共和国に侵攻(チェチェン紛争)	.10 ヨルダン・イスラエル平和条約調印	(インドネシア)		(北朝鮮)	1997.7 アイヌ文化振興法成立	
	.11 ラビン首相暗殺	1998.5 反政府暴動,スハルト大統領辞任	江	1997.7 金正日,党総書記に就任		
	1996.1 パレスチナ自治選挙,自治政府議長にアラファト	1998.5 インド,パキスタン,核実験	1999.5 NATO軍のベオグラード中国大使館誤爆事件に対して抗議の反米デモ	(韓国) 1998.2 金大中,大統領に就任	成	
1999.12 エリツィン大統領辞任	(イスラエル)	1999.4 カンボジア,ASEAN加盟	沢			
	1996.6 ネタニヤフ内閣成立	(パキスタン)	.12 マカオ返還			
		1999.10 軍事クーデタ	民			
プーチン(任2000〜08)	2003.3 イラク戦争が始まる	(アフガニスタン)	(台湾)	2000.6 初の南北首脳会談	2002.9 初の日朝首脳会談で拉致問題を認定	2000
2008.5 メドヴェージェフ大統領就任	2004.11 アラファト議長死去	2001.10 米軍,攻撃	2000.5 陳水扁が総統に就任	2001.11 中国,WTOに加盟	2008.2 李明博,韓国大統領に就任	2011.3 東日本大震災 福島第一原発事故
.8 グルジアに侵攻	2006.7 イスラエル,レバノン侵攻	2002.5 東ティモールがインドネシアから独立	2003.3 胡錦濤が国家主席に就任	(北朝鮮)		2015.6 18歳選挙権成立
2012.5 プーチン大統領就任	2011.1 民主化革命がおこる(チュニジア)	(パキスタン)	2013.3 習近平が国家主席に就任	2011.12 金正日死去。金正恩が継承('12)	今上天皇即位(位2019〜)	
2014.3 クリミア半島侵攻	2011.2 民主化革命がおこる(エジプト)	2008.8 ムシャラフ政権が崩壊	胡錦濤—		元号は令和	
2022.2 ウクライナ侵攻	2014.6 イラク内戦激化	(タイ)	習近平—			
		2014.5 軍事クーデタ				

■イギリス

□：省略(男性) ●：省略(女性)
＊人名そばの年号はすべて在位年を表します。

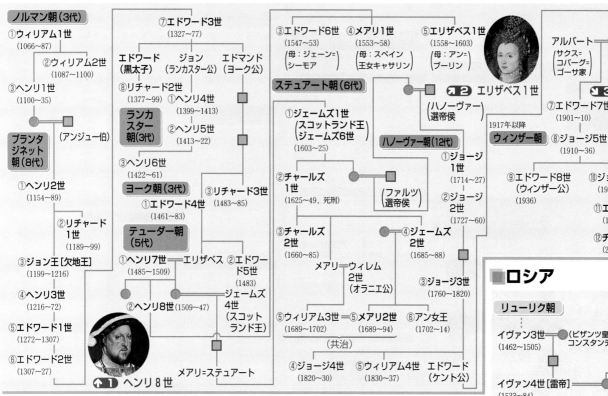

ノルマン朝(3代)
①ウィリアム1世 (1066〜87)
②ウィリアム2世 (1087〜1100)
③ヘンリ1世 (1100〜35)

プランタジネット朝(8代)
(アンジュー伯)
①ヘンリ2世 (1154〜89)
②リチャード1世 (1189〜99)
③ジョン王[欠地王] (1199〜1216)
④ヘンリ3世 (1216〜72)
⑤エドワード1世 (1272〜1307)
⑥エドワード2世 (1307〜27)

⑦エドワード3世 (1327〜77)
エドワード(黒太子)
ジョン(ランカスター公)
エドマンド(ヨーク公)
⑧リチャード2世 (1377〜99)

ランカスター朝(3代)
①ヘンリ4世 (1399〜1413)
②ヘンリ5世 (1413〜22)
③ヘンリ6世 (1422〜61)

ヨーク朝(3代)
①エドワード4世 (1461〜83)
③リチャード3世 (1483〜85)

テューダー朝(5代)
①ヘンリ7世 (1485〜1509) エリザベス
②エドワード5世 (1483)
②ヘンリ8世 (1509〜47)
ジェームズ4世(スコットランド王)
メアリ=ステュアート
↑1 ヘンリ8世

③エドワード6世 (1547〜53) 母：ジェーン=シーモア
④メアリ1世 (1553〜58) 母：スペイン王女キャサリン
⑤エリザベス1世 (1558〜1603) 母：アン=ブーリン

ステュアート朝(6代)
①ジェームズ1世(スコットランド王/ジェームズ6世) (1603〜25)
②チャールズ1世 (1625〜49, 死刑)
(ファルツ選帝侯)
③チャールズ2世 (1660〜85)
④ジェームズ2世 (1685〜88)
メアリ＝ウィレム2世(オラニエ公)
⑤ウィリアム3世 (1689〜1702)
⑤メアリ2世 (1689〜94)
⑥アン女王 (1702〜14)
(共治)

→2 エリザベス1世
(ハノーヴァー選帝侯)

ハノーヴァー朝(12代)
①ジョージ1世 (1714〜27)
②ジョージ2世 (1727〜60)
③ジョージ3世 (1760〜1820)
④ジョージ4世 (1820〜30)
⑤ウィリアム4世 (1830〜37)
エドワード(ケント公)

アルバート(サクス=コバーグ=ゴーサ家)
⑥ヴィクトリア (1837〜1901)
→3 ヴィクトリア
⑦エドワード7世 (1901〜10)

1917年以降
ウィンザー朝
⑨エドワード8世(ウィンザー公) (1936)
⑧ジョージ5世 (1910〜36)
⑩ジョージ6世 (1936〜52)
⑪エリザベス2世 (1952〜2022)
⑫チャールズ3世 (2022〜)

■フランス

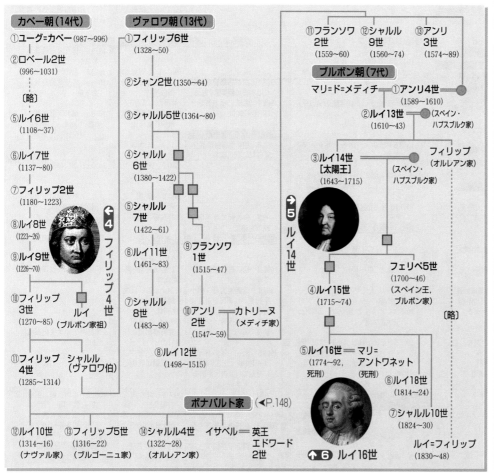

カペー朝(14代)
①ユーグ=カペー (987〜996)
②ロベール2世 (996〜1031)
〔略〕
⑤ルイ6世 (1108〜37)
⑥ルイ7世 (1137〜80)
⑦フィリップ2世 (1180〜1223)
⑧ルイ8世 (1223〜26)
↑4 フィリップ4世
⑨ルイ9世 (1226〜70)
⑩フィリップ3世 (1270〜85)
ルイ(ブルボン家祖)
⑪フィリップ4世 (1285〜1314)
シャルル(ヴァロワ伯)
⑫ルイ10世 (1314〜16)(ナヴァル家)
⑬フィリップ5世 (1316〜22)(ブルゴーニュ家)
⑭シャルル4世 (1322〜28)(オルレアン家)
イザベル＝英王エドワード2世

ヴァロワ朝(13代)
①フィリップ6世 (1328〜50)
②ジャン2世 (1350〜64)
③シャルル5世 (1364〜80)
④シャルル6世 (1380〜1422)
⑤シャルル7世 (1422〜61)
⑥ルイ11世 (1461〜83)
⑦シャルル8世 (1483〜98)
⑨フランソワ1世 (1515〜47)
⑩アンリ2世 (1547〜59)＝カトリーヌ(メディチ家)
⑧ルイ12世 (1498〜1515)

⑪フランソワ2世 (1559〜60)
⑫シャルル9世 (1560〜74)
⑬アンリ3世 (1574〜89)

ブルボン朝(7代)
マリ=ド=メディチ＝①アンリ4世 (1589〜1610)
②ルイ13世 (1610〜43)＝(スペイン・ハプスブルク家)
③ルイ14世[太陽王] (1643〜1715)＝(スペイン・ハプスブルク家)
フィリップ(オルレアン家)
→5 ルイ14世
フェリペ5世 (1700〜46)(スペイン王, ブルボン家)
④ルイ15世 (1715〜74)
〔略〕
⑤ルイ16世 (1774〜92, 死刑)＝マリ=アントワネット(死刑)
⑥ルイ18世 (1814〜24)
⑦シャルル10世 (1824〜30)
ルイ=フィリップ (1830〜48)

ボナパルト家 (◀P.148)
↑6 ルイ16世

■ロシア

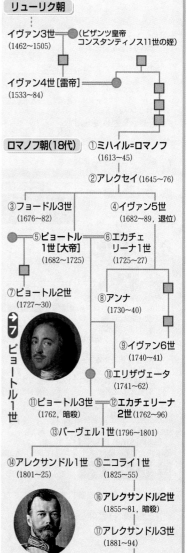

リューリク朝
イヴァン3世 (1462〜1505)＝(ビザンツ皇帝コンスタンティノス11世の姪)
イヴァン4世[雷帝] (1533〜84)

ロマノフ朝(18代)
①ミハイル=ロマノフ (1613〜45)
②アレクセイ (1645〜76)
③フョードル3世 (1676〜82)
④イヴァン5世 (1682〜89, 退位)
⑤ピョートル1世[大帝] (1682〜1725)
⑥エカチェリーナ1世 (1725〜27)
⑦ピョートル2世 (1727〜30)
⑧アンナ (1730〜40)
⑨イヴァン6世 (1740〜41)
⑩エリザヴェータ (1741〜62)
→7 ピョートル1世
⑪ピョートル3世 (1762, 暗殺)
⑫エカチェリーナ2世 (1762〜96)
⑬パーヴェル1世 (1796〜1801)
⑭アレクサンドル1世 (1801〜25)
⑮ニコライ1世 (1825〜55)
⑯アレクサンドル2世 (1855〜81, 暗殺)
⑰アレクサンドル3世 (1881〜94)
↑8 ニコライ2世
⑱ニコライ2世 (1894〜1917, 18死刑)

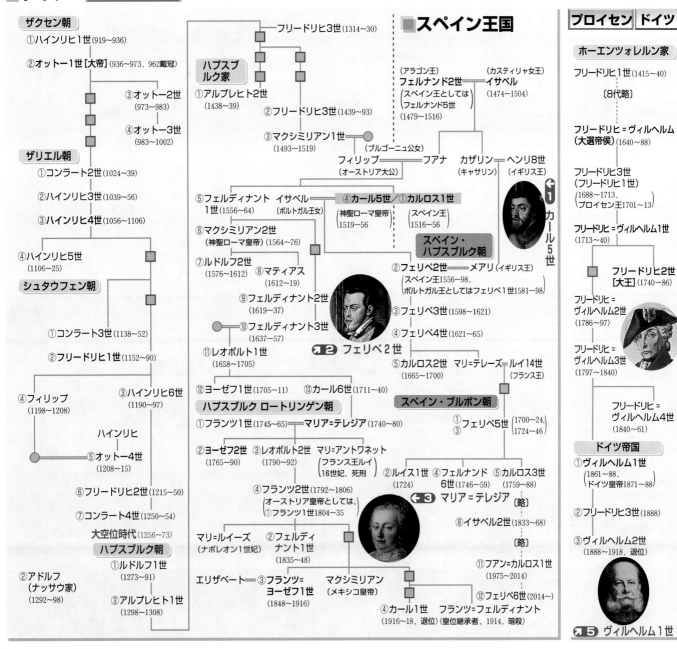

■ドイツ　神聖ローマ帝国

ザクセン朝
①ハインリヒ1世(919〜936)
②オットー1世[大帝](936〜973, 962戴冠)
③オットー2世(973〜983)
④オットー3世(983〜1002)

ザリエル朝
①コンラート2世(1024〜39)
②ハインリヒ3世(1039〜56)
③ハインリヒ4世(1056〜1106)
④ハインリヒ5世(1106〜25)

シュタウフェン朝
①コンラート3世(1138〜52)
②フリードリヒ1世(1152〜90)
④フィリップ(1198〜1208)
③ハインリヒ6世(1190〜97)
ハインリヒ
⑤オットー4世(1208〜15)
⑥フリードリヒ2世(1215〜50)
⑦コンラート4世(1250〜54)
大空位時代(1256〜73)

ハプスブルク朝
②アドルフ(ナッサウ家)(1292〜98)
①ルドルフ1世(1273〜91)
③アルブレヒト1世(1298〜1308)

フリードリヒ3世(1314〜30)

ハプスブルク家
①アルブレヒト2世(1438〜39)
②フリードリヒ3世(1439〜93)
③マクシミリアン1世(1493〜1519)　（ブルゴーニュ公女）
フィリップ(オーストリア大公)＝フアナ
⑤フェルディナント1世(1556〜64)　イサベル(ポルトガル王女)
④カール5世／①カルロス1世（神聖ローマ皇帝 1519〜56）（スペイン王 1516〜56）
⑥マクシミリアン2世(神聖ローマ皇帝)(1564〜76)
⑦ルドルフ2世(1576〜1612)
⑧マティアス(1612〜19)
⑨フェルディナント2世(1619〜37)
⑩フェルディナント3世(1637〜57)
⑪レオポルト1世(1658〜1705)
⑫ヨーゼフ1世(1705〜11)　⑬カール6世(1711〜40)

ハプスブルク ロートリンゲン朝
①フランツ1世(1745〜65)＝マリア=テレジア(1740〜80)
②ヨーゼフ2世(1765〜90)　③レオポルト2世(1790〜92)　マリ=アントワネット(フランス王ルイ16世妃, 死刑)
④フランツ2世(1792〜1806)（オーストリア皇帝としては,①フランツ1世1804〜35）
マリ=ルイーズ(ナポレオン1世妃)　②フェルディナント1世(1835〜48)
エリザベート＝③フランツ=ヨーゼフ1世(1848〜1916)　マクシミリアン(メキシコ皇帝)
④カール1世(1916〜18, 退位)　フランツ=フェルディナント(皇位継承者, 1914, 暗殺)

■スペイン王国

（アラゴン王）フェルナンド2世〔スペイン王としてはフェルナンド5世〕(1479〜1516)＝イサベル（カスティリャ女王）(1474〜1504)
カザリン(キャサリン)＝ヘンリ8世(イギリス王)
スペイン・ハプスブルク朝
②フェリペ2世　メアリ(イギリス王)（スペイン王1556〜98, ポルトガル王としてはフェリペ1世1581〜98）
③フェリペ3世(1598〜1621)
④フェリペ4世(1621〜65)
⑤カルロス2世(1665〜1700)　マリ=テレーズ＝ルイ14世(フランス王)

スペイン・ブルボン朝
①フェリペ5世(1700〜24, 1724〜46)
②ルイス1世(1724)　④フェルナンド6世(1746〜59)　⑤カルロス3世(1759〜88)
⑥カルロス4世　③マリア=テレジア〔略〕
⑧イサベル2世(1833〜68)〔略〕
⑪フアン=カルロス1世(1975〜2014)
⑫フェリペ6世(2014〜)

■1 カール5世
■2 フェリペ2世
■3 マリア=テレジア

プロイセン｜ドイツ

ホーエンツォレルン家
フリードリヒ1世(1415〜40)
〔8代略〕
フリードリヒ=ヴィルヘルム(大選帝侯)(1640〜88)
フリードリヒ3世(フリードリヒ1世)(1688〜1713, プロイセン王1701〜13)
フリードリヒ=ヴィルヘルム1世(1713〜40)
フリードリヒ2世[大王](1740〜86)
フリードリヒ=ヴィルヘルム2世(1786〜97)
フリードリヒ=ヴィルヘルム3世(1797〜1840)
フリードリヒ=ヴィルヘルム4世(1840〜61)

ドイツ帝国
①ヴィルヘルム1世(1861〜88, ドイツ皇帝1871〜88)
②フリードリヒ3世(1888)
③ヴィルヘルム2世(1888〜1918, 退位)

■4 フリードリヒ2世
■5 ヴィルヘルム1世

■ローマ教皇

◇対立教皇，一部省略

？〜64頃	ペテロ
64?〜76?	リヌス
314〜335	シルウェステル1世
352〜366	リベリウス
355〜365	フェリクス2世◇
384〜399	シリキウス
440〜461	レオ1世
468〜483	シンプリキウス
496〜498	アナスタシウス2世
590〜604	グレゴリウス1世
715〜731	グレゴリウス2世
731〜741	グレゴリウス3世
741〜752	ザカリアス
752〜757	ステファヌス3世
795〜816	レオ3世
858〜867	ニコラウス1世
955〜964	ヨハネス12世
1048〜54	レオ9世＜東西教会分裂＞

1073〜85	グレゴリウス7世
1080・	
1084〜1100	クレメンス3世◇
1088〜99	ウルバヌス2世
1119〜24	カリクストゥス2世
1198〜1216	インノケンティウス3世
1294〜1303	ボニファティウス8世
1305〜14	クレメンス5世
1316〜34	ヨハネス22世
1370〜78	グレゴリウス11世

教皇のバビロン捕囚

＜教会大分裂＞(1378〜1417)
◎ローマ系4代(1378〜1415)
・ウルバヌス6世・ボニファティウス9世
・インノケンティウス7世・グレゴリウス12世
◎アヴィニョン系2代(1378〜1423)◇
・クレメンス7世・ベネディクトゥス13世
◎ピサ系2代(1409〜1415)◇
・アレクサンデル5世・ヨハネス23世

1417〜31	マルティヌス5世＜統一教皇＞
1492〜1503	アレクサンデル6世
1503〜13	ユリウス2世
1513〜21	レオ10世
1534〜49	パウルス3世
1550〜55	ユリウス3世
1800〜23	ピウス7世
1846〜78	ピウス9世
1878〜1903	レオ13世
1914〜22	ベネディクトゥス15世
1922〜39	ピウス11世
1939〜58	ピウス12世
1958〜63	ヨハネス23世
1978〜2005	ヨハネ=パウロ2世
2005〜13	ベネディクトゥス16世
2013〜	フランシスコ

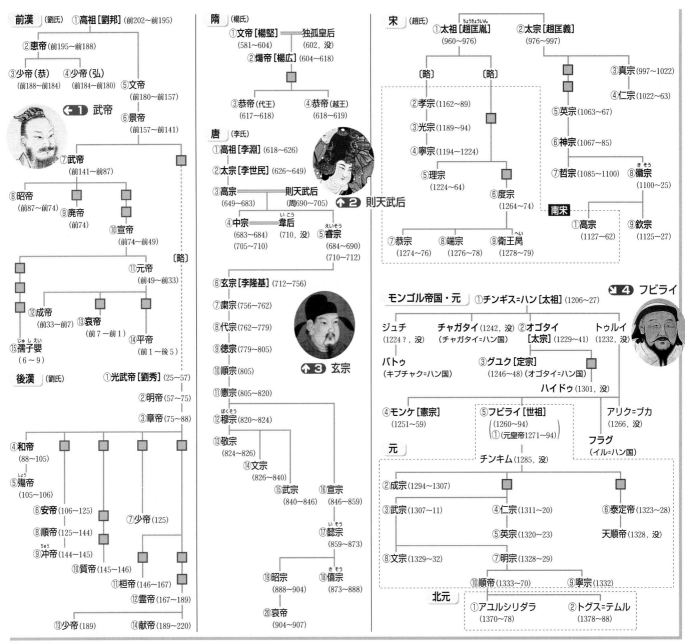

前漢 (劉氏)
①高祖[劉邦] (前202〜前195)
②惠帝 (前195〜前188)
③少帝(恭) (前188〜前184) ④少帝(弘) (前184〜前180) ⑤文帝 (前180〜前157)
◀1 武帝
⑥景帝 (前157〜前141)
⑦武帝 (前141〜前87)
⑧昭帝 (前87〜前74) ⑨廃帝 (前74) ⑩宣帝 (前74〜前49)
⑪元帝 (前49〜前33) 〔略〕
⑫成帝 (前33〜前7) ⑬哀帝 (前7〜前1) ⑭平帝 (前1〜後5)
⑮孺子嬰 (6〜9)

後漢 (劉氏)
①光武帝[劉秀] (25〜57)
②明帝 (57〜75)
③章帝 (75〜88)
④和帝 (88〜105)
⑤殤帝 (105〜106)
⑥安帝 (106〜125) ⑦少帝 (125)
⑧順帝 (125〜144)
⑨沖帝 (144〜145)
⑩質帝 (145〜146)
⑪桓帝 (146〜167)
⑫霊帝 (167〜189)
⑬少帝 (189) ⑭献帝 (189〜220)

隋 (楊氏)
①文帝[楊堅] (581〜604) ━ 独孤皇后 (602, 没)
②煬帝[楊広] (604〜618)
③恭帝(代王) (617〜618) ④恭帝(越王) (618〜619)

唐 (李氏)
①高祖[李淵] (618〜626)
②太宗[李世民] (626〜649)
③高宗 (649〜683) ━ 則天武后 (周690〜705)
▲2 則天武后
④中宗 (683〜684) (705〜710) ━ 韋后 (710, 没) ⑤睿宗 (684〜690) (710〜712)
⑥玄宗[李隆基] (712〜756)
⑦粛宗 (756〜762)
⑧代宗 (762〜779)
⑨徳宗 (779〜805)
⑩順宗 (805)
⑪憲宗 (805〜820)
⑫穆宗 (820〜824)
⑬敬宗 (824〜826)
⑭文宗 (826〜840)
⑮武宗 (840〜846) ⑯宣宗 (846〜859)
⑰懿宗 (859〜873)
⑲昭宗 (888〜904) ⑱僖宗 (873〜888)
⑳哀帝 (904〜907)
▲3 玄宗

宋 (趙氏)
①太祖[趙匡胤] (960〜976) ②太宗[趙匡義] (976〜997)
③真宗 (997〜1022)
④仁宗 (1022〜63)
〔略〕 〔略〕
②孝宗 (1162〜89) ⑤英宗 (1063〜67)
③光宗 (1189〜94) ⑥神宗 (1067〜85)
④寧宗 (1194〜1224) ⑦哲宗 (1085〜1100) ⑧徽宗 (1100〜25)
⑤理宗 (1224〜64) ⑨欽宗 (1125〜27)
⑥度宗 (1264〜74)
南宋
①高宗 (1127〜62)
⑦恭宗 (1274〜76) ⑧端宗 (1276〜78) ⑨衛王昺 (1278〜79)

モンゴル帝国・元
①チンギス=ハン[太祖] (1206〜27)
ジュチ (1224?, 没) チャガタイ (1242, 没) (チャガタイ=ハン国) ②オゴタイ[太宗] (1229〜41) トゥルイ (1232, 没)
バトゥ (キプチャク=ハン国) ③グユク[定宗] (1246〜48) (オゴタイ=ハン国)
ハイドゥ (1301, 没)
④モンケ[憲宗] (1251〜59) ⑤フビライ[世祖] (1260〜94) ① (元皇帝1271〜94) アリク=ブカ (1266, 没) フラグ (イル=ハン国)
▲4 フビライ
元
チンキム (1285, 没)
②成宗 (1294〜1307)
③武宗 (1307〜11) ④仁宗 (1311〜20) ⑥泰定帝 (1323〜28)
⑤英宗 (1320〜23) 天順帝 (1328, 没)
⑧文宗 (1329〜32) ⑦明宗 (1328〜29)
⑩順帝 (1333〜70) ⑨寧宗 (1332)
北元
①アユルシリダラ (1370〜78) ②トグス=テムル (1378〜88)

■アメリカ大統領

	名前	在職期間	政党								
①	ワシントン	1789〜97	フェデラリスト	⑯	リンカン	1861〜65(暗殺)	共和党	㉜	F=ローズヴェルト	1933〜45(病死)	民主党
②	J=アダムズ	1797〜1801	フェデラリスト	⑰	A=ジョンソン	1865〜69	民主党	㉝	トルーマン	1945〜53	民主党
③	ジェファソン	1801〜09	民主共和党	⑱	グラント	1869〜77	共和党	㉞	アイゼンハワー	1953〜61	共和党
④	マディソン	1809〜17	民主共和党	⑲	ヘイズ	1877〜81	共和党	㉟	ケネディ	1961〜63(暗殺)	民主党
⑤	モンロー	1817〜25	民主共和党	⑳	ガーフィールド	1881(暗殺)	共和党	㊱	L=ジョンソン	1963〜69	民主党
⑥	J=Q=アダムズ	1825〜29	民主共和党	㉑	アーサー	1881〜85	共和党	㊲	ニクソン	1969〜74(辞職)	共和党
⑦	ジャクソン	1829〜37	民主党	㉒	クリーヴランド	1885〜89	民主党	㊳	フォード	1974〜77	共和党
⑧	ヴァン=ビューレン	1837〜41	民主党	㉓	B=ハリソン	1889〜93	共和党	㊴	カーター	1977〜81	民主党
⑨	W=ハリソン	1841(病死)	ホイッグ党	㉔	クリーヴランド	1893〜97	民主党(再任)	㊵	レーガン	1981〜89	共和党
⑩	タイラー	1841〜45	ホイッグ党	㉕	マッキンリー	1897〜1901(暗殺)	共和党	㊶	G=H=W=ブッシュ	1989〜93	共和党
⑪	ポーク	1845〜49	民主党	㉖	T=ローズヴェルト	1901〜09	共和党	㊷	クリントン	1993〜2001	民主党
⑫	テーラー	1849〜50(病死)	ホイッグ党	㉗	タフト	1909〜13	共和党	㊸	G=W=ブッシュ	2001〜09	共和党
⑬	フィルモア	1850〜53	ホイッグ党	㉘	ウィルソン	1913〜21	民主党	㊹	オバマ	2009〜17	民主党
⑭	ピアース	1853〜57	民主党	㉙	ハーディング	1921〜23(病死)	共和党	㊺	トランプ	2017〜21	共和党
⑮	ブキャナン	1857〜61	民主党	㉚	クーリッジ	1923〜29	共和党	㊻	バイデン	2021〜	民主党
				㉛	フーヴァー	1929〜33	共和党				

■中国②

明 [朱氏]

①太祖[朱元璋][洪武帝] (1368〜98)
③成祖[永楽帝] (1402〜24)
②恵帝[建文帝] (1398〜1402)
④仁宗[洪熙帝] (1424〜25)
⑤宣宗[宣徳帝] (1425〜35)

英宗
⑥[正統帝] (1435〜49)
⑧[天順帝] (1457〜64,重祚)
⑦代宗[景泰帝] (1449〜57)

⑨憲宗[成化帝] (1464〜87)
⑩孝宗[弘治帝] (1487〜1505)
⑫世宗[嘉靖帝] (1521〜66)
⑪武宗[正徳帝] (1505〜21)
⑬穆宗[隆慶帝] (1566〜72)
⑭神宗[万暦帝] (1572〜1620)
⑮光宗[泰昌帝] (1620)
⑯熹宗[天啓帝] (1620〜27)
⑰毅宗[崇禎帝] (1627〜44)

清 (愛新覚羅氏)

①太祖[ヌルハチ] (1616〜26)
②太宗[ホンタイジ] (1626〜43)
睿親王[ドルゴン]
③世祖[順治帝] (1643〜61)
④聖祖[康熙帝] (1661〜1722)

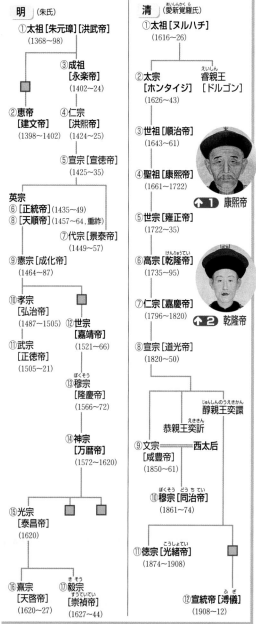
↑1 康熙帝

⑤世宗[雍正帝] (1722〜35)
⑥高宗[乾隆帝] (1735〜95)
⑦仁宗[嘉慶帝] (1796〜1820)

↑2 乾隆帝

⑧宣宗[道光帝] (1820〜50)

醇親王奕譞
恭親王奕訢
⑨文宗[咸豊帝] (1850〜61)　西太后
⑩穆宗[同治帝] (1861〜74)
⑪徳宗[光緒帝] (1874〜1908)
⑫宣統帝[溥儀] (1908〜12)

■イスラーム帝国

預言者ムハンマド[マホメット] (622〜632)

正統カリフ時代 (632〜661)
①アブー=バクル (632〜634)
②ウマル (634〜644)
③ウスマーン (644〜656)
④アリー (656〜661)

ウマイヤ　　アッバース
ウマイヤ朝　　**アッバース朝**
①ムアーウィヤ1世 (661〜680)　①アブル=アッバース (750〜754)　②マンスール (754〜775)
②ヤズィード1世 (680〜683)　③マルワーン1世 (683〜685)　③マフディー (775〜785)
③ムアーウィヤ2世 (683)　④ハーディー (785〜786)　⑤ハールーン=アッラシード (786〜809)
⑤アブド=アルマリク (685〜705)　〔略〕

⑦スライマーン (715〜717)　㊱ムスタンスィル (1226〜42)
⑨ヤズィード2世 (720〜724)　㊲ムスタスィム (1242〜58)
⑩ヒシャーム (724〜743)
⑫ヤズィード3世 (744)　〔略〕

後ウマイヤ朝
①アブド=アッラフマーン1世 (756〜788)
②ヒシャーム1世 (788〜796)
〔略〕
⑥ムンジル (886〜888)　⑦アブドゥッラ (888〜912)
⑧アブド=アッラフマーン3世 (912〜961, 926年カリフを称す)
〔略〕
㉔ヒシャーム3世 (1027〜31)

■オスマン帝国

①オスマン1世 (1299〜1326)
②オルハン (1326〜59)
③ムラト1世 (1359〜89)
④バヤジット1世 (1389〜1402) (1402〜1413…空位)
⑤メフメト1世 (1413〜21)
⑥ムラト2世 (1421〜51)
⑦メフメト2世 (1451〜81)

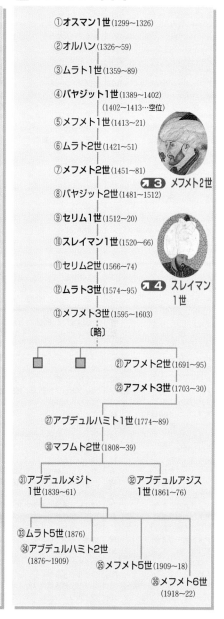
オ3 メフメト2世

⑧バヤジット2世 (1481〜1512)
⑨セリム1世 (1512〜20)
⑩スレイマン1世 (1520〜66)
⑪セリム2世 (1566〜74)
⑫ムラト3世 (1574〜95)

オ4 スレイマン1世

⑬メフメト3世 (1595〜1603)
〔略〕
㉑アフメト2世 (1691〜95)
㉓アフメト3世 (1703〜30)
㉗アブデュルハミト1世 (1774〜89)
㉚マフムト2世 (1808〜39)
㉛アブデュルメジト1世 (1839〜61)　㉜アブデュルアジス1世 (1861〜76)
㉝ムラト5世 (1876)
㉞アブデュルハミト2世 (1876〜1909)
㉟メフメト5世 (1909〜18)
㊱メフメト6世 (1918〜22)

■第二次世界大戦後の各国指導者 (2022年9月現在)

イギリス首相		フランス大統領		ドイツ首相		ソ連書記長(第一書記)		中国国家主席	
1940〜45	チャーチル①(保・労・自連立)	1959〜69	ド=ゴール	1949〜63	アデナウアー	1922〜53	スターリン	1949〜59	毛沢東
1945〜51	アトリー (労働)	1969〜74	ポンピドゥー	1963〜66	エアハルト	1953〜64	フルシチョフ	1959〜68	劉少奇
1951〜55	チャーチル② (保守)	1974〜81	ジスカール=デスタン	1966〜69	キージンガー	1964〜82	ブレジネフ	(1975〜82)	廃止期
1955〜57	イーデン (保守)	1981〜95	ミッテラン	1969〜74	ブラント	1982〜84	アンドロポフ	(1977〜97)	鄧小平が最高指導者)
1957〜63	マクミラン (保守)	1995〜2007	シラク	1974〜82	シュミット	1984〜85	チェルネンコ	1983〜88	李先念
1963〜64	ヒューム (保守)	2007〜12	サルコジ	1982〜98	コール	1985〜91	ゴルバチョフ	1988〜93	楊尚昆
1964〜70	ウィルソン① (労働)	2012〜17	オランド	1998〜2005	シュレーダー		**ソ連大統領**	1993〜2003	江沢民
1970〜74	ヒース (保守)	2017〜ー	マクロン	2005〜21	メルケル	1990〜91	ゴルバチョフ	2003〜13	胡錦濤
1974〜76	ウィルソン② (労働)			2021〜ー	ショルツ		**ロシア大統領**	2013〜ー	習近平
1976〜79	キャラハン (労働)					1991〜99	エリツィン		
1979〜90	サッチャー (保守)					2000〜08	プーチン		
1990〜97	メージャー (保守)					2008〜12	メドヴェージェフ		
1997〜2007	ブレア (労働)					2012〜ー	プーチン		
2007〜10	ブラウン (労働)								
2010〜16	キャメロン(保・自連立)								
2016〜19	メイ (保守)								
2019〜22	ジョンソン (保守)								
2022〜ー	トラス (保守)								

赤字は人名，**太字**は写真

ア

アイグン[愛琿]条約 170
アイゼンハワー 210
アイユーブ朝 68・87・88・89
アイルランド王国 130
アインシュタイン 213
アヴィニョン 110
アヴィニョン教皇庁 109
アウグスティヌス 112
アウクスブルクの和議 126・127
アウストラロピテクス 8
アウラングゼーブ 94
アクティウムの海戦 27・28
アクバル 94
アークライト 140
アグラ城 95
アクロポリス 表表紙裏・19・22
アケメネス朝ペルシア 16
アゴラ 22
アーサー王物語 112
アジア=アフリカ会議[バンドン会議] 196・202
アジャンター石窟 38
アショーカ王 36
アステカ文明 118
アダム=スミス 135
アッカド 13
アッシリア王国 16
アッティラ 99
アッバース1世 92
アッバース朝 56・63・87・88・89
アッピア街道 26・31
アッラー 11・54・86・87
アデナウアー 206
アテネ 20・22
アパルトヘイト 199
アブ=シンベル神殿 14
阿倍仲麻呂 59
アヘン戦争 142・169
アポロン神殿 19
アムステルダム 138
アメリカ合衆国憲法 145
アメリカ=スペイン戦争 167・173
アメリカ独立革命 83・144
アメリカ独立宣言 145
アメリカ独立戦争 139・145
アメンホテプ4世 14
アユタヤ朝 96
アラゴン 111
アラベスク 90
アラム人 15
アーリヤ人 36
アルキメデス 25
アルザス 155
アルハンブラ宮殿 90・91
アレクサンドリア 23
アレクサンドル1世 162
アレクサンドル2世 162
アレクサンドロス大王 17・23
アロー戦争 169・170
アンカラの戦い 76・93
アンコール=ワット 1・34・35・37・68・69
安史の乱 52・57
アンシャン=レジーム 146
アンリ4世 131

イ

イヴァン3世 134
イヴァン4世[雷帝] 106・134
イエス 11・32・33
イエズス会 127
イェルサレム 33
イギリス(ピューリタン)革命 130
イギリス国教会 126・129

イグナティウス=ロヨラ 127
イスタンブル 93・105
イスマーイール1世 92
イスラエル王国 15
イスラーム教 7・11・33・86・96
イスラーム世界 87・88
李承晩 205
一条鞭法 84
イッソスの戦い 23
イブン=シーナー 90
イブン=バットゥータ 90
イブン=ハルドゥーン 90
イブン=ルシュド 90
イラク戦争 201
イラン=イラク戦争 196・200・201・212
イラン革命 196・201
イル=ハン国 73
殷 39・40
インカ文明 118
殷墟 39
印刷術 65
印紙法 144
インダス文明 9・36
インダス文字 36
インドシナ戦争 196・197・203
インド帝国 168・172
インノケンティウス3世 103・107・110

ウ

ヴァイキング 62・101
ヴァイマル憲法 184
ヴァスコ=ダ=ガマ 76・116
ヴァチカン 122
ヴァルダナ朝 36・37・55
ヴィクトリア女王 152・153・172
ウイグル[回紇] 57
ヴィシー政府 154・192
ヴィシュヌ 11・38
ヴィットーリオ=エマヌエーレ2世 157
ウィリアム3世 129
ウィルソン 137・178・182・185
ヴィルヘルム1世 158・159・171
ヴィルヘルム2世 171
ウィーン会議 148・150・158・162
ウィーン体制 150
ウィーン包囲 80・93・99
ウェストファリア条約 128・132
ヴェネツィア 108
ウェルギリウス 31
ヴェルサイユ宮殿 表表紙裏・136・137・159
ヴェルサイユ条約 137・182・184
ヴェルダン 179
ヴェルダン条約 100
ヴォルテール 135
ウォルムス協約 103
ウマイヤ朝 54・87・88
海の道 61・115
ウラディミル1世 106
ヴラド公 106
ウラービー運動 168・176
ウラービー=パシャ 168
ウルバヌス2世 103・107
雲崗 50

エ

英仏協商 171・172
永楽帝[成祖，朱棣] 75・76・96
英露協商 166・172
エウクレイデス 25
エカチェリーナ2世 82・134・144
エーゲ文明 18
エジプト 14
エジプト遠征 146
エジプト文明 9

エチオピア侵略 191
越南国(阮朝) 96
エディソン 165
エピダウロスの劇場 24
エフェソス公会議 32
エフタル 37・51
エラスムス 124
エラトステネス 25
エリザベス1世 126・129
エリツィン 208
燕雲十六州 63
猿人 8・9
袁世凱 175
円明園 78・85・190
エンリケ航海王子 116

オ

オアシスの道 61
王安石 64
王羲之 49
王守仁[王陽明] 85
王政復古(英) 130
欧陽脩 65
オクタウィアヌス 28
オゴタイ=ハーン 70
オーストリア継承戦争 83・132・133・139
オーストリア=ハンガリー帝国 158・171
オスマン帝国 33・80・83・93・168・178
オットー1世 100・111
オラニエ公ウィレム 128
オリンピア 19
オリンポス12神 24

カ

会館 84
凱旋門(ローマ) 30
灰陶 39
カイバル峠 36
カイロ会談 193・194
カイロネイアの戦い 23
ガウタマ=シッダールタ 11・37
カヴール 157
カエサル 27・31
価格革命 80
科挙 51・52・64・175
岳飛 68
革命暦 146・147
囲い込み 129・140
カージャール朝 168
カスティリオーネ 85
カスティリャ 111
カースト制度 38
カストロ 211
ガズナ朝 67
カタコンベ 32
活版印刷術 125
カデシュの戦い 12
カートライト 140・143
カニシカ王 36・47
カノッサの屈辱 103・111
カーバ聖殿(神殿) 86・87
カペー朝 100
火薬 65・125
カラカラ浴場 31
ガリア戦記 27
ガリバルディ 157
ガリレイ 125
カルヴァン 126
カルカッタ 138・139
カール5世 126・128・132
ガール水道橋 31
カール大帝 100
カルボナリ 150・157
カルロス1世 128
カロリング朝 100
漢 43
宦官 46・76
勘合貿易 74

韓国併合 175
漢書 44・47
顔真卿 59
ガンダーラ美術 25・36・38・46
ガンディー 143・187・202
カンネーの戦い 27
韓非 40
韓愈 59

キ

魏(三国) 48
キエフ公国 101
キケロ 31
騎士 102
義浄 55・59
徽宗 64・65・68
北大西洋条約機構[NATO] 196・197
北ドイツ連邦 158
契丹文字 69
紀伝体 44・47
喜望峰 116・117
キプチャク=ハン国 73
キャフタ条約 83
九カ国条約 182・185
球戯場の誓い 146
九十五カ条の論題 126・127
旧人 8・9
旧石器時代 8・9
旧約聖書 11
九品中正 48・51
キューバ危機 196・197・208・210・211
キュリー夫妻 165
教会大分裂 111
教皇のバビロン捕囚 109・110・111
仰韶文化 39・40
匈奴 45・61
共和政ローマ 26・44
魚鱗図冊 75
ギョルギス聖堂 97
ギリシア人 18・19
ギリシア正教 106
ギリシア独立戦争 150・151・162
ギリシア火 104
ギリシア文化 24
キリスト教 11・32・33・96
キール軍港 178
ギルド[同業組合] 108
義和団事件 167・169・174・175
金 69
金印勅書 111
均田制 48・51・52・53・56

ク

クシャーナ朝 36・47
クシュ王国 97
グスタフ=アドルフ 132
グーテンベルク 125
クノッソス 18
グプタ朝 36・37・51
鳩摩羅什 49・51
孔穎達 59
グラッドストン 152・172
グラナダ 76・111
クリミア戦争 162
クリュニー修道院 103
クールベ 163
クレイステネス 20
クレオパトラ 27
グレゴリウス7世 103・111
クレタ文明 18
クレルモン宗教会議 103・107
クローヴィス 100
グロティウス 135
クロマニョン人 8・9
クロムウェル 129・130・152
クロンプトン 140
訓詁学 47
軍人皇帝時代 28

訓民正音[ハングル] 74

ケ

経済相互援助会議[コメコン] 196・208
景徳鎮 84・85
啓蒙思想 135
ゲーテ 163
ゲティスバーグの戦い 160・161
ケネー 135
ケネディ 210
ケープ植民地 138・176
ケルト人 98
ゲルマニア 99
ゲルマン人 50・98・99
ケルン大聖堂 113
ケレンスキー 180
元 70・71・73
元曲 71
原子爆弾 177・194・195
玄奘 54・55・59
原人 8・9
遣隋使 52・60
玄宗 52・56・57
阮朝 166
遣唐使 52・54・57
阮福暎 96
権利の章典 129
乾隆帝[高宗] 79・82・83・169

コ

呉(三国) 48
項羽 43
後ウマイヤ朝 56・62・87・88・89・91
黄河文明 39・40
康熙帝[聖祖] 79
黄巾の乱 46・47・48
高句麗 52・53・60
鎬京 39・40
寇謙之 49
甲骨文字 39・40
甲午農民戦争 167
孔子 40
広州 83・84・170
洪秀全 170
広州湾 172
公所 84
交鈔 73
光緒帝 169・174
香辛料 117
高祖[李淵] 52
高祖[劉邦] 43
黄巣 57
高宗 64・68
黄巣の乱 52
光武帝[劉秀] 43・47
洪武帝[太祖，朱元璋] 75
孝文帝 48・49
康有為 85・174
顧愷之 49
後漢 43・47
国際連合 196
国際連盟 182・183
黒死病[ペスト] 72・109
黒陶 39
五賢帝時代 28・46
護国卿 129
五国同盟 150
五胡十六国 48・49・50
五・四運動 188
ゴシック様式 113・114
コジモ=デ=メディチ 120
コシューシコ 134
五代 64
古代オリエント 12
国共合作 188・189・194
ゴッホ 163
コーヒーハウス 135・142
コペルニクス 125
コミンテルン 180
コミンフォルム 208

コモン=センス[常識] 83・144
ゴヤ 149
コーラン 11・86
コルテス 118
ゴルバチョフ 198・208
コルベール 131
コロッセウム[円形闘技場] 29・31
コロンブス 76・116
コンスタンティヌス帝 28・29・30・33
コンスタンティノープル 93・105
コント 164
坤輿万国全図 85

サ

西域 44・45
サイクス・ピコ協定 187
最後の晩餐 32
彩陶(彩文土器) 39
西遊記 85
蔡倫 46・47
ササン朝ペルシア 17・51
サータヴァーハナ朝 36
ザビエル 74・127
サファヴィー朝 81・92・93
ザマの戦い 27
サモトラケのニケ 25
サライェヴォ事件 178・179
サラディン 87・89・107
サルデーニャ王国 157
三・一独立運動 188
三月革命(ウィーン) 158
三月革命(ベルリン) 158
三カリフ国 89
産業革命 83・140・141・143
三権分立 135
三国協商 178
三国志 48
三国志演義 48
三国時代 48・49
三国同盟 171・178
3C政策 166・171
三十年戦争 80・132
サンスーシ宮殿 133・136
サン=ステファノ講和条約 162
三段櫂船 21
三頭政治 26
サン=バルテルミの虐殺 131
三藩の乱 79・80・81
サン=ピエトロ大聖堂 表表紙裏・120・122
3B政策 166・171
三部会 110・146
三圃制 102・109
サン=マルコ聖堂 113
サン=マルティン 151
三民主義 175

シ

シーア派 87
シヴァ 11・38
シェークスピア 111・124
ジェファソン 144・145・160
ジェームズ1世 129
ジェームズ2世 129
ジェントリ 130
ジェンナー 135
四カ国条約 182・185
史記 44・47
紫禁城 78
シク教 94
始皇帝 40・43
始皇帝陵 42
四国同盟 150・158
システィナ礼拝堂 122
七月革命 154・158
七年戦争 83・132・133・139
ジッグラト 13
シク 15
シナイ半島 200
司馬光 64・65
司馬遷 44・47

シパーヒーの大反乱 168
シベリア鉄道 167
シモン＝ボリバル 151
ジャイナ教 36・37
ジャイナ教徒 37
シャイレンドラ朝 34・35・57
社会契約説 135
ジャクソン 160
ジャコバン派 146
シャー＝ジャハーン 95
ジャックリーの乱 110
シャープール1世 17
シャルトル大聖堂 114
シャルル10世 154
ジャワ原人 8・9
ジャンク船 115
シャンデルナゴル 138
ジャンヌ＝ダルク 110
上海クーデタ 188・189
周 39・40
周恩来 197・204
宗教改革 126
13植民地 144
十字軍 66・87・107・108・109・110
重商主義 138
重装歩兵 19・21
十四カ条 178・182・185
儒家 40
朱熹[朱子] 65
儒教 96
主権国家 128
朱子学 74
授時暦 71
出エジプト 15
シュトレーゼマン 183・184
ジュネーヴ休戦協定 196・203
シューベルト 163
シュメール 13
シュメール人 12
シュリーヴィジャヤ王国 34・55
シュリーマン 18
荀子 40
順治帝[世祖] 79
商鞅 40
蔣介石 188・189
蒸気機関 140
商業ルネサンス 108
上座部仏教 37・96
常勝軍 169
昭明太子 49
諸葛亮[孔明] 48
蜀(三国) 48
贖宥状(免罪符) 126
諸侯 102
徐光啓 85
諸子百家 40
女真文字 69
叙任権闘争 103
ショパン 151・163
ジョン 110
ジョン＝ケイ 140
ジョンソン 210
シルク＝ロード 44・50
ジロンド派 146
晋[西晋] 48
秦 40・41・42
清 79・81・83・84
新王国(エジプト) 14
秦檜 68
辛亥革命 175
神学大全 112
ジンガリベリ＝モスク 97
進化論 165
新経済政策[ネップ] 180・181
人権宣言 146
審査法 129
新人 8・9
人身保護法 129
神聖同盟 150・162
神聖ローマ帝国 62・100・127
新石器時代 8

神宗 64
人頭税[ジズヤ] 94
清仏戦争 172
新約聖書 11
新羅 52・60
真臘 55・166

ス
瑞金 188
水滸伝 85
水力紡績機 140
スエズ運河 168・172
スエズ戦争 207
スカルノ 187・197・203
スコータイ朝 96
スコラ学 112
スターリン 180・181・193・195・208
スターリングラードの戦い 192・193
スターリン批判 196・208
スタンダール 163
スティーヴンソン 140
ズデーテン地方 192
スチュアート朝 129・130
ステンドグラス 113・114
ストア派 25
スパルタ 20
スパルタクスの反乱 27
スハルト 203
スーフィズム 91
スペイン継承戦争 131・139
スペイン内戦 191
スルタン 87
スレイマン1世 33・93
スワデーシ 143
スンナ派 87

セ
西安 58
西安事件 188・189
西夏 69
西夏文字 69
西太后 174
正統カリフ 88
青年イタリア 157
青年トルコ革命 178・187
ゼウス神殿 24
セオドア＝ローズヴェルト 173
世界革命論 180・181
世界恐慌 190
世界の工場 140・141・143
赤壁の戦い 48
セザンヌ 163
セシル＝ローズ 176
節度使 56
セネカ 31
セルジューク朝 67・87・88・89
セルバンテス 124
セレウコス朝シリア 23
前漢 43・45
選挙法改正(英) 152・172
全国産業復興法 190
戦国の七雄 40
戦時共産主義 180・181
全真教 65
宣統帝溥儀 175・189
セントヘレナ島 148・149
鮮卑 47・61
千夜一夜物語(アラビアン＝ナイト) 90・115
善隣外交 190

ソ
宋 64
宋(南朝) 48・51
ソヴィエト社会主義共和国連邦 180・181
草原の道 61

曾国藩 170
総裁政府 146
荘子 40
曹操 48
総力戦 179
則天武后 50・52・54
ソクラテス 24
蘇軾 65
租調庸制 52・53・56
染付[青花] 72
ゾラ 163・172
ゾロアスター教 17・59
ソロン 20
孫権 48
孫文 175・188

タ
第1インターナショナル 164
第一共和政 154・156
第一次世界大戦 171・172・177・178
第一帝政 154・156
太陰暦 裏表紙裏
大越国(陳朝) 34
大越国(李朝) 34
大韓民国 205
大空位時代 111
大月氏 44・45・61
大憲章[マグナ＝カルタ] 110・130
大航海時代 116・117・119
第三共和政 154・155・156・172
第三世界 196・197
大乗仏教 35・37・96
大ジンバブエ遺跡 表表紙裏・97
大西洋憲章 194
大西洋三角貿易 142
太祖[趙匡胤] 64
太宗[北宋] 64
太宗[李世民] 52
第二共和政 154・156
第二次世界大戦 177・192・193
第二帝政 154・156
代表なくして課税なし 144
対仏大同盟 146
太平天国 169・170
太平洋戦争 195
大躍進政策 204
太陽暦 裏表紙裏
大理 69
大陸横断鉄道 160・161
大陸会議 144・145
大陸封鎖令 148・149
ダーウィン 165
ダウ船 115
タキトゥス 31・99
タージ＝マハル 1・95
タタール 77
ダマスクス 87
タラス河畔の戦い 52・56・57・87
ダランベール 135
ダレイオス1世 16・17
タンジマート 168
ダンテ 120

チ
チェコ事件 197・208・209
チェルノブイリ原発事故 208
地中海商業圏 79・84
地下銀制 79・84
血の日曜日事件 173
チャガタイ＝ハン国 73
チャーチル 193・197
チャールズ1世 129・130
チャールズ2世 129
チャンドラグプタ2世 36
チャンバー 34・47
中華人民共和国 204
中華ソヴィエト共和国臨時政府 188・189
中国共産党 188
中国国民党 188
中国同盟会 175

中ソ友好同盟相互援助条約 197・204・208
中ソ論争 204・208
中東戦争 196・197・200
長安 58
張騫 44
張江文明 39・40
張作霖 188・189
長征 188・189
朝鮮戦争 196・197・205・210
朝鮮通信使 74
朝鮮民主主義人民共和国 205
チンギス＝ハン 7・69・70
陳独秀 188

ツ
ツヴィングリ 126
ツタンカーメン 14

テ
ディオクレティアヌス帝 28・29
帝国主義 171・172・173・178
ディズレーリ 152・172
ディドロ 135
ティトー 197・209
ティムール 92
ティムール朝 77・92
ティルス 15
鄭和 76・77
テオドシウス帝 28
テオドラ 104
デカブリストの乱 150・162
デカルト 135
鉄のカーテン 197
テヘラン会談 193
テューダー朝 110・129
デューラー 124
テルミドール9日のクーデタ 146
天安門事件 196・204
佃戸 67
天津条約 170
天朝田畝制度 169

ト
ドイツ革命 178・179
ドイツ関税同盟 158
ドイツ帝国 158・159
ドイツ農民戦争 126
ドイツ民主共和国 196・197
ドイツ連邦共和国 196・197
唐 52・55・57
道家 40
道教 49・96
東西教会分裂 103
トゥサン＝ルーヴェルチュール 151
鄧小平 204
東晋 48・49
陶淵明[陶潜] 49
刀銭 41
統治二論[市民政府二論] 135
董仲舒 47
東南アジア諸国連合[ASEAN] 196・203
東方問題 162
トゥール・ポワティエ間の戦い 56・87・100・101
独ソ戦 192・193・194
独ソ不可侵条約 192・193
独立国家共同体[CIS] 196・208
都護府 52・56
ド＝ゴール 206・207
ドーズ案 183・184・185
ドストエフスキー 163
突厥 51
吐蕃 55・57
飛び杼 140
杜甫 59
トマス＝アクィナス 112

トマス＝ペイン 83・144
トマス＝モア 124
ドラクロワ 151・154・163
トラファルガーの海戦 148・149
トラヤヌス帝 28・46
トランスヴァール共和国 176
トリエント公会議 126・127
トーリ党 129・130
トルストイ 163
トルーマン 195・197・210
奴隷解放 161
奴隷解放宣言 160
奴隷制 143
トレヴィの泉 30
ドレフュス事件 172
トロイア[トロヤ] 18
トロイア文明 18
トロツキー 180・181
敦煌 50

ナ
ナイティンゲール 162
ナイル川 12
ナイルのたまもの 14
ナスル朝 91
ナセル 197・200
ナチ党 184・191
ナポレオン 146・148
ナポレオン3世 155・159
ナポレオン法典 148
ナロードニキ 162
南京国民政府 188・189
南京条約 169・170
南宋 64・68・69・73
ナントの王令(勅令) 127・131
南北戦争 161

ニ
二月革命 158
ニクソン 204・210
ニケーア公会議 32
ニケ神殿 24
ニコライ1世 162
ニコライ2世 162・173・180・181
ニザーム＝アル＝ムルク 89
西ゴート王国 99
二十一カ条の要求 178・188
ニスタット条約 133
日英同盟 171
日独伊三国同盟 194
日独伊三国防共協定 191・194
日米安全保障条約 197
日露戦争 166・171・174・175
日清戦争 167・169・175
日ソ中立条約 194
日中戦争 188・194
日朝修好条規 167
ニーベルンゲンの歌 112
ニューディール 190
ニュートン 135
ニューヨーク 186

ヌ
ヌルハチ[太祖] 79

ネ
ネアンデルタール人 8・9
ネルー 187・197・202
ネルチンスク条約 80・81・83
ネルトリンゲン 108

ノ
農業調整法 190
農奴解放令(露) 162
盧泰愚 205
ノルマン朝 101
ノルマンディー公国 101
ノルマンディー上陸作戦 193

ハ

牌符 72
バイロン 151・163
ハインリヒ4世 103・111
パウロ 32
ハギア＝ソフィア聖堂 93・105
バグダード 87
朴正煕 205
バクトリア 23
ハーグリーヴズ 140
バスティーユ牢獄の襲撃 146・147・156
パストゥール 165
パスパ文字 71
バタヴィア 81・96・138
ハ・一宣言 188
8カ国連合軍 174
八旗兵 79
バッハ 136
馬蹄銀 72
ハドリアヌス帝の長城 28
パナマ運河 176
バビロン 16
バビロン第1王朝 12・13
バーブル 94
パフレヴィー朝 187・200・201
バラ戦争 110
バラモン教 36
パリ 156
パリ講和会議 182・183・185
パリ＝コミューン 155
パリ条約(1763) 139
パリ条約(1783) 139・144
バルカン戦争 178
バルカン同盟 178
バルザック 163
バルティア王国 17・23・45・47
ヴァルテノン神殿 22・24
パールハーバー(真珠湾)奇襲 195
バルフォア宣言 187
ハールーン＝アッラシード 87・88
パレスチナ 12・15
パレスチナ戦争 200
バロック美術 136
ハワイ 167・173・195
ハンガリー反ソ暴動 196・208
パン＝ゲルマン主義 178
班勇 47
ハンザ同盟 108・111
パンジャーブ 36
パン＝スラヴ主義 178
班超 47
ハンニバル 27・46
ハンムラビ王 13
ハンムラビ法典 13
万里の長城(秦代) 42
万里の長城(明代) 1・75
万暦帝[神宗] 75

ヒ
PLO[パレスチナ解放機構] 200
東インド会社(英) 129・138
ピカソ 191
ピサ大聖堂 113
ピサロ 118
ビザンツ帝国 104
ビザンティオン 105
ヒジュラ[聖遷] 54・87
ビスマルク 158・159・162・171
ヒッタイト王国 17・23・45・47
非同盟諸国首脳会議 197・202
ヒトラー 191・192
百済 52・60
百年戦争 109・110・111
百科全書 135
ピューリタン革命 80・129・130
肥沃な三日月地帯 9
ピョートル1世 134

ピラミッド 1·14
ピレウス港 22
ヒンドゥー教 7·11·35·38·96

フ

ファシスト党 184·191
ファシズム 191
ファショダ事件 166·172·176
ファーティマ朝 62·87·88·89
ファラデー 165
ファン＝アイク(兄弟) 124
フィリップ4世 110
フィレンツェ 120
フーヴァー 190
フェニキア人 15
フェリペ2世 128
フォロ＝ロマーノ 30
プガチョフの乱 134
扶清滅洋 169·174·175
フス 109·111
フセイン・マクマホン協定 187
布銭 41
不戦条約 184
武装中立同盟 144
プーチン 209
仏教 11·35·36·37
ブッシュ(父) 198
仏陀 35
武帝 43·44
プトレマイオス朝エジプト 23
扶南 47
フビライ＝ハーン 70·71
部分的核実験禁止条約 196·208
府兵制 52·56
プラッシーの戦い 83·94·139·143
プラハの春 208·209
ブラマンテ 122
フランク王国 100
フランクフルト国民議会 150·158
フランクリン 145
フランクリン＝ローズヴェルト 190·193
フランコ 191
フランシス＝ベーコン 135
フランス革命 4·83·139·146·147·150·156
フランス領インドシナ 172
フランチェスコ修道会 103
プランテーション 138·143·144
ブリアン 184
フリードリヒ2世 132·133
ブリューゲル 124·125
ブリュメール18日のクーデタ 146·148
ブルシェンシャフト 150·158
フルシチョフ 208
ブール人 176
ブルタルコス 31
フルトン 140
ブルボン朝 131·154
ブレジネフ 208
ブレスト＝リトフスク条約 178·179·180·181
プロイセン＝オーストリア戦争 157·158·171
プロイセン＝フランス戦争 155·157·158·159·171
プロテスタント 126
プロレタリア文化大革命 204
フロンティア 160
フロンドの乱 132
ブワイフ朝 87·88·89
フン人 99

ヘ

ペイシストラトス 20
米中国交正常化 204

兵馬俑 42
平和五原則 197·202
北京 78
北京議定書 175
北京原人 8·9
北京条約 169·170
ヘーゲル 164
ペスト 4·72·73
ペテルブルク 82·134
ベートーヴェン 163
ベトナム戦争 196·197·203·210
ベトナム民主共和国 203
ペトラルカ 120
ペトログラード 180·181
ヘブライ人 15
ベラスケス 136
ペリクレス 20·21
ベル 165
ベルギーの独立 154
ペルシア戦争 20·21
ペルセポリス 表表紙裏·16·17
ヘルムホルツ 165
ベルリン 198
ベルリン会議 162·171·176
ベルリンの壁 198·208·209
ベルリン封鎖 196·197·198
ペレストロイカ[改革] 196·208·209
ヘレニズム 23
ペロポネソス戦争 20
ベンガル分割 168
ベンサム 164
辮髪 79
変法運動 174
ヘンリ8世 126·129

ホ

ホイッグ党 129·152
法家 40
封建制 102
法の精神 135
ポエニ戦争 26·27
北魏 48·51
墨子 40
北宋 66·67·68
北爆 203
北伐 188·189
戊戌の政変 169·174
ボストン茶会事件 144·145
ホスロー1世 17
ポタラ宮殿 81
ホー＝チ＝ミン 187·203
墨家 40
渤海 60
北海・バルト海商業圏 108
ボッカチオ 120
法顕 49·51
ポツダム会談 194·195
ボッティチェリ 120·121·123
ホッブズ 135
ポトシ銀山 119
ボニファティウス8世 103·110
募兵制 52
ホメイニ 201
ポーランド侵攻 192·193
ポーランド反乱 150
ポーランド分割 83
ボリシェヴィキ 173·180
ポリス 21
ポリス(アテネ) 19
ポル＝ポト 203
ボロブドゥール 34·35·37·57
ホンタイジ[太宗] 79
ポンディシェリ 138
ポンペイ 138
ポンペイ遺跡 31
ポンペイウス 27

マ

マイヤー 165
マウリヤ朝 36

マキァヴェリ 120
マクドナルド 182·184
マケドニア 23·104
マザラン 131
マジャパヒト王国 96
マジャール人 101
マーシャル＝プラン 196·210
磨製石器 8
マゼラン 96·116
マチュ＝ピチュ 表表紙裏·118
マッツィーニ 157
マテオ＝リッチ 85
マドラサ 138
マニ教 59
マヌ法典 36
マネ 163
マハーバーラタ 36
マムルーク 89
マムルーク朝 72·87·93
マヤ文明 118
マリア＝テレジア 132·133
マリ＝アントワネット 137·147·156
マルクス 164
マルクス＝アウレリウス＝アントニヌス 28·46
マルコ＝ポーロ 7·71
マルティン＝ルター 126
マンサ＝ムーサ王 97
満州国 188·189
満州事変 189
マンチェスター 141

ミ

ミケーネ文明 18
ミケランジェロ 120·121·122
ミッドウェー海戦 194·195
ミドハト憲法 168
南アフリカ戦争 166·172·176
南ベトナム解放民族戦線 203
ミュンヘン会談 192
ミラノ勅令 32
ミラボー 147
ミレー 163
ミロのヴィーナス 25
明 75·77·84
民主政(ギリシア) 20·21

ム

ムアーウィヤ 87
ムガル帝国 81·83·93·94
ムスタファ＝ケマル 187
無制限潜水艦作戦 178
ムッソリーニ 184·191·192
無敵艦隊(アルマダ) 129
ムハンマド 87
ムハンマド＝アリー 95
ムムターズ＝マハル 95
ムラービト朝 66

メ

メアリ2世 129
名誉革命 80·130
メソポタミア 12
メソポタミア文明 9
メッカ 86·87
メッテルニヒ 150
メディア 16
メディチ家 123
メディナ 87
メテオラ修道院 106
メルセン条約 100
メロヴィング朝 50·100
メンシェヴィキ 173·180

モ

孟子 40
毛沢東 188·189·204
モエンジョ＝ダーロ 36
モスク 86·90
モスクワ大公国 76

モース[モールス] 165
モーセ 11·15
モナ＝リザ 121
モネ 163
モンケ＝ハーン 70
門戸開放宣言 173·176
モンゴル帝国 70·72
モンテスキュー 135
モンテーニュ 124
モンロー 160

ヤ

ヤゲウォ朝 111
ヤハウェ 11·15
ヤルタ会談 193·194
両班 74

ユ

邑 39·41
ユグノー戦争 131
ユスティニアヌス大帝 104·105
ユダ王国 15
ユダヤ教 11·15·32·33
ユダヤ人 109
ユトレヒト条約 133
ユトレヒト同盟 128
ユーラシア 72
ユンカー 159

ヨ

楊貴妃 56
雍正帝[世宗] 79
煬帝 52·53
洋務運動 169·170
ヨークタウンの戦い 144·145
預言者 86
ヨーゼフ2世 132
ヨーロッパ共同体[EC] 196·206
ヨーロッパ経済共同体[EEC] 196·206
ヨーロッパ連合[EU] 196·206

ラ

ライト兄弟 165
ライプツィヒの戦い 148·149
ラインラント進駐 191
ラオコーン 25
洛邑 39·40
洛陽 48
楽浪郡 60
羅針盤 65·125
ラス＝カサス 119
ラスコー 8·9
ラ＝ファイエット 146·147·154
ラファエロ 120·121·122
ラーマーヤナ 36
ランケ 164
ランゴバルド王国 99

リ

リヴァイアサン 135
リヴィングストン 165·176
李淵 52
力織機 140
陸九淵[陸象山] 65
李鴻章 170
リシュリュー 131
李舜臣 74
リスト 164
李成桂 74
リチャード1世 107
李朝 74
リディア 16
李白 59
竜山文化 39·40
劉少奇 204
柳条湖事件 188·189
劉備 48
劉邦 43
竜門 50
リューベック 108

梁 48
遼[契丹・キタイ] 63·67
両シチリア王国 157
両税法 52·53
リリー・マルレーン 193
臨安[杭州] 68
リンカン 160·161
林則徐 169

ル

ルイジアナ買収 160
ルイ13世 131
ルイ14世 6·131·137
ルイ16世 131·146·147
ルイ＝ナポレオン 155
ルイ＝フィリップ 154·155
ルイ＝ブラン 154
ルソー 135
ルネサンス 120·124
ルノワール 163·164
ルール占領 183·184

レ

冷戦 196·197·198
レオ3世 100
レオ10世 126
レオナルド＝ダ＝ヴィンチ 32·120·121
レーガン 207·210
レコンキスタ 66·107·111
レーニン 180·181
レパントの海戦 80·93·127·128
連帯 208·209
レントゲン 165
レンブラント 136

ロ

老子 40
労働党(英) 172
ロカルノ条約 182·183·184
盧溝橋事件 188·194
ロココ美術 136
ローザ＝ルクセンブルク 183
ローザンヌ条約 187
ロシア革命 166·173·178·180
ロシア社会民主労働党 162·180
ロシア＝トルコ[露土]戦争 162
魯迅 188·213
ロゼッタ＝ストーン 14
ロダン 163
ロック 135
ロードス島 18
露仏同盟 162·171·173·178
ロベスピエール 146·147
ローマ 30
ローマ＝カトリック教会 103
ローマ進軍 184·191
ローマ帝国 28·46
ロマネスク様式 113·114
ローラット法 187
ロレーヌ 155
ロレンツォ＝デ＝メディチ 123
ロンドン 153
ロンバルディア 157

ワ

倭寇 77
ワシントン 144·145
ワシントン会議 182·185
ワット 140
ワット＝タイラーの乱 109·110
ワーテルローの戦い 148·149
ワルシャワ条約機構 196·197·208
ワールシュタットの戦い 70·72
湾岸戦争 196·200·201·210·212

歴史展示館

世界史のパビリオン

地理と世界史の **サポートワーク**

━ もくじ ━

	本冊子の使い方 …………………2	
地理分野	地理の学習　現代の世界 …………………3	
	地理の学習　地中海沿岸・西アジア …4	
	地理の学習　東アジア …………………5	
	地理の学習　東南アジア …………………6	
	地理の学習　南アジア …………………7	
	地理の学習　ヨーロッパ …………………8	
	地理の学習　南北アメリカ …………………9	
世界史分野	世界史入門ワーク …………………10・11	
	古代文明 …………………12・13	
	前3世紀〜後3世紀の世界 …………14・15	
	4世紀〜6世紀の世界 …………16・17	
	7世紀〜8世紀の世界 …………18・19	

世界史分野	10世紀〜11世紀の世界 ………20・21	
	12世紀〜13世紀の世界 ………22・23	
	15世紀〜16世紀の世界 ………24・25	
	17世紀〜18世紀の世界 ………26・27	
	19世紀〜20世紀初頭の世界 …28・29	
	20世紀前半(第二次世界大戦) …30・31	
	20世紀後半(第二次世界大戦後) …32・33	
	本誌の二次元コードから読み取れる動画一覧表 …34	
	解答 …………………35〜38	
	本誌解答(プロローグ・世界史のクロスロード)…39・40	

年	組	番	
年	組	番	

とうほう

本冊子の使い方

本冊子は,『世界史のパビリオン』に対応のワークです。

『世界史のパビリオン』の該当ページは▶P.000 で示しています。該当ページを参照しながら,作業を行ってください。

地理の学習

世界の地域区分の学習や,地域ごとに国名・都市名,自然地名の学習をし,現在の世界の位置関係を確認しましょう。

世界史の学習

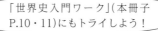
「世界史入門ワーク」(本冊子P.10・11)にもトライしよう!

世紀別の時代ごとに,「年表学習」と「地図作業」で構成しています。地域ごとに年表の穴埋めをし,時代の大まかな流れをつかみましょう。また,年表の時代に該当する作業地図を見開きで配置しています。地図上で歴史的事項の位置関係を確認しましょう。

☑ 『世界史のパビリオン』の該当ページを示します。
☑ 「学習する時代」を示す帯です。日本では何時代にあたるか確認しましょう。

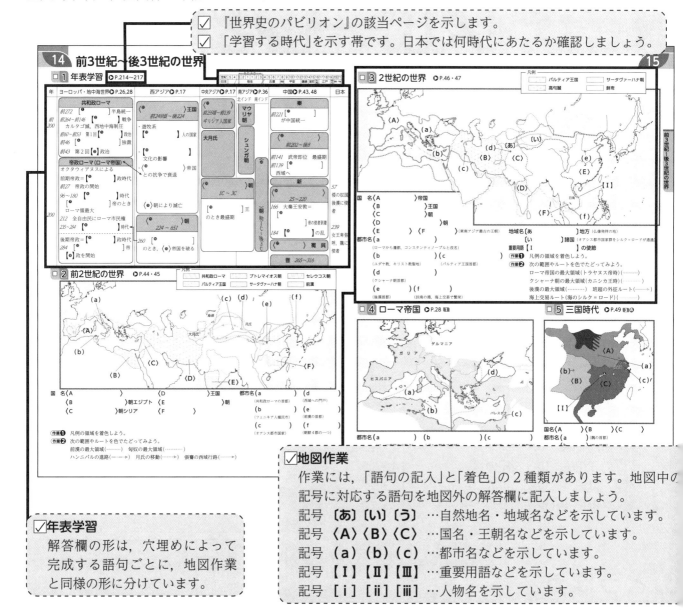

☑**年表学習**

解答欄の形は,穴埋めによって完成する語句ごとに,地図作業と同様の形に分けています。

☑**地図作業**

作業には,「語句の記入」と「着色」の2種類があります。地図中の記号に対応する語句を地図外の解答欄に記入しましょう。

記号 〔あ〕〔い〕〔う〕 …自然地名・地域名などを示しています。
記号 〈A〉〈B〉〈C〉 …国名・王朝名などを示しています。
記号 (a)(b)(c) …都市名などを示しています。
記号 【Ⅰ】【Ⅱ】【Ⅲ】 …重要用語などを示しています。
記号 〔i〕〔ii〕〔iii〕 …人物名を示しています。

1 日本中心の世界地図

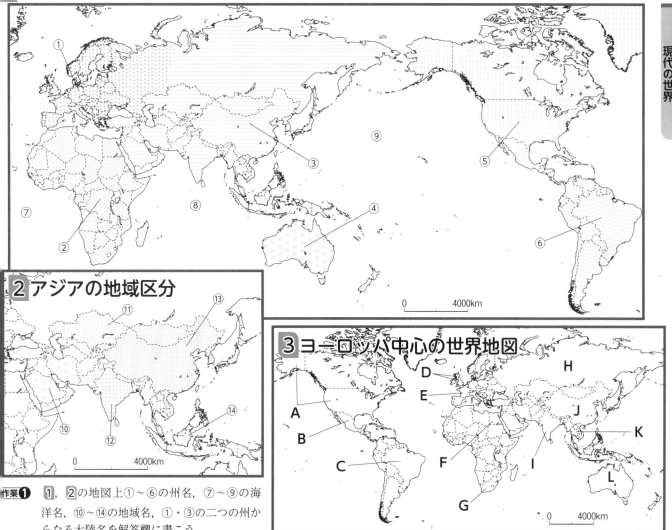

2 アジアの地域区分

3 ヨーロッパ中心の世界地図

作業❶ 1, 2の地図上①～⑥の州名, ⑦～⑨の海洋名, ⑩～⑭の地域名, ①・③の二つの州からなる大陸名を解答欄に書こう。

作業❷ 3の地図上A～Lの国名を解答欄に書こう。

▶折込オモテ

作業❸ 日本が属する州と地域をそれぞれ1, 2の地図に着色しよう。

① 州	② 州	③ 州	④ 州
⑤ 州	⑥ 州	⑦ 洋	⑧ 洋
⑨ 洋	⑩	⑪	⑫
⑬	⑭	①・③の州からなる大陸名　　　　　大陸	

A	B	C	D
E	F	G	H
I	J	K	L

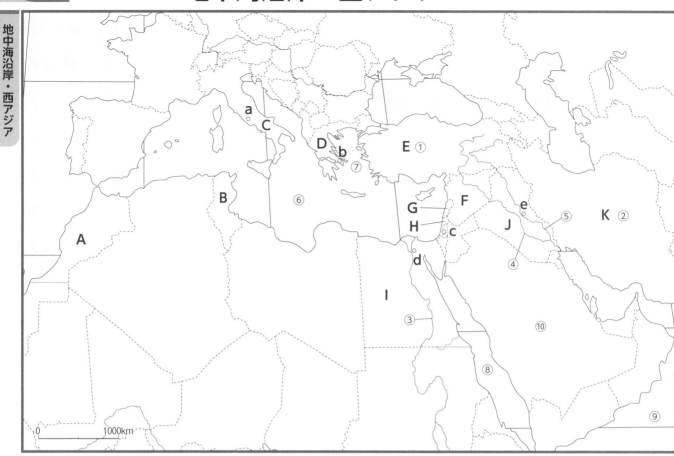

作業❶ 地図上の**A〜K**にあてはまる国名と，**a〜e**にあてはまる都市名をそれぞれ解答欄に書こう。▶折込オモテ

A	B	C	D
E	F	G	H
I	J	K	a
b	c	d	e

作業❷ 地図上の①〜⑩にあてはまる自然地名をそれぞれ解答欄に書こう。

① 高原	② 高原	③ 川	④ 川
⑤ 川	⑥ 海	⑦ 海	⑧ 海
⑨ 海	⑩ 半島		

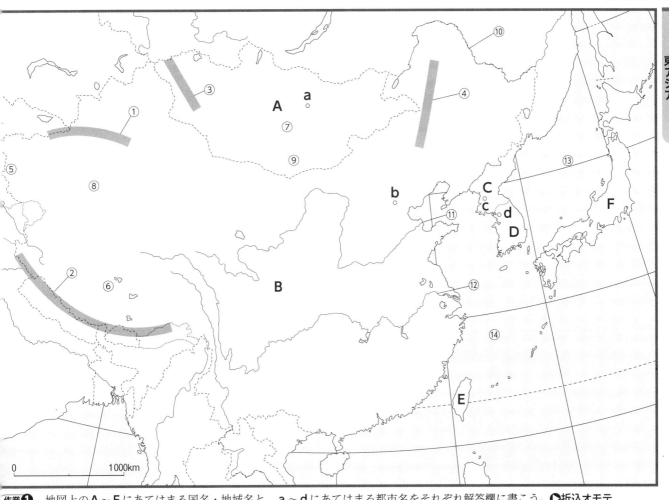

▶折込オモテ

作業❶ 地図上の**A**〜**F**にあてはまる国名・地域名と，**a**〜**d**にあてはまる都市名をそれぞれ解答欄に書こう。

A	B	C	D
E	F	a	b
c	d		

作業❷ 地図上の①〜⑭にあてはまる自然地名をそれぞれ解答欄に書こう。

① 山脈	② 山脈	③ 山脈	④ 山脈
⑤ 高原	⑥ 高原	⑦ 高原	⑧ 砂漠
⑨ 砂漠	⑩ 川	⑪	⑫
⑬ 海	⑭ 海		

東南アジア

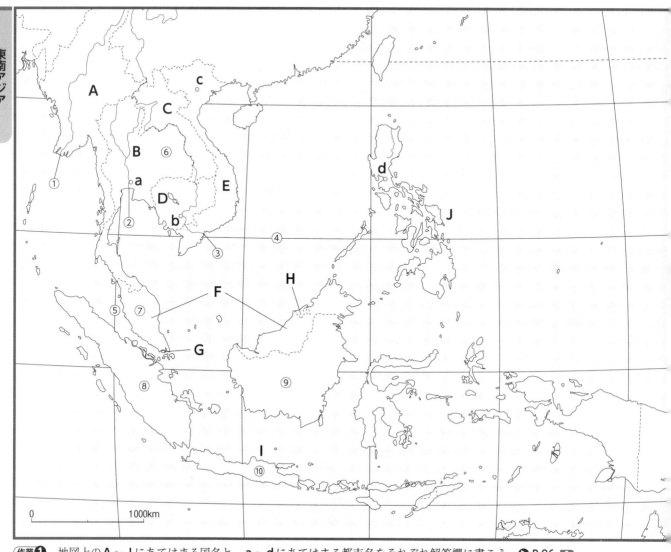

0 _____ 1000km

作業❶　地図上のA〜Jにあてはまる国名と，a〜dにあてはまる都市名をそれぞれ解答欄に書こう。 ▶ P.96 **1**

A	B	C	D
E	F	G	H
I	J	a	b
c	d		

作業❷　地図上の①〜⑩にあてはまる自然地名をそれぞれ解答欄に書こう。 ▶ P.96 **1**

① 川	② 川	③ 川	④ 海
⑤ 海峡	⑥ 半島	⑦ 半島	⑧ 島
⑨ 島	⑩ 島		

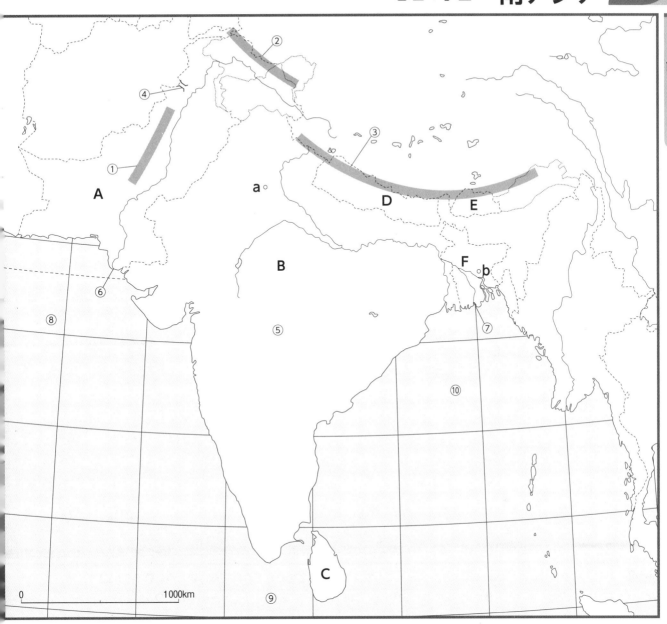

作業❶ 地図上のA～Fにあてはまる国名と，a・bにあてはまる都市名をそれぞれ解答欄に書こう。▶折込オモテ

A	B	C	D

E	F	a	b

作業❷ 地図上の①～⑩にあてはまる自然地名をそれぞれ解答欄に書こう。▶P.36 ❷ Ⓐ

① 山脈	② 山脈	③ 山脈	④ 峠
⑤ 高原	⑥ 川	⑦ 川	⑧ 海
⑨ 洋	⑩ 湾		

ヨーロッパ

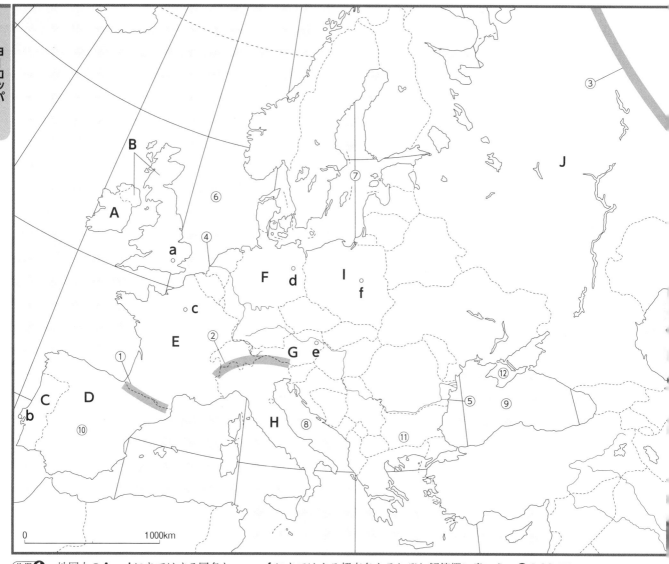

作業❶ 地図上の**A～J**にあてはまる国名と，**a～f**にあてはまる都市名をそれぞれ解答欄に書こう。▶P.98

A	B	C	D
E	F	G	H
I	J	a	b
c	d	e	f

作業❷ 地図上の①～⑫にあてはまる自然地名をそれぞれ解答欄に書こう。▶P.98

① 山脈	② 山脈	③ 山脈	④ 川
⑤ 川	⑥ 海	⑦ 海	⑧ 海
⑨ 海	⑩ 半島	⑪ 半島	⑫ 半島

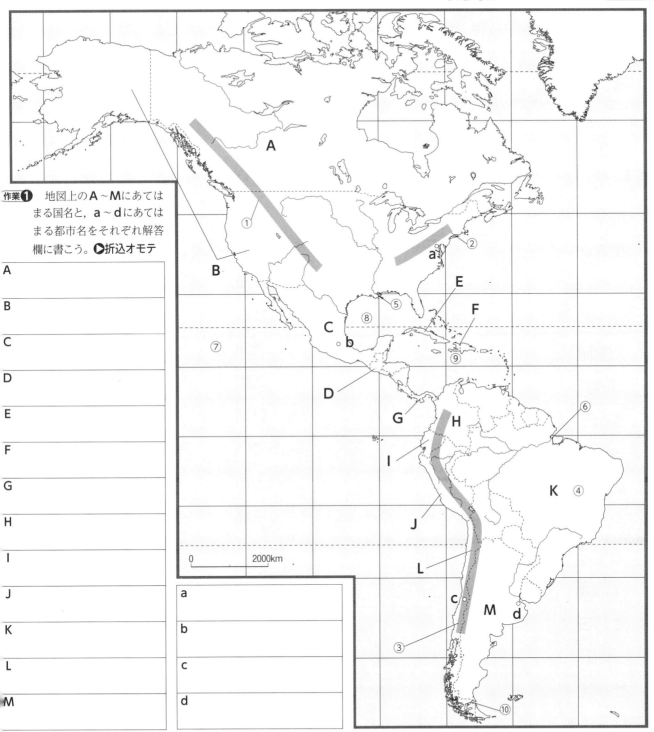

作業❶　地図上のA〜Mにあてはまる国名と，a〜dにあてはまる都市名をそれぞれ解答欄に書こう。▶折込オモテ

A	
B	
C	
D	
E	
F	
G	
H	
I	
J	
K	
L	
M	

a	
b	
c	
d	

作業❷　地図上の①〜⑩にあてはまる自然地名をそれぞれ解答欄に書こう。

①	山脈	②	山脈	③	山脈	④	高原
⑤	川	⑥	川	⑦	洋	⑧	湾
⑨	海	⑩	海峡				

10 世界史入門ワーク

□ 1 国名・地域名，都市名の漢字表記

作業❶ 次の国名・地域名，都市名の読みをカタカナで書こう。また国名・地域名の①〜㉒を漢字一文字で表すとき，どの漢字が使われるか，都市名の①〜⑮はどこの国に属するか，それぞれ漢字一文字で書こう。

国名・地域名	読み(カタカナ)	漢字一文字
① 亜細亜		
② 欧羅巴(欧州)		
③ 愛蘭土		
④ 英吉利		
⑤ 伊太利亜		
⑥ 墺太利		
⑦ 阿蘭陀		
⑧ 希臘		
⑨ 西班牙		
⑩ 独逸		
⑪ 仏蘭西		
⑫ 白耳義		
⑬ 葡萄牙		
⑭ 露西亜		
⑮ 土耳古		
⑯ 印度		
⑰ 比律賓		
⑱ 濠太剌利(豪州)		
⑲ 亜米利加		
⑳ 墨西哥		
㉑ 伯剌西爾		
㉒ 普魯西		

都市名	読み(カタカナ)	国名(漢字一文字)
① 花の都 巴里		
② 霧の都 倫敦		
③ 大学都市 剣橋		
④ 古代都市 羅馬		
⑤ かつて東西に分断 伯林		
⑥ 人名もある 華盛頓		
⑦ 摩天楼の都市 紐育		
⑧ 西海岸の都市 桑港		
⑨ 首都 北京		
⑩ 甘栗でも有名 天津		
⑪ 錠でも有名 南京		
⑫ 1997年までイギリス領 香港		
⑬ 元ポルトガル領 澳門		
⑭ 2010年万博開催 上海		
⑮ 首都 平壌		朝鮮民主主義人民共和国

□ 2 暦〜十干十二支

作業❶ 十干十二支について説明した次の文章中の ___ にあてはまる数字や語句を書こう。

▶裏表紙裏，十干十二支による暦の例

十干は① ___ 年，十二支は② ___ 年の周期で回っている。十干は西暦の下一桁の数字と対応し，甲(きのえ)の③ ___ から始まって，癸(みずのと)の④ ___ で一回りする。

また①と②の最小公倍数は⑤ ___ なので，⑤年で一回りする。日本で満⑤歳を⑥ ___ といって祝うのは，十干十二支が一回りして元へ還るからである。

作業❷ 以下の出来事は，名称に使われている干支(十干十二支)から，何年の出来事であることがわかるか，正しい組み合わせを線で結ぼう。

① 甲午農民戦争・　　・1911年
② 戊戌の政変　・　　・1898年
③ 辛亥革命　　・　　・1894年

□ 3 年代・世紀の数え方

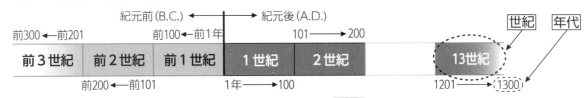

紀元前(B.C.) ← → 紀元後(A.D.)

| 前3世紀 | 前2世紀 | 前1世紀 | 1世紀 | 2世紀 | 13世紀 |

前300←前201　前100←前1年　　　101→200　　　世紀　年代
　　前200←前101　　1年→100　　　1201→1300

作業❶ 上の図を参考に，年代・世紀の数え方について説明した次の文章中の　　　にあてはまる数字や語句を書こう。

「**年代**」は2016年や2020年など①　　　年単位で年数を表したもの，「**世紀**」は②　　　　　　年を一つのまとまりとして表したものである。世界史の学習では③　　　　　　　が使われるが，これは④　　　　　　　　　　　　が生誕したとされる年を紀元元年(1年)とする西洋の暦である。「世紀」は紀元元年から②年を1世紀と数え，それ以降を②年ごとに区切っていく数え方である。(ただし，のちに④は紀元元年より前に生誕していたことがわかった。)

紀元前は英語のBefore Christ(④以前)を略して「B.C.」と表記されることもあるが，**世界史の学習では「前」と表される**。この「**前**」**は必ずつけなくてはならない**。紀元後はAnno Domini(ラテン語で「主の年」の意味)を略して「A.D.」と表記されることもあるが，**世界史の学習では「後」と表される。ただし「後」はつけなくてもよい**。(紀元0年はないので注意！)

また古代では「何千年紀」という表記があるが，これは細かい年代がわからないときに使用する。例えば「前2千年紀」とは，前2000年～前1001年の1000年間を示している。

作業❷ 次の年号は何世紀になるか書こう。

① 前600年　　　　　世紀　　② 前2121年　　　　　世紀　　③ 862年　　　　　世紀
④ 1000年　　　　　世紀　　⑤ 1600年　　　　　世紀　　⑥ 2020年　　　　　世紀

作業❸ 古代ローマ帝国の遺跡からの発掘とされる右のコインは，オクタウィアヌスのアウグストゥス(尊厳者)の称号授与を祝って発行された金貨(▶P.28)と考えられる。これは本物か偽物か，どちらかを○で囲み，その理由を二つ考えよう。

理由

本　物　・　偽　物

作業❹ 暦についてまとめた次の文章中の　　　にあてはまる数字や語句を書こう。

現在の西暦は1582年に公布された①　　　　　　暦が使用されている。これは1年を②　　　　　日とし，③　　　年に一度の閏年を入れる④　　　　　暦の一つである。ただし①暦は，暦と季節とのずれを調整する必要から，③年に一度，必ず閏年があるわけではない(100で割り切れるが，400で割り切れない年は，閏年としない)。

これに対し前45年に制定された⑤　　　　　暦は同じ④暦だが，③年に一度の閏年を必ず入れる。そのため，現在では季節が10日程ずれてしまった。プロテスタント諸国家ではこの⑤暦を18世紀まで使用し，ロシアでは20世紀の初頭まで使用していた(ロシア正教会ではクリスマスが西暦の1月7日となる。1917年の革命が現在の④暦と当時の暦で月に違いがあるのはその理由による(▶P.180))。

世界には西暦を用いないところも多い。⑥　　　　　暦(イスラーム暦)は，西暦⑦　　　　　　　　　を，紀元元年1月1日とする(▶P.87)。また④ではなく，月の満ち欠けで日を数える⑧　　　　　暦である。

□ 4 人物名に由来する地名

作業❶ 次の地名の由来，または関係の深い歴史上の人物名と，現在どこの国の領域にあたるか国名を書こう。

① アメリカ ▶P.116
〔人物名　　　　　　　　　　　〕

② コロンビア ▶P.116
〔人物名　　　　　　　　　　　〕

③ フィリピン ▶P.128
〔人物名　　　　　　　　　　　〕

④ コンスタンティノープル(イスタンブル) ▶P.28, 29
〔人物名　　　　　　　　　〕〔国名　　　　　　　　　〕

⑤ アレクサンドリア ▶P.23
〔人物名　　　　　　　　　　　〕

⑥ サンクト゠ペテルブルク ▶P.134
〔人物名　　　　　　　　　〕〔国名　　　　　　　　　〕

世界史入門ワーク

12 古代文明

□ 1 年表学習 ▶P.214・215

世紀	29 28 27 26 25 24 23 22 21 20 19 18 17 16 15 14 13 12 11 10 9 8 7 6 5 4 3 2	←B.C.｜A.D.→ 1 1 2 3 4 5 6 7 8 9 10 11 12 13 14 15 16 17 18 19 20
日本	縄文	弥生　古墳 古 平安 鎌倉 室町 江戸 明

年 (紀元前)	ヨーロッパ ▶P.18,20,23	エジプト ▶P.12,14,16,23	小アジア ▶P.12,16,23	シリア・パレスチナ ▶P.15,16,23	メソポタミア ▶P.12,13,16,23	イラン ▶P.16,17
3000		〈⑨　　　　　　〉都：メンフィス 【⑩　　　　　　　】造営			【㉘　　　　　】人の 都市国家…ウル・ウルクなど	
2000	エーゲ文明 クレタ文明： (❶　　　　　)中心 【❷　　　　　】文明： ギリシア本土の文明	〈⑪　　　　　〉都：テーベ 前1720頃【⑫　　　　】流入 前1567〈⑬　　　　　〉 都：テーベ 前1379 【⑭　　　　　　】 即位	〈㉔　　　　 〉王国	・アラム人の活躍 ・フェニキア 人の活躍	前1894頃 〈㉙　　　　　〉王朝 （古バビロニア王国） 第6代【㉚　　　　】王 ＊ハンムラビ法典 前1595頃〈㉙〉王朝滅亡	
1000	ギリシア各地に都市国家 【❸　　　　　】形成 前621頃 アテネ初の成文法 【❹　　　　　】の立法 前500	前1286頃 ラメス2世【⑮　　　　】の戦い 前13世紀【⑯　　　　】の 指導で【⑰　　　　　】人が 「【⑱　　　　　　　　】」		〈⑰〉王国 [イスラエル王国] ダヴィデ王	ミタンニ 王国　　カッシート 王国	
500	【❺　　　　　】戦争 前431 【❻　　　　　】 戦争	前671頃 セム系〈⑲　　　　　　〉王国全オリエント征服　都：(⑳　　　　　　) 王によるライオン狩りで有名 エジプト	〈㉕　　　 〉	〈㉗　　　　　　〉王国		〈㉜
		前525〈㉑　　　　　　　〉朝ペルシア，オリエント世界統一 第3代王【㉒　　　　　　】1世時領土最大				
300	前336 マケドニア王の【❼　　　　　　　】大王が東方遠征にて，大帝国を築く 〈❽　　　　　〉 朝マケドニア	〈㉓　　　　〉朝 エジプト	〈㉖　　　　〉朝シリア			〈㉛　　　　〉王国

□ 2 古代文明の発生 ▶P.9 1

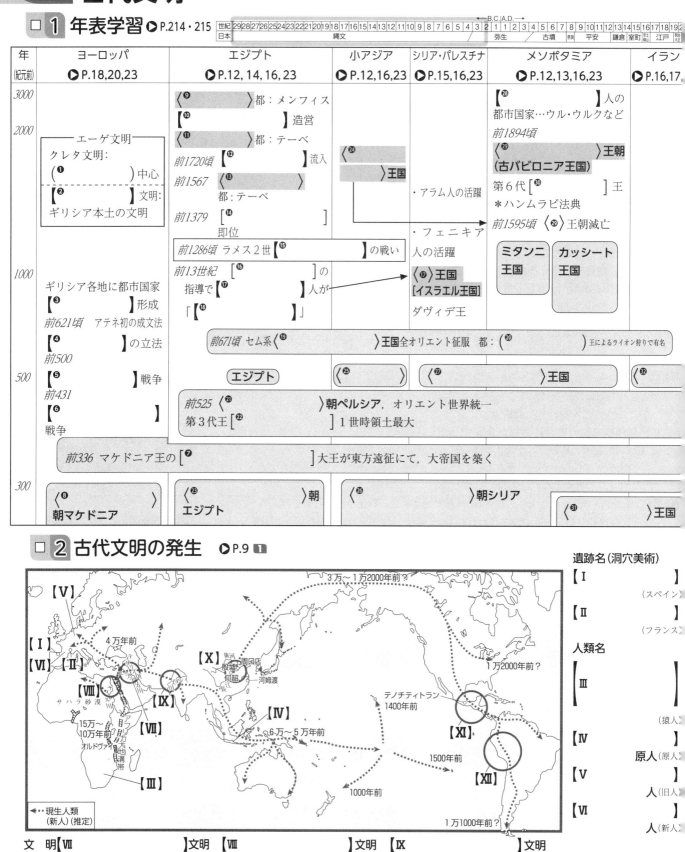

遺跡名(洞穴美術)
【 I 　　　　　】（スペイン）
【 II 　　　　　】（フランス）

人類名
【 III 　　　　　】（猿人）
【 IV 　　　　　】
【 V 　　　　　】人(原人)
【 VI 　　　　　】人(旧人)
人(新人)

地図中ラベル：【V】【I】【VI】【II】4万年前 【VIII】【IX】【VII】15万～10万年前 オルドヴァイ 【III】 サハラ砂漠 大地溝帯 【X】黄河 殷墟 周口店 仰韶 半坡 長江 河姆渡 【IV】6万～5万年前 3万～1万2000年前？ 1万2000年前？ テノチティトラン 1400年前 【XI】1500年前 【XII】 1000年前 1万1000年前？

←‥現生人類(新人)(推定)

文明【VII　　　　　】文明 【VIII　　　　　】文明 【IX　　　　　】文明
【X　　　　　】文明 【XI　　　　　】文明 【XII　　　　　】文明

□3 古代オリエントの統一 ▶P.12 2,15 1,16 1～3

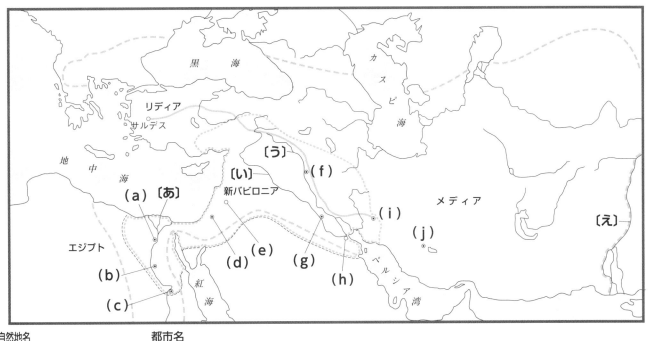

自然地名　　　　　　　　　　都市名

〔あ　　　　　〕川　（a　　　　　　　）　（b　　　　　　　　　　　）（c　　　　　　）
（エジプト文明）　　　　　　（エジプト古王国の首都）　　（アメンホテプ4世時代の新都）　　（エジプト中・新王国の首都）

〔い　　　　　〕川　（d　　　　　　　　）　（e　　　　　　　　）（f　　　　　　　）
（イスラエル[ヘブライ]王国の首都）（アラム人の内陸貿易の拠点）（アッシリア王国の首都）

〔う　　　　　〕川　（g　　　　　　　　）　（h　　　　　　）
（メソポタミア文明）　　　　（バビロン第1王朝の首都）　（シュメール人の都市国家の一つ）

〔え　　　　　〕川　（i　　　　　　）　（j　　　　　　　　）
（インダス文明）　　　　　　（アケメネス朝の行政府）　（アケメネス朝の新年の儀式の都）

作業❶　次の領域や経路を色でたどってみよう。
　　アッシリア王国の領域(……………)　　アケメネス朝ペルシアのダレイオス1世時代の最大領域(―――)
　　王の道のルート(―――――)

□4 ヘレニズム世界 ▶P.23 2

凡例
▨ プトレマイオス朝エジプト
▤ パルティア王国

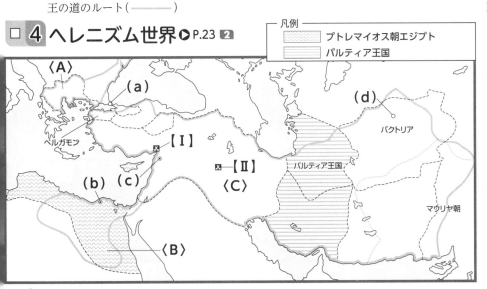

作業❶　凡例の領域を着色しよう。
作業❷　アレクサンドロス大王の帝国の領域(―――)を色でたどってみよう。

重要用語【Ⅰ　　　　】の戦い
（前333年，ダレイオス3世と会戦）

【Ⅱ　　　　】の戦い
（前331年，対ペルシア決定的勝利）

国　名〈A　　　　　〉朝
（ヘレニズム3国の一つ）

〈B　　　　　〉朝
（ヘレニズム3国の一つ）

〈C　　　　　〉朝
（ヘレニズム3国の一つ）

都市名（a　　　　　　）
（ギリシア植民市が起源。現イスタンブル）

（b　　　　　　）
（アレクサンドロス大王が建設，プトレマイオス朝の首都）

（c　　　　　　）
（セレウコス朝の首都）

（d　　　　　　）
（東方遠征で征服した中央アジアの拠点）

□1 年表学習 ▶P.214〜217

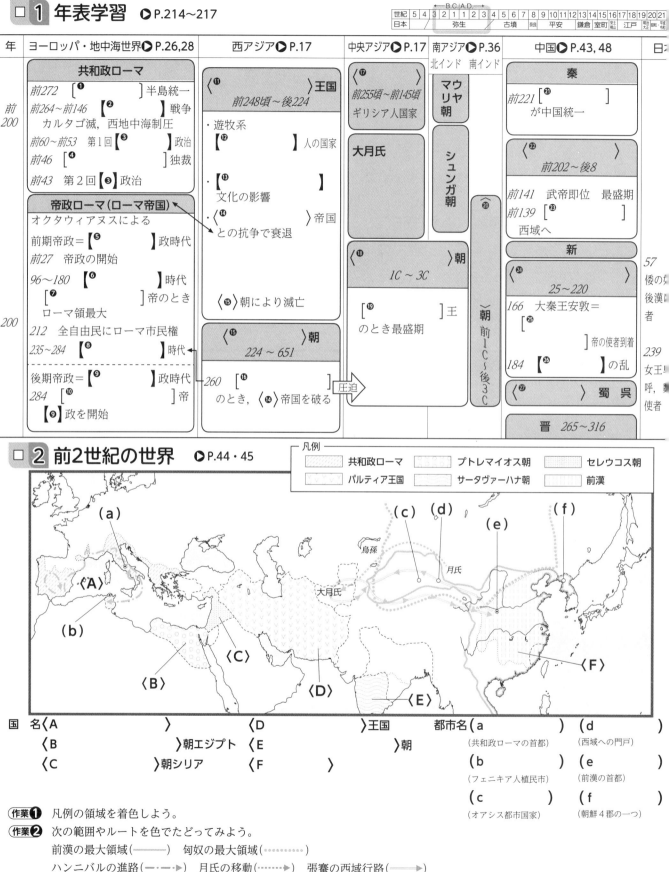

	←B.C.A.D.→
世紀	5 4 3 2 1 1 2 3 4 5 6 7 8 9 10 11 12 13 14 15 16 17 18 19 20 21
日本	弥生　古墳　飛鳥　平安　鎌倉 室町　江戸　明治昭和

年	ヨーロッパ・地中海世界 ▶P.26,28	西アジア ▶P.17	中央アジア ▶P.17	南アジア ▶P.36 北インド 南インド	中国 ▶P.43, 48	日
前200	**共和政ローマ** *前272* [❶]半島統一 *前264〜前146* 【❷ 】戦争 カルタゴ滅，西地中海制圧 *前60〜前53* 第1回【❸ 】政治 *前46* [❹]独裁 *前43* 第2回【❸】政治	〈❶❶　　　　〉王国 *前248頃〜後224* ・遊牧系 【❶❷　　　　】人の国家 ・[❶❸　　　　　] 文化の影響 ・〈❶❹　　　　〉帝国 との抗争で衰退	〈❶❼　　　　〉 *前255頃〜前145頃* ギリシア人国家 大月氏	マウリヤ朝 シュンガ朝	**秦** *前221* [❷❶] が中国統一	
200	**帝政ローマ（ローマ帝国）** オクタウィアヌスによる 前期帝政＝【❺ 】政時代 *前27* 帝政の開始 *96〜180* 【❻ 】時代 [❼]帝のとき ローマ領最大 *212* 全自由民にローマ市民権 *235〜284* 【❽ 】時代	〈❶❺〉朝により滅亡 〈❶❺　　　　〉朝 *224 〜 651*	〈❶❽　　　　〉朝 *1C 〜 3C* [❶❾]王 のとき最盛期	〈❷❶〉朝 前1C〜後3C	**漢** *前202 〜 後8* *前141* 武帝即位 最盛期 *前139* [❷❸] 西域へ **新** 〈❷❹　　　　〉 *25〜220* *166* 大秦王安敦＝ [❷❺] 帝の使者到着 *184* 【❷❻ 】の乱	*57* 倭の 後漢 者 *239* 女王 呼， 使者
	後期帝政＝【❾ 】政時代 *284* [❶❶]帝 【❾】政を開始	*260* [❶❻] のとき，〈❶❹〉帝国を破る	圧迫		〈❷❼　　　　〉蜀 呉 晋 *265〜316*	

□2 前2世紀の世界 ▶P.44・45

凡例

共和政ローマ	プトレマイオス朝	セレウコス朝
パルティア王国	サータヴァーハナ朝	前漢

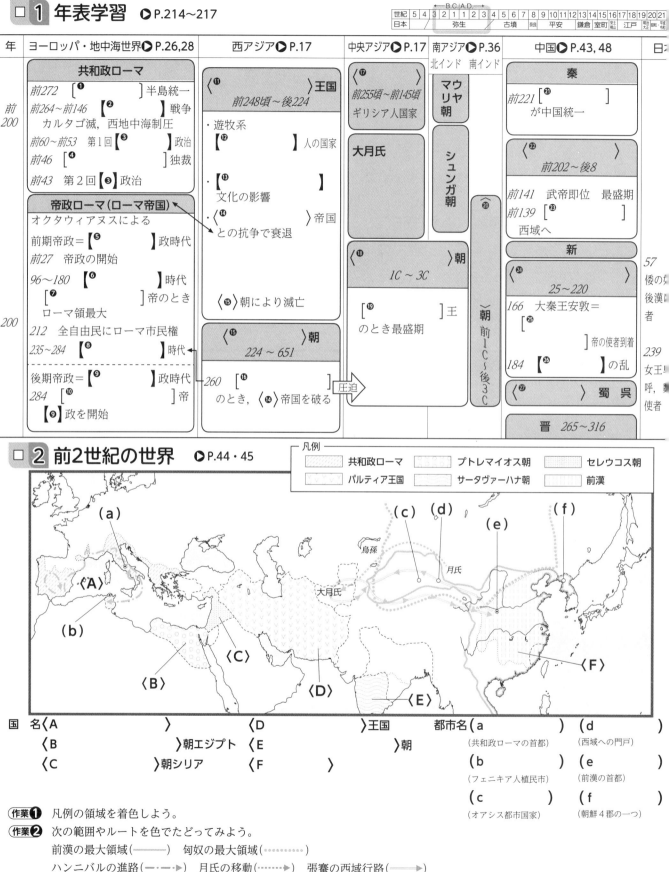

烏孫　月氏　大月氏

(a) (b) (c) (d) (e) (f)

〈A〉 〈B〉 〈C〉 〈D〉 〈E〉 〈F〉

国名〈A　　　　　　　　〉　〈D　　　　　　　〉王国　　都市名（a　　　　　　　）（d　　　　　　）

〈B　　　　　　〉朝エジプト　〈E　　　　　　〉朝　　　　　　　（共和政ローマの首都）　（西域への門戸）

〈C　　　　　　〉朝シリア　〈F　　　　　〉　　　　　（b　　　　　　　）（e　　　　　　）

（フェニキア人植民市）　（前漢の首都）

（c　　　　　　　）（f　　　　　　）

（オアシス都市国家）　（朝鮮4郡の一つ）

作業❶ 凡例の領域を着色しよう。

作業❷ 次の範囲やルートを色でたどってみよう。

前漢の最大領域（———）　匈奴の最大領域（･･･････････）

ハンニバルの進路（─･─▶）　月氏の移動（･･･････▶）　張騫の西域行路（═══▶）

□❸ 2世紀の世界 ▶P.46・47

凡例
- パルティア王国
- 高句麗
- サータヴァーハナ朝
- 鮮卑

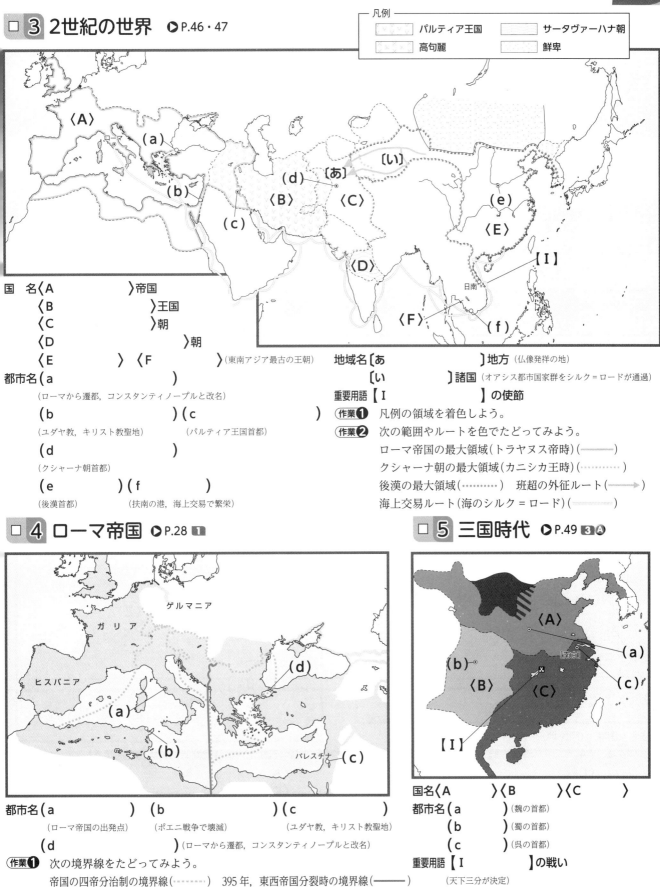

〈A〉 (a) 〈B〉 (b) (c) 〈D〉 【あ】 (d) 〈C〉 【い】 (e) 〈E〉 【I】 〈F〉 (f) 日南

国 名〈A　　　　　　〉帝国
　　　〈B　　　　　　〉王国
　　　〈C　　　　　　〉朝
　　　〈D　　　　　　　　　〉朝
　　　〈E　　　　〉〈F　　　　　〉(東南アジア最古の王朝)

都市名(a　　　　　　　　　)
(ローマから遷都, コンスタンティノープルと改名)
　　　(b　　　　　　　　)(c　　　　　　　)
(ユダヤ教, キリスト教聖地)　　(パルティア王国首都)
　　　(d　　　　　　　　)
(クシャーナ朝首都)
　　　(e　　　　　　)(f　　　　　　)
(後漢首都)　　(扶南の港, 海上交易で繁栄)

地域名〔あ　　　　　　〕地方 (仏像発祥の地)
　　　〔い　　　　　〕諸国 (オアシス都市国家群をシルク＝ロードが通過)
重要用語【I　　　　　　】の使節
作業❶ 凡例の領域を着色しよう。
作業❷ 次の範囲やルートを色でたどってみよう。
　　　ローマ帝国の最大領域(トラヤヌス帝時)(───)
　　　クシャーナ朝の最大領域(カニシカ王時)(‥‥‥)
　　　後漢の最大領域(‥‥‥)　班超の外征ルート(→)
　　　海上交易ルート(海のシルク＝ロード)(───)

□❹ ローマ帝国 ▶P.28 ❶

ゲルマニア
ガリア
ヒスパニア
(a)
(b)
(d)
パレスチナ (c)

都市名(a　　　　　)　(b　　　　　　)(c　　　　　　)
(ローマ帝国の出発点)　(ポエニ戦争で壊滅)　(ユダヤ教, キリスト教聖地)
　　　(d　　　　　　　)(ローマから遷都, コンスタンティノープルと改名)
作業❶ 次の境界線をたどってみよう。
　　　帝国の四帝分治制の境界線(‥‥‥)　395年, 東西帝国分裂時の境界線(───)

□❺ 三国時代 ▶P.49 ❸Ⓐ

〈A〉 (a)
(b) 南京 (c)
〈B〉 ✕ 〈C〉
【I】

国名〈A　　　　〉〈B　　　　　〉〈C　　　　〉
都市名(a　　　　　)(魏の首都)
　　　(b　　　　　)(蜀の首都)
　　　(c　　　　　)(呉の首都)
重要用語【I　　　　　】の戦い
(天下三分が決定)

16 ４世紀〜６世紀の世界

□1 年表学習 ▶P.216・217

世紀	5	4	3	2	1	←B.C.|A.D.→ 1	2	3	4	5	6	7	8	9	10	11	12	13	14	15	16	17	18	19	20	21
日本		弥生						古墳				飛鳥	奈良	平安				鎌倉	室町	安土桃山	江戸		明治 大正	昭和	平成 令和	

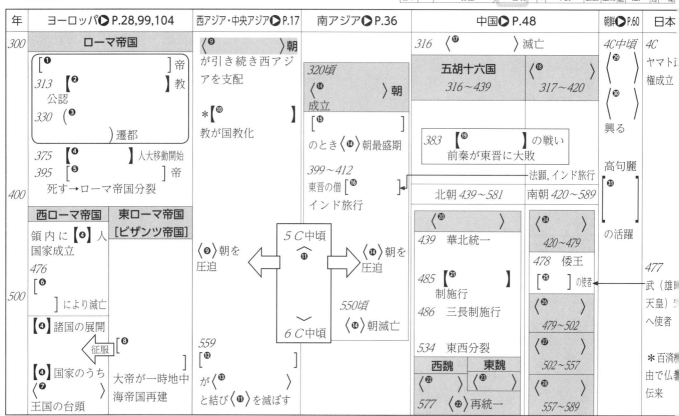

年	ヨーロッパ ▶P.28,99,104	西アジア・中央アジア ▶P.17	南アジア ▶P.36	中国 ▶P.48	朝 ▶P.60	日本
300	ローマ帝国　[❶ 　　　]帝　313【❷　　　】教 公認　330 (❸　　　) 遷都　375【❹　　　】人大移動開始　395 [❺　　　]帝 死す→ローマ帝国分裂	〈❾　　　〉朝 が引き続き西アジアを支配　*【❿　　　】教が国教化	320頃 〈⓮　　　〉朝 成立 [⓯　　　] のとき〈⓮〉朝最盛期　399〜412 東晋の僧[⓰　] インド旅行	316 〈⓱　　　〉滅亡　五胡十六国 316〜439　〈⓲　　　〉 317〜420　383【⓳　　　】の戦い 前秦が東晋に大敗	4C中頃 〈㉙　　　〉〈㉚　　　〉興る　高句麗〈㉛　　　〉の活躍	4C ヤマト政権成立
400	西ローマ帝国　領内に【❹】人国家成立　476 [❻　　　] により滅亡		法顕,インド旅行	北朝 439〜581　南朝 420〜589		
500	東ローマ帝国 [ビザンツ帝国]　【❹】諸国の展開　【❹】国家のうち〈❼　　　〉王国の台頭　大帝が一時地中海帝国再建	〈❾〉朝を圧迫　5C中頃〈⓫〉6C中頃　550頃〈⓮〉朝滅亡　559 [⓬　　　] が〈⓭　　　〉と結び〈⓫〉を滅ぼす	〈⓮〉朝を圧迫	〈⓴　　　〉439 華北統一　485【㉑　　　】制施行　486 三長制施行　534 東西分裂　西魏〈㉒　　　〉577〈㉒〉再統一　東魏〈㉓　　　〉／〈㉔　　　〉420〜479／478 倭王[㉕　]の使者／〈㉖　　　〉479〜502／〈㉗　　　〉502〜557／〈㉘　　　〉557〜589		477 武（雄略天皇）へ使者　*百済経由で仏教伝来

□2 民族移動の時代（４世紀〜５世紀）

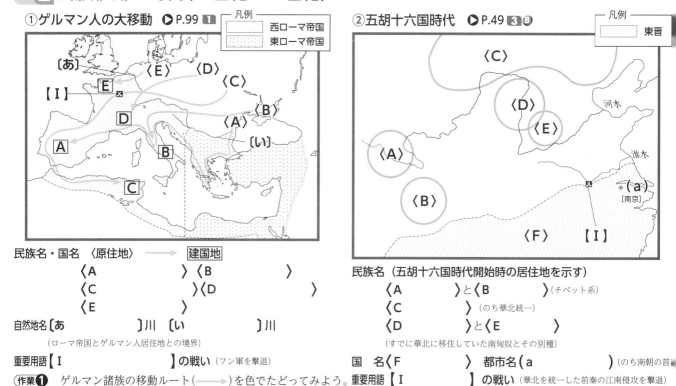

①ゲルマン人の大移動 ▶P.99 1

凡例　西ローマ帝国／東ローマ帝国

〔あ〕　〈E〉　〈D〉　〈C〉　【I】　E　D　〈A〉〈B〉　A　B　C　〔い〕

民族名・国名　〈原住地〉——→ 建国地

〈A　　　　　〉〈B　　　　　〉
〈C　　　　　〉〈D　　　　　〉
〈E　　　　　〉

自然地名〔あ　　　　　〕川〔い　　　　　〕川
（ローマ帝国とゲルマン人居住地との境界）

重要用語【I　　　　　　】の戦い（フン軍を撃退）

作業❶ ゲルマン諸族の移動ルート（——→）を色でたどってみよう。
作業❷ 凡例の領域を着色しよう。

②五胡十六国時代 ▶P.49 3 8

凡例　東晋

〈C〉　〈D〉　〈E〉　河水　〈A〉　淮水　〈B〉　(a)［南京]　〈F〉　【I】

民族名（五胡十六国時代開始時の居住地を示す）

〈A　　　〉と〈B　　　〉(チベット系)
〈C　　　〉(のち華北統一)
〈D　　　〉と〈E　　　〉
（すでに華北に移住していた南匈奴とその別種）

国名〈F　　　〉 都市名(a　　　)(のち南朝の首…

重要用語【I　　　】の戦い（華北を統一した前秦の江南侵攻を撃退）

作業❶ 凡例の領域を着色しよう。

□ **3** **5世紀の世界** ▶P.50・51

凡例
| フランク王国 | ビザンツ帝国 | ササン朝 | エフタル |
| 北魏 | 宋→斉 | 高句麗 | 百済 | 新羅 |

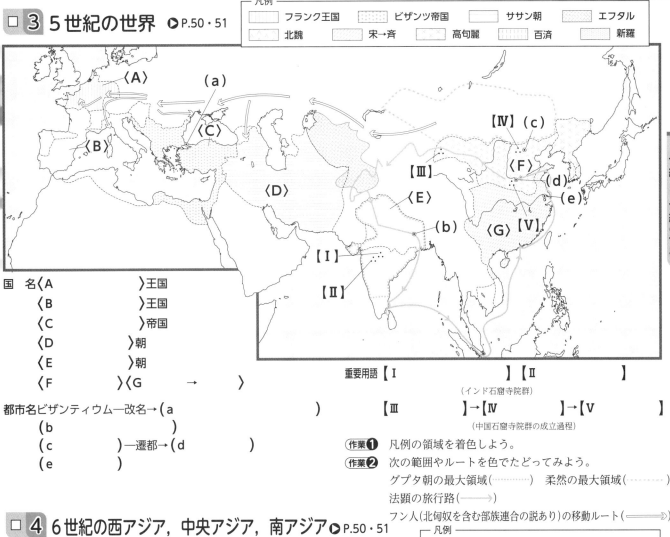

国　名〈A　　　　　　　〉王国
　　　〈B　　　　　　　〉王国
　　　〈C　　　　　　　〉帝国
　　　〈D　　　　　〉朝
　　　〈E　　　　　〉朝
　　　〈F　　　　〉〈G　　　→　　　〉

都市名ビザンティウム―改名→(a　　　　　　　　　　　)
　　　(b　　　　　　　)
　　　(c　　　　　　)―遷都→(d　　　　　)
　　　(e　　　　　)

重要用語【I　　　　　　　】【II　　　　　　】
（インド石窟寺院群）
【Ⅲ　　　　　】→【Ⅳ　　　　　　】→【Ⅴ　　　　　】
（中国石窟寺院群の成立過程）

(作業❶) 凡例の領域を着色しよう。
(作業❷) 次の範囲やルートを色でたどってみよう。
　　　グプタ朝の最大領域(⋯⋯⋯)　柔然の最大領域(⋯⋯⋯)
　　　法顕の旅行路(━━→)
　　　フン人(北匈奴を含む部族連合の説あり)の移動ルート(══▷)

□ **4** **6世紀の西アジア，中央アジア，南アジア** ▶P.50・51

凡例
| ビザンツ帝国 | ササン朝 |
| グプタ朝 | |

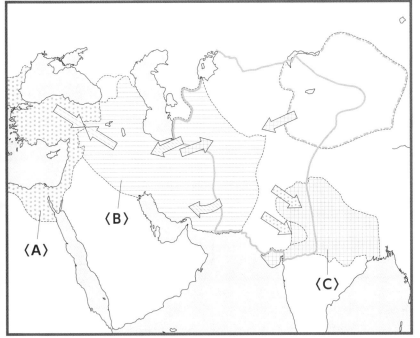

国　名〈A　　　　　　　〉帝国
　　　〈B　　　　　〉朝
　　　〈C　　　　　〉朝

(作業❶) 凡例の領域を着色しよう。
(作業❷) 次の範囲を色でたどってみよう。
　　　エフタルの最大領域(━━━)
　　　突厥の領域(―・―・―)
(作業❸) 次の勢力関係を示す矢印を着色しよう。
　　　エフタルがササン朝を圧迫したことを示す矢印(⇨)
　　　エフタルがグプタ朝を圧迫したことを示す矢印(⇨)
　　　ササン朝と突厥が同盟してエフタルを滅ぼしたことを示す矢印(⇨)
　　　ササン朝とビザンツ帝国が抗争したことを示す矢印(⇨)

18 7世紀～8世紀の世界

□1 年表学習 ▶P.218・219

◀—B.C.|A.D.—▶
世紀	5	4	3	2	1	1	2	3	4	5	6	7	8	9	10	11	12	13	14	15	16	17	18	19	20	21
日本		弥生						古墳		飛鳥		奈	平安				鎌倉	室町	安土桃山	江戸		明治大正	昭和	平成令和		

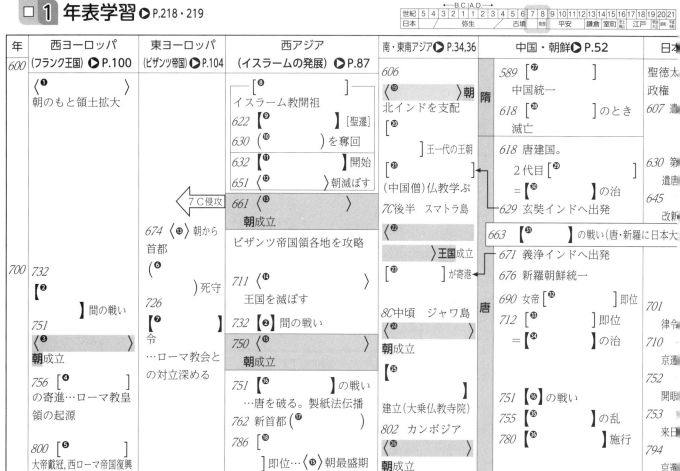

年	西ヨーロッパ (フランク王国) ▶P.100	東ヨーロッパ (ビザンツ帝国) ▶P.104	西アジア (イスラームの発展) ▶P.87	南・東南アジア ▶P.34,36	中国・朝鮮 ▶P.52	日本
600	〈❶ 〉 朝のもと領土拡大		[❽] イスラーム教開祖 622【❾ 】[聖遷] 630 (❿) を奪回 632【⓫ 】開始 651 〈⓬ 〉朝滅ぼす	606 〈⓳ 〉朝 北インドを支配 [⓴]王一代の王朝	589 [㉗] 中国統一 618 [㉘]のとき 滅亡	聖徳太子 政権 607 遣
			661 〈⓭ 〉 朝成立 7C侵攻 ◀	[㉑] (中国僧)仏教学ぶ 7C後半 スマトラ島	618 唐建国。 2代目【㉙ 】 =【㉚ 】の治 629 玄奘インドへ出発	630 第 遣唐 645
		674〈⓭〉朝から 首都 (❻) 死守	ビザンツ帝国領各地を攻略 711〈⓮ 〉 王国を滅ぼす	〈㉒ 〉王国成立 [㉓]が寄港	663 [㉛]の戦い(唐・新羅に日本大) 671 義浄インドへ出発 676 新羅朝鮮統一	改新
700	732 【❷ 】間の戦い 751 〈❸ 〉 朝成立	726 【❼ 】 令 …ローマ教会と の対立深める	732【❷ 】間の戦い 750〈⓯ 〉 朝成立	8C中頃 ジャワ島 〈㉔ 〉朝成立 [㉕]	690 女帝[㉜]即位 712 [㉝]即位 =【㉞ 】の治	701 律令 710 京遷
	756 [❹] の寄進…ローマ教皇 領の起源 800 [❺] 大帝戴冠,西ローマ帝国復興		751【⓰ 】の戦い …唐を破る。製紙法伝播 762 新首都(⓱) 786 [⓲] 即位…〈⓯〉朝最盛期	建立(大乗仏教寺院) 802 カンボジア 〈㉖ 〉 朝成立	751【⓰ 】の戦い 755 [㉟]の乱 780 [㊱]施行	752 開眼 753 来日 794 京遷

□2 7世紀の世界 ▶P.54・55, 87

凡例 ▢ ビザンツ帝国　▢ ヴァルダナ朝　▢ 吐蕃　▢ 建国時の唐の範囲

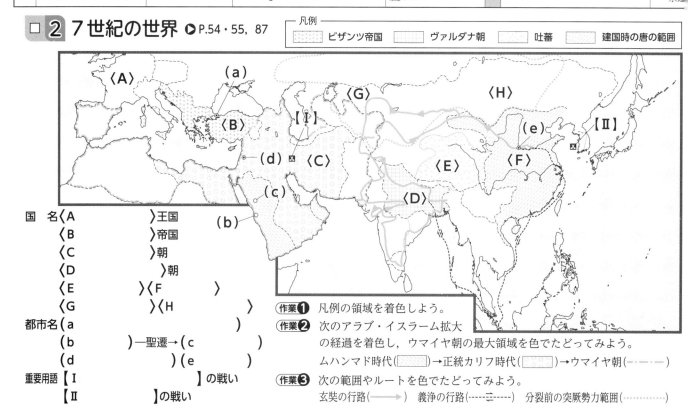

国　名〈A 〉王国
　　　〈B 〉帝国
　　　〈C 〉朝
　　　〈D 〉朝
　　　〈E 〉〈F 〉
　　　〈G 〉〈H 〉

都市名(a)
　　　(b)—聖遷→(c)
　　　(d)(e)

重要用語【Ⅰ 】の戦い
　　　　【Ⅱ 】の戦い

作業❶ 凡例の領域を着色しよう。

作業❷ 次のアラブ・イスラーム拡大
の経過を着色し, ウマイヤ朝の最大領域を色でたどってみよう。
ムハンマド時代(▨)→正統カリフ時代(▢)→ウマイヤ朝(— ・—・—)

作業❸ 次の範囲やルートを色でたどってみよう。
玄奘の行路(——→)　義浄の行路(----≡----)　分裂前の突厥勢力範囲(·········)

3 8世紀の世界 ▶P.56・57

凡例
フランク王国　ビザンツ帝国　吐蕃
ウイグル　渤海　新羅

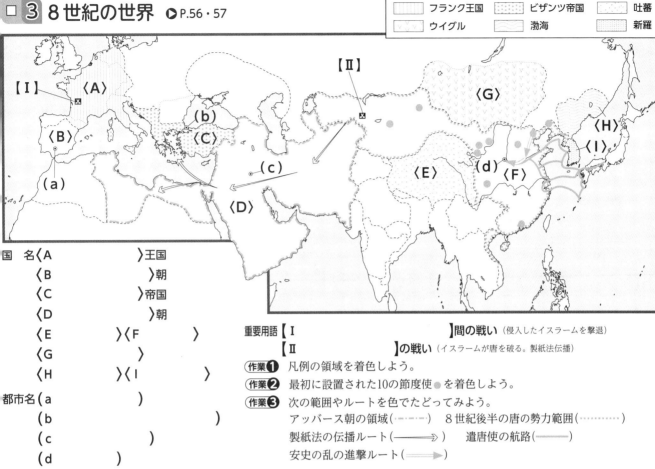

国　名〈A　　　　　〉王国
　　　〈B　　　　　〉朝
　　　〈C　　　　　〉帝国
　　　〈D　　　　　〉朝
　　　〈E　　　〉〈F　　　〉
　　　〈G　　　　　〉
　　　〈H　　〉〈I　　　〉
都市名（a　　　　）
　　　（b　　　　　　　）
　　　（c　　　　　）
　　　（d　　　）

重要用語【Ⅰ　　　　　　　】間の戦い（侵入したイスラームを撃退）
　　　　【Ⅱ　　　　　　　】の戦い（イスラームが唐を破る。製紙法伝播）

(作業❶) 凡例の領域を着色しよう。
(作業❷) 最初に設置された10の節度使●を着色しよう。
(作業❸) 次の範囲やルートを色でたどってみよう。
　　アッバース朝の領域（-・-・-）　8世紀後半の唐の勢力範囲（……）
　　製紙法の伝播ルート（――▷）　遣唐使の航路（――）
　　安史の乱の進撃ルート（―▷）

7世紀〜8世紀の世界

4 7世紀〜8世紀頃の東南アジア ▶P.34 1 A, 55, 57

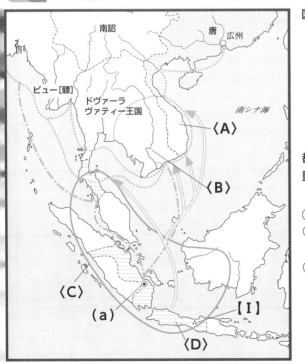

国　名〈A　　　　（中国名：林邑, 環王）〉
（2世紀末〜17世紀, チャム人, 南シナ海の交易を担った港市国家）
〈B　カンボジア（中国名：　　　　）〉
（6世紀〜15世紀, クメール人国家, ヒンドゥー教の影響が強い）
〈C　　　　　　　（中国名：室利仏逝）〉
（7世紀〜14世紀, スマトラ島を中心にマラッカ海峡の海上交易を担った港市国家）
〈D　　　　　　〉朝
（8世紀〜9世紀頃, ジャワ島　一時スマトラ・マレー・インドシナ方面に勢力拡大）
都市名（a　　　　　）（シュリーヴィジャヤ王国の中心都市）
重要用語【Ⅰ　　　　　】
（ジャワ島　シャイレンドラ朝が建立した大乗仏教寺院の遺跡）

(作業❶) 唐の領域（▨）を着色しよう。
(作業❷) シャイレンドラ朝の海上進出ルート（⇒）をたどり, その最大
勢力範囲（▭）を着色しよう。
(作業❸) 次の交易ルートをそれぞれたどってみよう。
　　古くからの交易ルート（……）
（マレー半島を横断するため荷物の積み替えと陸路運搬が必要）
　　7世紀から主要路となったマラッカ海峡ルート（-・-・-）
（交易ルートの変化により, 扶南は衰退, シュリーヴィジャヤ王国が栄えた）

□ 1 年表学習 ▶ P.218・219

	←B.C.｜A.D.→																							
世紀	5	4	3	2	1	1	2	3	4	5	6	7	8	9	10	11	12	13	14	15	16	17	18	19	20	21
日本		弥生					古墳		飛鳥	奈良	平安		鎌倉	室町	安土桃山	江戸		明治	大正	昭和	平成

年	西ヨーロッパ ▶ P.100,103,110	東ヨーロッパ ▶ P.104,106	西アジア～北アフリカ ▶ P.87,88,89	南・東南アジア ▶ P.34	中国・北東アジア ▶ P.52,64	日本
900	910 【❶ 　　　】修道院設立　962 オットー1世の戴冠 →〈❷ 　　　〉帝国成立　987 [❸ 　　　] が**カペー朝**創設	976 〈❿ 　　　〉**帝国**でバシレイオス2世即位 …マケドニア朝最盛期　988頃 キエフ公国の [⓫ 　　　] ギリシア正教に改宗	909 チュニジア〈⓬ 　　　〉**朝**成立　946 〈⓭ 　　　〉**朝**, バグダード入城　969 〈⓬〉朝, エジプト征服 →（⓮ 　　　） 建設	929 ジャワ島〈⓲ 　　　〉**朝**成立　962 アフガニスタン**ガズナ朝**成立	907 朱全忠により, 〈㉑ 　　　〉滅亡 →【㉒ 　　　】**時代**　916 [㉓ 　　　] が**遼[契丹]**建国	935 承平天慶の乱 ※地方武士おこ
1000	1054 【❹ 　　　】**教会**, 【❺ 　　　】正教会, 互いに破門し, 教会の東西分裂　1066 [❻ 　　　] が**ノルマン朝**創設　1076 【❼ 　　　】闘争　1095 【❽ 　　　】宗教会議…教皇ウルバヌス2世【❾ 　　　】提唱　1096～99 第1回【❾】	1071 マンジケルトの戦い…〈❿〉帝国がセルジューク朝に敗れる →〈❿〉皇帝, ローマ教皇に支援を要請	1038 トゥグリル=ベクが〈⓯ 　　　〉**朝**創設　1055 トゥグリル=ベク, バグダード入城→【⓰ 　　　】の称号授かる　1056 北アフリカ〈⓱ 　　　〉**朝**成立	1009 ベトナム〈⓳ 　　　〉成立　1044 ビルマ〈⓴ 　　　〉**朝**成立	960 [㉔ 　　　] [太祖] が**宋**建国　1004 【㉕ 　　　】…宋・遼間の和議　1038 李元昊が〈㉖ 　　　〉建国　1069 [㉗ 　　　] の新法が始まる	＊国風化 ＊藤原全盛　1019 刀の入寇　1086 白河上皇, 院政開始

□ 2 10世紀の世界 ▶ P.62・63

凡例 — □ 神聖ローマ帝国　▦ ビザンツ帝国　▨ ファーティマ朝　▧ ブワイフ朝

国名 〈A 　　　〉帝国
〈B 　　　〉公国
〈C 　　　〉帝国
〈D 　　　〉朝　〈E 　　　〉朝
〈F 　　　〉（耶律阿保機が建国）
都市名（a 　　　）（後ウマイヤ朝の都）
（b 　　　）（c 　　　）

作業❶ 凡例の領域を着色しよう。
作業❷ 遼[契丹]の勢力範囲（———）を色でたどり, 後晋が遼に割譲した燕雲十六州（▨）を着色しよう。

□ 3 11世紀の世界　●P.66・67

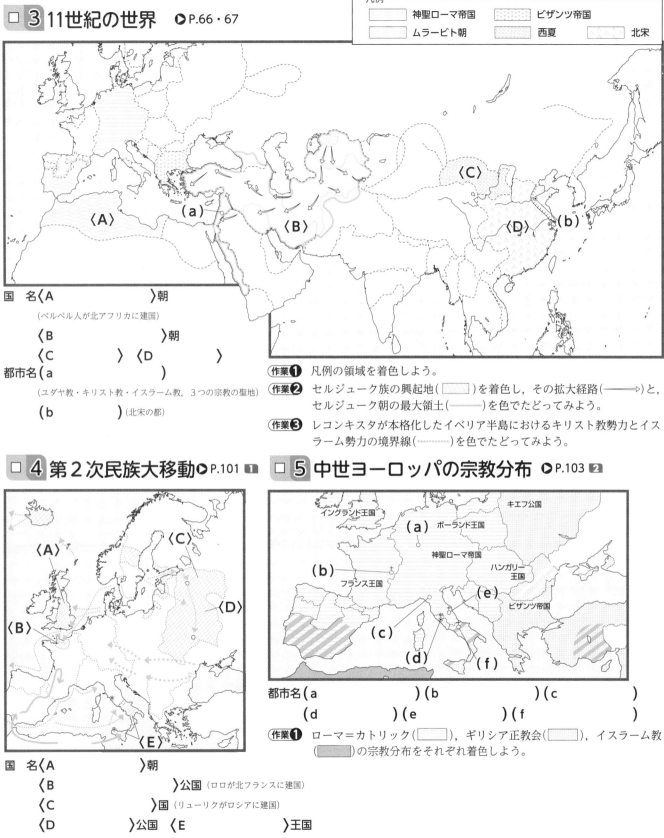

凡例
- 神聖ローマ帝国
- ビザンツ帝国
- ムラービト朝
- 西夏
- 北宋

国　名〈A　　　　　　〉朝
　　　（ベルベル人が北アフリカに建国）

　　　〈B　　　　　　　　〉朝
　　　〈C　　　　　〉〈D　　　　　〉

都市名（a　　　　　　　　　）
　　　（ユダヤ教・キリスト教・イスラーム教，3つの宗教の聖地）

　　　（b　　　　　　　）（北宋の都）

作業❶ 凡例の領域を着色しよう。

作業❷ セルジューク族の興起地（ □ ）を着色し，その拡大経路（━━▷）と，セルジューク朝の最大領土（━━━）を色でたどってみよう。

作業❸ レコンキスタが本格化したイベリア半島におけるキリスト教勢力とイスラーム勢力の境界線（⋯⋯⋯）を色でたどってみよう。

□ 4 第2次民族大移動　●P.101 ①

国　名〈A　　　　　　〉朝

　　　〈B　　　　　　　　〉公国（ロロが北フランスに建国）

　　　〈C　　　　　　〉国（リューリクがロシアに建国）

　　　〈D　　　　〉公国　〈E　　　　　　〉王国

作業❶ ノルマン人（⋯⋯▷），マジャール人（⋯⋯▷），イスラーム勢力（━━▷）の移動経路を色でたどってみよう。

作業❷ ノルマン人の移動先（ □ ）を着色しよう。

□ 5 中世ヨーロッパの宗教分布　●P.103 ②

都市名（a　　　　　　　　）（b　　　　　　　　）（c　　　　　　　）

　　　（d　　　　　　　　）（e　　　　　　　　）（f　　　　　　　）

作業❶ ローマ=カトリック（ □ ），ギリシア正教会（ □ ），イスラーム教（ □ ）の宗教分布をそれぞれ着色しよう。

□1 年表学習 ▶P.218～221

	←B.C.｜A.D.→	
世紀	5 4 3 2 1 1 2 3 4 5 6 7 8 9 10 11 12 13 14 15 16 17 18 19 20 21	
日本	弥生／古墳　奈良／平安　鎌倉 室町 安土桃山 江戸 明治 大正 昭和 平成	

年	西ヨーロッパ▶P.103,104,107,110	東ヨーロッパ▶P.70	西アジア～北アフリカ▶P.70,87,93	南・東南アジア▶P.34,94	中国・北東アジア▶P.64,70	日本
1100	1122 【❶　　　】協約…叙任権闘争終結　1154 [❷　　　]がプランタジネット朝創設　1198 ローマ教皇 [❸　　　]即位…教皇権の絶頂			＊　カンボジア【⓱　　　】の建設 1148頃 ゴール朝成立 イスラーム勢力の北インド支配	1115 [ⓢ　　　]が金建国　1126 【㉓　　　】の変…金，北宋を滅ぼす　1127 〈㉔　　　〉成立	1167 平清盛，太政大臣 1185 平氏滅亡 1192 源頼朝，征夷大将軍
1200	1169 [⑪　　　]がアイユーブ朝創設（都：カイロ）1187 [⑪]が（⑫　　　）を十字軍から奪回			1206 インド [⓲　　　]が奴隷王朝創始	1206 [㉕　　　]がモンゴル帝国建国 1236 オゴタイ＝ハーンの命でバトゥ西征	1221 承久の乱
	1202～04 第4回十字軍…（❹　　　）を占領，〈❺　　　〉帝国樹立					
	1215 ジョン王，【❻　　　】承認	1236 [❽　　　]率いるモンゴル軍，ヨーロッパ遠征　1241 【❾　　　】の戦い…モンゴル軍，ドイツ・ポーランド連合軍撃破	1250 〈⑬　　　〉朝成立　1258 [⑭　　　]がアッバース朝を滅ぼす →〈⑮　　　〉国建国	1225 ベトナム〈⑲　　　〉成立 1257 タイ〈⑳　　　〉朝成立	1271 [㉖　　　]が国号を元と定める 1274 【㉗　　　】…元・高麗の日本遠征	1232 御成敗式目
	1273 ハプスブルク家のルドルフ1世，神聖ローマ皇帝即位　1295 イギリス【❼　　　】開催	1243 [❽]が〈⑩　　　〉国建国	1299 オスマン1世即位：〈⑯　　　〉帝国初代皇帝	1299 ビルマ〈㉑　　　〉朝，元に滅ぼされる	1279 【㉘　　　】の戦い…元，南宋を滅ぼす 1281 【㉙　　　】…元の日本再遠征	

□2 12世紀の世界 ▶P.68・69

凡例

	イングランド王国		アイユーブ朝		金		南宋		大越国[李朝]

国　名〈A　　　　　　　〉朝
　　　　（サラディンがエジプトに建てた王朝）
　　　　〈B　　　　　〉〈C　　　　　〉
　　　　〈D　　　　　〉〈E　　　　　　　〉
都市名（a　　　　　　）
　　　　（b　　　　　　）（大越国[李朝]の都）

作業❶　凡例の領域を着色しよう。
作業❷　フランスにおけるイングランド領（・・・・・・）を凡例のイングランド王国（　　　）と同じ色で囲み，イングランド王の広大な所領を確認しよう。
作業❸　次の範囲を色でたどろう。ゴール朝の範囲（―――）

□ ③ 13世紀の世界 ▶P.72・73

凡例
- マムルーク朝
- キプチャク＝ハン国
- イル＝ハン国
- 元
- 奴隷王朝

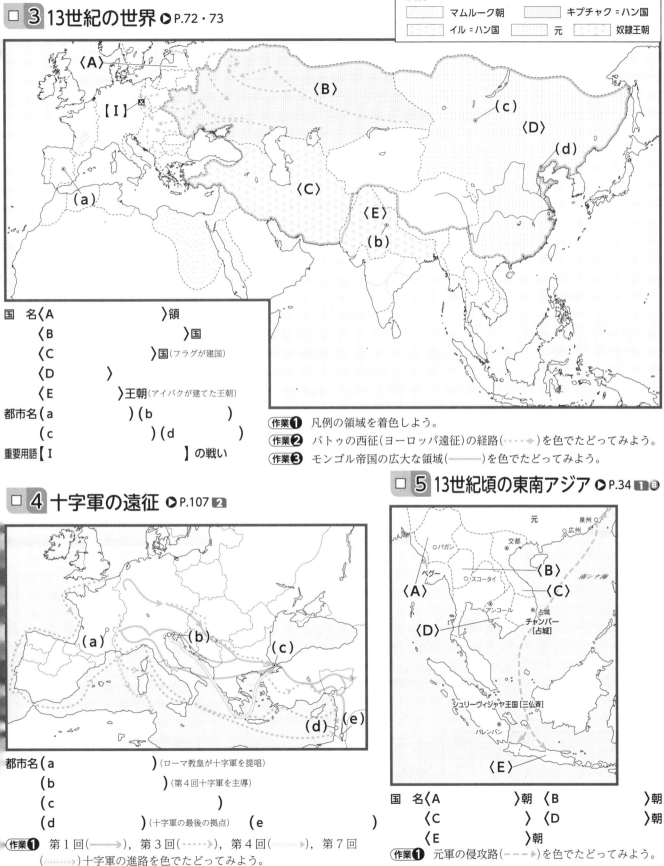

国　名〈A　　　　　　　　　〉領
　　　〈B　　　　　　　　　　　〉国
　　　〈C　　　　　　　　　〉国 (フラグが建国)
　　　〈D　　　　　　　　〉
　　　〈E　　　　　　〉王朝 (アイバクが建てた王朝)
都市名 (a　　　　　　　) (b　　　　　　　　)
　　　 (c　　　　　　　　) (d　　　　　　　)
重要用語【Ⅰ　　　　　　　　　　】の戦い

作業❶　凡例の領域を着色しよう。
作業❷　バトゥの西征 (ヨーロッパ遠征) の経路 (┄┄→) を色でたどってみよう。
作業❸　モンゴル帝国の広大な領域 (─────) を色でたどってみよう。

縦書き: 12世紀〜13世紀の世界

□ ④ 十字軍の遠征 ▶P.107 ❷

都市名 (a　　　　　　　　　) (ローマ教皇が十字軍を提唱)
　　　 (b　　　　　　　　　) (第4回十字軍を主導)
　　　 (c　　　　　　　　　)
　　　 (d　　　　　　　　) (十字軍の最後の拠点)　(e　　　　　　　)

作業❶　第1回 (─────)，第3回 (┄┄┄)，第4回 (━━━▶)，第7回
　　　 (├┼┼┼┼┤) 十字軍の進路を色でたどってみよう。

□ ⑤ 13世紀頃の東南アジア ▶P.34 ❶❽

（地図内ラベル）元／泉州／広州／パガン／交都／ペグー／スコータイ／〈B〉／南シナ海／〈A〉／〈C〉／アンコール／占城 チャンパー [占城]／〈D〉／シュリーヴィジャヤ王国 [三仏斉]／パレンバン／〈E〉

国　名〈A　　　　　　〉朝　〈B　　　　　　〉朝
　　　〈C　　　　　　〉　　〈D　　　　　　〉朝
　　　〈E　　　　　　〉朝

作業❶　元軍の侵攻路 (─ ─ ─→) を色でたどってみよう。

□ **1 年表学習** ▶ P.220～223

	←B.C.	A.D.→																								
世紀	5	4	3	2	1	1	2	3	4	5	6	7	8	9	10	11	12	13	14	15	16	17	18	19	20	21
日本		弥生				古墳			飛/奈	平安							鎌倉	室町	安土桃山	江戸		明治	大正	昭和	平成/令和	

年	アメリカ ▶ P.116	ヨーロッパ ▶ P.110,126,128,129,131	西アジア～北アフリカ ▶ P.92,93	南・東南アジア ▶ P.94	中国・北東アジア ▶ P.74,75	日
1400		1453 【❻　　　】戦争終結 1455 【❼　　　】戦争 1479 **スペイン王国**成立	1402 【⓱　　　】 の戦い 1453 オスマン帝国,		**明の支配** 1405 【㉖　　　】 の南海大遠征	
	1492 【❶　　　】 サンサルバドル島 到達	1485 〈❽　　　　　〉朝成立 1492 レコンキスタ完了 （グラナダ陥落）	〈⓲　　　　　〉 帝国滅ぼす 1501 イランで	1498 【㉓	1446 朝鮮, 【㉗　　　】制定 1449【㉘　　　】の	1467 応 乱
1500	1500 【❷　　　】 ブラジル漂着	1517 【❾　　　　】が「九十五 カ条の論題」発表 1519 【❿　　　　】が世界	〈⓳　　　　　〉 朝成立 1517 オスマン帝国,	】が カリカット到着	変…オイラトに英宗捕 われる	
	1501 【❸ 　　　】中南米探検	周航に出発 1534 【⓫　　　　】がイ ギリス国教会設立	〈⓴　　　　　〉 朝滅ぼす 1520 【㉑		*後期倭寇 1550 タタールの北京包囲	1573 室 府
	1521 【❹ 　　　】がアステカ王国滅 ぼす	1555 【⓬　　　　　】 の和議 1556 ハプスブルク家分立	】即位…オス マン帝国の最盛期 1529 オスマン帝国の	1526 〈㉔　　　　　〉 **帝国**成立	**北虜南倭** …タタールと後期倭寇 の侵入激化	1582 本 の
	1533 【❺ 　　　】が インカ帝国滅ぼす	1562 【⓭　　　　】戦争 1568 【⓮　　　　】戦争	第1次【㉒　　　　】 包囲	1556 【㉕　　　　】 即位…〈㉔〉帝 国の最盛期	1572 【㉙　　　】 の改革 1581頃【㉚　　　】	1590 豊 吉 下
		1571 【⓯　　　　　】の海戦 …スペインなどがオスマン帝国を破る 1589 〈⓰　　　　　〉朝成立			全国的に施行 1592～93, 97～98 【㉛　　　　】倭乱	

□ **2 15世紀の世界** ▶ P.76・77

凡例　□ オスマン帝国　□ マムルーク朝　□ ティムール朝　□ 明

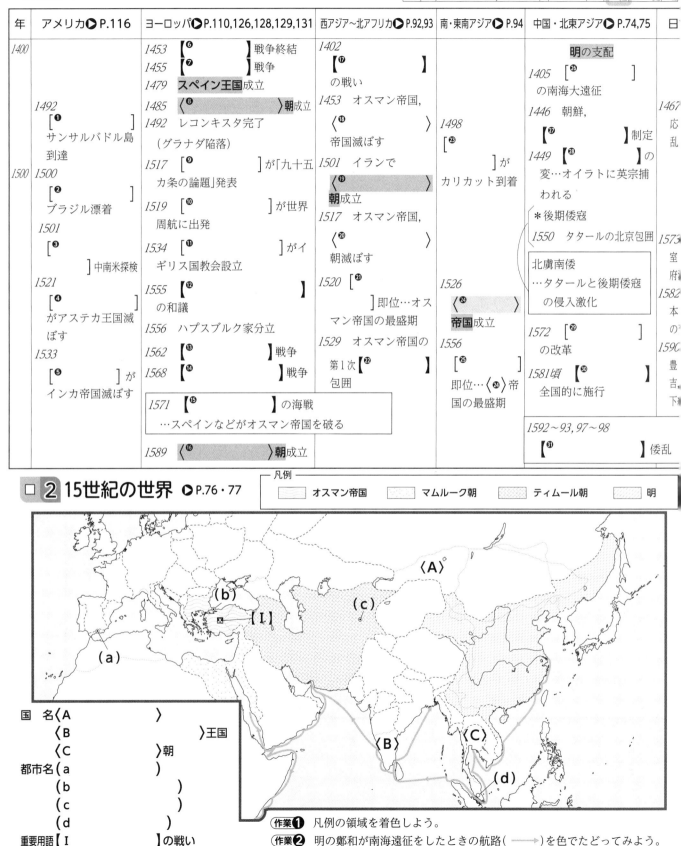

国　名〈A　　　　　　〉
　　　〈B　　　　　　　〉王国
　　　〈C　　　　　〉朝
都市名（a　　　　）
　　　（b　　　　）
　　　（c　　　　）
　　　（d　　　　）
重要用語【I　　　　　】の戦い

作業❶ 凡例の領域を着色しよう。
作業❷ 明の鄭和が南海遠征をしたときの航路（──▶）を色でたどってみよう。

□ 3 16世紀の世界 ▶P.117 ❶

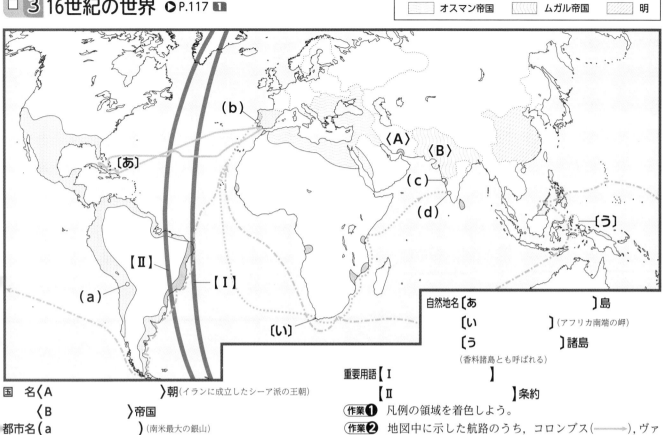

自然地名〔あ　　　　　　　〕島
　　　　〔い　　　　　　　〕(アフリカ南端の岬)
　　　　〔う　　　　　　　〕諸島
　　　　(香料諸島とも呼ばれる)

重要用語【Ⅰ　　　　　　　】
　　　　【Ⅱ　　　　　　　】条約

国　名〈A　　　　　　　　〉朝(イランに成立したシーア派の王朝)
　　　〈B　　　　　　〉帝国
都市名(a　　　　　　　)(南米最大の銀山)
　　　(b　　　　　　　)
　　　(c　　　　　　)(ポルトガルが総督府を設置)
　　　(d　　　　　　)(ヴァスコ＝ダ＝ガマが到達)

(作業❶) 凡例の領域を着色しよう。
(作業❷) 地図中に示した航路のうち，コロンブス(――→)，ヴァスコ＝ダ＝ガマ(……→)，マゼラン(―・―→)の航路をそれぞれ色でたどってみよう。
(作業❸) スペインとその植民地(□□□)，ポルトガルとその交易拠点・植民地(□□□)をそれぞれ着色しよう。

□ 4 16世紀中頃のヨーロッパ ▶P.127 ❼

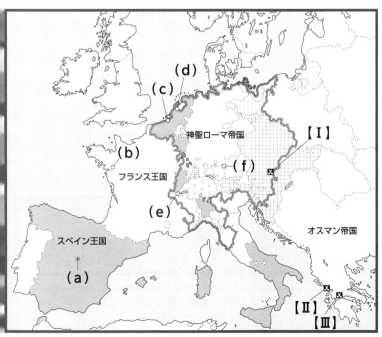

凡例
スペイン＝ハプスブルク家領
オーストリア＝ハプスブルク家領
ブランデンブルク，プロイセン公国
スイス

都市名(a　　　　　　)
　　　(b　　　　　　)
　　　(c　　　　　　　)
　　　(d　　　　　　　)
　　　(e　　　　　　　)
　　　(カルヴァンが神権政治をおこなう)
　　　(f　　　　　　　)
重要用語【Ⅰ　　　　　　　】包囲
　　　　【Ⅱ　　　　　　】の海戦
　　　　【Ⅲ　　　　　　　】の海戦

(作業❶) 凡例の領域を着色しよう。
(作業❷) 神聖ローマ帝国の境界(――)を色でたどってみよう。

26 17世紀～18世紀の世界

□ 1 年表学習 ▶P.222～225

世紀	5	4	3	2	1	1	2	3	4	5	6	7	8	9	10	11	12	13	14	15	16	17	18	19	20	21
日本			弥生						古墳				奈良	平安				鎌倉	室町		安土桃山	江戸		明治大正	昭和・平成令和	

←B.C.|A.D.→

年	アメリカ▶P.144	ヨーロッパ▶P.128,129,131,132,134	西アジア▶P.92,93	南・東南アジア▶P.94,96		中国・朝鮮▶P.79	日本
1600	1607 [❶　　] 植民地建設 1620 ピルグリム＝ファーザーズが(❷　　)上陸	1600 【❻　　】会社設立(英) 1618 【❼　　】戦争(～48) 1642 【❽　　】革命(英) 1648 【❾　　】条約… スイスと〈❿　　〉の独立承認 1688 【⓫　　】革命(英) 1689 【⓬　　】条約 …ロシアの〈⓭　　〉朝と清の国境画定	**オスマン帝国**の統治(1299～) 1683 オスマン帝国の第2次【⓳　　】包囲失敗 1699 カルロヴィッツ条約…オーストリアに〈⓴　　〉割譲	**ムガル帝国**の支配(1526～) 5代シャー＝ジャハーンがアグラに【㉒　　】建設	1623 【㉕　　】事件	**清**の支配 《ヌルハチ》 1616〈㉘　　〉建国 《ホンタイジ》 1636 国号を〈㉙　　〉と改称 1637 朝鮮の服属 《順治帝》 1644〈㉚　　〉の滅亡, 北京へ遷都	1603 江戸府成 1641 鎖国成
1700	1756 【❸　　】戦争[七年戦争](～63) 1775 【❹　　】戦争 1787 【❺　　】制定	1701 【⓮　　】継承戦争 →1713 ユトレヒト条約 1727 【⓯　　】条約…ロシア・清間 1740 【⓰　　】継承戦争 1769 ワットが蒸気機関を実用化 1772 第1回【⓱　　】分割 (1793 第2回, 1795 第3回) 1789 【⓲　　】革命勃発	1736 〈㉑　　〉朝滅亡	6代[㉓　　]が帝国の最大領土実現 1757 【㉔　　】の戦い	1752 ビルマ **コンバウン朝**成立 1767 タイ〈㉖　　〉朝滅亡 1782 タイ〈㉗　　〉**朝**成立	《[㉛　　]帝》 1689 【⓬】条約 《[㉜　　]帝》 1727 【⓯】条約 《乾隆帝》 1757 外国との貿易を(㉝　　)1港に限定	1716 享保改革 1787 寛政改革

□ 2 17世紀の世界 ▶P.80・81

凡例　オスマン帝国　サファヴィー朝　ムガル帝国　清

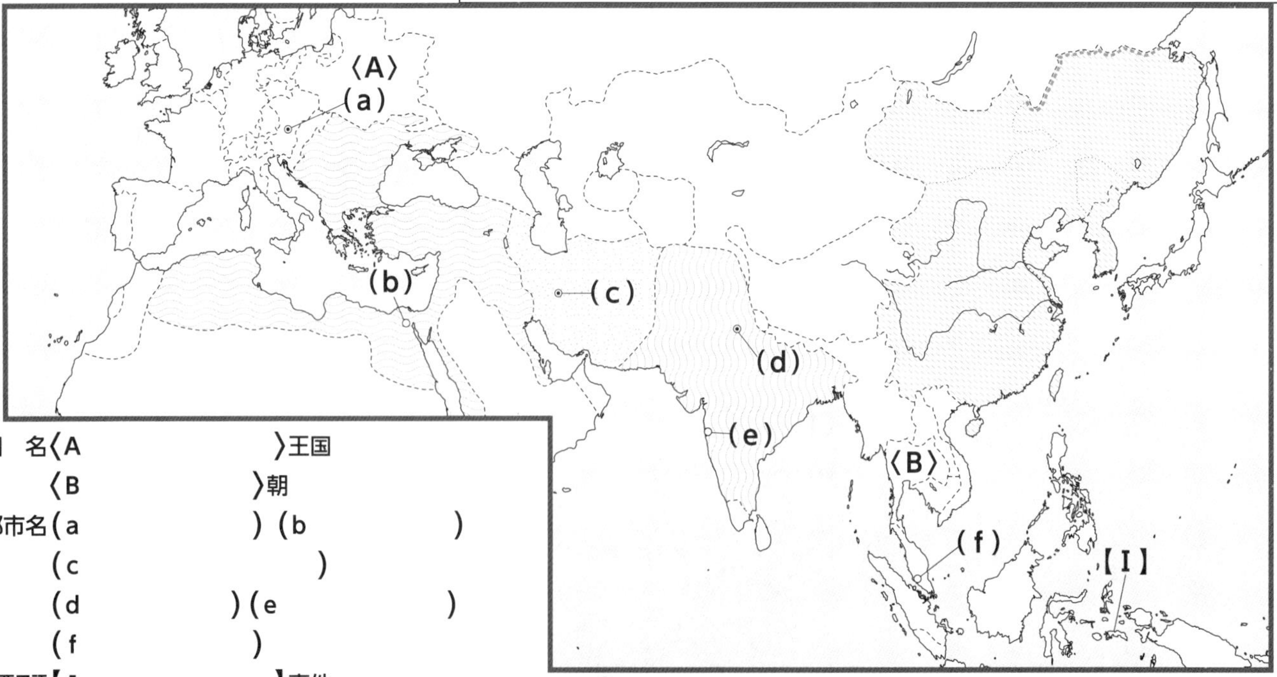

国　名〈A　　　　　〉王国
〈B　　　　　〉朝
都市名 (a　　　　　) (b　　　　　)
(c　　　　　)
(d　　　　　) (e　　　　　)
(f　　　　　)
重要用語【I　　　　　】事件

作業❶ 凡例の領域を着色しよう。

作業❷ 1689年にロシアと清の間で結ばれたネルチンスク条約によって定められた国境線(------)を色でたどってみよう。

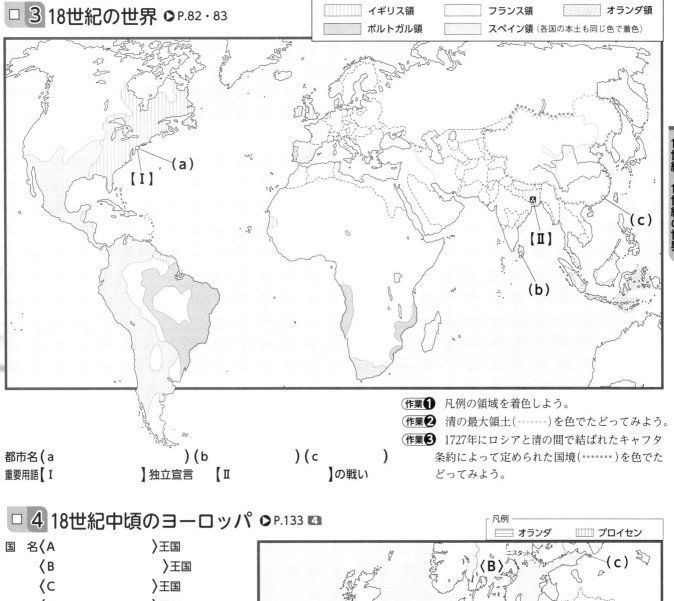

□ ③ 18世紀の世界 ▶ P.82・83

凡例
- ▯▯▯ イギリス領
- ▭ フランス領
- ▨ オランダ領
- ▤ ポルトガル領
- ▨ スペイン領（各国の本土も同じ色で着色）

都市名（a　　　　　　　）（b　　　　　　）（c　　　　）
重要用語【Ⅰ　　　　　】独立宣言　【Ⅱ　　　　　　　　】の戦い

作業❶ 凡例の領域を着色しよう。
作業❷ 清の最大領土(‥‥‥)を色でたどってみよう。
作業❸ 1727年にロシアと清の間で結ばれたキャフタ条約によって定められた国境(‥‥‥)を色でたどってみよう。

17世紀～18世紀の世界

□ ④ 18世紀中頃のヨーロッパ ▶ P.133 ④

凡例
- ▭ オランダ
- ▯▯▯ プロイセン

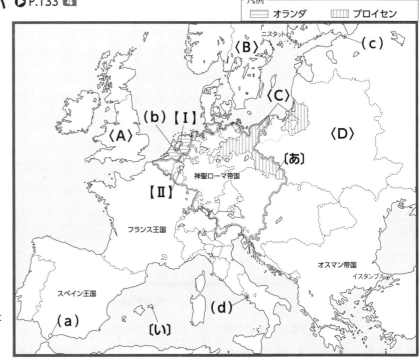

国　名〈A　　　　　　〉王国
　　　〈B　　　　　　　〉王国
　　　〈C　　　　　　〉王国
　　　〈D　　　　　　〉王国
都市名（a　　　　　　）
　　　（b　　　　　　）
　　　（c　　　　　　）
　　　（d　　　　）
地名など【あ　　　　　　】地方
　　　　〔い　　　　　〕島
重要用語【Ⅰ　　　　　　】条約
（1713年　スペイン継承戦争講和条約）
　　　　【Ⅱ　　　　　　】の和約
（1748年　オーストリア継承戦争の講和条約）

作業❶ 凡例の領域を着色しよう。
作業❷ 神聖ローマ帝国の境界(───)を色でたどってみよう。

□ 1 年表学習 ▶ P.226〜229

	←B.C.｜A.D.→	
世紀	5 4 3 2 1 ｜ 1 2 3 4 5 6 7 8 9 10 11 12 13 14 15 16 17 18 19 20 21	
日本	弥生　｜　古墳　｜飛鳥｜平安｜鎌倉｜室町｜江戸｜明治大正｜昭和・平成	

年	アメリカ ▶ P.151,160	ヨーロッパ ▶ P.148,157,162,171,172,178,182	西アジア・アフリカ ▶ P.168	南・東南アジア ▶ P.166,168,172	中国・朝鮮 ▶ P.169,175	日
1800	1804 世界最初の 黒人共和国 〈❶　　　　〉 の誕生 1819 大コロンビア共和国成立, [❷　　　　] が主導 1861 [❸　　　　] 戦争勃発 1863 [❹　　　　] 宣言	1812 [❺　　　　] のロシア遠征失敗 1814 [❻　　　　]会議(〜15) 1840 ロンドン会議 ロシアの[❼　　　　]政策挫折 1848 二月革命, 三月革命 1853 [❽　　　　]戦争 ロシアの[❼]政策挫折 1861 〈❾　　　　〉王国の成立 1870 [❿　　　　]戦争 1878 [⓫　　　　]会議 ロシアの[❼]政策挫折	1805 エジプト [⓲　　　　]の改革進む 1869 [⓳　　　　]運河開通 1876 [⓴　　　　]憲法	1802 ベトナム 西山朝滅ぼし, 〈㉑　　〉朝成立 1826 イギリスの海峡植民地成立 1857 [㉒　　　]の大反乱 1858 ベトナムにフランス軍事介入開始, 領土拡大 1877 インド帝国成立 (皇帝:[㉓　　　]女王)	1840 [㉕　　　]戦争 1851 [㉖　　　]樹立 1856 [㉗　　　]戦争	1841 天 改 1867 大 還
1900	1917 アメリカが連合国側で参戦	1882 [⓬　　　　]成立(独・墺・伊)← 1898 [⓭　　　　]事件 1899 [⓮　　　　]戦争 1907 [⓯　　　　]成立(英・仏・露)← 1914 [⓰　　　　]勃発 1919 [⓱　　　　]条約調印		1884 [㉔　　　]戦争 1887 仏領インドシナ連邦成立 1904 オランダ領東インド成立	1894 [㉘　　　]戦争 1900 [㉙　　　]事件 1910 [㉚　　　]併合 1911 [㉛　　　]革命 1912 清朝滅亡	1904 日

□ 2 19世紀の世界 ▶ P.141 4 Ⓐ, 150 1, 151 4 Ⓑ, 162 2, 176 1

凡例
イギリス本国とその植民地

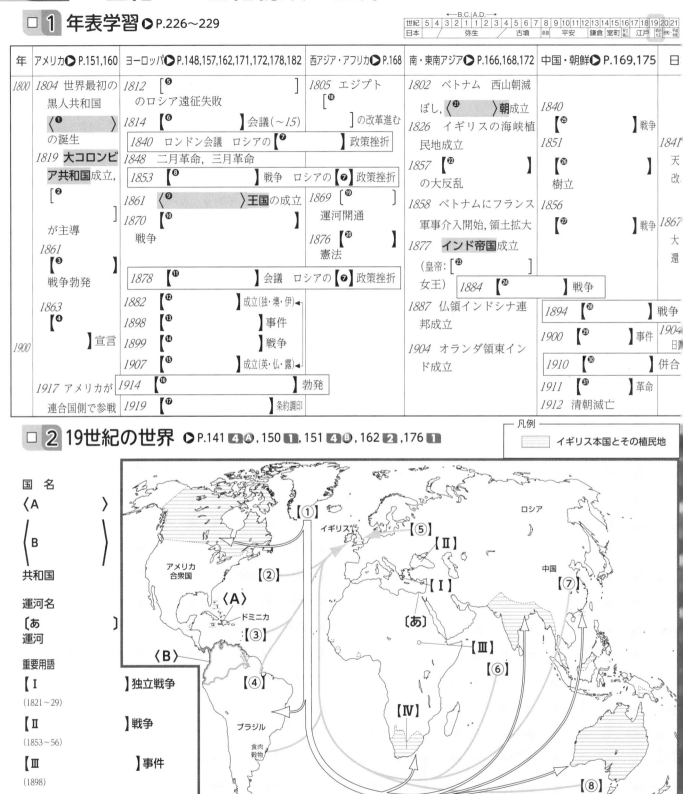

国　名
〈A　　　　〉
〈B　　　　〉
共和国

運河名
〔あ　　　　〕
運河

重要用語
【Ⅰ　　　　】独立戦争
(1821〜29)
【Ⅱ　　　　】戦争
(1853〜56)
【Ⅲ　　　　】事件
(1898)
【Ⅳ　　　　】戦争
(1899〜1902)

作業❶ 凡例の領域を着色しよう。

作業❷ イギリスの主要輸出品目は何か答えよう。
【①　　　　】

作業❸ 世界各地からイギリスへ流入する品目を答え, その流れを示す矢印(→)
を色でたどってみよう。【②　　　　】【③　　　　】
【④　　　　】【⑤　　　　】【⑥　　　　】
【⑦　　　　】【⑧　　　　】

□ 3 20世紀初頭の世界 ▶ P.166・167

凡例
イギリス　フランス　ドイツ　イタリア
オランダ　スペイン　ポルトガル（各国の本土も同じ色で着色）

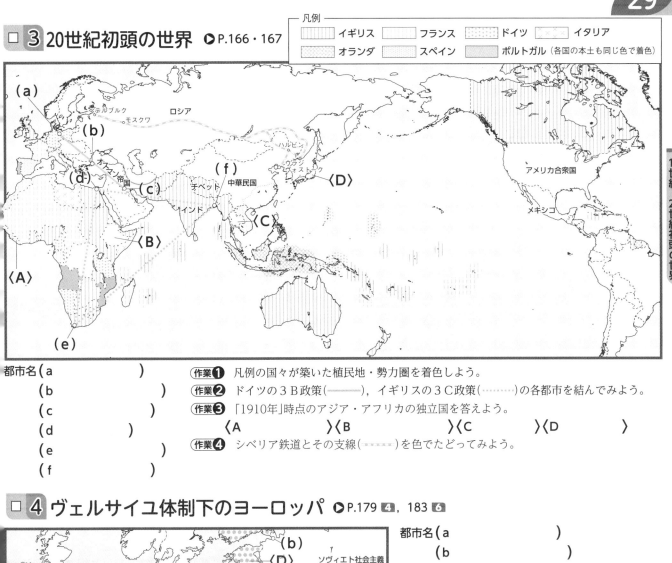

都市名（a　　　　　　　　）
　　　（b　　　　　　　　）
　　　（c　　　　　　　）
　　　（d　　　　　）
　　　（e　　　　　　）
　　　（f　　　　　）

作業❶　凡例の国々が築いた植民地・勢力圏を着色しよう。
作業❷　ドイツの3B政策（————），イギリスの3C政策（‥‥‥‥）の各都市を結んでみよう。
作業❸　「1910年」時点のアジア・アフリカの独立国を答えよう。
　　　　〈A　　　　　　〉〈B　　　　　　　〉〈C　　　　　〉〈D　　　　　〉
作業❹　シベリア鉄道とその支線（‥‥‥‥‥）を色でたどってみよう。

□ 4 ヴェルサイユ体制下のヨーロッパ ▶ P.179 4 , 183 6

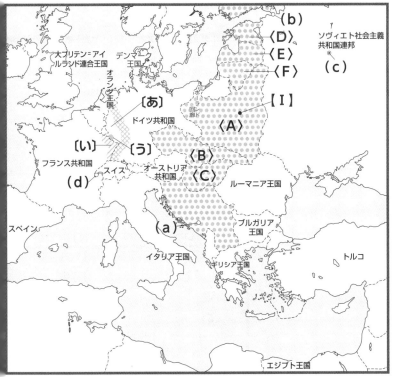

都市名（a　　　　　　　　）
　　　（b　　　　　　　　）
　　　（c　　　　　　）
　　　（d　　　　　　　　）（国際連盟の本部が置かれた）

重要用語【I　　　　　　　　】条約
（1918年　ロシア・ドイツ間の講和条約）

地域名〔あ　　　　　　　〕
（ヴェルサイユ条約で非武装化）

〔い　　　　　　　　　　〕地方
（鉄鉱石と石炭の産地，フランスとドイツ間の係争地になる）

〔う　　　　　　　〕地方
（国際管理地域）

国　名〈A　　　　　　　〉共和国
　　　〈B　　　　　　　〉共和国
　　　〈C　　　　　　〉王国

作業❶　第一次世界大戦後に誕生した独立国（　　　　）
　　　を着色しよう。そのうち，バルト3国を答えよう。
　　　〈D　　　　　〉〈E　　　　　〉
　　　〈F　　　　　〉

□ 1 年表学習 ▶ P.230・231

世紀	5	4	3	2	1	1	2	3	4	5	6	7	8	9	10	11	12	13	14	15	16	17	18	19	20	21
日本				弥生				古墳		飛鳥		平安				鎌倉	室町		安土桃山	江戸			明治	昭和	平成令和	

←B.C.│A.D.→

年	ヨーロッパ ▶ P.191, 193	アジア・太平洋 ▶ P.194
1937	.11【❶　　　　　　　　　　】協定締結	.7【⓮　　　　　　　】事件　.9 第2次国共合作 .12 日本，南京占領＝【⓯　　　　】事件
1938	.9 ミュンヘン会談	
1939	.8【❷　　　　　　】条約締結＝ドイツ・ソ連提携 .9 ドイツの〈❸　　　　　　　〉侵攻→第二次世界大戦開戦 〈❹　　　　　　〉もポーランド・バルト3国に侵攻	.5～.9　ノモンハン事件
1940	.5 ドイツがベルギー・オランダ・ルクセンブルクに侵攻 .6 イタリア参戦　〈❺　　　　　　　　〉がドイツに降伏 .7 フランス，ヴィシー政府成立	.3【⓰　　　　　　　】，南京に日本の傀儡政権樹立 .9【❻　　　　　　　　】同盟締結　.9 日本，北部仏印進駐
1941	.6【❼　　　　　】戦開始 .8 米・英が大西洋会談	.4【⓱　　　　　　　　　】条約締結→.7 日本，南部仏印進駐 .12【⓲　　　　】半島・【⓳　　　　　　　　】奇襲 →太平洋戦争開戦
1942	.7【❽　　　　　　　　　】の戦い開始 .11 連合軍，北アフリカ上陸	.6【⓴　　　　　　　】海戦，日本海軍大敗 .8【㉑　　　　　　】島に米軍上陸
1943	.1 カサブランカ会談　.2【❽】の戦いでドイツ軍敗北 .9〈❾　　　　　　　　　〉が連合国に無条件降伏 .11【❿　　　　】会談…米英中，対日処理　テヘラン会談…米英ソ，対独作戦の確認	.10　学徒出陣始まる
1944	.6 連合軍，【⓫　　　　　　　　　　】上陸　.8 パリ解放	.7 米，サイパン島占領　.10 レイテ沖海戦
1945	.2【⓬　　　　　　】会談…米英ソ，独分割，ソ連対日参戦など .5〈⓭　　　　　　　〉が無条件降伏 .7 ポツダム会談…米英ソ，対独処理，日本へ無条件降伏勧告	.3 東京大空襲　.4 米軍，【㉒　　　　　】本島上陸 .8.6（㉓　　　　　　　）に原爆投下　.8.8〈㉔　　　　　　　〉対日宣戦 .8.9（㉕　　　　）に原爆投下　.8.14【㉖　　　　　　】宣言受

□ 2 ドイツ・イタリアの拡大とスペイン内戦 ▶ P.191 ④

凡例
- ドイツが併合した地域：
  - ▨ オーストリア　　▨ ズデーテン地方
  - ▨ チェコスロヴァキア　　▨ ポーランド西半分
- イタリアが併合した地域：▨ アルバニア
- スペイン：▨ フランコ反乱軍支配地域
  - ▨ 人民戦線支配地域

国　名〈A　　　　　　〉〈B　　　　　〉
　　　〈C　　　　　　　〉
　　　〈D　　　　　　　　　〉
　　　〈E　　　　　　　〉
　　　〈F　　　　　　〉
地域名〔あ　　　　　　　〕
　　　〔い　　　　　　　〕
　　　〔う　　　　　　　〕地方
　　　〔え　　　　　　　〕回廊
重要用語【I　　　　　　　】会談

作業❶ チェコスロヴァキア国境（─・─・─）とポーランド国境（………）をそれぞれ色でたどってみよう。

作業❷ 凡例の地域を着色しよう。

③ ヨーロッパ戦線 ▶P.192 ②, 193 ⑤

凡例

▨ 枢軸国側諸国

▨ おもな中立国

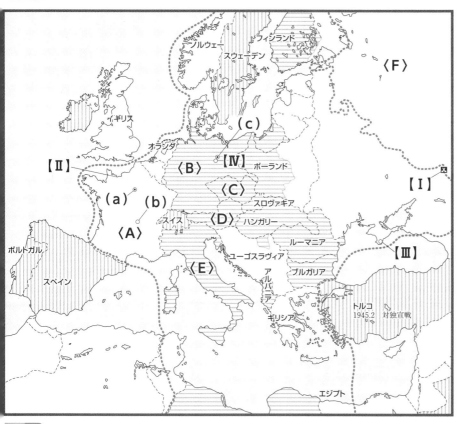

国　名〈A　　　　　　〉

　　　〈B　　　　　　〉

　　　〈C　　　　　　〉

　　　〈D　　　　　　　〉

　　　〈E　　　　　　〉

　　　〈F　　　　　　〉連邦

都市名（a　　　　　）

　　　（b　　　　　）

　　　（c　　　　　）

重要用語【Ⅰ　　　　　　　】

　　　　の戦い

　　　　【Ⅱ　　　　　　】上陸

　　　　【Ⅲ　　　　　】会談

　　　　【Ⅳ　　　　　】会談

20世紀前半（第二次世界大戦）

作業❶ 凡例の国々を着色しよう。

作業❷ 1942年までの枢軸国側の最大支配域（‥‥‥‥）を色でたどってみよう。

④ アジア太平洋戦線 ▶P.194 ①, 195 ⑤

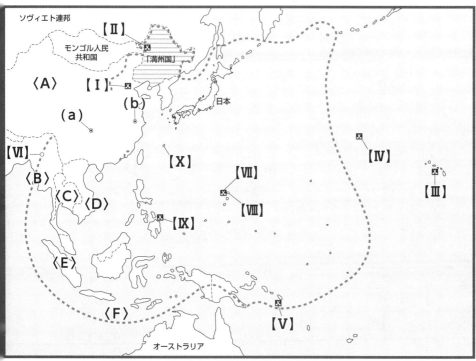

国名など

〈A　　　　　　　　〉

〈B　　　　　　　〉

〈C　　　　　〉

〈D　　　　　　　　〉連邦

〈E　　　　　　　〉

〈F　　　　　　　〉

都市名

（a　　　　　）

（b　　　　　）

重要用語

【Ⅰ　　　　　　　】事件

【Ⅱ　　　　　　　　】事件

【Ⅲ　　　　　　　　】奇襲

【Ⅳ　　　　　　　】海戦

【Ⅴ　　　　　　　】島撤退

【Ⅵ　　　　　　　】作戦

【Ⅶ　　　　　　　】海戦

【Ⅷ　　　　　　　】島陥落

【Ⅸ　　　　　　　】海戦

【Ⅹ　　　　　　】本島上陸

作業❶ 「満州国」の領域（▨）を着色しよう。

作業❷ 日本軍の最大進出地域（‥‥‥‥）を色でたどってみよう。

□ **1** 年表学習 ▶P.196

世紀	5	4	3	2	1	1	2	3	4	5	6	7	8	9	10	11	12	13	14	15	16	17	18	19	20	21
日本			弥生				古墳		飛鳥		平安						鎌倉	室町		安土桃山		江戸		明治大正	昭和	平成

（←B.C.｜A.D.→）

年	資本主義陣営（西側）	社会主義陣営（東側）	第三世界	日本
1940	チャーチル「【❶　　】」演説(46)		【㉚　　】戦争(46〜54)	
	【❷　　】＝ドクトリン発表(47)		インド・パキスタン分離独立(47)	
	【❸　　】＝プラン発表(47) ←→	【❹　　】結成(47)		
	【❺　　】封鎖(48〜49)		〈㉛　　〉建国(48)	
	〈❻　　〉成立(48) ←→	朝鮮民主主義人民共和国成立(48)	→第1次【㉜　　】戦争(48〜49)	
	北大西洋条約機構[【❼　】]結成(49)	経済相互援助会議[COMECON]成立(49)		
	ドイツ連邦共和国[〈❽　〉]成立(49) ←→	ドイツ民主共和国[〈❾　〉]成立(49)		
		〈❿　〉成立(49)		
1950	サンフランシスコ平和条約(51)	【⓫　　】戦争(50〜53)	イラン石油国有化(51)	日米安保条約(5?)
		スターリン死去(53)	エジプト革命(52)	
		【⓬　　】休戦協定(インドシナ戦争休戦)(54)	【㉝　　】会談(54)	
	東南アジア条約機構[SEATO]結成(54)		【㉞　　】会議(55)	日ソ共同宣言(5?)
	西ドイツ,NATO加盟(55) ←→	【⓭　　】条約機構結成(55)		国連加盟(56)
	【⓮　】4巨頭会談(55)		スエズ運河国有化宣言(56)	
		【⓯　　】批判(56)	→第2次【㉜】戦争(56〜57)	
		ハンガリー反ソ暴動(56)	【㉟　　】革命(59)	
	米ソ首脳会談(フルシチョフ訪米)(59)			
1960	【⓰　　】の壁建設(61)		「【㊱　　】の年」(60)	日米新保条約(6?)
	【⓱　　】危機(62)		第1回【㊲　　】首脳会議(61)	
	【⓲　　】戦争(65〜75)		アフリカ統一機構[OAU]結成(63)	
	(米)北爆開始(65)			
	(仏)NATO軍事機構脱退(66)	(中)プロレタリア文化大革命(66〜77)	第3次【㉜】戦争(67)	日韓基本条約(6?)
	ヨーロッパ共同体[EC]発足(67)		東南アジア諸国連合[【㊳　　】]結成(67)	
		【⓳　　】条約[NPT](68)		
		(ソ)「【⓴　　】」弾圧(68)		
	第1次【㉑　　】交渉[第1次SALT](69〜72)			
1970	ニクソン訪中(72)	第2次【㉑】交渉[第2次SALT](72〜79)	第4次【㉜】戦争(73)	日中正常化(?)
	【㉒　　】(パリ)和平協定(73)		→第1次【㊴　　】	
		(ソ)〈㉓　　〉に軍事侵攻(79)	【㊵　　】革命(79)→第2次【㊴】	
1980	(英)フォークランド戦争(82)	(ソ)[【㉔　　】]書記長就任(85)	イラン＝イラク戦争(80〜88)	
	(米)グレナダ侵攻(83)	チェルノブイリ原発事故(86)		
		【㉕　　】[改革]開始(86)		
	【㉖　　】[INF]全廃条約調印(87)			
		ベルリンの壁開放(89)		
		【㉗　　】会談(冷戦の終結)(89)		
1990	【㉘　　】統一(90)		【㊶　　】戦争(91)	
	ヨーロッパ連合[EU]発足(93)	独立国家共同体[CIS]結成,ソ連解体(91)	ユーゴスラヴィア解体進行(91)	
2000	(米)同時多発テロ事件(01)		【㊷　　】戦争(03)	
	→〈㉙　　〉攻撃	ロシア,クリミア半島を併合(14)	「アラブの春」(11)　ISIL台頭(14)	

□2 第二次世界大戦後のヨーロッパ ▶P.197 ❶

凡例
・・・ 北大西洋条約機構[NATO]原加盟国(1949年)
― ワルシャワ条約機構加盟国(1955年)

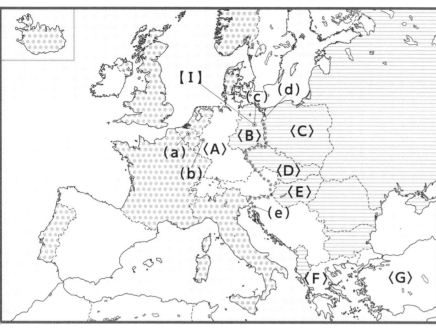

国　名〈A　　　　　　　〉
　　　　（西ドイツ）
　　　〈B　　　　　　　〉
　　　　（東ドイツ）
　　　〈C　　　　　　〉
　　　〈D　　　　　　　〉
　　　〈E　　　　　　〉
　　　〈F　　　　　〉｝（トルーマン=
　　　〈G　　　　　〉｝ドクトリン対象国）
都市名（a　　　　　）
　　　（b　　　　　）
　　　（c　　　　　）
　　　（d　　　　　）
　　　（e　　　　　）
重要用語【I　　　　　】封鎖

作業❶ 凡例の国々を着色しよう。
作業❷ 1946年にチャーチルが「鉄のカーテン」演説で述べたライン（・・・・・）を色でたどってみよう。

□3 第二次世界大戦後のアジア ▶P.202 ❷, 203 ❷, 205 ❷

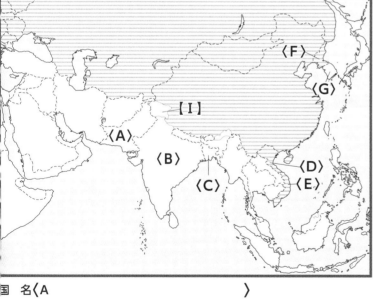

国　名〈A　　　　　　　　　〉
　　　〈B　　　　　　　〉
　　　〈C　　　　　　　　　〉
　　　〈D　　　　　〉（1976年 ベトナム社会主義共和国
　　　〈E　　　　　〉　として統一される）
　　　〈F　　　　　　　〉〈G　　　　　〉
重要用語【I　　　　　】紛争（1947年〜）
作業❶ 共産主義国家を示す（―）を着色しよう。

□4 アフリカ諸国の独立 ▶P.199 ❶

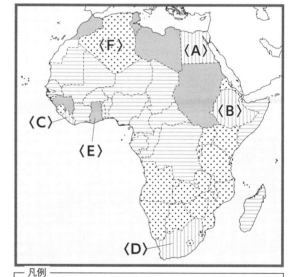

凡例
‖ 第二次世界大戦前の独立国
▨ 1946〜59年の独立国
― 1960年(アフリカの年)の独立国
⋰ 1961年以降の独立国

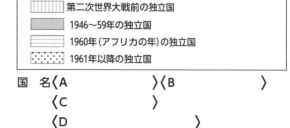

国　名〈A　　　　　〉〈B　　　　　〉
　　　〈C　　　　　〉
　　　〈D　　　　　　　〉
　　　〈E　　　　〉〈F　　　　　〉
作業❶ 凡例の国々を着色しよう。

【形式】動画…● 映像のみ…○ 音声のみ…◆

ページ	長さ	テーマ	形式	ページ	長さ	テーマ	形式
巻頭折込オモテ	0:20	アクロポリス	○	163	12:37	シューベルト「未完成交響曲」	◆
	0:21	万里の長城	○		2:31	ショパン「革命」	◆
	2:43	原爆ドーム	○		3:05	チャイコフスキー「白鳥の湖」	◆
	0:31	マチュ゠ピチュ	○		7:43	ドビュッシー「牧神の午後への前奏曲」	◆
	0:53	ピラミッド	○	165	0:52	ライト兄弟の有人飛行	●
巻頭折込ウラ	0:23	バイオニック・アーム	○	180	0:36	レーニンの演説	○
22	0:39	アテネ	○	181	0:37	スターリン独裁	●
30	0:51	ローマ	○	184	1:29	ココ゠シャネルのデザインしたファッション	●
33	0:28	イェルサレム	○		0:56	ムッソリーニの演説	●
38	1:01	ガネーシャ祭	●	186	0:32	完成当時のエンパイア゠ステート゠ビル	○
58	0:57	西安	○		3:21	ルイ゠アームストロング「セント・ジェイムズ病院」	◆
78	0:29	北京	○		0:24	打席に立つベーブ゠ルース	○
81	0:11	ポタラ宮殿	○		0:21	リンドバーグの遠距離飛行	○
86	0:14	メッカ	○	187	0:29	ガンディー	●
91	0:14	アルハンブラ宮殿	○	191	0:30	ヒトラーの演説	●
98	0:27	スコットランドの民族衣装とバグパイプ	●	193	2:27	ノルマンディー上陸作戦	●
105	0:53	イスタンブル	○		0:56	ヤルタ会談	○
108	0:25	ネルトリンゲン	○		0:38	リリー゠マルレーン	●
122	0:36	ヴァチカン	○	195	0:18	真珠湾攻撃	●
133	1:40	サンスーシ宮殿	●		3:09	沖縄戦	●
136	8:38	バッハ「マタイ受難曲」	◆		0:31	ポツダム会談	○
	3:29	ヘンデル「水上の音楽」	◆	203	1:29	ベトナム戦争	●
	31:12	ハイドン「天地創造」	◆	210	0:52	ケネディ大統領の就任式	●
	4:55	モーツァルト「フィガロの結婚」	◆	211	1:03	キューバ危機	●
147	1:19	ラ゠マルセイエーズ	◆		2:30	広島を訪問したオバマ大統領	●
153	0:21	ロンドン	○	213	1:28	世界最初のコンピュータ「ENIAC」	○
156	0:19	パリ	○		14:45	ラヴェル「ボレロ」	◆
163	7:58	ベートーヴェン「運命」	◆		8:58	シベリウス「フィンランディア」	◆

| 年 | 組 | 番 |
| 年 | 組 | 番 |

P.3　地理の学習　現代の世界

作業1　①ヨーロッパ　②アフリカ　③アジア　④オセアニア　⑤北アメリカ　⑥南アメリカ　⑦大西　⑧インド　⑨太平　⑩西アジア　⑪中央アジア　⑫南アジア　⑬東アジア　⑭東南アジア　①・③の州からなる大陸名：ユーラシア

作業2　Aアメリカ合衆国　Bメキシコ　Cブラジル　Dイギリス　Eフランス　Fエジプト　G南アフリカ共和国　Hロシア連邦　Iインド　J中華人民共和国　Kタイ　Lオーストラリア

作業3　日本が属する州：□□□□を着色
　　　　　日本が属する地域：▨▨▨を着色

P.4　地理の学習　地中海沿岸・西アジア

作業1　Aモロッコ　Bチュニジア　Cイタリア　Dギリシア　Eトルコ　Fシリア　Gレバノン　Hイスラエル　Iエジプト　Jイラク　Kイラン　aローマ　bアテネ　cイェルサレム　dカイロ　eバグダード

作業2　①アナトリア　②イラン　③ナイル　④ユーフラテス　⑤ティグリス　⑥地中　⑦エーゲ　⑧紅　⑨アラビア　⑩アラビア

P.5　地理の学習　東アジア

作業1　Aモンゴル　B中華人民共和国　C朝鮮民主主義人民共和国　D大韓民国　E台湾　F日本　aウランバートル　b北京　cピョンヤン　dソウル

作業2　①テンシャン[天山]　②ヒマラヤ　③アルタイ　④大興安嶺　⑤パミール　⑥チベット　⑦モンゴル　⑧タクラマカン　⑨ゴビ　⑩アムール　⑪黄河　⑫長江　⑬日本　⑭東シナ

P.6　地理の学習　東南アジア

作業1　Aミャンマー　Bタイ　Cラオス　Dカンボジア　Eベトナム　Fマレーシア　Gシンガポール　Hブルネイ＝ダルサラーム　Iインドネシア　Jフィリピン　aバンコク　bプノンペン　cハノイ　dマニラ

作業2　①イラワディ[エーヤワディー]　②チャオプラヤ　③メコン　④南シナ　⑤マラッカ　⑥インドシナ　⑦マレー　⑧スマトラ　⑨カリマンタン[ボルネオ]　⑩ジャワ

P.7　地理の学習　南アジア

作業1　Aパキスタン　Bインド　Cスリランカ　Dネパール　Eブータン　Fバングラデシュ　aデリー　bダッカ

作業2　①スレイマン　②カラコルム　③ヒマラヤ　④カイバル　⑤デカン　⑥インダス　⑦ガンジス　⑧アラビア　⑨インド　⑩ベンガル

P.8　地理の学習　ヨーロッパ

作業1　Aアイルランド　Bイギリス　Cポルトガル　Dスペイン　Eフランス　Fドイツ　Gオーストリア　Hイタリア　Iポーランド　Jロシア　aロンドン　bリスボン　cパリ　dベルリン　eウィーン　fワルシャワ

作業2　①ピレネー　②アルプス　③ウラル　④ライン　⑤ドナウ　⑥北　⑦バルト　⑧アドリア　⑨黒　⑩イベリア　⑪バルカン　⑫クリミア

P.9　地理の学習　南北アメリカ

作業1　Aカナダ　Bアメリカ合衆国　Cメキシコ　Dグア

テマラ　Eキューバ　Fハイチ　Gパナマ　Hコロンビア　Iエクアドル　Jペルー　Kブラジル　Lチリ　Mアルゼンチン　aワシントン(D.C.)　bメキシコシティ　cサンチアゴ　dブエノスアイレス

作業2　①ロッキー　②アパラチア　③アンデス　④ブラジル　⑤ミシシッピ　⑥アマゾン　⑦太平　⑧メキシコ　⑨カリブ　⑩マゼラン

P.10・11　世界史入門ワーク

1　国名・地域名，都市名の漢字表記

作業1

国名・地域名　①アジア・亜　②ヨーロッパ・欧　③アイルランド・愛　④イギリス・英　⑤イタリア・伊　⑥オーストリア・墺　⑦オランダ・蘭　⑧ギリシア・希　⑨スペイン・西　⑩ドイツ・独　⑪フランス・仏　⑫ベルギー・白　⑬ポルトガル・葡　⑭ロシア・露　⑮トルコ・土　⑯インド・印　⑰フィリピン・比　⑱オーストラリア・豪[濠]　⑲アメリカ・米　⑳メキシコ・墨　㉑ブラジル・伯　㉒プロイセン・普

都市名　①パリ・仏　②ロンドン③ケンブリッジ・英　④ローマ・伊　⑤ベルリン・独　⑥ワシントン⑦ニューヨーク⑧サンフランシスコ・米　⑨ペキン⑩テンシン⑪ナンキン⑫ホンコン⑬マカオ⑭シャンハイ・中　⑮ピョンヤン

2　暦〜十干十二支

作業1　①10　②12　③4　④3　⑤60　⑥還暦

作業2　①甲午農民戦争—1894年
　　　　　②戊戌の政変—1898年
　　　　　③辛亥革命—1911年

3　年代・世紀の数え方

作業1　①1　②100　③西暦　④イエス＝キリスト

作業2　①前6　②前22　③9　④10　⑤16　⑥21

作業3　偽物

<解答例>

・B.C.は英語だが，当時英語は存在していない。

・西暦は後世にできた数え方であり，前27年当時は存在していなかった。

・当時，のちにキリストが生誕するとは誰も知らなかった。

作業4　①グレゴリウス　②365　③4　④太陽　⑤ユリウス　⑥ヒジュラ　⑦622年7月16日　⑧太陰

4　人物名に由来する地名

作業1　①アメリゴ＝ヴェスプッチ　②コロンブス　③フェリペ2世　④コンスタンティヌス帝・トルコ　⑤アレクサンドロス大王　⑥ピョートル1世・ロシア連邦

P.12・13　古代文明

1　年表学習

❶クノッソス　❷ミケーネ　❸ポリス　❹ドラコン　❺ペルシア　❻ペロポネソス　❼アレクサンドロス　❽アンティゴノス　❾古王国　❿ピラミッド　⓫中王国　⓬ヒクソス　⓭新王国　⓮アメンホテプ4世　⓯ガデシュ　⓰モーセ　⓱ヘブライ　⓲出エジプト　⓳アッシリア　⓴ニネヴェ　㉑アケメネス　㉒ダレイオス　㉓プトレマイオス　㉔ヒッタイト　㉕リディア　㉖セレウコス　㉗新バビロニア　㉘シュメール

㉙バビロン第1　㉚ハンムラビ　㉛パルティア　㉜メディア

②古代文明の発生
Ⅰアルタミラ　Ⅱラスコー　Ⅲアウストラロピテクス＝アフリカヌス　Ⅳジャワ　Ⅴネアンデルタール　Ⅵクロマニョン　Ⅶメソポタミア　Ⅷエジプト　Ⅸインダス　Ⅹ河江　Ⅺメソアメリカ　Ⅻアンデス

③古代オリエントの統一
あナイル　いユーフラテス　うティグリス　えインダス
aメンフィス　bテル＝エル＝アマルナ　cテーベ　dイェルサレム　eダマスクス　fニネヴェ　gバビロン　hウル　iスサ　jペルセポリス

④ヘレニズム世界
Ⅰイッソス　Ⅱアルベラ
Aアンティゴノス　Bプトレマイオス　Cセレウコス
aビザンティオン　bアレクサンドリア　cアンティオキア　dサマルカンド

P.14・15　前3世紀～後3世紀の世界
①年表学習
❶イタリア　❷ポエニ　❸三頭　❹カエサル　❺元首　❻五賢帝　❼トラヤヌス　❽軍人皇帝　❾専制君主　❿ディオクレティアヌス　⓫パルティア　⓬イラン　⓭ヘレニズム[ギリシア]　⓮ローマ　⓯ササン　⓰シャープール1世　⓱バクトリア　⓲クシャーナ　⓳カニシカ　⓴サータヴァーハナ　㉑始皇帝　㉒前漢　㉓張騫　㉔後漢　㉕マルクス＝アウレリウス＝アントニヌス　㉖黄巾　㉗魏

②前2世紀の世界
A共和政ローマ　Bプトレマイオス　Cセレウコス　Dパルティア　Eサータヴァーハナ　F前漢
aローマ　bカルタゴ　c楼蘭　d敦煌　e長安　f楽浪

③2世紀の世界
Aローマ　Bパルティア　Cクシャーナ　Dサータヴァーハナ　E後漢　F扶南
aビザンティウム　bイェルサレム　cクテシフォン　dプルシャプラ　e洛陽　fオケオ
あガンダーラ　い西域
Ⅰ大秦王安敦[マルクス＝アウレリウス＝アントニヌス帝]

④ローマ帝国
aローマ　bカルタゴ　cヒエロソリマ[イェルサレム]　dビザンティウム

⑤三国時代
A魏　B蜀　C呉
a洛陽　b成都　c建業
Ⅰ赤壁

P.16・17　4世紀～6世紀の世界
①年表学習
❶コンスタンティヌス　❷キリスト　❸ビザンティウム[コンスタンティノープル]　❹ゲルマン　❺テオドシウス　❻オドアケル　❼フランク　❽ユスティニアヌス　❾ササン　❿ゾロアスター　⓫エフタル　⓬ホスロー1世　⓭突厥　⓮グプタ　⓯チャンドラグプタ2世　⓰法顕　⓱晋[西晋]　⓲

東晋　⓳淝水　⓴北魏　㉑均田　㉒北周　㉓北斉　㉔宋　㉕武　㉖斉　㉗梁　㉘陳　㉙百済　㉚新羅(㉙㉚は順不同)　㉛広開土王

②民族移動の時代(4世紀～5世紀)
①ゲルマン人の大移動
A西ゴート　B東ゴート　Cヴァンダル　Dブルグンド　Eフランク
あライン　いドナウ
Ⅰカタラウヌム

②五胡十六国時代
A羌　B氐　C鮮卑　D匈奴　E羯　F東晋
a建康
Ⅰ淝水

③5世紀の世界
Aフランク　B西ゴート　Cビザンツ　Dササン　Eグプタ　F北魏　G宋→斉
aコンスタンティノープル　bパータリプトラ　c平城　d洛陽　e建康
Ⅰアジャンター　Ⅱエローラ　Ⅲ敦煌　Ⅳ雲崗　Ⅴ竜門

④6世紀の西アジア，中央アジア，南アジア
Aビザンツ　Bササン　Cグプタ

P.18・19　7世紀～8世紀の世界
①年表学習
❶メロヴィング　❷トゥール・ポワティエ　❸カロリング　❹ピピン　❺カール　❻コンスタンティノープル　❼聖像禁止　❽ムハンマド　❾ヒジュラ　❿メッカ　⓫正統カリフ　⓬ササン　⓭ウマイヤ　⓮西ゴート　⓯アッバース　⓰タラス河畔　⓱バグダード　⓲ハールーン＝アッラシード　⓳ヴァルダナ　⓴ハルシャ＝ヴァルダナ　㉑玄奘　㉒シュリーヴィジャヤ　㉓義浄　㉔シャイレンドラ　㉕ボロブドゥール　㉖アンコール　㉗文帝[楊堅]　㉘煬帝[楊広]　㉙太宗[李世民]　㉚貞観　㉛白村江　㉜則天武后　㉝玄宗　㉞開元　㉟安史　㊱両税法

②7世紀の世界
Aフランク　Bビザンツ　Cウマイヤ　Dヴァルダナ　E吐蕃　F唐　G西突厥　H東突厥
aコンスタンティノープル　bメッカ　cメディナ　dダマスクス　e長安
Ⅰニハーヴァンド　Ⅱ白村江

③8世紀の世界
Aフランク　B後ウマイヤ　Cビザンツ　Dアッバース　E吐蕃　F唐　Gウイグル[回紇]　H渤海　I新羅
aコルドバ　bコンスタンティノープル　cバグダード　d長安
Ⅰトゥール・ポワティエ　Ⅱタラス河畔

④7世紀～8世紀頃の東南アジア
Aチャンパー　B真臘　Cシュリーヴィジャヤ王国　Dシャイレンドラ
aパレンバン
Ⅰボロブドゥール

年	組	番	
年	組	番	

P.20・21　10世紀〜11世紀の世界

1 年表学習

❶クリュニー　❷神聖ローマ　❸ユーグ＝カペー　❹ローマ＝カトリック　❺ギリシア　❻ウィリアム１世　❼叙任権　❽クレルモン　❾十字軍　❿ビザンツ　⓫ウラディミル１世　⓬ファーティマ　⓭ブワイフ　⓮カイロ　⓯セルジューク　⓰スルタン　⓱ムラービト　⓲クディリ　⓳大越国[李朝]　⓴パガン　㉑唐　㉒五代十国　㉓耶律阿保機　㉔趙匡胤　㉕澶淵の盟　㉖西夏　㉗王安石

2 10世紀の世界

A神聖ローマ　Bキエフ　Cビザンツ　Dファーティマ　Eブワイフ　F遼[契丹・キタイ]
aコルドバ　bカイロ　cバグダード

3 11世紀の世界

Aムラービト　Bセルジューク　C西夏　D宋[北宋]
aイェルサレム　b開封

4 第2次民族大移動

Aノルマン　Bノルマンディー　Cノヴゴロド　Dキエフ　E両シチリア[ノルマン＝シチリア]

5 中世ヨーロッパの宗教分布

aヴォルムス　bクリュニー　cカノッサ　dローマ　eアッシジ　fモンテ＝カシノ

P.22・23　12世紀〜13世紀の世界

1 年表学習

❶ヴォルムス　❷ヘンリ２世　❸インノケンティウス３世　❹コンスタンティノープル　❺ラテン　❻大憲章[マグナ＝カルタ]　❼模範議会　❽バトゥ　❾ワールシュタット　❿キプチャク＝ハン　⓫サラディン　⓬イェルサレム　⓭マムルーク　⓮フラグ　⓯イル＝ハン　⓰オスマン　⓱アンコール＝ワット　⓲アイバク　⓳大越国[陳朝]　⓴スコータイ　㉑パガン　㉒完顔阿骨打　㉓靖康　㉔南宋　㉕チンギス＝ハン[太祖]　㉖フビライ＝ハーン[フビライ＝ハン，世祖]　㉗文永の役　㉘厓山　㉙弘安の役

2 12世紀の世界

Aアイユーブ　B西遼　C金　D南宋　E大越国[李朝]
a臨安　b昇竜

3 13世紀の世界

Aドイツ騎士団　Bキプチャク＝ハン　Cイル＝ハン　D元　E奴隷
aトレド　bデリー　cカラコルム　d大都
Ⅰワールシュタット

4 十字軍の遠征

aクレルモン　bヴェネツィア　cコンスタンティノープル　dアッコン　eイェルサレム

5 13世紀頃の東南アジア

Aパガン　Bスコータイ　C大越国[陳朝]　Dアンコール　Eシンガサリ

P.24・25　15世紀〜16世紀の世界

1 年表学習

❶コロンブス　❷カブラル　❸アメリゴ＝ヴェスプッチ　❹コルテス　❺ピサロ　❻百年　❼バラ　❽テューダー　❾ル

ター　❿マゼラン　⓫ヘンリ８世　⓬アウクスブルク　⓭ユグノー　⓮オランダ独立　⓯レパント　⓰ブルボン　⓱アンカラ　⓲ビザンツ　⓳サファヴィー　⓴マムルーク　㉑スレイマン１世　㉒ウィーン　㉓ヴァスコ＝ダ＝ガマ　㉔ムガル　㉕アクバル　㉖鄭和　㉗訓民正音　㉘土木　㉙張居正　㉚一条鞭法　㉛壬辰・丁酉

2 15世紀の世界

Aオイラト[瓦刺]　Bヴィジャヤナガル　Cアユタヤ
aグラナダ　bイスタンブル[コンスタンティノープル]　cサマルカンド　dマラッカ
Ⅰアンカラ

3 16世紀の世界

Aサファヴィー　Bムガル
aポトシ　bリスボン　cゴア　dカリカット
あサンサルバドル　い喜望峰　うモルッカ
Ⅰ教皇子午線　Ⅱトルデシリャス

4 16世紀中頃のヨーロッパ

aマドリード　bナント　cアントウェルペン　dアムステルダム　eジュネーヴ　fアウクスブルク
Ⅰ第１次ウィーン　Ⅱプレヴェザ　Ⅲレパント

P.26・27　17世紀〜18世紀の世界

1 年表学習

❶ヴァージニア　❷プリマス　❸フレンチ＝インディアン　❹独立　❺合衆国憲法　❻東インド　❼三十年　❽ピューリタン　❾ウェストファリア　❿オランダ　⓫名誉　⓬ネルチンスク　⓭ロマノフ　⓮スペイン　⓯キャフタ　⓰オーストリア　⓱ポーランド　⓲フランス　⓳ウィーン　⓴ハンガリー　㉑サファヴィー　㉒タージ＝マハル　㉓アウラングゼーブ　㉔プラッシー　㉕アンボイナ　㉖アユタヤ　㉗ラタナコーシン　㉘後金　㉙清　㉚明　㉛康熙　㉜雍正　㉝広州

2 17世紀の世界

Aポーランド　Bアユタヤ
aウィーン　bカイロ　cイスファハーン　dデリー　eボンベイ　fマラッカ
Ⅰアンボイナ

3 18世紀の世界

aフィラデルフィア　bコロンボ　c広州
Ⅰアメリカ　Ⅱプラッシー

4 18世紀中頃のヨーロッパ

A大ブリテン　Bスウェーデン　Cプロイセン　Dポーランド
aジブラルタル　bアムステルダム　cペテルブルク　dナポリ
あシュレジエン　いミノルカ
Ⅰユトレヒト　Ⅱアーヘン

P.28・29　19世紀〜20世紀初頭の世界

1 年表学習

❶ハイチ　❷シモン＝ボリバル　❸南北　❹奴隷解放　❺ナポレオン　❻ウィーン　❼南下　❽クリミア　❾イタリア　❿プロイセン＝フランス　⓫ベルリン　⓬三国同盟　⓭ファショダ　⓮南アフリカ　⓯三国協商　⓰第一次世界大戦

❶ヴェルサイユ ❽ムハンマド=アリー ❾スエズ ❿ミドハト ㉑阮 ㉒シパーヒー ㉓ヴィクトリア ㉔清仏 ㉕アヘン ㉖太平天国 ㉗アロー ㉘日清 ㉙義和団 ㉚韓国 ㉛辛亥

②19世紀の世界
Aハイチ B大コロンビア
あスエズ
Iギリシア IIクリミア IIIファショダ IV南アフリカ
作業2 ①綿織物など工業製品
作業3 ②綿花，穀物，タバコ ③砂糖 ④コーヒー，ゴム，綿花 ⑤木材，穀物 ⑥綿花 ⑦茶，絹 ⑧羊毛，食肉，穀物

③20世紀初頭の世界
aベルリン bイスタンブル[ビザンティウム] cバグダード dカイロ eケープタウン fカルカッタ
作業3 Aリベリア Bエチオピア Cタイ[シャム] D日本

④ヴェルサイユ体制下のヨーロッパ
aサライェヴォ bペトログラード[レニングラード，ペテルブルク] cモスクワ dジュネーヴ
Iブレスト=リトフスク
あラインラント いアルザス・ロレーヌ うザール
Aポーランド Bチェコスロヴァキア Cハンガリー
作業1 Dエストニア Eラトヴィア Fリトアニア

P.30・31 20世紀前半(第二次世界大戦)
①年表学習
❶日独伊三国防共 ❷独ソ不可侵 ❸ポーランド ❹ソ連 ❺フランス ❻日独伊三国 ❼独ソ ❽スターリングラード ❾イタリア ❿カイロ ⓫ノルマンディー ⓬ヤルタ ⓭ドイツ ⓮盧溝橋 ⓯南京 ⓰汪兆銘 ⓱日ソ中立 ⓲マレー ⓳パールハーバー[真珠湾] ⓴ミッドウェー ㉑ガダルカナル ㉒沖縄 ㉓広島 ㉔ソ連 ㉕長崎 ㉖ポツダム

②ドイツ・イタリアの拡大とスペイン内戦
Aスペイン Bドイツ Cポーランド Dチェコスロヴァキア Eオーストリア Fイタリア
あザール いラインラント うズデーテン えポーランド
Iミュンヘン

③ヨーロッパ戦線
Aフランス Bドイツ Cチェコ Dオーストリア Eイタリア Fソヴィエト
aパリ bヴィシー cベルリン
Iスターリングラード IIノルマンディー IIIヤルタ IVポツダム

④アジア太平洋戦線
A中華民国 Bビルマ Cタイ D仏[フランス]領インドシナ Eシンガポール F蘭[オランダ]領東インド
a重慶 b南京
I盧溝橋 IIノモンハン IIIパールハーバー[真珠湾] IVミッドウェー Vガダルカナル VIインパール VIIマリアナ沖 VIIIサイパン IXレイテ沖 X沖縄

P.32・33 20世紀後半(第二次世界大戦後)
①年表学習
❶鉄のカーテン ❷トルーマン ❸マーシャル ❹コミンフォルム ❺ベルリン ❻大韓民国 ❼NATO ❽西ドイツ ❾東ドイツ ❿中華人民共和国 ⓫朝鮮 ⓬ジュネーヴ ⓭ワルシャワ ⓮ジュネーヴ ⓯スターリン ⓰ベルリン ⓱キューバ ⓲ベトナム ⓳核拡散防止 ⓴プラハの春 ㉑戦略兵器制限 ㉒ベトナム ㉓アフガニスタン ㉔ゴルバチョフ ㉕ペレストロイカ ㉖中距離核戦力 ㉗マルタ ㉘東西ドイツ ㉙アフガニスタン ㉚インドシナ ㉛イスラエル ㉜中東 ㉝ネルー・周恩来 ㉞アジア=アフリカ ㉟キューバ ㊱アフリカ ㊲非同盟諸国 ㊳ASEAN ㊴石油危機 ㊵イラン ㊶湾岸 ㊷イラク

②第二次世界大戦後のヨーロッパ
Aドイツ連邦共和国 Bドイツ民主共和国 Cポーランド Dチェコスロヴァキア Eハンガリー Fギリシア Gトルコ
aブリュッセル bボン cベルリン dシュテッティン eトリエステ
Iベルリン

③第二次世界大戦後のアジア
Aパキスタン=イスラーム共和国 Bインド Cバングラデシュ人民共和国 Dベトナム民主共和国 Eベトナム共和国 F朝鮮民主主義人民共和国 G大韓民国
Iカシミール

④アフリカ諸国の独立
Aエジプト Bエチオピア Cリベリア D南アフリカ共和国 Eガーナ Fアルジェリア

年　組　番
年　組　番

巻頭特集

問1　(アカ)カンガルー

問2　(A)ユーラシア大陸　(B)南北アメリカ大陸

問3　性格が穏やか

問4　牛・豚・羊・山羊・馬

問5　(A)鶏　(B)豚　(順不同)

問6　ユーラシア大陸は横(東西)に広がっているが,他は縦(南北)に広がっている。縦の場合は赤道をはさんでおり,人の往来も困難であるし,家畜・植物の移動も困難で,文明の伝播は困難である。

問7　(例)熱帯雨林の乱伐や森林破壊により生産された木材の輸出相手国という面を持つ。

問8　(例)新しい種(生命)を創出できる,天候を正確に予測できる,神々よりはるかに速く遠くまで移動できる。

問9　(例)生き物はただのデータ処理で解明できる存在ではないのではないか。

P.2・3　プロローグ(世界から見えてくる日本史)

(P.2)

問1　5世紀後半にはすでにヤマト政権の支配力が九州から東国まで及んでいたと考えられる。

問2　平泉中尊寺金色堂

問3　絵踏み

(P.3)

問1　南北戦争(1861〜65年),プロイセン・オーストリア戦争(1866年),イタリア統一戦争(1859年),クリミア戦争(1853〜56年)

問2　中国侵略に反発するアメリカの経済制裁に苦しむ日本は,資源の確保をめざし,同盟国ドイツに敗れたフランスの植民地インドシナに進駐した。アメリカは激怒し,日本への石油輸出を全面禁止したうえで,中国とインドシナからの撤兵を要求した。石油も欲しいが,撤兵もできない日本は,ドイツに敗れたオランダの植民地インドネシアの油田の占領を目指して対米戦争に踏み切った。

P.4〜7　プロローグ(日本から見えてくる世界史)

①日本から見えてくる世界史〜古代〜

問1　①パピルス　②羊皮紙　③粘土板　④竹簡・木簡

問2　ヤマト政権の勢力が朝鮮半島までおよび,古墳文化が影響を与えたと考えられる。

問3　「舎利」は「遺骨」を意味するサンスクリット語「sarira」の音写。米を言う「シャリ」は,米の色や形が火葬した後に残る粒状の骨に似ていることから呼ばれるようになったと言われている。(諸説あり)

問4　絹の道(シルクロード)を着色

②日本から見えてくる世界史〜中世〜

問1　火薬

問2　石炭

問3　フビライは,陸と海を結ぶユーラシアの巨大帝国の建

設を構想していた。

問4　薬

③日本から見えてくる世界史〜近世〜

問1　当時ヨーロッパでは宗教改革によりプロテスタントが勢力を伸ばしており,カトリック側はイエズス会を設立しアジアでの布教に力を入れていたから。
江戸幕府はキリスト教徒の増加を見て,スペイン・ポルトガルによる侵略や,信者が団結し反乱することを警戒したから。

問2　ポルトガル商人は,豊臣秀吉の朝鮮出兵以来関係が悪化していた明と日本を中継し,中国産の生糸を長崎へ運び,銀と交換することで巨額の利益を得た。

問3　煩雑な徴税方法を簡素化するため,土地税と徭役を一本化して銀で納入させることにした。これを一条鞭法という。

問4　おもに生糸と陶磁器

④日本から見えてくる世界史〜近・現代〜

問1　ふぐ

問2　ビール(啤酒)

問3　C(ゴジラ)

世界史のクロスロード

P.44　2大国は,前漢と匈奴。楼蘭は当初匈奴に服属していたが,武帝時代,前漢が西域に勢力を伸ばすと前漢・匈奴両国から服属を求められ,苦しい立場に追い込まれた。

P.46　ギリシア彫刻の影響。アレクサンドロス大王の東征以降,ギリシア人が西アジアに移住,やがてその影響が西北インドにも及ぶようになっていたから。

P.50　他に,五胡の中国侵入,エフタルのササン朝・グプタ朝侵入があった。3〜5世紀の世界的な寒冷化による食糧不足が遊牧民の移動を促したと考えられる。

P.54　ムハンマドは,ユダヤ教・キリスト教の影響を受けており,自分の前に天使をつかわした神をユダヤ教・キリスト教の唯一神ヤハウェと同一の神と意識していた。

P.56　キルギス共和国

P.62　気候が温暖化し,氷が消滅することでヴァイキングは船で各地に乗り出すことができるようになった。

P.66　救援要請を受けたローマ教皇ウルバヌス2世は,クレルモン宗教会議を招集して聖地奪回を提唱,これを契機に十字軍が始まった。

P.68　ゴール朝は,富の略奪をめざしてインド侵攻をくり返し,インドイスラーム化の契機となった。のち,マムルーク出身ゴール朝将軍アイバクは,インド最初のイスラーム王朝,奴隷王朝を建国。

P.72　ペストは,モンゴルが張りめぐらせた交通網により短期間にユーラシア全域に,また十字軍などによる東西交易の発達で,イタリアに上陸し,ヨーロッパに拡大。

P.76　①マルコ゠ポーロ『世界の記述』に刺激され,アジアへ

の憧れが高まった。②王権強化の新たな財源確保のため，君主間に香辛料などアジア特産物への関心が強まった。③レコンキスタはキリスト教の海外布教意欲を高めた。④航海術や羅針盤の発達が大航海を可能にした。

P.80　国境は，スタノヴォイ山脈[外興安嶺]となった。のち，1858年アイグン条約で黒竜江[アムール川]が，さらに1860年北京条約でウスリー川が国境となった。

P.82　奴隷労働で生産された商品作物は，砂糖(サトウキビ)，綿花，コーヒー，藍，タバコなど。タバコ以外は新大陸原産でなく，奴隷制プランテーション作物として新大陸に導入されたもの。

P.166　Aイギリス，Bアメリカ。第一次世界大戦遠因：日露戦争により中国方面への進出を阻止されたロシアは，再びバルカン方面に矛先を向け，対独関係が悪化したこと。第二次世界大戦遠因：日本は朝鮮・中国への圧力を強め，良好だった対英・米関係が悪化したこと。